Sicherstellung von Besteuerungsansprüchen aus der Online-Vermietung

Mannheimer Beiträge zum Öffentlichen Recht, Regulierungsrecht und Steuerrecht

Herausgegeben von Thomas Fetzer

36

Bianka Dinger

Sicherstellung von Besteuerungsansprüchen aus der Online-Vermietung

Bedarf, Möglichkeiten und Grenzen einer Abzugsteuer für Plattformbetreiber

PETER LANG

Bibliografische Information der Deutschen Nationalbibliothek
Die Deutsche Nationalbibliothek verzeichnet diese Publikation in der Deutschen Nationalbibliografie; detaillierte bibliografische Daten sind im Internet über http://dnb.d-nb.de abrufbar.

Zugl.: Mannheim, Univ., Diss., 2021

D 180
ISSN 0944-7659
ISBN 978-3-631-85180-7 (Print)
E-ISBN 978-3-631-88024-1 (E-PDF)
E-ISBN 978-3-631-88025-8 (EPUB)
DOI 10.3726/b19750

PL Academic Research ist ein Imprint der Peter Lang GmbH.

Peter Lang – Berlin · Bern · Bruxelles · New York · Oxford · Warszawa · Wien

Diese Publikation wurde begutachtet.

www.peterlang.com

Vorwort

Die vorliegende Arbeit wurde im Herbst 2020 von der Abteilung Rechtswissenschaft der Fakultät für Rechtswissenschaft und Volkswirtschaftslehre der Universität Mannheim als Dissertation angenommen. Literatur und Rechtsprechung wurden bis November 2020 berücksichtigt und bis Ende 2021 ergänzt.

Zunächst danke ich meinem Doktorvater Prof. Dr. Thomas Fetzer für die Betreuung und Unterstützung sowie die wertvollen Tipps während der Erstellung meiner Dissertation und darüber hinaus. Die beruflich wie auch persönlich lehrreiche Zeit an seinem Lehrstuhl wird mir immer in bester Erinnerung bleiben. Weiterhin danke ich Herrn Prof. Dr. Benjamin Straßburger für die Übernahme und zügige Erstellung des Zweitgutachtens.

Für die schöne Lehrstuhlzeit möchte ich mich außerdem bei meinen Lehrstuhlkollegen, insbesondere Dr. Tobias Böser, Emanuel Kollmann und Tanja Seidl bedanken, die mich nicht nur in fachlicher, sondern vor allem auch in persönlicher Hinsicht bereichert und zu einer unvergesslichen Zeit beigetragen haben. Mein besonderer Dank gilt außerdem Jennifer Schumacher-Hetzel für ihre hilfreichen Korrekturanmerkungen.

Von Herzen möchte ich mich zudem bei meiner Familie – meinen Eltern Marion und Bernd Dinger, meinen Schwestern Saskia Schäfer und Lisa-Christin Kocabas und meiner Tante Michaela Dinger – bedanken, die mich auf verschiedenste Weise auf meinem bisherigen Lebensweg und im Rahmen der Dissertation unterstützt haben und immer für mich da sind. Ihr unbedingter Rückhalt sowie ihre Unterstützung und Förderung haben diese Arbeit schließlich überhaupt erst möglich gemacht.

Zum Schluss gilt mein ganz besonderer und herzlicher Dank meinem Lehrstuhlkollegen und Partner Dr. Carsten Zahn, der mir mit seinen unzähligen liebenswerten und ermunternden Worten, dem wertvollen Gedankenaustausch und seiner bedingungslosen Unterstützung stets zur Seite steht und mir bei allen Phasen dieses Projekts eine sehr große Stütze war.

Stuttgart, März 2022

Bianka Dinger

Inhaltsübersicht

Vorwort 5

Abkürzungsverzeichnis 29

Teil 1: Einführung 35

Kapitel 1: Untersuchungsgegenstand und Gang der Untersuchung 37

Kapitel 2: Sharing-Economy-Plattformen 51

Kapitel 3: Vermittlungsplattformen zur Kurzzeitvermietung 57

Teil 2: Einkommensbesteuerung der Online-Vermieter 69

Kapitel 1: Besteuerung unbeschränkt steuerpflichtiger Vermieter 71

Kapitel 2: Besteuerung der beschränkt steuerpflichtigen Online-Vermieter 111

Kapitel 3: Vermeidung der Doppelbesteuerung bei Auslandssachverhalten 119

Kapitel 4: Zusammenfassung 127

Teil 3: Die Steuervollzugsproblematik bei Online-Vermietungen 131

Kapitel 1: Vollzugsdefizite bei der Besteuerung von Online-Vermietungen 133

Kapitel 2: Verfassungsmäßigkeit von Steuergesetzen bei Steuererhebungsdefiziten 147

Kapitel 3: Ursachen der Steuererhebungsdefizite bei Online-Vermietungen 161

Kapitel 4: Zusammenfassung und Ergebnis zur Steuervollzugsproblematik 165

Teil 4: Reform zur Sicherstellung der Besteuerungsansprüche aus der kurzfristigen Wohnraumüberlassung über Sharing-Economy-Plattformen 167

Kapitel 1: Reformoptionen 169

Kapitel 2: Gestaltungsempfehlungen für einen Abzugsteuertatbestand 377

Teil 5: Thesenhafte Zusammenfassung 401

Literaturverzeichnis 405

Inhaltsverzeichnis

Vorwort ... 5

Abkürzungsverzeichnis ... 29

Teil 1: Einführung ... 35

Kapitel 1: Untersuchungsgegenstand und Gang der Untersuchung ... 37

A. Problemstellung ... 37

I. Die Sharing Economy ... 37

II. Steuerrechtliche Bedeutung der Sharing-Economy-Plattformen ... 41

B. Untersuchungsgegenstand ... 49

C. Gang der Untersuchung ... 50

Kapitel 2: Sharing-Economy-Plattformen ... 51

A. Entwicklung der Sharing-Economy-Plattformen ... 51

B. Geschäftsmodell der Sharing-Economy-Plattformen ... 53

Kapitel 3: Vermittlungsplattformen zur Kurzzeitvermietung ... 57

A. Vertragsbeziehungen im Rahmen von Unterkunftsvermittlungsplattformen ... 57

B. Anbieterstrukturen beim Wohnraum-Sharing ... 58

C. Rechtliche Zulässigkeit des Wohnraum-Sharing ... 60

I. Ordnungsrechtlicher Rahmen ... 61

II. Bauordnungsrechtlicher Rahmen ... 64

III. Gewerberechtlicher Rahmen ... 65

IV. Zivilrechtlicher Rahmen ... 66
V. Ergebnis ... 67

Teil 2: Einkommensbesteuerung der Online-Vermieter ... 69

Kapitel 1: Besteuerung unbeschränkt steuerpflichtiger Vermieter ... 71

A. Online-Vermietung als gewerbliche Betätigung nach § 15 EStG ... 71
I. Online-Vermietung als selbständige, nachhaltige Betatätigung unter Teilnahme am allgemeinen wirtschaftlichen Verkehr ... 72
II. Gewinnerzielungsabsicht ... 73
III. Abgrenzung zur privaten Vermögensverwaltung ... 77
1. Hotelmäßiges Angebot ... 78
2. Darbietung von Sonderleistungen ... 79
3. Unterkunftsvermietung über Sharing-Economy-Plattformen ... 80
a) Vermietung der selbstgenutzten Wohnung ... 81
b) Vermietung von (Ferien-)Wohnungen ... 81
4. Ergebnis ... 82
IV. Besonderheiten bei der Gewinnermittlung im Zusammenhang mit Online-Vermietungen ... 82
1. Betriebsvermögensvergleich (§ 4 Abs. 1, § 5 Abs. 1 EStG) ... 83
a) Bilanzierungsfähigkeit von Vermietungsobjekten ... 83
b) Abzugsfähigkeit von Betriebsausgaben im Zusammenhang mit der Online-Vermietung ... 84
aa) Unmittelbar der betrieblichen Tätigkeit zuordenbare Aufwendungen ... 85
bb) Mittelbar dem Gewerbebetrieb zurechenbare (gemischt veranlasste) Aufwendungen ... 86

(1) Aufteilbarkeit gemischt veranlassten Aufwands 87
(2) Bestimmung des auslösenden Moments 89
(a) Nachträgliche Bildung der Vermietungsabsicht 90
(b) Mitveranlassung von untergeordneter Bedeutung 91
(3) Trennbarkeit des Aufwands 92
(4) Trennungs- und Aufteilungsmaßstab . 94
2. Besonderheiten bei der Gewinnermittlung nach § 4 Abs. 3 EStG 95
V. Ergebnis 97
B. Online-Vermietung als Vermietungseinkünfte nach § 21 Abs. 1 EStG 98
I. Einkünfteerzielungsabsicht 99
1. Einkünfteerzielungsabsicht bei Vermietung von nicht eigengenutztem Wohnraum 100
2. Einkünfteerzielungsabsicht bei selbstgenutzten Ferienwohnungen 101
a) Typisierender Prognosezeitraum von 30 Jahren 101
b) Totalüberschussprognose 102
c) Ergebnis 104
3. Einkünfteerzielungsabsicht beim Home-Sharing 104
4. Ergebnis zur Einkünfteerzielungsabsicht 105
II. Einkünfteermittlung 105
1. Einnahmen – Berücksichtigung der 520 Euro-Freigrenze bei Eigennutzung 106
2. Abzugsfähigkeit von Werbungskosten 107
3. Ergebnis 109

Kapitel 2: Besteuerung der beschränkt steuerpflichtigen Online-Vermieter 111

A. Gewerbliche Online-Vermietung mit inländischer Betriebsstätte oder ständigem Vertreter gemäß § 49 Abs. 1 Nr. 2 lit. a EStG 113
I. Im Inland belegene Betriebsstätte 113
II. Im Inland bestellter ständiger Vertreter 115
B. Gewerbliche Online-Vermietung von im Inland belegenem Vermögen gemäß § 49 Abs. 1 Nr. 2 lit. f sublit. aa EStG 116
C. Online-Vermietung von im Inland belegenem Vermögen als Vermietungseinkünfte gemäß § 49 Abs. 1 Nr. 6 EStG 117
D. Ergebnis zur beschränkten Steuerpflicht 118

Kapitel 3: Vermeidung der Doppelbesteuerung bei Auslandssachverhalten 119
A. Ermittlung der Einkunftsart nach dem OECD-Musterabkommen 120
I. Einkünfte aus unbeweglichem Vermögen (Art. 6 DBA-MA) 120
II. Unternehmensgewinne (Art. 7 DBA-MA) 121
III. Zwischenergebnis zur Einkünftequalifikation nach dem DBA-MA 122
B. Zuweisung des Besteuerungsrechts nach dem OECD-Musterabkommen 122
I. Steuerinländer mit Auslandsvermögen 123
II. Steuerausländer mit Inlandsvermögen 124
C. Ergebnis 125

Kapitel 4: Zusammenfassung 127

Teil 3: Die Steuervollzugsproblematik bei Online-Vermietungen 131

Kapitel 1: Vollzugsdefizite bei der Besteuerung von Online-Vermietungen 133

A. Bestehende Verifikationsinstrumente zur Sicherung von Steueransprüchen aus der Online-Vermietung 135

I. Außenprüfung 135

1. Umfassender Ermittlungsumfang hinsichtlich der zu prüfenden (aber anonymen) Vermieter 135

2. Begrenzter Prüfungsumfang hinsichtlich der Verhältnisse Dritter 136

II. Kontrollmitteilungen 138

III. Auskunftspflichten 139

1. Einzelauskunftsersuchen 139

2. Sammelauskunftsersuchen an inländische Plattformbetreiber 139

3. Sammelauskunftsersuchen an Plattformbetreiber im Ausland 142

4. Ergebnis und Stellungnahme 144

B. Steuererhebungsdefizit aufgrund des Mangels an Verifikationsinstrumenten bei der Besteuerung von Online-Vermietungen 144

Kapitel 2: Verfassungsmäßigkeit von Steuergesetzen bei Steuererhebungsdefiziten 147

A. Verfassungsrechtliches Grundproblem bei Steuererhebungsdefiziten 147

I. Das Zinsurteil (BVerfGE 84, 239) 148

II. Das Urteil zur Besteuerung von Spekulationsgewinnen (BVerfGE 110, 94) 150

III. Stellungnahme zu den Bundesverfassungsgerichtsentscheidungen 151

B. Folgerungen für Steuerrechtsnormen des Einkommensteuergesetzes 154

C. Folgen für die gegenwärtigen Steuerrechtsnormen der Online-Vermietung 155

I. Voraussetzung für ein strukturelles Vollzugsdefizit bei der Online-Vermietung 155
II. Verifikationsinstrumente zur Durchsetzung von Steueransprüchen aus Online-Vermietungseinkünften 157

Kapitel 3: Ursachen der Steuererhebungsdefizite bei Online-Vermietungen 161
A. Motive für die Nichtbefolgung von Steuerpflichten 162
I. Rationale Nutzenabwägung 162
II. Gerechtigkeitsempfinden 163
B. Besonderheiten der Transaktionen über Unterkunftsvermittlungsplattformen 163
I. Unkenntnis über Steuerpflichten 163
II. Nichterkennbarkeit der Online-Transaktionen für Finanzbehörden 164

Kapitel 4: Zusammenfassung und Ergebnis zur Steuervollzugsproblematik 165

Teil 4: Reform zur Sicherstellung der Besteuerungsansprüche aus der kurzfristigen Wohnraumüberlassung über Sharing-Economy-Plattformen 167

Kapitel 1: Reformoptionen 169
A. Reformmaßnahmen und deren Effektivität 169
I. Informative Maßnahmen 169
1. Ausgestaltung informativer Maßnahmen 169
2. Effektivität informativer Maßnahmen als Reformoption 170
II. Datenkontrollsysteme 172
1. Datenkontrollsysteme auf internationaler Ebene 172

2. Registrierungspflicht der Vermieter für die Nutzung von Unterkunftsvermittlungsplattformen in Berlin 173
3. Aufzeichnungs- und Haftungspflichten der Plattformbetreiber nach §§ 22f, 25e UStG 174
4. DAC 7 178
a) Anwendungsbereich von DAC 7 179
b) Ausgestaltung der neuen Meldepflichten nach DAC 7 179
aa) Sorgfaltspflichten der Plattformbetreiber 180
bb) Meldepflichten der Plattformbetreiber an die zuständige Behörde des Mitgliedstaats 182
cc) Automatischer Informationsaustausch zwischen den Mitgliedstaaten 182
5. Effektivität von Datenkontrollsystemen zur Sicherstellung von Besteuerungsansprüchen aus der Online-Vermietung 182
a) Registrierungspflichten 183
b) Aufzeichnungs- und Haftungspflichten für Plattformbetreiber 183
III. Quellensteuerabzugsverfahren 184
1. Bisher eingeführte Quellensteuerabzugsmodelle für Betreiber von Sharing-Economy-Plattformen 185
2. Konzeptionelle Ausgestaltung eines Abzugsteuersystems für Unterkunftsvermittlungsplattformen im Einkommensteuergesetz 187
3. Die Abzugsteuer als Erhebungsform der Einkommensteuer 189
a) Ausnahmecharakter der Abzugsteuer 191
b) Entstehung der Abzugsteuer 192
c) Bezugspunkt der Abzugsteuer 192

d) Rechtsfolge der Abzugsteuer: Anrechnungs- oder Abgeltungswirkung 193
4. Die Ausgestaltung von Haftungsnormen 194
a) Haftung beim Lohnsteuerabzug, § 42d Abs. 1 EStG 195
b) Haftung beim Kapitalertragsteuerabzug, § 44 Abs. 5 EStG 196
c) Anforderungen an ein Verschulden 196
5. Effektivität eines Steuerabzugsmodells 196
IV. Ergebnis und Stellungnahme 200
B. Verfassungsmäßige sowie unionsrechtliche Anforderungen an die Reformoptionen 202
I. Informative Maßnahmen 202
1. Rechtliche Einordnung der Inanspruchnahme der Plattformbetreiber 202
2. Verfassungsrechtliche Zulässigkeit der Indienstnahme von Plattformbetreibern zur Veröffentlichung von Besteuerungshinweisen auf ihrer Unterkunftsvermittlungsplattform 205
a) (Negative) Meinungsfreiheit, Art. 5 Abs. 1 S. 1 GG 205
aa) Schutzbereich 206
bb) Ergebnis 208
b) Berufsfreiheit, Art. 12 Abs. 1 GG 208
aa) Schutzbereich der Berufsfreiheit 208
(1) Persönlicher Schutzbereich der Berufsfreiheit 208
(2) Sachlicher Schutzbereich der Berufsfreiheit 210
bb) Eingriff in die Berufsfreiheit 212
cc) Rechtfertigung 213
(1) Gesetzesvorbehalt 214
(2) Gemeinwohlbelang als legitimer Eingriffszweck 217

(a) Erhöhung der Staatseinnahmen 218
(b) Sicherung des Steueraufkommens zur Besteuerungs- und Wettbewerbsgleichheit 218
(3) Geeignetheit der Hinweispflicht zur Zweckerreichung 219
(4) Erforderlichkeit einer Hinweispflicht als mildeste Maßnahme 220
(5) Angemessenheit und Zumutbarkeit .. 221
(a) Verantwortungs- und Sachnähe 221
(b) Technischer und finanzieller Aufwand 225
dd) Ergebnis 226
c) Freiheit vom Arbeitszwang, Art. 12 Abs. 2 GG 226
d) Eigentumsfreiheit, Art. 14 Abs. 1 GG 228
aa) Persönlicher Schutzbereich der Eigentumsfreiheit 228
bb) Sachlicher Schutzbereich der Eigentumsfreiheit 228
e) Allgemeine Handlungsfreiheit, Art. 2 Abs. 1 GG 232
aa) Eingriff in den Schutzbereich der allgemeinen Handlungsfreiheit 232
bb) Rechtfertigung des Eingriffs in die allgemeine Handlungsfreiheit 234
cc) Ergebnis 236
f) Allgemeiner Gleichbehandlungsgrundsatz, Art. 3 Abs. 1 GG 236
aa) Relevante Ungleichbehandlung von wesentlich Gleichem 236
bb) Rechtfertigung der Ungleichbehandlung . 238
g) Ergebnis 240

3. Unionsrechtliche Erwägungen zur Veröffentlichungspflicht von Besteuerungshinweisen 240
a) Vereinbarkeit mit der Dienstleistungsrichtlinie 241
b) Vereinbarkeit mit der E-Commerce-Richtlinie 243
c) Vereinbarkeit mit der Dienstleistungsfreiheit .. 243
aa) Anwendungsbereich der Dienstleistungsfreiheit 243
bb) Beschränkung der Dienstleistungsfreiheit 245
cc) Rechtfertigung der Beschränkung der Dienstleistungsfreiheit 247
dd) Ergebnis 250
d) Vereinbarkeit mit der Europäischen Grundrechtecharta 250
e) Ergebnis 252
4. Verfassungsrechtliche und unionsrechtliche Zulässigkeit in Bezug auf die Online-Vermieter 252
5. Ergebnis 253
II. Datenkontrollsysteme 254
1. Verfassungsrechtliche Zulässigkeit der Inanspruchnahme von Plattformbetreibern zur haftungsbewehrten Kontrolle und Übermittlung von Daten 255
a) Berufsfreiheit, Art. 12 Abs. 1 GG 255
aa) Eingriff in den Schutzbereich der Berufsfreiheit 255
bb) Rechtfertigung 256
(1) Erforderlichkeit der Datenkontrollpflichten 257
(a) Erforderlichkeit der Ausgestaltungsvarianten innerhalb des Datenkontrollsystems 257
(b) Erforderlichkeit im Verhältnis zur Hinweispflicht 257

(c) Erforderlichkeit im Verhältnis zu einem haftungsbewehrten Abzugsteuersystem 258

(2) Angemessenheit der Datenkontrollpflichten 263

(a) Verantwortungs- oder Sachnähe des Plattformbetreibers zur Durchführung der Datenkontrollpflichten 264

(b) Gesamtabwägung unter Berücksichtigung des technischen und finanziellen Aufwands des Plattformbetreibers zur Umsetzung von Datenkontrollpflichten 264

(aa) Kompensation durch Kostenabwälzung oder besondere Umsatzchancen 267

(bb) Vergütungsanspruch gegen den deutschen Fiskus 270

(cc) Erfordernis einer gesetzlichen Fixierung der Ausgleichsregelung 271

(dd) Bemessung des Ausgleichsanspruchs 273

(ee) Ergebnis zum Ausgleichsanspruch für die Indienstnahme zur Datenkontrolle 273

(3) Verhältnismäßigkeit der das Datenkontrollsystem ergänzenden Haftungspflicht 274

(a) Legitimität des Eingriffsziels und Geeignetheit der Haftungsnorm zur Zielerreichung 274
(b) Erforderlichkeit einer Haftungsnorm 275
(c) Angemessenheit einer Haftung bei Verletzung einer Datenkontrollpflicht 277
cc) Ergebnis 278
b) Eigentumsfreiheit, Art. 14 Abs. 1 GG 279
aa) Persönlicher Schutzbereich der Eigentumsfreiheit 279
bb) Sachlicher Schutzbereich der Eigentumsfreiheit 280
cc) Ergebnis 281
c) Allgemeine Handlungsfreiheit, Art. 2 Abs. 1 GG 281
aa) Eingriff in den Schutzbereich der allgemeinen Handlungsfreiheit 281
bb) Rechtfertigung des Eingriffs in die allgemeine Handlungsfreiheit 282
cc) Ergebnis 283
d) Allgemeiner Gleichbehandlungsgrundsatz, Art. 3 Abs. 1 GG 284
2. Unionsrechtliche Erwägungen zur Indienstnahme von Plattformbetreibern zur Datenkontrolle 284
a) Vereinbarkeit mit europäischem Sekundärrecht 285
b) Vereinbarkeit mit der Dienstleistungsfreiheit 286
aa) Anwendungsbereich der Dienstleistungsfreiheit 286
bb) Beschränkung der Dienstleistungsfreiheit 286

cc) Rechtfertigung der Beschränkung der Dienstleistungsfreiheit 287

c) Ergebnis 289

3. Verfassungsrechtliche Zulässigkeit in Bezug auf die Online-Vermieter 289

a) Recht auf informationelle Selbstbestimmung, Art. 2 Abs. 1 i. V. m. Art. 1 Abs. 1 GG 289

aa) Schutzbereich des Rechts auf informationelle Selbstbestimmung 289

bb) Eingriff in den Schutzbereich des Rechts auf informationelle Selbstbestimmung 290

cc) Rechtfertigung des Eingriffs in das Recht auf informationelle Selbstbestimmung 291

b) Ergebnis 295

4. Ergebnis zur rechtlichen Zulässigkeit eines Datenaustauschsystems 295

III. Steuerabzugssystem 296

1. Verfassungs- und unionsrechtliche Zulässigkeit der Inanspruchnahme von Plattformbetreibern zum Steuerabzug 297

a) Berufsfreiheit, Art. 12 Abs. 1 GG 300

aa) Eingriff in den Schutzbereich der Berufsfreiheit 301

bb) Rechtfertigung 301

(1) Legitimität des Eingriffszwecks 302

(2) Geeignetheit des Steuerabzugssystems zur Sicherung des Besteuerungsanspruchs 303

(3) Erforderlichkeit eines Steuerabzugssystems 303

(4) Angemessenheit eines Steuerabzugsystems 305

(a) Verantwortungs- oder Sachnähe des Plattformbetreibers zum Steuerabzug 305
(b) Zumutbarkeit des Steuerabzugs 307
(c) Ergebnis und Stellungnahme 311
(5) Verhältnismäßigkeit der zur Steuerabzugspflicht korrespondierenden Haftungsnorm . 312
cc) Ergebnis 314
b) Eigentumsfreiheit, Art. 14 Abs. 1 GG 314
c) Allgemeine Handlungsfreiheit, Art. 2 Abs. 1 GG 315
aa) Eingriff in den Schutzbereich der allgemeinen Handlungsfreiheit 315
bb) Rechtfertigung des Eingriffs in die allgemeine Handlungsfreiheit 315
cc) Ergebnis 316
d) Allgemeiner Gleichbehandlungsgrundsatz, Art. 3 Abs. 1 GG 316
e) Unionsrechtliche Erwägungen zur Indienstnahme von Plattformbetreibern zum Steuerabzug 317
aa) Vereinbarkeit mit europäischem Sekundärrecht 317
bb) Vereinbarkeit mit der Dienstleistungsfreiheit 318
(1) Anwendungsbereich der Dienstleistungsfreiheit 318
(2) Beschränkung der Dienstleistungsfreiheit 318
(3) Rechtfertigung der Beschränkung der Dienstleistungsfreiheit 319

cc) Ergebnis 321
f) Zusammenfassung der Ergebnisse 321
2. Verfassungs- und unionsrechtliche Würdigung von pauschalierten Vorauszahlungspflichten der Online-Vermieter 322
a) Einführung 322
b) Gleichbehandlungsgrundsatz, Art. 3 Abs. 1 GG 323
aa) Relevante Ungleichbehandlung von Online-Vermietern zu anderen Einkommensteuerpflichtigen 323
(1) Das Leistungsfähigkeitsprinzip 323
(a) Objektives Nettoprinzip 325
(b) Subjektives Nettoprinzip 326
(2) Das Gebot der Folgerichtigkeit 326
(3) Ungleichbehandlung durch unterschiedliche Bemessung der Einkommensteuervorauszahlungen . 330
bb) Rechtfertigung der Ungleichbehandlung . 330
(1) Legitimität einer pauschalierten Vorauszahlungspflicht für Online-Vermieter 331
(2) Angemessenheit eines objektbezogenen Abzugsteuersystems 333
(a) Typisierungsbefugnis des Gesetzgebers 334
(b) Grenze der Übersicherung bei einem objektbezogenen Steuerabzug 335
(c) Berücksichtigung von Härtefällen durch Schaffung einer Ausnahmeregelung 337
(3) Ergebnis 339
c) Freiheitsgrundrechte 340

aa) Eigentumsfreiheit, Art. 14 Abs. 1 GG 340

(1) Die Abzugsteuer als Eingriff in den Schutzbereich des Art. 14 Abs. 1 GG 340

(2) Rechtfertigung 342

(3) Ergebnis 345

bb) Berufsfreiheit, Art. 12 Abs. 1 GG 345

cc) Allgemeine Handlungsfreiheit, Art. 2 Abs. 1 GG 346

d) Recht auf informationelle Selbstbestimmung, Art. 2 Abs. 1 i. V. m. Art. 1 Abs. 1 GG 347

aa) Eingriff in den Schutzbereich des Rechts auf informationelle Selbstbestimmung 347

bb) Rechtfertigung des Eingriffs in das Recht auf informationelle Selbstbestimmung 348

cc) Ergebnis 349

e) Dienstleistungsfreiheit, Art. 56 ff. AEUV 349

aa) Anwendungsbereich der Dienstleistungsfreiheit 349

bb) Beschränkung der Dienstleistungsfreiheit 351

cc) Rechtfertigung der Beschränkung der Dienstleistungsfreiheit 351

dd) Ergebnis 353

f) Zusammenfassung und Ergebnis zur Vorauszahlungswirkung der anrechenbaren Abzugsteuer auf den Online-Vermieter 353

3. Verfassungsrechtliche Prüfung einer Abgeltungswirkung im Lichte des allgemeinen Gleichbehandlungsgrundsatzes nach Art. 3 Abs. 1 GG 354

a) Art. 3 Abs. 1 GG in Bezug auf eine erhöhte Abgeltungsteuer zulasten der Online-Vermieter ... 356
aa) Verstoß gegen das Leistungsfähigkeitsprinzip bei einer Bruttobesteuerung ohne Veranlagungsoption ... 356
bb) Rechtfertigung ... 357
(1) Fiskalische Ziele ... 359
(2) Wettbewerbsneutralität durch gleichmäßige Besteuerung ... 359
(a) Anrechnungswirkung als eingriffsmildere Maßnahme gegenüber der Abgeltungswirkung ... 360
(b) Anrechnungswirkung als relativ mildestes Mittel gegenüber der Abgeltungswirkung ... 361
(3) Verfahrensvereinfachung ... 364
cc) Ergebnis ... 367
b) Art. 3 Abs. 1 GG in Bezug auf eine ermäßigte Abgeltungsteuer zugunsten der Online-Vermieter ... 368
aa) Verstoß gegen das Leistungsfähigkeitsprinzip durch ungleiche Begünstigung der Online-Vermieter ... 368
bb) Rechtfertigung der ungleichen Begünstigung der abzugsteuerpflichtigen Online-Vermieter 369
(1) Vermeidung von Wettbewerbsnachteilen durch gleichmäßigen Steuervollzug ... 369
(2) Verfahrensvereinfachung ... 369

cc) Ergebnis ... 371
c) Ergebnis zur verfassungsrechtlichen Prüfung einer Abgeltungswirkung ... 371
C. Zusammenfassung und Ergebnis zu den Reformmaßnahmen zur Sicherstellung der Besteuerungsansprüche aus der Online-Vermietung ... 372
I. Zusammenfassung ... 372
II. Ergebnis ... 375

Kapitel 2: Gestaltungsempfehlungen für einen Abzugsteuertatbestand ... 377
A. Anknüpfung an die Belegenheit des Vermietungsobjekts im Inland ... 378
B. Definition notwendiger Begriffsmerkmale ... 379
C. Bemessungsgrundlage der Abzugsteuer ... 381
I. Zusammensetzung der Preisgestaltung bei Unterkunftsvermittlungsplattformen ... 382
1. Vom Online-Vermieter festgelegter Mietpreis ... 382
2. Vermittlungsgebühren der Plattform ... 383
3. Lokale Steuern ... 384
4. Ergebnis ... 385
II. Gestaltungsempfehlung für die Bemessungsgrundlage eines Abzugsteuertatbestands ... 386
1. Berücksichtigung der Angaben aus der konkreten Online-Transaktion ... 386
2. Berücksichtigungsfähigkeit weiterer Vermietungsaufwendungen ... 387
D. Steuersatz der Abzugsteuer ... 389
E. Freistellung vom Steuerabzug zur Vermeidung von Härtefällen ... 392
F. Sonstige Verfahrensregelungen für die Indienstnahme des Plattformbetreibers zum Steuerabzug ... 394
I. Einbeziehung des Bundeszentralamts für Steuern ... 394

II. Anmelde- und Bescheinigungsverfahren 395
III. Datenübermittlungspflichten 395
IV. Haftungsregelung 396

G. Zusammenfassung zur Gestaltungsempfehlung für einen Abzugsteuertatbestand 397

H. Beispiel eines Abzugsteuertatbestandes für Online-Vermietungen 398
I. § 1 – Online-Vermietungseinkünfte mit Steuerabzug 398
II. § 2 – Entrichtung der Onlinevermietungsteuer 398
III. § 3 – Abstandnahme vom Steuerabzug 399
IV. § 4 – Anmeldung und Bescheinigung der Onlinevermietungsteuer 400
V. § 5 – Mitteilungen an das Bundeszentralamt für Steuern . 400

Teil 5: Thesenhafte Zusammenfassung 401

Literaturverzeichnis 405

Abkürzungsverzeichnis

a. A.	andere /anderer Ansicht; andere Ansichten
ABl.	Amtsblatt
ABl. EG	Amtsblatt der Europäischen Gemeinschaften
ABl. EU	Amtsblatt der Europäischen Union
Abs.	Absatz / Absätze
AEAO	Anwendungserlass zur Abgabenordnung
AEUV	Vertrag über die Arbeitsweise der Europäischen Union
a. F.	alte Fassung
AfA	Aufwand für Abnutzung
AG	Amtsgericht
AGB	Allgemeine Geschäftsbedingungen
Alt.	Alternative
AO	Abgabenordnung
AöR	Archiv des öffentlichen Rechts
Art.	Artikel
AStG	Außensteuergesetz
Aufl.	Auflage
BauNVO	Baunutzungsverordnung
BB	Betriebs-Berater
BeckOK	Beck'sche Online-Kommentare
Begr.	Begründer, -innen
BEPS	Base Erosion and Profit Shifting
BFH	Bundesfinanzhof
BFH/NV	Sammlung amtlich nicht veröffentlichter Entscheidungen des Bundesfinanzhofs
BFHE	Sammlung der Entscheidungen des Bundesfinanzhofs
BGB	Bürgerliches Gesetzbuch
BGBl.	Bundesgesetzblatt
BGH	Bundesgerichtshof
BGHZ	Entscheidungen des Bundesgerichtshofs in Zivilsachen
BIT	Bulletin for International Taxation
BMF	Bundesministerium der Finanzen
BMWi	Bundesministerium für Wirtschaft und Energie
BpO	Betriebsprüfungsordnung
BRD	Bundesrepublik Deutschland

BR-Drs.	Bundesratsdrucksache
BStBl.	Bundessteuerblatt
BT-Drs.	Bundestagsdrucksache
BVerfG	Bundesverfassungsgericht
BVerfGE	Entscheidungen der amtlichen Sammlung des Bundesverfassungsgerichts
BVerwG	Bundesverwaltungsgericht
BVerwGE	Entscheidungen der amtlichen Sammlung des Bundesverwaltungsgerichts
BW	Baden-Württemberg
bzw.	beziehungsweise
CMR	California Management Review
COM	Dokumente der Europäischen Kommission
CR	Computer und Recht
DB	Der Betrieb
DBA	Doppelbesteuerungsabkommen
DBA-MA	OECD-Musterabkommen
DÖV	Die Öffentliche Verwaltung
DStJG	Deutsche Steuerjuristische Gesellschaft
DStR	Deutsches Steuerrecht
DStR-Beih	Beihefter zu Deutsches Steuerrecht
DStZ	Deutsche Steuer-Zeitung
DVBl	Deutsches Verwaltungsblatt
ECLI	European Case Law Identifier (Europäischer Urteilsidentifikator)
E-Commerce-Richtlinie	Richtlinie über den elektronischen Geschäftsverkehr
EFG	Entscheidungen der Finanzgerichte
EGV	Vertrag zur Gründung der Europäischen Gemeinschaft
EL	Ergänzungslieferung
EStDV	Einkommensteuerdurchführungsverordnung
EStG	Einkommensteuergesetz
EStR	Einkommensteuerrichtlinien
EU	Europäische Union
EUAHiG	Gesetz über die Durchführung der gegenseitigen Amtshilfe in Steuersachen zwischen den Mitgliedstaaten der Europäischen Union
EuCML	Journal of European Consumer and Market Law
EuGH	Europäischer Gerichtshof

EU-GR-Charta	Charta der Grundrechte der Europäischen Union
EUV	Vertrag über die Europäische Union
EuZW	Europäische Zeitschrift für Wirtschaftsrecht
EY	Ernst & Young
f.	folgender
ff.	folgende
FG	Finanzgericht
Fn.	Fußnote
FR	Finanz-Rundschau
FVG	Finanzverwaltungsgesetz
GewO	Gewerbeordnung
GewStG	Gewerbesteuergesetz
GG	Grundgesetz
ggfs.	gegebenenfalls
GmbHR	GmbH-Rundschau
GVBl.	Gesetz- und Verordnungsblatt
HBR	Harvard Business Review
HGB	Handelsgesetzbuch
HmbWoSchG	Hamburgisches Wohnraumschutzgesetz
HmbWoSchVO	Hamburgische Wohnraumschutzverordnung
hrsg.	herausgegeben
Hs.	Halbsatz
i. d. F.	in der Fassung
i. Erg.	im Ergebnis
ifst	Institut Finanzen und Steuern
i. H. v.	in Höhe von
IJBSS	International Journal of Business and Social Science
Int. VAT Monitor	International VAT Monitor
ISR	Internationale Steuerrundschau
IStR	Internationales Steuerrecht
i. V. m.	in Verbindung mit
IWR	Internationales Steuer- und Wirtschaftsrecht
JA	Juristische Arbeitsblätter
jM	juris – Die Monatszeitschrift
JÖR	Jahrbuch des Öffentlichen Rechts der Gegenwart
JuS	Juristische Schulung
JZ	Juristenzeitung
KStG	Körperschaftsteuergesetz
LBO	Landesbauordnung

LG	Landgericht
lit.	Litera
LKV	Landes- und Kommunalverwaltung
LStDV	Lohnsteuerdurchführungsverordnung
m. w. H.	mit weiteren Hinweisen
m. w. N.	mit weiteren Nachweisen
MwSt	Mehrwertsteuer
MwStR	Zeitschrift für das gesamte Mehrwertsteuerrecht
m. W. v.	mit Wirkung vom
NJW	Neue Juristische Wochenschrift
NK	Neue Kriminalpolitik
No.	Nummer
Nr.	Nummer / Nummern
NVwZ	Neue Zeitschrift für Verwaltungsrecht
NWB	Neue Wirtschafts-Briefe
NZM	Neue Zeitschrift für Miet- und Wohnungsrecht
OECD	Organisation for Economic Co-Operation and Development
OLG	Oberlandesgericht
PWP	Perspektiven der Wirtschaftspolitik
S.	Seite / Seiten; Satz / Sätze
s. o.	siehe oben
sog.	sogenannte / sogenannter / sogenanntes / sogenannten
StB	Der Steuerberater
Stbg	Die Steuerberatung
StuB	Steuer- und Bilanzpraxis
StuW	Steuer und Wirtschaft
sublit.	Sublitera
SWD	Arbeitsunterlage der Kommissionsdienststellen
TCLR	Tsinghua China Law Review
u. a.	unter anderem
UR	Umsatzsteuer-Rundschau
UStB	Der Umsatzsteuer-Berater
UStG	Umsatzsteuergesetz
v.	vom
Var.	Variante
VerwArch	Verwaltungsarchiv
vgl.	vergleiche
VO	Verordnung
Vorb.	Vorbemerkung

VVDStRL	Veröffentlichungen der Vereinigung der Deutschen Staatsrechtslehrer
WTJ	World Tax Journal
z. B.	zum Beispiel
ZD	Zeitschrift für Datenschutz
ZeS München	Satzung der Landeshauptstadt München über das Verbot der Zweckentfremdung von Wohnraum
ZEW	Leibniz-Zentrum für Europäische Wirtschaftsforschung
ZfBR	Zeitschrift für deutsches und internationales Bau- und Vergaberecht
ZPO	Zivilprozessordnung
ZRP	Zeitschrift für Rechtspolitik
ZUM	Zeitschrift für Urheber- und Medienrecht
ZWE	Zeitschrift für Wohnungseigentumsrecht
ZwEVS	Satzung über das Verbot der Zweckentfremdung von Wohnraum
ZwEWG	Gesetz über das Verbot der Zweckentfremdung von Wohnraum
ZwVbG	Gesetz über das Verbot der Zweckentfremdung
ZwVbVO	Verordnung über das Verbot der Zweckentfremdung

Teil 1: Einführung

Kapitel 1: Untersuchungsgegenstand und Gang der Untersuchung

A. Problemstellung

I. Die Sharing Economy

Entgegen vieler umweltpolitischer Bestrebungen wächst die Autodichte in Großstädten ungebremst weiter.[1] Dabei stellt sich in der heutigen Zeit die Frage: Braucht man in einer Großstadt noch ein eigenes Auto? Eine Befragung junger Großstadtbewohner im Alter von 18 bis 25 Jahren ergab, dass für sie der eigene Pkw keine wichtige Rolle mehr für die eigene Mobilitätssituation darstellt.[2] Ab und an mag ein Auto von Nutzen sein – muss es aber notwendigerweise das eigene sein? Die Straßen sind gefüllt mit parkenden Autos und ausreichend wäre, wenn man sich per App kurzfristig ein Auto von einem Dritten gegen Entgelt mieten kann. Dieses Konzept liegt der Sharing Economy zugrunde.

Das Teilen von Werkzeugen im Rahmen der Nachbarschaftshilfe, von Fahrtkosten im Rahmen einer gemeinsamen Fahrt zum Arbeitsplatz mit den Kollegen oder von Räumlichkeiten und Personal im Rahmen einer Gemeinschaftspraxis ist althergebracht.[3] Gleichwohl hat das Zeitalter der

---

1 Vgl. Autohaus Online-Beitrag v. 19.06.2020, https://www.autohaus.de/nachrichten/pkw-dichte-in-grossstaedten-jedes-jahr-tausende-autos-mehr-2633022.html (Stand: 09.11.2020).

2 Vgl. Studie des Center of Automotive Management (CAM) im Auftrag des BNP Paribas Cardif: Finanzierung und Absicherung neuer Mobilitätskonzepte, 2018, Folie 58, https://www.bnpparibascardif.de/documents/28628/159881/180321+Studie+-+Finanzierung+und+Absicherung+neuer+Mobilita%CC%88tskonzepte_final.pdf/82178336-40f4-4955-8d1d-2937fe70e1a7 (Stand: 09.11.2020); Zeit Online-Beitrag v. 19.04.2018, https://www.zeit.de/mobilitaet/2018-04/autofahren-bedeutung-junge-menschen-stadt-land-studie (Stand: 09.11.2020).

3 *Dittmann/Kuchinke*, in: Aufderheide/Dabrowski, Digitale Wirtschaft und Sharing Economy, 2017, S. 11; *Empirica*: Airbnb im Kontext zentraler quantitativer Einflussfaktoren auf regionale Wohnungsmärkte, 2019, S. 17, https://www.empirica-institut.de/fileadmin/Redaktion/Publikationen_Referenzen/PDFs/20190806

Digitalisierung dieser Art des Teilens zu einer neuen Dimension verholfen, indem die Transaktion ins Internet verlagert wurde.[4] Auf elektronischen Marktplätzen offerieren Anbieter ihre Leistungen, die dann von einer Vielzahl von Konsumenten weder orts- noch zeitgebunden eingesehen und gebucht werden können.[5] Autofahrten, Kleidung, Arbeitsleistungen oder gar das eigene Zuhause werden der „Community" zur kurzfristigen Nutzung zur Verfügung gestellt, um mit diesen Wirtschaftsgütern, die gerade nicht benötigt werden, Einnahmen zu erzielen.[6] Anbieter und Interessenten können über die breit zugänglichen Vermittlungsplattformen mit geringen Transaktionskosten zusammenfinden.[7] Durch die unkomplizierte Nutzung und die oftmals günstigeren Preise im Vergleich zu Angeboten über traditionelle Geschäftswege erfreut sich dieses neue digitale Geschäftsmodell einer stetig zunehmenden Beliebtheit.[8] Es hat sich ein neuer, ökonomisch immer mehr an Bedeutung gewinnender Wirtschaftszweig herausgebildet,[9] der der Sharing-Economy-

_empirica-Studie-Einflussfaktoren-Wohnungsmarkt.pdf (Stand: 09.11.2020); *Lin-Hi*, in: Aufderheide/Dabrowski, Digitale Wirtschaft und Sharing Economy, 2017, S. 145, 146; *Solmecke/Lengersdorf*, MMR 2015, 493.

4 *Empirica*: Airbnb im Kontext zentraler quantitativer Einflussfaktoren auf regionale Wohnungsmärkte, 2019, S. 17, https://www.empirica-institut.de/fileadmin/Redaktion/Publikationen_Referenzen/PDFs/20190806_empirica-Studie-Einflussfaktoren-Wohnungsmarkt.pdf (Stand: 09.11.2020); *Kußmaul/Kloster*, DStR 2016, 1280.

5 *Lin-Hi*, in: Aufderheide/Dabrowski, Digitale Wirtschaft und Sharing Economy, 2017, S. 145, 147.

6 *Bal*, BIT 2018 (4a/Special Issue), https://online.ibfd.org/kbase/index.jsp#topic=doc&url=/collections/bit/html/bit_2018_4a_e2_1.html (Stand: 19.12.2019); BMWi, Sharing Economy im Wirtschaftsraum Deutschland, 2018, S. 6; *Botsman/Rogers*, What's mine is yours: how collaborative consumption is changing the way we live, 2011, S. 212 ff.

7 *Empirica*: Airbnb im Kontext zentraler quantitativer Einflussfaktoren auf regionale Wohnungsmärkte, 2019, S. 17, https://www.empirica-institut.de/fileadmin/Redaktion/Publikationen_Referenzen/PDFs/20190806_empirica-Studie-Einflussfaktoren-Wohnungsmarkt.pdf (Stand: 09.11.2020).

8 *EY*, Get ready: open to sharing means open for business, 2016, S. 6 ff., https://www.eycom.ch/en/Publications/20151221-Understanding-the-sharing-economy/download (Stand: 09.11.2020).

9 Zu den ökonomischen Auswirkungen umfassend *Peitz/Schwalbe*, PWP 2016, 232, 240 ff.; sowie zur zunehmenden wirtschaftlichen Bedeutung der Sharing Economy

Plattformen.[10]

Die Sharing Economy hat einige der erfolgreichsten Plattformunternehmen hervorgebracht.[11] Prominente Beispiele für Plattformmodelle, die den Weiterverkauf gebrauchter Güter ermöglichen, sind eBay,[12] Amazon,[13] Shpock[14] oder Kleiderkreisel.[15] Unterkünfte können über Airbnb,[16] Autos über SHARE NOW gemietet werden.[17] Über Plattformen wie TaskRabbit ist der entgeltliche Erwerb verschiedener Dienstleistungen wie Handwerkerleistungen oder Umzugshilfen möglich.[18] Die Formen sind mithin vielfältig. Gemeinsam ist ihnen die gemeinschaftliche Nutzung von Ressourcen, die durch Online-Transaktionen über Plattformen oder über Applikationen des Smartphones initiiert werden. Der Plattformbetreiber nimmt dabei eine Vermittlungsfunktion zwischen den Anbietern und Endkunden ein. Er tritt als Intermediär – als Betreiber eines digitalen Marktplatzes – auf, um Anbieter und Nachfrager zusammen zu bringen, die dann untereinander Transaktionen abwickeln.[19] Für

---

Plattformen vgl. Europäische Kommission, Mitteilung v. 02.06.2016, COM(2016), 356 final, S. 2 mit Bezug auf *Beutin*, Share Economy 2017. The New Business Model, 2018, https://www.pwc.de/de/digitale-transformation/share-economy-report-2017.pdf (Stand: 09.11.2020); *EY*, Get ready: open to sharing means open for business, 2016, S. 4 ff., https://www.eycom.ch/en/Publications/20151221-Understanding-the-sharing-economy/download (Stand: 09.11.2020); OECD, The Sharing and Gig Economy: Effective Taxation of Platform Sellers: Forum on Tax Administration, 2019, S. 17 m. w. H.

10 Weltweit verzeichnet die Sharing Economy ein rasantes Wachstum, siehe u. a. World Economic Forum Online-Beitrag v. 04.01.2019, https://www.weforum.org/agenda/2019/01/sharing-economy/ (Stand: 09.11.2020).

11 *Bal*, BIT 2018 (4a/Special Issue), https://online.ibfd.org/kbase/index.jsp#topic=doc&url=/collections/bit/html/bit_2018_4a_e2_1.html (Stand: 19.12.2019).

12 Vgl. die Website unter https://www.ebay.de/ (Stand: 26.10.2020).

13 Vgl. die Website unter https://www.amazon.de/ (Stand: 26.10.2020).

14 Vgl. die Website unter https://www.shpock.com/de-de (Stand: 26.10.2020).

15 Vgl. die Website unter https://www.kleiderkreisel.de/ (Stand: 26.10.2020).

16 Vgl. die Website unter https://www.airbnb.de/ (Stand: 27.10.2020).

17 Vgl. die Website unter https://www.your-now.com/de/our-solutions/share-now (Stand: 27.10.2020).

18 Vgl. die Website unter https://www.taskrabbit.de/ (Stand: 26.10.2020).

19 *Botsman/Rogers*, What's mine is yours: how collaborative consumption is changing the way we live, 2011, S. 71 ff.; *Bozdoganoglu*, IJBSS 2017, 119, 120 ff.; *Eisenmann*, CMR 2008, 31, 33; Europäische Kommission, Mitteilung v. 02.06.2016, COM(2016), 356 final, S. 3.

seine Vermittlungsleistung verlangt der Plattformbetreiber üblicherweise ein Entgelt.[20]

Der Sektor der Sharing-Economy-Plattformen wuchs in den letzten Jahren rapide und gewann in einigen Branchen in bedeutendem Maße an Marktanteilen. Die Europäische Kommission schätzte den Bruttoumsatz der Plattformbetreiber und der auf den Plattformen aktiven Leistungsanbieter in der Europäischen Union bereits für das Jahr 2015 auf 28 Milliarden Euro.[21] Besonders auffällig an der Entwicklung ist das rasant ansteigende Wachstum des Geschäftsmodells. Nach der für 2015 durchgeführten Untersuchung hat sich der Umsatz in den Schlüsselbranchen der Sharing Economy (Kurzzeitvermietungen, Personenbeförderungen, Dienstleistungen für private Haushalte, freiberufliche und technische Dienstleistungen sowie Crowdfunding) im Vergleich zum Vorjahr verdoppelt.[22] Schätzungen zufolge soll der Umsatz der EU-Wirtschaft durch die Sharing Economy um bis zu 572 Milliarden Euro zunehmen.[23] Studien ergaben weiterhin, dass im Jahr 2017 etwa 40 Prozent aller Deutschen Dienstleistungen aus dem Bereich der Sharing Economy nutzen.[24] 21 Prozent der Deutschen haben schon selbst eine Leistung über Sharing Economy Plattformen angeboten.[25] Mit der steigenden Nutzung internetfähiger Smartphones[26] werden immer

20 *Elliot*, BIT 2018 (4a/Special Issue), https://online.ibfd.org/kbase/index.jsp#topic=doc&url=/collections/bit/html/bit_2018_4a_e2_1.html (Stand: 19.12.2019); Europäische Kommission, Mitteilung v. 02.06.2016, COM(2016), 356 final, S. 3; *Henke/Singbartl/Zintl*, NZM 2018, 1, 2; *Solmecke/Lengersdorf*, MMR 2015, 493, 494; *Wewer*, ZRP 2016, 193, 194.

21 Europäische Kommission, Mitteilung v. 02.06.2016, COM(2016), 356 final, S. 2.

22 Europäische Kommission, Mitteilung v. 02.06.2016, COM(2016), 356 final, S. 2; *Beutin*, Share Economy 2017. The New Business Model, 2018, S. 9 ff., https://www.pwc.de/de/digitale-transformation/share-economy-report-2017.pdf (Stand: 09.11.2020); OECD, The Sharing and Gig Economy: Effective Taxation of Platform Sellers: Forum on Tax Administration, 2019, S. 17 m. w. H.

23 Europäische Kommission, Mitteilung v. 02.06.2016, COM(2016), 356 final, S. 2 mit Bezug auf *Beutin*, Share Economy 2017. The New Business Model, 2018, https://www.pwc.de/de/digitale-transformation/share-economy-report-2017.pdf (Stand: 09.11.2020); OECD, The Sharing and Gig Economy: Effective Taxation of Platform Sellers: Forum on Tax Administration, 2019, S. 17 m. w. H.

24 *Beutin*, Share Economy 2017. The New Business Model, 2018, S. 19, https://www.pwc.de/de/digitale-transformation/share-economy-report-2017.pdf (Stand: 09.11.2020).

25 *Beutin*, Share Economy 2017. The New Business Model, 2018, S. 20, https://www.pwc.de/de/digitale-transformation/share-economy-report-2017.pdf (Stand: 09.11.2020).

26 *Evans/Gawer*, The Rise of the Platform Enterprise, 2016, S. 4, https://www.thecge.net/app/uploads/2016/01/PDF-WEB-Platform-Survey_01_12.pdf (Stand: 09.11.2020).

mehr Verträge über das Internet geschlossen[27] und somit wird prognostiziert, dass auch Sharing-Economy-Plattformen künftig stetig mehr Zulauf bekommen werden.[28]

II. Steuerrechtliche Bedeutung der Sharing-Economy-Plattformen

Anders als die Bezeichnung „Sharing" in „Sharing Economy" auf den ersten Blick vermuten lassen mag, steht bei der Sharing Economy nicht immer ein sozialer Aspekt des Teilens im Vordergrund. Vielmehr werden die geteilten Gegenstände und Leistungen regelmäßig gegen Entgelt überlassen.[29] Ziel ist es, mit der Überlassung vorhandener Wirtschaftsgüter einen (zusätzlichen) Gewinn zu erwirtschaften. Daher erfüllt das entgeltliche Teilen regelmäßig auch keinen sozialen und förderungswürdigen, steuerbegünstigenden Tatbestand, sondern führt je nach Leistungsart – entsprechend der Leistungen über traditionelle Geschäftswege – regelmäßig zu steuerpflichtigen Einnahmen.

In diesem Zusammenhang wird allerdings vermutet, dass eine Vielzahl der Nutzer von Sharing-Economy-Plattformen ihren steuerlichen Verpflichtungen nicht nachkommen.[30] Dieses Problem hat in der Vergangenheit bereits zu einer Reform des Umsatzsteuergesetzes geführt, wonach Plattformbetreiber zu haftungsbewehrten Aufzeichnungspflichten verpflichtet wurden, um den vermuteten Umsatzsteuerausfällen beim Handel mit Waren über das Internet

---

27 Vgl. z. B. *Busch/Schulte-Nölke/Wiewiórowska-Domagalska/Zoll*, EuCML 2016, 3, 4.

28 Vgl. *Beutin*, Share Economy 2017. The New Business Model, 2018, S. 16, https://www.pwc.de/de/digitale-transformation/share-economy-report-2017.pdf (Stand: 09.11.2020); Europäische Kommission, Mitteilung v. 02.06.2016, COM(2016), 356 final, S. 2; *EY*, Get ready: open to sharing means open for business, 2016, S. 7, https://www.eycom.ch/en/Publications/20151221-Understanding-the-sharing-economy/download (Stand: 09.11.2020); OECD, The Sharing and Gig Economy: Effective Taxation of Platform Sellers: Forum on Tax Administration, 2019, S. 17 m. w. H.

29 *Kußmaul/Kloster*, DStR 2016, 1280.

30 *Evans/Gawer*, The Rise of the Platform Enterprise, 2016, S. 22, https://www.thecge.net/app/uploads/2016/01/PDF-WEB-Platform-Survey_01_12.pdf (Stand: 09.11.2020); *EY*, Get ready: open to sharing means open for business, 2016, S. 19 ff., https://www.eycom.ch/en/Publications/20151221-Understanding-the-sharing-economy/download (Stand: 09.11.2020); *Grlica*, Int. VAT Monitor 2017, 124, 125 ff.; *Groß/Heinrichshofen*, UR 2016, 385; *Lin-Hi*, in: Aufderheide/Dabrowski, Digitale Wirtschaft und Sharing Economy, 2017, S. 145, 149; *Neugebauer*, UR 2020, 104, 109.

entgegenzuwirken.[31] Jüngst wurde zudem auf internationaler Ebene die sog. DAC-7-Richtlinie beschlossen, die digitale Geschäftsmodelle transparenter gestalten und Steuervollzugsdefizite vermeiden soll.[32] Durch die internationale Zusammenarbeit der Staaten wird das Ziel verfolgt, nationale Steuerbehörden durch möglichst digitale, automatisiert durchführbare Maßnahmen zur Nutzung vorhandener Daten und eines effizienten Datenaustausches beim Vollzug bestehender Steuervorschriften zu unterstützen.[33]

Der Verdacht von systematischer Steuerhinterziehung im Bereich der Unterkunftsvermittlung über das Internet führte in den letzten Jahren zu einer vermehrten Kritik an der Unterkunftsvermittlungsplattform Airbnb.[34] Das 2008 gegründete US-amerikanische Unternehmen – mit europäischem Sitz in Dublin (und „lediglich" deutscher Niederlassung in Berlin)[35] – ist die derzeit weltweit

31 Vgl. § 22 f und § 25 e UStG, eingeführt m. W. v. 01.01.2019 durch Gesetz zur Vermeidung von Umsatzsteuerausfällen beim Handel mit Waren im Internet vom 11.12.2018, BGBl. I 2018, S. 2338; dazu BMF v. 28.01.2019, BStBl. I 2019, S. 106; v. 21.02.2019, BStBl. I 2019, S. 203; BT-Drs. 19/4455 v. 24.09.2018, S. 1.

32 Richtlinie (EU) 2021/514 des Rates v. 22.03.2021 zur Änderung der Richtlinie 2011/16/EU über die Zusammenarbeit der Verwaltungsbehörden im Bereich der Besteuerung, ABl. EU L 104 v. 25.03.2021, S. 1; „DAC 7" bezieht sich auf die englische Bezeichnung der Amtshilferichtlinie: „Directive on Administrative Cooperation", um deren 7. Version es sich handelt.

33 Europäische Kommission, Aktionsplan für eine faire und einfache Besteuerung zur Unterstützung der Aufbaustrategie, Mitteilung v. 15.07.2020, COM(2020) 312 final, S. 1 ff., 9; OECD, Model Rules for Reporting by Platform Operators with respect to Sellers in the Sharing and Gig Economy, 2020, S. 8.

34 *Bozdoganoglu*, IJBSS 2017, 119, 129; *Bräutigam/Ludwig/Spengel*, Steuerlicher Reformbedarf bei Service-Plattformen: Eine Analyse anhand des deutschen Airbnb-Marktes, 2019, S. 11, https://www.zew.de/fileadmin/FTP/gutachten/ZEW_Expertise_Airbnb_2019.pdf (Stand: 09.11.2020); *Fehling*, Focus Online-Beitrag v. 23.04.2014, https://www.focus.de/finanzen/steuern/tid-34247/us-behoerden-jagen-schon-private-vermieter-airbnb-was-ist-das-deutsche-finanzaemter-verschlafen-millioneneinnahmen_aid_1136297.html (Stand: 09.11.2020); *Fricke/Linnemann*, Focus 2018 (6), 25; *Ott*, Süddeutsche Zeitung Online-Beitrag v. 18.10.2019, https://www.sueddeutsche.de/wirtschaft/airbnb-urlaub-wohnung-1.4644516 (Stand: 09.11.2020); *Ramthun/Becker/Kiani-Kreß/ter Haseborg*, Wirtschaftswoche 2018 (19) v. 04.05.2018, 26, 28; *Talaska/Cremers*, DB 2018, 1824, 1825; *Wewer*, ZRP 2016, 193, 196.

35 Vgl. Nutzungsbedingungen von Airbnb, unter „Terms of Service", https://www.airbnb.de/terms (Stand: 09.11.2020); dazu VG Berlin v. 20.07.2017 – VG 6 L 162.17, ZD 2017, 494; *Keilani*, Tagesspiegel Online-Beitrag v. 15.03.2018, https://www.tagesspiegel.de/berlin/21072136.html (Stand: 09.11.2020); *Ramthun/Becker/Kiani-Kreß/ter Haseborg*, Wirtschaftswoche 2018 (19) v. 04.05.2018, 26, 29.

wohl bekannteste Service-Plattform, die Anbietern eine Möglichkeit zur kurzfristigen Vermietung von Wohnungen oder Zimmern bietet.[36] Nach eigenen Angaben von Airbnb hat der Umsatz im zweiten Quartal von 2019 erstmals die Marke von einer Milliarde US-Dollar überschritten.[37] Die Vermieter haben seit Bestehen der Plattform bis Mitte September 2019 Einnahmen von über 80 Milliarden US-Dollar generiert und es bestehen mehr als sieben Millionen Inserate für über 100.000 Städte weltweit.[38] Während in 2011 nur zwölf Städte mehr als 1.000 Airbnb-Inserate für ihre Stadt verzeichnen konnten, stieg die Anzahl 2019 auf knapp 1.000 Städte.[39]

Auch in Deutschland erfreut sich Airbnb zunehmender Beliebtheit und stellt insbesondere in Großstädten eine ernstzunehmende Konkurrenz für das Hotelgewerbe dar.[40] Es werden inzwischen 150.000 Unterkünfte in Deutschland über

---

36 Vgl. *Beutin*, Share Economy 2017. The New Business Model, 2018, S. 14, 20, 37, https://www.pwc.de/de/digitale-transformation/share-economy-report-2017.pdf (Stand: 09.11.2020); BMWi, Sharing Economy im Wirtschaftsraum Deutschland, 2018, S. 26; *Bräutigam/Ludwig/Spengel*, Steuerlicher Reformbedarf bei Service-Plattformen: Eine Analyse anhand des deutschen Airbnb-Marktes, 2019, S. 3, 11, https://www.zew.de/fileadmin/FTP/gutachten/ZEW_Expertise_Airbnb_2019.pdf (Stand: 09.11.2020); *Empirica*: Airbnb im Kontext zentraler quantitativer Einflussfaktoren auf regionale Wohnungsmärkte, 2019, S. 20, https://www.empirica-institut.de/fileadmin/Redaktion/Publikationen_Referenzen/PDFs/20190806 _empirica-Studie-Einflussfaktoren-Wohnungsmarkt.pdf (Stand: 09.11.2020); *Kußmaul/Kloster*, DStR 2016, 1280; *Lin-Hi*, in: Digitale Wirtschaft und Sharing Economy, 2017, S. 145, 147; *Louven*, Handelsblatt Online-Beitrag v. 27.09.2019, https://www.handelsblatt.com/finanzen/immobilien/25051060.html (Stand: 09.11.2020); *Talaska/Cremers*, DB 2018, 1824.

37 *Airbnb*, Update on the Airbnb Community, Pressebericht v. 18.09.2019, https://press.airbnb.com/update-on-the-airbnb-community/ (Stand: 19.09.2019).

38 *Airbnb*, Update on the Airbnb Community, Pressebericht v. 18.09.2019, https://press.airbnb.com/update-on-the-airbnb-community/ (Stand: 19.09.2019).

39 *Airbnb*, Update on the Airbnb Community, Pressebericht v. 18.09.2019, https://press.airbnb.com/update-on-the-airbnb-community/ (Stand: 19.09.2019).

40 *Airbnb*, Airbnb-Jahresrückblick für 2017: Mehr als drei Millionen Gastankünfte in Deutschland, Pressebericht vom 19.12.2017, https://press.airbnb.com/de/airbnb-jahresrueckblick-fuer-2017-mehr-als-drei-millionen-gastankuenfte-in-deutschland/ (Stand: 28.08.2019); *Beutin*, Share Economy 2017. The New Business Model, 2018, S. 14, 20, 37, https://www.pwc.de/de/digitale-transformation/share-economy-report-2017.pdf (Stand: 09.11.2020); *Kußmaul/Kloster*, DStR 2016, 1280; *Lin-Hi*, in: Digitale Wirtschaft und Sharing Economy, 2017, S. 145, 147; *Louven*, Handelsblatt Online-Beitrag v. 27.09.2019, https://www.handelsblatt.com/finanzen/immobilien/25051060.html (Stand: 09.11.2020); *Talaska/Cremers*, DB 2018, 1824.

Airbnb angeboten.[41] Nach einer aktuellen Studie des Leibniz Zentrum für Europäische Wirtschaftsforschung in Mannheim (ZEW) wird der Jahresumsatz von Airbnb-Unterkünften für das Jahr 2018 bei den im Rahmen der Studie untersuchten 20 deutschen Großstädten auf über 683 Millionen Euro geschätzt.[42] Der Umsatz der Airbnb-Unterkünfte ist damit mit dem namhafter Hotelketten vergleichbar: Die Hotelkette Accor konnte beispielsweise 2018 einen Jahresumsatz in Höhe von ca. 1.310 Millionen Euro verzeichnen, bei Best Western Hotel lag der Jahresumsatz um die 705 Millionen Euro, bei der Kette Steigenberger bei ca. 517 Millionen Euro und Hilton konnte etwa 356 Millionen Euro umsetzen.[43] Weltweit dürfte Airbnb inzwischen mehr Übernachtungen vermitteln als die fünf größten Hotelketten zusammen.[44] Allein in den Monaten September bis November 2018 wurden in den 20 untersuchten Städten in Deutschland über 40.000 Unterkünfte auf Airbnb angeboten und der mittlere Preis für eine Übernachtung lag im Median bei 55 Euro. Darüber hinaus kommt die Studie zu der Erkenntnis, dass einzelne Airbnb-Nutzer weit über 100 Unterkünfte anbieten, was die Annahme einer kommerziellen, steuerlich nicht unbedeutenden Einkunftsquelle nahelegt.[45] Dem deutschen Fiskus entgeht jährlich allein aus den Airbnb-Vermietungen Einkommensteuer in Höhe von geschätzt 87 Millionen Euro und Umsatzsteuer von geschätzt 121 Millionen Euro.[46]

---

41 *Empirica*: Airbnb im Kontext zentraler quantitativer Einflussfaktoren auf regionale Wohnungsmärkte, 2019, S. 20, https://www.empirica-institut.de/fileadmin/Redaktion/Publikationen_Referenzen/PDFs/20190806_empirica-Studie-Einflussfaktoren-Wohnungsmarkt.pdf (Stand: 09.11.2020).

42 Untersucht wurden die Städte Berlin, München, Hamburg, Köln, Düsseldorf, Hannover, Leipzig, Frankfurt, Nürnberg, Dresden, Stuttgart, Bremen, Bonn, Lübeck, Freiburg, Essen, Heidelberg, Mannheim, Münster und Rostock, vgl. *Bräutigam/Ludwig/Spengel*, Steuerlicher Reformbedarf bei Service-Plattformen: Eine Analyse anhand des deutschen Airbnb-Marktes, 2019, S. 5, https://www.zew.de/fileadmin/FTP/gutachten/ZEW_Expertise_Airbnb_2019.pdf (Stand: 09.11.2020).

43 AHGZ-Ranking 2019, abrufbar unter: https://www.ahgz.de/shop/hotellerie/top-200-einzelhotels-deutschland-2018-940.html (Stand: 19.09.2019).

44 Handelsblatt Online-Beitrag v. 23.02.2018: Airbnb baut Geschäft mit Hotels und Luxus aus, https://www.handelsblatt.com/unternehmen/dienstleister/20995968-2.html (Stand: 09.11.2020).

45 *Bräutigam/Ludwig/Spengel*, Steuerlicher Reformbedarf bei Service-Plattformen: Eine Analyse anhand des deutschen Airbnb-Marktes, 2019, S. 11, https://www.zew.de/fileadmin/FTP/gutachten/ZEW_Expertise_Airbnb_2019.pdf (Stand: 09.11.2020).

46 *Bräutigam/Ludwig/Spengel*, Steuerlicher Reformbedarf bei Service-Plattformen: Eine Analyse anhand des deutschen Airbnb-Marktes, 2019, S. 14, 16, https://www.zew.de/fileadmin/FTP/gutachten/ZEW_Expertise_Airbnb_2019.pdf (Stand: 09.11.2020).

Auch das Bundeszentralamt für Steuern wurde bereits auf diese „Steuerlücke" aufmerksam und hat im Mai 2018 ein Auskunftsersuchen an Irland zur Herausgabe der Daten deutscher Airbnb-Vermieter gestellt,[47] um die so erhobenen Daten mit den Steuererklärungen und Veranlagungen der Airbnb-Vermieter abgleichen zu können.[48] Obwohl das Auskunftsersuchen an Irland große Aufmerksamkeit in den Medien erlangt hat[49] und die Kritik an Schwarzvermietungen über Unterkunftsvermittlungsplattformen immer lauter wird,[50] wurden gleichwohl Reformvorschläge bisher wenig diskutiert.[51] Mit Blick auf die Initiativen anderer Staaten hat die FDP mit ihrem Gesetzesentwurf vom 19.02.2019

---

47 Vgl. FAZ Online-Beitrag v. 04.05.2018, http://www.faz.net/aktuell/finanzen/meine-finanzen/steuern-sparen/finanzbehoerden-nehmen-airbnb-vermieter-wegen-verdacht-auf-steuerhinterziehung-unter-die-lupe-15573894.html (Stand: 09.11.2020); *Ramthun*, Wirtschaftswoche Online-Beitrag v. 04.05.2018, https://www.wiwo.de/finanzen/steuern-recht/unterkunft-vermittler-fiskus-prueft-steuerhinterziehung-bei-airbnb-vermietern/21244518.html (Stand: 09.11.2020); *Ramthun/Becker/Kiani-Kreß/ter Haseborg*, Wirtschaftswoche 2018 (19) v. 04.05.2018, 26, 28; Spiegel Online-Beitrag v. 04.05.2018, http://www.spiegel.de/wirtschaft/unternehmen/airbnb-a-1206292.html (Stand: 09.11.2020); Zeit Online-Beitrag v. 04.05.2018, https://www.zeit.de/wirtschaft/2018-05/homesharing-airbnb-steuerhinterziehung-vermieter-finanzamt (09.11.2020).

48 *Ramthun*, Wirtschaftswoche Online-Beitrag v. 04.05.2018, https://www.wiwo.de/finanzen/steuern-recht/unterkunft-vermittler-fiskus-prueft-steuerhinterziehung-bei-airbnb-vermietern/21244518.html (Stand: 09.11.2020); *Talaska/Cremers*, DB 2018, 1824.

49 Vgl. Verweise in Fn. 47.

50 Vgl. *Bozdoganoglu*, IJBSS 2017, 119, 129; *Bräutigam/Ludwig/Spengel*, Steuerlicher Reformbedarf bei Service-Plattformen: Eine Analyse anhand des deutschen Airbnb-Marktes, 2019, S. 11, https://www.zew.de/fileadmin/FTP/gutachten/ZEW_Expertise_Airbnb_2019.pdf (Stand: 09.11.2020); *Fehling*, Focus Online-Beitrag v. 23.04.2014, https://www.focus.de/finanzen/steuern/tid-34247/us-behoerden-jagen-schon-private-vermieter-airbnb-was-ist-das-deutsche-finanzaemter-verschlafen-millioneneinnahmen_aid_1136297.html (Stand: 09.11.2020); *Fricke/Linnemann*, Focus 2018 (6), 25; *Ott*, Süddeutsche Zeitung Online-Beitrag v. 18.10.2019, https://www.sueddeutsche.de/wirtschaft/airbnb-urlaub-wohnung-1.4644516 (Stand: 09.11.2020); *Ramthun/Becker/Kiani-Kreß/ter Haseborg*, Wirtschaftswoche 2018 (19) v. 04.05.2018, 26, 28; *Talaska/Cremers*, DB 2018, 1824, 1825; *Wewer*, ZRP 2016, 193, 196.

51 Vgl. aber *Benz/Böhmer*, DB 2018, 1233, 1238; *Bräutigam/Ludwig/Spengel*, Steuerlicher Reformbedarf bei Service-Plattformen: Eine Analyse anhand des deutschen Airbnb-Marktes, 2019, S. 12, https://www.zew.de/fileadmin/FTP/gutachten/ZEW_Expertise_Airbnb_2019.pdf (Stand: 09.11.2020); *Delp/Ronig*, DB 2018, 1296, 1302; *Fricke/Linnemann*, Focus 2018 (6), 25.

zur Einführung einer Neuregelung in Form einer „pauschalen abgeltenden Bruttoertragsbesteuerung von geringfügigen Umsätzen in der Sharing Economy" bereits einen ersten Reformansatz gewagt.[52] Zudem wurde im März 2020 von der Fraktion Bündnis 90/Die Grünen eine kleine Anfrage an die Bundesregierung gestellt, die sich vor allem mit den Steuerausfällen im Bereich der „Besteuerung von Einkünften aus kurzfristiger Wohnraumvermietung über Vermittlungsplattformen" befasst und den gesetzgeberischen Handlungsbedarf reklamiert.[53] Die Bundesregierung hat sich jedoch in ihrer Antwort allein auf das Anstreben und Fördern einer einheitlichen Lösung innerhalb der Europäischen Union und auf Ebene der OECD berufen, da dort an der Entwicklung einer standardisierten Meldeverpflichtung gearbeitet werde, nach der Betreiber von Internetplattformen verpflichtet werden sollen, die zur Ertragsbesteuerung zwingend relevanten Angaben zu den von ihnen vermittelten Geschäftsvorfällen an die Steuerbehörden zu melden.[54] Die gewonnen Informationen sollen sodann im zwischenstaatlichen Amtshilfeverkehr automatisch miteinander ausgetauscht werden.[55]

Zur Einführung solcher Meldeverpflichtungen hat die OECD Anfang Juli 2020 sogenannte „Musterregelungen" veröffentlicht, wonach Betreibern von Online-Plattformen Mitteilungspflichten über ihre Nutzer auferlegt werden sollen, wenn die die Nutzung der Plattform u.a. für Verkäufe oder Vermietungen von Wohnraum oder Verkehrsmitteln zur Verfügung stellen.[56] Mit diesen Musterregelungen empfiehlt die OECD den Staaten also, ihre nationalen Gesetze durch die Verpflichtung zur Erbringung von Mitteilungspflichten für bestimmte Plattformbetreiber – auch für Betreiber von Unterkunftsvermittlungsplattformen – zu reformieren.

Auf Ebene der Europäische Union wird mit der im März 2021 beschlossenen Richtlinie „DAC 7" – der siebten Version der Amtshilferichtlinie – die Einführung einer vergleichbaren Meldepflicht für Plattformbetreiber verfolgt.[57] Mit der Amtshilferichtlinie 2011/16/EU über die Zusammenarbeit der

---

52 BT-Drs. 19/7898 v. 19.02.2019, S. 3.

53 BT-Drs. 19/17453 v. 02.03.2020, S. 1 ff.

54 Vgl. BT-Drs. 19/18034 v. 18.03.2020, S. 3, 5 ff.

55 BT-Drs. 19/18034 v. 18.03.2020, S. 3.

56 OECD, Model Rules for Reporting by Platform Operators with respect to Sellers in the Sharing and Gig Economy, 2020, S. 10, 14; weiterführend hierzu vgl. *Hidien*, IStR 2021, 129 ff.

57 Richtlinie (EU) 2021/514 des Rates v. 22.03.2021 zur Änderung der Richtlinie 2011/16/EU über die Zusammenarbeit der Verwaltungsbehörden im Bereich der Besteuerung, ABl. EU L 104 v. 25.03.2021, S. 1 ff.; vertiefend hierzu *Dinger*, EWS 2021, 250 ff.

Verwaltungsbehörden auf dem Gebiet der (direkten) Besteuerung (Directive on administrative cooperation in the field of taxation – kurz „DAC") samt ihrer nachfolgenden Änderungsrichtlinien soll Steuerhinterziehung und Steuervermeidung innerhalb der Europäischen Union gemeinsam bekämpft werden.[58] Die Richtlinie wurde durch das EU-Amtshilfegesetz (EUAHiG) vom 26.06.2013 in nationales Recht umgesetzt.[59] Neben dem Ziel einer vertieften Zusammenarbeit zwischen den EU-Mitgliedstaaten durch gegenseitigen Informationsaustausch steht im Fokus dieser europäischen Initiative, das Besteuerungsverfahren einfacher und fairer zu gestalten sowie sog. „Steuerschlupflöcher" aufzudecken und grenzüberschreitende, digitale Transaktionen transparenter zu machen.[60] Die Instrumente zur Realisierung einer gerechteren (direkten) Besteuerung in der EU wurden dabei über verschiedene Änderungsrichtlinien zur Amtshilferichtlinie stetig auf ihre Effektivität überprüft und reformiert. Die Änderungen betrafen in erster Linie die Einführung von Meldepflichten in Bezug auf Finanzkonten (DAC 2),[61] grenzüberschreitende Vorbescheide und Vorabverständigungen über die Verrechnungspreisgestaltung (DAC 3),[62] länderbezogene Berichte (DAC 4),[63] Informationserhebung zur Bekämpfung der Geldwäsche (DAC 5),[64]

---

58 Europäische Kommission, Amtshilferichtlinie 2011/16/EU des Rates v. 15.02.2011 über die Zusammenarbeit der Verwaltungsbehörden auf dem Gebiet der Besteuerung, ABl. EU L 64 v. 11.03.2011, S. 1; vgl. zum Ganzen bereits *Dinger*, EWS 2021, 250, 251 f.

59 Gesetz über die Durchführung der gegenseitigen Amtshilfe in Steuersachen zwischen den Mitgliedstaaten der Europäischen Union (EU-Amtshilfegesetz – EUAHiG) v. 26.06.2013, BGBl. I 2013, S. 1809, zuletzt geändert durch Artikel 4 des Gesetzes v. 21.12.2019, BGBl. I 2019, S. 1875.

60 Vgl. Erwägungsgründe der Amtshilferichtlinie 2011/16/EU des Rates v. 15.02.2011 über die Zusammenarbeit der Verwaltungsbehörden auf dem Gebiet der Besteuerung, ABl. EU L 64 v. 11.03.2011, S. 1 ff.; Erwägungsgrund 2 f. der Richtlinie (EU) 2016/881 des Rates v. 25.05.2016, ABl. EU L 146 vom 03.06.2016, S. 8; Erwägungsgrund 1 f. der Richtlinie (EU) 2018/822 des Rates v. 25.05.2018, ABl. EU L 139 v. 05.06.2018, S. 1 f.; Erwägungsgrund 36 der Richtlinie (EU) 2021/514 des Rates v. 22.03.2021, ABl. EU L 104 v. 25.03.2021, S. 7.

61 Richtlinie 2014/107/EU des Rates v. 09.12.2014, ABl. EU L 359 v. 16.12.2014, S. 1 (DAC 2).

62 Richtlinie (EU) 2015/2376 des Rates v. 08.12.2015, ABl. EU L 332 v. 18.12.2015, S. 1 (DAC 3).

63 Richtlinie (EU) 2016/881 des Rates v. 25.05.2016, ABl. EU L 146 v. 03.06.2016, S. 8 (DAC 4).

64 Richtlinie (EU) 2016/2258 des Rates v. 06.12.2016, ABl. EU L 342 v. 16.12.2016, S. 1 (DAC 5).

meldepflichtige grenzüberschreitende Gestaltungen (DAC 6)[65] und Meldepflichten über Nutzer digitaler Plattformen (DAC 7)[66] sowie die anschließende Übermittlung der Informationen an andere Mitgliedstaaten.[67] Aufgrund der DAC-7-Richtlinie, die umfangreiche Prüf- und Meldepflichten für bestimmte Plattformbetreiber vorsieht, muss Deutschland bis zum 31.12.2022 entsprechende Prüf- und Meldepflichten auch für Unterkunftsvermittlungsplattformen einführen.[68]

Die vermutete Schwarzvermietung über Unterkunftsvermittlungsplattformen sowie der unionsrechtliche Auftrag zur Umsetzung der DAC-7-Richtlinie bedarf dringend eines gesetzgeberischen Handelns im Bereich des Steuervollzugs zur Sicherstellung von Besteuerungsansprüchen aus der Online-Vermietung. An dieser Stelle sei angemerkt, dass die Steuerausfälle nicht nur den Fiskus schädigen, sondern auch zu einer Verzerrung des Wettbewerbs führen, zu dessen Vermeidung alle Marktteilnehmer den gleichen Regularien ausgesetzt sein müssen.[69] Es bedarf somit eines sogenannten „level playing field", das auch im Hinblick auf Steuern gilt.[70] Weiterhin lassen neue, innovative Geschäftsmodelle zudem ein beträchtliches Potenzial zur Steigerung von Wettbewerbsfähigkeit und Wachstum erwarten, fördern neue Einkommensquellen sowie ein größeres Leistungsangebot und schaffen neue Arbeitsplätze.[71] Die gemeinsame Nutzung von Konsumgütern lohnt sich nicht nur finanziell, sondern schont auch

65 Richtlinie (EU) 2018/822 des Rates v. 25.05.2018, ABl. EU L 139 v. 05.06.2018, S. 1 (DAC 6).

66 Richtlinie (EU) 2021/514 des Rates v. 22.03.2021, ABl. EU L 104 v. 25.03.2021, S. 1 (DAC 7).

67 Allgemein zur Entwicklung der Amtshilferichtlinie: https://ec.europa.eu/taxation_customs/business/tax-cooperation-control/administrative-cooperation/enhanced-administrative-cooperation-field-direct-taxation_de (Stand: 07.07.2021).

68 Vgl. hierzu umfassend *Dinger*, EWS 2021, 250 ff.

69 *Fetzer/Spengel/Dinger/Werner*, StuW 2020, 106, 107.

70 BMWi, Sharing Economy im Wirtschaftsraum Deutschland, 2018, S. 90 f.; *EY*, Get ready: open to sharing means open for business, 2016, S. 9 f., https://www.eycom.ch/en/Publications/20151221-Understanding-the-sharing-economy/download (Stand: 09.11.2020); OECD, The Sharing and Gig Economy: Effective Taxation of Platform Sellers: Forum on Tax Administration, 2019, S. 15 f.

71 Vgl. Europäische Kommission, Mitteilung v. 02.06.2016, COM(2016), 356 final, S. 2; *Fetzer/Spengel/Dinger/Werner*, StuW 2020, 106, 108.

Ressourcen und trägt damit zum Umweltschutz bei.[72] Aufgrund dieser positiven Effekte sollte die Sharing Economy auf verantwortungsvolle Weise reguliert und gefördert werden. Dabei ist darauf zu achten, dass neue Reformen nicht zu Verboten oder einer Lähmung dieses Sektors führen dürfen,[73] sondern vielmehr das Besteuerungssystem sinnvoll an die digitale Wirtschaft angepasst werden sollte.[74]

B. Untersuchungsgegenstand

Mit der vorliegenden Arbeit sollen Reformoptionen zur Sicherstellung der Besteuerungsansprüche aus der Sharing Economy herausgearbeitet und analysiert werden. Dabei liegt der Fokus auf einer Reform der Einkommensbesteuerung natürlicher Personen, die als Leistungsanbieter auf diesen Plattformen auftreten.

Gegenstand der Arbeit ist nicht die Besteuerung der global tätigen Plattformbetreiber oder die Einführung einer neuen Steuer, wie beispielsweise die Einführung einer Digitalsteuer.[75] Auch umsatzsteuerrechtliche oder

---

72 Europäische Kommission, Mitteilung v. 02.06.2016, COM(2016), 356 final, S. 2; *EY*, Get ready: open to sharing means open for business, 2016, S. 9, https://www.eycom.ch/en/Publications/20151221-Understanding-the-sharing-economy/download (Stand: 09.11.2020).

73 *Beutin*, Share Economy 2017. The New Business Model, 2018, S. 9 ff., https://www.pwc.de/de/digitale-transformation/share-economy-report-2017.pdf (Stand: 09.11.2020); Europäische Kommission, Mitteilung v. 02.06.2016, COM(2016), 356 final, S. 2; *Kußmaul/Kloster*, DStR 2016, 1280, 1287; *Lin-Hi*, in: Digitale Wirtschaft und Sharing Economy, 2017, S. 145; *Talaska/Cremers*, DB 2018, 1824.

74 Vgl. hierzu auch *Bräutigam/Ludwig/Spengel*, Steuerlicher Reformbedarf bei Service-Plattformen: Eine Analyse anhand des deutschen Airbnb-Marktes, 2019, S. 10 ff., https://www.zew.de/fileadmin/FTP/gutachten/ZEW_Expertise_Airbnb_2019.pdf (Stand: 09.11.2020); Europäische Kommission, Mitteilung v. 02.06.2016, COM(2016), 356 final, S. 2, 15; *Fetzer/Spengel/Dinger/Werner*, StuW 2020, 106, 108, 112 f.; OECD, The Sharing and Gig Economy: Effective Taxation of Platform Sellers: Forum on Tax Administration, 2019, S. 18.

75 Vgl. zur Problematik der Besteuerung digitaler Geschäftsmodelle wie Plattformen z. B. *Benz/Böhmer*, DB 2018, 1233; *Delp/Ronig*, DB 2018, 1296, 1302; *Eilers/Oppel*, IStR 2018, 361; Europäische Kommission, Richtlinienvorschläge v. 21.03.2018, COM(2018) 147 final; COM(2018) 148 final; *Fetzer/Dinger*, TCLR 2019, 29, 31 ff.; *van Lück*, Steuerrecht und Digital Economy, 2018; Marquardt, IStR 2020, 292 ff., 332 ff.; OECD, Herausforderungen für die Besteuerung der digitalen Wirtschaft, 2015, S. 79 ff.; OECD, Tax

körperschaftsteuerrechtliche Aspekte werden außer Acht gelassen. Analysiert werden soll vielmehr eine Reform zur Verbesserung der Einkommensbesteuerung der auf Sharing-Economy-Plattformen auftretenden Leistungsanbieter. Exemplarisch wird der Bereich der Unterkunftsvermittlung untersucht und damit Reformmodelle zur Sicherstellung der gegen Online-Vermieter bestehenden Besteuerungsansprüche erörtert. Als Beispiele für Unterkunftsvermittlungsplattformen sind neben Airbnb.de,[76] Ferienwohnungen.de,[77] Fewo-direkt.de,[78] Booking.com,[79] Expedia.de[80] und Tripadvisor.de[81] zu nennen.

C. Gang der Untersuchung

Aufgezeigt wird nach einer Einführung in die Arten und rechtliche Ausgestaltung von Sharing-Economy-Plattformen (Teil 1) zunächst, inwieweit die Einnahmen natürlicher Personen aus Kurzzeitvermietungen über Sharing-Economy-Plattformen der Einkommen- und Gewerbesteuer unterliegen (Teil 2). Anschließend sollen die Besonderheiten der digitalen Wirtschaft herausgearbeitet sowie erörtert werden, welche Faktoren im Besteuerungsverfahren die vermutete hohe Steuerhinterziehung im Zusammenhang mit digitalen Geschäftsmodellen begünstigen (Teil 3). In einem nächsten Schritt wird umfassend analysiert, wie dem Problem der Steuerhinterziehung begegnet werden kann (Teil 4). Dies erfolgt auch durch einen Vergleich mit den Initiativen anderer Länder. Im Fokus steht dabei, ob sich durch die Einschaltung des Mediums Internet und die Digitalisierung der Prozesse neue Möglichkeiten für Reformmaßnahmen anbieten und insbesondere die Einbeziehung der digitalen Plattformbetreiber in die Transaktionsvorgänge für die Besteuerung genutzt werden kann. Abschließend wird in diesem Teil ein Gestaltungsvorschlag für den deutschen Gesetzgeber als konkretes Reformmodell herausgearbeitet.

Challenges Arising from Digitalisation – Interim Report 2018. Inclusive Framework on BEPS, 2018, S. 133 ff.; *Olbert/Spengel*, WTJ 2017, 3; *Rüscher*, MwStR 2018, 419.

76 Vgl. die Website unter https://www.airbnb.de/ (Stand: 26.10.2020).

77 Vgl. die Website unter https://www.ferienwohnungen.de/ (Stand: 02.10.2020).

78 Vgl. die Website unter https://www.fewo-direkt.de/ (Stand: 02.10.2020).

79 Vgl. die Website unter https://www.booking.com/ (Stand: 02.10.2020).

80 Vgl. die Website unter https://www.expedia.de/Hotels (Stand: 02.10.2020).

81 Vgl. die Website unter https://www.tripadvisor.de/ (Stand: 02.10.2020).

Kapitel 2: Sharing-Economy-Plattformen

A. Entwicklung der Sharing-Economy-Plattformen

Das Prinzip des Teilens ist keine Idee, die dem Zeitalter des Internets entstammt. Sowohl im privaten als auch im unternehmerischen Bereich teilen und tauschen die Menschen schon lange. Angefangen bei der Nachbarschaftshilfe, bei der man sich gegenseitig mit Lebensmitteln oder der Kinderbetreuung aushilft, über den Büchertausch und das Ausleihen von Werkzeug bis hin zur Gemeinschaftspraxis, in der Personal und Räumlichkeiten geteilt werden.[82] Das Internet ermöglichte es den Menschen jedoch erstmals, ortsungebunden in Echtzeit miteinander zu kommunizieren und Angebote an zahlreiche Personen gleichzeitig zu richten, sodass das Teilen neue Dimensionen annehmen konnte.[83] Zunächst wurden insbesondere Dateien mittels Filesharing und Wissen – bekanntestes Beispiel ist wohl bis heute Wikipedia[84] – geteilt,[85] sowie über die Plattform eBay gebrauchte Gegenstände zur Weiterverwertung gegen Entgelt angeboten.[86] Geleitet vom Gedanken des sozialen Teilens und der Schonung von Ressourcen bildeten sich sonach Netzwerke wie Mitfahrzentrale oder Couchsurfing,[87] über die Fahrten beziehungsweise Übernachtungen kostenlos angeboten wurden.[88] Mittlerweile werden zwar immer noch der soziale Gedanke des Teilens und die ökologische Nutzung von vorhandenen Ressourcen als Leitgedanken der Sharing-Bewegung genannt, es stehen aber vielfach ökonomische Motive im Vordergrund.[89] Das wirtschaftliche Potenzial der Sharing Economy wurde

---

82 *Dittmann/Kuchinke*, in: Aufderheide/Dabrowski, Digitale Wirtschaft und Sharing Economy, 2017, S. 11; *Lin-Hi*, in: Aufderheide/Dabrowski, Digitale Wirtschaft und Sharing Economy, 2017, S. 145, 146; *Solmecke/Lengersdorf*, MMR 2015, 493.

83 *Kußmaul/Kloster*, DStR 2016, 1280.

84 Vgl. die Website unter https://www.wikipedia.de/ (Stand: 09.11.2020).

85 *Solmecke/Lengersdorf*, MMR 2015, 493, 494.

86 Vgl. die Website unter https://www.ebay.de/ (Stand: 09.11.2020).

87 Vgl. die Website von Couchsurfing unter https://www.couchsurfing.com/ (Stand: 27.10.2020), über die bis heute Übernachtungsmöglichkeiten kostenlos angeboten werden.

88 *Solmecke/Lengersdorf*, MMR 2015, 493, 494.

89 *Delp/Ronig*, DB 2018, 1296; *Solmecke/Lengersdorf*, MMR 2015, 493, 494; *Sundararajan*, The Sharing Economy, 2016, S. 26 f., der für die Sharing Economy die Bezeichnung "crowd-based capitalism" (auf Deutsch Massenkapitalismus) am treffendsten findet.

schnell erkannt und professionelle Plattformen haben sich etabliert. Über die Plattformen werden Anbieter und Nachfrager zusammengebracht, für diese Vermittlungsleistung verlangt der Plattformbetreiber eine Provision.[90] Nach den Vorbilden Mitfahrzentrale und Couchsurfing haben sich so bis heute zahlreiche neue Unternehmen gebildet, wie zum Beispiel Uber und Airbnb.[91] Weitere Anbieter sind beispielsweise die „Mitfahrzentralen" BlaBlaCar,[92] MiFaZ,[93] drive2day[94] sowie die Übernachtungsportale Ferienwohnungen.de,[95] Fewo-direkt.de,[96] Booking.com,[97] Expedia.de[98] und Tripadvisor.de.[99]

Zu ihrem Boom hat der Sharing Economy nicht zuletzt auch die Wirtschaftskrise im Jahr 2008 verholfen, indem auf der Anbieterseite durch die Vermietung der eigenen Wohnung oder des eigenen Autos eine zusätzliche Einnahmequelle geschaffen werden konnte und auf der Nachfrageseite Investitionen für neue Anschaffungen oder teure Reisen eingespart werden konnte, weil Gegenstände nur angemietet wurden oder beim Reisen auf die preisgünstigeren Angebote auf Unterkunftsvermittlungsplattformen zurückgegriffen wurde.[100] Einen weiteren Zulauf dürfte die digitale Wirtschaft zuletzt auch durch die Covid-19-Pandemie erfahren haben, durch die Vertragsabschlüsse vermehrt über das Internet initiiert wurden.[101] Zwar mag die Bereitschaft etwas mit anderen zu teilen durch die Angst vor Infektionen zunächst während der Pandemie stark gesunken sein. Es ist jedoch zu erwarten, dass durch die Verlagerung von Geschäftsvorgängen ins

---

90 *Delp/Ronig*, DB 2018, 1296; *Solmecke/Lengersdorf*, MMR 2015, 493, 494.

91 *Lin-Hi*, in: Aufderheide/Dabrowski, Digitale Wirtschaft und Sharing Economy, 2017, S. 145, 146. Zur Website von Uber vgl. https://www.uber.com/de/de/ (Stand: 27.10.2020); von Airbnb vgl. https://www.airbnb.de/ (Stand: 27.10.2020).

92 Vgl. die Website unter https://www.blablacar.de/ (Stand: 27.10.2020).

93 Vgl. die Website unter https://www.mifaz.de/de/suche (Stand: 27.10.2020).

94 Vgl. die Website unter https://www.drive2day.de/ (Stand: 27.10.2020).

95 Vgl. die Website unter https://www.ferienwohnungen.de/ (Stand: 02.10.2020).

96 Vgl. die Website unter https://www.fewo-direkt.de/ (Stand: 02.10.2020).

97 Vgl. die Website unter https://www.booking.com/ (Stand: 02.10.2020).

98 Vgl. die Website unter https://www.expedia.de/Hotels (Stand: 02.10.2020).

99 Vgl. die Website unter https://www.tripadvisor.de/ (Stand: 02.10.2020).

100 *Peitz/Schwalbe*, PWP 2016, 232, 240; *Solmecke/Lengersdorf*, MMR 2015, 493, 495.

101 Vgl. z.B. Bitkom-Studie v. 10.03.2021: Corona sorgt für Digitalisierungsschub in deutschen Haushalten, https://www.bitkom.org/Presse/Presseinformation/Corona-sorgt-fuer-Digitalisierungsschub-in-deutschen-Haushalten (Stand: 26.11.2021).

Internet auch die Sharing-Economy-Plattformen nach der Pandemie eine noch höhere Nachfrage erhalten als davor.[102]

B. Geschäftsmodell der Sharing-Economy-Plattformen

Sharing-Economy-Plattformen – die auch als „kollaborative Wirtschaft" bezeichnet werden – beinhalten ein Geschäftsmodell, bei dem Betreiber von Online-Plattformen als Intermediäre zwischen Leistungsanbietern (wie beispielsweise Verkäufern oder Vermietern) und Konsumenten (wie Käufern oder Mietern) fungieren.[103] Im Grunde sind die Internetportale Marktplätze, die ebenso wie traditionelle Handelsplätze wie Basare oder Einkaufszentren dazu dienen, Leistungsanbieter und Leistungsnachfrager zusammenzubringen.[104] In ihrer Grundstruktur setzen sich die Plattformmodelle aus mindestens drei agierenden Parteien zusammen: Dem Plattformbetreiber, dem (oftmals privat tätigen) Marktbeschicker, der eine Leistung über die Plattform anbietet, sowie dem Leistungsabnehmer, der die Leistung nachfragt.[105]

Abzugrenzen sind die Sharing-Economy-Plattformen von solchen Plattformmodellen, bei denen das Plattformunternehmen selbst die Güter bereitstellt (zum Beispiel kommerzielles Carsharing wie SHARE NOW).[106] Diese Modelle

---

102 Vgl. *Schmidt*, Handelsblatt Online-Beitrag v. 15.04.2020, https://www.handelsblatt.com/meinung/gastbeitraege/expertenrat/schmidt/expertenrat-holger-schmidt-so-veraendert-sich-die-digitale-wirtschaft-durch-corona/25741534.html?ticket=ST-1725036-wkg7eLcFg6L5ibtl4Bbj-cas01.example.org (Stand: 26.11.2021).

103 *Botsman/Rogers*, What's mine is yours: how collaborative consumption is changing the way we live, 2011, S. 71 ff.; *Bozdoganoglu*, IJBSS 2017, 119, 120 ff.; *Eisenmann*, CMR 2008, 31, 33; *Elliot*, BIT 2018 (4a/Special Issue), https://online.ibfd.org/kbase/index.jsp#topic=doc&url=/collections/bit/html/bit_2018_4a_e2_1.ht ml (Stand: 19.12.2019); Europäische Kommission, Mitteilung v. 02.06.2016, COM(2016), 356 final, S. 3; *Henke/Singbartl/Zintl*, NZM 2018, 1, 2; *Solmecke/Lengersdorf*, MMR 2015, 493, 494; *Wewer*, ZRP 2016, 193, 194.

104 *Bal*, BIT 2018 (4a/Special Issue), https://online.ibfd.org/kbase/index.jsp#topic=doc&url=/collections/bit/html/bit_2018_4a_e2_1.html (Stand: 19.12.2019); FeWo-direkt, Allgemeine Geschäftsbedingungen (AGB) gegenüber Urlaubern, Tz. 2.2, https://www.fewo-direkt.de/legal/agb-urlauber (Stand: 03.10.2020).

105 *Bal*, BIT 2018 (4a/Special Issue), https://online.ibfd.org/kbase/index.jsp#topic=doc&url=/collections/bit/html/bit_2018_4a_e2_1.html (Stand: 19.12.2019); *Delp/Ronig*, DB 2018, 1296; Europäische Kommission, Mitteilung v. 02.06.2016, COM(2016), 356 final, S. 3.

106 Vgl. die Website unter https://www.your-now.com/de/our-solutions/share-now (Stand: 27.10.2020).

sind unter steuerrechtlichen Gesichtspunkten weniger problematisch, da die Aktivitäten auf diesen Plattformen dem Plattformbetreiber zugeordnet werden können. Untersucht werden sollen daher allein die Plattformmodelle, bei denen fremde Güter durch Dritte als Leistungsanbieter vermittelt werden (zum Beispiel private Unterkunftsvermittlung über Airbnb).[107]

Da die Wertschöpfung der Sharing-Economy-Plattformen auf der Ermöglichung von Interaktionen zwischen verschiedenen Gruppen (Konsumenten und Produzenten) beruht, beeinflussen die Transaktionen jeder Gruppe den Gesamtwert: Eine Zunahme von Angeboten auf einer Plattform, macht diese für die Verbraucher attraktiver. Daher steigt der Wert für eine Nutzergruppe typischerweise mit der Anzahl der teilnehmenden Nutzer auf der anderen Seite (sogenannte indirekte Netzwerkeffekte).[108]

Die Plattformmodelle können nach der Art der auf ihnen angebotenen Leistungen in verschiedene Konzepte aufgeteilt werden. Etabliert hat sich die Unterscheidung in den Weiterverkauf gebrauchter Güter (sogenannte „redistribution markets", zum Beispiel eBay, Kleiderkreisel, Shpock),[109] die Nutzungsüberlassung von Produkten (sogenannte „product-service systems") sowie die Nutzungsüberlassung von Dienstleistungen (sogenannte „collaborative lifestyles").[110] Bei

---

107 *Dörr*, in: Aufderheide/Dabrowski, Digitale Wirtschaft und Sharing Economy, 2017, S. 123, 127 f.; Wissenschaftliche Dienste des Deutschen Bundestags, Dokumentation v. 12.04.2016, WD 5 – 3000 – 027/16, S. 7, https://www.bundestag.de/resource/blob/422762/dba2f255d095bec790b14090a886d484/wd-5-027-16--pdf-data.pdf (Stand: 04.04.2020).

108 *Van Alstyne/Parker/Choudary*, HBR 2016, 54, 56; *Bal*, BIT 2018 (4a/Special Issue), https://online.ibfd.org/kbase/index.jsp#topic=doc&url=/collections/bit/html/bit_2018_4a_e2_1.html (Stand: 19.12.2019); *Dörr*, in: Aufderheide/Dabrowski, Digitale Wirtschaft und Sharing Economy, 2017, S. 123, 127, 129; *Evans/Gawer*, The Rise of the Platform Enterprise, 2016, S. 5, https://www.thecge.net/app/uploads/2016/01/PDF-WEB-Platform-Survey_01_12.pdf (Stand: 09.11.2020); *Schweitzer/Fetzer/Peitz*, Digitale Plattformen: Bausteine für einen künftigen Ordnungsrahmen, ZEW-Discussion Paper No. 16-042; *McAfee/Brynjolfsson*, Machine, Platform, Crowd: Harnessing Our Digital Future, 2017, S. 140 ff.; *Täuscher/Hilbig/Abdelkafi*, in: Digitale Transformation von Geschäftsmodellen, 2017, S. 179, 183.

109 Vgl. die Websites der Unternehmen unter https://www.ebay.de/ (Stand: 26.10.2020); https://www.kleiderkreisel.de/ (Stand: 26.10.2020) und https://www.shpock.com/de-de (Stand: 26.10.2020).

110 *Bal*, BIT 2018 (4a/Special Issue), https://online.ibfd.org/kbase/index.jsp#topic=doc&url=/collections/bit/html/bit_2018_4a_e2_1.html (Stand: 19.12.2019); *Botsman/Rogers*, What's mine is yours: how collaborative consumption is changing the way we live, 2011, S. 71 ff.; *Bozdoganoglu*, IJBSS 2017, 119, 120;

Produktüberlassungen werden Güter vorübergehend zur Nutzung überlassen, anstatt verkauft. Für die Nutzer entfallen neben der Belastung mit dem Kaufpreis auch die Unterhaltskosten für das Produkt. Als Beispiel können hier der Car-Sharing Anbieter Car2Go oder der E-Scooter Verleih TIER genannt werden.[111] Unter den Begriff des „collaborative lifestyle" werden Zusammenschlüsse von Menschen mit ähnlichen Interessen subsumiert, die Fertigkeiten, Räumlichkeiten und Geld in Form von Dienstleistungen teilen oder austauschen.[112] Beispiele hierfür sind Plattformen wie Airbnb, TaskRabbit oder LendingClub.[113]

Im Fokus dieser Arbeit stehen die Unterkunftsvermittlungsplattformen wie Airbnb.de, Ferienwohnungen.de, Fewo-direkt.de, Booking.com, Expedia.de oder Tripadvisor.de, die im Folgenden auf ihre rechtliche und charakteristische Ausgestaltung sowie rechtliche Zulässigkeit hin beleuchtet werden sollen.[114]

Wissenschaftliche Dienste des Deutschen Bundestags, Dokumentation v. 12.04.2016, WD 5 – 3000 – 027/16, S. 5, https://www.bundestag.de/resource/blob/422762/dba2f255d095bec790b14090a886d484/
wd-5-027-16--pdf-data.pdf (Stand: 04.04.2020).

111 Vgl. die Websites der Unternehmen unter https://www.your-now.com/de/our-solutions/share-now (Stand: 27.10.2020) und https://www.tier.app/de/ (Stand: 27.10.2020).

112 *Botsman/Rogers*, What's mine is yours: how collaborative consumption is changing the way we live, 2011, S. 71 ff.; *Scholl et al.*, Peer-to-Peer Sharing: Definition und Bestandsaufnahme, 2015, S. 8, https://www.peer-sharing.de/data/peersharing/user_upload/Dateien/PeerSharing_Ergebnispapier.pdf (Stand: 31.05.2020); Wissenschaftliche Dienste des Deutschen Bundestags, Dokumentation v. 12.04.2016, WD 5 – 3000 – 027/16, S. 5, https://www.bundestag.de/resource/blob/422762/dba2f255d095bec790b1
4090a886d484/wd-5-027-16--pdf-data.pdf (Stand: 09.11.2020).

113 Vgl. die Websites der Unternehmen unter https://www.airbnb.de/ (Stand: 27.10.2020), https://www.taskrabbit.de/ (Stand: 26.10.2020) und https://www.lendingclub.com/ (Stand: 27.10.2020).

114 Vgl. die Websites der Unternehmen unter https://www.airbnb.de/ (Stand: 27.10.2020), https://www.ferienwohnungen.de/ (Stand: 02.10.2020), https://www.fewo-direkt.de/ (Stand: 02.10.2020), https://www.booking.com/ (Stand: 02.10.2020), https://www.expedia.de/Hotels (Stand: 02.10.2020) sowie https://www.tripadvisor.de/ (Stand: 02.10.2020).

Kapitel 3: Vermittlungsplattformen zur Kurzzeitvermietung

A. Vertragsbeziehungen im Rahmen von Unterkunftsvermittlungsplattformen

Die Verträge bei Unterkunftsvermittlungsplattformen werden von drei Parteien geschlossen – dem Plattformbetreiber (wie zum Beispiel Airbnb, FeWo-direkt oder Booking.com), dem Vermieter als Leistungsanbieter (oder Marktbeschicker) und dem Mieter als Nachfrager der Leistung, wobei die beiden zuletzt genannten auch als Nutzer der Plattform bezeichnet werden können.[115] Der Plattformbetreiber hingegen fungiert als Intermediär, der es registrierten Personen ermöglicht, Häuser, Zimmer oder Wohnungen online an Besucher zu vermieten. Wenn ein Mieter ein Angebot über die Plattform bucht, übernimmt der Plattformbetreiber regelmäßig den Buchungs- und Zahlungsprozess.[116] Der Mieter überweist in diesen Fällen den zu zahlenden Betrag über sein bei der Plattform hinterlegtes Nutzer-Konto, welches der Plattformbetreiber überwacht. Der Plattformbetreiber berechnet anhand der eingegebenen und zu verarbeitenden Transaktionsdaten, insbesondere des Mietpreises, eine Bearbeitungsgebühr, die er einbehält, bevor er den Restbetrag an den Vermieter übermittelt.[117] Der Plattformbetreiber kann so den Zahlungsverkehr steuern und die Transaktionsdaten und den gesamten Zahlungsfluss kontrollieren.

---

115 Vgl. z. B. die Allgemeinen Geschäftsbedingungen (AGB) gegenüber Urlaubern der Plattform FeWo-direkt unter Tz. 2.1, https://www.fewo-direkt.de/legal/agb-urlauber (Stand: 03.10.2020).

116 Vgl. bzgl. der Plattform FeWo-direkt die Ausführungen in den Allgemeinen Geschäftsbedingungen (AGB) gegenüber Urlaubern unter https://www.fewo-direkt.de/legal/agb-urlauber (Stand: 02.10.2020) sowie die Ausführungen zur Vereinbarung über den Einzug von Unterkunftsgebühren unter https://www.fewo-direkt.de/legal/zahlungsbedingungen (Stand: 02.10.2020).

117 Vgl. bzgl. der Ermittlung der Plattformgebühr bei der Plattform Airbnb die Ausführungen auf der Website unter https://www.airbnb.de/d/financials; sowie *Bräutigam/Ludwig/Spengel*, Steuerlicher Reformbedarf bei Service-Plattformen: Eine Analyse anhand des deutschen Airbnb-Marktes, 2019, S. 11, https://www.zew.de/fileadmin/FTP/gutachten/ZEW_Expertise_Airbnb_2019.pdf (Stand: 09.11.2020); *Ludwigs*, NVwZ 2017, 1646, 1650; *Mak*, EuCML 2016, 19, 20.

Insgesamt sind im Rahmen der Durchführung einer Transaktion drei voneinander unabhängige Rechtsverhältnisse festzustellen.

Die erste Vertragsbeziehung besteht zwischen dem Vermieter, der seine Vermietungsleistung auf der Plattform anbieten möchte, und dem Plattformbetreiber. Dieses Vertragsverhältnis beinhaltet das Recht des Vermieters, die Plattform zum Inserieren seiner Wohnung zu nutzen und verpflichtet ihn, im Falle der Wohnraumüberlassung an Mieter eine Gebühr an den Plattformbetreiber zu entrichten.[118] Bei Airbnb beispielsweise ist dies die sogenannte „Airbnb-Servicegebühr", die je nach Ausgestaltung drei bis zwanzig Prozent beträgt und nach eigenen Angaben von Airbnb als Gegenleistung für das Betreiben der Plattform, des rund um die Uhr verfügbaren Kundenservices und der Bezahlung mit Kreditkarte bei Bestätigung einer Buchung erhoben wird.[119]

Das zweite Vertragsverhältnis betrifft den Plattformbetreiber und diejenigen Plattformnutzer, die die auf der Plattform angebotenen Wohnungen buchen möchten und im Falle einer Buchung einen Teil der Vermittlungs- bzw. Servicegebühr tragen sollen. Dies ist die Gruppe der Mieter. Bei der Plattform Airbnb werden diese Plattformnutzer als „Gäste" bezeichnet.[120]

Zwischen dem Vermieter und dem Mieter besteht schließlich das dritte Rechtsverhältnis, das den Mietvertragsabschluss bezüglich der Wohnraumüberlassung beinhaltet.[121] Das Problem der unzureichenden Besteuerung der Vermieter besteht bei dem zuletzt genannten Mietverhältnis.

B. Anbieterstrukturen beim Wohnraum-Sharing

Die über Unterkunftsvermittlungsplattformen initiierten Mietverhältnisse zeichnen sich durch die Kurzfristigkeit der Wohnraumüberlassung aus. Dabei können grundsätzlich zwei Arten von Vermietern unterschieden werden. Das sind zum einen die Vermieter von typischen Ferienwohnungen mit dauerhafter Vermietungsabsicht und zum anderen die sogenannten „Home-Sharer" mit der Absicht zur gelegentlichen Vermietung des eigengenutzten Wohnraums. Überdies ist

---

118 Vgl. bzgl. der Plattform Booking.com die Ausführungen zur Partnerschaft mit Booking.com auf der Website unter https://partner.booking.com/de/hilfe/kommission-rechnungen-steuern/wie-viel-kommission-muss-ich-bezahlen (Stand: 03.10.2020).

119 Vgl. https://www.airbnb.de/help/article/1857/was-ist-die-airbnbservicegebühr (Stand: 03.10.2020).

120 Vgl. https://www.airbnb.de/ (Stand:03.10.2020).

121 Vgl. z. B. *FeWo-direkt*, Allgemeine Geschäftsbedingungen (AGB) gegenüber Urlaubern, Tz. 12.1, https://www.fewo-direkt.de/legal/agb-urlauber (Stand: 03.10.2020).

(insbesondere für Besteuerungszwecke) zu differenzieren, ob sich Unterkünfte im Eigentum des Vermieters befinden oder von diesem angemietet sind.

Die Vermietung von im Eigentum stehenden Ferienwohnungen, die auch selbst vom Vermieter als Feriendomizil genutzt werden, ist althergebracht und steht seit langem auch im Mittelpunkt steuerrechtlicher Diskussionen, sei es hinsichtlich der Frage nach der Abgrenzung der Einkünfteerzielungsabsicht zur Liebhaberei[122] oder nach der Anerkennung von Werbungskosten dem Grunde und der Höhe nach.[123] Während auch diese traditionellen Ferienwohnungsvermieter für das Offerieren ihrer Inserate auf Online-Plattformen zurückgreifen, ist zudem ein anderer Trend zu beobachten: Wohnraum wird eigens angeschafft oder angemietet, um ihn kurzfristig an Gäste zu vermieten. Die Anbieter treten dabei im Wettbewerb zu den klassischen gewerblichen Beherbergungsbetrieben wie Hotels, Pensionen und Hostels auf.[124]

Typisch sind weiterhin die auf Unterkunftsvermittlungsplattformen auftretenden sogenannten „Home-Sharer". Als Home-Sharing wird die Vermietung des eigengenutzten Wohnraums bezeichnet. Der Eigennutzer kann Eigentümer oder Mieter der Immobilie sein. Im zuletzt genannten Fall liegt eine sogenannte Untervermietung vor. Der Wohnraum wird dabei entweder während der eigenen Abwesenheit an Dritte überlassen oder nicht (mehr) benötigte Räume der eigengenutzten Wohnung werden zur kurzfristigen Überlassung vermietet, um einen Zuverdienst zu generieren.[125] Auch wenn die Vermieter von eigengenutztem Wohnraum grundsätzlich ein anderes Konzept als die klassischen Beherbergungsbetriebe verfolgen, treten auch sie hinsichtlich der

---

122 BFH v. 30.09.1997 – IX R 80/94, BFHE 184, 406; v. 06.11.2001 – IX R 97/00, BFHE 197, 151; v. 19.08.2008 – IX R 39/07, BFHE 222, 478; v. 16.04.2013 – IX R 26/11, BFHE 241, 261; v. 08.01.2019 – IX R 37/17, BFH/NV 2019, 390; BMF v. 08.10.2004, BStBl. I 2004, 933 ff.; *Neufang*, StB 2017, 248, 249 f.

123 BFH v. 19.10.1970 – GrS 2/70, BFHE 100, 309; v. 19.10.1970 – GrS 3/70, BFHE 100, 317; v. 27.11.1978 – GrS 8/77, BFHE 126, 533; v. 30.07.1991 – IX R 49/90, BFHE 165, 92, 96; v. 06.11.2001 – IX R 97/00, BFHE 197, 151, 156; v. 20.07.2006 – VI R 94/01, BFHE 214, 354, 362 ff.; v. 21.09.2009 – GrS 1/06, BFHE 227, 1, 25; BMF v. 06.07.2010, BStBl. I 2010, 614, 616, Rn. 15; *Kottke*, DStR 1992, 129, 130; *Neufang*, BB 2010, 2409, 2411; *Offerhaus*, DStR 2005, 446; *Pezzer*, DStR 2010, 93, 94; *Söhn*, DStJG 3 (1980), 13, 51 ff.; *Weber*, StuW 2009, 184, 193.

124 *Delp/Ronig*, DB 2018, 1296; Europäische Kommission, Mitteilung v. 02.06.2016, COM(2016), 356 final, S. 3.

125 *Delp/Ronig*, DB 2018, 1296.

potenziellen Leistungsabnehmer in direkter Konkurrenz zum herkömmlichen Hotelgewerbe auf.

Als besonderes Merkmal des Geschäftsmodells der Sharing Economy ist festzustellen, dass über die Unterkunftsvermittlungsplattformen häufig auch zwei Privatpersonen auf Seiten des Leistungsanbieters und des Leistungsnachfragers miteinander agieren und sich dabei außerhalb der traditionellen Unternehmensstrukturen befinden.[126] Für die Privatpersonen gelten einerseits teilweise andere Regularien, beispielsweise ist der Verbraucherschutz ihnen gegenüber nicht anwendbar und andererseits ist zu beobachten, dass anwendbare Regularien ignoriert werden, da das gelegentliche Auftreten über Online-Plattformen von einer gewissen Anonymität geprägt ist, die das Aufdecken von Verstößen von Seiten der Behörden erschwert. Hierdurch wiederum finden Privatpersonen gegenüber unternehmerisch tätigen Kurzzeitvermietern eine verbesserte Wettbewerbssituation vor. Auf diese Weise ist es privaten Online-Vermietern möglich, durch geringere Kostenlasten ihre Leistungen preisgünstiger anzubieten, wodurch sie sich einen nicht unerheblichen, nicht zu rechtfertigenden Wettbewerbsvorteil verschaffen. Ein wirkungsvoller Wettbewerb im Beherbergungssektor setzt aber voraus, dass alle Wettbewerber – unabhängig davon, ob sie ein Hotel oder eine Pension betreiben oder auf einer Sharing-Plattform Wohnraum vermieten – einer vergleichbaren Regulierung im Hinblick auf Steuern wie Gewerbe- und Umsatzsteuer sowie Abgaben wie Kurtaxe und Tourismusabgabe unterliegen („level playing field").[127] Nur so können Wettbewerbsverzerrungen zulasten der Hotellerie begrenzt werden.[128]

Der Frage, ob die Online-Vermietung zulässig ist und welche gesetzlichen Vorgaben Online-Vermieter zu beachten haben, soll daher im Folgenden nachgegangen werden.

C. Rechtliche Zulässigkeit des Wohnraum-Sharing

Die Vermietung von Unterkünften über Sharing-Economy-Plattformen führt zu zahlreichen rechtlichen Fragestellungen in unterschiedlichen Rechtsgebieten, die hier am Rande zur Abrundung der Thematik knapp beleuchtet werden

---

126 Europäische Kommission, Mitteilung v. 02.06.2016, COM(2016), 356 final, S. 3; OECD, The Sharing and Gig Economy: Effective Taxation of Platform Sellers: Forum on Tax Administration, 2019, S. 15; *Pantazatou*, in: Tax and the Digital Economy, 2019, S. 215, 216.

127 BMWi, Sharing Economy im Wirtschaftsraum Deutschland, 2018, S. 91.

128 BMWi, Sharing Economy im Wirtschaftsraum Deutschland, 2018, S. 91.

sollen.[129] Die Steuerbarkeit einer Tätigkeit setzt zwar nicht deren rechtliche Zulässigkeit voraus. Reformmodelle zur Sicherstellung von Besteuerungsansprüchen sind aber dann von erhöhter Praxisrelevanz, wenn das zugrunde liegende Geschäftsmodell auch rechtlich zulässig ist, während bei rechtswidrigen Online-Vermietungen die Reformbestrebungen sinnvollerweise an der Durchsetzung der Unterlassung der Vermietungstätigkeit anknüpfen sollten.

I. Ordnungsrechtlicher Rahmen

In ordnungsrechtlicher Hinsicht ist die kurzfristige Vermietung von Wohnraum zwar grundsätzlich zulässig. Durch Zweckentfremdungsgesetze auf Landesebene und darauf aufbauenden Satzungen auf kommunaler Ebene wird in einigen Städten aber die Kurzzeitvermietung verboten beziehungsweise die Zulässigkeit beschränkt und an die Erfüllung bestimmter Voraussetzungen geknüpft.[130] Die Rechtsprechung erachtet die Zweckentfremdungsverbote für verfassungsgemäß.[131] Auch der Europäische Gerichtshof hat eine vergleichbare Einschränkung aus einer Regelung in Frankreich für zulässig erachtet, wenn sie tatsächlich hilft, den Wohnungsmangel zu bekämpfen.[132]

---

129 In die Problematik einführend Europäische Kommission, Mitteilung v. 02.06.2016, COM(2016) 356 final, S. 3 ff.; *Bueb*, ZWE 2016, 207 ff.; *Henke/Singbartl/Zintl*, NZM 2018, 1 ff.; *Ludwigs*, NVwZ 2017, 1646, 1650 ff.; *Mak*, EuCML 2016, 19, 21 ff.; *Solmecke/Lengersdorf*, MMR 2015, 493.

130 Vgl. z. B. die Zweckentfremdungsverbotsgesetze der Bundesländer Baden-Württemberg: Gesetz über das Verbot der Zweckentfremdung von Wohnraum (Zweckentfremdungsverbotsgesetz – ZwEWG BW) v. 19.12.2013, GBl. 2013, S. 484; Bayern: Gesetz über das Verbot der Zweckentfremdung von Wohnraum (Zweckentfremdungsgesetz – ZwEWG Bayern) v. 10.12.2007, GVBl. 2007, S. 864, zuletzt geändert durch Gesetz v. 19.06.2017, GVBl. 2017, S. 182; Berlin: Gesetz über das Verbot der Zweckentfremdung von Wohnraum (Zweckentfremdungsverbot-Gesetz – ZwVbG Berlin) v. 29.11.2013, GVBl. 2013, S. 626, zuletzt geändert durch Gesetz v. 09.04.2018, GVBl. 2018, S. 211; und Hamburg: Gesetz über den Schutz und die Erhaltung von Wohnraum (Hamburgisches Wohnraumschutzgesetz – HmbWoSchG) v. 08.03.1982, HmbGVBl. 1982, S. 47, zuletzt geändert durch Gesetz v. 23.10.2018, HmbGVBl. 2018, S. 349.

131 BVerfG v. 04.02.1975 – 2 BvL 5/74, BVerfGE 38, 348, 370; VGH Mannheim v. 08.120.2015 – 3 S 248/15, DVBl 2016, 255, 256; VG Berlin v. 08.06.2016 – VG 6 K 103.16, BeckRS 2016, 48434; zustimmend *Windoffer*, LKV 2016, 337, 341; kritisch zur Verfassungsmäßigkeit der landesrechtrechtlichen Zweckentfremdungsverbote *Heinemann*, NVwZ 2019, 1070 ff.

132 EuGH v. 22.09.2020 – C-724/18, ECLI:EU:C:2020:743, Rn. 54 ff. – *Cali Apartments*.

Sinn und Zweck der Regulierungsnormen ist „die Versorgung der Bevölkerung mit ausreichendem Wohnraum zu angemessenen Bedingungen". Sie sind in ihrem Anwendungsbereich auf Gebiete beschränkt, in denen die Versorgung mit Wohnraum „besonders gefährdet ist".[133] Ziel soll die Bekämpfung des festzustellenden Wohnungsmangels in Großstädten sein.[134] Es soll vermieden werden, dass durch Kurzzeitvermietungen dem regulären Mietwohnungsmarkt herkömmliche, früher dauerhaft vermietete Wohnungen entzogen werden.[135] In Berlin bedarf hierzu die in Wiederholungsabsicht getätigte, kurzzeitige Vermietung von Wohnraum der Genehmigung durch das zuständige Bezirksamt.[136] Das Anbieten und Bewerben der Kurzzeitvermietung auf Internetportalen muss vorab dem zuständigen Bezirksamt angezeigt werden.[137] In München und Hamburg beispielsweise gilt ein Genehmigungsvorbehalt ab einer Nutzung des Wohnraums für Zwecke der Fremdenbeherbergung von mehr als acht Wochen im Kalenderjahr.[138] In den Städten Freiburg, Konstanz und Stuttgart ist

---

133 Vgl. z. B. § 1 ZwEWG BW; Art. 1 S. 1 ZwEWG Bayern; § 1 Abs. 1 ZwVbG Berlin; § 9 Abs. 1 S. 1 HmbWoSchG.

134 *Empirica*: Airbnb im Kontext zentraler quantitativer Einflussfaktoren auf regionale Wohnungsmärkte, 2019, S. 18 ff., https://www.empirica-institut.de/fileadmin/Redaktion/Publikationen_Referenzen/PDFs/20190806 _empirica-Studie-Einflussfaktoren-Wohnungsmarkt.pdf (Stand: 11.06.2020); Ministerium für Wirtschaft, Arbeit und Wohnungsbau Baden-Württemberg: Zweckentfremdungsverbotsgesetz. Bekämpfung von örtlichem Wohnungsmangel, https://wm.baden-wuerttemberg.de/de/bauen/wohnungsbau/zweckentfremdungsverbot/ (Stand: 12.06.2020); *Windoffer*, LKV 2016, 337.

135 *Empirica*: Airbnb im Kontext zentraler quantitativer Einflussfaktoren auf regionale Wohnungsmärkte, 2019, S. 18, https://www.empirica-institut.de/fileadmin/Redaktion/Publikationen_Referenzen/PDFs/20190806 _empirica-Studie-Einflussfaktoren-Wohnungsmarkt.pdf (Stand: 11.06.2020); *Hinrichs*, NZM 2017, 589.

136 Vgl. § 1 Abs. 1, 2, § 2 Abs. 1 Nr. 1 ZwVbG Berlin i. V. m. § 1 Abs. 1 S. 1 ZwVbVO Berlin (Verordnung über das Verbot der Zweckentfremdung v. 04.03.2014, GVBl. 2014, S. 73, zuletzt geändert durch Verordnung v. 02.07.2019, GVBl. 2019, S. 475). Zur Begründung der absoluten Genehmigungspflicht vgl. Abgeordnetenhaus Berlin, Drs. 18/0815 v. 13.02.2018, S. 1 f.

137 § 5 Abs. 5 ZwVbG Berlin.

138 Vgl. Art. 1 S. 2 Nr. 3 ZwEWG Bayern i. V. m. § 1 Abs. 1 ZeS München (Satzung der Landeshauptstadt München über das Verbot der Zweckentfremdung von Wohnraum v. 05.12.2017, MüABl. 2017, S. 494, zuletzt geändert durch Beschluss v. 04.11.2019, MüABl. 2019, S. 452); sowie § 9 Abs. 2 S. 5 HmbWoSchG i. V. m. § 1 HmbWoSchVO

die Kurzzeitvermietung von Wohnraum dann genehmigungspflichtig, wenn er nicht nur vorübergehend gewerblich oder gewerblich veranlasst für Zwecke der Fremdenbeherbergung genutzt wird.[139] Auch für weitere deutsche Städte oder Gemeinden finden sich Regelungen mit vergleichbaren Vorgaben.[140]

Online-Vermieter, die Wohnraum kurzfristig über Sharing-Economy-Plattformen anbieten möchten, müssen somit zunächst prüfen, ob im Belegenheitsort ihrer Immobilie Regelungen mit Zweckentfremdungsverboten gelten und welche Vorgaben aus ihnen abzuleiten sind. Dies gilt insbesondere in Fällen, in denen die Nutzung von Wohnraum zur dauerhaften Fremdenbeherbergung beabsichtigt ist.[141] Für Home-Sharer bleibt die Kurzzeitvermietung grundsätzlich genehmigungsfrei, wenn sie die Schwellenwerte der „Vermietungsdauer von mehr als sechs Wochen“ oder der „nicht nur vorübergehenden Vermietung“ nicht überschreiten. Eine Ausnahme gilt selbstverständlich für die Fälle mit absoluten Zweckentfremdungsverboten, wie sie in Berlin gelten. Hier muss auch die einmalige, in Wiederholungsabsicht getätigte Vermietung über Sharing-Economy-Plattformen angezeigt und eine Genehmigung eingeholt werden. Wird eigengenutzter Wohnraum anlässlich der eigenen Abwesenheit kurzzeitig

---

2018 (Verordnung über die Feststellung einer Gefährdungslage nach § 9 Absatz 1 des Hamburgischen Wohnraumschutzgesetzes v. 20.03.2018, HmbGVBl. 2018, S. 70).

139 Vgl. § 2 Abs. 1 S. 2 Nr. 3 ZwEWG BW i. V. m. § 1 Abs. 1 ZwEVS Freiburg i.Br. (Satzung der Stadt Freiburg i. Br. über das Verbot der Zweckentfremdung von Wohnraum in der Stadt Freiburg im Breisgau v. 27.11.2018 i. d. F. v. 01.10.2019, https://www.freiburg.de/pb/site/Freiburg/get/documents_E245405831/freiburg/daten/ortsrecht/22%20Wohnen%20und%20Wohnungsbaufoerderung/OrtsR_22_04.pdf (Stand: 11.06.2020); § 1 Abs. 1 ZwEVS Konstanz (Satzung der Stadt Konstanz über das Verbot der Zweckentfremdung von Wohnraum in der Stadt Konstanz v. 03.12.2019, https://www.konstanz.de/site/Konstanz/get/documents_E1720419761/konstanz/Dateien/Service/Ortsrecht/VI%20Bauwesen/VI_09%20Satzung%20der%20Stadt%20Konstanz%20%C3%BCber%20das%20Verbot%20der%20Zweckentfremdung%20von%20Wohnraum%20in%20der%20Stadt%20Konstanz.pdf (Stand: 11.06.2020); § 1 Abs. 1 ZwEVS Stuttgart (Satzung über das Verbot der Zweckentfremdung von Wohnraum in der Landeshauptstadt Stuttgart v. 03.12.2015, ABl. 2015, Nr. 51).

140 Umfassend zu den Regelungen mit Zweckentfremdungsverboten *Bueb*, ZWE 2016, 207, 210; *Discher/Hamm*, NVwZ 2018, 791 ff.; *Heinemann*, NVwZ 2019, 1070 ff.; *Hinrichs*, NZM 2017, 589 ff.; *Ludwigs*, NVwZ 2017, 1646, 1652 f.; *Weber*, NZM 2017, 584 ff.; *Windoffer*, LKV 2016, 337 f., 341 ff.

141 Vgl. zur Abgrenzung der Fremdenbeherbergung zur Wohnnutzung VG Berlin v. 04.03.2020 – 6 K 420.19, BeckRS 2020, 9182; VG München v. 08.01.2020 – M 9 K 18.6032, BeckRS 2020, 336.

vermietet, wäre eine ablehnende Genehmigungsentscheidung aus Gründen der Zweckentfremdung allerdings als rechtswidrig zu beurteilen, da Wohnraum dann nicht dem Wohnungsmarkt entzogen, sondern lediglich neben Wohnzwecken zusätzlich zu touristischen Zwecken genutzt wird.[142]

II. Bauordnungsrechtlicher Rahmen

Für die Kurzzeitvermietung ist auch das Baurecht relevant.[143] Die Zulässigkeit der Nutzung einer baulichen Anlage bestimmt sich maßgeblich nach der Baunutzungsverordnung (BauNVO), die Regel- und Ausnahmenutzungen für die einzelnen Baugebiete vorsieht. In Bezug auf die Kurzzeitvermietung kann insoweit zwischen Wohngebäuden (z. B. § 3 Abs. 2 Nr. 1, § 4 Abs. 2 Nr. 1 BauNVO), Betrieben des Beherbergungsgewerbes (z. B. § 3 Abs. 3 Nr. 1, § 4 Abs. 3 Nr. 1 BauNVO), Ferienhäusern (§ 10 Abs. 4 BauNVO) und sonstigen (nicht störenden) Gewerbebetrieben (§ 4 Abs. 3 Nr. 2, § 5 Abs. 2 Nr. 6 BauNVO) differenziert werden, die je als städtebaulich relevante eigenständige Nutzungsarten zu behandeln sind.[144]

Ferienwohnungen sind gemäß § 13a BauNVO außerhalb von Sondergebieten, die der Erholung dienen (§ 10 BauNVO), den (nicht störenden) Gewerbebetrieben zuzuordnen. Im Übrigen sind sie gemäß § 13a S. 2 BauNVO bei einer baulich untergeordneten Bedeutung gegenüber der in dem Gebäude vorherrschenden Hauptnutzung als (kleine) Betriebe des Beherbergungsgewerbes zu qualifizieren.[145] Danach sind die Kurzzeitvermietungen von Ferienwohnungen über Sharing-Economy-Plattformen zwar nicht als „Wohngebäude" im Sinne der BauNVO zu begreifen, aber dennoch in den Wohngebieten der BauNVO allgemein oder ausnahmsweise zulässige Nutzungsarten.[146]

---

142 So auch *Ludwigs*, NVwZ 2017, 1646, 1652.

143 Vgl. z. B. *Bueb*, ZWE 2016, 207, 210; *Ingold*, DÖV 2016, 595 ff.; *Ludwigs*, NVwZ 2017, 1646, 1651 f.; *Schröder*, GewArch 2015, 392 ff.; *Windoffer*, LKV 2016, 337, 339 ff.

144 BVerwG v. 08.05.1989 – 4 B 78/89, NVwZ 1989, 1060; v. 11.07.2013 – 4 CN 7/12, BVerwGE 147, 138, 141 f.; OVG Berlin-Brandenburg v. 30.05.2016 – OVG 10 S 34/15, NVwZ-RR 2016, 650, 651; zustimmend *Windoffer*, LKV 2016, 337, 340; zur baurechtlichen Qualifikation von Ferienwohnungen vgl. *Ludwigs*, NVwZ 2017, 1646, 1651 f.; *Otto*, ZfBR 2018, 221 ff.

145 Zur baurechtlichen Qualifikation von Ferienwohnungen tiefgreifender vgl. *Ludwigs*, NVwZ 2017, 1646, 1651 f.; *Otto*, ZfBR 2018, 221 ff.

146 So auch *Otto*, ZfBR 2018, 221, 228.

Unter bauordnungsrechtlichen Gesichtspunkten ist zudem zu beachten, dass insbesondere die genehmigte Nutzung zu Wohnzwecken bei Kurzzeitvermietungen an wechselnde Personen eine genehmigungspflichtige Nutzungsänderung darstellen kann (vgl. z.B. §§ 49, 50 Abs. 2 Nr. 1 der Landesbauordnung Baden-Württembergs – LBO BW). Die ungenehmigte, aber genehmigungspflichtige Nutzungsänderung kann eine Nutzungsuntersagung nach sich ziehen (vgl. z. B. § 65 Abs. 1 S. 2 LBO BW). Eine Nutzungsänderung im bauordnungsrechtlichen Sinn liegt vor, wenn die neue Nutzung von bodenrechtlicher Relevanz ist, da für sie andere oder weitergehende Anforderungen gelten als für die bisherige Nutzung.[147] Maßgebend sind auch hier die nach der BauNVO zulässigen Nutzungen in den einzelnen Baugebieten.[148] Wird eine Wohnung, für die eine Genehmigung als Wohngebäude vorliegt, dauerhaft zur Vermietung als Ferienwohnung für einen wechselnden Personenkreis genutzt, kann die neue Nutzung jedenfalls nicht mehr unter den Begriff der Wohnnutzung im Sinne der BauNVO subsumiert werden und die Nutzungsänderung ist von bodenrechtlicher Relevanz.[149]

III. Gewerberechtlicher Rahmen

Nimmt die Vermietungstätigkeit einen gewerblichen Umfang an, unterliegen die Vermieter der Anzeigepflicht gemäß § 14 GewO. Der Begriff des Gewerbes wird in der Gewerbeordnung nicht legal definiert. Nach der vom Bundesverwaltungsgericht entwickelten und überwiegend akzeptierten Definition ist unter einem Gewerbe „eine nicht sozial unwertige (generell nicht verbotene), auf Gewinnerzielungsabsicht gerichtete und auf Dauer angelegte selbstständige Tätigkeit" zu verstehen, „die nicht zur Urproduktion, zu den Freien Berufen oder zur bloßen Verwaltung eigenen Vermögens zu rechnen ist".[150] Home-Sharer, die eigengenutzten Wohnraum vermieten, werden in der Regel nur vermögensverwaltend tätig sein. Je mehr die Tätigkeit den Bereich des Privaten verlässt, sich nach „außen" entfaltet und sich dabei in ihrem Gesamtbild im Wesentlichen wie

---

147 Vgl. z. B. § 50 Abs. 2 Nr. 1 LBO BW; OVG Berlin-Brandenburg v. 30.05.2016 – OVG 10 S 34/15, NVwZ-RR 2016, 650 f.; *Ludwigs*, NVwZ 2017, 1646, 1651; *Windoffer*, LKV 2016, 337, 339 f.

148 So auch *Windoffer*, LKV 2016, 337, 339 f.

149 OVG Berlin-Brandenburg v. 30.05.2016 – OVG 10 S 34/15, NVwZ-RR 2016, 650, 651; *Ludwigs*, NVwZ 2017, 1646, 1651.

150 BVerwG v. 26.01.1993 – 1 C 25/91, NVwZ 1993, 775; v. 11.03.2008 – 6 B 2/08, NJW 2008, 1974; *Eisenmenger*, in: Landmann/Rohmer, GewO, 75. EL, 03/2017, § 1 Rn. 6; *Pielow*, in: BeckOK GewO, 49. Edition, 03/2020, § 1 Rn. 135.

ein Beherbergungsbetrieb in einem Feriengebiet darstellt, kann ein stehendes Gewerbe im Sinne der Gewerbeordnung anzunehmen sein.[151] Die Abgrenzungsfrage stellt sich insbesondere bei Wohnraum, der als Ferienwohnung über Sharing-Economy-Plattformen an ständig wechselnde Gäste angeboten wird.

IV. Zivilrechtlicher Rahmen

Bei Untervermietungen kann die Kurzzeitvermietung über Sharing-Economy-Plattformen darüber hinaus aufgrund der mietvertraglich getroffenen Vereinbarungen mit dem Vermieter eingeschränkt sein. Insbesondere kann der Vermieter eine entgeltliche Gebrauchsüberlassung untersagen oder unter seinen Erlaubnisvorbehalt stellen.[152] Vom Landgericht Berlin wurde bei einer Überlassung des Wohnraums an Touristen ohne vorherige Einholung der Erlaubnis vom Vermieter sogar das Vorliegen eines außerordentlichen Kündigungsgrundes zugunsten des Vermieters angenommen und eine Kündigung ohne vorherige Abmahnung durch den Vermieter als rechtmäßig erachtet.[153] Nach einer erfolgten Abmahnung seitens des Vermieters soll sodann bereits das Aufrechterhalten eines über eine Unterkunftsvermittlungsplattform geschalteten Angebots durch den Mieter eine fristlose Kündigung des Mietverhältnisses rechtfertigen.[154]

Selbst dann, wenn der Vermieter dem Mieter eine Untermieterlaubnis erteilt hat, ist hiervon die Überlassung der Wohnung an Touristen nicht ohne Weiteres erfasst. Denn die tageweise Vermietung der Wohnung an Touristen über Internetportale stellt keine Wohnnutzung in diesem Sinne mehr da.[155] Zudem setzt sich ein Mieter, der Wohnungen zu touristischen Zwecken überlässt nicht nur gegenüber seinem Vermieter einem Schadensersatzrisiko aus, sondern kann auch von Vermietern der Nachbarwohnungen in Anspruch genommen werden, wenn diese ihren Mietern gegenüber zur Gewährung von Mietminderungen aufgrund von Lärmbelästigungen durch Touristen in den Nachbarwohnungen über eine nicht unerhebliche Zeitdauer verpflichtet sind.[156]

Bei Kurzzeitvermietungen durch Eigentümer von Eigentumswohnungen, die Mitglied einer Wohnungseigentumsgemeinschaft sind, ist entscheidend, ob

151 Vgl. BVerwG v. 26.01.1993 – 1 C 25/91, NVwZ 1993, 775, 776; *Windoffer*, LKV 2016, 337, 338.

152 Vgl. hierzu auch *Henke/Singbartl/Zintl*, NZM 2018, 1, 5.

153 LG Berlin v. 18.11.2014 – 67 S 360/14, NZM 2015, 2148, 249;

154 LG Berlin v. 03.02.2015 – 67 S 29/15, MDR 2015, 203 ff.

155 BGH v. 08.01.2014 – VIII ZR 210/13, NJW 2014, 622.

156 Vgl. BGH v. 29.02.2012 – VIII ZR 155/11, NJW 2012, 1647 ff.

die Teilungserklärung die Vermietung an Touristen untersagt.[157] Schweigt die Teilungserklärung hierzu, soll die Vermietung an Touristen Teil der zulässigen Wohnnutzung sein und ein nachträglicher Beschluss der Wohnungseigentümergemeinschaft, der die Vermietung zu touristischen Zwecken untersagt, mangels Beschlusskompetenz der Wohnungseigentümergemeinschaft nichtig sein.[158]

V. Ergebnis

Bei Einhaltung der landesrechtlichen Wohnraumschutzregelungen sowie der baurechtlichen, gewerberechtlichen und zivilrechtlichen Vorgaben ist das Wohnraum-Sharing über Internetportale rechtlich zulässig. Dennoch sehen sich die Plattformbetreiber entsprechender Internetportale einem steigenden Druck staatlicher Behörden und einer Reihe wachsender Kritik konfrontiert, da prognostizier wird, dass Vermieter vielfach ihre Einkünfte aus den Online-Vermietungen nicht dem Finanzamt erklären.[159] Die Besteuerung der über Sharing-Economy-Plattformen erzielten Einkünfte wird daher als reformbedürftig erachtet.[160] Um der geäußerten Kritik anhand von Reformmodellen entgegen wirken zu können, ist es zunächst notwendig, die Besteuerungsproblematik genauer zu untersuchen. Im Folgenden soll daher die Steuerpflichtigkeit der über Unterkunftsvermittlungsplattformen getätigten Online-Vermietungen erörtert und herausgearbeitet werden, ob in diesem Zusammenhang ein Besteuerungsdefizit besteht.

---

157 Vgl. hierzu umfassend *Bueb*, ZWE 2016, 207, 208.

158 BGH v. 15.01.2010 – V ZR 72/09, NZM 2010, 285, 286; vgl. hierzu *Bueb*, ZWE 2018, 350, 351.

159 *Delp/Ronig*, DB 2018, 1296, 1302; *Fehling*, Focus Online-Beitrag v. 23.04.2014, https://www.focus.de/finanzen/steuern/tid-34247/us-behoerden-jagen-schon-private-vermieter-airbnb-was-ist-das-deutsche-finanzaemter-verschlafen-millioneneinnahmen_aid_1136297.html (Stand: 09.11.2020); *Fricke*/Linnemann, Focus 2018 (6), 25; *Kußmaul/Kloster*, DStR 2016, 1280; *Schlautmann/Kort/Louven*, Handelsblatt Online-Beitrag v. 14.08.2018, https://www.handelsblatt.com/unternehmen/dienstleister/wohnungsvermittler-europas-metropolen-wehren-sich-gegen-airbnb/22901898.html (Stand: 09.11.2020).

160 Vgl. z. B. *Bozdoganoglu*, IJBSS 2017, 119, 129; *Bräutigam/Ludwig/Spengel*, Steuerlicher Reformbedarf bei Service-Plattformen: Eine Analyse anhand des deutschen Airbnb-Marktes, 2019, S. 11, https://www.zew.de/fileadmin/FTP/gutachten/ZEW_Expertise_Airbnb_2019.pdf (Stand: 09.11.2020); *Delp/Ronig*, DB 2018, 1296 ff.; *Grlica*, Int. VAT Monitor 2017, 124, 125; *Kußmaul/Kloster*, DStR 2016, 1280.

Teil 2: Einkommensbesteuerung der Online-Vermieter

Entsprechend der dargestellten Vertragsbeziehungen im Rahmen von Transaktionen über Sharing-Economy-Plattformen kommen drei Akteure als Steuersubjekte in Betracht: Der Plattformbetreiber, der Leistungsanbieter und der Leistungsempfänger. Wie bereits erläutert, soll Gegenstand dieser Arbeit die Besteuerung der auf Unterkunftsvermittlungsplattformen aktiven Vermieter sein. Die Untersuchung beschränkt sich dabei auf die ertragsteuerliche Behandlung natürlicher Personen, die Wohnraum kurzfristig über Sharing-Economy-Plattformen entgeltlich zur Überlassung anbieten. Da der Reformbedarf in Bezug auf die Einkommensteuer im Rahmen dieser Arbeit erörtert werden soll, werden insbesondere die einkommensteuerrechtlichen Pflichten der Online-Vermieter beleuchtet.

Grundsätzlich gilt für die Einkommensbesteuerung der Transaktionen der Online-Vermieter nichts anderes als für die Besteuerung von Transaktionen über traditionelle Geschäftswege. Gemäß § 38 AO entstehen die Ansprüche aus dem Steuerschuldverhältnis, sobald der Tatbestand verwirklicht ist, an den das Gesetz die Leistungspflicht knüpft. Die bestehenden Steuerrechtsnormen und ihre Prinzipien sind somit anzuwenden.[161] Die Einkommensbesteuerung setzt die persönliche und die sachliche Einkommensteuerpflicht voraus.

Persönlich einkommensteuerpflichtig sind gemäß § 1 EStG alle natürlichen Personen, die unbeschränkt (§ 1 Abs. 1, 2 und 3, § 1a EStG) oder beschränkt (§ 1 Abs. 4 EStG, §§ 2, 5 AStG) einkommensteuerpflichtig sind. Im Fall der unbeschränkten Steuerpflicht richtet sich die sachliche Steuerpflicht nach Maßgabe der §§ 2 ff. EStG, bei der beschränkten Steuerpflicht tritt die sachliche Steuerpflicht nach §§ 49 ff. EStG ein.[162] Im Folgenden wird zunächst die Besteuerung unbeschränkt steuerpflichtiger Online-Vermieter dargestellt (Kapitel 1) und sodann die der beschränkt Steuerpflichtigen (Kapitel 2). Darauf aufbauend soll die Vermeidung der Doppelbesteuerung für die Fälle erörtert werden, in denen bei einem Steuerpflichtigen sowohl eine (im In- oder Ausland) beschränkte als auch eine (im Aus- oder Inland) unbeschränkte Steuerpflicht aufgrund eines

---

161 So allgemein zur Besteuerung digitaler Geschäftsmodelle auch *Kwong*, in: Taxation in a Global Digital Economy, 2017, S. 61, 64.

162 *Spilker/Stöber*, in: BeckOK EStG, 7. Edition, 05/2020, § 1 Rn. 5.

Auslandsbezugs des Steuerpflichtigen oder der Besteuerungsgrundlage zusammen trifft (Kapitel 3).

Kapitel 1: Besteuerung unbeschränkt steuerpflichtiger Vermieter

Der Regelfall der unbeschränkten Steuerpflicht setzt gemäß § 1 Abs. 1 EStG voraus, dass der Steuerpflichtige seinen Wohnsitz (§ 8 AO) oder gewöhnlichen Aufenthalt (§ 9 AO) im Inland (vgl. § 1 Abs. 1 S. 2 EStG) hat. Die unbeschränkte Steuerpflicht erstreckt sich auf alle (weltweit erzielten) steuerbaren Einkünfte im Sinne von § 2 Abs. 1 EStG (Welteinkommens- oder Universalprinzip).[163] Die Einkommensteuerbarkeit der Einkünfte aus der Überlassung von Wohnraum über Sharing-Economy-Plattformen setzt voraus, dass der Online-Vermieter mit Wohnsitz oder gewöhnlichem Aufenthalt im Inland mit den erzielten Einkünften aus der Wohnraumüberlassung einen der Tatbestände der §§ 13 bis 24 EStG verwirklicht. Als Einkunftsart kommen insbesondere Einkünfte aus Vermietung und Verpachtung nach § 21 EStG sowie gewerbliche Einkünfte nach § 15 Abs. 1 EStG in Betracht. Da die Einkünfte aus Vermietung und Verpachtung nach § 21 Abs. 3 EStG subsidiär im Verhältnis zu gewerblichen Einkünften sind, soll gemäß des gesetzlich vorgesehenen Anwendungsvorrangs zunächst geprüft werden, ob die Kurzzeitvermietung von Wohnraum über Sharing-Economy-Plattformen den Tatbestand der gewerblichen Einkünfte nach § 15 Abs. 1 EStG verwirklicht.

A. Online-Vermietung als gewerbliche Betätigung nach § 15 EStG

Einkünfte aus Gewerbebetrieb sind gemäß § 15 Abs. 1 S. 1 Nr. 1 EStG Einkünfte aus gewerblichen Unternehmen.

Ein Gewerbebetrieb setzt gemäß § 15 Abs. 2 EStG eine selbständige nachhaltige Betätigung voraus, die mit Gewinnerzielungsabsicht unternommen wird, sich als Beteiligung am allgemeinen wirtschaftlichen Verkehr darstellt und weder als Ausübung von Land- und Forstwirtschaft noch als Ausübung einer Tätigkeit aus selbständiger Arbeit anzusehen ist. Darüber hinaus ist ungeschriebenes

163 *Gosch*, in: P. Kirchhof/Seer, EStG, 19. Aufl. 2020, § 1 Rn. 1; *Heinicke*, in: Schmidt, EStG, 39. Aufl. 2020, § 1 Rn. 2, 20 ff.; *Rauch*, in: Blümich, EStG, 148. EL, 07/2019, § 1 Rn. 40; *Spilker/Stöber*, in: BeckOK EStG, 7. Edition, 05/2020, § 1 Rn. 7; *Tiede*, in: Herrmann/Heuer/Raupach, EStG/KStG, 275. EL, 06/2016, § 1 EStG Rn. 1.

Tatbestandsmerkmal, dass es sich bei der Betätigung nicht lediglich um private Vermögensverwaltung handelt.[164]

Die Kurzzeitvermietung über Sharing-Economy-Plattformen stellt im Regelfall weder eine land- und forstwirtschafte Tätigkeit noch eine aus selbständiger Arbeit im Sinne von § 18 EStG dar, sodass eine grundsätzliche Zuordnung zum Gewerbebetrieb nach § 15 EStG nicht auszuschließen ist.

I. Online-Vermietung als selbständige, nachhaltige Betatätigung unter Teilnahme am allgemeinen wirtschaftlichen Verkehr

Die Online-Vermietung müsste sich als eine selbständige, nachhaltige Betätigung unter Teilnahme am allgemeinen wirtschaftlichen Verkehr erweisen. Mit dem Tatbestandsmerkmal der selbständigen Betätigung wird die gewerbliche Tätigkeit von der nichtselbständigen Arbeit im Sinne des § 19 EStG abgegrenzt.[165] Selbständigkeit zeichnet sich durch das Entfalten von Unternehmerinitiative (Auftreten in eigener Verantwortung) und das Tragen von Unternehmerrisiko (Betätigung auf eigene Rechnung und Gefahr) des Steuerpflichtigen aus.[166] Vermieter von Unterkünften, die ihre Vermietungsleistungen über die Online-Plattformen anbieten, werden auf eigene Rechnung und Gefahr tätig, sie tragen selbst das Erfolgsrisiko ihrer Leistungen.[167] Zudem treffen sie selbst die maßgeblichen Entscheidungen hinsichtlich Art, Umfang, Zeit und Ort der Vermietung, sodass die Vermietungstätigkeit auf ihre Initiative zurückzuführen ist.[168] Die Online-Vermieter üben mithin eine selbständige Betätigung aus.

---

164 Ständige Rechtsprechung, vgl. z. B. BFH v. 25.06.1984 – GrS 4/82, BFHE 141, 405, 427 f.; v. 19.01.1990 – III R 31/87, BFHE 159, 199, 200; v. 10.12.1998 – III R 61/97, BFHE 187, 526, 532; v. 26.06.2007 – IV R 49/04, BFHE 217, 150, 154; v. 28.09.2010 – X B 42/10, BFH/NV 2011, 37, 38; v. 14.07.2016 – IV R 34/13, BFHE 255, 12, 21; sowie *Hufeld*, in: BeckOK EStG, 7. Edition, 05/2020, § 15 Rn. 2244 f.; *Krumm*, in: P. Kirchhof/Seer, EStG, 19. Aufl. 2020, § 15 Rn. 11.

165 *Krumm*, in: P. Kirchhof/Seer, EStG, 19. Aufl. 2020, § 15 Rn. 11.

166 BFH v. 27.09.1988 – VIII R 193/83, BFHE 154, 525, 529; v. 31.07.1990 – I R 173/83, BFHE 162, 236, 238; v. 22.02.2012 – X R 14/10, BFHE 236, 464, 469 ff.; *Krumm*, in: P. Kirchhof/Seer, EStG, 19. Aufl. 2020, § 15 Rn. 18; *Stapperfend*, in: Herrmann/Heuer/Raupach, EStG/KStG, 280. EL, 08/2017, § 15 EStG Rn. 1031 ff. m. w. N.

167 Vgl. zum Begriff des Erfolgsrisikos BFH v. 22.01.1988 – III R 43/85, BFHE 152, 345, 349; v. 17.10.1996 – V R 63/94, BFHE 181, 240, 242; v. 18.06.2015 – VI R 77/12, BFHE 250, 132, 135 f.

168 Vgl. zur Abgrenzung die Definition des Arbeitnehmerbegriffs im Einkommensteuerrecht gemäß § 1 LStDV.

Die Betätigung wird nachhaltig betrieben, wenn sie mit Wiederholungsabsicht ausgeübt wird,[169] also der Steuerpflichtige von vornherein den Willen zur Wiederholung der Vermietung bei sich bietender Gelegenheit hat, um daraus eine Erwerbsquelle zu erhalten.[170] Auch eine einmalige Handlung kann bei erkennbar bestehender Wiederholungsabsicht den Beginn einer nachhaltigen Tätigkeit begründen.[171] Im Rahmen der Online-Vermietungen muss mithin geprüft werden, ob die Vermietungstätigkeit auf Wiederholung angelegt ist oder der Wohnraum einmalig bei Gelegenheit vermietet wird und der Vermieter dabei noch unentschlossen ist, ob er seine Tätigkeit wiederholen wird.[172]

Eine Teilnahme am allgemeinen wirtschaftlichen Verkehr erfordert eine Tätigkeit, die gegen Entgelt am Markt erbracht und für Dritte äußerlich erkennbar angeboten wird.[173] Am Markt erbracht wird die Tätigkeit, wenn der Steuerpflichtige an jeden zu leisten bereit ist, der die Annahmebedingungen zu erfüllen vermag.[174] Die Einstellung des Angebots auf eine Online-Plattform, die sich grundsätzlich an alle Plattformnutzer wendet, die die Leistungsbedingen zu erfüllen bereit sind, stellt somit eine Teilnahme am allgemeinen Markt dar.[175] Besteht dabei Wiederholungabsicht, bildet die Online-Vermietung eine selbständige, nachhaltige Betätigung unter Teilnahme am allgemeinen wirtschaftlichen Verkehr.

II. Gewinnerzielungsabsicht

Weiterhin setzen gewerbliche Einkünfte voraus, dass die Tätigkeit mit Gewinnerzielungsabsicht unternommen wird (§ 15 Abs. 2 EStG). Gewinnerzielungsabsicht

---

169 BFH v. 21.08.1985 – I R 60/80, BFHE 145, 33, 35 f.; v. 18.07.1991 – V R 86/87, BFHE 165, 116, 117 f.

170 BFH v. 07.03.1996 – IV R 2/92, BFHE 180, 121, 127; *Bode*, in: Blümich, EStG, 134. EL, 09/2016, § 15 Rn. 32; *Krumm*, in: P. Kirchhof/Seer, EStG, 19. Aufl. 2020, § 15 Rn. 24.

171 BFH v. 26.04.1962 – V 293/59 U, BFHE 74, 715, 716; v. 21.08.1985 – I R 60/80, BFHE 145, 33, 36; v. 31.07.1990 – I R 173/83, BFHE 162, 236, 239.

172 Vgl. BFH v. 21.08.1985 – I R 60/80, BFHE 145, 33, 36; v. 10.12.1998 – III R 61/97, BFHE 187, 526, 541; *Hufeld*, in: BeckOK EStG, 7. Edition, 05/2020, § 15 Rn. 745.

173 BFH v. 31.07.1990 – I R 173/83, BFHE 162, 236, 240 f.; v. 10.12.1998 – III R 61/97, BFHE 187, 526, 541; v. 19.02.2009 – IV R 10/06, BFHE 224, 321, 325; v. 16.09.2015 – X R 43/12, BFH/NV 2016, 124, 126.

174 BFH v. 16.05.2002 – III R 9/98, BStBl. II 2002, 571; *Bode*, in: Blümich, EStG, 134. EL, 09/2016, § 15 Rn. 52; *Hufeld*, in: BeckOK EStG, 7. Edition, 05/2020, § 15 Rn. 771.

175 So auch *Hufeld*, in: BeckOK EStG, 7. Edition, 05/2020, § 15 Rn. 771 zum unternehmerischen Handeln in der „Internet-Allgemeinheit“.

ist das Streben nach Betriebsvermögensmehrung in Gestalt eines Totalgewinns.[176] In Abgrenzung zum Periodengewinn (§§ 4 Abs. 1, 5 EStG), der auf den Besteuerungszeitraum (den jährlichen Veranlagungszeitraum) beschränkt ist, ist der Totalgewinn als Gesamtergebnis der Betätigung von der Betriebsbegründung bis zur Betriebsbeendigung zu definieren.[177] Das Merkmal dient der Abgrenzung zur Liebhaberei, die von den abschließenden sieben steuerbaren Einkunftsarten nicht erfasst wird, sondern der privaten Sphäre des Steuerpflichtigen zuzuordnen ist.[178] Hintergrund ist, dass Verluste, die auf privaten Motiven beruhen, nicht steuermindernd in Ansatz gebracht werden dürfen.[179] Einen Anhaltspunkt für das Fehlen einer Gewinnerzielungsabsicht bietet daher zunächst die Prüfung, ob die Tätigkeit in der Nähe des „typischen Hobbybereichs" anzusiedeln ist.[180] Für die Ausübung eines Hotelbetriebs wurde eine solche Nähe verneint.[181] Liegt die Tätigkeit außerhalb einer typischen Freizeitbetätigung, müssen zusätzliche

176 Ständige Rechtsprechung, vgl. z. B. BFH v. 15.12.1976 – I R 58/75, BFHE 121, 78, 80; v. 25.06.1984 – GrS 4/82, BFHE 141, 405, 434; v. 24.11.1988 – IV R 37/85, BFH/NV 1989, 574, 575; v. 31.07.1990 – I R 173/83, BFHE 162, 236, 240; v. 17.06.1998 – XI R 64/97, BFHE 186, 347, 349; v. 17.11.2004 – X R 62/01, BFHE 208, 522, 526; v. 13.04.2011 – X B 186/10, BFH/NV 2011, 1137; v. 07.04.2016 – IV R 38/13, BFHE 253, 390, 393; *Hufeld*, in: BeckOK EStG, 7. Edition, 05/2020, § 15 Rn. 789 ff.

177 BFH v. 24.10.1979 – VIII R 49/77, BFHE 129, 334, 336; v. 25.06.1984 – GrS 4/82, BFHE 141, 405, 434; v. 24.11.1988 – IV R 37/85, BFH/NV 1989, 574, 575; v. 17.06.1998 – XI R 64/97, BFHE 186, 347, 349; v. 09.05.2000 – VIII R 77-97, BFHE 192, 445, 449; v. 13.04.2011 – X B 186/10, BFH/NV 2011, 1137; v. 07.04.2016 – IV R 38/13, BFHE 253, 390, 393.

178 Vgl. BFH v. 25.06.1984 – GrS 4/82, BFHE 141, 405, 434 f.; v. 13.08.1996 – IX R 48/94, BFHE 181, 83, 85; v. 17.06.1998 – XI R 64/97, BFHE 186, 347, 350; v. 06.11.2001 – IX R 97/00, BFHE 197, 151, 153 ff.; v. 23.05.2007 – X R 33/04, BFHE 218, 163, 167; v. 07.04.2016 – IV R 38/13, BFHE 253, 390, 393; v. 05.04.2017 – X R 6/15, BFHE 258, 289, 292; *Hufeld*, in: BeckOK EStG, 7. Edition, 05/2020, § 15 Rn. 818; *Ismer/Riemer*, FR 2011, 455; *Lorenz*, Einkünfteerzielungsabsicht bei auf Dauer angelegter Vermietung von Wohnraum, 2013, S. 17; *Musil*, in: Herrmann/Heuer/Raupach, EStG/KStG, 290. EL, 01/2019, § 2 EStG Rn. 345; *Stöber*, FR 2017, 801, 802; *Weber-Grellet*, in: Schmidt, EStG, 39. Aufl. 2020, § 2 Rn. 23; sowie eingehend zur Liebhaberei *Weber-Grellet*, DStR 1992, 561 ff.

179 Vgl. BFH v. 24.11.1988 – IV R 37/85, BFH/NV 1989, 574, 575; v. 17.11.2004 – X R 62/01, BFHE 208, 522, 526; v. 13.04.2011 – X B 186/10, BFH/NV 2011, 1137; *Hufeld*, in: BeckOK EStG, 7. Edition, 05/2020, § 15 Rn. 818 ff.

180 BFH v. 05.04.2017 – X R 6/15, BFHE 258, 289, 292.

181 BFH v. 13.04.2011 – X B 186/10, BFH/NV 2011, 1137, 1138.

Anhaltspunkte dafür vorliegen, dass die Verluste aus persönlichen Gründen hingenommen werden.[182]

Die Absicht, eine Tätigkeit zur Erzielung von Überschüssen oder Gewinnen auszuüben, kann als sogenannte innere Tatsache, wie alle sich in der Vorstellung von Menschen abspielenden Vorgänge, nur anhand äußerer Merkmale beurteilt werden.[183] Führt die Unternehmung zu Verlusten, so ist dies ein Indiz dafür, dass nicht die Absicht der Einkünfteerzielung im Vordergrund der Ausübung der Betätigung steht, sondern diese vielmehr privat motiviert ist und nur die Senkung der Steuerlast durch die Verlustverrechnung mit positiven Einkünften den Steuerpflichtigen zur Erklärung des Verlusts veranlasst hat.[184] Beweisanzeichen für das Vorliegen einer Gewinnerzielungsabsicht ist eine Betriebsführung, bei der der Betrieb nach seiner Wesensart und der Art seiner Bewirtschaftung auf Dauer gesehen dazu geeignet ist, ein positives Ergebnis zu erzielen.[185] Als

---

182 BFH v. 17.06.1998 – XI R 64/97, BFHE 186, 347, 350; v. 17.11.2004 – X R 62/01, BFHE 208, 522, 527; v. 30.10.2014 – IV R 34/11, BFHE 247, 418, 422; v. 05.04.2017 – X R 6/15, BFHE 258, 289, 292; v. 23.08.2017 – X R 27/16, BFH/NV 2018, 36, 38; *Hufeld*, in: BeckOK EStG, 7. Edition, 05/2020, § 15 Rn. 820.

183 Ständige Rechtsprechung, vgl. z.B. BFH v. 15.12.1976 – I R 58/75, BFHE 121, 78, 80; v. 25.06.1984 – GrS 4/82, BFHE 141, 405, 435 f.; v. 24.11.1988 – IV R 37/85, BFH/NV 1989, 574, 575; v. 22.04.1998 – XI R 10/97, BFHE 186, 206, 209; v. 17.06.1998 – XI R 64/97, BFHE 186, 347, 349; v. 24.02.1999 – X R 106/95, BFH/NV 1999, 1081; v. 06.11.2001 – IX R 97/00, BFHE 197, 151, 155; v. 17.11.2004 – X R 62/01, BFHE 208, 522, 526; v. 23.05.2007 – X R 33/04, BFHE 218, 163, 167; v. 13.04.2011 – X B 186/10, BFH/NV 2011, 1137; v. 11.12.2012 – IX R 14/12, BFHE 239, 453, 457 ff.; v. 16.04.2013 – IX R 26/11, BFHE 241, 261, 263; v. 01.12.2015 – IX R 9/15, BFHE 252, 401, 404; v. 07.04.2016 – IV R 38/13, BFHE 253, 390, 393; *Hufeld*, in: BeckOK EStG, 7. Edition, 05/2020, § 15 Rn. 792; *Mellinghoff*, in: P. Kirchhof/Seer, EStG, 19. Aufl. 2020, § 21 Rn. 11; *Musil*, in: Herrmann/Heuer/Raupach, EStG/KStG, 290. EL, 01/2019, § 2 EStG Rn. 410; *Pfirrmann*, in: Herrmann/Heuer/Raupach, EStG/KStG, 288. EL, 10/2018, § 21 EStG Rn. 69; *Stöber*, FR 2017, 801, 802. Nach *Ismer/Riemer*, FR 2011, 455, 460 f. ist darüber hinaus erforderlich, dass der Steuerpflichtige mit er Betätigung Kosten der privaten Lebensführung in den einkommensteuerrechtlich relevanten Bereich verlagern kann.

184 BFH v. 24.11.1988 – IV R 37/85, BFH/NV 1989, 574, 575; v. 14.09.1994 – IX R 71/93, BFHE 175, 416, 418 f.; v. 13.08.1996 – IX R 48/94, BFHE 181, 83, 85; v. 09.07.2002 – IX R 47/99, BFHE 199, 417, 420; v. 17.11.2004 – X R 62/01, BFHE 208, 522, 526; *Drüen*, in: P. Kirchhof/Söhn/Mellinghoff, EStG, 231. EL, 06/2012, § 21 Rn. B 133 f.; *Stöber*, FR 2017, 801.

185 BFH v. 15.12.1976 – I R 58/75, BFHE 121, 78, 80; v. 25.06.1984 – GrS 4/82, BFHE 141, 405, 436; v. 17.06.1998 – XI R 64/97, BFHE 186, 347, 349; v. 17.11.2004 – X R 62/01,

zeitlicher Maßstab für die Beurteilung des Totalgewinns ist grundsätzlich die Gesamtdauer der Betätigung heranzuziehen.[186] Sie ist aber regelmäßig maximal auf einen Zeitraum von 30 Jahren zu begrenzen, da die Prognose ansonsten zu viele spekulative Komponenten enthält.[187] Ist für die Dauer eines Unternehmens kein bestimmter Zeitraum festgelegt, ist für die Ermittlung des Totalgewinns darauf abzustellen, ob das Betriebsvermögen nach den Absichten des Steuerpflichtigen in absehbarer Zeit einen Überschuss erwarten lässt.[188] Die zu erwartenden Gewinne beziehungsweise Verluste sind anhand des Durchschnitts der in der Vergangenheit in einem bestimmten Zeitraum (beispielsweise der letzten fünf Veranlagungszeiträume) angefallenen Einnahmen und Ausgaben zu schätzen.[189]

Zu den äußeren Kriterien, an denen die Absicht zur Erzielung positiver Ergebnisse zu messen ist, gehört nicht nur der Erfolg, sondern auch die Art der auf diesen Erfolg hin ausgerichteten Tätigkeit.[190] Dazu bedarf es einer in die Zukunft gerichteten, langfristigen Prognose, für die die Verhältnisse vergangener Zeiträume wichtige Indizien begründen.[191] Das Erwirtschaften langjähriger Verluste allein begründet für gewerbliche Einkünfte noch nicht das Fehlen einer Gewinnerzielungsabsicht.[192] Das Unterlassen geeigneter Umstrukturierungsmaßnahmen kann aber als gewichtiges Indiz gegen ein erfolgreiches Tätigwerden am Markt und damit gegen das Vorliegen von Gewinnerzielungsabsicht

---

BFHE 208, 522, 528; v. 13.04.2011 – X B 186/10, BFH/NV 2011, 1137; v. 07.04.2016 – IV R 38/13, BFHE 253, 390, 393 f.

186 BFH v. 25.06.1984 – GrS 4/82, BFHE 141, 405, 435; v. 17.06.1998 – XI R 64/97, BFHE 186, 347, 349; v. 09.05.2000 – VIII R 77-97, BFHE 192, 445, 449; v. 13.04.2011 – X B 186/10, BFH/NV 2011, 1137; v. 07.04.2016 – IV R 38/13, BFHE 253, 390, 394.

187 Vgl. BFH v. 05.04.2017 – X R 6/15, BFHE 258, 289, 293 ff.; FG Nürnberg v. 11.02.2016 – 4 K 1104/14, EFG 2016, 902, 904; *Hufeld*, in: BeckOK EStG, 7. Edition, 05/2020, § 15 Rn. 807.

188 BFH v. 24.11.1988 – IV R 37/85, BFH/NV 1989, 574, 575.

189 BFH v. 28.03.2000 – X B 82/99, BFH/NV 2000, 1186, 5; FG Nürnberg v. 11.02.2016 – 4 K 1104/14, EFG 2016, 902, 904.

190 BFH v. 17.06.1998 – XI R 64/97, BFHE 186, 347, 349; v. 13.04.2011 – X B 186/10, BFH/NV 2011, 1137.

191 BFH v. 25.06.1984 – GrS 4/82, BFHE 141, 405, 436; v. 17.06.1998 – XI R 64/97, BFHE 186, 347, 349; v. 09.05.2000 – VIII R 77-97, BFHE 192, 445, 449; v. 13.04.2011 – X B 186/10, BFH/NV 2011, 1137; v. 07.04.2016 – IV R 38/13 BFHE 253, 390, 394.

192 BFH v. 25.06.1984 – GrS 4/82, BFHE 141, 405, 436; v. 17.11.2004 – X R 62/01, BFHE 208, 522, 527; v. 07.04.2016 – IV R 38/13 BFHE 253, 390, 394; v. 05.04.2017 – X R 6/15, BFHE 258, 289, 292; *Ismer/Riemer*, FR 2011, 455, 456.

gewertet werden.[193] Verlusten in der Anlaufphase bei Aufnahme eines Betriebs sind hingegen weniger Gewicht beizumessen.[194] Entscheidend ist letztlich eine Betrachtung im Einzelfall.[195]

Erfolgt das Vermieten von Wohnraum über Sharing-Economy-Plattformen mit Gewinnüberschüssen, ist dies ein Indiz für das Vorliegen von Gewinnerzielungsabsicht. Maßgeblich ist bei gewerblichen Einkünften der Gewerbebetrieb im Ganzen. Dieser kann grundsätzlich aus der Vermietung eines einzelnen Ferienhauses, eines Hotels oder auch aus einer Ferienanlage bestehen. Daneben sind Fälle denkbar, in denen die Vermietung nur einen Nebenbereich der gewerblichen Betätigung umfasst.

Die Online-Vermietung dürfte sich letztlich häufig als eine selbständige, nachhaltige Betätigung unter Teilnahme am allgemeinen wirtschaftlichen Verkehr erweisen, die mit Gewinnerzielungsabsicht erbracht wird und damit die positiven Tatbestandsmerkmale des Gewerbebetriebs nach § 15 Abs. 2 EStG erfüllt. Entscheidende Bedeutung für die Abgrenzung zu den subsidiären Vermietungseinkünften nach § 21 EstG erlangt das negative, ungeschriebene Tatbestandsmerkmal der privaten Vermögensverwaltung.[196]

III. Abgrenzung zur privaten Vermögensverwaltung

Für die Abgrenzung, ob Einkünfte aus Gewerbebetrieb oder solche aus Vermietung und Verpachtung vorliegen, ist also insbesondere danach zu differenzieren, ob die Vermietungen die Grenze der privaten Vermögensverwaltung zum Gewerbebetrieb überschreiten. Die Vermietung von Wohnraum ist als ein typischer Fall der privaten Vermögensverwaltung einzuordnen, bei der die Fruchtziehung aus einem Vermögensobjekt im Vordergrund steht, auch wenn

---

193 BFH v. 17.06.1998 – XI R 64/97, BFHE 186, 347, 350; v. 17.11.2004 – X R 62/01, BFHE 208, 522, 529; v. 13.04.2011 – X B 186/10, BFH/NV 2011, 1137, 1138; *Hufeld*, in: BeckOK EStG, 7. Edition, 05/2020, § 15 Rn. 804 f.; *Ismer/Riemer*, FR 2011, 455, 461.

194 BFH v. 05.04.2017 – X R 6/15, BFHE 258, 289, 293, auch mit Ausführungen zum Umfang der Anlaufphase.

195 BFH v. 15.12.1999 – X R 23/95, BFHE 190, 460, 466; v. 11.10.2007 – IV R 15/05, BFHE 219, 508, 512; v. 07.04.2016 – IV R 38/13 BFHE 253, 390, 394.

196 Vgl. Ständige Rechtsprechung, vgl. z. B. BFH v. 25.06.1984 – GrS 4/82, BFHE 141, 405, 428; v. 19.01.1990 – III R 31/87, BFHE 159, 199, 200; v. 26.06.2007 – IV R 49/04, BFHE 217, 150, 153; v. 28.09.2010 – X B 42/10, BFH/NV 2011, 37, 38; v. 14.07.2016 – IV R 34/13, BFHE 255, 12, 21; sowie *Hufeld*, in: BeckOK EStG, 7. Edition, 05/2020, § 15 Rn. 1059 ff.; *Krumm*, in: P. Kirchhof/Seer, EStG, 19. Aufl. 2020, § 15 Rn. 69 ff.

es sich um die Vermietung einer Ferienwohnung handelt.[197] Die Grenze zum Gewerbebetrieb wird nur dann überschritten, wenn entweder die Wohnraumüberlassung insgesamt als hotelmäßiges Angebot zu bewerten ist oder zusätzlich zur Wohnraumüberlassung für die Vermietung unübliche, ins Gewicht fallende Sonderleistungen übernommen werden.[198] Wann die Grenze zum Gewerbebetrieb erreicht ist, ist grundsätzlich durch Abwägung der Umstände, die sich nach dem Gesamtbild der Verhältnisse ergeben, für den Einzelfall zu entscheiden.[199]

1. Hotelmäßiges Angebot

Ein hotelmäßiges Angebot liegt vor, wenn die angebotene Wohnraumüberlassung vom Gesamtbild her einem Beherbergungsbetrieb ähnelt, indem die Erbringung der angebotenen Leistungen eine unternehmerische, hotelähnliche Organisation erfordern.[200] Für den Beherbergungsbetrieb typusbestimmend sind ein häufiger Gästewechsel sowie die Bereithaltung von Räumlichkeiten für die jederzeitige, auch kurzfristige Überlassung an Gäste.[201] Dadurch werden für die Ausübung der Tätigkeit sachliche und personelle – also unternehmerische – Vorkehrungen notwendig.[202]

---

197 Ständige Rechtsprechung, vgl. z. B. BFH v. 17.01.1961 – I 53/ 60 S, BFHE 72, 637, 640; v. 19.01.1990 – III R 31/87, BFHE 159, 199, 200 f.; v. 14.01.2004 – X R 7/02, BFH/NV 2004, 945, 946; v. 14.07.2004 – IX R 69/02, BFH/NV 2004, 1640, 1641; v. 28.09.2010 – X B 42/10, BFH/NV 2011, 37, 38; v. 14.07.2016 – IV R 34/13, BFHE 255, 12, 22; FG Mecklenburg-Vorpommern v. 20.12.2017 – 3 K 342/14, DStRE 2019, 271, 272; FG Berlin-Brandenburg v. 24.11.2016 – 9 K 9292/13, DStRE 2018, 82, 86.

198 Vgl. z. B. BFH v. 18.01.1973 – IV R 196/71, BFHE 109, 194, 195; v. 28.06.1984 – IV R 150/82, BFHE 141, 330, 331 ff.; v. 19.01.1990 – III R 31/87, BFHE 159, 199, 201; v. 28.09.2010 – X B 42/10, BFH/NV 2011, 37, 38; v. 16.04.2013 – IX R 26/11, BFHE 241, 261, 263; v. 14.07.2016 – IV R 34/13, BFHE 255, 12, 22; *Hufeld*, in: BeckOK EStG, 7. Edition, 05/2020, § 15 Rn. 1060 ff.

199 BFH v. 06.10.1982 – I R 7/79, BFHE 136, 497, 498 ff.; v. 31.07.1990 – I R 173/83, BFHE 162, 236, 242; v. 23.07.2003 – IX B 23/03, BFH/NV 2003, 1425; v. 28.09.2010 – X B 42/10, BFH/NV 2011, 37, 38; v. 14.07.2016 – IV R 34/13, BFHE 255, 12, 22.

200 BFH v. 25.06.1976 – III R 167/73, BFHE 119, 336, 340; v. 19.01.1990 – III R 31/87, BFHE 159, 199, 201; v. 17.03.2009 – IV B 52/08, BFH/NV 2009, 1114; v. 14.07.2016 – IV R 34/13, BFHE 255, 12, 22.

201 BFH v. 19.01.1990 – III R 31/87, BFHE 159, 199, 201; v. 17.03.2009 – IV B 52/08, BFH/NV 2009, 1114, 1115; v. 28.09.2010 – X B 42/10, BFH/NV 2011, 37, 38.

202 BFH v. 28.06.1984 – IV R 150/82, BFHE 141, 330, 332; v. 28.09.2010 – X B 42/10, BFH/NV 2011, 37, 38. Nach *Hufeld*, in: BeckOK EStG, 7. Edition, 05/2020, § 15 Rn. 1060 knüpft die Gewerblichkeit insoweit an die Professionalität einer Bewirtschaftung an.

Ein häufiger Mieterwechsel allein begründet regelmäßig jedoch noch nicht die Annahme eines Gewerbebetriebs, da die Vermietung von Wohnungen gerade im zentralen Bereich der Vermögensverwaltung angesiedelt ist und ein häufiger Mieterwechsel für sich betrachtet auch noch keine Unternehmensorganisation erforderlich macht, sondern auch durch Planungen im Voraus bewerkstelligt werden kann.[203] Anders zu beurteilen ist dies aber dann, wenn Wohnungen auch ohne Voranmeldung gemietet und bezogen werden können, eine alleinige vorherige Planung mithin insoweit nicht ausreichend ist.[204] Die jederzeitige Bezugsmöglichkeit setzt indessen personelle oder sachliche Vorkehrungen voraus, wie beispielweise die regelmäßige Reinigung des Mietobjekts, Bereithaltung von Personal oder die Einrichtung sogenannter „Check-in-Automaten",[205] die als gewerbliches Konzept zu bewerten sind.[206] Ausschlaggebend für die Gesamtabwägung im Einzelfall sind als Kriterien die Höhe der Übernachtungs- und Gästezahlen, die Häufigkeit des Mieterwechsels, die jeweilige Dauer der Vermietung sowie die Häufigkeit einer Vermietung ohne Voranmeldung.[207]

2. *Darbietung von Sonderleistungen*

Neben der hotelmäßigen Überlassung kann auch die Übernahme von Zusatzleistungen die Vermietungstätigkeit als gewerbliche Betätigung prägen.[208] Voraussetzung hierfür ist, dass die zur Wohnraumüberlassung hinzutretenden Sonderleistungen über das Leistungsangebot, das mit der typischen

---

203 BFH v. 25.06.1976 – III R 167/73, BFHE 119, 336, 339; v. 14.07.2016 – IV R 34/13, BFHE 255, 12, 23; FG Berlin-Brandenburg v. 20.01.2010 – 14 K 1355/06, BeckRS 2012, 95321; *Hufeld*, in: BeckOK EStG, 7. Edition, 05/2020, § 15 Rn. 1062.

204 Vgl. BFH v. 25.06.1976 – III R 167/73, BFHE 119, 336, 340; v. 19.01.1990 – III R 31/87, BFHE 159, 199, 201; v. 17.03.2009 – IV B 52/08, BFH/NV 2009, 1114.

205 BFH v. 28.06.1984 – IV R 150/82, BFHE 141, 330, 332; v. 19.01.1990 – III R 31/87, BFHE 159, 199, 201; v. 14.01.2004 – X R 7/02, BFH/NV 2004, 945, 946.

206 BFH v. 25.06.1976 – III R 167/73, BFHE 119, 336, 340; v. 23.07.2003 – IX B 23/03, BFH/NV 2003, 1425; v. 14.01.2004 – X R 7/02, BFH/NV 2004, 945, 946.

207 BFH v. 25.06.1976 – III R 167/73, BFHE 119, 336, 340; v. 23.07.2003 – IX B 23/03, BFH/NV 2003, 1425; v. 28.09.2010 – X B 42/10, BFH/NV 2011, 37, 38; dem zustimmend *Kußmaul/Kloster*, DStR 2016, 1280, 1284.

208 BFH v. 18.01.1973 – IV R 196/71, BFHE 109, 194, 195; v. 28.06.1984 – IV R 150/82, BFHE 141, 330, 331 ff.; v. 19.01.1990 – III R 31/87, BFHE 159, 199, 201; v. 28.09.2010 – X B 42/10, BFH/NV 2011, 37, 38; v. 16.04.2013 – IX R 26/11, BFHE 241, 261, 263; v. 14.07.2016 – IV R 34/13, BFHE 255, 12, 22.

Vermietungstätigkeit verbunden ist, hinausgehen.[209] Zusatzleistungen, wie die Bereitstellung von Bettwäsche, Inventar, Getränken oder Frühstück sowie die Vor- und Endreinigung des Appartements, sind solche, die nicht ins Gewicht fallen, vom Vermieter ohne großen Aufwand nebenher miterledigt werden können und die üblicherweise auch von privaten Zimmervermietern übernommen werden, sodass sie der Tätigkeit für sich genommen noch kein gewerbliches Gepräge verleihen.[210] Entscheidend für die Abgrenzung der Gewerblichkeit zur privaten Vermögensverwaltung ist auch insoweit, ob die dargebotenen Sonderleistungen eine unternehmerische Organisation bedingen.[211] Dies wird dann bejaht, wenn eine tägliche Zimmerreinigung oder ein umfassendes Frühstücksangebot vorgesehen ist oder die Sonderleistungen den persönlichen Einsatz des Vermieters oder einer von ihm beauftragten Person am Ort der Vermietung erfordern und dabei die Aufgaben eines Hausmeisters von Umfang und Qualität her überschreiten.[212] Beispiele hierfür sind die Überwachung des Gebäudes, die Entgegennahme von Telefongesprächen oder die Beratung der Gäste hinsichtlich der Gestaltung des Ferienaufenthaltes,[213] also Tätigkeiten, die vergleichbar mit dem Tätigkeitsfeld einer Hotelrezeption sind.

3. *Unterkunftsvermietung über Sharing-Economy-Plattformen*

Ob die Vermietungen über Unterkunftsvermittlungsplattformen – sei es die Vermietung von Ferienwohnungen oder auch die kurzfristige Überlassung der selbstgenutzten Wohnung – als gewerblich zu beurteilen sind, hängt mithin maßgeblich davon ab, ob die Vermietung hotelmäßig erfolgt oder ob für die Vermietungstätigkeit unübliche Zusatzleistungen angeboten werden.[214] Bei der

---

209 BFH v. 14.01.2004 – X R 7/02, BFH/NV 2004, 945, 946 f.; v. 28.09.2010 – X B 42/10, BFH/NV 2011, 37, 38.

210 BFH v. 28.06.1984 – IV R 150/82, BFHE 141, 330, 333; v. 14.01.2004 – X R 7/02, BFH/NV 2004, 945, 946 f.; v. 14.07.2016 – IV R 34/13, BFHE 255, 12, 22 f.; *Delp/Ronig*, DB 2018, 1296, 1297.

211 BFH v. 21.12.1976 – VIII R 27/72, BFHE 121, 60, 61; v. 19.01.1990 – III R 31/87, BFHE 159, 199, 201; v. 14.01.2004 – X R 7/02, BFH/NV 2004, 945, 947; v. 28.09.2010 – X B 42/10, BFH/NV 2011, 37, 38; *Kußmaul/Kloster*, DStR 2016, 1280, 1284.

212 Vgl. z. B. BFH v. 18.01.1973 – IV R 196/71, BFHE 109, 194, 195 f.; v. 28.06.1984 – IV R 150/82, BFHE 141, 330, 333; v. 14.01.2004 – X R 7/02, BFH/NV 2004, 945, 947; v. 28.09.2010 – X B 42/10, BFH/NV 2011, 37, 38; *Delp/Ronig*, DB 2018, 1296, 1297 mit weiteren vertiefenden Beispielen; *Kußmaul/Kloster*, DStR 2016, 1280, 1284.

213 BFH v. 28.06.1984 – IV R 150/82, BFHE 141, 330, 333.

214 *Hufeld*, in: BeckOK EStG, 7. Edition, 05/2020, § 15 Rn. 1063.

Beurteilung der Gesamtumstände im Einzelfall ist entscheidend, ob entweder das Angebot selbst oder die Zusatzleistungen oder ihre Kombination eine unternehmerische Organisation erfordern. Maßgebend sind die Anzahl der Mietobjekte, Übernachtungs- und Gästezahlen, die Häufigkeit des Mieterwechsels, die jeweilige Dauer der Vermietung, die Bereithaltung des Mietobjekts ohne Voranmeldung sowie die Art und Anzahl der angebotenen Zusatzleistungen. Werden Dienstleistungen auf Dritte ausgelagert, ist das ein gewichtiges Indiz dafür, dass die Vermietungsleistung eine betriebliche Organisation beansprucht.[215] Kann die Vermietungstätigkeit dagegen neben einer anderen Berufstätigkeit des Vermieters in dessen Haushalt miterledigt werden, so spricht dies gerade gegen eine Gewerblichkeit.[216]

a) *Vermietung der selbstgenutzten Wohnung*

Insbesondere bei der Vermietung der selbstgenutzten Wohnung, dem sogenannten Home-Sharing, wird die Tätigkeit vom Vermieter nebenher miterledigt werden können und keiner betrieblichen Organisation bedürfen, sodass der Tatbestand der privaten Vermögensverwaltung regelmäßig zu bejahen sein wird. Hier sind nur schwerlich Fälle denkbar, in denen die Grenze zum Gewerbebetrieb überschritten wird. Auszuschließen ist dies aber nicht. Vielmehr muss im Einzelfall abgegrenzt werden, ob ein Gewerbebetrieb oder private Vermögensverwaltung anzunehmen ist.

b) *Vermietung von (Ferien-)Wohnungen*

Ob das Vermieten von Ferienwohnungen oder eigens für die Vermietung angeschaffter Wohnungen die Sphäre der privaten Vermögensverwaltung überschreitet, muss ebenso je für den konkreten Einzelfall entschieden werden. Da das Vermieten von (Ferien-)Wohnungen dem zentralen Bereich der Vermögensverwaltung zuzuordnen ist, muss die Vermietungstätigkeit eine hotelmäßige Organisation erfordern oder neben die Vermietungsleistung Sonderleistungen hinzutreten, sodass das Bereitstellen des Leistungsangebots insgesamt nicht allein durch Planungen im Vornhinein bewerkstelligt werden kann. Wie bereits dargelegt, ist entscheidendes Kriterium insoweit, ob die Unterkünfte jederzeit und kurzfristig bezogen werden können.[217] Ist ein jederzeitiger Bezug möglich

---

215 *Krumm*, in: P. Kirchhof/Seer, EStG, 19. Aufl. 2020, § 15 Rn. 70.

216 So auch *Hufeld*, in: BeckOK EStG, 7. Edition, 05/2020, § 15 Rn. 1062; *Kußmaul/Kloster*, DStR 2016, 1280, 1284.

217 Vgl. BFH v. 25.06.1976 – III R 167/73, BFHE 119, 336, 339.

und bedarf die Darbietung von Zusatzleistungen eigens dafür bereitgestelltes Personal, spricht vieles für die Annahme einer gewerblichen Betätigung, die über die private Vermögensverwaltung hinausgeht.

4. *Ergebnis*

Die Vermietungstätigkeit, die über Sharing-Economy-Plattformen angeboten wird, wird in einer Vielzahl der Fälle (nur) den (sonst subsidiären) Tatbestand der Einkunftsart Vermietung und Verpachtung gemäß § 21 Abs. 1 S. 1 Nr. 1 und 2 EStG erfüllen.[218] Wird die Grenze zur Gewerblichkeit aber im Einzelfall überschritten, sind die über die Sharing-Economy-Plattform erzielten Einkünfte solche aus Gewerbebetrieb nach § 15 Abs. 1 S. 1 Nr. 1, Abs. 2 EStG.

IV. Besonderheiten bei der Gewinnermittlung im Zusammenhang mit Online-Vermietungen

Werden Einkünfte als gewerbliche nach § 15 EStG qualifiziert, bildet der Gewinn gemäß § 2 Abs. 2 S. 1 Nr. 1 EStG die Steuerbemessungsgrundlage. Der Unterschied zwischen den beiden Einkünfteermittlungsarten (Gewinneinkunftsarten nach § 2 Abs. 2 S. 1 Nr. 1 und Überschusseinkunftsarten nach § 2 Abs. 2 S. 1 Nr. 2 EStG) liegt in der Berücksichtigung des Vermögens, das zur Einkünfteerzielung dient: Bei den Überschusseinkunftsarten sind nur tatsächlich zugeflossene Einnahmen steuerpflichtig, bei den Gewinneinkunftsarten zählen dazu alle wertmäßigen Zu- und Abnahmen des betrieblichen Vermögens.[219]

Der Gewinn aus den gewerblichen Einkünften kann durch Betriebsvermögensvergleich nach § 4 Abs. 1, § 5 Abs. 1 EStG oder mittels Einnahmenüberschussrechnung nach § 4 Abs. 3 EStG ermittelt werden.[220]

---

218 So auch *Bueb*, ZWE 2016, 207, 211; *Delp/Ronig*, DB 2018, 1296, 1297; *Kußmaul/Kloster*, DStR 2016, 1280, 1284; *Talaska/Cremers*, DB 2018, 1824, 1825.

219 *Bode*, in: P. Kirchhof/Seer, EStG, 19. Aufl. 2020, § 4 Rn. 8 f.; *Pfirrmann*, in: Herrmann/Heuer/Raupach, EStG/KStG, 288. EL, 10/2018, § 21 EStG Rn. 30; *Loschelder*, in: Schmidt, EStG, 39. Aufl. 2020, § 4 Rn. 24.

220 *Bode*, in: P. Kirchhof/Seer, EStG, 19. Aufl. 2020, § 4 Rn. 10 ff.; *Meyer*, in: BeckOK EStG, 7. Edition, 05/2020, § 4 Rn. 14 ff.; *Wied*, in: Blümich, EStG, 139. EL, 11/2017, § 4 Rn. 49 ff.

1. Betriebsvermögensvergleich (§ 4 Abs. 1, § 5 Abs. 1 EStG)

Beim Betriebsvermögensvergleich ist der Gewinn der Unterschiedsbetrag zwischen dem Wert des betrieblichen Vermögens am Schluss und am Anfang eines Wirtschaftsjahres (§ 4 Abs. 1, § 5 Abs. 1 EStG). Bei der Ermittlung sind die wertsteigernden Erträge und die wertmindernden betrieblichen Aufwendungen zu berücksichtigen. Betriebsfremde, also privat bedingte Wertveränderungen sind demgegenüber als Einlagen und Entnahmen zu eliminieren, § 4 Abs. 1 S. 1 Hs. 2 EStG.[221]

a) Bilanzierungsfähigkeit von Vermietungsobjekten

Da nur die im Betrieb erwirtschafteten Vermögensmehrungen und -minderungen erfasst werden sollen, dürfen in der Bilanz nur Wirtschaftsgüter des Betriebsvermögens angesetzt werden. Das Betriebsvermögen wird definiert als die Summe aller (aktiven und passiven) Wirtschaftsgüter, die dem Betrieb zu dienen bestimmt sind.[222] Im Ergebnis kommt es bei einem (Einzel-)Unternehmer für steuerliche Zwecke immer zu einer Spaltung des (zivilrechtlichen) Gesamtvermögens in Betriebs- und Privatvermögen.[223] Unterschieden wird dabei in einer Dreiteilung, ob Wirtschaftsgüter notwendiges oder gewillkürtes Betriebsvermögen oder notwendiges Privatvermögen darstellen.[224]

Für gemischt genutzte Immobilien gilt ferner, dass sie entsprechend ihren verschiedenen Nutzungs- und Funktionszusammenhängen in mehrere selbständige Gebäudeteile aufzuteilen sind. Wird ein Gebäude teils eigenbetrieblich, teils fremdbetrieblich genutzt, teils vermietet und teils selbstbewohnt, so werden vier selbständige Gebäudeteile als steuerlich eigenständige Wirtschaftsgüter

---

221 BFH v. 29.09.1955 – IV 647/54 U, BFHE 61, 386, 390; v. 26.10.1987 – GrS 2/86, BFHE 151, 523, 531; *Bode,* in: P. Kirchhof/Seer, EStG, 19. Aufl. 2020, § 4 Rn. 85; *Meyer,* in: BeckOK EStG, 7. Edition, 05/2020, § 4 Rn. 184; *Musil,* in: Herrmann/Heuer/Raupach, EStG/KStG, 295. EL, 12/2019, § 4 EStG Rn. 30, 150.

222 BFH v. 22.12.1955 – IV 537/54 U, BFHE 62, 172, 172; *Bode,* in: P. Kirchhof/Seer, EStG, 19. Aufl. 2020, § 4 Rn. 32.

223 *Bode,* in: P. Kirchhof/Seer, EStG, 19. Aufl. 2020, § 4 Rn. 32.

224 BFH v. 30.04.1975 – I R 111/73, BFHE 115, 500, 502; v. 02.10.2003 – IV R 13/03, BFHE 203, 373, 375; v. 19.09.2016 – X B 159/15, BFH/NV 2017, 54, 55; *Bode,* in: P. Kirchhof/Seer, EStG, 19. Aufl. 2020, § 4 Rn. 36; *Hennrichs,* in: Tipke/Lang, Steuerrecht, 23. Aufl. 2018, § 9 Rn. 210 ff.; *Meyer,* in: BeckOK EStG, 7. Edition, 05/2020, § 4 Rn. 260; *Musil,* in: Herrmann/Heuer/Raupach, EStG/KStG, 295. EL, 12/2019, § 4 EStG Rn. 42.

angenommen.[225] Entsprechendes gilt für die (den selbständigen Gebäudeteilen je verhältnismäßig zuzuordnenden) Teile des Grund und Bodens, die je für sich genommen wiederum selbständige Wirtschaftsgüter bilden.[226]

Ein dem Betriebsvermögen zugeordnetes abnutzbares Wirtschaftsgut des Anlagevermögens ist grundsätzlich mit den Anschaffungs- oder Herstellungskosten zum Zeitpunkt der Anschaffung beziehungsweise Herstellung (erfolgsneutral) in der Bilanz anzusetzen (§§ 5 Abs. 1 S. 1 Hs. 1, 5 Abs. 6, 6 Abs. 1 Nr. 1 S. 1 EStG i. V. m. §§ 246, 247 Abs. 2, 253 Abs. 1 S. 1, 255 Abs. 1 und 2 HGB) und über seinen Nutzungszeitraum gewinnmindernd abzuschreiben (§ 5 Abs. 6 i. V. m. § 7 EStG).

Wird ein im Betriebsvermögen befindliches Vermietungsobjekt – beispielsweise eine Ferienwohnung – privat genutzt, handelt es sich um eine Nutzungsentnahme im Sinne des § 4 Abs. 1 S. 2 EStG,[227] die mit dem Teilwert zu bewerten ist, § 6 Abs. 1 Nr. 4 EStG.

b) Abzugsfähigkeit von Betriebsausgaben im Zusammenhang mit der Online-Vermietung

Für die zeitliche Erfassung der Mieteinnahmen und Betriebsausgaben ist bei der Gewinnermittlung durch Betriebsvermögensvergleich (anders als bei der Überschusseinkünfte-Ermittlung und der Gewinnermittlung nach § 4 Abs. 3 EStG) nicht der tatsächliche Geldzufluss und Geldabfluss ausschlaggebend, sondern der Zeitraum der tatsächlichen Vermietung beziehungsweise der Entstehung von Betriebsausgaben, die je als Forderung gewinnerhöhend oder als Verbindlichkeit gewinnmindernd bei einer nachträglichen Zahlung zu buchen sind.[228]

Voraussetzung ist, dass es sich um Betriebseinnahmen und Betriebsausgaben handelt, also Erträge und Aufwendungen, die durch den Betrieb veranlasst sind (vgl. § 4 Abs. 4 EStG).[229] Der Veranlassungszusammenhang setzt voraus, dass

---

225 BFH v. 26.11.1973 – GrS 5/71, BFHE 111, 242, 252 f.; v. 08.03.1990 – IV R 60/89, BFHE 160, 443, 446; v. 10.10.2017 – X R 1/16, BFHE 259, 511, 514; R 4.2. Abs. 3 S. 1, 2 EStR 2012; *Hennrichs*, in: Tipke/Lang, Steuerrecht, 23. Aufl. 2018, § 9 Rn. 138, 214; *Musil*, in: Herrmann/Heuer/Raupach, EStG/KStG, 295. EL, 12/2019, § 4 EStG Rn. 73.

226 *Musil*, in: Herrmann/Heuer/Raupach, EStG/KStG, 295. EL, 12/2019, § 4 EStG Rn. 70.

227 Vgl. *Hennrichs*, in: Tipke/Lang, Steuerrecht, 23. Aufl. 2018, § 9 Rn. 362.

228 *Meyer*, in: BeckOK EStG, 7. Edition, 05/2020, § 4 Rn. 2202; *Stapperfend*, in: Herrmann/Heuer/Raupach, EStG/KStG, 295. EL, 12/2019, § 4 Rn. 846

229 Zum Veranlassungsprinzip vgl. *Weber*, StuW 2009, 184, 185 ff.; zum Begriff der Betriebseinnahmen BFH v. 13.12.1973 – I R 136/72, BFHE 111, 108, 109.

die Aufwendungen objektiv mit dem Betrieb zusammenhängen und subjektiv dem Betrieb zu dienen bestimmt sind.[230] Die Gründe, die den Steuerpflichtigen zur Tätigung der Aufwendungen bewogen haben, müssen der einkommensteuerrechtlich relevanten Erwerbssphäre zuzuweisen sein.[231] Betriebsausgaben sind dabei insbesondere von den nicht abzugsfähigen Kosten der privaten Lebensführung abzugrenzen (vgl. § 12 Nr. 1 EStG).[232]

Wird Wohnraum ausschließlich vermietet und nicht selbst genutzt, liegt ein Veranlassungszusammenhang zwischen der Vermietungstätigkeit und der für sie getätigten Aufwendungen nahe. Die Einordnung der Aufwendungen als Betriebsausgaben beziehungsweise Werbungskosten ist in diesen Fällen sowohl dem Grunde als auch der Höhe nach regelmäßig unproblematisch möglich.

Werden die (unter)vermieteten Häuser, Wohnungen oder einzelnen Räume dagegen teilweise auch selbst genutzt, ist bei der Zuordnung der Aufwendungen zwischen unmittelbar und nur mittelbar der betrieblichen Sphäre zuordenbaren Aufwendungen zu differenzieren.

aa) Unmittelbar der betrieblichen Tätigkeit zuordenbare Aufwendungen

Die der Vermietungstätigkeit unmittelbar zuordenbare Aufwendungen sind beispielsweise Kosten für das Reinigen des (unter)vermieteten Wohnraums sowie solche für das Bereitstellen und Waschen der zur Verfügung gestellten Verbrauchs- und Gebrauchsmaterialien, wie etwa das Bereitstellen von Toilettenpapier, Seife, Spülmittel oder Kaffee sowie das Waschen von Handtüchern und Bettwäsche.[233] Ebenso fallen hierunter die bei einer Vermietungstätigkeit

---

230 Ständige Rechtsprechung, vgl. z. B. BFH v. 21.11.1983 – GrS 2/82, BFHE 140, 50, 55; v. 04.07.1990 – GrS 1/89, BFHE 160, 466, 478; v. 21.09.2009 – GrS 1/06, BFHE 227, 1, 19; v. 30.11.2017 – IV R 22/15, BFH/NV 2018, 335, 336; v. 19.07.2018 – IV R 14/16, BFH/NV 2018, 1336, 1339; *Bode,* in: P. Kirchhof/Seer, EStG, 19. Aufl. 2020, § 4 Rn. 161; *Stapperfend,* in: Herrmann/Heuer/Raupach, EStG/KStG, 295. EL, 12/2019, § 4 Rn. 793.

231 Vgl. BFH v. 04.07.1990 – GrS 1/89, BFHE 160, 466, 478; v. 21.09.2009 – GrS 1/06, BFHE 227, 1, 19 f.; v. 30.11.2017 – IV R 22/15, BFH/NV 2018, 335, 336; *Straßburger,* in: BeckOK EStG, 7. Edition, 05/2020, § 9 Rn. 155 ff.

232 *Bode,* in: P. Kirchhof/Seer, EStG, 19. Aufl. 2020, § 4 Rn. 164; *Meyer,* in: BeckOK EStG, 7. Edition, 05/2020, § 4 Rn. 2215.

233 BFH v. 30.07.1991 – IX R 49/90, BFHE 165, 92, 95 f.; v. 06.11.2001 – IX R 97/00, BFHE 197, 151, 156; zur Berücksichtigung von Werbungskosten bei der Wohnraum(unter)vermietung über Sharing-Economy-Plattformen *Kußmaul/Kloster,* DStR 2016, 1280, 1285 f.

typischerweise anfallenden Nebenkosten wie Aufwendungen für den Verbrauch von Strom, Heizung und Wasser, vorausgesetzt sie sind unmittelbar messbar und dadurch direkt zuordenbar. Überdies sind die vom Plattformbetreiber für die Vermittlung erhobenen Plattform-Nutzungsgebühren unmittelbar durch die Vermietungstätigkeit veranlasst. Diese unmittelbar der Vermietungstätigkeit zurechenbaren Aufwendungen sind aufgrund des Veranlassungszusammenhang zur Vermietungstätigkeit der einkommensteuerlichen Erwerbssphäre in voller Höhe zuordenbar und voll als Betriebsausgaben gemäß § 4 Abs. 4 EStG abzugsfähig.[234]

bb) Mittelbar dem Gewerbebetrieb zurechenbare (gemischt veranlasste) Aufwendungen

Wird Wohnraum neben der (Unter-)Vermietung teilweise auch selbst genutzt und handelt es sich nur um mittelbar der Vermietungstätigkeit zurechenbare Aufwendungen, ist der Veranlassungszusammenhang zur Einkunftsart genauer zu prüfen und dabei das Abzugsverbot des § 12 Nr. 1 EStG zu beachten.[235] Solche mittelbar zurechenbare Kosten sind zum Beispiel Schuldzinsen (vgl. § 4 Abs. 4a EStG), Absetzung für Abnutzung (AfA) für den Wohnraum (§ 7 Abs. 4, 5, 5a EStG) und Einrichtungsgegenstände (§ 7 Abs. 1, 2, § 6 Abs. 2, 2a EStG), Grundsteuer und Versicherungsbeiträge bei der Vermietung von im Eigentum stehendem Wohnraum beziehungsweise bei der möblierten Untervermietung die Miete sowie die Kosten (vgl. § 6 Abs. 2, 2a EStG) oder Absetzung für Abnutzung (vgl. § 7 Abs. 1, 2 EStG) für die Einrichtungsgegenstände.[236] Da der Vermieter die vermieteten Räume auch selbst für private Zwecke nutzt, sind diese Kosten jedenfalls auch privat veranlasst. Kosten, die den Bereich der privaten Lebensführung betreffen, sind nach § 12 Nr. 1 EStG nicht abzugsfähig. Hierzu gehören insbesondere auch die Aufwendungen für das Wohnen.[237] Solche unverzichtbaren Lebensführungsaufwendungen können grundsätzlich nicht aufgeteilt und abgezogen werden, sondern werden durch die Vorschriften

---

234 BFH v. 30.07.1991 – IX R 49/90, BFHE 165, 92, 95 f.

235 BFH v. 30.07.1991 – IX R 49/90, BFHE 165, 92, 95 f.

236 BFH v. 30.07.1991 – IX R 49/90, BFHE 165, 92, 96; v. 06.11.2001 – IX R 97/00, BFHE 197, 151, 156.

237 BFH v. 30.07.1991 – IX R 49/90, BFHE 165, 92, 96; *Fischer*, NWB 2010, 412, 417; *Fissenewert*, in: Herrmann/Heuer/Raupach, EStG/KStG, 291. EL, 04/2019, § 12 Rn. 33 f.; *Loschelder*, in: Schmidt, EStG, 39. Aufl. 2020, § 12 Rn. 8; *Neufang*, BB 2010, 2409, 2410; *Straßburger*, in: BeckOK EStG, 7. Edition, 05/2020, § 9 Rn. 168; *Thürmer*, in: Blümich, EStG, 142. EL, 06/2018, § 12 Rn. 101.

zur Berücksichtigung des steuerlichen Existenzminimums (§ 32a Abs. 1 Nr. 1, § 32 Abs. 6 EStG) pauschal abgegolten oder sind als Sonderausgaben (insbesondere gemäß § 10 EStG) oder außergewöhnliche Belastungen (§§ 33 ff. EStG) abziehbar.[238] Ein erwerbsbezogener Mehraufwand für die Haushaltsführung ist nur in den im Einkommensteuergesetz geregelten Fällen (zum Beispiel § 4 Abs. 5 Nr. 6a EStG; § 9 Abs. 1 S. 3 Nr. 5 EStG) zu berücksichtigen.[239] Soweit die Aufwendungen dem privaten Wohnen zuzurechnen sind, sind sie daher nicht abzugsfähig.

(1) Aufteilbarkeit gemischt veranlassten Aufwands

Aufwendungen, die sowohl der privaten Lebensführung als auch der Einkünfteerzielung dienen, werden als gemischt veranlasste Aufwendungen bezeichnet.[240] Gemischter Aufwand liegt immer dann vor, wenn dieselbe einheitliche Aufwendung nebeneinander von mehreren unterschiedlich zu bewertenden Veranlassungsbeiträgen getragen wird.[241] Nach der Rechtsprechung des Bundesfinanzhofs galt für die gemischten Aufwendungen jahrelang ein von der herrschendenden Literatur[242] vielfach kritisiertes striktes Aufteilungs- und Abzugsverbot, das aus § 12 Nr. 1 S. 2 EStG hergeleitet wurde, demgemäß ein Abzug von Aufwendungen der privaten Lebensführung auch dann untersagt war, wenn sie zur Förderung des Berufs oder der Tätigkeit des Steuerpflichtigen erfolgen.[243] Diese Rechtsprechung wurde mit der Entscheidung vom 21.09.2009 unter Hinweis auf das

---

238 BFH v. 21.09.2009 – GrS 1/06, BFHE 227, 1, 27 f.; BMF v. 06.07.2010, BStBl. I 2010, S. 614, Rn. 4; *Fissenewert*, in: Herrmann/Heuer/Raupach, EStG/KStG, 291. EL, 04/2019, § 12 Rn. 33; *Meyer*, in: BeckOK EStG, 7. Edition, 05/2020, § 4 Rn. 2220 f.; *Schneider*, in: Festschrift Bundesfinanzhof, Band I, 2018, S. 1243, 1251; *Thürmer*, in: Blümich, EStG, 142. EL, 06/2018, § 12 Rn. 102; *Valta*, FR 2020, 586, 589.

239 BFH v. 21.09.2009 – GrS 1/06, BFHE 227, 1, 27 f.; v. 27.07.2015 – GrS 1/14, BFHE 251, 408, 417 f., 422; vertiefend *Schneider*, in: Festschrift Bundesfinanzhof, Band I, 2018, S. 1243, 1255 f.; *Söhn*, in: Festschrift Spindler, 2011, S. 795, 803 ff.

240 BFH v. 30.07.1991 – IX R 49/90, BFHE 165, 92, 96; *Meyer*, in: BeckOK EStG, 7. Edition, 05/2020, § 4 Rn. 2228; *Stapperfend*, in: Herrmann/Heuer/Raupach, EStG/KStG, 295. EL, 12/2019, § 4 Rn. 832.

241 *Fissenewert*, in: Herrmann/Heuer/Raupach, EStG/KStG, 291. EL, 04/2019, § 12 Rn. 62.

242 Statt vieler *Kottke*, DStR 1992, 129, 130 m. w. N.; *Offerhaus*, DStR 2005, 446 m. w. N.; *Pezzer*, DStR 2010, 93, 94; *Söhn*, DStjG 3 (1980), 13, 51 ff.; *Weber*, StuW 2009, 184, 193 m. w. N.

243 BFH v. 19.10.1970 – GrS 2/70, BFHE 100, 309; v. 19.10.1970 – GrS 3/70, BFHE 100, 317; v. 27.11.1978 – GrS 8/77, BFHE 126, 533; dazu *Fissenewert*, in: Herrmann/Heuer/Raupach, EStG/KStG, 291. EL, 04/2019, § 12 Rn. 60; a. A. bereits BFH v.

objektive Nettoprinzip und der Begründung, dass § 12 Nr. 1 S. 2 EStG lediglich klarstellende Funktion habe und sich ausschließlich auf sogenannte Repräsentationsaufwendungen beziehe, ausdrücklich aufgegeben.[244] Seither ist auch nach Auffassung des Bundesfinanzhofs und der Finanzverwaltung bei gemischt veranlassten Aufwendungen grundsätzlich eine Aufteilung der Kosten nach sachgerechten Maßstäben vorzunehmen (es gilt ein sogenanntes „Aufteilungsgebot"), wenn die Aufwendungen nach den ihnen zugrunde liegenden Veranlassungsbeiträgen trennbar und die berufliche oder private Veranlassung nicht von völlig untergeordneter Bedeutung ist.[245] Der durch die Erwerbstätigkeit veranlasste Aufwandsteil ist dann einkommensteuerrechtlich abzugsfähig.[246] Lediglich der privat veranlasste Teil kann nicht als Betriebsausgaben berücksichtigt werden.[247]

Bei der Vermietung selbstgenutzten Wohnraums ist zunächst fraglich, auf welchem auslösenden Moment die nur mittelbar der Vermietungstätigkeit zurechenbaren Kosten wie die Miete bei der Untervermietung angemieteter Räume oder Schuldzinsen und Absetzung für Abnutzung bei der Vermietung von im Eigentum stehendem Wohnraum beziehungsweise die Kosten oder Absetzung für Abnutzung für die Einrichtungsgegenstände bei der möblierten Vermietung beruhen. Zu prüfen ist, ob einkommensteuerrechtlich relevante erwerbsbezogene Gründe den Steuerpflichtigen zur Tätigung des Aufwands bewogen haben, oder sein Entschluss auf rein lebensführungsbezogene Motive (das „private" Wohnen) zurückzuführen ist.[248] Die erwerbsbezogenen Gründe dürfen dabei nicht von nur völlig untergeordneter Bedeutung sein.[249] Weitere Voraussetzung

---

30.07.1991 – IX R 49/90, BFHE 165, 92, 96, wonach das Aufteilungsverbot dann nicht greife, wenn bei einer Vermietung von selbstgenutzten Ferienwohnungen eine Aufteilung nach Zeiträumen leicht und einwandfrei möglich sei.

244 BFH v. 21.09.2009 – GrS 1/06, BFHE 227, 1, 21 ff., Rn. 100 ff.; vgl. statt vieler *G. Kirchhof*, in: Festschrift Lang, 2011, S. 563, 567 f., 573 ff., 586; *Spindler*, in: Festschrift Lang, 2011, S. 589, 593 f.; *Schwenke*, FR 2011, 1051 f.

245 BFH v. 21.09.2009 – GrS 1/06, BFHE 227, 1, 19 ff.; BMF v. 06.07.2010, BStBl. I 2010, S. 614; H 12.1 EStR 2012; dem nunmehr geltenden Aufteilungsgebot zustimmend *Hey*, in: Tipke/Lang, Steuerrecht, 23. Aufl. 2018, § 8 Rn. 242 m. w. N.

246 BFH v. 27.07.2015 – GrS 1/14, BFHE 251, 408, 418; v. 16.02.2016 – IX R 23/12, BFH/NV 2016, 912, 913.

247 *Fissenewert*, in: Herrmann/Heuer/Raupach, EStG/KStG, 291. EL, 04/2019, § 12 Rn. 62.

248 BFH v. 21.09.2009 – GrS 1/06, BFHE 227, 1, 20; *Fissenewert*, in: Herrmann/Heuer/Raupach, EStG/KStG, 291. EL, 04/2019, § 12 Rn. 63.

249 BFH v. 21.09.2009 – GrS 1/06, BFHE 227, 1, 20 f.

für die Abzugsfähigkeit ist, dass sich der Anteil, der der Einkünfteerzielung dient, von dem für das private Wohnen veranlassten Anteil abgrenzen lässt.[250]

(2) Bestimmung des auslösenden Moments

Ob rein erwerbsbezogener, rein privater oder aber gemischt veranlasster Aufwand vorliegt, hängt von den Gründen ab, die den Steuerpflichtigen zur Tätigung der Aufwendungen bewogen haben und – ggf. nebeneinander – das „auslösende Moment" für seine Entscheidung bilden, den Aufwand zu tragen.[251] Dabei ist jeder Aufwandsposten getrennt zu beurteilen.[252]

Aufwendungen für das Wohnen selbst (wie Miete, Mietnebenkosten, Anschaffungskosten und Unterhaltungskosten für Einrichtungsgegenstände und Hausrat sowie Anschaffungs- oder Herstellungskosten der Wohnung selbst) sind grundsätzlich nahezu ausschließlich durch die Lebensführung veranlasst und somit weder als Betriebsausgaben noch als Werbungskosten abziehbar.[253] Dies gilt sowohl für die den Mittelpunkt der Lebensführung des Steuerpflichtigen bildende Wohnung als auch für die (unter anderem) selbstgenutzte Ferienwohnung. Zu prüfen ist, ob sich an dieser Beurteilung etwas ändert, wenn der Steuerpflichtige den selbstgenutzten Wohnraum (unter)vermietet. Problematisch könnte insoweit sein, wenn der Steuerpflichtige die Vermietungsabsicht erst im Nachhinein bildet, also nachdem Investitionen – wie die Anschaffung einer Immobilie oder der Abschluss eines Darlehens- oder Mietvertrags – bereits getätigt wurden und die Vermietungstätigkeit damit nicht der originäre Grund für das Tragen der Aufwendung sein konnte. Weiterhin ist fraglich, ob dadurch, dass die Eigennutzung der Wohnung das Hauptmotiv für das Zahlen der Miete, des Kaufpreises der Immobilie oder der Schuldzinsen bildet, dazu führen kann, dass die Vermietungstätigkeit derart in den Hintergrund rückt, dass sie nicht mehr als „auslösendes Moment" für die Leistung der Aufwendungen bewertet werden kann. Dies könnte zum einen aufgrund eines geringen Umfangs der

---

250 BFH v. 21.09.2009 – GrS 1/06, BFHE 227, 1, 20f., 22; *Fissenewert*, in: Herrmann/Heuer/Raupach, EStG/KStG, 291. EL, 04/2019, § 12 Rn. 62; 66; *Thürmer*, in: Blümich, EStG, 142. EL, 06/2018, § 9 Rn. 145.

251 BFH v. 21.09.2009 – GrS 1/06, BFHE 227, 1, 20 f.; *Fissenewert*, in: Herrmann/Heuer/Raupach, EStG/KStG, 291. EL, 04/2019, § 12 Rn. 63.

252 *Fissenewert*, in: Herrmann/Heuer/Raupach, EStG/KStG, 291. EL, 04/2019, § 12 Rn. 66; *Weber*, StuW 2009, 184, 191 m. w. N.

253 BFH v. 06.11.2001 – IX R 97/00, BFHE 197, 151, 156; v. 21.09.2009 – GrS 1/06, BFHE 227, 1, 27 f.; v. 11.02.2014 – IX R 24/13, BFH/NV 2014, 1197, 1198; *Thürmer*, in: Blümich, EStG, 142. EL, 06/2018, § 12 Rn. 130.

Vermietungstätigkeit im Verhältnis zur Eigennutzung des Wohnraums hergeleitet werden[254] oder mittels einer wertenden Betrachtung,[255] wobei solche Fälle bei einer gewerblichen Online-Vermietung nur sehr schwer vorstellbar sind.

(a) Nachträgliche Bildung der Vermietungsabsicht

Insbesondere bei den Home-Sharer-Fällen ist es nicht unüblich, dass mit der Zunahme des Bekanntheitsgrads von Sharing-Economy-Plattformen Wohnraum erstmalig (unter)vermietet wird. An Bedeutung gewinnen diese Fälle vor allem bei der Abzugsfähigkeit von Werbungskosten im Rahmen der Einkünfte aus Vermietung und Verpachtung nach § 21 EStG, da die Home-Sharer nur in den seltensten Fällen eine über die private Vermögensverwaltung hinausgehende gewerbliche Betätigung ausüben werden. Von vornherein ausgeschlossen werden kann dies aber nicht.

Wird die Vermietungsabsicht erst nach Abschluss des Miet- oder fremdfinanzierten Kaufvertrags gebildet, dann wurden die Kosten für die Miete oder für den Kauf (sowie der etwaigen Schuldzinsen zugrunde liegende Darlehensvertrag) ursprünglich unabhängig von einer Einkünfteerzielungsabsicht eingegangen und demnach nicht subjektiv zur Förderung der Vermietungstätigkeit aufgewendet. Die Vermietungsabsicht hat den Steuerpflichtigen gerade nicht zur Tätigung der Ausgaben bewogen. Mithin lag ursprünglich der subjektiv erforderliche Veranlassungszusammenhang zwischen den Aufwendungen und der Einnahmeerzielung nicht vor. Es handelt sich insoweit auch nicht um vorab entstandene Betriebsausgaben oder Werbungskosten, da nach den Gesamtumständen kein ausreichend bestimmter wirtschaftlicher Zusammenhang zwischen den Aufwendungen und der Vermietungstätigkeit besteht.[256] Ein ausreichender (zeitlicher) Zusammenhang zur (späteren) Einkünfteerzielung ist ab dem Zeitpunkt zu bejahen, zu dem sich anhand objektiver Umstände feststellen lässt, dass der Entschluss, Einkünfte einer bestimmten Einkunftsart zu erzielen, endgültig gefasst worden ist.[257] Es reicht nicht aus, dass sich die Aufwendungen des

---

254 BMF v. 06.07.2010, BStBl. I 2010, S. 614, 615, Rn. 11; *Albert*, FR 2010, 220, 224; *Fissenewert*, in: Herrmann/Heuer/Raupach, EStG/KStG, 291. EL, 04/2019, § 12 Rn. 72; *Thürmer*, in: Blümich, EStG, 142. EL, 06/2018, § 12 Rn. 105 m. w. N.

255 BFH v. 20.07.2006 – VI R 94/01, BFHE 214, 354, 366.

256 Vgl. BFH v. 04.07.1990 – GrS 1/89, BFHE 160, 466, 478; v. 16.06.2015 – IX R 21/14, BFH/NV 2015, 1567, 1568.

257 BFH v. 18.07.1972 – VIII R 12/68, BFHE 106, 513, 515; v. 15.04.1992 – III R 96/88, BFHE 168, 133, 136; v. 22.07.2003 – VI R 137/99, BFHE 202, 561, 563; v. 02.12.2005 – VI R 63/03, BFHE 212, 118, 120; v. 11.08.2010 – IX R 3/10, BFHE 230, 557, 560 f.; v.

Steuerpflichtigen im Nachhinein für eine Einkunftsart als nützlich erweisen.[258] Wenn die Vermietungsabsicht also erst im Nachhinein gebildet wird, nachdem die Wohnung bereits zunächst für eigene Wohnzwecke angemietet beziehungsweise angeschafft wurde, handelt es sich bei der vergangenen Miete sowie den Gebäude-Abschreibungsmöglichkeiten und den Schuldzinsen nicht um vorab entstandene Betriebsausgaben oder Werbungskosten, da im Zeitpunkt der Tätigung der Aufwendungen noch keine Gewinnerzielungsabsicht bestand. Diese sind nicht als Betriebsausgaben abziehbar.

Die laufende Miete ist aber ab dem Zeitpunkt, zu dem der Entschluss, den Wohnraum unterzuvermieten, gefasst worden ist, dem Grunde nach abzugsfähig, soweit sie der Vermietungstätigkeit zugeordnet werden kann. Auch die Gebäude-Abschreibung, die Abschreibung für Mobiliar und etwaige Schuldzinsen sind ab diesem Zeitpunkt – dem Zeitpunkt der „Umwidmung" der Wirtschaftsgüter vom zunächst privaten Gebrauch zu Zwecken der Einkünfteerzielung – abzugsfähig.[259] Bei einer Umwidmung von Wirtschaftsgütern des Privatvermögens zu Betriebsvermögen handelt es sich um eine Privateinlage, die gemäß § 6 Abs. 1 Nr. 5 EStG grundsätzlich mit dem Teilwert zum Zeitpunkt der Zuführung anzusetzen ist. Wurde das zugeführte Wirtschaftsgut innerhalb der letzten drei Jahre vor dem Zeitpunkt der Zuführung angeschafft oder hergestellt, ist es gemäß § 6 Abs. 1 Nr. 5 lit. a EStG höchstens mit den Anschaffungs- oder Herstellungskosten anzusetzen.

(b) Mitveranlassung von untergeordneter Bedeutung

Bei der Bestimmung des auslösenden Moments ist eine erwerbsbezogene oder private Mitveranlassung für das Tätigen von Aufwendungen nach der aktuellen Rechtsprechung des Bundesfinanzhofs zu gemischten Aufwendungen außer Acht zu lassen, wenn sie von „völlig untergeordneter Bedeutung" ist.[260] Eine unbedeutende Mitveranlassung wird von Literatur und Finanzverwaltung in quantitativer Hinsicht regelmäßig dann angenommen, wenn der betreffende

30.10.2014 – IV R 34/11, BFHE 247, 418, 422; v. 16.06.2015 – IX R 21/14, BFH/NV 2015, 1567, 1568; *Meyer*, in: BeckOK EStG, 7. Edition, 05/2020, § 4 Rn. 2261.1; *Weber*, StuW 2009, 184, 189.

258 BFH v. 18.07.1972 – VIII R 12/68, BFHE 106, 513, 515; *Straßburger*, in: BeckOK EStG, 7. Edition, 05/2020, § 9 Rn. 181; *Thürmer*, in: Blümich, EStG, 142. EL, 06/2018, § 9 Rn. 160.

259 BFH v. 14.02.1989 – IX R 109/84, BFHE 156, 417, 419 f.; *Krüger*, in: Schmidt, EStG, 39. Aufl. 2020, § 9 Rn. 278.

260 BFH v. 21.09.2009 – GrS 1/06, BFHE 227, 1, 20 f.

Veranlassungszusammenhang weniger als zehn Prozent beträgt.[261] Dem entspricht die Rechtsprechung des Bundesfinanzhofs insoweit, als ein privater Nutzungsanteil von 15 Prozent[262] beziehungsweise 20 Prozent[263] als von nicht mehr untergeordneter, sondern beachtenswerter Bedeutung angesehen wurde. Die Anwendung einer starren quantitativen Grenze wird im Hinblick auf das objektive Nettoprinzip kritisiert und erfährt zudem in ihrer praktischen Umsetzung Schwierigkeiten, wenn die Nutzungsanteile durch Schätzung ermittelt werden.[264] Vorzugswürdig erscheint daher, im Einzelfall lediglich zu überprüfen, ob die private beziehungsweise berufliche Mitveranlassung nach einer wertenden Betrachtung als „völlig unbedeutend" vernachlässigt werden kann.[265]

Stellt ein Vermietungsobjekt Betriebsvermögen dar, setzt dies voraus, dass es zu mindestens zehn Prozent dem Gewerbebetrieb dient. Bei einem bilanzierten Vermietungsobjekt ist mithin davon auszugehen, dass die betriebliche Mitveranlassung der mittelbar der Vermietungstätigkeit zuordenbaren Aufwendungen von nicht nur untergeordneter Bedeutung ist.

(3) Trennbarkeit des Aufwands

Grundlegende Voraussetzung für die Aufteilung von Aufwendungen und für den anteiligen Abzug des erwerbsbezogen veranlassten Aufwandsteils ist weiterhin, dass die Aufwendungen nach den ihnen zugrunde liegenden Veranlassungsbeiträgen trennbar sind.[266] Veranlassungsbeiträge sind trennbar, wenn ein sachgerechter Aufteilungsmaßstab zur Verfügung steht, der nach objektivierbaren – nach außen hin erkennbaren und nachvollziehbaren – Kriterien ermittelt

---

261 *Albert*, FR 2010, 220, 224; *Fissenewert*, in: Herrmann/Heuer/Raupach, EStG/KStG, 291. EL, 04/2019, § 12 Rn. 72; *Meyer*, in: BeckOK EStG, 7. Edition, 05/2020, § 4 Rn. 2228; *Thürmer*, in: Blümich, EStG, 142. EL, 06/2018, § 12 Rn. 105; BMF v. 06.07.2010, BStBl. I 2010, S. 614, 615, Rn. 11; a. A. *Schwenke*, FR 2011, 1051, 1053; *Söhn*, in: Festschrift Spindler, 2011, S. 795, 799 f.; *Weber*, StuW 2009, 184, 191, die stets eine Aufteilung vornehmen möchten.

262 BFH v. 21.11.1986 – VI R 137/83, BFHE 148, 469, 473; v. 20.07.2006 – VI R 94/01, BFHE 214, 354, 366.

263 BFH v. 26.07.1989 – X R 7/87, BFH/NV 1990, 441, 442.

264 Vgl. hierzu BFH v. 20.07.2006 – VI R 94/01, BFHE 214, 354, 366; ähnliche Ansicht *Fischer*, NWB 2010, 412, 418; *Steck*, DStZ 2011, 191, 207 f.

265 Vgl. BFH v. 20.07.2006 – VI R 94/01, BFHE 214, 354, 366.

266 BFH v. 21.09.2009 – GrS 1/06, BFHE 227, 1, 22, 29; *Fissenewert*, in: Herrmann/Heuer/Raupach, EStG/KStG, 291. EL, 04/2019, § 12 Rn. 66; *Thürmer*, in: Blümich, EStG, 142. EL, 06/2018, § 9 Rn. 145; *Valta*, FR 2020, 586, 589.

wird und so dem Wesen nach einer rechnerischen Überprüfung zugänglich ist.[267]

Greifen die – für sich gesehen jeweils nicht unbedeutenden – erwerbsbezogenen und privaten Veranlassungsbeiträge so ineinander, dass eine Trennung nicht möglich ist, fehlt es also an nachvollziehbaren Aufteilungskriterien, gilt das Abzugsverbot des § 12 Nr. 1 S. 2 EStG und die Aufwendungen sind insgesamt nicht abziehbar.[268] Denn, wenn objektivierbare Aufteilungskriterien fehlen, wäre eine schätzungsweise Aufteilung von gemischt veranlassten Aufwendungen willkürlich und damit unzulässig.[269] Sachgerechte objektivierbare Aufteilungsmaßstäbe fehlen insbesondere dann, wenn unterschiedliche Veranlassungsbeiträge nicht nacheinander, sondern gleichzeitig verwirklicht werden.[270] Typische Fälle sind die klassischen Repräsentationsaufwendungen[271] sowie Aufwendungen für eine Reise, die nicht nach beruflich und privaten Reiseabschnitten aufgeteilt werden können, da das touristische Interesse den gesamten Reiseverlauf durchwirkt, wie beispielsweise eine Besichtigungsreise eines Spielegeräteaufstellers nach Las Vegas oder die touristische Reise eines Sprachlehrers durch das Land der von ihm gelehrten Fremdsprache.[272] Im Bereich der Vermietungsleistung sind insoweit beispielsweise Fälle denkbar, in denen dem Steuerpflichtigen Kosten

---

267 BFH v. 21.09.2009 – GrS 1/06, BFHE 227, 1, 20f.; BMF v. 06.07.2010, BStBl. I 2010, S. 614, 616, Rn. 14; *Fissenewert*, in: Herrmann/Heuer/Raupach, EStG/KStG, 291. EL, 04/2019, § 12 Rn. 73; *Neufang*, BB 2010, 2409, 2411; *Thürmer*, in: Blümich, EStG, 142. EL, 06/2018, § 12 Rn. 114.

268 BFH v. 21.09.2009 – GrS 1/06, BFHE 227, 1, 29; *Hey*, in: Tipke/Lang, Steuerrecht, 23. Aufl. 2018, § 8 Rn. 243; *Neufang*, BB 2010, 2409, 2411; *Schwenke*, FR 2011, 1051, 1053 f.; a. A. *Steck*, DStZ 2011, 191, 202 ff.; *Weber*, StuW 2009, 184, 194 mit der Begründung, dass aufgrund des objektiven Nettoprinzips auch in diesen Fällen eine schätzungsweise Aufteilung vorzunehmen sei, da jede Aufteilung einer Verwirklichung des objektiven Nettoprinzips näherkomme als ein gänzlicher Abzug oder gänzlicher Ausschluss des Abzugs.

269 BFH v. 15.01.2015 – I R 48/13, BFHE 248, 535, 542; *Fissenewert*, in: Herrmann/Heuer/Raupach, EStG/KStG, 291. EL, 04/2019, § 12 Rn. 73; *Söhn*, in: Festschrift Spindler, 2011, S. 795, 801.

270 Vgl. *Fischer*, NWB 2010, 412, 417, der diese Aufwendungen unter den Oberbegriff der „multikausalen und multifinalen Wirkungszusammenhänge" fasst; *Schwenke*, FR 2011, 1051, 1054.

271 BFH v. 21.09.2009 – GrS 1/06, BFHE 227, 1, 22; *Fissenewert*, in: Herrmann/Heuer/Raupach, EStG/KStG, 291. EL, 04/2019, § 12 Rn. 73; *Schwenke*, FR 2011, 1051, 1054.

272 BFH v. 21.09.2009 – GrS 1/06, BFHE 227, 1, 29; *Fischer*, NWB 2010, 412, 417; *Fissenewert*, in: Herrmann/Heuer/Raupach, EStG/KStG, 291. EL, 04/2019, § 12 Rn. 73.

für Renovierungsarbeiten an seiner im Zeitpunkt der Arbeiten selbstgenutzten Wohnung entstehen. Diese sind auch dann nicht (teilweise) als Betriebsausgaben abziehbar, wenn die Wohnung später vermietet werden soll, weil sie insoweit untrennbar gemischt veranlasst sind.[273] Der die Aufwendungen auslösende Moment besteht in einer erwerbsbezogenen und privaten Doppelmotivation und ist deshalb einheitlich zu beurteilen.[274]

Für gemischte Aufwendungen einer sowohl selbstgenutzten als auch vermieteten Ferienwohnung hatte der Bundesfinanzhof auch schon vor seiner Rechtsprechungsänderung in 2009 hinsichtlich der Berücksichtigung gemischter Aufwendungen entschieden, dass die gemischten Aufwendungen grundsätzlich nach den Nutzungszeiträumen trennbar sind.[275] Objektive Merkmale und Unterlagen sollen danach eine zutreffende und leicht nachprüfbare Trennung der Aufwendungen ermöglichen. Dies gelte auch bezüglich der vermietungstypischen Leerstandszeiten einer Ferienwohnung, die nach den allgemeinen Grundsätzen auf die Vermietungstätigkeit und die Selbstnutzung aufzuteilen sei. Bei den gemischten Aufwendungen im Rahmen der (Unter-)Vermietung einer selbstgenutzten Unterkunft handelt es sich mithin grundsätzlich um gemischt veranlassten Aufwand, der trennbar ist. Das Aufteilungs- und Abzugsverbot des § 12 Nr. 1 S. 2 EStG greift insoweit nicht.

(4) Trennungs- und Aufteilungsmaßstab

Für Aufwendungen eines Wirtschaftsguts, das zeitlich nacheinander oder im Wechsel erwerbsbedingt oder privat genutzt wird, sind die Gesamtaufwendungen entsprechend aufzuteilen und die erwerbsbedingt veranlassten Kostenanteile als Betriebsausgaben abzugsfähig.[276] Als sachgerechter Aufteilungsmaßstab kommt grundsätzlich eine Aufteilung nach Köpfen sowie Zeit-, Mengen- oder Flächenanteilen in Betracht.[277]

---

273 Vgl. *Pezzer*, DStR 2010, 93, 95 f.

274 Vgl. *Fissenewert*, in: Herrmann/Heuer/Raupach, EStG/KStG, 291. EL, 04/2019, § 12 Rn. 73; *Thürmer*, in: Blümich, EStG, 142. EL, 06/2018, § 12 Rn. 108.

275 BFH v. 30.07.1991 – IX R 49/90, BFHE 165, 92, 96; v. 06.11.2001 – IX R 97/00, BFHE 197, 151, 156.

276 BFH v. 30.07.1991 – IX R 49/90, BFHE 165, 92, 96; v. 06.11.2001 – IX R 97/00, BFHE 197, 151, 156; *Meyer*, in: BeckOK EStG, 7. Edition, 05/2020, § 4 Rn. 2230; *Söhn*, in: Festschrift Spindler, 2011, S. 795, 800.

277 BMF v. 06.07.2010, BStBl. I 2010, S. 614, 616, Rn. 15; *Neufang*, BB 2010, 2409, 2411.

Bei der Vermietung selbstgenutzter (Ferien-)Wohnungen bietet sich eine Aufteilung nach Nutzungszeiträumen an.[278] Als konkreter Aufteilungsmaßstab kann eine Aufteilung nach Tagen sinnvoll sein.[279] Werden einzelne Räume einer Wohnung vermietet und andere selbstgenutzt, ist eine Aufteilung nach dem Flächenverhältnis vorzunehmen.[280] Werden einzelne der vermieteten Räume gemeinschaftlich, also sowohl vermietet als auch für eigene Wohnzwecke genutzt, beispielsweise die Küche, Bäder, Diele, Flur, Wohn- oder Esszimmer, kommt eine Aufteilung nach Köpfen in Betracht.[281] Die Aufwendungen werden in diesen Fällen nach der Zahl der Nutzer einer Wohnung aufgeteilt, wobei unerheblich ist, welche Person welche konkreten, in Quadratmetern messbare Flächenanteile der Wohnräume oder Teile der Einrichtungsgegenstände mit welcher Intensität und welchen Zeitanteilen pro Tag nutzt.[282]

2. Besonderheiten bei der Gewinnermittlung nach § 4 Abs. 3 EStG

Gewerbetreibende, die nicht gesetzlich buchführungspflichtig sind und auch nicht freiwillig Bücher führen, können ihren Gewinn auch durch Überschuss der Betriebseinnahmen über die Betriebsausgaben gemäß § 4 Abs. 3 EStG ermitteln. Diese Gewinnermittlungsart wird von der Finanzverwaltung als Einnahmenüberschussrechnung bezeichnet (vgl. § 60 Abs. 4 S. 1 EStDV). Es handelt sich dabei im Ausgangspunkt um eine erleichterte Form der Gewinnermittlung, die im Zusammenhang mit Online-Vermietungen vor allem von Kleingewerbetreibende gewählt werden kann.[283] Denn nicht buchführungspflichtig sind gewerbliche Unternehmer nur dann, wenn ihr Gewinn aus Gewerbebetrieb einen Betrag von 60.000 Euro im Wirtschaftsjahr nicht übersteigt und

---

278 Vgl. BFH v. 30.07.1991 – IX R 49/90, BFHE 165, 92, 96; v. 06.11.2001 – IX R 97/00, BFHE 197, 151, 156; v. 20.07.2006 – VI R 94/01, BFHE 214, 354, 362 ff.; *Fissenewert*, in: Herrmann/Heuer/Raupach, EStG/KStG, 291. EL, 04/2019, § 12 Rn. 66; *Kußmaul/Kloster*, DStR 2016, 1280, 1285 f.

279 Vgl. BFH v. 20.07.2006 – VI R 94/01, BFHE 214, 354, 365.

280 *Delp/Ronig*, DB 2018, 1296, 1297 f.; *Kußmaul/Kloster*, DStR 2016, 1280, 1285 f.; *Söhn*, in: Festschrift Spindler, 2011, S. 795, 807.

281 BFH v. 25.06.2009 – IX R 49/08, BFHE 226, 213, 215; v. 22.01.2013 – IX R 19/11, BFHE 240, 136, 140.

282 BFH v. 25.06.2009 – IX R 49/08, BFHE 226, 213, 215; v. 22.01.2013 – IX R 19/11, BFHE 240, 136, 140; *Kußmaul/Kloster*, DStR 2016, 1280, 1286.

283 *Bode*, in: P. Kirchhof/Seer, EStG, 19. Aufl. 2020, § 4 Rn. 11, 132; *Kanzler*, in: Herrmann/Heuer/Raupach, EStG/KStG, 295. EL, 12/2019, § 4 Rn. 506; *Meyer*, in: BeckOK EStG, 7. Edition, 05/2020, § 4 Rn. 16.

ihre Umsätze nicht mehr als 600.000 Euro im Kalenderjahr betragen (§§ 140, 141 AO). Zudem darf der Gewerbetreibende kein Kaufmann im Sinne des HGB (§§ 1 ff. HGB) sein, der kraft seiner Kaufmannseigenschaft zur Führung von Büchern verpflichtet ist (vgl. § 238 HGB).

Der wesentliche Unterschied im Vergleich zur Gewinnermittlung durch Betriebsvermögensvergleich nach §§ 4 Abs. 1, 5 Abs. 1 EStG beruht auf dem Verzicht einer Buchführung, Inventur und Bilanzierung.[284] Grundsätzlich gilt für die Gewinnermittlung nach § 4 Abs. 3 EStG – wie bei der Ermittlung der Überschusseinkünfte – das Zu- und Abflussprinzip aus § 11 EStG, sodass eine technische Vergleichbarkeit mit der Ermittlung von Überschusseinkünften im Sinne des § 2 Abs. 2 S. 1 Nr. 2 EStG vorliegt.[285] Dies hat zur Folge, dass Online-Vermieter ihre Erträge und Aufwendungen bereits beziehungsweise erst mit Zu- und Abfluss der zugehörigen Geldmittel realisieren.[286] Zur Qualifikation von Betriebsausgaben gelten die Ausführungen zum Betriebsvermögensvergleich entsprechend.[287] Wirtschaftsgüter des Anlagevermögens (wie die zu vermietende Unterkunft) werden bei der Einnahmenüberschussrechnung im Wesentlichen genauso behandelt wie beim Betriebsvermögensvergleich.[288] Die Vorschriften über Absetzung für Abnutzung sind gemäß § 4 Abs. 3 S. 3 EStG anwendbar und die Wirtschaftsgüter sind gemäß § 4 Abs. 3 S. 5 EStG in laufend zu führende Verzeichnisse aufzunehmen. Teilwertabschreibungen sind allerdings unzulässig.[289]

Ein wesentlicher Unterschied zu den Überschusseinkünften ist, dass bei der Einnahmenüberschussrechnung die Wertsteigerungen (stillen Reserven) des eingesetzten Vermögens als steuerpflichtiger Gewinn erfasst werden.[290] Durch die „Kassenrechnung“ der Einnahmenüberschussrechnung ergeben sich im

---

284 Vgl. *Wied*, in: Blümich, EStG, 139. EL, 11/2017, § 4 Rn. 138 ff.

285 *Bode*, in: P. Kirchhof/Seer, EStG, 19. Aufl. 2020, § 4 Rn. 11; *Kanzler*, in: Herrmann/Heuer/Raupach, EStG/KStG, 295. EL, 12/2019, § 4 Rn. 506; *Meyer*, in: BeckOK EStG, 7. Edition, 05/2020, § 4 Rn. 16.

286 Vgl. *Hennrichs*, in: Tipke/Lang, Steuerrecht, 23. Aufl. 2018, § 9 Rn. 560; *Kanzler*, in: Herrmann/Heuer/Raupach, EStG/KStG, 295. EL, 12/2019, § 4 Rn. 530, 571; *Wied*, in: Blümich, EStG, 139. EL, 11/2017, § 4 Rn. 180, 183.

287 S. o. auf S. 84 ff.

288 *Wied*, in: Blümich, EStG, 139. EL, 11/2017, § 4 Rn. 159.

289 Vgl. BFH v. 24.11.1955 – IV 231/53 U, BFHE 62, 97, 102 ff.; v. 05.11.2015 – III R 12/13, BFHE 252, 304, 308; *Kanzler*, in: Herrmann/Heuer/Raupach, EStG/KStG, 295. EL, 12/2019, § 4 Rn. 536; *Wied*, in: Blümich, EStG, 139. EL, 11/2017, § 4 Rn. 159 ff.

290 *Bode*, in: P. Kirchhof/Seer, EStG, 19. Aufl. 2020, § 4 Rn. 11; *Kanzler*, in: Herrmann/Heuer/Raupach, EStG/KStG, 295. EL, 12/2019, § 4 Rn. 506.

Vergleich zur Gewinnermittlung durch Betriebsvermögensvergleich lediglich Periodenverschiebungen, also Unterschiede in der Höhe der jeweiligen jährlichen Gewinne und Verluste. In der Summe muss die Gewinnermittlung nach § 4 Abs. 3 EStG den gleichen Totalgewinn ergeben wie die in § 4 Abs. 1 EStG niedergelegte bilanzielle Gewinnermittlung. Es gilt der sogenannte Grundsatz der Gesamt- oder Totalgewinngleichheit.[291] Daher sind Begriffe wie beispielsweise der des gewillkürten Betriebsvermögens identisch wie bei der bilanziellen Gewinnermittlung auszulegen[292] und in § 4 Abs. 3 S. 3, 4 EStG sind Sonderregelungen enthalten, die eine übermäßige Verzerrung des Periodenergebnisses unterbinden sollen.[293]

V. Ergebnis

Überschreitet die mit der Online-Vermietung verbundene Betätigung den Bereich der privaten Vermögensverwaltung, so liegt die Annahme gewerblicher Einkünfte nach § 15 Abs. 1 EStG nahe. Werden Verluste generiert muss aber insbesondere bei der Vermietung eigengenutzter Ferienwohnungen das Vorliegen von Gewinnerzielungsabsicht erörtert werden. Die Gewinnermittlung erfolgt grundsätzlich durch Betriebsvermögensvergleich nach §§ 4 Abs. 1, 5 Abs. 1 EStG. Insbesondere bei Kleingewerbetreibenden kann auch die Gewinnermittlung anhand der Einnahmenüberschussrechnung gemäß § 4 Abs. 3 EStG zulässig sein und bietet sich vor allem dann an, wenn die Art und Weise des eingerichteten Geschäftsbetriebs eine niedergelegte bilanzielle Gewinnermittlung nicht erfordert. Im Rahmen der Vermietung eigengenutzter Unterkünfte sind zudem die Grundsätze zu den gemischt veranlassten Aufwendungen zu berücksichtigen.

291 BFH v. 31.08.1972 – IV R 93/67, BFHE 107, 205, 207; v. 04.12.2012 – VIII R 41/09, BFHE 239, 437, 442; v. 03.08.2017 – IV R 12/14, BFHE 259, 104, 108; *Bode*, in: P. Kirchhof/Seer, EStG, 19. Aufl. 2020, § 4 Rn. 11, 136; *Kanzler*, in: Herrmann/Heuer/Raupach, EStG/KStG, 295. EL, 12/2019, § 4 Rn. 506, 531; kritisch *Drüen*, Periodengewinn und Totalgewinn, 1999, S. 61 ff.; *Eisgruber*, DStJG 34 (2011), 185, 195.

292 BFH v. 02.10.2003 – IV R 13/03, BFHE 203, 373, 377 f.

293 Vertiefend *Hennrichs*, in: Tipke/Lang, Steuerrecht, 23. Aufl. 2018, § 9 Rn. 580; *Kanzler*, in: Herrmann/Heuer/Raupach, EStG/KStG, 295. EL, 12/2019, § 4 Rn. 535 ff.; *Wied*, in: Blümich, EStG, 139. EL, 11/2017, § 4 Rn. 159 ff.

B. Online-Vermietung als Vermietungseinkünfte nach § 21 Abs. 1 EStG

Erfüllt die Vermietungstätigkeit nicht den Tatbestand einer gewerblichen Betätigung, insbesondere da sie nicht die Grenze der privaten Vermögensverwaltung zum Gewerbebetrieb überschreitet, ist die Einkunftsart Vermietung und Verpachtung gemäß § 2 Abs. 1 S. 1 Nr. 6, § 21 Abs. 1 S. 1 Nr. 1, 2 EStG anwendbar. Dies gilt sowohl für die Vermietung von Ferienwohnungen als auch für die kurzfristige Überlassung der selbstgenutzten Wohnung (dem „Home-Sharing“) über Unterkunftsvermittlungsplattformen.

Nach dem Gesetzeswortlaut des § 21 Abs. 1 S. 1 EStG zählen zu den Vermietungseinkünften die Einkünfte aus der Vermietung von Gebäuden, Gebäudeteilen und Sachinbegriffen. Der Begriff „Vermietung und Verpachtung“ umfasst zeitlich begrenzte Nutzungsüberlassungen und beinhaltet insbesondere Nutzungsüberlassungen nach dem klassischen zivilrechtlichen Vertragstyp der Miete (§§ 535 ff. BGB).[294] § 21 Abs. 1 S. 1 Nr. 1 EStG beschränkt sich auf die Vermietung und Verpachtung von unbeweglichem Vermögen. Vermietungsobjekt im Sinne von § 21 Abs. 1 S. 1 Nr. 1 EStG ist nicht zwingend eine (abgeschlossene Gäste-)Wohnung, erfasst werden auch nur Teile eines Grundstücks oder Gebäudes, zum Beispiel einzelne Zimmer oder Räumlichkeiten.[295] Ein Sachinbegriff im Sinne des § 21 Abs. 1 S. 1 Nr. 2 EStG liegt vor, wenn mehrere Wirtschaftsgüter zwar zivilrechtlich und steuerrechtlich als selbständig zu bewerten sind, aber funktionell so aufeinander abgestimmt sind, dass sie eine wirtschaftliche Einheit darstellen.[296] Bei der Vermietung möblierter Räume stellt beispielsweise die Vermietung des Mobiliars einen Sachinbegriff im Sinne des § 21 Abs. 1 S. 1 Nr. 2 EStG dar.[297] Einkünfte aus der Überlassung möblierter Wohnungen bilden

---

294 BFH v. 05.10.1973 – VIII R 78/70, BFHE 111, 43, 45; v. 02.03.2004 – IX R 43/03, BFHE 205, 257, 258 f.; *Pfirrmann*, in: Herrmann/Heuer/Raupach, EStG/KStG, 288. EL, 10/2018, § 21 EStG Rn. 50 f.; *Spilker*, in: BeckOK EStG, 7. Edition, 05/2020, § 21 Rn. 138, 150.

295 BFH v. 26.11.1973 – GrS 5/71, BFHE 111, 242, 249 ff.; v. 25.09.2007 – IX R 28/07, BFHE 219, 96, 98; v. 04.03.2008 – IX R 11/07, BFH/NV 2008, 1462, 1463; *Spilker*, in: BeckOK EStG, 7. Edition, 05/2020, § 21 Rn. 543.

296 *Pfirrmann*, in: Herrmann/Heuer/Raupach, EStG/KStG, 288. EL, 10/2018, § 21 EStG Rn. 140; *Spilker*, in: BeckOK EStG, 7. Edition, 05/2020, § 21 Rn. 555.

297 BFH v. 27.07.2004 – IX R 73/01, BFH/NV 2005, 192 f.; *Pfirrmann*, in: Herrmann/Heuer/Raupach, EStG/KStG, 288. EL, 10/2018, § 21 EStG Rn. 140; *Schallmoser*, in: Blümich, EStG, 140. EL, 01/2018, § 21 Rn. 452; *Spilker*, in: BeckOK EStG, 7. Edition, 05/2020, § 21 Rn. 555.

mithin Vermietungseinkünfte aus einem einheitlich zu betrachtenden Vermietungsobjekt gemäß § 21 Abs. 1 S. 1 Nr. 1 und Nr. 2 EStG.

I. Einkünfteerzielungsabsicht

Da Tatbestandsmerkmal aller Einkunftsarten die Einkünfteerzielungsabsicht ist, setzen auch Vermietungseinkünfte im Sinne von § 21 Abs. 1 EStG, die aus der kurzfristigen Online-Vermietung über Sharing-Economy-Plattformen erzielt werden, voraus, dass der Vermieter das Vermietungsobjekt mit Einkünfteerzielungsabsicht vermietet.[298]

Einkünfteerzielungsabsicht ist gegeben, wenn mit der ihr zugrunde liegenden Tätigkeit oder Vermögensnutzung positive Einkünfte oder Überschüsse erzielt werden sollen.[299] Vergleichbar der Gewinnerzielungsabsicht im Rahmen des § 15 EStG ist auch hier die Überschusserzielungsabsicht als innere Tatsache an objektiven äußeren Kriterien zu messen – wie beispielsweise anhand der Totalüberschussprognose.[300]

Die Einkünfteerzielungsabsicht hinsichtlich der Einkünfte nach § 21 Abs. 1 EStG ist grundsätzlich objektbezogen (und nicht grundstücksbezogen) zu ermitteln.[301] Maßgebend ist dabei das Mietobjekt, auf das sich die

298 Vgl. ständige Rechtsprechung BFH v. 25.06.1984 – GrS 4/82, BFHE 141, 405, 435; v. 22.04.1998 – XI R 10/97, BFHE 186, 206, 208 f.; v. 06.11.2001 – IX R 97/00, BFHE 197, 151, 153; v. 23.05.2007 – X R 33/04, BFHE 218, 163, 167; *Musil*, in: Herrmann/Heuer/Raupach, EStG/KStG, 290. EL, 01/2019, § 2 EStG Rn. 345; *Stöber*, FR 2017, 801, 802; kritisch *P. Kirchhof*, DStR-Beih 2007, 11 ff.

299 BFH v. 25.06.1984 – GrS 4/82, BFHE 141, 405, 435; v. 06.11.2001 – IX R 97/00, BFHE 197, 151, 154; v. 09.07.2002 – IX R 47/99, BFHE 199, 417, 419; v. 19.02.2019 – IX R 16/18, BFH/NV 2019, 804, 805; *Musil*, in: Herrmann/Heuer/Raupach, EStG/KStG, 290. EL, 01/2019, § 2 EStG Rn. 57; *Spilker*, in: BeckOK EStG, 7. Edition, 05/2020, § 21 Rn. 222.

300 BFH v. 25.06.1984 – GrS 4/82, BFHE 141, 405, 435 f.; v. 22.04.1998 – XI R 10/97, BFHE 186, 206, 209; v. 24.02.1999 – X R 106/95, BFH/NV 1999, 1081; v. 06.11.2001 – IX R 97/00, BFHE 197, 151, 155; v. 23.05.2007 X R 33/04, BFHE 218, 163, 167; v. 11.12.2012 – IX R 14/12, BFHE 239, 453, 457 ff.; v. 16.04.2013 – IX R 26/11, BFHE 241, 261, 263; v. 01.12.2015 – IX R 9/15, BFHE 252, 401, 404; *Mellinghoff*, in: P. Kirchhof/Seer, EStG, 19. Aufl. 2020, § 21 Rn. 11; *Musil*, in: Herrmann/Heuer/Raupach, EStG/KStG, 290. EL, 01/2019, § 2 EStG Rn. 410; *Pfirrmann*, in: Herrmann/Heuer/Raupach, EStG/KStG, 288. EL, 10/2018, § 21 EStG Rn. 69; *Stöber*, FR 2017, 801, 802.

301 BFH v. 26.11.2008 – IX R 76/07, BFHE 224, 58, 60; v. 16.09.2015 – IX R 31/14, BFH/NV 2016, 188, 189; v. 08.01.2019 – IX R 37/17, BFH/NV 2019, 390, 392; v. 19.02.2019 – IX

Vermietungstätigkeit des Steuerpflichtigen nach dem beziehungsweise den zugrundeliegenden Vertragsverhältnis(sen) bezieht.[302] Mietobjekt kann sonach ein (bebautes) Grundstück oder ein Gebäudeteil wie eine Wohnung sein. Da im Mittelpunkt der Einkünfte nach § 21 EStG allein die Vermietung von Mietobjekten steht, die weniger individuell ausgestaltet ist als das Betreiben eines Gewerbebetriebs und der Erfolg der Tätigkeit weitgehend an den Mieteinkünften ersichtlich wird, behilft sich die Rechtsprechung im Rahmen der Feststellung der Einkünfteerzielungsabsicht bei Einkünften aus § 21 EStG Typisierungen, die im Folgenden ausgeführt werden.[303]

1. Einkünfteerzielungsabsicht bei Vermietung von nicht eigengenutztem Wohnraum

Wird Wohnraum ausschließlich zur Vermietung genutzt, ist eine Einkünfteerzielungsabsicht grundsätzlich ohne weitere Prüfung zu bejahen.[304] Es kann insoweit unterstellt werden, dass eine Fremdvermietung regelmäßig in der Absicht ausgeübt wird, ein positives Gesamtergebnis zu erzielen.[305] Das gilt auch bei ausschließlich an Feriengäste vermietete und in der übrigen Zeit hierfür bereitgehaltene Ferienwohnungen, wenn die tatsächliche Vermietungszeit mindestens 75 Prozent der ortsüblichen Vermietungszeit von Ferienwohnungen (Zeiten von Vermietungshindernissen ausgenommen)[306] beträgt.[307] Je mehr das Vermieten der Ferienwohnung die ortsübliche Vermietungszeit unterschreitet, umso mehr

---

R 16/18, BFH/NV 2019, 804, 805; *Spilker*, in: BeckOK EStG, 7. Edition, 05/2020, § 21 Rn. 222.

302 BFH v. 26.11.2008 – IX R 76/07, BFHE 224, 58, 60; v. 19.02.2019 – IX R 16/18, BFH/NV 2019, 804, 805 f.

303 Vgl. BFH v. 29.03.2007 – IV R 6/05, BFH/NV 2007, 1492, 1493; FG Nürnberg v. 11.02.2016 – 4 K 1104/14, EFG 2016, 902, 904.

304 BFH v. 30.09.1997 – IX R 80/94, BFHE 184, 406, 409 f.; v. 06.11.2001 – IX R 97/00, BFHE 197, 151, 154; v. 08.01.2019 – IX R 37/17, BFH/NV 2019, 390, 393.

305 BFH v. 30.09.1997 – IX R 80/94, BFHE 184, 406, 409 f.

306 Ein Vermietungshindernis liegt vor, wenn eine Ferienwohnung aus tatsächlichen Gründen (z. B. wegen einer notwendigen Renovierung oder wegen höherer Gewalt) eine Zeit nicht vermietet werden kann, vgl. BFH v. 29.11.2005 – IX B 109/05, BFH/NV 2006, 719, 720.

307 Ständige Rechtsprechung BFH v. 26.10.2004 – IX R 57/02, BFHE 208, 151, 154; v. 19.08.2008 – IX R 39/07, BFHE 222, 478, 479 f.; v. 28.10.2009 – IX R 30/08, BFH/NV 2010, 850, 851; v. 08.01.2019 – IX R 37/17, BFH/NV 2019, 390, 393; *Neufang*, StB 2017, 248, 249 f.; *Spilker*, in: BeckOK EStG, 7. Edition, 05/2020, § 21 Rn. 277.

gewinnt die Frage nach den Gründen des Leerstands an Bedeutung, die beispielsweise in der Absicht, die Ferienwohnung letztlich nur als Vermögenanlage zu nutzen oder für künftige Selbstnutzungen bereit zu halten, liegen können.[308]

Die soeben dargestellten Grundsätze gelten auch, wenn der Steuerpflichtige die Wohnung zur verbesserten Auslastung an Dienstreisende, Messebesucher, Montagearbeiter oder andere „Kurzzeitmieter“ vermietet, da insoweit eine mit der Vermietung von Ferienwohnungen vergleichbare kurzfristige Überlassung von Wohnraum vorliegt, bei der ein häufiger Gästewechsel in Verbindung mit Leerstandzeiten charakteristisch ist.[309]

2. *Einkünfteerzielungsabsicht bei selbstgenutzten Ferienwohnungen*

Thematisiert wird die Einkünfteerzielungsabsicht von der Rechtsprechung insbesondere, wenn im Rahmen der Vermietung selbstgenutzter Ferien- und Zweitwohnungen Verluste generiert werden, die durch die Verrechnung mit positiven Einkünften steuermindernd genutzt werden.[310] Auch bei der Kurzzeitvermietung über Sharing-Economy-Plattformen werden Ferienwohnungen angeboten, die eigengenutzt werden. Insoweit sind die von Rechtsprechung entwickelten Grundsätze zur Einkünfteerzielungsabsicht bei der Vermietung eigengenutzter Ferien- und Zweitwohnungen zu beachten. Danach ist entscheidend, ob die Vermietungstätigkeit bei der Heranziehung aller objektiv erkennbaren Umstände innerhalb eines Prognosezeitraums einen Totalüberschuss erwarten lässt.[311]

a) *Typisierender Prognosezeitraum von 30 Jahren*

Der Zeitraum für die Totalüberschussprognose ist typisierend mit 30 Jahren anzusetzen.[312] Dieser Zeitspanne liegt der Gedanke zugrunde, dass die anlässlich eines Immobilienkaufs abgeschlossenen Kredite im Regelfall eine Laufzeit von

---

308 BFH v. 26.10.2004 – IX R 57/02, BFHE 208, 151, 154.

309 BFH v. 04.03.2008 – IX R 11/07, BFH/NV 2008, 1462, 1463; v. 08.01.2019 – IX R 37/17, BFH/NV 2019, 390, 393.

310 BFH v. 25.06.1984 – GrS 4/82, BFHE 141, 405, 436 f.; v. 06.11.2001 – IX R 97/00, BFHE 197, 151, 155; v. 28.10.2009 – IX R 30/08, BFH/NV 2010, 850, 851; v. 16.04.2013 – IX R 26/11, BFHE 241, 261, 263 f.

311 BFH v. 06.11.2001 – IX R 97/00, BFHE 197, 151, 155 f.; v. 28.10.2009 – IX R 30/08, BFH/NV 2010, 850, 851; v. 16.04.2013 – IX R 26/11, BFHE 241, 261, 263.

312 BFH v. 06.11.2001 – IX R 97/00, BFHE 197, 151, 158; v. 28.11.2007 – IX R 9/06, BFHE 220, 63, 66; v. 16.09.2015 – IX R 31/14, BFH/NV 2016, 188, 189; v. 19.02.2019 – IX R 16/18, BFH/NV 2019, 804, 806.

25 bis 30 Jahren beinhalten, weshalb unterstellt werden kann, dass Steuerpflichtige ihre Investitionen in eine Immobilie über einen entsprechenden Zeitraum planen.[313] Dementsprechend ist es sinnvoll, eine Überschusserzielungsabsicht des Steuerpflichtigen daran zu messen, ob in diesem Zeitraum die Summe aller Einnahmen und Ausgaben einen Überschuss an Einnahmen erwarten lässt. Von diesem starren 30-jährigen Prognosezeitraum ist allerdings dann abzuweichen, wenn er erkennbar falsch ist.[314] Eine berücksichtigungsfähige kürzere Nutzungsdauer des Mietobjekts liegt beispielsweise vor, wenn der Steuerpflichtige bereits beim Erwerb eines Mietobjekts dessen später vorgenommenen Verkauf vor Ablauf von 30 Jahren ernsthaft in Betracht gezogen hat.[315] Beginn des Prognosezeitraums ist grundsätzlich der Zeitpunkt des Erwerbs oder der Herstellung des Vermietungsobjekts.[316]

b) *Totalüberschussprognose*

Entscheidend für die Feststellung der Einkünfteerzielungsabsicht im Rahmen der Vermietungstätigkeit ist, ob innerhalb des Prognosezeitraums die Summe der geschätzten Einnahmen die der geschätzten Ausgaben übersteigt.[317] Die Höhe der Mieteinnahmen und Werbungskosten ist anhand der vorliegenden objektiven Umstände hinsichtlich der künftigen Entwicklung von Mieteinnahmen und Ausgaben zu schätzen.[318] Dabei kann auch auf den Durchschnitt der vergangenen fünf Veranlagungszeiträume zurückzugegriffen werden.[319] Aufwendungen

313 BFH v. 06.11.2001 – IX R 97/00, BFHE 197, 151, 158.

314 BFH v. 06.11.2001 – IX R 97/00, BFHE 197, 151, 157 f.; v. 09.07.2002 – IX R 47/99, BFHE 199, 417, 420; *Spilker*, in: BeckOK EStG, 7. Edition, 05/2020, § 21 Rn. 296.

315 BFH v. 06.11.2001 – IX R 97/00, BFHE 197, 151, 157 f.; v. 09.07.2002 – IX R 47/99, BFHE 199, 417, 419 f.; BFH v. 20.12.2013 - IX B 100/13, BFH/NV 2014, 516, 517.

316 BFH v. 06.11.2001 – IX R 97/00, BFHE 197, 151, 159 f.; v. 19.02.2019 – IX R 16/18, BFH/NV 2019, 804, 806.

317 Vgl. BFH v. 25.06.1984 – GrS 4/82, BFHE 141, 405, 436 f.; v. 06.11.2001 – IX R 97/00, BFHE 197, 151, 155 f., 158; v. 16.04.2013 – IX R 26/11, BFHE 241, 261, 263 f.; v. 12.07.2016 – IX R 21/15, BFH/NV 2016, 1695, 1698; v. 31.07.2017 – IX R 23/16, BFH/NV 2017, 897, 899; v. 19.02.2019 – IX R 16/18, BFH/NV 2019, 804, 806; *Spilker*, in: BeckOK EStG, 7. Edition, 05/2020, § 21 Rn. 311.

318 BFH v. 06.11.2001 – IX R 97/00, BFHE 197, 151, 158; v. 16.04.2013 – IX R 26/11, BFHE 241, 261, 264; v. 16.09.2015 – IX R 31/14, BFH/NV 2016, 188, 189; v. 19.02.2019 – IX R 16/18, BFH/NV 2019, 804, 806.

319 BFH v. 06.11.2001 – IX R 97/00, BFHE 197, 151, 158 f.; v. 16.09.2015 – IX R 31/14, BFH/NV 2016, 188, 190.

sind dem Grunde nach in die Prognose einzubeziehen, wenn sie durch die mit Einkünfteerzielungsabsicht unternommene Vermietungstätigkeit veranlasst sind (§ 9 Abs. 1 S. 1 EStG). Wird eine Immobilie auch selbstgenutzt, sind die auf die Selbstnutzung entfallenden Aufwendungen nicht zu berücksichtigen.[320] Sogenannte gemischte Aufwendungen, die weder der Vermietungstätigkeit noch der Selbstnutzung direkt zuordenbar sind, wie Schuldzinsen oder Absetzung für Abnutzung, sind entsprechend dem Verhältnis der Selbstnutzung zur Vermietung aufzuteilen und nur in Höhe des auf die Vermietung entfallenden Anteils in die Prognose einzubeziehen.[321] Leerstandzeiten sind dabei dem Vermietungszeitraum zuzuordnen, wenn die Immobilie zur Vermietung angeboten und bereitgehalten wird.[322] Ist eine Selbstnutzung allerdings jederzeit möglich, sind die Leerstandzeiten entsprechend dem zeitlichen Verhältnis der tatsächlichen Selbstnutzung zur tatsächlichen Vermietung aufzuteilen.[323] Durch einen Mieterwechsel oder zur Erhaltung der Mietsache veranlasste kurzfristige Aufenthalte des Steuerpflichtigen in der Ferienwohnung (zum Beispiel zur Reinigung, Schlüsselübergabe oder Beseitigung von Schäden) stellen keine Selbstnutzung dar.[324] Lässt sich der Umfang der neben der tatsächlichen Fremdvermietung gegebenen Selbstnutzung nicht feststellen, sind die auf die Leerstandzeiten entfallenden Aufwendungen im Wege einer typisierenden Schätzung zu je 50 Prozent der Selbstnutzung und der Vermietung zuzuordnen.[325]

Legen Steuerpflichtige nach einer einen Verlust ergebenden Totüberschussprognose dar, dass sie auf die in der Vergangenheit entstandenen Werbungskostenüberschüsse reagiert und die Art und Weise der Vermietung geändert haben und nunmehr Überschüsse erzielen, ist die Totalüberschussprognose erneut

320 BFH v. 30.07.1991 – IX R 49/90, BFHE 165, 92, 95 f.; BFH v. 06.11.2001 – IX R 97/00, BFHE 197, 151, 156; v. 16.04.2013 – IX R 26/11, BFHE 241, 261, 264; v. 08.01.2019 – IX R 37/17, BFH/NV 2019, 390, 393.

321 BFH v. 30.07.1991 – IX R 49/90, BFHE 165, 92, 96; v. 06.11.2001 – IX R 97/00, BFHE 197, 151, 156; *Pfirrmann*, in: Herrmann/Heuer/Raupach, EStG/KStG, 288. EL, 10/2018, § 21 EStG Rn. 72.

322 BFH v. 13.08.1996 – IX R 48/94, BFHE 181, 83, 85; v. 06.11.2001 – IX R 97/00, BFHE 197, 151, 156; v. 28.10.2009 – IX R 30/08, BFH/NV 2010, 850, 851; v. 11.12.2012 – IX R 14/12, BFHE 239, 453, 457 f.

323 BFH v. 06.11.2001 – IX R 97/00, BFHE 197, 151, 156 f.

324 BFH v. 06.11.2001 – IX R 97/00, BFHE 197, 151, 154; *Pfirrmann*, in: Herrmann/Heuer/Raupach, EStG/KStG, 288. EL, 10/2018, § 21 EStG Rn. 72.

325 BFH v. 06.11.2001 – IX R 97/00, BFHE 197, 151, 157.

vorzunehmen und die Berechnungen an den sich nunmehr abzeichnenden Sachverhalt anzupassen.[326]

c) *Ergebnis*

Wird über Sharing-Economy-Plattformen die Kurzzeitvermietung einer selbstgenutzten Ferienwohnung angeboten, ist somit anhand der Grundsätze zur Totalüberschussprognose zu ermitteln, ob die Vermietungstätigkeit im Prognosezeitraum insgesamt einen Überschuss an Einnahmen über die Ausgaben erwarten lässt. Fällt die Totalüberschussprognose positiv aus, ist die Einkünfteerzielungsabsicht zu bejahen.

3. *Einkünfteerzielungsabsicht beim Home-Sharing*

Beim Home-Sharing ist die Vermietungstätigkeit über die Sharing-Economy-Plattform mit der Vermietung von Messewohnungen und Messezimmern vergleichbar, für die die allgemeinen Maßstäbe zur Totalüberschussprognose grundsätzlich anwendbar sind.[327]

Die Vermietung des selbstgenutzten Wohnraums für Zeiträume der eigenen Abwesenheit erfolgt regelmäßig mit dem Ziel, durch das entgeltliche Teilen der eigengenutzten Wohnung mit Dritten eine neue Ertragsquelle zu generieren.[328] Da die Unterkünfte zur Erzielung zusätzlicher Erträge (unter)vermietet werden, ist die Einkünfteerzielungsabsicht insoweit zu bejahen. Zu beachten ist aber, dass entsprechend der Grundsätzen zur Überschussprognose für die Zeiten, die die Wohnung nicht zum Vermieten bereitsteht, da sie zum Beispiel selbstgenutzt wird, eine Einkünfteerzielungsabsicht abzulehnen ist.[329] Für die Totalüberschussprognose ist nur der Zeitraum relevant, in dem die Absicht zur Vermietung besteht und nur die diesem Zeitraum zuordenbaren Einnahmen und Ausgaben

---

326 BFH v. 06.11.2001 – IX R 97/00, BFHE 197, 151, 159 f.; v. 16.04.2013 – IX R 26/11, BFHE 241, 261, 264.

327 Vgl. BFH v. 04.03.2008 – IX R 11/07, BFH/NV 2008, 1462, 1463; v. 08.01.2019 – IX R 37/17, BFH/NV 2019, 390, 393.

328 So auch zur kurzfristigen Vermietung über Sharing-Economy-Plattformen *Kußmaul/Kloster*, DStR 2016, 1280, 1282.

329 Vgl. BFH v. 13.08.1996 – IX R 48/94, BFHE 181, 83, 85; v. 06.11.2001 – IX R 97/00, BFHE 197, 151, 156; v. 28.10.2009 – IX R 30/08, BFH/NV 2010, 850, 851; v. 11.12.2012 – IX R 14/12, BFHE 239, 453, 457 f.

sind zu berücksichtigen.[330] Wird die Wohnung beispielsweise an zehn Wochenenden im Jahr über eine Sharing-Economy-Plattform an Dritte vermietet, ist der Zeitraum dieser zehn Wochenenden zu betrachten. Nur die Ausgaben, die als Werbungskosten zu qualifizieren sind, können einnahmenmindernd bei der Einkünfteermittlung in Abzug gebracht werden. Gemischt veranlasste Aufwendungen werden also nur anteilig anzuerkennen sein. In vielen Fällen wird mit der Vermietungstätigkeit insgesamt ein Ertrag erwirtschaftet werden. Denn nur dann sind die meisten Online-Vermieter üblicherweise bereit, die eigene Wohnung Dritten zu überlassen. Die Totalüberschussprognose wird damit häufig zugunsten der Einkünfteerzielungsabsicht ausfallen. Ein denkbarer Ausnahmefall, für den die Einkünfteerzielungsabsicht zu verneinen ist, liegt beispielsweise vor, wenn einzelne Zimmer einer Wohnung nur (unter)vermietet werden, um die darauf entfallenden (eigenen) Mietkosten der Wohnung abzudecken.[331]

4. *Ergebnis zur Einkünfteerzielungsabsicht*

Im Ergebnis lässt sich festhalten, dass im Zusammenhang mit Sharing-Economy-Einkünften im Bereich der Unterkunftsvermittlung die Einkünfteerzielungsabsicht immer dann besonders zu prüfen ist, wenn privat genutzte (Ferien-)Wohnungen überlassen werden. In diesen Fällen ist über die Totalüberschussprognose im Schätzungswege zu ermitteln, ob mit der Tätigkeit im Prognosezeitraum in der Summe Erträge zu erwirtschaften sind. Wird die Einkünfteerzielungsabsicht bejaht, sind in einzelnen Veranlagungszeiträumen auch Verluste steuerlich berücksichtigungsfähig.

Ist die Einkünfteerzielungsabsicht festzustellen, handelt es sich bei den Einkünften aus der Vermietungstätigkeit um steuerbare und steuerpflichtige Einkünfte, die grundsätzlich der Einkommensteuer unterliegen.

II. Einkünfteermittlung

Die Einkünfte aus Vermietung und Verpachtung nach § 21 Abs. 1 Nr. 1, 2 EStG sind gemäß § 2 Abs. 2 S. 1 Nr. 2 EStG als Überschuss der Einnahmen (§ 8 EStG) über die Werbungskosten (§ 9 EStG) unter Berücksichtigung des Zu- und Abflussprinzips (§ 11 EStG) zu ermitteln.[332]

---

330 BFH v. 30.07.1991 – IX R 49/90, BFHE 165, 92, 94; v. 06.11.2001 – IX R 97/00, BFHE 197, 151, 156; *Pfirrmann*, in: Herrmann/Heuer/Raupach, EStG/KStG, 288. EL, 10/2018, § 21 EStG Rn. 72.

331 So auch *Delp/Ronig*, DB 2018, 1296, 1298.

332 *Weber-Grellet*, in: Schmidt, EStG, 39. Aufl. 2020, § 2 Rn. 7.

Einnahmen gelten gemäß § 11 Abs. 1 S. 1 EStG als innerhalb des Kalenderjahres bezogen, in dem sie dem Steuerpflichtigen zugeflossen sind. Ausgaben sind gemäß § 11 Abs. 2 S. 1 EStG für das Kalenderjahr abzusetzen, in dem sie geleistet worden sind. Maßgeblicher Zeitpunkt für die Höhe der Einnahmen und Werbungskosten ist damit das Kalenderjahr, wobei nur die zugeflossenen und abgeflossenen Beträge zu erfassen sind.

1. Einnahmen – Berücksichtigung der 520 Euro-Freigrenze bei Eigennutzung

Als Einnahmen aus Vermietung und Verpachtung sind alle Güter, die dem Steuerpflichtigen im Rahmen der Vermietungstätigkeit in Geld oder Geldeswert zufließen (§ 8 EStG), anzusetzen.

Bei der vorübergehenden (Unter-)Vermietung von selbstgenutztem Wohnraum wird von der Finanzverwaltung für Einnahmen bis zu 520 Euro eine jährliche Freigrenze anerkannt, bis zu deren Erreichen die Einkünfte nicht besteuert werden. Werden über Sharing-Economy-Plattformen Teile des selbstgenutzten Wohnraums vorübergehend (unter)vermietet und übersteigen die jährlichen Mieteinnahmen nicht den Betrag von 520 Euro, kann gemäß der Einkommensteuerrichtlinien im Einverständnis mit dem Steuerpflichtigen aus Vereinfachungsgründen auf eine Besteuerung verzichtet werden.[333]

Zu beachten ist, dass die Freigrenze nur für die Vermietung selbstgenutzten Wohnraums gilt, also typischerweise die Fälle des sogenannten Home-Sharing betrifft, und sich der Betrag von 520 Euro allein auf die Einnahmen, also den Betrag vor Abzug etwaiger Werbungskosten, bezieht. Die Freigrenze von 520 Euro im Veranlagungszeitraum wird daher bei vielen Steuerpflichtigen überschritten sein.[334] Denn wer die eigengenutzte Wohnung (unter)vermietet, weil er beispielsweise urlaubsabwesend ist oder einzelne Räume vorübergehend (unter)vermieten möchte, um eine zusätzliche Einnahmequelle zu generieren,

---

333 R 21.2 Abs. 1 S. 1 und 2 EStR 2012.

334 Vgl. dazu *Bräutigam/Ludwig/Spengel*, Steuerlicher Reformbedarf bei Service-Plattformen: Eine Analyse anhand des deutschen Airbnb-Marktes, 2019, S. 16, https://www.zew.de/fileadmin/FTP/gutachten/ZEW_Expertise_Airbnb_2019.pdf (Stand: 09.11.2020); *Hagelüken*, Süddeutsche Zeitung Online-Beitrag v. 27.01.2019, https://www.sueddeutsche.de/wirtschaft/2.220/steuer-airbnb-tourismus-1.4304650 (Stand: 09.11.2020); *Hagelüken*, Süddeutsche Zeitung Online-Beitrag v. 29.01.2019, https://www.sueddeutsche.de/wirtschaft/airbnb-kein-schlaf-ohne-steuer-1.4307799 (Stand: 09.11.2020).

wird dies aus Effektivitätserwägungen häufig wiederholen. Der erste Schritt zur (Unter-)Vermietung des selbstgenutzten Wohnraums ist die Überwindung, Fremden die eigenen Wohnräume zu überlassen. Ferner ist der Verwaltungsaufwand für das Inserieren und die Organisation bei wiederholter Vermietung wesentlich geringer. Gerade in den touristischen Großstädten wie Hamburg und München, für die beispielsweise eine Übernachtung bei Airbnb im Schnitt für 60 Euro pro Übernachtung angeboten wird,[335] ist die Freigrenze von 520 Euro dann bereits bei neun Übernachtungen überschritten und somit ein Verzicht auf die Besteuerung nicht mehr möglich. Der mittlere Preis für angebotene Übernachtungen über Airbnb wird in Deutschland auf 55 Euro pro Nacht geschätzt.[336] Nach zehn Übernachtungen ist mithin im Durchschnitt die Freigrenze von 520 Euro überschritten und ein Besteuerungsanspruch insoweit zu konstatieren.

2. *Abzugsfähigkeit von Werbungskosten*

Im Falle einer Besteuerung können Aufwendungen zur Erwerbung, Sicherung oder Erhaltung der Mieteinnahmen als Werbungskosten abgezogen werden,[337] wenn sie durch die Vermietungstätigkeit veranlasst sind, § 9 Abs. 1 S. 1 und 2 EStG.

Eine solche Veranlassung wird nach ständiger Rechtsprechung bejaht, wenn objektiv ein wirtschaftlicher Zusammenhang zwischen den Aufwendungen und der auf Vermietung und Verpachtung gerichteten Tätigkeit besteht und die Aufwendungen vom Steuerpflichtigen subjektiv gemacht werden, um die Vermietungstätigkeit zu fördern.[338] Entscheidend ist (vergleichbar mit der Prüfung des Vorliegens von Betriebsausgaben nach § 4 Abs. 4 EStG) der die Aufwendungen „auslösende Moment", also die Gründe, die den Steuerpflichtigen zur Tätigung der Aufwendungen bewogen haben.[339]

---

335 Vgl. Angebote unter https://www.airbnb.de/.

336 *Bräutigam/Ludwig/Spengel*, Steuerlicher Reformbedarf bei Service-Plattformen: Eine Analyse anhand des deutschen Airbnb-Marktes, 2019, S. 6, https://www.zew.de/fileadmin/FTP/gutachten/ZEW_Expertise_Airbnb_2019.pdf (Stand: 09.11.2020).

337 Die nach dem Gesetzeswortlaut sowohl sprachlich als auch inhaltlich ungenaue Verknüpfung durch ein „und" muss durch ein „oder" ersetzt werden; es reicht aus, wenn die in § 9 Abs. 1 S. 1 EStG genannten Bedingungskomponenten alternativ vorliegen, vgl. *Thürmer*, in: Blümich, EStG, 142. EL, 06/2018, § 9 Rn. 101 m. w. N.

338 Ständige Rechtsprechung, vgl. z. B. BFH v. 20.12.1994 – IX R 122/92, BFHE 177, 50, 51; v. 26.01.2011 – IX R 24/10, BFH/NV 2011, 1480, 1481; v. 11.02.2014 – IX R 24/13, BFH/NV 2014, 1197, 1198; v. 01.12.2015 – IX R 9/15, BFHE 252, 401, 404.

339 BFH v. 21.09.2009 – GrS 1/06, BFHE 227, 1, 19 f.; zum Veranlassungsprinzip *Weber*, StuW 2009, 184, 185 ff.

Wird Wohnraum ausschließlich vermietet und nicht selbst genutzt, liegt ein Veranlassungszusammenhang zwischen der Vermietungstätigkeit und der für sie getätigten Aufwendungen nahe. Die Einordnung der Aufwendungen als Werbungskosten ist in diesen Fällen sowohl dem Grunde als auch der Höhe nach regelmäßig unproblematisch möglich.

Wird die Unterkunft auch eigen genutzt, sind die oben dargestellten Grundsätze zu gemischt veranlassten Aufwendungen entsprechend anzuwenden.[340] Eine Besonderheit gilt allerdings bei der AfA im Eigentum stehender Unterkünfte, wenn diese zunächst nur privat genutzt wurden und dann zur (zusätzlichen) Vermietung „umgewidmet" werden. Bei der Umwidmung von Wirtschaftsgütern bilden zwar auch die Anschaffungs- oder Herstellungskosten die AfA-Bemessungsgrundlage, das AfA-Volumen ist aber um die Abschreibungen zu kürzen, die der Steuerpflichtige bis zur Umwidmung hätte in Anspruch nehmen können, wenn er das Wirtschaftsgut von vornherein für Zwecke der Einkünfteerzielung verwendet hätte (sogenannte fiktive Absetzung für Abnutzung).[341] Hierdurch wird entsprechend dem Grundgedanken des § 11d EStDV erreicht, dass sich nur der Teil der Anschaffungs- oder Herstellungskosten als Werbungskosten auswirkt, der zeitanteilig auf die Zeit der Nutzung zur Einkünfteerzielung entfällt.[342] Ist im Zeitpunkt der Umwidmung das AfA-Volumen durch fiktive Absetzung für Abnutzung oder im Rahmen einer anderen Einkunftsart angesetzte Absetzung für Abnutzung verbraucht, kommt eine weitere Absetzung für Abnutzung nicht mehr in Betracht.[343]

Ferner ist beim Home-Sharing, das vor allem im Rahmen der Einkünfte aus Vermietung nach § 21 Abs. 1 EStG an Relevanz gewinnt und nur selten eine gewerbliche Betätigung begründet, zu beachten, dass gemischt veranlasste Aufwendungen wie Mietaufwand oder Absetzung für Abnutzungen nur dann auf die private und erwerbsbedingte Veranlassung aufzuteilen sind, wenn die Vermietung insgesamt beachtenswert und nicht von völlig

340 S. o. auf S. 86 ff.

341 BFH v. 14.02.1989 – IX R 109/84, BFHE 156, 417, 420 ff.; a. A. *Hey*, in: Tipke/Lang, Steuerrecht, 23. Aufl. 2018, § 8 Rn. 253 mit Fn. 484, wonach als AfA-Bemessungsgrundlage der gemeine Wert zum Zeitpunkt der Umwidmung anzusetzen ist, der zugleich das AfA-Volumen bilden soll.

342 *Krüger*, in: Schmidt, EStG, 39. Aufl. 2020, § 9 Rn. 278.

343 BFH v. 02.02.1990 – VI R 22/86, BFHE 160, 162, 165; *Krüger*, in: Schmidt, EStG, 39. Aufl. 2020, § 9 Rn. 278.

untergeordneter Bedeutung ist.[344] In diesem Fall wäre eine Berücksichtigung der Aufwendungen ausgeschlossen.[345]

3. *Ergebnis*

Zusammenfassend kann festgehalten werden, dass insbesondere das Home-Sharing in vielen Fällen nicht die Grenze der privaten Vermögensverwaltung überschreiten wird und die Einkünfte aus der Online-Vermietung insoweit solche aus Vermietung und Verpachtung gemäß § 21 EStG darstellen.

Doch auch die Vermietung von Ferienwohnungen kann als „lediglich" private Vermögensverwaltung zu bewerten sein. Das ist immer dann der Fall, wenn die Ausübung der Tätigkeit nicht über einen hotelmäßig eingerichteten Geschäftsbetrieb verfügt und keine hotelmäßigen Zusatzleistungen erbracht werden.

Bei eigengenutzten Unterkünften ist der Einkünfteerzielungsabsicht und dem Veranlassungszusammenhang der gemischt veranlassten Aufwendungen besondere Aufmerksamkeit zu schenken. Übersteigen die Vermietungseinnahmen aus einem zu eigenen Wohnzwecken genutzten Vermietungsobjekt die Freigrenze von 520 Euro im Kalenderjahr, sind die Einkünfte bei unbeschränkter Steuerpflicht gemäß § 21 Abs. 1 S. 1 Nr. 1, 2 EStG steuerbar und steuerpflichtig.

---

344 Vgl. Ausführungen oben auf S. 91 f.

345 Vgl. BFH v. 21.09.2009 – GrS 1/06, BFHE 227, 1, 20 f.

Kapitel 2: Besteuerung der beschränkt steuerpflichtigen Online-Vermieter

Hat der Online-Vermieter keinen Wohnsitz oder gewöhnlichen Aufenthalt in der BRD, kann sich seine persönliche Steuerpflicht in Deutschland dennoch aus der beschränkten Einkommensteuerpflicht ergeben.[346] Die beschränkte Steuerpflicht natürlicher Personen ist in § 1 Abs. 4 EStG (inländische Einkünfte im Sinne des § 49 EStG) sowie §§ 2, 5 AStG (Wohnsitzwechsel in niedrigbesteuernde Gebiete) geregelt. Von Bedeutung ist für die Online-Vermietungsfälle insbesondere die beschränkte Steuerpflicht nach § 1 Abs. 4 i. V. m. § 49 EStG, weshalb die beschränkte Steuerpflicht nach dem Außensteuergesetz hier nicht erörtert werden soll.

Die beschränkte Einkommensteuerpflicht aus § 1 Abs. 4 EStG ist sachlich auf die abschließend in § 49 EStG aufgezählten, inländischen Einkünfte begrenzt.[347] Bei den in § 49 EStG aufgezählten Einkünften handelt es sich um solche, die eine besondere Verbindung – zum Beispiel durch Belegenheit oder Tätigkeit – zum deutschen Hoheitsgebiet aufweisen.[348] § 49 EStG normiert damit das sogenannte Ursprungs- beziehungsweise Territorialitätsprinzip, welches auch als „Quellenprinzip" bezeichnet wird.[349] Zu den wichtigsten inländischen Einkünften, die bei der kurzfristigen Vermietung von Unterkünften über Sharing-Economy-Plattformen einschlägig sein können, zählen zum einen die Einkünfte aus Gewerbebetrieb, für den im Inland eine Betriebsstätte (§ 12 AO) unterhalten oder ein ständiger Vertreter (§ 13 AO) bestellt ist (§ 49 Abs. 1 Nr. 2 lit. a EStG). Zum

---

346 Vgl. *Bärsch*, in: Herrmann/Heuer/Raupach, EStG/KStG, 293. EL, 08/2019, § 49 Rn. 1.

347 *Bärsch*, in: Herrmann/Heuer/Raupach, EStG/KStG, 293. EL, 08/2019, § 49 Rn. 1, 5, 111; *Fetzer*, in: BeckOK EStG, 7. Edition, 05/2020, § 49 Rn. 142; *Gosch*, in: P. Kirchhof/Seer, EStG, 19. Aufl. 2020, § 1 Rn. 28; *Heinicke*, in: Schmidt, EStG, 39. Aufl. 2020, § 1 Rn. 2; *Rauch*, in: Blümich, EStG, 148. EL, 07/2019, § 1 Rn. 46; *Spilker/Stöber*, in: BeckOK EStG, 7. Edition, 05/2020, § 1 Rn. 5, 9.

348 BFH v. 13.12.2989 – I R 25/86, BFHE 159, 449, 451 f.; *Bärsch*, in: Herrmann/Heuer/Raupach, EStG/KStG, 293. EL, 08/2019, § 49 Rn. 5; *Fetzer*, in: BeckOK EStG, 7. Edition, 05/2020, § 49 Rn. 6; *Gosch*, in: P. Kirchhof/Seer, EStG, 19. Aufl. 2020, § 1 Rn. 29.

349 BFH v. 24.02.1988 – I R 95/84, BFHE 153, 101, 104; *Fetzer*, in: BeckOK EStG, 7. Edition, 05/2020, § 49 Rn. 2 ff.; *Gosch*, in: P. Kirchhof/Seer, EStG, 19. Aufl. 2020, § 1 Rn. 1; *Tiede*, in: Herrmann/Heuer/Raupach, EStG/KStG, 275. EL, 06/2016, § 1 EStG Rn. 1.

anderen werden hiervon insbesondere Einkünfte aus der (gewerblichen) Vermietung und Verpachtung im Inland gelegener Grundstücke und Sachinbegriffe (§ 49 Abs. 1 Nr. 2 lit. f sublit. aa, § 49 Abs. 1 Nr. 6 EStG) erfasst. § 49 EStG knüpft an die „inländischen Einkünfte" und damit an die in § 2 Abs. 1 S. 1 EStG definierten Einkünfte an und kann nicht über diese hinausgehen.[350] § 49 Abs. 1 Nr. 2 EStG setzt das Vorliegen inländischer gewerblicher Einkünfte nach § 15 EStG voraus, die inländischen Einkünfte nach § 49 Abs. 1 Nr. 6 Vermietungseinkünfte im Sinne des § 21 EStG.[351]

Zum Konkurrenzverhältnis der Einkünfte des § 49 Abs. 1 EStG, die der beschränkten Steuerpflicht unterliegen, gilt folgendes: Innerhalb des § 49 Abs. 1 Nr. 2 EStG (der Einkünfte aus Gewerbebetrieb) gehen die Einkünfte nach lit. a den Einkünften nach den übrigen Buchstaben der Nr. 2 vor.[352] Dies gilt insbesondere für den hier relevanten Buchstaben f, der unter Doppelbuchstabe aa die gewerbliche Vermietung erfasst, da dort die Subsidiarität zu Buchstabe a ausdrücklich normiert ist.

Im Verhältnis des § 49 Abs. 1 Nr. 2 EStG zur Nr. 6 gilt die Subsidiaritätsklausel des § 49 Abs. 1 Nr. 6 EStG. Soweit gewerbliche Vermietungseinkünfte vorliegen, für die § 21 Abs. 1 EStG zwar verwirklicht wird, aber aus Gründen der Subsidiarität gemäß § 21 Abs. 3 EStG nicht anwendbar ist, ist für diese Einkünfte auch hier vorrangig die gewerbliche Vermietung nach § 49 Abs. 1 Nr. 2 lit. a oder lit. f sublit. aa EStG anzuwenden.[353] Es gelten zwar die Grundsätze der isolierenden Betrachtungsweise nach § 49 Abs. 2 EStG, diese führen insoweit aber zu keiner anderen Bewertung.[354] Mithin ist die zur unbeschränkten Steuerpflicht durchgeführte Abgrenzung der Vermietungseinkünfte zu den gewerblichen Einkünften anzuwenden. Zu prüfen ist damit, ob die Grenze der privaten Vermögensverwaltung zum Gewerbebetrieb überschritten wird. Maßgebend ist also auch für die Abgrenzung des § 49 Abs. 1 Nr. 2 EStG zu § 49 Abs. 1 Nr. 6 EStG, ob die

---

350 BFH v. 01.12.1982 – I B 11/82, BFHE 137, 178, 180 f.; *Bärsch*, in: Herrmann/Heuer/Raupach, EStG/KStG, 293. EL, 08/2019, § 49 Rn. 100.

351 Vgl. hierzu z.B. *Bärsch*, in: Herrmann/Heuer/Raupach, EStG/KStG, 293. EL, 08/2019, § 49 Rn. 148, 926; *Fetzer*, in: BeckOK EStG, 7. Edition, 05/2020, § 49 Rn. 167, 494.

352 BFH v. 07.12.2016 – I R 76/14, BFHE 256, 314, 317 f.; *Bärsch*, in: Herrmann/Heuer/Raupach, EStG/KStG, 293. EL, 08/2019, § 49 Rn. 140; *Fetzer*, in: BeckOK EStG, 7. Edition, 05/2020, § 49 Rn. 172.

353 Vgl. *Bärsch*, in: Herrmann/Heuer/Raupach, EStG/KStG, 293. EL, 08/2019, § 49 Rn. 902, 926.

354 Vgl. zur isolierenden Betrachtungsweise bei Vermietungseinkünften *Bärsch*, in: Herrmann/Heuer/Raupach, EStG/KStG, 293. EL, 08/2019, § 49 Rn. 1256.

Vermietungstätigkeit einer hotelmäßig eingerichteten betrieblichen Organisation bedarf oder ob ins Gewicht fallende, auf die reine Vermietungsleistung bezogene, unübliche Zusatzleistungen mit angeboten werden.[355] Wird die Grenze der privaten Vermögensverwaltung zum Gewerbebetrieb überschritten, ist § 49 Abs. 1 Nr. 2 EStG anzuwenden.

A. Gewerbliche Online-Vermietung mit inländischer Betriebsstätte oder ständigem Vertreter gemäß § 49 Abs. 1 Nr. 2 lit. a EStG

Vorrangig ist insgesamt also die Anwendung des § 49 Abs. 1 Nr. 2 lit. a EStG zu prüfen. § 49 Abs. 1 Nr. 2 lit. a EStG knüpft neben den gewerblichen Einkünften als Nexus an eine im Inland belegene Betriebsstätte oder einen im Inland bestellten ständigen Vertreter an.

I. Im Inland belegene Betriebsstätte

Für die Auslegung des Betriebsstättenbegriffs ist Art. 12 AO heranzuziehen und nicht etwa die abkommensrechtliche Definition nach Art. 5 des OECD-Musterabkommens.[356] Gemäß § 12 AO sind Betriebsstätten feste Geschäftseinrichtungen oder Anlagen, die der Tätigkeit eines Unternehmens dienen, insbesondere zählen hierzu beispielsweise die Stätte der Geschäftsleitung, Zweigniederlassungen, Geschäftsstellen oder Ein- und Verkaufsstellen. Eine Geschäftseinrichtung oder Anlage ist jeder körperliche Gegenstand oder jede Zusammenfassung körperlicher Gegenstände, die geeignet sind, Grundlage einer Unternehmenstätigkeit zu sein.[357] Die Einrichtung ist als „fest“ zu bewerten, wenn sie örtlich einen bestimmten Bezug zu einem bestimmten Teil der Erdoberfläche hat, der zeitlich nicht nur vorübergehend besteht.[358] Es genügt, wenn die Einrichtung einem Teil der unternehmerischen Tätigkeit dient, auch

---

355 Zum Ganzen vgl. Ausführungen oben auf S. 77 ff.

356 BFH v. 24.02.1988 – I R 95/84, BFHE 153, 101, 105; v. 03.02.1993 – I R 80-81/91, BFHE 170, 263, 268; v. 29.11.2017 – I R 58/15, BFHE 260, 209, 213 f.; *Bärsch*, in: Herrmann/Heuer/Raupach, EStG/KStG, 293. EL, 08/2019, § 49 Rn. 190; *Fetzer*, in: BeckOK EStG, 7. Edition, 05/2020, § 49 Rn. 174, 198; *Liche/Matheoschat*, in: Heidecke/Wilmanns, ifst-Schrift 535 (2020), S. 140, 141.

357 BFH v. 03.02.1993 – I R 80-81/91, BFHE 170, 263, 268 f.; v. 17.09.2003 – I R 12/02, BFHE 203, 400, 403.

358 BFH v. 03.02.1993 – I R 80-81/91, BFHE 170, 263, 269; v. 17.09.2003 – I R 12/02, BFHE 203, 400, 401 ff.

wenn es sich dabei nur um Hilfstätigkeiten handelt oder dort nur unwesentliche Tätigkeiten erbracht werden, die ohne eigene Teilnahme am wirtschaftlichen Verkehr erfolgen.[359]

Im Zusammenhang mit der gewerblichen Online-Vermietung wäre beispielsweise denkbar, dass ein ausländischer Unternehmer im Inland eine Ferienwohnanlage oder ein Hotel betreibt oder betreiben lässt. Wenn Verwaltungstätigkeiten vor Ort durch eine auf gewisse Dauer angelegte Einrichtung erbracht werden, beispielsweise Darbietungen ähnlich einer Rezeption, die die Schlüsselübergabe regelt oder Ansprechpartner für Rückfragen ist, wird hierdurch bereits eine Betriebsstätte begründet. Dies gilt auch, wenn unternehmensleitende Aufgaben von einem Inländer im Homeoffice erbracht werden (sog. Geschäftsleiterbetriebsstätte; vgl. § 12 S. 2 Nr. 1 AO).[360] Eine Geschäftsleitungsbetriebsstätte befindet sich dort, wo die Befugnis zur rechtsgeschäftlichen Vertretung des Unternehmens gegeben ist. Eine feste Geschäftseinrichtung oder Anlage ist nicht erforderlich. Maßgebend ist, dass Angestellte der Geschäftsleitung an diesem Ort mit einer gewissen Regelmäßigkeit leitende Geschäftstätigkeiten wahrnehmen, also der maßgebliche Wille der Geschäftsführung dort gebildet wird.[361] Werden allerdings lediglich Hilfstätigkeiten für den ausländischen Unternehmer im Haushalt eines Inländers miterledigt, ohne dass die Tätigkeit den Mittelpunkt seiner beruflichen Tätigkeit darstellt, führt dies nicht zur Annahme einer Betriebsstätte.[362] Dies gilt insbesondere auch für Covid-19-bedingte Homeoffice-Tätigkeiten, da sie den erforderlichen Grad an Dauerhaftigkeit, der an eine „feste Einrichtung" zu stellen ist, regelmäßig nicht erreichen sollen.[363] Die geschäftsleitenden Tätigkeiten würden nur vorübergehend (und nicht kontinuierlich) im Homeoffice ausgeübt und Unternehmen stellen ihre Einrichtungen lediglich aufgrund politischer Verpflichtungen nicht zu Verfügung.[364]

---

359 BFH v. 30.08.1960 – I B 148/59 U, BFHE 71, 585, 588; v. 09.07.1986 – I R 85/83, BFHE 147, 245, 246; v. 03.02.1993 – I R 80-81/91, BFHE 170, 263, 270; v. 29.11.2017 – I R 58/15, BFHE 260, 209, 214.

360 Vgl. *Liche/Matheoschat*, in: Heidecke/Wilmanns, ifst-Schrift 535 (2020), S. 140, 145 f.

361 Vgl. BFH v. 29.04.1987 – X R 16/81, BFH/NV 1988, 64, 65; v. 23.01.1991 – I R 22/90, BFHE 164, 164, 166 f.

362 Vgl. BFH v. 15.07.1986 – VIII R 134/83, BFHE 147, 169, 170 f.; v. 19.12.2007 – I R 19/06, BFHE 220, 160, 168 ff.; *Bärsch*, in: Herrmann/Heuer/Raupach, EStG/KStG, 293. EL, 08/2019, § 49 Rn. 191.

363 *Liche/Matheoschat*, in: Heidecke/Wilmanns, ifst-Schrift 535 (2020), S. 140, 143.

364 Vgl. OECD-Leitfaden vom 03.04.2020, Rn. 5 ff., https://read.oecd-ilibrary.org/view/?ref=127_127237-vsdagpp2t3&title=OECD- (Stand: 09.11.2020).

Sind die Anforderungen einer Betriebsstätte nicht erfüllt, könnte subsidiär die Bestellung eines ständigen Vertreters im Sinne von § 13 AO als steuerlicher Anknüpfungspunkt dienen.[365]

II. Im Inland bestellter ständiger Vertreter

Zudem könnte zur Betreuung einer Ferienwohnung, einer Ferienanlage oder eines Hotels eine dritte Person auch als ständiger Vertreter gemäß § 13 AO bestellt sein, wenn sie nachhaltig die Geschäfte eines Unternehmens besorgt und dabei dessen Sachweisungen unterliegt. Der Vertreter muss weisungsabhängig Tätigkeiten für ein fremdes Unternehmen in dessen Interessen ausüben.[366] Die Geschäfte müssen dabei eine gewisse Bedeutung haben und die Unternehmenszwecke unmittelbar fördern.[367] Auch geschäftsähnliche tatsächliche Handlungen müssen mit den Regelbeispielen des § 13 AO (Abschluss oder Vermitteln von Verträgen oder das Einholen von Aufträgen für das Unternehmen sowie das Unterhalten eines Bestands von Gütern oder Waren) von ihrer Qualität her vergleichbar sein.[368] Ferner muss die Bestellung nachhaltig erfolgen, das heißt, sie muss auf Wiederholungsabsicht gerichtet sein und eine gewisse Regelmäßigkeit aufweisen.[369] Denn nur die Inlandspräsenz von einigem Gewicht rechtfertigt den deutschen Besteuerungszugriff.[370] Die Anforderungen an die zeitliche Intensität können dabei entweder durch regelmäßige, sich wiederholende Einzelaufenthalte oder eine Mindestaufenthaltsdauer im Inland erfüllt werden.[371] Ein Aufenthalt eines im Ausland ansässigen Vertreters von bis zu 60 Tagen pro Jahr soll dafür noch nicht ausreichend sein.[372]

---

365 *Gersch*, in: Klein, AO, 15. Aufl. 2020, § 13 Rn. 1; *Liche/Matheoschat*, in: Heidecke/Wilmanns, ifst-Schrift 535 (2020), S. 140, 147.

366 *Koenig*, in: Koenig, AO, 3. Aufl. 2014, § 13 Rn. 4, 6.

367 Vgl. BFH v. 28.03.1985 – IV R 80/82, BFHE 143, 284, 286.

368 BFH v. 12.04.1978 – I R 136/77, BFHE 125, 157, 162 ff.; *Bärsch*, in: Herrmann/Heuer/Raupach, EStG/KStG, 293. EL, 08/2019, § 49 Rn. 232; *Gersch*, in: Klein, AO, 15. Aufl. 2020, § 13 Rn. 3.

369 BFH v. 23.10.2018 – I R 54/18, BFHE 263, 102, 107.

370 Vgl. BFH v. 24.02.1988 – I R 95/84, BFHE 153, 101, 104.

371 BFH v. 03.08.2005 – I R 87/04, BFHE 211, 123, 126 f.; v. 23.10.2018 – I R 54/18, BFHE 263, 102, 107.

372 BFH v. 03.08.2005 – I R 87/04, BFHE 211, 123, 127 (allerdings letztlich zur Auslegung von DBA); *Bärsch*, in: Herrmann/Heuer/Raupach, EStG/KStG, 293. EL, 08/2019, § 49 Rn. 233.

Maßgebend für eine ständige Vertreterbestellung im Inland ist also zum einen der zeitliche Umfang, für den ein Vertreter im Inland zur Ausführung von Tätigkeiten für den im Ausland ansässigen Unternehmer tätig ist und zum anderen die inhaltliche Ausrichtung der Tätigkeit, die von ihrer Qualität her Unternehmenszwecke unmittelbar fördern muss. Wird beispielsweise eine Person im Inland mit der Betreuung verschiedener, im Inland belegener Ferienunterkünfte beauftragt, ohne dass dabei eine feste Geschäftseinrichtung im Sinne des Betriebsstättenbegriffs zur Verfügung steht, liegt die Annahme eines ständigen Vertreters nahe, da solche Betreuungsleistungen vor Ort regelmäßig als die Erbringung eines bedeutenden Teils der gewerblichen Vermietungsleistung zu bewerten sein werden.

Für die Gewinnermittlung einer Betriebsstätte beziehungsweise hinsichtlich des ständigen Vertreters gelten grundsätzlich die allgemeinen Gewinnermittlungsregelungen der §§ 4 ff. EStG, wobei die Betriebsstätte oder der ständige Vertreter je als wirtschaftlich selbständige Einheit zu betrachten sind.[373]

B. Gewerbliche Online-Vermietung von im Inland belegenem Vermögen gemäß § 49 Abs. 1 Nr. 2 lit. f sublit. aa EStG

Wird für die gewerbliche Online-Vermietung eines im Ausland ansässigen Unternehmers im Inland keine Betriebsstätte unterhalten und kein ständiger Vertreter bestellt, ist Voraussetzung der beschränkten Steuerpflicht, dass sich das Vermietungsobjekt im Inland befindet (vgl. § 49 Abs. 1 Nr. 2 lit. f EStG). Als Vermietungsobjekt kommen gemäß § 49 Abs. 1 Nr. 2 lit. f EStG insbesondere auch unbewegliches Vermögen und Sachinbegriffe in Betracht, wenn diese sich im Inland befinden. Die Auslegung entspricht der des § 21 Abs. 1 Nr. 1 und 2 EStG.[374] Das unbewegliche Vermögen umfasst gemäß § 21 Abs. 1 Nr. 1 EStG Grundstücke, Gebäude und Gebäudeteile. Sachinbegriffe sind die Zusammenfassung einer Mehrzahl beweglicher Sachen, die nach der Verkehrsauffassung so aufeinander abgestimmt sind, dass sie eine wirtschaftliche Einheit bilden, wie bei der Online-Vermietung die Einrichtung einer möblierten Wohnung.[375]

---

373 BFH v. 25.06.1986 – II R 213/83, BFHE 147, 264, 265; *Bärsch*, in: Herrmann/Heuer/Raupach, EStG/KStG, 293. EL, 08/2019, § 49 Rn. 241; *Fetzer*, in: BeckOK EStG, 7. Edition, 05/2020, § 49 Rn. 208.

374 *Fetzer*, in: BeckOK EStG, 7. Edition, 05/2020, § 49 Rn. 310 f.; *Peffermann*, in: Herrmann/Heuer/Raupach, EStG/KStG, 293. EL, 08/2019, § 49 Rn. 621.

375 S. hierzu Ausführungen auf S. 98 f.

Die Gewinnermittlung erfolgt grundsätzlich nach den §§ 4 ff. EStG und bezieht sich auf die gesamte inländische gewerbliche Tätigkeit.[376] Die Verpflichtung zur Führung von Büchern und der Gewinnermittlung durch Betriebsvermögensvergleich können sich insoweit aus §§ 140, 141 AO, aber auch aus dem Ansässigkeitsstaat des Steuerausländers ergeben.[377] Die übrigen Steuerpflichtigen können ihren Gewinn auch durch Einnahmenüberschussrechnung nach § 4 Abs. 3 EStG ermitteln.[378]

C. Online-Vermietung von im Inland belegenem Vermögen als Vermietungseinkünfte gemäß § 49 Abs. 1 Nr. 6 EStG

Erfüllt der im Ausland ansässige Online-Vermieter mit der Tätigkeit, aus der er seine Vermietungseinkünfte erzielt, nicht den Tatbestand des Gewerbebetriebs nach § 15 Abs. 2 EStG, ist – wie bereits festgestellt – subsidiär zu § 49 Abs. 1 Nr. 2 EStG schließlich § 49 Abs. 1 Nr. 6 EStG anwendbar.

Territorialer Anknüpfungspunkt ist wie bei § 49 Abs. 1 Nr. 2 lit. f sublit. aa EStG die Belegenheit des Vermietungsobjekts im Inland. Für die Online-Vermietung sind insoweit auch hier vor allem der Belegenheitsort des unbeweglichen Vermögens, des Gebäudes, der Gebäudeteile oder der Sachinbegriffe relevant.

Die Einkünfteermittlung erfolgt durch Ermittlung des Überschusses der Einnahmen über die Werbungskosten – nach der für § 21 EStG vorgesehen Einkünfteermittlungsmethode (vgl. § 2 Abs. 2 S. 1 Nr. 2 EStG).[379] Da die Einkünfteermittlung somit wie bei der zur Berechnung der Einkünfte nach § 21 EStG objektbezogen erfolgt, sind die zu § 21 EStG erörterten Grundsätze auch hier anzuwenden.[380]

---

376 BFH v. 05.06.2002 – I R 81/00, BFHE 199, 300, 307; *Fetzer*, in: BeckOK EStG, 7. Edition, 05/2020, § 49 Rn. 322; OFD NRW v. 07.09.3027 – S 1300 – 2017/0007 – St 122, Tz. I.3.1.; *Peffermann*, in: Herrmann/Heuer/Raupach, EStG/KStG, 293. EL, 08/2019, § 49 Rn. 633.

377 BFH v. 25.06.2014 – I R 24/13, BFHE 246, 404, 408.

378 Vgl. zum Ganzen *Fetzer*, in: BeckOK EStG, 7. Edition, 05/2020, § 49 Rn. 322; *Peffermann*, in: Herrmann/Heuer/Raupach, EStG/KStG, 293. EL, 08/2019, § 49 Rn. 633; sowie zur Gewinnermittlung in Bezug auf Online-Vermietungen allgemein die Ausführungen auf S. 82 ff.

379 Vgl. *Fetzer*, in: BeckOK EStG, 7. Edition, 05/2020, § 49 Rn. 526; *Klein*, in: Herrmann/Heuer/Raupach, EStG/KStG, 293. EL, 08/2019, § 49 Rn. 961.

380 S. o. auf S. 98 ff.

D. Ergebnis zur beschränkten Steuerpflicht

Im Rahmen der Besteuerung von Einkünften aus Online-Vermietungen durch beschränkt Steuerpflichtige ist zunächst wie bei der Besteuerung unbeschränkt Steuerpflichtiger zu differenzieren, ob es sich bei den Vermietungseinkünften um gewerbliche Einkünfte im Sinne des § 15 Abs. 1, 2 EStG handelt, indem mit der Tätigkeit die Grenze der privaten Vermögensverwaltung überschritten wird oder ob die Einkünfte stattdessen als Einkünfte aus Vermietung und Verpachtung nach § 21 Abs. 1 EStG einzuordnen sind. Liegen gewerbliche Einkünfte vor, ist in einem weiteren Schritt zu prüfen, ob für den Gewerbebetrieb im Inland eine Betriebsstätte unterhalten oder ein ständiger Vertreter bestellt ist (§ 49 Abs. 1 Nr. 2 lit. a EStG) und die Einkünfte bereits aufgrund dieses Anknüpfungspunktes ans Inland der deutschen Besteuerung unterliegen. Liegt weder das Unterhalten einer inländischen Betriebsstätte noch eine Bestellung eines ständigen Vertreters im Inland vor, unterfallen die gewerblichen Vermietungseinkünfte (nur dann) der beschränkten Steuerpflicht nach § 49 Abs. 1 Nr. 2 lit. f sublit. aa EStG, wenn sich der Belegenheitsort des Vermietungsobjekts im Inland befindet.

Sind die Einkünfte aus der Online-Vermietung nicht als solche aus Gewerbetrieb einzuordnen, ist § 49 Abs. 1 Nr. 6 EStG anwendbar. Nexus für das Besteuerungsrecht für Einkünfte von Steuerausländern bildet insoweit ausschließlich ein inländischer Belegenheitsort des vermieteten Grundstücks, Gebäude(-teils) oder Sachinbegriffs.

Kapitel 3: Vermeidung der Doppelbesteuerung bei Auslandssachverhalten

Unbeschränkt steuerpflichtige Personen haben die Einkünfte aus der Kurzzeitvermietung grundsätzlich auch dann nach § 21 und § 15 EStG zu versteuern, wenn sich das Vermietungsobjekt oder der Unternehmenssitz im Ausland befindet.[381] Gleichzeitig unterliegen die Vermietungseinkünfte im Ausland nach den dort geltenden Vorschriften über die beschränkte Steuerpflicht der ausländischen Ertragsteuer.[382] Vergleichbar ist die Situation im umgekehrten Fall, in dem die Einkünfte aus der Kurzzeitvermietung im Inland aufgrund der beschränkten Steuerpflicht zu besteuern sind und zugleich im ausländischen Staat aufgrund der dort bestehenden unbeschränkten Steuerpflicht einer der deutschen Ertragsteuer vergleichbaren Steuer unterliegen.[383] In beiden Konstellationen erwächst aus dem Auslandsbezug die Problematik der Doppelbesteuerung. Diese wird von den Staaten durch völkerrechtliche Verträge zur Vermeidung der Doppelbesteuerung, sogenannte Doppelbesteuerungsabkommen („DBA"), gelöst, die regeln, welchem Staat in diesen Fällen das Besteuerungsrecht zugewiesen wird.[384] Die einzelnen DBA orientieren sich in ihrer Ausgestaltung am OECD-Musterabkommen,[385] sodass die Vermeidung der Doppelbesteuerung hier exemplarisch am OECD-Musterabkommen („DBA-MA") erörtert werden soll.

DBA haben den Rang eines einfachen (Bundes-)Gesetzes im Sinne von Art. 59 Abs. 2 GG und stehen damit auf derselben Stufe wie die Normen des

381 *Pfirrmann*, in: Herrmann/Heuer/Raupach, EStG/KStG, 288. EL, 10/2018, § 21 EStG Rn. 12.

382 Vgl. *Heinicke*, in: Schmidt, EStG, 39. Aufl. 2020, § 1 Rn. 80.

383 *Fetzer*, in: BeckOK EStG, 7. Edition, 05/2020, § 49 Rn. 64.

384 *Krumm*, in: Leingärtner, Besteuerung der Landwirte, 36. EL, 04/2019, Kapitel 2 Rn. 36; *Schwenke*, in: Wassermeyer, DBA, 135. EL, 10/2016, OECD-MA 2017 Vor Art. 1 Rn. 9.

385 Vgl. OECD-Musterabkommen 2017 zur Beseitigung der Doppelbesteuerung sowie der Steuerverkürzung und -umgehung auf dem Gebiet der Steuern vom Einkommen und vom Vermögen, Stand: November 2017; zum Ganzen *Krumm*, in: Leingärtner, Besteuerung der Landwirte, 36. EL, 04/2019, Kapitel 2 Rn. 34. Zum gegenwärtigen Stand der Doppelbesteuerungsabkommen vgl. BMF v. 15.01.2020, BStBl. I 2020, S. 162.

Einkommensteuergesetzes.[386] Gemäß § 2 Abs. 1 AO gehen sie dem Einkommensteuergesetz aber vor.

Auf eine natürliche Person ist ein DBA persönlich anwendbar, wenn sie in einem der Vertragsstaaten ansässig ist (Art. 1 Abs. 1 i. V. m. Art. 3 Abs. 1 lit. a DBA-MA). Die „Ansässigkeit" richtet sich gemäß Art. 4 Abs. 1 DBA-MA nach dem Recht des Vertragsstaats. Eine natürliche Person muss nach dem Recht ihres Vertragsstaats dort aufgrund ihres Wohnsitzes, ihres ständigen Aufenthalts, des Ortes ihrer Geschäftsleitung oder eines anderen ähnlichen Merkmals steuerpflichtig sein.[387] Sachlich anwendbar sind DBA gemäß Art. 2 Abs. 1 DBA-MA auf Steuern vom Einkommen und vom Vermögen, die von den Vertragsstaaten erhoben werden und für die die Vertragsstaaten die Doppelbesteuerung zu vermeiden beabsichtigen.[388] Die Art der Steuererhebung (durch Veranlagung oder im Quellenabzug) ist dabei ausweislich des Wortlauts des Art. 2 Abs. 1 DBA-MA unbeachtlich.[389] Die deutsche Einkommensteuer ist eine Steuer vom Einkommen im abkommensrechtlichen Sinne.[390] Die DBA sind mithin grundsätzlich insoweit auf die Besteuerung der Einkünfte aus der Online-Vermietung anwendbar.

Das DBA-MA ist so aufgebaut, dass in einem ersten Schritt die Einkünfte den Einkünfte-Artikeln des DBA zuzuordnen sind. In einem zweiten Schritt wird als Rechtsfolge das Besteuerungsrecht zugewiesen.[391]

A. Ermittlung der Einkunftsart nach dem OECD-Musterabkommen

I. Einkünfte aus unbeweglichem Vermögen (Art. 6 DBA-MA)

Art. 6 DBA-MA erfasst die Einkünfte, die eine in einem Vertragsstaat ansässige Person aus unbeweglichem Vermögen bezieht. Hierzu zählen die Einkünfte aus der unmittelbaren Nutzung, Vermietung und Verpachtung sowie jeder anderen Art der Nutzung unbeweglichen Vermögens, Art. 6 Abs. 3 DBA-MA. Der Begriff

386 BVerfG v. 15.12.2015 – 2 BvL 1/12, IStR 2016, 191, 195 f.; *Fetzer*, in: BeckOK EStG, 7. Edition, 05/2020, § 49 Rn. 64.

387 Vgl. hierzu *Wassermeyer*, in: Wassermeyer, DBA, 122. EL, 03/2013, OECD-MA 2017 Art. 4 Rn. 1 ff.

388 *Wassermeyer*, in: Wassermeyer, DBA, 125. EL, 01/2014, OECD-MA 2017 Art. 2 Rn. 1.

389 *Wassermeyer*, in: Wassermeyer, DBA, 125. EL, 01/2014, OECD-MA 2017 Art. 2 Rn. 1.

390 *Wassermeyer*, in: Wassermeyer, DBA, 125. EL, 01/2014, OECD-MA 2017 Art. 2 Rn. 12.

391 *Krumm*, in: Leingärtner, Besteuerung der Landwirte, 36. EL, 04/2019, Kapitel 2 Rn. 48.

„unbewegliches Vermögen" ist nach dem Recht des Vertragsstaats auszulegen, in dem das Vermögen liegt, Art. 6 Abs. 2 S. 1 DBA-MA. Die Einkünfteerzielung beurteilt jeder Vertragsstaat unter Berücksichtigung von Art. 6 Abs. 3 DBA-MA autonom nach seinem eigenen Recht.[392] Die Vermietungseinkünfte im Sinne von § 21 EStG werden von Art. 6 DBA-MA erfasst.[393]

Ebenso umfasst Art. 6 DBA-MA auch diejenigen Einkünfte aus unbeweglichen Vermögen, die ein Unternehmen erzielt (vgl. Art. 6 Abs. 4 DBA-MA).

II. Unternehmensgewinne (Art. 7 DBA-MA)

Sind die Einkünfte aus der Online-Vermietung als gewerbliche Einkünfte nach § 15 EStG zu qualifizieren, könnten sie als „Gewinne eines Unternehmens" im Sinne von Art. 7 Abs. 1 DBA-MA zu behandeln sein. Gemäß Art. 7 Abs. 4 DBA-MA sind allerdings auf Unternehmensgewinne, die in anderen Artikeln des Abkommens behandelt werden, diese anderen Artikel anzuwenden. Dementsprechend sieht auch Art. 6 Abs. 4 DBA-MA zu den Einkünften aus unbeweglichem Vermögen vor, dass Art. 6 auch auf Einkünfte aus unbeweglichem Vermögen eines Unternehmens anzuwenden ist. Während also das deutsche Einkommensteuerrecht vorgibt, dass Vermietungseinkünfte subsidiär im Verhältnis zu gewerblichen Einkünften sind, soweit auch der Tatbestand des § 15 EStG erfüllt ist, sind im Abkommensrecht die Einkünfte aus unbeweglichem Vermögen spezieller und vorrangig anwendbar.[394]

Auch die als gewerblich nach § 15 EStG qualifizierten Einkünfte aus der Kurzzeitvermietung beziehungsweise im Rahmen der beschränkten Steuerplicht die gewerblichen Einkünfte aus einer im Inland belegenen Betriebsstätte nach § 49 Abs. 1 Nr. 2 lit. a EStG sind daher abkommensrechtlich den Einkünften aus unbeweglichem Vermögen gemäß Art. 6 DBA-MA zuzuordnen.

---

392 *Wassermeyer*, in: Wassermeyer, DBA, 100. EL, 01/2007, OECD-MA 2017 Art. 6 Rn. 15.

393 Vgl. *Pfirrmann*, in: Herrmann/Heuer/Raupach, EStG/KStG, 288. EL, 10/2018, § 21 EStG Rn. 12; *Reimer*, in Vogel/Lehner, DBA, 6. Aufl. 2015, Art. 6 Rn. 173.

394 BFH v. 27.10.2011 – I R 26/11, BFHE 236, 6, 10; *Krumm*, in: Leingärtner, Besteuerung der Landwirte, 36. EL, 04/2019, Kapitel 2 Rn. 48; *Reimer*, in Vogel/Lehner, DBA, 6. Aufl. 2015, Art. 6 Rn. 6; *Wassermeyer*, in: Wassermeyer, DBA, 124. EL, 10/2013, OECD-MA 2017 Art. 7 Rn. 16.

III. Zwischenergebnis zur Einkünftequalifikation nach dem DBA-MA

Die Einkünfte aus der Online-Vermietung sind nach alledem mithin abkommensrechtlich als Einkünfte aus unbeweglichem Vermögen gemäß Art. 6 DBA-MA zu qualifizieren.

B. Zuweisung des Besteuerungsrechts nach dem OECD-Musterabkommen

Die Zuweisung des Besteuerungsrechts wird teilweise bereits im Einkünfte-Artikel eines DBA geregelt, indem bestimmt wird, dass Einkünfte „nur" in einem der Vertragsstaaten besteuert werden können. Es handelt sich dann um eine Verteilungsnorm mit abschließender Rechtsfolge, da der andere Vertragsstaat diese Einkünfte von seiner eigenen Besteuerung freistellen muss.[395] Formuliert das DBA hingegen, dass etwas „besteuert werden kann", bezieht sich diese Wendung nur auf den Belegenheitsstaat. Es handelt sich um eine Verteilernorm mit offener Rechtsfolge. Die Rechtsfolge für den Ansässigkeitsstaat (der auch als Wohnsitzstaat bezeichnet wird) muss aus den sogenannten Methodenartikeln bestimmt werden. Im OECD-Musterabkommen sind das die Art. 23A, 23B des Abkommens.[396] Die Einkünfte sind entweder von der Besteuerung freizustellen (Art. 23A DBA-MA) oder die ausländische Steuer wird auf die des Ansässigkeitsstaats angerechnet (Art. 23B DBA-MA). Dabei handelt es sich um zwei Methoden zur Vermeidung der Doppelbesteuerung, zu denen die Vertragsstaaten beim Abschluss des DBA je (nebeneinander) optieren können.[397] Dabei können die beiden Vertragsstaaten in ihrem Anwendungsbereich auch jeweils die andere Methode zur Vermeidung der Doppelbesteuerung anwenden.[398]

Gemäß Art. 23A Abs. 1 DBA-MA hat der Ansässigkeitsstaat diese Einkünfte von der Besteuerung auszunehmen. Nach Art. 23A Abs. 3 DBA-MA kann er die von ihm steuerfrei zu stellenden Einkünfte aber bei der Ermittlung des

---

395 *Krumm*, in: Leingärtner, Besteuerung der Landwirte, 36. EL, 04/2019, Kapitel 2 Rn. 36.

396 *Ismer*, in Vogel/Lehner, DBA, 6. Aufl. 2015, Art. 23A, 23B Rn. 7 f.; *Krumm*, in: Leingärtner, Besteuerung der Landwirte, 36. EL, 04/2019, Kapitel 2 Rn. 36; *Wassermeyer*, in: Wassermeyer, DBA, 129. EL, 01/2015, OECD-MA 2017 Art. 23A Rn. 1.

397 *Wassermeyer*, in: Wassermeyer, DBA, 129. EL, 01/2015, OECD-MA 2017 Art. 23A Rn. 1.

398 *Wassermeyer*, in: Wassermeyer, DBA, 129. EL, 01/2015, OECD-MA 2017 Art. 23A Rn. 1.

Steuersatzes für das übrige (sachlich steuerpflichtige) Einkommen berücksichtigen (sogenannter Progressionsvorbehalt).[399] Bei der Anrechnungsmethode nach Art. 23B DBA-MA berechnet der Ansässigkeitsstaat seine Steuer nach dem Gesamteinkommen des Steuerpflichtigen einschließlich der aus dem anderen Vertragsstaat stammenden Einkünfte, die nach dem Abkommen im anderen Staat besteuert werden können (allerdings ohne die Einkünfte, die nur in dem anderen Vertragsstaat mit abschließender Rechtsfolge besteuert werden dürfen).[400] Der Ansässigkeitsstaat lässt dann von seiner eigenen Steuer die im anderen Vertragsstaat gezahlte Steuer abziehen.[401]

In den von Deutschland abgeschlossenen DBA wird der Inhalt der Art. 23A und 23B DBA-MA in einem Artikel zusammengefasst und differenziert in seinen Absätzen danach, ob Deutschland oder der andere Vertragsstaat der Ansässigkeitsstaat ist.[402] Deutschland wendet als Ansässigkeitsstaat teilweise die Befreiungs- und im Übrigen die Anrechnungsmethode an.[403]

Bei Einkünften aus unbeweglichem Vermögen wird eine Doppelbesteuerung in den Doppelbesteuerungsabkommen üblicherweise dadurch ausgeschlossen, dass das Besteuerungsrecht dem Belegenheitsstaat zugewiesen wird. Die Einkünfte aus dem unbeweglichen Vermögen „können" im Belegenheitsstaat besteuert werden (vgl. Art. 6 Abs. 1 DBA-MA). Es handelt sich um eine Verteilernorm mit offener Rechtsfolge. Die Rechtsfolge für den Ansässigkeitsstaat (Freistellungs- oder Anrechnungsmethode) ergibt sich daher aus dem Methodenartikel im jeweiligen DBA.

I. Steuerinländer mit Auslandsvermögen

Bei im Ausland belegenem unbeweglichem Vermögen kann gemäß Art. 6 Abs. 1 DBA-MA der Belegenheitsstaat besteuern. Deutschland wendet gemäß dem Methodenartikel der abgeschlossenen DBA als Ansässigkeitsstaat des unbeschränkt steuerpflichtigen Vermieters in der Regel die Freistellungsmethode

---

399 *Ismer*, in Vogel/Lehner, DBA, 6. Aufl. 2015, Art. 23A, 23B Rn. 14; *Pfirrmann*, in: Herrmann/Heuer/Raupach, EStG/KStG, 288. EL, 10/2018, § 21 EStG Rn. 12; *Wassermeyer*, in: Wassermeyer, DBA, 129. EL, 01/2015, OECD-MA 2017 Art. 23A Rn. 121.

400 *Ismer*, in Vogel/Lehner, DBA, 6. Aufl. 2015, Art. 23A, 23B Rn. 15.

401 *Ismer*, in Vogel/Lehner, DBA, 6. Aufl. 2015, Art. 23A, 23B Rn. 15.

402 *Wassermeyer*, in: Wassermeyer, DBA, 129. EL, 01/2015, OECD-MA 2017 Art. 23A Rn. 1.

403 *Wassermeyer*, in: Wassermeyer, DBA, 129. EL, 01/2015, OECD-MA 2017 Art. 23A Rn. 3.

an.[404] Befindet sich beispielsweise das Vermietungsobjekt einer im Inland unbeschränkt steuerpflichtigen Person im Frankreich, sind die Vermietungseinkünfte nach Art. 20 Abs. 1 lit. a DBA-Frankreich im Belegenheitsstaat Frankreich zu besteuern und in Deutschland freizustellen. Gemäß Art. 20 Abs. 1 lit. a S. 2 DBA-Frankreich können die Einkünfte im Rahmen der Besteuerung des unbeschränkt steuerpflichtigen Vermieters bei der Bemessung des Steuersatzes durch den Progressionsvorbehalt berücksichtigt. Gemäß § 32b Abs. 1 S. 2 Nr. 3 EStG ist § 32b Abs. 1 S. 1 Nr. 3 EStG aber auf EU-Staaten nicht anzuwenden, sodass die Vermietungseinkünfte aus Frankreich auch nicht bei der Ermittlung der Höhe des Steuersatzes im Rahmen des Progressionsvorbehaltes einzubeziehen sind.

Einige Doppelbesteuerungsabkommen sehen allerdings anstelle der Freistellungsmethode vor, dass Deutschland als Ansässigkeitsstaat des Steuerinländers zur Vermeidung der Doppelbesteuerung lediglich eine Steueranrechnung der vom ausländischen Belegenheitsstaat erhobenen Steuer auf die Einkommensteuer vornimmt.[405] Dies gilt insbesondere für das Doppelbesteuerungsabkommen Deutschlands mit Spanien (vgl. Art. 22 Abs. 2 lit. b vii DBA-Spanien) und dem mit der Schweiz (vgl. Art. 24 Abs. 1 Nr. 2 DBA-Schweiz). Die Vermietungseinkünfte sind dann im Ansässigkeitsstaat und im Belegenheitsstaat zu versteuern. Bei der deutschen Besteuerung des im Inland unbeschränkt Steuerpflichtigen wird die im Ausland gezahlte Steuer auf die (Online-)Vermietungseinkünfte sodann gemäß den Vorgaben des § 34c EStG auf die deutsche Einkommensteuer angerechnet.

II. Steuerausländer mit Inlandsvermögen

Ist Belegenheitsort des Vermietungsobjekts Deutschland, weist Art. 6 Abs. 1 DBA-MA der BRD das Besteuerungsrecht zu. Die Einkünfte aus der Online-Vermietung sind in diesen Fällen mithin in Deutschland zu besteuern. Der Methodenartikel des jeweiligen DBA stellt dann klar, ob der ausländische Ansässigkeitsstaat die Doppelbesteuerung mit der (Einkünfte-)Freistellungsmethode oder der (Steuer-)Anrechnungsmethode vermeidet.

---

404 *Wassermeyer*, in: Wassermeyer, DBA, 129. EL, 01/2015, OECD-MA 2017 Art. 23A Rn. 3; vgl. z. B. Art. 20 Abs. 1 DBA-Frankreich; Art. 24 Abs. 3 lit. a DBA-Italien; Art. 23 Abs. 1 lit. a DBA-Österreich.

405 *Pfirrmann*, in: Herrmann/Heuer/Raupach, EStG/KStG, 288. EL, 10/2018, § 21 EStG Rn. 12.

Für den Fall des Steuerinländers mit Auslandsvermögen wurde bereits konstatiert, dass Deutschland regelmäßig die Freistellungsmethode anwendet.[406] Dies gilt teilweise auch für die umgekehrte Situation, in der der ausländische Ansässigkeitsstaat im Methodenartikel die Vermeidung der Doppelbesteuerung festlegt. Auch insoweit werden die Vermietungseinkünfte häufig von der Besteuerung (ggfs. unter einem dem deutschen Recht vergleichbaren Progressionsvorbehalt) freigestellt. Beispielsweise bestimmt Art. 23 Abs. 2 lit. a DBA-Österreich für Einkünfte, die in Deutschland besteuert werden dürfen, wie die Einkünfte aus in Österreich belegenem Vermögen (Art. 6 Abs. 1 DBA-Österreich) die Freistellungsmethode. Auch Frankreich sieht in Art. 20 Abs. 2 lit. a sublit. bb DBA-Frankreich für Vermietungseinkünfte eine modifizierte Freistellungsmethode vor, die zwar als „Anrechnungsmethode" bezeichnet wird, aber letztlich der Freistellung der Einkünfte gleichkommt.[407] Dagegen ist die Steueranrechnungsmethode zur Vermeidung der Doppelbesteuerung von Einkünften, die der deutschen Einkommensteuer unterliegen, im DBA-Spanien nach Art. 22 Abs. 1 lit. a i DBA-Spanien sowie im DBA-Italien nach Art. 24 Abs. 2 lit. a DBA-Italien vorgesehen.

Für die Besteuerung von Einkünften aus der (Online-)Vermietung von in Deutschland belegenem Vermögen, für das Deutschland nach Art. 6 Abs. 1 DBA-MA das Besteuerungsrecht zugewiesen ist, ergeben sich insoweit keine Besonderheiten. Die Einkünfte sind nach dem deutschen Einkommensteuerrecht zu besteuern. Die oben in Kapitel 1 und 2 dargestellten Grundsätze zur Besteuerung unbeschränkt und beschränkt Steuerpflichtiger sind anzuwenden.

C. Ergebnis

Die Einkünfte aus der Online-Vermietung sind nach den DBA, die sich grundlegend am OECD-Musterabkommen orientieren, den Einkünften aus unbeweglichem Vermögen zuzuordnen. Dies gilt gemäß Art. 7 Abs. 4 DBA-MA i. V. m. Art. 6 Abs. 4 DBA-MA auch für gewerbliche Online-Vermietungen, wonach Einkünfte aus Unternehmen gegenüber Einkünften aus unbeweglichem Vermögen subsidiär sind. Das Besteuerungsrecht wird üblicherweise dem Belegenheitsstaat des unbeweglichen Vermögens zugewiesen (vgl. Art. 6 Abs. 1 DBA-MA).

---

406 S. o. auf S. 123 f. mit Hinweis auf *Wassermeyer*, in: Wassermeyer, DBA, 129. EL, 01/2015, OECD-MA 2017 Art. 23A Rn. 3; vgl. z. B. Art. 20 Abs. 1 DBA-Frankreich; Art. 24 Abs. 3 lit. a DBA-Italien; Art. 23 Abs. 1 lit. a DBA-Österreich.

407 *Kramer*, in: Wassermeyer, DBA, 137. EL, 05/2017, DBA Frankreich Art. 20 Rn. 44, 51 f.

Die Besteuerung der Einkünfte aus Online-Vermietungen knüpft mithin zur Vermeidung von Doppelbesteuerungen am Belegenheitsort des unbeweglichen Vermögens an. Diese Erkenntnis kann im Rahmen einer Reform des Besteuerungsrechts im Rahmen der Online-Vermietung dahingehend genutzt werden, dass Anknüpfungspunkt der Besteuerung der Belegenheitsort von Grundstücken in der BRD bildet.

Kapitel 4: Zusammenfassung

Aus alledem folgt, dass für die Einkommensbesteuerung der Online-Vermietungseinkünfte einer natürlichen Person nichts anderes gilt als für die Besteuerung von Transaktionen über traditionelle Geschäftswege. Zusammenfassend können die folgenden Erkenntnisse festgehalten werden.

Die Einkünfte der Online-Vermieter sind grundsätzlich einkommensteuerpflichtig, wenn der Online-Vermieter der unbeschränkten oder beschränkten Steuerpflicht unterliegt. Voraussetzung der sachlichen Steuerpflicht ist zunächst, dass die Online-Vermietung in Abgrenzung zur Liebhaberei mit Gewinnerzielungs- oder Einkünfteerzielungsabsicht erbracht wird. Zu problematisieren ist die Thematik in Zusammenhang mit der Vermietung eigengenutzter Ferienwohnungen, wenn mit der Tätigkeit Verluste erwirtschaftet und steuerlich in Abzug gebracht werden sollen.[408]

Weiterhin ist die Einkunftsart der Vermietungstätigkeit zu erörtern. Bei der Online-Vermietung kommen gewerbliche Einkünfte im Sinne von § 15 EStG oder Einkünfte aus Vermietung und Verpachtung nach § 21 EStG in Betracht. Abzugrenzen sind die gewerblichen von den Vermietungseinkünften danach, ob die Tätigkeit als private Vermögensverwaltung einzustufen ist oder ob ihre Ausübung hotelmäßig erfolgt und sie organisatorisch eines eingerichteten Geschäftsbetriebs bedarf.[409] Maßgebende Kriterien sind insoweit die Übernachtungs- und Gästezahlen, die Häufigkeit des Mieterwechsels, die jeweilige Dauer der Vermietung sowie eine jederzeitige und kurzfristige Bezugsmöglichkeit der Unterkunft. Werden neben der Vermietung weitere Sonderleistungen dargeboten, kann auch dadurch eine gewerbliche Betätigung begründet werden. Beispiele für solche Zusatzleistungen sind eine tägliche Zimmerreinigung, ein umfassendes Frühstücksangebot, eine ständige Gebäudeüberwachung sowie eine umfassende Betreuung der Gäste. Entscheidend ist letztlich, ob die dargebotenen Leistungen eine unternehmerische Organisation erfordern oder vom Vermieter nebenher miterledigt werden können.

Die Qualifikation der Einkünfte ist maßgebend für die Art der Einkünfteermittlung (Gewinnermittlung oder Einnahmenüberschussrechnung) sowie die Berücksichtigung der Freigrenze von 520 Euro, die gemäß den

---

408 S. o. auf S. 73 ff., 99 ff.
409 S. o. auf S. 77 ff.

Einkommensteuerrichtlinien für die (Unter)Vermietung selbstgenutzten Wohnraums (lediglich) bei Einkünften aus Vermietung und Verpachtung nach § 21 EStG gilt.[410]

Als Werbungskosten oder Betriebsausgaben können im Rahmen der Einkünfteermittlung die unmittelbar durch die Vermietungstätigkeit veranlassten Aufwendungen wie Kosten für das Reinigen der Unterkunft, Plattformgebühren, Aufwendungen für das Waschen der zur Verfügung gestellten Gebrauchsmaterialien wie Handtücher und Bettwäsche, sowie die Kosten für Verbrauchsmaterialien wie Toilettenpapier, Kaffee oder Spülmittel abgezogen werden. Gemischte Aufwendungen sind allerdings nur in Höhe ihrer Veranlassung durch die Vermietungstätigkeit als Werbungskosten oder Betriebsausgaben abzugsfähig. Wird beispielsweise der vermietete Wohnraum auch selbst genutzt, dienen die Kosten der Miete beziehungsweise die Anschaffungskosten der Immobilie sowie gegebenenfalls die Schuldzinsen beim Abschluss eines Finanzierungskredits zum einen dem „privaten Wohnen" und zum anderen der Erzielung von Einnahmen. Diese Aufwendungen sind grundsätzlich entsprechend den einzelnen Nutzungszeiträume aufzuteilen und (nur) in Höhe der erwerbswirtschaftlichen Nutzung abzugsfähig. Ein Abzug ist nach der Rechtsprechung allerdings sogar generell zu versagen, wenn der die Vermietung umfassende Nutzungsanteil nach einer wertenden Betrachtung von „völlig untergeordneter Bedeutung" ist. Dies wird insbesondere im Bereich der sogenannten Home-Sharer relevant, die den Wohnraum in erster Linie zum Selbstbewohnen anmieten oder kaufen und ihn nur bei Gelegenheit der eigenen Abwesenheit (unter)vermieten. In diesen Fällen kann die Vermietungsleistung im Verhältnis zum eigenen Wohnen derart in den Hintergrund rücken, dass ein Werbungskosten- bzw. Betriebsausgabenabzug gänzlich abzulehnen ist.[411]

Der unbeschränkt Steuerpflichtige muss auf die Online-Vermietungseinkünfte, die Teil des zu versteuernden Einkommens bilden, regulär Einkommensteuer nach dem individuellen Einkommensteuersatz zahlen, vorausgesetzt, das zu versteuernde Einkommen überschreitet den Grundfreibetrag, der für den Veranlagungszeitraum 2020 im Fall der Einzelveranlagung 9.408 Euro, für den Veranlagungszeitraum 2021 9.744 Euro und für den Veranlagungszeitraum 2022 9.984 Euro beträgt (§ 32a Abs. 1 S. 1, 2 Nr. 1 i. V. m. § 2 EStG).

---

410 Zur Gewinnermittlung s. o. auf S. 82 ff.; zur Einkünfteermittlung von Vermietungseinkünften s. o. auf S. 105 ff.

411 Zur Abzugsfähigkeit gemischt veranlasster Aufwendungen s. o. auf S. 86 ff.

Ist der Online-Vermieter nicht unbeschränkt einkommensteuerpflichtig, kann sich seine beschränkte Einkommensteuerpflicht der inländischen Einkünfte aus der Anknüpfung des Betreibens einer inländischen Betriebsstätte, der Bestellung eines ständigen Vertreters im Inland oder der Belegenheit des Vermietungsobjekt im Inland ergeben (§ 49 Abs. 1 Nr. 2 lit. a, lit. f sublit. aa, Nr. 6 EStG).

Stellt sich die Gefahr einer Doppelbesteuerung, da Steuerinländer im Ausland belegene Vermietungsobjekte oder Steuerausländer im Inland belegene Vermietungsobjekte vermieten, wird die Doppelbesteuerung nach dem DBA-MA, auf dem grundlegend alle Doppelbesteuerungsabkommen Deutschlands mit anderen Staaten aufbauen, dadurch vermieden, dass dem Belegenheitsstaat des Vermögens das Besteuerungsrecht zugewiesen wird (vgl. Art. 6 Abs. 1 DBA-MA).[412] Dies gilt für alle Online-Vermietungen, auch wenn sie gewerblich erfolgen, da die Einkünfte abkommensrechtlich (vorrangig) als Einkünfte aus unbeweglichem Vermögen (vgl. Art. 6 Abs. 3, 4 und Art. 7 Abs. 4 DBA-MA) qualifiziert werden.

Anknüpfungspunkt für das Besteuerungsrecht der BRD ist mithin sowohl bei unbeschränkter als auch bei beschränkter Steuerpflicht stets, dass sich das Vermietungsobjekt im Inland befindet. Denn selbst bei der unbeschränkten Steuerpflicht, bei der grundsätzlich alle Einkünfte der Besteuerung nach dem Welteinkommensprinzip unterliegen, sind die Einkünfte dann von der Beteuerung freizustellen oder die auf sie entfallende Steuer auf die deutsche Einkommensteuer anzurechnen, wenn das Vermietungsobjekt im Ausland belegen ist. Denn dann besteht im Ausland regelmäßig eine der deutschen beschränkten Steuerpflicht entsprechende beschränkte Steuerpflicht, sodass ein DBA anzuwenden ist, das dem Belegenheitsstaat das Besteuerungsrecht zuspricht und die Besteuerung der Online-Vermietungseinkünfte mit deutscher Einkommensteuer letztlich vermeidet.

Im Rahmen einer Reform der Einkommensbesteuerung der Online-Vermietung sollte daher an den Belegenheitsort des Vermietungsobjekts im Inland angeknüpft werden.

412 S. hierzu Ausführungen auf S. 119 ff.

Teil 3: Die Steuervollzugsproblematik bei Online-Vermietungen

Das Problem der Besteuerung der Aktivitäten auf Sharing-Economy-Plattformen im Bereich der kurzfristigen Unterkunftsvermietung liegt also nicht in unklaren Steuergesetzen oder etwa darin begründet, dass die „alten" Normen im Bereich digitaler Transaktionen nicht mehr angewendet werden können. Vielmehr handelt es sich um ein Vollzugsproblem. Schwierigkeiten bereitet die Durchsetzung der Besteuerungsansprüche aufgrund von unzureichenden Verfahrensvorschriften. In den folgenden Teilen der Arbeit soll untersucht werden, welche Bedeutung Steuerhebungsdefiziten für das Rechtssystem zukommt und auf welche Ursachen die Steuererhebungsdefizite im Bereich der Online-Vermietungen zurückzuführen sind (Teil 3). Darauf aufbauend sollen dann Reformoptionen analysiert und bewertet werden sowie ein Reformmodell in Form eines Gestaltungsvorschlags herausgearbeitet werden (Teil 4).

Kapitel 1: Vollzugsdefizite bei der Besteuerung von Online-Vermietungen

Während auf der einen Seite die Plattformen prosperieren, die das kurzfristige Vermieten von Wohnraum ermöglichen,[413] ist auf der anderen Seite keine entsprechende Erklärung von Einnahmen im Zuge der Einkommensteuererklärung der Steuerpflichtigen bei den Finanzämtern zu konstatieren.[414] Ursache der unterbliebenen Einkünftedeklaration ist aber nicht etwa, dass die Steuerbarkeit oder die Ermittlung der Höhe des entstandenen Steueranspruchs fraglich ist. Wie in Teil 2 dieser Arbeit gezeigt wurde, ist die Anwendung der materiell-rechtlichen Steuergesetze zur Einkommensbesteuerung der Vermietungstätigkeit natürlicher Personen, die Einkünfte durch Transaktionen über Unterkunftsvermittlungsplattformen erzielen, weitgehend klar und eindeutig: Bei der Vermietung von Wohnraum über Sharing-Economy-Plattformen durch natürliche Personen fällt – jedenfalls beim Übersteigen der Einnahmen von 520 Euro pro Kalenderjahr – Einkommensteuer an. Probleme bereitet in der Praxis vielmehr die Durchsetzung des materiell-rechtlich bestehenden Steueranspruchs. Wann Transaktionen über Sharing-Economy-Plattformen getätigt werden, dürfte für die Finanzbehörden aufgrund der Masse von betragsmäßig kleinen Transaktionen und der im Internet bestehenden Anonymität nur schwer

---

413 *Beutin*, Share Economy 2017. The New Business Model, 2018, S. 14, 20, 37, https://www.pwc.de/de/digitale-transformation/share-economy-report-2017.pdf (Stand: 09.11.2020); BMWi, Sharing Economy im Wirtschaftsraum Deutschland, 2018, S. 37, 43, 52; Europäische Kommission, Mitteilung v. 02.06.2016, COM(2016), 356 final, S. 2; *Kußmaul/Kloster*, DStR 2016, 1280; *Lin-Hi*, in: Digitale Wirtschaft und Sharing Economy, 2017, S. 145, 147; OECD, The Sharing and Gig Economy: Effective Taxation of Platform Sellers: Forum on Tax Administration, 2019, S. 17 m. w. H.; *Sundararajan*, The Sharing Economy, 2016, S. 6 ff.; *Talaska/Cremers*, DB 2018, 1824; *Rinne*, World Economic Forum Online-Beitrag v. 04.01.2019, https://www.weforum.org/agenda/2019/01/sharing-economy/ (Stand: 09.11.2020).

414 Vgl. z. B. das Gutachten zur Steuerhinterziehung in einigen deutschen Großstädten aus Transaktionen über die Plattform Airbnb von *Bräutigam/Ludwig/Spengel*, Steuerlicher Reformbedarf bei Service-Plattformen: Eine Analyse anhand des deutschen Airbnb-Marktes, 2019, S. 11, https://www.zew.de/fileadmin/FTP/gutachten/ZEW_Expertise_Airbnb_2019.pdf (Stand: 09.11.2020).

nachzuvollziehen sein. Sie sind daher auf die Mitwirkung des Steuerpflichtigen gemäß § 90 Abs. 1 AO besonders angewiesen. Ihre Mitwirkungspflicht erfüllen Steuerpflichtige gemäß § 90 Abs. 1 S. 2 AO insbesondere dadurch, dass sie die für die Besteuerung erheblichen Tatsachen vollständig und wahrheitsgemäß offenlegen und die ihnen bekannten Beweismittel angeben. Dieser Offenlegungspflicht von steuererheblichen Tatsachen scheinen Steuerpflichtige gemäß den bereits dargestellten Studien systematisch nicht ordnungsgemäß nachzukommen.[415]

Um durch Online-Vermietungen entstandene Steueransprüche durchzusetzen, müssen die Finanzbehörden den Sachverhalt von Amts wegen mit den ihnen zur Verfügung stehenden Verifikationsinstrumenten ermitteln (§ 88 Abs. 1 S. 1 AO). Nach dem geltenden Steuererhebungssystem handelt es sich bei den für Einkommensteuererhebung zur Verfügung stehenden behördlichen Kontrollmaßnahmen mit Ausnahme der Abzugsteuern[416] nur um „nachträgliche" Sicherungsinstrumente, da die vorgesehenen Maßnahmen erst beim Festsetzungsverfahren anknüpfen, das üblicherweise mit der Deklaration der Einkünfte in Gang gesetzt wird.[417]

Die zur Verfügung stehenden Kontrollmaßnahmen sind im Wesentlichen die Außenprüfung (§§ 193 ff. AO), das Ausschreiben von Kontrollmitteilungen (§ 194 Abs. 3 AO) sowie die Anordnung von (Sammel-)Auskunftsersuchen (§ 93 AO), die im Rahmen der Amtshilfe auch an ausländische Behörden gestellt werden können (§ 6 EUAHiG).[418] Diese Sicherungsmittel werden im Folgenden dargestellt und auf ihre Tauglichkeit zur Sicherstellung der Steueransprüche,

---

415 Vgl. z. B. das Gutachten zur Steuerhinterziehung in einigen deutschen Großstädten aus Transaktionen über die Plattform Airbnb von *Bräutigam/Ludwig/Spengel*, Steuerlicher Reformbedarf bei Service-Plattformen: Eine Analyse anhand des deutschen Airbnb-Marktes, 2019, S. 11, https://www.zew.de/fileadmin/FTP/gutachten/ZEW_Expertise_Airbnb_2019.pdf (Stand: 09.11.2020).

416 Abzugsteuern sind derzeit beispielsweise die Lohnsteuer nach § 38 Abs. 1 S. 1 EStG oder die Kapitalertragsteuer nach § 43 Abs. 1 S. 1 EStG. Vgl. zu den Abzugsteuern z. B. *Ettlich*, in: Blümich, EStG, 148. EL, 07/2019, § 36 Rn. 104; *Heuermann*, FR 2013, 354.

417 Vgl. *Pantazatou*, in: Tax and the Digital Economy, 2019, S. 215, 225.

418 *Hey*, in: Festschrift Kruse, 2001, S. 269, 273 ff.; zum Amtshilfeersuchen an ausländische Behörden vgl. Gesetz über die Durchführung der gegenseitigen Amtshilfe in Steuersachen zwischen den Mitgliedstaaten der Europäischen Union – EU-Amtshilfegesetz – v. 26.06.2013 (BGBl. I 2013, S. 1809), zuletzt geändert durch Art. 4 des Gesetzes v. 20.12.2016 (BGBl. I 2016, S. 3000). Das Gesetz dient der Umsetzung der Richtlinie 2011/16/EU v. 15.02.2011 über die Zusammenarbeit der Verwaltungsbehörden im Bereich der Besteuerung, ABl. L 64 v. 11.03.2011, S. 1-12.

die aus Transaktionen über Unterkunftsvermittlungsplattformen resultieren, überprüft.

A. Bestehende Verifikationsinstrumente zur Sicherung von Steueransprüchen aus der Online-Vermietung

I. Außenprüfung

1. Umfassender Ermittlungsumfang hinsichtlich der zu prüfenden (aber anonymen) Vermieter

Eine umfassende Kontrolle der Befolgung von Steuererklärungs- und Steuerentrichtungspflichten ermöglicht die Außenprüfung.[419] Eine solche ist bei den gewerblich oder freiberuflich Tätigen oder bei Überschusseinkünften ab einer Summe der Überschusseinkünfte von mehr als 500.000 Euro gemäß §§ 193 Abs. 1, 147a AO anlasslos zulässig.[420] Sie ist ebenso dann möglich, wenn die für die Besteuerung erheblichen Verhältnisse der Aufklärung bedürfen und eine Prüfung an Amtsstelle nach Art und Umfang des zu prüfenden Sachverhalts nicht zweckmäßig ist, § 193 Abs. 2 Nr. 2 AO (sog. Anlassprüfung).[421] Eine Außenprüfung ist demnach bei Online-Vermietern der Sharing Economy jedenfalls dann möglich, wenn der Verdacht besteht, dass Einkünfte erzielt, aber nicht erklärt wurden oder die Vermietungstätigkeit einen gewerblichen Umfang angenommen hat.[422] Der Prüfungsumfang einer Außenprüfung ist gemäß § 4 BpO sehr umfassend.[423] Es besteht kein Verbot der Ausforschung des Steuerpflichtigen, sodass beliebige Stichproben vorgenommen und Unterlagen angefordert werden können. Ebenso dürfen Geschäftsbeziehungen zu Dritten überprüft werden.

419 *Hey*, in: Festschrift Kruse, 2001, S. 269, 273; *Rüsken*, DStJG 31 (2008), 243, 244 f.

420 *Hannig*, in: BeckOK AO, 12. Edition 04/2020, § 193 Rn. 64 f.; *Niewerth* in: Lippross/Seibel, Basiskommentar Steuerrecht, 110. EL 10/2018, § 193 AO Rn. 1, 5.

421 BFH v. 09.11.1994 – XI R 16/94, BFH/NV 1995, 578, 579; v. 26.07.2007 – VI R 68/04, BFHE 218, 35, 38 ff.; *Hannig*, in: BeckOK AO, 12. Edition 04/2020, § 193 Rn. 97 ff.; *Niewerth* in: Lippross/Seibel, Basiskommentar Steuerrecht, 110. EL 10/2018, § 193 AO Rn. 10; *Rüsken*, in: Klein, AO, 15. Aufl. 2020, § 193 Rn. 15, 40 ff.

422 Vgl. BFH v. 21.03.1997 – IV B 62/96, BFH/NV 1997, 633; v. 23.02.2005 – XI R 21/04, BFH/NV 2005, 1218, 1219 f.; *Niewerth* in: Lippross/Seibel, Basiskommentar Steuerrecht, 110. EL 10/2018, § 193 AO Rn. 5; 10; *Rüsken*, in: Klein, AO, 15. Aufl. 2020, § 193 Rn. 40 ff.

423 Allgemeine Verwaltungsvorschrift für die Betriebsprüfung, Betriebsprüfungsordnung, BpO v. 15.03.2000, BStBl. I 2000, 368, zuletzt geändert durch BStBl. I 2011, 710.

Die Grenze bildet § 7 BpO, wonach der Prüfungsumfang auf das Wesentliche und die Dauer auf das notwendige Maß zu beschränken ist.[424] Zulässig ist eine Außenprüfung auch zur Überprüfung potenzieller Steuerpflichtiger, wenn ihre Steuerpflicht ernstlich in Betracht kommt und konkrete Anhaltspunkte für eine Steuerpflicht sprechen.[425] Auch bei Vorliegen des Verdachts einer Steuerstraftat und der damit verbundenen Zuständigkeitsbegründung der Steuerfahndung gemäß § 208 Abs. 1 Nr. 1 und 2 AO bleibt eine Außenprüfung (unter Beachtung der für strafrechtliche Ermittlungen geltenden Vorgaben) weiterhin zulässig, da es sich um keine ausschließliche Zuständigkeitszuweisung an die Steuerfahndung handelt.[426]

Die praktische Durchführung des Sicherungsinstruments der Außenprüfung scheitert jedoch regelmäßig daran, dass die Einkünfte den Finanzbehörden nicht erklärt werden und den Finanzbehörden bereits die Daten des zu überprüfenden Vermieters fehlen.

2. *Begrenzter Prüfungsumfang hinsichtlich der Verhältnisse Dritter*

Kann eine Außenprüfung – aufgrund der fehlenden Daten über den Online-Vermieter – bei diesem nicht durchgeführt werden, bleibt den Finanzbehörden nur die Möglichkeit der Durchführung von Kontrollen beim Plattformbetreiber, der die Vermietung ermöglicht. Es wurde bereits festgestellt, dass im Rahmen einer Außenprüfung auch Geschäftsbeziehungen zu Dritten überprüft werden dürfen.[427] Die Online-Vermieter nutzen die Plattformen über den Geschäftsbetrieb des Plattformbetreibers. Um die Steuerpflichten der Online-Vermieter nachvollziehen zu können, stehen allerdings die Vertragsabschlüsse der Online-Vermieter mit Mietern im Fokus. Es ist daher vorab die Frage zu beantworten, ob eine Außenprüfung beim Plattformbetreiber mit dem Ziel, Daten Dritter zu überprüfen, nach Sinn und Zweck der Außenprüfung vorgenommen werden

---

424 *Niewerth* in: Lippross/Seibel, Basiskommentar Steuerrecht, 110. EL 10/2018, § 193 AO Rn. 1; *Rüsken*, DStJG 31 (2008), 243, 245.

425 BFH v. 23.10.1990 – VIII R 45/88, BFHE 163, 98, 102; v. 15.07.2005 – I B 25/05, BFH/NV 2005, 1967, 1968; *Hannig*, in: BeckOK AO, 12. Edition 04/2020, § 194 Rn. 14; *Niewerth* in: Lippross/Seibel, Basiskommentar Steuerrecht, 110. EL 10/2018, § 193 AO Rn. 5.

426 BFH v. 04.11.1987 – II R 102/85, BFHE 151, 324, 326; v. 29.12.2010 – IV B 46/09, BFH/NV 2011, 634, 635; *Hannig*, in: BeckOK AO, 12. Edition 04/2020, § 193 Rn. 33 f.; *Rüsken*, DStJG 31 (2008), 243, 245 f.

427 S. o. auf S. 135 f.

darf. Denn die Außenprüfung beinhaltet strenge formelle Vorgaben, wie die Ankündigung der Außenprüfung unter Bekanntgabe des Prüfungsumfangs, gegen die der Steuerpflichtige Rechtsmittel einlegen kann. Bei der Außenprüfung der Plattformbetreiber wird den zu überprüfenden Online-Vermietern die Außenprüfung nicht mitgeteilt. Gemäß § 194 Abs. 3 AO können zwar „anlässlich“ der Außenprüfung des zu prüfenden Steuerpflichtigen Feststellungen über steuererhebliche Verhältnisse Dritter getroffen und (insbesondere durch das Erstellen von Kontrollmitteilungen) ausgewertet werden, die Außenprüfung darf aber nicht zur Ausforschung von Daten Dritter missbraucht werden.[428] Indessen dürfen Kontrollmitteilungen zur Überprüfung der Steuerehrlichkeit Dritter nur sogenannte „Zufallsfunde“ umfassen.[429] Unter einer Kontrollmitteilung versteht man eine spontane Mitteilung oder Anzeige einer bestimmten Stelle oder Person über steuererhebliche Verhältnisse eines Steuerpflichtigen, die an eine Finanzbehörde ausgestellt wird, ohne dass diese ein vorangegangenes Ersuchen gestellt hat.[430] Inhalt der Mitteilungen können dabei alle tatsächlichen und rechtlichen Verhältnisse sein, die für die Besteuerung einer Person von Bedeutung sein können.[431]

Das Sicherungsmittel der Außenprüfung eignet sich mithin nicht zur Überprüfung der Daten der Online-Vermieter.[432] Eine Außenprüfung des

---

428 BFH v. 04.11.2003 – VII R 28/01, BFHE 204, 15, 19 f.; v. 04.10.2006 – VIII R 53/04, BFHE 215, 12, 15 ff.; *Bilsdorfer*, Die Informationsquellen und –wege der Finanzverwaltung, 8. Aufl. 2009, S. 51; *Hannig*, in: BeckOK AO, 12. Edition 04/2020, § 194 Rn. 13, 91; *Niewerth* in: Lippross/Seibel, Basiskommentar Steuerrecht, 110. EL 10/2018, § 194 AO Rn. 3.

429 BFH v. 04.11.2003 – VII R 28/01, BFHE 204, 15, 19 f.; v. 04.10.2006 – VIII R 53/04, BFHE 215, 12, 15 ff. sowie umfassend hierzu *Rüsken*, DStJG 31 (2008), 243, 246 ff.

430 *Hannig*, in: BeckOK AO, 12. Edition 04/2020, § 194 Rn. 89; *Humm*, Kontrollmitteilungen im Steuerrecht, 2014, S. 54 f. m. w. N.; *Niewerth* in: Lippross/Seibel, Basiskommentar Steuerrecht, 110. EL 10/2018, § 194 AO Rn. 11.

431 *Hannig*, in: BeckOK AO, 12. Edition 04/2020, § 194 Rn. 90; *Humm*, Kontrollmitteilungen im Steuerrecht, 2014, S. 54 f. m. w. N.

432 Vgl. BFH v. 04.11.2003 – VII R 28/01, BFHE 204, 15, 19 f.; Anwendungserlass zu Abgabenordnung 2014 (AEAO) zu § 194 Nr. 5, BMF-Schreiben v. 31.01.2014, BStBl. I 2014, S. 290, zuletzt geändert durch BMF-Schreiben v. 20.12.2019, BStBl. I 2020, S. 59; *Frizen*, Das Deklarationsprinzip im Einkommensteuerrecht, 2009, S. 194 m. w. N.; *Hannig*, in: BeckOK AO, 12. Edition 04/2020, § 194 Rn. 91; *Rüsken* in: Klein, Abgabenordnung, 15. Aufl. 2020, § 194 Rn. 41c ff. m. w. N.; *Winterhoff*, Steuerverfahrensrecht und tatsächliche Belastungsgleichheit, 2004, S. 80.

Plattformbetreibers allein mit dem Ziel, die Verhältnisse von Dritten – den Online-Vermietern – zu prüfen, ist nicht zulässig.

II. Kontrollmitteilungen

Der Begriff der Kontrollmitteilung wird gesetzlich nicht definiert. Von Relevanz sind insoweit die Kontrollmitteilungen, die zur Überprüfung der steuererheblichen Daten der Online-Vermieter beitragen können. Dies sind diejenigen Kontrollmitteilungen, die im Rahmen der Außenprüfung bei den Plattformbetreibern oder den Mietern auf der gesetzlichen Grundlage des § 194 Abs. 3 AO erstellt werden.

Wie soeben bereits festgestellt, wäre es zwar praktisch möglich, über eine Außenprüfung bei einem Plattformbetreiber die Daten der Online-Vermieter zu erhalten und diese über Kontrollmitteilungen an die zuständigen Finanzbehörden der Vermieter auszuwerten. Rechtlich ist dieses Vorgehen aber unzulässig, da die Überprüfung steuererheblicher Daten Dritter und das Fertigen von Kontrollmitteilungen nicht der eigentliche Zweck einer Außenprüfung sein darf.[433]

Durch die Leistungsabnehmer, also Mieter des Wohnraums, erhält das Finanzamt regelmäßig keine Informationen über die Online-Vermieter, die Anlass für das Fertigen von Kontrollmitteilungen geben. Denn selbst wenn die Mieter in Deutschland steuerpflichtig sind und veranlagt werden und die Mietaufwendungen beispielsweise als Werbungskosten oder Betriebsausgaben erklärt werden, wird sich daraus regelmäßig nicht ergeben, dass sie sich auf Online-Buchungen über Sharing-Economy-Plattformen beziehen. Erschwert wird dies dadurch, dass im Veranlagungsverfahren grundsätzlich nur noch eine Belegvorhalte- aber keine Belegvorlagepflicht mehr gilt.[434] Eine Betriebsprüfung, bei der im Rahmen der Durchsicht der Belege eine Online-Buchung und der entsprechende Online-Vermieter erkennbar oder jedenfalls rückverfolgbar und Kontrollmitteilungen erfolgsversprechend sind, wird einen im Verhältnis zur Gesamtzahl der Online-Vermietungen überaus geringen Anteil darstellen. Auf dieser Basis werden sich somit keine verlässlichen Sicherungsmittel ergeben, die einen gleichmäßigen Steuervollzug sicherstellen können.

---

433 S. o. auf S. 136 ff.

434 Vgl. § 50 EStDV; Gesetzentwurf der Bundesregierung zur Modernisierung des Besteuerungsverfahrens, BT-Drs. 18/7457 v. 03.02.2016, S. 49; *Ahrendt*, NJW 2017, 537, 539; *Ruß/Ismer/Margolf*, DStR 2019, 409, 413.

III. Auskunftspflichten

1. *Einzelauskunftsersuchen*

Gemäß § 93 Abs. 1 S. 1 AO sind Beteiligte und andere Personen zur Feststellung der für die Besteuerung erheblichen Sachverhalte gegenüber den Finanzbehörden auskunftspflichtig. Die Finanzbehörden könnten daher die für die Besteuerung der Online-Vermieter erforderlichen Informationen bei den Plattformbetreibern erfragen. Im Steuerschuldverhältnis zwischen Online-Vermieter und Finanzbehörde ist der Online-Vermieter als Beteiligter und der Plattformbetreiber als Dritter einzuordnen.[435]

Auch die Auskunftspflichten eines Dritten setzen kein besonderes Vorverhalten voraus.[436] Eine Einschränkung gilt aber hinsichtlich der Reihenfolge der Inanspruchnahme: § 93 Abs. 1 S. 3 AO legt fest, dass Dritte erst dann zur Auskunft angehalten werden sollen, wenn die Sachverhaltsaufklärung durch die Beteiligten nicht zum Ziel führt oder keinen Erfolg verspricht.[437] Diese Subsidiaritätsklausel dient einerseits dem Interesse der Beteiligten (dem Schutz ihrer Daten) und andererseits auch den Interessen der Dritten (dem Schutz vor Unannehmlichkeiten aller Art, wie Zeit- und Kostenaufwand).[438] Ist die Identität der Beteiligten bekannt, greift die Subsidiaritätsklausel und Auskunftsersuchen sind zunächst an die Beteiligten – die Vermieter – zu stellen. Fehlen den Finanzbehörden diese Daten, hilft allerdings auch das Einzelauskunftsersuchen gemäß § 93 Abs. 1 AO nicht weiter, da mangels Kenntnis der Identität der Vermieter auch keine speziellen Auskünfte über diese bei Dritten erfragt werden können.

2. *Sammelauskunftsersuchen an inländische Plattformbetreiber*

Gemäß § 93 Abs. 1a AO darf die Finanzbehörde aber sogenannte Sammelauskunftsersuchen an Dritte über eine ihr noch unbekannte Anzahl von Sachverhalten und ihr noch nicht bekannte Personen stellen, wenn diese dem Grunde

---

435 Vgl. zum Begriff des „Beteiligten" in Abgrenzung zum „Dritten" *Dudek*, Auskunfts- und Urkundenvorlageersuchen von Finanzbehörden an Kreditinstitute, 2015, S. 27 ff.

436 BFH v. 05.10.2006 – VII R 63/05, BFHE 215, 40, 44.

437 *Kobor*, in: BeckOK AO, 12. Edition 04/2020, § 93 Rn. 15; *Rätke*, in: Klein, Abgabenordnung, 15. Aufl. 2020, § 93 Rn. 15; *Seer*, in: Tipke/Kruse, AO/FGO, 151. EL 02/2018, § 93 AO Rn. 17.

438 *Bilsdorfer*, Die Informationsquellen und -wege der Finanzverwaltung, 8. Aufl. 2009, S. 33; *Drüen*, DStJG 31 (2008), 167, 175; *Seer*, in: Tipke/Kruse, AO/FGO, 151. EL 02/2018, § 93 AO Rn. 17.

nach bestimmbar sind. Eine solche bestimmbare Personengruppe könnten die Leistungsanbieter einer Online-Plattform, wie beispielsweise die Online-Vermieter, sein. Die Subsidiaritätsklausel gilt insoweit nicht, wie sich aus § 93 Abs. 1a S. 3 AO ergibt.

Voraussetzung für das Sammelauskunftsersuchen ist gemäß § 93 Abs. 1a S. 2 AO, dass ein hinreichender Anlass für die Ermittlungen besteht und andere zumutbare Maßnahmen zur Sachverhaltsaufklärung keinen Erfolg versprechen. Hingegen sind Ermittlungen ins Blaue hinein oder bloße Ausforschungen unzulässig.[439] Ein hinreichender Anlass für Ermittlungen soll dann vorliegen, wenn nach allgemeiner Erfahrung aus dem erfragten Sachverhalt die Aufdeckung steuererheblicher Tatsachen in besonderem Maße wahrscheinlich erscheint.[440] Im Rahmen der Verhältnismäßigkeitsprüfung ist eine Abwägung zwischen dem Interesse der Auskunftsperson, deren Aufwand als Dritter im zu ermittelnden Steuerrechtsverhältnis gering zu halten ist, dem Geheimhaltungsinteresse des Steuerpflichtigen und dem fiskalischen Interesse an Mehrsteuern sowie an der Verhinderung von Steuerverkürzungen vorzunehmen.[441]

Fraglich ist, ob die Voraussetzungen für ein Sammelauskunftsersuchen an Plattformbetreiber im Bereich der Unterkunftsvermittlung erfüllt wären. In der Vergangenheit hat der Bundesfinanzhof im Zusammenhang mit einem Sammelauskunftsersuchen gegenüber Betreibern einer Internethandelsplattform, bei der Verkäufer unter Pseudonymen auftraten, ein Sammelauskunftsersuchen als zulässig erachtet.[442] Im Rahmen der Verhältnismäßigkeitsprüfung wurde zum einen berücksichtigt, dass Einzelermittlungen der Finanzbehörden gerade aufgrund der Nutzung von Pseudonymen keine praktikablen alternativen Mittel zur Sachverhaltsermittlung darstellen.[443] Zum anderen wurde ein etwaiges Vertrauen der betroffenen Plattformnutzer darauf, dass aufgrund der durch die Verwendung von Pseudonymen gewährleisteten Anonymität der Verkaufsvorgänge Steuern gefahrlos verkürzt werden können, als nicht schutzwürdig erachtet.[444] Im Übrigen seien die Daten der Plattformnutzer wie ihre allgemeinen Daten zur Identifikation, ihrer Kontodaten und der über die auf der Plattform getätigten

439 *Dudek*, Auskunfts- und Urkundenvorlageersuchen von Finanzbehörden an Kreditinstitute, 2015, S. 148 ff.

440 BFH v. 16.05.2013 – II R 15/12, BFHE 241, 211, 222; *Rätke,* in: Klein, Abgabenordnung, 15. Aufl. 2020, § 93 Rn. 6, 32.

441 *Rätke,* in: Klein, Abgabenordnung, 15. Aufl. 2020, § 93 Rn. 32, 12 m. w. N.

442 BFH v. 16.05.2013 – II R 15/12, BFHE 241, 211.

443 BFH v. 16.05.2013 – II R 15/12, BFHE 241, 211, 224.

444 BFH v. 16.05.2013 – II R 15/12, BFHE 241, 211, 224 f.

Aktionen im Hinblick auf das Recht auf informationelle Selbstbestimmung nicht von besonderer persönlicher Relevanz.[445] Ferner unterlägen die abgefragten Daten dem Steuergeheimnis (§ 30 AO), sodass die von der Abfrage betroffenen Plattformnutzer durch die Offenbarung der Daten gegenüber den Finanzbehörden im Regelfall – abgesehen von den möglichen steuerlichen und steuerstrafrechtlichen Folgen – nicht belastet würden.[446] Mit all diesen Erwägungen wurde das Sammelauskunftsersuchen an die Internetverkaufsplattform vom Gericht als zulässig erachtet.

Dementsprechend könnte auch ein Sammelauskunftsersuchen an Betreiber von Unterkunftsvermittlungsplattformen auf Herausgabe der Daten von Vermietern, die in Deutschland Unterkünfte zur Nutzung überlassen, zulässig sein.[447] Die Daten der Online-Vermieter sind steuererheblich,[448] für die Finanzbehörden auf anderem Wege praktisch kaum ermittelbar und in Anbetracht der vermuteten großflächigen Steuerhinterziehung ist die Anfrage auch verhältnismäßig. Da die Plattformbetreiber für die Zahlungsabwicklung und zur Erfüllung eigener Steuerpflichten die Daten der Vermieter speichern, ist die Anfrage zur Datenübermittlung für die Plattformbetreiber auch zumutbar.

Auch mit Blick auf die Steuerpflichtigen und ihr Recht auf informationelle Selbstbestimmung bestehen keine Bedenken an die Zulässigkeit des Sammelauskunftsersuchens. Es gilt der Grundsatz „Datenschutz ist kein Tatenschutz".[449] So hat der Bürger kein „Recht auf steuerliche Selbstbestimmung".[450] Die Gewährleistung der Belastungsgleichheit im Steuerstaat setzt vielmehr voraus, dass der Staat an den steuerrelevanten Daten seiner Steuerbürger partizipiert.[451] Zur Realisierung des Prinzips der steuerlichen Belastungsgleichheit im Steuerrecht muss der Steuerpflichtige daher Einschränkungen seines Rechts auf informationelle Selbstbestimmung im überwiegenden Allgemeininteresse hinnehmen.[452]

---

445 BFH v. 16.05.2013 – II R 15/12, BFHE 241, 211, 225 f.

446 BFH v. 16.05.2013 – II R 15/12, BFHE 241, 211, 224 f.

447 Vgl. *Dclp/Ronig*, DB 2018, 1296, 1302.

448 S. o. unter Teil 2, auf S. 69 ff.

449 *Seer*, in: Tipke/Kruse, AO/FGO, 147. EL 01/2017, § 85 AO Rn. 39.

450 *Seer*, in: Tipke/Kruse, AO/FGO, 147. EL 01/2017, § 85 AO Rn. 39.

451 *Drüen*, in: Tipke/Kruse, AO/FGO, 158. EL 10/2019, § 30 AO Rn. 6 m. w. N.

452 BVerfG v. 27.06.1991 – 2 BvR 1493/89, BVerfGE 84, 239, 268 ff.; v. 09.03.2004 – 2 BvL 17/02, BVerfGE 110, 94, 112 ff.; v. 10.03.2008 – 1 BvR 2388/03, BVerfGE 120, 351, 367; *Seer*, in: Tipke/Kruse, AO/FGO, 147. EL 01/2017, § 85 AO Rn. 39.

Ein Sammelauskunftsersuchen an die Plattformbetreiber von Unterkunftsvermittlungsplattformen zur Überprüfung der Besteuerungsansprüche gegen die Online-Vermieter gemäß § 93 Abs. 1a S. 2 AO ist folglich zulässig.

3. *Sammelauskunftsersuchen an Plattformbetreiber im Ausland*

Eine Herausforderung in der praktischen Umsetzung von Sammelauskunftsersuchen stellt sich aber, wenn sich weder der Sitz noch eine Betriebsstätte der global tätigen Plattformbetreiber im Inland befindet. Dann fehlen den deutschen Finanzbehörden die Hoheitsbefugnisse für Ermittlungs- und Vollstreckungsmaßnahmen.[453] Gemäß § 117 Abs. 2 AO können die Finanzbehörden jedoch zwischenstaatliche Rechts- und Amtshilfe nach Maßgabe des deutschen Rechts in Anspruch nehmen. Befindet sich der Plattformbetreiber im europäischen Ausland, können sich die deutschen Behörden der Amtshilfe bedienen. Es greift das Gesetz über die Durchführung der gegenseitigen Amtshilfe in Steuersachen zwischen den Mitgliedstaaten der Europäischen Union.[454] Das Europäische Amtshilfegesetz regelt den Austausch von voraussichtlich erheblichen Informationen in Steuersachen zwischen Deutschland und den europäischen Mitgliedstaaten und ist für Ertragssteuern anzuwenden, § 1 Abs. 1 S. 1, 2 EUAHiG. Gemäß § 6 Abs. 1 EUAHiG können Finanzbehörden an die zentralen Verbindungsbüros der anderen Mitgliedstaaten Ersuchen um sachdienliche behördliche Ermittlungen stellen, wenn die nach der Abgabenordnung vorgesehenen Ermittlungsmöglichkeiten ausgeschöpft oder (beispielsweise mangels Vollstreckungsmöglichkeiten) nicht Erfolg versprechend sind, § 6 Abs. 3 EUAHiG.

Airbnb hat beispielsweise ihren europäischen Sitz in Irland. Nach Presseberichten wurde ein Sammelauskunftsersuchen vom Bundeszentralamt für Steuern im Wege der Amtshilfe im Frühjahr 2018 an Behörden in Irland gestellt, in dem die Daten deutscher Airbnb-Vermieter von Airbnb Irland erfragt wurden.[455] Nach

---

453 *Bilsdorfer*, Die Informationsquellen und –wege der Finanzverwaltung, 8. Aufl. 2009, S. 36, 145; *Frizen*, Das Deklarationsprinzip im Einkommensteuerrecht, 2009, S. 204 ff.; *Hendricks*, Internationale Informationshilfe im Steuerverfahren, 2004, S. 54; *Schaumburg*, in: Schaumburg, Internationales Steuerrecht, 4. Aufl. 2017, Rn. 22.2.

454 Gesetz über die Durchführung der gegenseitigen Amtshilfe in Steuersachen zwischen den Mitgliedstaaten der Europäischen Union – EU-Amtshilfegesetz – vom 26.06.2013, BGBl. I 2013, S. 1809, zuletzt geändert durch Art. 4 des Gesetzes v. 20.12.2016, BGBl. I 2016, S. 3000. Das Gesetz dient der Umsetzung der Richtlinie 2011/16/EU v. 15.02.2011 über die Zusammenarbeit der Verwaltungsbehörden im Bereich der Besteuerung, ABl. L 64 v. 11.03.2011, S. 1-12.

455 FAZ Online-Beitrag v. 04.05.2018, http://www.faz.net/aktuell/finanzen/meine-finanzen/steuern-sparen/finanzbehoerden-nehmen-airbnb-vermieter-wegen-verdacht-auf-steuerhinterziehung-unter-die-lupe-15573894.html (Stand: 09.11.2020);

aktuellen Online-Artikeln soll die Steuerfahndung Hamburg im September 2020 mittlerweile von Airbnb Daten zu deutschen Vermietern erhalten haben und soll diese zeitnah an die zuständigen Finanzbehörden der einzelnen Bundesländer zur Auswertung weiterleiten wollen.[456] Der Erfolg dieser Steuerermittlungsmaßnahme bleibt abzuwarten.

Das EUAHiG gilt allerdings nur in den Mitgliedstaaten der Europäischen Union und ist im außereuropäischen Ausland nicht anwendbar. In Bezug auf das außereuropäische Ausland wird die gegenseitige Rechts- und Amtshilfe insbesondere in den einzelnen Doppelbesteuerungsabkommen mit dem jeweiligen Staat bilateral geregelt.[457] Die einzelnen Doppelbesteuerungsabkommen enthalten zum gegenseitigen Informationsaustausch regelmäßig in ihren jeweiligen Art. 26 oder 27 eine entsprechende Rechtsgrundlage, die sich – mehr oder weniger – an Art. 26 des OECD-MA orientiert.[458] Danach sollen die zuständigen Behörden der Vertragsstaaten diejenigen Informationen austauschen, die zur Durchführung des Abkommens und zur Verwaltung oder Anwendung des innerstaatlichen Rechts der Vertragsstaaten voraussichtlich erheblich sind.[459] Diese Hürde der Erheblichkeitsschwelle wurde durch das EUAHiG für die Zusammenarbeit der europäischen Mitgliedstaaten abgeschafft und darüber hinaus wurde durch die Einrichtung der Zuständigkeit zentraler Behörden in den Mitgliedstaaten das Verfahren optimiert. Das Stellen eines Sammelauskunftsverfahrens auf Grundlage des Artikels zur Amtshilfe in einem DBA wäre somit zwar auch möglich, die Erfolgsaussichten sind aber als geringer einzuschätzen.

Ramthun, Wirtschaftswoche Online-Beitrag v. 04.05.2018, https://www.wiwo.de/finanzen/steuern-recht/unterkunft-vermittler-fiskus-prueft-steuerhinterziehung-bei-airbnb-vermietern/21244518.html (Stand: 09.11.2020); *Ramthun/Becker/Kiani-Kreß/ter Haseborg*, Wirtschaftswoche 2018 (19) v. 04.05.2018, 26, 28; Spiegel Online-Beitrag v. 04.05.2018, http://www.spiegel.de/wirtschaft/unternehmen/airbnb-a-1206292.html (Stand: 09.11.2020); Zeit Online-Beitrag v. 04.05.2018, https://www.zeit.de/wirtschaft/2018-05/homesharing-airbnb-steuerhinterziehung-vermieter-finanzamt (Stand: 09.11.2020).

456 *Seitz*, BR Online-Beitrag v. 08.02.2021, https://www.br.de/nachrichten/wirtschaft/airbnb-vermieter-im-visier-der-steuerfahnder,SNxFC56 (Stand: 13.11.2021); *Schneider*, Handelsblatt Online-Beitrag v. 16.09.2020, https://www.handelsblatt.com/finanzen/steuern-recht/steuern/26192082.html (Stand: 09.11.2020); Zeit Online-Beitrag v. 02.09.2020, https://www.zeit.de/wirtschaft/2020-09/ferienwohnungen-airbnb-vermieter-daten-steuerfahndung (Stand: 09.11.2020).

457 Im Bereich der Ertrags- und Vermögensteuern gibt es derzeit 96 DBA, vgl. Übersicht des BMF, im Schreiben v. 15.01.2020, BStBl. I 2020, S. 162.

458 *Rätke*, in: Klein, Abgabenordnung, 15. Aufl. 2020, § 117 Rn. 5.

459 Zum Ganzen *Rätke*, in: Klein, Abgabenordnung, 15. Aufl. 2020, § 117 Rn. 5.

4. *Ergebnis und Stellungnahme*

Ein Sammelauskunftsverfahren beim Plattformbetreiber ist nach den Verfahrensordnungen mithin zulässig und über ein Amtshilfeersuchen nach dem EUAHiG innerhalb der Europäischen Union und im übrigen Ausland bei Vorliegen eines Doppelbesteuerungsabkommens möglich. Zu beachten ist allerdings, dass das Sammelauskunftsverfahren sehr zeitintensiv und hinsichtlich des zu erreichenden Erfolgs begrenzt ist. Denn das Ersuchen erfasst nur die Herausgabe von Daten vergangener Transaktionen, für einen neuen Besteuerungszeitraum müssen die Daten von den Plattformbetreibern erneut erfragt werden. Hinzu kommt, dass sich in dem Markt der Sharing-Economy-Plattformen stetig neue Plattformen etablieren, der von den Behörden umfassend bestimmt werden muss. Im Rahmen von Amtshilfeverfahren müssen zudem noch ausländische Behörden mit weiteren Ermittlungsarbeiten betraut werden. Eine umfassende Besteuerung kann somit allein durch das kostspielige und zeitintensive Sammelauskunftsersuchen nicht sicherstellen, dass die aus der Online-Vermietung resultierenden Einkünfte umfassend besteuert werden.

B. Steuererhebungsdefizit aufgrund des Mangels an Verifikationsinstrumenten bei der Besteuerung von Online-Vermietungen

Wie soeben gezeigt, verbleiben den Finanzbehörden nach der derzeitigen Gesetzeslage als Verifikationsinstrumente nur die „nachträglichen" Kontrollen im Veranlagungsverfahren. Doch gerade diese gestalten sich bei privaten Wohnungsanbietern als schwierig. Da den Finanzbehörden jegliche Daten über die Online-Vermieter und Mieter fehlen, besteht nur die Möglichkeit, Kontrollen direkt beim Plattformbetreiber anzusetzen. Zulässig ist insoweit nur das Sammelauskunftsersuchen nach § 93 Abs. 1a AO. Bei Auslandssachverhalten, bei denen sich die Plattformbetreiber im Ausland befinden, ist über Doppelbesteuerungsabkommen und vereinfachend über das EUAHiG (§ 6 EUAHiG) die Durchführung eines Sammelauskunftsersuchens über die Amtshilfe ausländischer Behörden möglich. Ein solches Verfahren ist allerdings sehr zeitintensiv und hinsichtlich des zu erreichenden Erfolgs, der sich auf bestimmte Zeitabschnitte beschränkt, begrenzt.

Das Erklärte kann mithin nach der derzeitigen Gesetzeslage aufgrund der Ermangelung effektiver Kontrollmechanismen nur sicher verifiziert werden, wenn durch die Online-Vermieter bereits etwas deklariert worden ist.[460] Die

---

460 Vgl. *Tipke*, in: Festschrift Offerhaus, 1999, S. 819, 824.

den Finanzbehörden zur Verfügung stehenden Sicherungs- und Kontrollinstrumente sind unzureichend, um eine Besteuerung der über Unterkunftsvermittlungsplattformen erzielten Online-Vermietungseinkünfte zu garantieren.

Die Unterkunftsvermietung über Sharing-Economy-Plattformen hat sich zu einem bedeutenden Wirtschaftsfaktor entwickelt.[461] Eine Zunahme der Nutzung dieser Plattformen wird prognostiziert.[462] Da die Online-Transaktionen über Sharing-Economy-Plattformen also gemessen an der Gesamtsumme der einkommensteuerpflichtigen Einkünfte aus der Wohnraumüberlassung einen bedeutenden Anteil ausmachen, der stetig wächst, ist die faktische Nichtbesteuerung einer relevanten Einkunftsquelle zu befürchten. Eine faktische Nichtbesteuerung elektronischer Transaktionen über Sharing-Economy-Plattformen hat letztlich auch auf die Besteuerung traditioneller Handelsformen existentielle Auswirkungen.[463] Eine Besteuerung des traditionellen Geschäftsverkehrs bei gleichzeitiger Nichtbesteuerung des elektronischen Geschäftsverkehrs führt zu einer ungleichen Besteuerung, die nicht nur in fiskalischer und wettbewerbsrechtlicher Hinsicht bedenklich ist, sondern sogar verfassungsrechtlich problematisch sein könnte. Dies soll im Folgenden umfassend erörtert werden.

461 Vgl. Ausführungen oben auf S. 40 f.

462 Vgl. Ausführungen oben auf S. 41 mit Verweis auf *Beutin*, Share Economy 2017. The New Business Model, 2018, S. 16, https://www.pwc.de/de/digitale-transformation/share-economy-report-2017.pdf (Stand: 09.11.2020); Europäische Kommission, Mitteilung v. 02.06.2016, COM(2016), 356 final, S. 2; *EY*, Get ready: open to sharing means open for business, 2016, S. 7, https://www.eycom.ch/en/Publications/20151221-Understanding-the-sharing-economy/download (Stand: 09.11.2020); OECD, The Sharing and Gig Economy: Effective Taxation of Platform Sellers: Forum on Tax Administration, 2019, S. 17 m. w. H.

463 So i. Erg. bereits *Fetzer*, Die Besteuerung des Electronic Commerce im Internet, 2000, S. 211 zur Besteuerung des Internet Electronic Commerce.

Kapitel 2: Verfassungsmäßigkeit von Steuergesetzen bei Steuererhebungsdefiziten

A. Verfassungsrechtliches Grundproblem bei Steuererhebungsdefiziten

Der allgemeine Gleichheitssatz des Art. 3 Abs. 1 GG gebietet dem Gesetzgeber, wesentlich Gleiches gleich und wesentlich Ungleiches ungleich zu behandeln.[464] Im Bereich des Steuerrechts erfährt der Gleichbehandlungsgrundsatz seine besondere Ausprägung in zwei Leitlinien, die der Gesetzgeber zu beachten hat: Es gilt das Gebot der Ausrichtung der Steuerlast am Prinzip der finanziellen Leistungsfähigkeit und das Gebot der Folgerichtigkeit.[465] Danach muss im Interesse verfassungsrechtlich gebotener steuerlicher Lastengleichheit darauf abgezielt werden, Steuerpflichtige bei gleicher Leistungsfähigkeit auch gleich hoch zu besteuern.[466] Bei der Ausgestaltung des steuerrechtlichen Ausgangstatbestands muss die einmal getroffene Belastungsentscheidung folgerichtig umgesetzt werden. Ausnahmen von einer solchen folgerichtigen Umsetzung bedürfen eines besonderen sachlichen Grundes.[467]

Die Steuergesetze sollen also die Steuerlast nach sachlich angemessenen Kriterien, insbesondere nach dem Grundsatz der Leistungsfähigkeit der Steuerpflichtigen, verteilen. Das bedeutet gleichzeitig, dass es verfassungsrechtlich bedenklich ist, wenn sich die Besteuerung de facto weitgehend nach Wahl und Bestimmung des Pflichtigen und dessen Erklärungsbereitschaft richtet und nicht flächendeckend von der Verwaltung kontrolliert und durchgesetzt wird.[468] Das Bundesverfassungsgericht hat hierzu in zwei grundlegenden Entscheidungen

---

464 Ständige Rechtsprechung, vgl. BVerfG v. 12.10.1951 – 1 BvR 201/51, BVerfGE 1, 14, 16, Ls. 18; v. 27.06.1961 – 1 BvR 486/59, BVerfGE 13, 46, 53; v. 15.07.1998 – 1 BvR 1554/89, BVerfGE 98, 365, 385; v. 25.06.2014 – 1 BvR 668/10, BVerfGE 137, 1, 20.

465 Ständige Rechtsprechung, vgl. etwa BVerfG v. 29.05.1990 – 1 BvL 20/84, BVerfGE 82, 60, 86 f.; v. 07.11.2006 – 1 BvL 10/02, BVerfGE 117, 1, 30; v. 12.10.2010 – 1 BvL 12/07, BVerfGE 127, 224, 245; *Hey*, in: Tipke/Lang, Steuerrecht, 23. Aufl. 2018, § 3 Rn. 116 ff. m. w. N.

466 *Tipke*, Besteuerungsmoral und Steuermoral, 2000, S. 18 f.

467 BVerfG v. 12.10.2010 – 1 BvL 12/07, BVerfGE 127, 224, 245.

468 So auch *Kuhlen*, Grundfragen der strafbaren Steuerhinterziehung, 2012, S. 54.

(dem Zinsurteil und dem Urteil über Spekulationsgewinne) festgestellt, dass ein Verstoß gegen die Belastungsgleichheit und damit gegen Art. 3 Abs. 1 GG unter bestimmten Voraussetzungen auch dann begründet werden kann, wenn eine ungleiche Durchsetzung des im Übrigen materiell rechtmäßigen Steueranspruchs besteht.[469] Die steuerrechtliche Lastengleichheit gebietet es demnach, dass Steuerpflichtige dem Grundsatz nach durch ein Steuergesetz rechtlich und tatsächlich gleichmäßig belastet werden.[470]

I. Das Zinsurteil (BVerfGE 84, 239)

In dem sogenannten Zinsurteil des Bundesverfassungsgerichts aus dem Jahr 1991 vertraten die Beschwerdeführer die Ansicht, dass die Besteuerung ihrer Kapitaleinkünfte verfassungswidrig sei, da wegen der ungenügenden Vorschriften über die Steuererhebung eine große Zahl derer, die entsprechende Einkünfte dem Finanzamt verschwiegen hatten, nicht zur Steuer herangezogen wurden.[471] Die zentrale Frage war, ob durch ein Vollzugsdefizit die Besteuerung derjenigen, die ihre Kapitaleinkünfte pflichtgemäß erklärten, den Gleichbehandlungsgrundsatz des Art. 3 Abs. 1 GG verletzt.

Aus dem Gleichheitssatz folgt für das Steuer- und Abgabenrecht der Grundsatz der Belastungsgleichheit.[472] Das Bundesverfassungsgericht hat insoweit für die Zinsbesteuerung erstmals entschieden, dass der Gleichheitssatz des Art. 3 Abs. 1 GG für das Steuerrecht verlange, dass die Steuerpflichtigen durch ein Steuergesetz nicht nur rechtlich, sondern auch tatsächlich gleich belastet werden.[473] Dabei soll zwar nicht jeder Vollzugsmangel die Verfassungswidrigkeit der Norm begründen. Führen aber die dem Staat zur Durchsetzung der Steuererhebung zur Verfügung stehenden Maßnahmen und Kontrollinstrumente dazu, dass der Steueranspruch weitgehend nicht durchgesetzt werden kann, handelt es sich um ein zum Norminhalt strukturell gegenläufiges Erhebungsdefizit.[474] Sobald sich ein struktureller Erhebungsmangel dem Gesetzgeber aufdrängen musste, ist der

---

469 Vgl. BVerfG v. 27.06.1991 – 2 BvR 1493/89, BVerfGE 84, 239 ff. und v. 09.03.2004 – 2 BvL 17/02, BVerfGE 110, 94 ff.

470 BVerfG v. 17.12.2014 – 1 BvL 21/12, BVerfGE 138, 136, 181; v. 24.03.2015 – I BvR 2880/11, BVerfGE 139, 1, 13.

471 BVerfG v. 27.06.1991 – 2 BvR 1493/89, BVerfGE 84, 239, 254 ff.

472 BVerfG v. 07.11.2006 – 1 BvL 10/02, BVerfGE 117, 1, 30; v. 25.06.2014 – 1 BvR 668/10, BVerfGE 137, 1, 20.

473 BVerfG v. 27.06.1991 – 2 BvR 1493/89, BVerfGE 84, 239, 271 ff.

474 BVerfG v. 27.06.1991 – 2 BvR 1493/89, BVerfGE 84, 239, 272.

ungleiche Belastungserfolg zurechenbar und ihn trifft die verfassungsrechtliche Pflicht, diesen Mangel binnen angemessener Frist zu beseitigen.[475] Andernfalls führt der zurechenbare, strukturelle Erhebungsmangel zur Verfassungswidrigkeit der materiellen Steuerrechtsnorm.[476] Denn die Erhebung der Steuer stellt einen Eingriff in die Vermögens- und Rechtssphäre der Steuerpflichtigen dar, der seine Rechtfertigung auch und gerade aus der Gleichheit der Lastenzuteilung erfährt.[477] Aus diesem Gebot der möglichst gleichmäßigen Belastung aller Steuerpflichtigen folgt, dass der Gesetzgeber zwar bei der Auswahl des Steuergegenstands und bei der Bestimmung des Steuersatzes einen weitreichenden Entscheidungsspielraum hat. Bei der Ausgestaltung des Ausgangstatbestands hat er die einmal getroffene Belastungsentscheidung dann aber folgerichtig im Sinne der Belastungsgleichheit umzusetzen.[478]

Das Bundesverfassungsgericht ging davon aus, dass die Hälfte der steuerbaren Kapitalerträge nicht besteuert wurde und bejahte insoweit das Vorliegen eines strukturellen Vollzugsdefizits.[479] Dieser Mangel sei auf den Bankenerlass zurückzuführen, der durch das Verbot von Kontrollmitteilungen die Konten der Bankkunden – und damit einen wesentlichen Bereich, in dem die Finanzverwaltung Erkenntnisse über die Bezieher von Kapitaleinkünften gewinnen kann – vor Ermittlungen der Finanzbehörde abschirme. Diese Verhinderung einer wirksamen Ermittlung und Kontrolle der Einkünfte aus Kapitalvermögen führe zu einem strukturellen Vollzugshindernis.[480] Der strukturell bedingte Vollzugsmangel soll sich nach den Vorgaben des Gerichts zudem dem Gesetzgeber aufgedrängt haben müssen.[481] Der festgestellte Gleichheitsverstoß führte allerdings nicht zur Nichtigkeitserklärung der Steuerrechtsnorm, da bislang ein Verstoß gegen Art. 3 Abs. 1 GG nur bei „materiell-rechtlicher" Ungleichheit, nicht aber auch für Fälle der Ungleichheit im Erhebungserfolg, angenommen wurde. Da es bei dem Urteil um eine Rechtsprechungsänderung handelte, entschied das

475 BVerfG v. 27.06.1991 – 2 BvR 1493/89, BVerfGE 84, 239, 272.

476 Zur dogmatischen Einordnung der Rechtsfigur des strukturellen Vollzugsdefizits umfassend *Waldhoff*, StuW 2013, 121, 123 ff.

477 BVerfG v. 27.06.1991 – 2 BvR 1493/89, BVerfGE 84, 239, 269.

478 BVerfG v. 27.06.1991 – 2 BvR 1493/89, BVerfGE 84, 239, 271; v. 07.11.2006 – 1 BvL 10/02, BVerfGE 117, 1, 31 ff.; *Tipke*, StuW 2007, 201, 205 ff.; *Schwarz*, in: Festschrift Isensee, 2007, S. 949, 959 ff.

479 BVerfG v. 27.06.1991 – 2 BvR 1493/89, BVerfGE 84, 239, 276.

480 BVerfG v. 27.06.1991 – 2 BvR 1493/89, BVerfGE 84, 239, 278.

481 BVerfG v. 27.06.1991 – 2 BvR 1493/89, BVerfGE 84, 239, 283.

Bundesverfassungsgericht, dass der Gleichheitsverstoß für eine Übergangszeit noch hinzunehmen sei.[482]

II. Das Urteil zur Besteuerung von Spekulationsgewinnen (BVerfGE 110, 94)

In seinem 2004 ergangenen Urteil zur Verfassungsmäßigkeit der Besteuerung von Gewinnen aus privaten Spekulationsgeschäften knüpfte das Bundesverfassungsgericht an die grundlegenden Ausführungen des Zinsurteils zur verfassungsrechtlich gebotenen Gleichheit im Steuervollzug an.[483] Dieses Mal lag der Sachverhalt im Bereich der Besteuerung privater Veräußerungsgeschäfte. Das Gebot der tatsächlichen Belastungsgleichheit wurde hier allerdings stärker normativ aufgefasst als in der früheren Entscheidung.[484] Zu vermeiden sei, so das Bundesverfassungsgericht, ein Widerspruch zwischen dem normativen Befehl der materiell pflichtbegründenden Steuernorm und der nicht auf Durchsetzung dieses Befehls angelegten Erhebungsregel. Zur Gleichheitswidrigkeit führe die empirische Ineffizienz von Rechtsnormen nicht ohne weiteres, wohl aber ein sogenanntes normatives Defizit. Ein solches liegt vor, wenn bereits in den anwendbaren Normen selbst ein Steuererhebungsdefizit angelegt ist, indem aus den Normen bereits ersichtlich ist, dass sie bei regulärer Anwendung ineffektiv sein werden.[485] Bereits durch die rechtliche Gestaltung des Erhebungsverfahrens muss die Gleichheit im Belastungserfolg prinzipiell verfehlt werden.[486] Der Gesetzgeber ist demnach also verpflichtet, das materielle Steuergesetz in ein normatives Umfeld einzubetten, das die tatsächliche Lastengleichheit der Steuerpflichtigen gewährleistet. Dabei ist entscheidend, ob besondere Verifikationsinstrumente, wie etwa die Außenprüfung hinsichtlich der betreffenden Einkünfte, regelmäßig zur Anwendung kommen oder eher die seltene Ausnahme darstellen.[487] Denn beim Fehlen von Verifikationsinstrumenten, wie das Fertigen von Kontrollmitteilungen oder Sammelauskunftsersuchen bei Kreditinstituten,[488] lädt das marginale Entdeckungsrisiko geradezu zum Verschweigen der

482 BVerfG v. 27.06.1991 – 2 BvR 1493/89, BVerfGE 84, 239, 284.

483 Vgl. BVerfG v. 09.03.2004 – 2 BvL 17/02, BVerfGE 110, 94.

484 Vgl. BVerfG v. 09.03.2004 – 2 BvL 17/02, BVerfGE 110, 94, 113; dazu auch *Kuhlen*, Grundfragen der strafbaren Steuerhinterziehung, 2012, S. 58.

485 BVerfG v. 09.03.2004 – 2 BvL 17/02, BVerfGE 110, 94, 113.

486 BVerfG v. 09.03.2004 – 2 BvL 17/02, BVerfGE 110, 94, 112 f.

487 BVerfG v. 09.03.2004 – 2 BvL 17/02, BVerfGE 110, 94, 114, 128 f.

488 BVerfG v. 27.06.1991 – 2 BvR 1493/89, BVerfGE 84, 239, 278 ff.; v. 09.03.2004 – 2 BvL 17/02, BVerfGE 110, 94, 126 f.

Einkünfte ein.[489] Sind Verifikationsinstrumente, die im Veranlagungsverfahren nach Einreichung der Steuererklärung ansetzen und so mithin nur der Kontrolle der erklärten Einkünfte dienen, nicht ausreichend, muss bereits im Vorfeld, also an den Zeitpunkt der Entstehung der Einkünfte, angeknüpft werden. Dies ist beispielsweise unter Einhaltung verschiedener Voraussetzungen durch Einführung einer Quellensteuer praktisch umsetzbar.[490]

Im streitgegenständlichen Fall über die Besteuerung der Spekulationsgewinne entschied das Bundesverfassungsgericht für die Streitjahre 1997 und 1998, dass aufgrund des Zusammenspiels von ermittlungsbeschränkender sowie fehlender ermittlungsfördernder Normen die Steuererhebung im Rahmen der Einkünfte aus privaten Veräußerungsgeschäften weitgehend von der Erklärungsbereitschaft des Steuerpflichtigen abhing und daher ein gravierender Erhebungsmangel zu bejahen sei.[491] Ferner war das Gericht der Ansicht, dass sich der strukturelle Vollzugsmangel dem Gesetzgeber habe aufdrängen müssen und ihm sonach auch zuzurechnen sei.[492] Da die verfassungsrechtliche Lage durch das Zinsurteil aus dem Jahr 1991 grundsätzlich geklärt war, entschied das Bundesverfassungsgericht, dass die einschlägigen Steuerrechtsnormen aufgrund des Verstoßes gegen Art. 3 Abs. 1 GG nichtig seien, sodass die privaten Veräußerungsgeschäfte in den Jahren 1997 und 1998 nicht der Einkommensteuer unterlagen.[493]

III. Stellungnahme zu den Bundesverfassungsgerichtsentscheidungen

Das Zinsurteil des Bundesverfassungsgerichts ist – wie auch die Nachfolgeentscheidung aus dem Jahr 2004 – weitgehend auf Zustimmung gestoßen.[494] Einige Befürworter wollen den Anwendungsbereich des Art. 3 Abs. 1 GG noch

489 BVerfG v. 09.03.2004 – 2 BvL 17/02, BVerfGE 110, 94, 132.

490 BVerfG v. 09.03.2004 – 2 BvL 17/02, BVerfGE 110, 94, 113; *Jacob/Vieten*, FR 2004, 482, 484.

491 BVerfG v. 09.03.2004 – 2 BvL 17/02, BVerfGE 110, 94, 119.

492 BVerfG v. 09.03.2004 – 2 BvL 17/02, BVerfGE 110, 94, 136 f.

493 Vgl. BVerfG v. 09.03.2004 – 2 BvL 17/02, BVerfGE 110, 94, 137 ff.

494 Vgl. etwa BFH v. 15.07.2015 – II R 32/14, BFHE 250, 427, 437 f. Rn. 39 ff.; *Drüen*, in: Zukunftsfragen des deutschen Steuerrechts I, 2009, S. 1, 7; *Eckhoff*, Rechtsanwendungsgleichheit im Steuerrecht, 1999, S. 520 ff., 527 Fn. 45 m. w. N.; *Tipke*, in: Festschrift Offerhaus, 1999, S. 819, 835 f.; a. A. *Bryde*, Die Effektivität von Recht als Rechtsproblem, 1993, S. 13 ff.; *Meyer*, DÖV 2005, 551, 554 f., 557 f.

erweitern und auch über die Existenz struktureller Erhebungsdefizite hinaus bejahen. Demnach solle als Kriterium für einen Verstoß gegen Art. 3 Abs. 1 GG darauf abgestellt werden, ob der Staat die ihm zur Sicherung seines Steueranspruchs zur Verfügung stehenden Möglichkeiten effektiv nutzt.[495]

Kritiker der Bundesverfassungsgerichtsentscheidungen geben hingegen zu Bedenken, dass der Grundsatz „kein Recht auf Gleichbehandlung im Unrecht" greifen müsse und ein Verstoß gegen Art. 3 Abs. 1 GG deshalb abzulehnen sei.[496] Ferner könne die Verwaltung durch eine unzureichende Vollziehung der Gesetze Steuererhebungsdefizite bewirken und damit den Grundsatz der Gesetzmäßigkeit der Verwaltung aushebeln.[497] Nach diesem aus dem Rechtsstaatsprinzip (Art. 20 Abs. 3 GG) abzuleitenden Grundprinzip ist die Verwaltung an Recht und Gesetz gebunden. Gemäß der Bundesverfassungsgerichtsentscheidung könne die Verwaltung nun dadurch, dass sie ein Gesetz nicht anwende, ein Steuererhebungsdefizit begründen, das sodann die Nichtigkeitsfolge des Gesetzes nach sie ziehe und damit dem Rechtsstaatsprinzip zuwiderhandeln.[498]

Die Befürchtungen der zuletzt genannten Auffassung sind meines Erachtens unbegründet. Diese Auffassung übersieht, dass das Bundeserfassungsgerichts als „Hürde" zur Verfassungswidrigkeit gerade ein *strukturelles* Erhebungsdefizit fordert.[499] So wurde im Zinsurteil das Erhebungsdefizit als ein strukturelles bewertet, da durch den Bankenerlass wesentliche Ermittlungsmaßnahmen der Finanzbehörden eingeschränkt wurden.[500] Im darauffolgenden Bundesverfassungsgerichtsurteil zur Besteuerung von Spekulationsgewinnen wurde die Begründung des strukturellen Erhebungsmangels noch stärker normativ verankert. Gefordert wurde ein Widerspruch zwischen dem normativen Befehl der materiell pflichtbegründenden Steuernorm und der nicht auf Durchsetzung dieses Befehls angelegten Erhebungsregel.[501] Das „normative Defizit des

---

495 *Hey*, in: Festschrift Kruse, 2001, S. 269, 272 f.

496 *Bryde*, Die Effektivität von Recht als Rechtsproblem, 1993, S. 13 ff.; *Meyer*, DÖV 2005, 551, 554 f., 557 f., die ihre Begründungen je mit sehr umfassenden dogmatischen Untersuchungen begründen; a. A. *Waldhoff*, StuW 2013, 121, 129.

497 *Kuhlen*, Grundfragen der strafbaren Steuerhinterziehung, 2012, S. 60.

498 *Bryde*, Die Effektivität von Recht als Rechtsproblem, 1993, S. 7; *Kuhlen*, Grundfragen der strafbaren Steuerhinterziehung, 2012, S. 60.

499 Vgl. BVerfG v. 27.06.1991 – 2 BvR 1493/89, BVerfGE 84, 239, 278; v. 09.03.2004 – 2 BvL 17/02, BVerfGE 110, 94, 113 ff.

500 BVerfG v. 27.06.1991 – 2 BvR 1493/89, BVerfGE 84, 239, 278; s. Ausführungen oben auf S. 148 f.

501 BVerfG v. 09.03.2004 – 2 BvL 17/02, BVerfGE 110, 94, 112 f.

widersprüchlich auf Ineffektivität angelegten Rechts“ soll zur Gleichheitswidrigkeit der Besteuerungsnorm führen.[502] Da sich der Vollzugsmangel somit bereits aus der normativen Einbettung ergeben und sich der Erhebungsmangel ferner dem Gesetzgeber aufdrängen muss,[503] um die Verfassungswidrigkeit der materiellen Norm begründen zu können, wird die Verfassungswidrigkeit gerade mit einer Pflichtwidrigkeit der Handlung des Gesetzgebers verknüpft. Die Kritik, die gegen die Rechtsprechung des Bundesverfassungsgerichts zum Gebot tatsächlich gleicher Steuerbelastung durch gleichen Gesetzesvollzug entgegengebracht wird, überzeugt folglich nicht.

Zudem sind Steuererhebungsregeln, die zu einer ungleichmäßigen Anwendung der Gesetze aufgrund unzureichender Normen in der Durchsetzung des Rechts führen, neben dem Verstoß gegen die steuerrechtliche Belastungsgleichheit auch mit Blick auf das Rechtsstaatsprinzip bedenklich. Denn das Rechtsstaatsprinzip verpflichtet alle rechtsetzenden Organe, ihre Regelungen so aufeinander abzustimmen, dass den Normadressaten nicht gegenläufige Vorschriften erreichen, die Rechtsordnung also nicht aufgrund unterschiedlicher Anordnungen widersprüchlich wird.[504] Bestehen zum einen Vorschriften, die eine umfassende Besteuerung für bestimmte Einkünfte vorsehen und zum anderen Normen, die Kontrollmaßnahmen so einschränken, dass die Besteuerung nicht umfassend gewährleistet werden kann, sind diese Vorschriften bereits als gegenläufig zu beurteilen.[505] Die Verfassungswidrigkeit einer Steuerrechtsnorm, der strukturelle Vollzugshindernisse entgegen stehen, könnte folglich auch auf einen Verstoß gegen das Rechtsstaatsprinzip hergeleitet werden.

Für die Begründung der Verfassungswidrigkeit einer materiellen Steuerrechtsnorm muss sich die Erhebungsproblematik mithin als strukturelles Vollzugsdefizit darstellen, also aus dem Zusammenspiel der anwendbaren Normen ergeben. Der Vollzugmangel muss bereits in den für die konkrete Besteuerung anzuwendenden Steuerrechtsnormen angelegt sein.

---

502 BVerfG v. 09.03.2004 – 2 BvL 17/02, BVerfGE 110, 94, 113.

503 BVerfG v. 27.06.1991 – 2 BvR 1493/89, BVerfGE 84, 239, 283; v. 09.03.2004 – 2 BvL 17/02, BVerfGE 110, 94, 136 f.

504 BVerfG v. 12.10.1951 – 1 BvR 201/51, BVerfGE 1, 14, 16; v. 07.05.1998 – 2 BvR 1876/91, BVerfGE 98, 83, 97; v. 07.05.1998 – 2 BvR 1991/95, BVerfGE 98, 106, 118 f.

505 Ebenso *Meyer*, DÖV 2005, 551, 559.

B. Folgerungen für Steuerrechtsnormen des Einkommensteuergesetzes

Das Bundesverfassungsgericht hat in seinen beiden Urteilen zu Steuererhebungsdefiziten den Gleichbehandlungsgrundsatz des Art. 3 Abs. 1 GG dahingehend konkretisiert, dass er sich neben der Rechtsetzungsgleichheit auch auf die Rechtsanwendungsgleichheit bezieht und somit auch die Gewährleistung eines gleichmäßigen Steuervollzugs fordert. Ein Verstoß gegen den allgemeinen Gleichheitssatz wird bejaht, wenn ein Erhebungsdefizit strukturell durch gegenläufige Normen angelegt ist und dies für den Gesetzgeber erkennbar war. Strukturell gegenläufig wirken sich Erhebungsregelungen gegenüber einem Besteuerungstatbestand aus, wenn sie dazu führen, dass der Besteuerungsanspruch weitgehend nicht durchgesetzt werden kann.[506]

Im Einkommensteuerrecht beruht der Erhebungserfolg einer im Veranlagungsverfahren festzusetzenden Einkommensteuer auf der Erklärungsbereitschaft der Einkünfte durch den Steuerpflichtigen (Deklarationsprinzip) und der Überprüfungsmöglichkeiten durch die Finanzbehörden (Verifikationsprinzip).[507] Dabei ist zu berücksichtigen, ob besondere Verifikationsinstrumente wie etwa die Außenprüfung hinsichtlich der betreffenden Einkünfte regelmäßig zur Anwendung kommen oder eher die seltene Ausnahme darstellen.[508] Stellen sie die Ausnahme dar und scheiden auch andere Verifikationsmaßnahmen wie das Fertigen von Kontrollmitteilungen oder Sammelauskunftsersuchen beim Zahlungsschuldner der entsprechenden Einnahmen aus rechtlichen Gründen aus, lädt das marginale Entdeckungsrisiko geradezu zum Verschweigen der Einkünfte ein und ein strukturelles Erhebungsrisiko ist zu bejahen.[509] Der

---

506 Vgl. BVerfG v. 27.06.1991 – 2 BvR 1493/89, BVerfGE 84, 239, 278; v. 09.03.2004 – 2 BvL 17/02, BVerfGE 110, 94, 112 ff.

507 Umfassend zum Deklarationsprinzip *Frizen*, Das Deklarationsprinzip im Einkommensteuerrecht, 2009; vertiefend zum Verifikationsprinzip *Drüen*, FR 2011, 101, 106; *Eckhoff*, Rechtsanwendungsgleichheit im Steuerrecht, 1999, S. 525 f.; *Hey*, in: Festschrift Kruse, 2001, S. 269, 270, 273 ff.; *Tipke*, in: Festschrift Offerhaus, 1999, S. 819, 822 ff. Zum Ganzen vgl. BVerfG v. 27.06.1991 – 2 BvR 1493/89, BVerfGE 84, 239, 273, 275 ff.; v. 09.03.2004 – 2 BvL 17/02, BVerfGE 110, 94, 120 ff., 131, 134; *Englisch*, Die Abgeltungsteuer für private Kapitalerträge – ein verfassungswidriger Sondertarif, 2016, S. 23 f.

508 BVerfG v. 09.03.2004 – 2 BvL 17/02, BVerfGE 110, 94, 114, 128 f.

509 BVerfG v. 09.03.2004 – 2 BvL 17/02, BVerfGE 110, 94, 132; *Tipke*, Die Steuerrechtsordnung Band III, 2. Aufl. 2012, S. 1468; *derselbe*, in: Festschrift Offerhaus, 1999, S. 819,

Staat darf in diesen Fällen nicht blind auf die Ehrlichkeit der Steuerpflichtigen vertrauen und einzelnen Gruppen sehenden Auges Steuerhinterziehungsmöglichkeiten gewähren, während anderen Steuerpflichtigen keine oder geringere Ausweichmöglichkeiten offen stehen.[510] Sobald sich ihm das Erhebungsdefizit offenbart oder aufdrängen musste, ist es zurechenbar und den Gesetzgeber trifft die Pflicht, die materiellen Steuergesetze so anzupassen, dass sie in ein normatives Umfeld eingebettet sind, welches die Gleichheit der Belastung auch hinsichtlich des tatsächlichen Erfolges prinzipiell gewährleistet.[511] Dies kann durch ergänzende Verfahren im Bereich der Verifikationsinstrumente oder einer Verfahrensumstellung durch Einführung eines Quellensteuerabzugs realisierbar sein.[512] Anderenfalls „infiziert“ ein ineffizientes, keine Gleichbelastung gewährleistendes Verfahrensrecht das materielle Recht in einer Weise, dass auch dieses den Gleichheitssatz verletzt.[513]

C. Folgen für die gegenwärtigen Steuerrechtsnormen der Online-Vermietung

I. Voraussetzung für ein strukturelles Vollzugsdefizit bei der Online-Vermietung

Übertragen auf die vorliegende Problematik des unzureichenden Steuervollzugs im Bereich der Einkommensbesteuerung von Online-Vermietern, ist zu erörtern, ob die vermuteten Steuererhebungsdefizite zur Nichtigkeit von Steuerrechtsnormen führen können. Sind diese Normen in ein Umfeld eingebettet, das Ermittlungsmaßnahmen zur Durchsetzung des Steueranspruchs abschirmt oder nicht ausreichend gewährleistet, könnte darin ein relevanter struktureller Erhebungsmangel zu erkennen sein.[514] Musste sich dieser dem Gesetzgeber aufdrängen, so ist ihm der ungleiche Belastungserfolg zurechenbar und ihn trifft

---

821 f.; vertiefend zu den Motiven der Steuerhinterziehung *Kuhlen*, Grundfragen der strafbaren Steuerhinterziehung, 2012, S. 75 ff.

510 *Hey*, in: Festschrift Kruse, 2001, S. 269, 270.

511 BVerfG v. 27.06.1991 – 2 BvR 1493/89, BVerfGE 84, 239, 281, 282 f.; v. 10.04.1997 – 2 BvL 77/92, BVerfGE 96, 1, 8; v. 09.03.2004 – 2 BvL 17/02, BVerfGE 110, 94, 113 f., 134; *Birk*, StuW 2004, 277, 282; *Drüen*, FR 2011, 101, 108 f.; *Hey*, in: Festschrift Kruse, 2001, S. 269, 278; *Pezzer*, StuW 2007, 101, 105.

512 BVerfG v. 09.03.2004 – 2 BvL 17/02, BVerfGE 110, 94, 113 f.

513 *Tipke*, StuW 2004, 3, 21.

514 Vgl. BVerfG v. 27.06.1991 – 2 BvR 1493/89, BVerfGE 84, 239, 278; v. 09.03.2004 – 2 BvL 17/02, BVerfGE 110, 94, 112 ff.

die verfassungsrechtliche Pflicht, diesen Mangel binnen angemessener Frist zu beseitigen.[515]

Es wird vermutet, dass im Bereich der Besteuerung von Einkünften aus der Online-Vermietung erhebliche Steuererhebungsdefizite bestehen. Vollzugsmängel, wie sie immer wieder vorkommen können und sich tatsächlich ereignen, führen allein noch nicht zur Verfassungswidrigkeit der materiellen Steuerrechtsnorm. Verfassungsrechtlich verboten ist jedoch der Widerspruch zwischen dem normativen Befehl der materiell pflichtbegründenden Steuerrechtsnorm und der nicht auf Durchsetzung dieses Befehls angelegten Erhebungsregel.[516] Für die Prüfung, ob normative Defizite einen gleichmäßigen Belastungserfolg verhindern, ist maßgeblich auf den Regelfall des Besteuerungsverfahrens abzustellen.[517] Entscheidend für die Bewertung ist dabei, inwieweit beim Vollzug einer bestimmten materiellen Steuerrechtsnorm die Erhebungsform oder die Besteuerungspraxis im Rahmen gewöhnlicher Verwaltungsabläufe im Massenverfahren der Finanzämter im Allgemeinen auf Gleichheit im Belastungserfolg angelegt ist und inwieweit das Unterlassen der Deklaration von Einkünften mit einem Entdeckungsrisiko verbunden ist.[518] Hierbei ist zu berücksichtigen, ob besondere Verifikationsinstrumente wie etwa die Außenprüfung hinsichtlich der betreffenden Einkünfte regelmäßig zur Anwendung kommen oder eher die seltene Ausnahme darstellen. Lässt sich der Regelfall zuverlässig so beschreiben, dass bestimmte Einkünfte materiell-rechtlich zutreffend nur bei einer qualifizierten Erklärungsbereitschaft des Steuerpflichtigen erfasst werden und ein Fehlverhalten bei der Erklärung ohne ein praktisch bedeutsames Entdeckungsrisiko möglich bleibt, dann liefert bereits dies hinreichende Grundlagen für

---

515 Vgl. BVerfG v. 27.06.1991 – 2 BvR 1493/89, BVerfGE 84, 239, 281, 282 f.; v. 10.04.1997 – 2 BvL 77/92, BVerfGE 96, 1, 8; v. 09.03.2004 – 2 BvL 17/02, BVerfGE 110, 94, 113 f., 134; *Birk*, StuW 2004, 277, 282; *Drüen*, FR 2011, 101, 108 f.; *Hey*, in: Festschrift Kruse, 2001, S. 269, 278; *Pezzer*, StuW 2007, 101, 105.

516 BVerfG v. 27.06.1991 – 2 BvR 1493/89, BVerfGE 84, 239, 272; v. 09.03.2004 – 2 BvL 17/02, BVerfGE 110, 94, 113; FG Baden-Württemberg v. 12.06.2018 – 8 K 501/17, StB 2020, 179, 182.

517 BVerfG v. 27.06.1991 – 2 BvR 1493/89, BVerfGE 84, 239, 281; v. 09.03.2004 – 2 BvL 17/02, BVerfGE 110, 94, 114 f.; FG Baden-Württemberg v. 12.06.2018 – 8 K 501/17, StB 2020, 179, 182.

518 BVerfG v. 09.03.2004 – 2 BvL 17/02, BVerfGE 110, 94, 114; FG Baden-Württemberg v. 12.06.2018 – 8 K 501/17, StB 2020, 179, 182.

die Feststellung einer im Gesetz strukturell angelegten Ungleichmäßigkeit der Rechtsanwendung.[519]

Auch das Verfahrensrecht muss so ausgestaltet sein, dass es die gleichmäßige Umsetzung der durch eine materielle Steuernorm bestimmten Belastung in der regulären Besteuerungspraxis gewährleistet. Die Form der Steuererhebung und die behördlichen Verifikationsinstrumente haben somit der materiellen Steuernorm regelmäßig so zu entsprechen, dass deren gleichheitsgerechter Vollzug im Massenverfahren der Veranlagung möglich ist, ohne unverhältnismäßige Mitwirkungsbeiträge der Steuerpflichtigen oder übermäßigen Ermittlungsaufwand der Finanzbehörden zu fordern.[520] Für ein strukturelles Erhebungsdefizit spricht insbesondere, wenn die Besteuerung bestimmter Einkünfte im Vergleich mit anderen Einkünften Erhebungsmängel aufweisen, wie sie bei den anderen Einkünften regemäßig in solchem Ausmaß nicht vorkommen.[521] Durch das Fehlen von Verifikationsinstrumenten muss die Steuererhebung unbeherrschbar sein, sodass sich aus dem Zusammenspiel von der Steuerrechtsnorm und den Normen zur Steuererhebung das Steuererhebungsdefizit ergibt. Ein strukturelles Vollzugsdefizit stellt dabei eine ganz „außergewöhnliche Rechtsfolge mangelnder Effektivität des Rechts“ dar.[522]

II. Verifikationsinstrumente zur Durchsetzung von Steueransprüchen aus Online-Vermietungseinkünften

Bei den Online-Vermietungen sind die im Veranlagungsverfahren bestehenden Verifikationsinstrumente unzureichend, um eine Steuererhebung sicher zu gewährleisten.[523] Die Anonymität der Leistungsanbieter, die durch die Online-Transaktionen ermöglicht wird, verhindert, dass bestehende Kontrollmöglichkeiten wie die Außenprüfung (§ 193 AO) oder das Fertigen von Kontrollmitteilungen (§ 194 Abs. 3 AO) effektiv eingesetzt werden können. Das

---

519 BVerfG v. 09.03.2004 – 2 BvL 17/02, BVerfGE 110, 94, 114; FG Baden-Württemberg v. 12.06.2018 – 8 K 501/17, StB 2020, 179, 182.

520 BVerfG v. 09.03.2004 – 2 BvL 17/02, BVerfGE 110, 94, 115; FG Baden-Württemberg v. 12.06.2018 – 8 K 501/17, StB 2020, 179, 182.

521 BVerfG v. 09.03.2004 – 2 BvL 17/02, BVerfGE 110, 94, 116; FG Baden-Württemberg v. 12.06.2018 – 8 K 501/17, StB 2020, 179, 182.

522 BVerfG v. 10.01.2008 – 2 BvR 294/06, DStR 2008, 197, 201; v. 10.03.2008 – 2 BvR 2077/05, DStRE 2008, 1320, 1322; FG Baden-Württemberg v. 12.06.2018 – 8 K 501/17, StB 2020, 179, 182.

523 S. Ausführungen oben auf S. 135 ff.

„Schwarzvermieten" stellt generell im Rahmen der Einkommensbesteuerung ein Problem dar, das in Bezug auf Online-Vermietungen noch verschärft wird.

Denn typisches Merkmal der Sharing Economy ist, dass eigengenutztes Vermögen mit Dritten „geteilt" wird, indem es diesen vorübergehend entgeltlich zur Nutzung überlassen wird. So bildet eine Vermietergruppe die der sogenannten Home-Sharer, die ihren eigengenutzten Wohnraum – ihr Zuhause – (unter)vermieten. Im Unterschied zur dauerhaften Vermietung privaten Wohnraums wird hier Wohnraum nur kurzfristig überlassen. In der übrigen Zeit wird er für eigene Wohnzwecke genutzt. Für die Finanzverwaltung ist die kurzfristige Vermietung aufgrund ihrer kurzen Dauer und ihrer Unregelmäßigkeit nur schwer zu erkennen. Die geringen Umsätze und die Vielzahl der Online-Transaktionen sind für die Finanzämter kaum nachzuvollziehen, da sie häufig parallel stattfinden und von den Akteuren sowohl örtlich als auch zeitlich ungebunden sowie unregelmäßig durchgeführt werden.[524]

Zum anderen verschleiert die Eigennutzung des Wohnraums, dass dieser noch zusätzlich für Vermietungszwecke genutzt wird.[525] Ist der den Wohnraum über Sharing-Economy-Plattformen Anbietende selbst Mieter, handelt es sich um einen Fall der Untervermietung. Da der Untervermietung keine für das Finanzamt erkennbare Transaktion vorangeht, wie beispielsweise eine Grundbuchänderung beim Eigentumserwerb von Grundstücken, ist die Untervermietung für das Finanzamt grundsätzlich immer nur sehr schwer nachzuvollziehen. Bei der kurzfristigen Untervermietung durch den Mieter werden regelmäßig keine Daten an den Fiskus übermittelt. Während bei der dauerhaften Miete wenigstens der Wohnsitz beim Einwohnermeldeamt datenmäßig erfasst wird, bleibt der kurzfristige Mietvorgang einer Kenntnisnahme durch die Verwaltungsbehörden in der Regel verborgen. Auch bei der Vermietung von im Eigentum stehendem Wohnraum, der im Übrigen hauptsächlich für eigene Wohnzwecke genutzt wird, gestaltet sich die Identifikation der ablaufenden Transaktionen problematisch. Die Finanzbehörden erhalten hier zwar über die Grundbucheintragung Kenntnis vom Erwerbsvorgang hinsichtlich des Grundstücks und erfragen sodann beim Erwerber die Nutzungsabsicht. Dies erfolgt aber regelmäßig nur einmalig beim Erwerbsvorgang. Erklärt der Steuerpflichtige, das Grundstück selbst bewohnen zu wollen, verschwindet auch dieser Wohnraum aus dem Blickfeld der Finanzbehörden, da er als nicht relevant für die Besteuerung eingestuft wird.

---

524 Europäische Kommission, Mitteilung v. 02.06.2016, COM(2016) 356 final, S. 5; *Grlica*, Int. VAT Monitor 2017, 124, 125; Official Norwegian Report (NOU) 2017:4, S. 10.

525 *Pantazatou*, in: Tax and the Digital Economy, 2019, S. 215, 225.

Festzuhalten bleibt also, dass die Ermittlung der individuellen Steuerpflichtigen sowie ihrer steuerpflichtigen Einkünfte Schwierigkeiten bereitet, da den Finanzbehörden im Großen und Ganzen die notwendigen Informationen über die Dienstleistungserbringer fehlen.[526] Durch die relative Anonymität des Internets ist die Individualisierung der getätigten Online-Transaktionen sehr aufwendig. Häufig treten Individuen auf Plattformen mit Pseudonymen auf und die vereinbarten Vertragsverhältnisse und getätigten Buchungen sind für unbeteiligte Dritte nicht erkennbar. Ferner ist die Kontrolle der vielzähligen digitalen Aktivitäten gemessen an ihrer geringen Höhe und steuerlichen Auswirkung womöglich kostspieliger als die Steuern, die mit der Kontrolle eingenommen werden können.[527]

Daneben wird vermutet, dass dieses niedrige Entdeckungsrisiko viele Steuerpflichtige gerade dazu verleitet, die relevanten Besteuerungsgrundlagen dem Finanzamt zu verschweigen.[528] Die Besteuerung dieser Einkünfte hängt weitgehend davon ab, dass der Online-Vermieter sie den Finanzbehörden erklärt, wobei ein Fehlverhalten bei der Erklärung ohne ein praktisch bedeutsames Entdeckungsrisiko möglich bleibt. Sollten empirische Studien ergeben, dass dies zuverlässig den Regelfall beschreibt, dann werden damit Online-Einkünfte insgesamt im Vergleich mit anderen Einkünften ungleich seltener besteuert. Dies würde bereits eine hinreichende Grundlage für die Feststellung einer im Gesetz strukturell angelegten ungleichmäßigen Rechtsanwendung bieten.[529] Der tatsächliche Erhebungserfolg (Nichtbesteuerung der Online-Vermietung) wäre dann bereits normativ gegenläufig zu der Erhebungsregel (Steuerpflichtigkeit von Vermietungseinkünften) angelegt und ein strukturelles Erhebungsdefizit könnte zu bejahen sein, welches die Nichtigkeitsfolge nach sich ziehen kann, sobald sich dem Gesetzgeber das strukturelle Erhebungsdefizit aufdrängen musste.[530]

526 Vgl. *Elliot*, BIT 2018 (4a/Special Issue), https://online.ibfd.org/kbase/index.jsp#topic=doc&url=/collections/bit/html/bit_2018_4a_e2_1.html (Stand: 19.12.2019); Europäische Kommission, Mitteilung v. 02.06.2016, COM(2016) 356 final, S. 15.

527 Vgl. *Beretta*, Intertax 2017, 45 (I), 2, 7; BMWi, Sharing Economy im Wirtschaftsraum Deutschland, 2018, S. 92; *Fricke/Linnemann*, Focus 2018 (6), 25; *Grlica*, Int. VAT Monitor 2017, 124, 125.

528 Europäische Kommission, Mitteilung v. 02.06.2016, COM(2016) 356 final, S. 15; *Grlica*, Int. VAT Monitor 2017, 124, 125.

529 Vgl. BVerfG v. 09.03.2004 – 2 BvL 17/02, BVerfGE 110, 94, 114; FG Baden-Württemberg v. 12.06.2018 – 8 K 501/17, StB 2020, 179, 182.

530 Vgl. BVerfG v. 09.03.2004 – 2 BvL 17/02, BVerfGE 110, 94, 137 ff.

Ob eine solche Nichtigkeitsfolge bei Vermietungseinkünften vergleichbar den Kapitaleinkünften hergeleitet werden kann, bleibt allerdings höchst fraglich, da die Online-Einkünfte und die kurzfristigen Vermietungen nur einen Teilbereich der Einkunftsart Vermietung und Verpachtung beziehungsweise der Einkünfte aus Gewerbebetrieb darstellen. Indessen bezieht sich das vom Bundesverfassungsgericht hergeleitete strukturelle Vollzugsdefizit auf eine – jedenfalls normativ – abgrenzbare Einkunftsart. Eine solche ist bei den Online-Vermietungseinkünften nicht festzustellen. Es bleibt aber festzuhalten, dass das im Bereich der Online-Vermietung derzeit bestehende Besteuerungssystem verfassungsrechtlich bedenklich ist, wenn man unterstellt, dass Einkünfte aus der Online-Vermietung nur unzulänglich besteuert werden. Darüber hinaus sind aber auch die wettbewerbsrechtlichen Konsequenzen einer (angenommenen) faktischen Nichtbesteuerung von Online-Vermietungseinkünften nicht außer Acht zu lassen. Durch eine rechtswidrige Steuerersparnis können nicht zu rechtfertigenden Wettbewerbsvorteile erlangt werden.

Kapitel 3: Ursachen der Steuererhebungsdefizite bei Online-Vermietungen

Die Mängel im Bereich der Besteuerung der Sharing-Economy-Einkünfte liegen primär in der unzureichenden Durchsetzung des Steueranspruchs.[531] Die Einkünfte, die über Unterkunftsvermittlungsplattformen der Sharing Economy erzielt werden, werden vermutlich von den Steuerpflichtigen unzulänglich erklärt und können sodann von den Finanzbehörden nicht verifiziert werden.[532] Im Folgenden soll untersucht werden, worauf die Ursachen des Steuererhebungsdefizits in diesem Sektor zurückzuführen sind. Erörtert werden soll insbesondere, worin der Unterschied der Einnahmeerzielung über Einschaltung digitaler Plattformen im Vergleich zur herkömmlichen Einnahmenerzielung liegt und welche Faktoren im Besteuerungsverfahren Steuerhinterziehung im Zusammenhang mit Transaktionen über Unterkunftsvermittlungsplattformen begünstigen. Die hieraus gewonnenen Ergebnisse sollen anschließend als Beurteilungsgrundlage dienen, welche Reformmodelle diese Probleme lösen und eine gleichmäßige Besteuerung der Einkünfte aus der Online-Vermietung gewährleisten können.

---

531 BMWi, Sharing Economy im Wirtschaftsraum Deutschland, 2018, S. 92; *Elliot*, BIT 2018 (4a/Special Issue), https://online.ibfd.org/kbase/index.jsp#topic=doc&url=/collections/bit/html/bit_2018_4a_e2_1.html (Stand: 19.12.2019); Europäische Kommission, Mitteilung v. 02.06.2016, COM(2016) 356 final, S. 15.

532 Vgl. Ausführungen oben auf S. 41 ff. sowie *Bräutigam/Ludwig/Spengel*, Steuerlicher Reformbedarf bei Service-Plattformen: Eine Analyse anhand des deutschen Airbnb-Marktes, 2019, S. 11, https://www.zew.de/fileadmin/FTP/gutachten/ZEW_Expertise_Airbnb_2019.pdf (Stand: 09.11.2020); *Fehling*, Focus Online-Beitrag v. 22.10.2013, https://www.focus.de/finanzen/steuern/tid-34247/us-behoerden-jagen-schon-private-vermieter-airbnb-was-ist-das-deutsche-finanzaemter-verschlafen-millioneneinnahmen_aid_1136297.html (Stand: 09.11.2020); *Fricke/Linnemann*, Focus 2018 (6), 25; *Ramthun/Becker/Kiani-Kreß/ter Haseborg*, Wirtschaftswoche 2018 (19) v. 04.05.2018, 26, 28; *Talaska/Cremers*, DB 2018, 1824, 1825; *Wewer* ZRP 2016, 193, 196.

A. Motive für die Nichtbefolgung von Steuerpflichten

Die einzelnen Motive für die Nichtbefolgung von Steuerpflichten sollen im Folgenden knapp zusammengetragen werden, um darauf aufbauend ein Reformmodell zu erarbeiten, das Steuerhinterziehung bestmöglich vermeiden kann.

I. Rationale Nutzenabwägung

Steuerhinterziehungen beruhen vorwiegend auf finanziellen Beweggründen. Der Einzelne möchte Geld, das aufgrund des Steuerrechts dem Staat zusteht, für sich selbst behalten.[533] Dabei wird die Entscheidung zur Steuerhinterziehung in der Regel sehr überlegt getroffen. Sie wird nicht – wie etwa Körperverletzungen oder Beleidigungen – spontan aus einer bestimmten Situation heraus, unter Alkoholeinfluss oder unter ähnlichen Umständen begangen, sondern vielmehr wird beim sorgfältigen Erstellen der Einkommensteuererklärung – regelmäßig nach reiflicher vorangehender Überlegung – entschieden, dass die Einnahmen dem Finanzamt nicht erklärt werden sollen.[534] Letztlich handelt es sich dabei um eine rationale Nutzenkalkulation, bei der Nutzen und mögliche Kosten der Steuerhinterziehung gegeneinander abgewogen werden,[535] ein Verhalten, das der Erwartungsnutzenhypothese beziehungsweise dem Verhaltensmodell des homo oeconomicus entspricht.[536] Jede Entscheidungssituation wird an den zu erwartenden Folgen der zur Wahl stehenden Einzelhandlungen gemessen. Der Nutzen der Befolgung von Steuergesetzen wird gegen den Nutzen der Hinterziehung abgewogen.[537] Entscheidendes Kriterium bildet dabei das Entdeckungsrisiko, also wie wahrscheinlich die Tatentdeckung vom Einzelnen eingeschätzt wird.[538] Je stärker eine Entdeckung droht, desto eher werden Einkünfte erklärt,

533 *Eckhoff*, Rechtsanwendungsgleichheit im Steuerrecht, 1999, S. 22 ff., 429 f.; *Kuhlen*, Grundfragen der strafbaren Steuerhinterziehung, 2012, S. 75, 84.

534 *Kuhlen*, Grundfragen der strafbaren Steuerhinterziehung, 2012, S. 84.

535 Hierzu umfassend *Eckhoff*, Rechtsanwendungsgleichheit im Steuerrecht, 1999, S. 22 ff. m. w. N.; *Fetchenhauer*, in: Solidarität: Konflikt, Umwelt und Dritte Welt, 2001, S. 205, 206 ff.; *Tipke*, Die Steuerrechtsordnung Band III, 2. Aufl. 2012, S. 1706 ff.

536 *Franzen*, NK 2008, 72, 74; *Frizen*, Das Deklarationsprinzip im Einkommensteuerrecht, 2009, S. 268 f. m. w. N.; *Tipke*, Besteuerungsmoral und Steuermoral, 2000, S. 83; *derselbe*, Die Steuerrechtsordnung Band III, 2. Aufl. 2012, S. 1706 ff.

537 *Kuhlen*, Grundfragen der strafbaren Steuerhinterziehung, 2012, S. 75.

538 *Frizen*, Das Deklarationsprinzip im Einkommensteuerrecht, 2009, S. 268 f.; *Kuhlen*, Grundfragen der strafbaren Steuerhinterziehung, 2012, S. 76 m. w. H.; *Tipke*, Besteuerungsmoral und Steuermoral, 2000, S. 83.

wohingegen ein sehr geringes Entdeckungsrisiko gerade den Anreiz schafft, den Finanzbehörden Einnahmen zu verschweigen.

II. Gerechtigkeitsempfinden

Zudem wird Steuerhinterziehung aus Gründen des eigenen Gerechtigkeitsempfindens begangen. Befolgen die Steuerpflichtigen die Normen des geltenden Rechts grundsätzlich strikt und sind sie bereit, allein aufgrund ihrer Normbindung die steuerlichen Pflichten zu erfüllen, ohne zuvor nach einer Kosten-Nutzen-Kalkulation abzuwägen, kann ihre generelle Bereitschaft zur Erfüllung der Steuerpflichten dadurch geschwächt werden, dass die Steuergesetze als ungerecht und verfassungswidrig empfunden oder die Verwendung der Steuern als verschwendet angesehen wird.[539] Ferner sinkt ihre Bereitschaft auch dann, wenn die Erhebung von Steuern oder die Sanktionierung von Steuerhinterziehung als ungerecht empfunden wird.[540] Die grundsätzliche Normbindung des Gesetzesanwenders wird aufgehoben, wenn sich der Steuerpflichtige dann, wenn er Steuern zahlt, als „der Dumme" vorkommt.[541]

B. Besonderheiten der Transaktionen über Unterkunftsvermittlungsplattformen

I. Unkenntnis über Steuerpflichten

Eine Besonderheit der Transaktionen über Unterkunftsvermittlungsplattformen ist zunächst, dass häufig ein Vertragsschluss zwischen zwei Privatpersonen vorliegt und es sich um ein relativ neuartiges Geschäftsmodell handelt, dessen Steuerpflichtigkeit anders als bei althergebrachten Modellen nicht allgemein bekannt ist.[542] Traditionelle Geschäftsmodelle bestehen hingegen typischerweise aus einem Leistungsanbieter, der die Leistungen im Rahmen seiner beruflichen

---

539 *Eckhoff*, Rechtsanwendungsgleichheit im Steuerrecht, 1999, S. 32 ff.; *Frizen*, Das Deklarationsprinzip im Einkommensteuerrecht, 2009, S. 272 ff.; *P. Kirchhof*, JÖR 64 (2016), 553, 558; *Tipke*, Besteuerungsmoral und Steuermoral, 2000, S. 83; *derselbe*, in: Festschrift Offerhaus, 1999, S. 819, 821.

540 *Goez*, Die Quellensteuer als Erhebungsform der Einkommensteuer, 1993, S. 117; *Kuhlen*, Grundfragen der strafbaren Steuerhinterziehung, 2012, S. 77 ff., 85.

541 *Goez*, Die Quellensteuer als Erhebungsform der Einkommensteuer, 1993, S. 118; *Tipke*, in: Festschrift Offerhaus, 1999, S. 819, 821 f.

542 *Grlica*, Int. VAT Monitor 2017, 124, 125; Official Norwegian Report (NOU) 2017:4, S. 10.

Tätigkeit durchführt.[543] Privatpersonen haben möglicherweise weniger Kenntnisse über die Steuervorschriften und weisen nur begrenzte Erfahrungen in der Ausübung gewerblicher Tätigkeiten auf.[544] Eine Studie im Auftrag der britischen Regierung soll beispielsweise ergeben haben, dass über die Hälfte der Befragten nicht wusste, dass sie Steuern auf ihr über Sharing-Economy-Plattformen erzieltes Einkommen abführen müssen.[545] Unterkunftsvermittlungsplattformen selbst weisen zwar teilweise (wie zum Beispiel Airbnb) auf ihrer Website darauf hin, dass Vermieter, die dort als „Gastgeber" bezeichnet werden, die Steuerpflichten ihres Gastgeberlandes beachten müssen, weiterführende Informationen werden aber nicht zur Verfügung gestellt.[546]

II. Nichterkennbarkeit der Online-Transaktionen für Finanzbehörden

Es wurde bereits dargelegt, dass eine Ursache des Erhebungsproblems insbesondere auf die Anonymität von Online-Transaktionen zurückzuführen ist.[547] Sofern die steuerpflichtigen Online-Vermieter Kenntnis über ihre steuerlichen Verpflichtungen haben, ist nicht unwahrscheinlich, dass sie durch die Schwierigkeiten in der Nachverfolgbarkeit der Online-Einkünfte zum Verschweigen der Einkünfte verleitet werden.

Hinzu kommt sodann, dass auch das Gerechtigkeitsempfinden einiger Steuerpflichtiger, die erkennen, dass womöglich eine große Zahl von Schwarzvermietungen existiert, ihre eigenen Einkünfte aus der Online-Vermietung auch nicht mehr deklarieren.

543 *Pantazatou*, in: Tax and the Digital Economy, 2019, S. 215, 216.

544 *Grlica*, Int. VAT Monitor 2017, 124, 125; Official Norwegian Report (NOU) 2017:4, S. 10; OECD, The Sharing and Gig Economy: Effective Taxation of Platform Sellers, 2019, S. 19.

545 *Rahim et al.*, Research on the Sharing Economy, HMRC report 453, 2017, S. 37.

546 Vgl. https://www.airbnb.de/help/article/1391/verantwortungsvolles-gastgeben-in-deutschland (Stand: 29.10.2020); https://www.airbnb.de/help/article/376/was-ist-rechtlich-und-steuerlich-zu-beachten-bevor-ich-gastgeber-werde (Stand: 29.10.2020).

547 S. Ausführungen oben auf S. 157 ff.

Kapitel 4: Zusammenfassung und Ergebnis zur Steuervollzugsproblematik

Die Untersuchung des normativen Umfelds der Besteuerung von Einkünften, die über Transaktionen über Sharing-Economy-Plattformen im Bereich der Unterkunftsvermittlung erzielt werden, hat ergeben, dass der Steueranspruch dann, wenn Einkünfte aus der Online-Vermietung nicht erklärt werden, weitgehend nicht von den Finanzbehörden durchgesetzt werden kann.

Ein zulässiges Verfahren zur Verifikation der Einkünfte aus der Online-Vermietung ist das Sammelauskunftsverfahren nach § 93 Abs. 1a AO, über das die Daten der Online-Vermieter beim Plattformbetreiber erfragt werden können. Ist der Plattformbetreiber nicht im Inland ansässig, kann innerhalb der Europäischen Union eine entsprechende Anfrage an die zuständigen, für das europäische Amtshilfeverfahren eingerichteten Behörden gestellt werden. Im außereuropäischen Ausland muss insoweit auf allgemeine Amtshilfeverfahren nach dem anwendbaren Doppelbesteuerungsabkommen (sofern vorhanden) zurückgegriffen werden. Ob das Sammelauskunftsverfahren einem strukturellen Vollzugsdefizit entgegenwirken kann, ist noch nicht von der Rechtsprechung entschieden worden. Dies hängt letztlich davon ab, ob die Steuererhebung durch das Sammelauskunftsverfahren im Regelfall sicher gewährleistet werden kann.[548] Dies ist insoweit zweifelhaft, als dass die Plattformbetreiber regelmäßig im Ausland ansässig sind und die Durchsetzung des Amtshilfeverfahrens zugleich mit zusätzlichem Administrationsaufwand verbunden ist. Ferner sind die Anfragen über Sammelauskunftsersuchen auf bestimmte Zeitspannen begrenzt und müssen daher stets erneut durchgeführt werden.

Gestaltet sich die Ausübung von Sammelauskunftsersuchen nicht als erfolgsversprechend für die Durchsetzung des Steueranspruchs könnte hierin ein strukturelles Vollzugsdefizit zu erkennen sein, das bereits normativ angelegt ist, da auch die weiteren für das Veranlagungsverfahren nach der Abgabenordnung vorgesehenen Verifikationsinstrumente den Steuervollzug nicht gewährleisten können.[549] Das Verfahrensrecht ist dann insoweit als gegenläufig zur normativen Erhebungsregel zu bewerten. Denn Steuerpflichtige, die entsprechende

548 Vgl. hierzu Ausführungen oben auf S. 155 f.; sowie BVerfG v. 27.06.1991 – 2 BvR 1493/89, BVerfGE 84, 239, 278; v. 09.03.2004 – 2 BvL 17/02, BVerfGE 110, 94, 112 ff.; FG Baden-Württemberg v. 12.06.2018 – 8 K 501/17, StB 2020, 179, 182 ff.

549 Vgl. hierzu Ausführungen auf S. 135 ff.

Einkünfte unvollständig oder gar nicht erklären, bleiben regelmäßig belastungsfrei. Die Durchsetzung des Steueranspruchs hängt insoweit nahezu allein von der Deklarationsbereitschaft des Steuerpflichtigen ab und es droht eine erhebliche tatsächliche Ungleichbehandlung von steuerehrlichen und steuerunehrlichen Steuerpflichtigen. Musste sich ein solches Erhebungsdefizit dem Gesetzgeber aufdrängen, könnte dies zur Verfassungswidrigkeit der materiellen Steuerrechtsnorm mit Nichtigkeitsfolge führen, wobei der Umfang einer Nichtigkeitsfolge im Bereich der Online-Vermietung nur schwer abgrenzbar ist.[550]

Auch wenn in den gegenwärtigen Normen noch kein strukturelles Vollzugsdefizit zu erkennen ist, führen die gemäß der Studien zur vermuteten Steuerhinterziehung verursachten wettbewerbsrechtlichen Konsequenzen zur Reformbedürftigkeit der Steuerrechtsnormen zur Besteuerung der Einkünfte aus der Online-Vermietung. Das derzeitige Besteuerungssystem ist mithin aufgrund eines möglichen strukturellen Vollzugsdefizits und insbesondere aufgrund der ungleichen Wettbewerbssituation verfassungsrechtlich bedenklich und daher reformbedürftig.

Ein Reformmodell sollte den Steuerpflichtigen weitestgehend die Gelegenheit zur Steuerhinterziehung nehmen.[551] Erfolgversprechend ist dabei ein Sicherungsinstrument, das anders als Betriebsprüfungen, Kontrollmitteilungen und Sammelauskunftsersuchen nicht der nachträglichen Überprüfung des selbstdeklarierten Sachverhalts dient, sondern im Vorfeld der Steuerentrichtung ansetzt, weitestgehend unabhängig von einer manipulierbaren Selbstdeklaration.[552] Da der Plattformbetreiber die für die Besteuerung erforderlichen Daten besitzt, erscheinen weiterhin Maßnahmen sinnvoll, die bei ihm ansetzen. Die konkreten Reformoptionen werden im folgenden Teil 4 umfassend analysiert.

---

550 Vgl. insoweit Ausführungen oben auf S. 155 ff.

551 Vgl. *Kuhlen*, Grundfragen der strafbaren Steuerhinterziehung, 2012, S. 83.

552 Vgl. *Hey*, in: Festschrift für Kruse, S. 269, 278.

Teil 4: Reform zur Sicherstellung der Besteuerungsansprüche aus der kurzfristigen Wohnraumüberlassung über Sharing-Economy-Plattformen

Die bisherigen Ausführungen haben gezeigt, dass bei der Besteuerung der Einkünfte aus der Wohnraumüberlassung über Sharing-Economy-Plattformen Steuererhebungsdefizite bestehen, die in verfassungsrechtlicher und insbesondere wettbewerblicher Hinsicht, zur Reformbedürftigkeit des Besteuerungssystems führen. Da es sich bei der Besteuerungsproblematik im Zusammenhang mit den international agierenden Sharing-Economy-Plattformen um eine weltweit bestehende Herausforderung handelt, wird im Folgenden zunächst ein Blick auf bisher initiierte Maßnahmen verschiedener internationaler Städte und Länder geworfen und untersucht, wie diese das Problem zu lösen versuchen. Diese Maßnahmen sollen anschließend bewertet werden und im Rahmen der Ausarbeitung eines Reformvorschlags für das deutsche Steuersystem Berücksichtigung finden.

Kapitel 1: Reformoptionen

A. Reformmaßnahmen und deren Effektivität

Zunächst sollen Maßnahmen verschiedener Städte und Länder herausgearbeitet werden, die im Bereich der Sharing-Economy-Plattformen zur Vermeidung von Steuervollzugsdefiziten ergriffen wurden. Diese können im Wesentlichen in drei Gruppen eingeteilt werden, namentlich in informativen Maßnahmen, Datenkontrollsysteme und Quellensteuerabzugsverfahren. Im weiteren Verlauf der Arbeit sollen die Reformvorschläge sodann auf ihre Effektivität und Tauglichkeit als Reformmodell zur deutschen Einkommensbesteuerung im Bereich der Online-Vermietung beleuchtet und einer verfassungs- und unionsrechtlichen Prüfung unterzogen werden. Dabei werden die Reformoptionen im Verhältnis zueinander abgewogen und abschließend bewertet, bevor schließlich ein konkretes Reformmodell herausgearbeitet wird.

I. Informative Maßnahmen

1. Ausgestaltung informativer Maßnahmen

Die Europäische Kommission schlägt in ihrer Agenda für die kollaborative Wirtschaft vor, das Wachstum der Sharing Economy durch informative Maßnahmen zu fördern, nämlich durch „Sensibilisierung für steuerliche Pflichten, [...] Herausgabe von Leitlinien und Verbesserung der Transparenz durch Online-Informationen".[553]

Solche informative Maßnahmen wurden beispielsweise in Australien durch die Herausgabe von Leitfäden zur Anwendung der steuerlichen Vorschriften unternommen.[554] In der kanadischen Provinz Ontario soll Airbnb zum Ablauf der Frist zur Abgabe der Steuererklärung E-Mails an die Online-Vermieter versenden, um sie an ihre steuerlichen Pflichten zu erinnern.[555]

553 Europäische Kommission, Mitteilung v. 02.06.2016, COM(2016) 356 final, S. 15.

554 Vgl. Leitfaden der australischen Behörden: Australian Taxation Office, The sharing economy and tax, https://www.ato.gov.au/General/The-sharing-economy-and-tax/ (Stand: 06.10.2019).

555 Vgl. OECD, Technische Lösungen zur Bekämpfung von Steuerhinterziehung und Steuerbetrug, 2017, S. 24.

Die informativen Maßnahmen, die entweder vom Plattformbetreiber oder von Behörden erbracht werden, sollen dem Steuerpflichtigen Auskunft über seine Steuerpflichten geben und ihn bei der Erfüllung seiner steuerlichen Verpflichtungen unterstützen. Der Unkenntnis über die Steuerpflichtigkeit von Einkünften und über das Ausfüllen der Steuererklärung wird damit entgegengewirkt. Den Steuerpflichtigen wird dadurch die Erfüllung ihrer Steuererklärungspflichten erleichtert.[556]

Eine denkbare Reformoption für die Verbesserung der Besteuerung der über Unterkunftsvermittlungsplattformen erzielten Online-Vermietungseinkünfte könnte im Bereich des Informationshandelns beispielweise so ausgestaltet werden, dass deutsche Behörden (unter Ausweis des eigenen Behördennamens) einen konkreten Hinweis über die Steuerpflicht der Online-Vermietung von im Inland belegenen Vermietungsobjekten verfassen, zu deren Veröffentlichung sodann die Plattformbetreiber gesetzlich verpflichtet werden. Ein solcher Hinweis könnte wie folgt lauten:

> *„Das Bundesministerium der Finanzen informiert: Die (kurzfristige) Vermietung im Inland belegener Vermietungsobjekte unterliegt grundsätzlich der deutschen Einkommensteuerpflicht. Sie sind als Online-Vermieter verpflichtet, die hieraus erzielten Einkünfte den deutschen Finanzbehörden zu erklären. Werden aufgrund des Verschweigens dieser Einkünfte Steuern verkürzt, machen Sie sich der Steuerhinterziehung (§ 370 AO) strafbar.“*

Der Hinweis müsste auf der Unterkunftsvermittlungsplattform so platziert werden, dass eine Kenntniserlangung durch den Online-Vermieter sichergestellt wird. Ergänzt werden könnte dieser Hinweis um eine Verlinkung auf die Internetseite des BMF, auf der beispielsweise die Steuerpflicht bei Online-Vermietungen detailliert über eine Leitlinie geregelt wird und den Steuerpflichtigen als weitere Informationsquelle dienen kann.

2. *Effektivität informativer Maßnahmen als Reformoption*

Für den Erfolg des Steuervollzugs sind informative Maßnahmen jedenfalls insoweit effektiv, als mit ihnen die Unkenntnis über Steuerpflichten beseitigt werden kann.[557] Das Steueraufkommen wird insoweit erhöht, als Steuerpflichtige, die ihren Steuererklärungspflichten allein aus Unkenntnis nicht nachgekommen sind, nunmehr entsprechende Einkünfte erklären.[558] Ferner werden

---

556 Vgl. *Pantazatou*, in: Tax and the Digital Economy, 2019, S. 215, 231.

557 Vgl. Europäische Kommission, Mitteilung v. 02.06.2016, COM(2016) 356 final, S. 15; *Pantazatou*, in: Tax and the Digital Economy, 2019, S. 215, 231.

558 Vgl. hierzu Ausführungen auf S. 163 f.

möglicherweise Steuerpflichtige, die bisher ihre vermeintliche Unkenntnis als Schutzbehauptung vorgebracht haben, durch die offensichtlich bestehende Steuerpflicht zur Erklärung der Einkünfte bewegt. Auch nach der Theorie von der rationalen Nutzenkalkulation können Informationspflichten die Erfüllung von Deklarationspflichten positiv beeinflussen.[559] Durch die Information über die konkrete Steuererklärungspflicht steigt das potenzielle Strafmaß einer hieraus resultierenden und entdeckten Steuerhinterziehung, sodass eine Abwägung von Nutzen und möglichen Kosten tendenziell in Richtung der Erfüllung von Steuerpflichten auszufallen vermag. Denn jede Entscheidungssituation wird an den zu erwartenden Folgen der zur Wahl stehenden Einzelhandlungen gemessen.[560] Auch das hiernach als entscheidendes Kriterium bewertete Entdeckungsrisiko, also die vom Einzelnen durchgeführte Einschätzung der Wahrscheinlichkeit der Tatentdeckung,[561] könnte durch das Informationshandeln des Staates zugunsten der Einkünfte-Deklaration wirken. Ein Aktivwerden des Staates in Form des Ausbaus von Informationspflichten könnte vom Steuerpflichtigen dahingehend gedeutet werden, dass auch die Steuerhinterziehung hinsichtlich dieser Einkünfte künftig in höherem Maße verfolgt wird.

Dennoch muss konstatiert werden, dass die informativen Maßnahmen letztlich die Steuerhinterziehungen nicht aufdecken und die Entdeckungswahrscheinlichkeit auch nicht beeinflussen können und damit auch insgesamt eine gleichmäßige Besteuerung nicht sicherstellen. Sie verringern zwar das Problem der Steuerunehrlichkeit von Leistungsanbietern, beseitigen es aber nicht.[562] Indessen sind die Finanzbehörden auch weiterhin auf die Erklärungsbereitschaft der Steuerpflichtigen angewiesen. Hieraus ist zu folgern, dass die informativen Maßnahmen als Reformoption zur Sicherstellung von Besteuerungsansprüchen aus der Online-Vermietung nicht ausreichend effektiv sind, da

---

559 Vgl. hierzu Ausführungen auf S. 162 f.

560 Vgl. hierzu grundlegend auch *Eckhoff*, Rechtsanwendungsgleichheit im Steuerrecht, 1999, S. 22 ff.; *Fetchenhauer*, in: Solidarität: Konflikt, Umwelt und Dritte Welt, 2001, S. 205, 206 ff.; *Kuhlen*, Grundfragen der strafbaren Steuerhinterziehung, 2012, S. 75; *Tipke*, Die Steuerrechtsordnung Band III, 2. Aufl. 2012, S. 1706 ff.

561 Vgl. *Frizen*, Das Deklarationsprinzip im Einkommensteuerrecht, 2009, S. 268 f.; *Kuhlen*, Grundfragen der strafbaren Steuerhinterziehung, 2012, S. 76 m. w. H.; *Tipke*, Besteuerungsmoral und Steuermoral, 2000, S. 83.

562 So auch *Fetzer/Dinger*, TCLR 2019, 29, 51; *Fetzer/Spengel/Dinger/Werner*, StuW 2020, 106, 114; OECD, The Sharing and Gig Economy: Effective Taxation of Platform Sellers: Forum on Tax Administration, 2019, S. 35.

sie die Durchsetzung der Steueransprüche nicht umfassend (beziehungsweise nur unzureichend) gewährleisten können.

II. Datenkontrollsysteme

Als Datenkontrollsysteme werden im Rahmen der folgenden Ausführungen solche Mechanismen verstanden, durch welche dem Plattformbetreiber Pflichten zur Datenüberprüfung und Datenübersendung an Behörden auferlegt werden, damit die Behörden sodann weitere Maßnahmen auf Basis dieser Daten durchführen können.[563] Die übermittelten Daten enthalten dabei konkretisierte Angaben über die Beteiligten und die Transaktionsvorgänge, sodass eine Identifizierung der Beteiligten und Nachvollziehung von Einnahmenerwerbsvorgängen ermöglicht wird.

Datenkontrollsysteme sollen letztlich anders als die informativen Maßnahmen nicht die Tätigkeit auf Seiten der Steuerpflichtigen vereinfachen, sondern die Behörden bei der Durchsetzung der Steueransprüche unterstützen.

1. Datenkontrollsysteme auf internationaler Ebene

Durch einige Initiativen verschiedener Staaten werden Betreiber von Sharing-Economy-Plattformen zur Aufzeichnung und Übermittlung von Daten ihrer Nutzer an die Behörden verpflichtet. So sind beispielsweise in Frankreich Betreiber von Sharing-Economy-Plattformen seit 2019 gesetzlich verpflichtet, die für die Überprüfung der Steuerpflichten erforderlichen Daten ihrer Nutzer (wie personenbezogene Daten zur Identifikation der Steuerpflichtigen sowie die Höhe und Art der getätigten Umsätze) automatisiert an Behörden zu übermitteln.[564] Dänemark soll einen Kooperationsvertrag vergleichbaren Inhalts mit Airbnb geschlossen haben, wonach Airbnb den dänischen Finanzämtern Auskünfte über Einnahmen von Online-Vermietern für alle Buchungen, die ab dem 1. Juli 2019 auf Airbnb vorgenommen werden, erteilen möchte.[565] Ein weiteres gutes Beispiel für die Kooperation von Plattformbetreibern mit Steuerbehörden bezüglich der Erleichterung zur Erfüllung von Steuererklärungspflichten ist in

563 Vgl. *Pantazatou*, in: Tax and the Digital Economy, 2019, S. 215, 222 ff.

564 Vgl. hierzu *Beretta*, Intertax 2017, 45 (I), 2, 9; *Kwong*, Taxation in a Global Digital Economy, 2017, S. 61, 73.

565 Vgl. Ahgz Online-Beitrag v. 05.04.2019, https://www.ahgz.de/news/home-sharing-airbnb-kooperiert-mit-daenischem-steuerministerium,200012255057.html# (Stand: 09.11.2020).

Estland anzutreffen.[566] Dort sollen Behörden mit Sharing-Economy-Plattformen für Mitfahrsysteme vereinbart haben, dass diese die Transaktionen zwischen Fahrer und Kunde registrieren und anschießend die für die Besteuerung relevanten Daten an die Behörden übersenden. Zur Erleichterung der Steuererklärungspflichten füllen die Behörden dann ihrerseits die Steuerformulare für die Fahrer im Voraus aus und stellen ihnen diese Formulare zur Verfügung.[567]

Auch die Europäische Kommission hat am 5. März 2020 mit vier Plattformen der Tourismusbranche (den Plattformen Airbnb, Booking.com, Expedia Group und Tripadvisor) eine Vereinbarung über die Übermittlung von Schlüsseldaten zur Unterkunftsvermietung für Kurzaufenthalte getroffen.[568] Die vier Plattformen sollen danach anonymisierte Daten zu statistischen Zwecken an Eurostat, das statistische Amt der Europäischen Union, weiterleiten. Die von Eurostat erstellten Statistiken sollen anschließend als Arbeitsgrundlage für weitere Maßnahmen dienen.[569] Da die Datenübermittlung aber anonym erfolgt, stellt diese Datenübermittlung kein „Datenkontrollsystem" im obigen Sinne dar, da die Daten nicht auf ihre Richtigkeit hin überprüft und aufgrund der Anonymisierung keine weiteren Kontrollmaßnahmen, wie die Prüfung der Erfüllung von Steuerpflichten, darauf aufbauen können.

2. *Registrierungspflicht der Vermieter für die Nutzung von Unterkunftsvermittlungsplattformen in Berlin*

Im Bereich von Unterkunftsvermittlungsplattformen der Sharing Economy wird alternativ die Einführung einer Registrierungspflicht mittels der Vergabe von Registrierungsnummern an Vermieter und Wohnungen vorgeschlagen.[570] Ein solches System wurde beispielsweise in Berlin erlassen, um das dort für Wohnraum geltende Zweckentfremdungsverbot durchzusetzen.[571] Nach diesem

566 Europäische Kommission, Mitteilung v. 02.06.2016, COM(2016) 356 final, S. 16; *Pantazatou*, in: Tax and the Digital Economy, 2019, S. 215, 223.

567 Vgl. Europäische Kommission, Mitteilung v. 02.06.2016, COM(2016) 356 final, S. 16; *Pantazatou*, in: Tax and the Digital Economy, 2019, S. 215, 223.

568 Europäische Kommission, Pressemitteilung vom 05.03.2020, IP/20/194, https://ec.europa.eu/commission/presscorner/detail/de/ip_20_194 (Stand: 09.08.2020).

569 Europäische Kommission, Pressemitteilung vom 05.03.2020, IP/20/194, https://ec.europa.eu/commission/presscorner/detail/de/ip_20_194 (Stand: 09.08.2020).

570 BMWi, Sharing Economy im Wirtschaftsraum Deutschland, 2018, S. 120.

571 Vgl. Gesetz über das Verbot der Zweckentfremdung von Wohnraum (Zweckentfremdungsverbot-Gesetz – ZwVbG) des Landes Berlin v. 29.11.2013, GVBl. 2013, S. 626, zuletzt geändert durch Gesetz v. 09.04.2018, GVBl. 2018, S. 211.

Gesetz darf seit August 2018 Wohnraum nur mit Genehmigung und unter Angabe einer Registrierungsnummer auf Internetportalen angeboten werden, §§ 5 Abs. 6, 1 Abs. 1 ZwVbG.[572] Die Registrierungsnummer ist dabei von den Vermietern bei jedem Angebot auf Vermittlungsplattformen gut sichtbar anzugeben. Durch diese Regulierungsmaßnahme wird die Anonymität der Online-Vermieter, die Wohnraum über Unterkunftsvermittlungsplattformen anbieten beseitigt. Die über die Plattform einsehbaren Daten können sodann auch für steuerliche Zwecke genutzt werden, indem beispielsweise überprüft wird, ob die Leistungsanbieter entsprechende Einkünfte in ihrer Einkommensteuererklären angeben. Eine umfassende Überprüfungsmöglichkeit bietet das System allerdings nicht, da die auf der Plattform getätigten Transaktionen für die Finanzbehörden nicht direkt einsehbar sind. Die Gleichmäßigkeit des Steuervollzugs kann damit nicht sichergestellt werden.

3. *Aufzeichnungs- und Haftungspflichten der Plattformbetreiber nach §§ 22f, 25e UStG*

Im Bereich der Umsatzsteuer wurde 2019 in Deutschland zur Vermeidung von Umsatzsteuerausfällen ein Datenkontrollsystem für den Handel von Waren im Internet eingeführt. Für Betreiber elektronischer Marktplätze gelten besondere haftungsauslösende Aufzeichnungs-, Prüf- und Datenübermittlungspflichten gemäß der §§ 22f und 25e UStG.[573] Betreiber von elektronischen Marktplätzen sollen zum einen verpflichtet werden, Aufzeichnungen über Umsätze zu führen, die Dritte über den Marktplatz tätigen sowie zum anderen haften, wenn die über die Plattform agierenden Dritten ihre Umsätze nicht korrekt versteuern.[574] Anlass der gesetzlichen Neuregelung bildete die Annahme, dass es beim Handel mit Waren über das Internet unter Nutzung von elektronischen Marktplätzen verstärkt zu Umsatzsteuerhinterziehungen kommt, insbesondere beim Handel mit Waren aus Drittländern.[575] Um dem entgegen zu wirken, statuiert § 22f Abs. 1 S. 1 UStG, dass der Plattformbetreiber für alle auf seinem elektronischen Marktplatz begründeten Lieferungen eines Unternehmers, bei denen die Beförderung

---

572 Vgl. hierzu bereits Ausführungen oben auf S. 61 ff.

573 Eingeführt m. W. v. 01.01.2019 durch Gesetz zur Vermeidung von Umsatzsteuerausfällen beim Handel mit Waren im Internet vom 11.12.2018, BGBl. I 2018, S. 2338; dazu BMF v. 28.01.2019, BStBl. I 2019, S. 106; v. 21.02.2019, BStBl. I 2019, S. 203.

574 *Marchal* in: Rau/Dürrwächter, UStG, 182. EL, 05/2019, § 22f Rn. 10.

575 BT-Drs. 19/4455 v. 24.09.2018, S. 1; *Heidner*, in: Bunjes, UStG, 19. Aufl. 2020, § 22f Rn. 3 ff.; *Marchal* in: Rau/Dürrwächter, UStG, 182. EL, 05/2019, § 22f Rn. 2.

oder Versendung im Inland beginnt oder endet, Daten aufzuzeichnen hat.[576] Die Datenaufzeichnungspflicht umfasst den Namen und die Anschrift des liefernden Unternehmers, dessen Steuernummer und ggfs. dessen Umsatzsteueridentifikationsnummer, Beginn- und Enddatum der Gültigkeit der Bescheinigung über die steuerliche Erfassung im Sinne von § 22f Abs. 1 S. 2 UStG, Daten über den Ort des Beginns der Beförderung oder Versendung sowie den Bestimmungsort, Zeitpunkt und Höhe des Umsatzes.[577] Auf Anforderdung des Finanzamts sind die Daten elektronisch zu übermitteln, § 22f Abs. 3 S. 1 UStG.[578]

Kernstück des Datenkontrollsystems bildete in seiner ursprünglichen Gesetzesfassung die Registrierung des auf der Plattform agierenden Unternehmers bei dem für ihn zuständigen Finanzamt.[579] Um diese Registrierung sicherzustellen, wurde dem Plattformbetreiber die Pflicht auferlegt, den Zugang zu seinem elektronischen Markt nur Unternehmern zu gewähren, die ihre Registrierung bei den Finanzbehörden über speziell hierfür auszustellende Bescheinigungen der Finanzbehörden (vgl. § 22f Abs. 1 S. 2, S. 6, § 27 Abs. 25 S. 3 UStG) nachweisen.[580] Daraus ergeben sich drei Schritte, die zur Erfüllung der Registrierungspflicht notwendig sind: Das Finanzamt bescheinigt dem Unternehmer seine steuerliche Erfassung, der Unternehmer weist über die Vorlage der Bescheinigung seine steuerliche Registrierung beim Plattformbetreiber nach, der wiederum gegenüber dem Finanzamt durch die Dokumentation der Daten nachweist, dass er sich die Registrierung hat bescheinigen lassen.[581] Die Einbeziehung des Plattformbetreibers in den Registrierungsprozess ermächtigt beziehungsweise verpflichtet ihn zur Marktzugangsregulierung. Als „Verpflichtung" kann

---

576 Vgl. hierzu *Heidner*, in: Bunjes, UStG, 19. Aufl. 2020, § 22f Rn. 31 ff.; *Heuermann*, in: Sölch/Ringleb, UStG, 85. EL, 03/2019, § 22f Rn. 23; *Marchal* in: Rau/Dürrwächter, UStG, 182. EL, 05/2019, § 22f Rn. 16 ff.

577 Vgl. hierzu vertiefend *Grambeck*, in: BeckOK UStG, 24. Edition 02/2020, § 22f Rn. 6 ff.; *Heidner*, in: Bunjes, UStG, 19. Aufl. 2020, § 22f Rn. 31 ff.; *Heuermann*, in: Sölch/Ringleb, UStG, 85. EL, 03/2019, § 22f Rn. 25 ff.; *Marchal* in: Rau/Dürrwächter, UStG, 182. EL, 05/2019, § 22f Rn. 17 ff.

578 Vgl. hierzu *Grambeck*, in: BeckOK UStG, 24. Edition 02/2020, § 22f Rn. 31 ff.; *Heidner*, in: Bunjes, UStG, 19. Aufl. 2020, § 22f Rn. 37; *Marchal* in: Rau/Dürrwächter, UStG, 182. EL, 05/2019, § 22f Rn. 44 f.

579 *Heidner*, in: Bunjes, UStG, 19. Aufl. 2020, § 22f Rn. 44; *Heuermann*, in: Sölch/Ringleb, UStG, 85. EL, 03/2019, § 22f Rn. 32.

580 *Marchal* in: Rau/Dürrwächter, UStG, 182. EL, 05/2019, § 22f Rn. 30 ff.

581 *Grambeck*, in: BeckOK UStG, 24. Edition 02/2020, § 22f Rn. 7 ff; *Hufeld*, DStZ 2018, 755, 758.

sie insoweit ausgelegt werden, als die Entscheidung des Plattformbetreibers für oder gegen die Gewährung des Marktzugangs des Unternehmers haftungsbewehrt ist.[582]

Gemäß der seit 01.07.2021 geltenden Neufassung, die aufgrund des von der Europäischen Kommission im Oktober 2019 eingeleiteten Vertragsverletzungsverfahren gegen Deutschland initiiert wurde,[583] wird das oben geschilderte Registrierungsverfahren durch ein automatisiertes Überprüfungsverfahren hinsichtlich der gemeldeten Umsatzsteueridentifikationsnummer abgelöst. Nach der Regelung des § 18e Nr. 3 UStG muss der Betreiber nicht mehr die Bescheinigung der umsatzsteuerlichen Registrierung der Händler einholen und prüfen, sondern kann stattdessen das gemäß § 18e Nr. 3 UStG eingeführte Bestätigungsverfahren zur Überprüfung der Gültigkeit deutscher Umsatzsteueridentifikationsnummern nutzen.

Aufzeichnungs- und Datenübermittlungspflichten bedürfen zu ihrer Durchsetzbarkeit bei den Behörden stets einer Ergänzung um Haftungspflichten, damit eine unterlassene oder fehlerhafte Ausführung des Pflichtigen sanktioniert werden kann.[584] Im Steuerrecht dienen die Datenkontrollsysteme der Sicherung von Steueransprüchen.[585] Die Haftung wird daher regelmäßig so ausgestaltet, dass für den Datenaufzeichnungs- beziehungsweise Datenübermittlungspflichtigen eine Haftung begründet wird, wenn der Steuerpflichtige die Steuer nicht entrichtet.[586] Wurden die Daten auf ihre Richtigkeit hin überprüft sowie ordnungsgemäß aufgezeichnet und übermittelt, besteht die Möglichkeit zur Exkulpation, um der Haftung zu entgehen.

Für das im Umsatzsteuerrecht neu eingeführte Datenkontrollsystem für Lieferungen über elektronische Marktplätze wurde hierzu der Haftungstatbestand

---

582 Vgl. *Grambeck*, in: BeckOK UStG, 24. Edition 02/2020, § 22f Rn. 13; *Heidner*, in: Bunjes, UStG, 19. Aufl. 2020, § 22f Rn. 44; *Heuermann*, in: Sölch/Ringleb, UStG, 85. EL, 03/2019, § 22f Rn. 28, 32; *Hufeld*, DStZ 2018, 755, 758.

583 Vgl. Pressemitteilung auf der Homepage der Europäischen Kommission v. 10.10.2019, INF/19/5950, abrufbar unter: https://ec.europa.eu/germany/news/20191010-vertragsverletzungsverfahren-deutschland_de (Stand: 21.10.2020).

584 Vgl. *Grambeck*, in: BeckOK UStG, 24. Edition 02/2020, § 22f Rn. 2, § 25e Rn. 5; *Heuermann*, in: Sölch/Ringleb, UStG, 85. EL, 03/2019, § 22f Rn. 28.

585 Vgl. *Marchal* in: Rau/Dürrwächter, UStG, 182. EL, 05/2019, § 25e Rn. 2.

586 Vgl. *Grambeck*, in: BeckOK UStG, 24. Edition 02/2020, § 25e Rn. 16; *Heuermann*, in: Sölch/Ringleb, UStG, 85. EL, 03/2019, § 25e Rn. 4, 11.

in § 25e UStG geschaffen.[587] Dieser sieht vor, dass der Plattformbetreiber für nicht entrichtete Umsatzsteuer aus der Lieferung eines Unternehmers haftet, die über seine Plattform vermittelt wurde (§ 25e Abs. 1 UStG).[588] Der Plattformbetreiber kann sich zum einen exkulpieren, wenn der liefernde Unternehmer über eine gültige Umsatzsteueridentifikationsnummer verfügt und er mit der Sorgfalt eines ordentlichen Kaufmanns nicht erkennen musste, dass der Unternehmer seinen steuerlichen Verpflichtungen nicht nachkommt (§ 25e Abs. 2 UStG).[589] Sobald die Finanzbehörde dem Plattformbetreiber mitteilt, dass der Unternehmer seinen steuerlichen Verpflichtungen nicht nachkommt, haftet der Betreiber für die nicht entrichtete Steuer aus Umsätzen, die ab diesem Zeitpunkt über die Plattform abgeschlossen wurden (§ 25e Abs. 4 UStG). Er ist folglich angehalten, ab diesem Zeitpunkt entsprechenden Unternehmern den Zugang zu seiner Plattform zu verwehren.[590]

Zum anderen kann sich der Plattformbetreiber auch gemäß § 25e Abs. 3 UStG exkulpieren, wenn sich der Unternehmer auf der Plattform als Nichtunternehmer registriert hat, die Unternehmereigenschaft nach den Grundsätzen eines ordentlichen Kaufmanns nicht erkennbar war und er die Aufzeichnungspflichten für Nichtunternehmer nach § 22f Abs. 2 UStG (wie insbesondere die Aufzeichnung der persönlichen Daten des Liefernden und der Informationen über den Umsatz) ordnungsgemäß erfüllt hat.[591]

---

587 Vgl. *Marchal* in: Rau/Dürrwächter, UStG, 182. EL, 05/2019, § 25e Rn. 3; *Heidner*, in: Bunjes, UStG, 19. Aufl. 2020, § 25e Rn. 1; *Heuermann*, in: Sölch/Ringleb, UStG, 85. EL, 03/2019, § 25e Rn. 1.

588 *Grambeck*, in: BeckOK UStG, 24. Edition 02/2020, § 25e Rn. 11 ff.; *Heidner*, in: Bunjes, UStG, 19. Aufl. 2020, § 25e Rn. 4, 9 ff.; *Heuermann*, in: Sölch/Ringleb, UStG, 85. EL, 03/2019, § 25e Rn. 11; *Marchal* in: Rau/Dürrwächter, UStG, 182. EL, 05/2019, § 25e Rn. 10 ff.

589 BMF v. 28.01.2019, BStBl. I 2019, S. 106 ff.; *Grambeck*, in: BeckOK UStG, 24. Edition 02/2020, § 25e Rn. 21 ff.; *Heidner*, in: Bunjes, UStG, 19. Aufl. 2020, § 25e Rn. 24 ff.; *Heuermann*, in: Sölch/Ringleb, UStG, 85. EL, 03/2019, § 25e Rn. 15 f.; *Hönik/Einemann*, BB 2019, 1116, 1120 ff.; *Marchal* in: Rau/Dürrwächter, UStG, 182. EL, 05/2019, § 25e Rn. 21 ff.; *Zugmaier/Oldiges*, DStR 2019, 15, 18 ff.

590 Vgl. zu Absatz 4 umfassend *Grambeck*, in: BeckOK UStG, 24. Edition 02/2020, § 25e Rn. 41 ff.; *Heidner*, in: Bunjes, UStG, 19. Aufl. 2020, § 25e Rn. 36 ff.; *Heuermann*, in: Sölch/Ringleb, UStG, 85. EL, 03/2019, § 25e Rn. 30 ff.; *Marchal* in: Rau/Dürrwächter, UStG, 182. EL, 05/2019, § 25e Rn. 53 ff.

591 Vgl. hierzu BMF v. 28.01.2019, BStBl. I 2019, S. 106 ff.; *Grambeck*, in: BeckOK UStG, 24. Edition 02/2020, § 25e Rn. 33 f; *Heidner*, in: Bunjes, UStG, 19. Aufl. 2020, § 25e Rn. 29 ff.; *Heuermann*, in: Sölch/Ringleb, UStG, 85. EL, 03/2019, § 25e Rn. 20 ff.;

Zu beachten ist, dass die haftungsbewehrte Aufzeichnungspflicht nur auf über Online-Plattformen vermittelte Lieferungen und nicht auf sonstige Leistungen wie vermittelte Dienstleistungen anwendbar ist.[592] Die Online-Vermietung wird also nicht erfasst. Zudem gilt das Datenkontrollsystem nur zur Sicherung von Besteuerungsansprüchen im Bereich der Umsatzsteuer. Ergänzend zu erwähnen sei an dieser Stelle ferner, dass der Anwendungsbereich der §§ 22f, 25e UStG bezüglich Lieferungen aus Drittländern zeitlich begrenzt ist. Denn mit der Umsetzung von Art. 14a der Mehrwertsteuersystemrichtlinie (MwStSystRL)[593] zum 01.07.2021 sieht der neu eingeführte § 3 Abs. 3a UStG für Lieferungen aus Drittländern über Online-Marktplätze vor, dass der Plattformbetreiber in die Leistungskette aufgenommen wird, indem eine Lieferung an und durch ihn fingiert wird.[594]

4. *DAC 7*

Am 22. März 2021 nahm der Rat der Europäischen Union den Richtlinienvorschlag der Europäischen Kommission über die unionsweite Einführung neuer Meldepflichten für Betreiber digitaler Plattformen (sog. „DAC 7“) an.[595] Die Richtlinie, die bis 31.12.2022 in nationales Recht umzusetzen ist, sieht umfangreiche Prüf- und Meldepflichten für Plattformbetreiber vor, die bestimmte Leistungen vermitteln. Diese werden im Folgenden kurz vorgestellt, soweit sie für Online-Vermietungen relevant sind.

Hönik/Einemann, BB 2019, 1116, 1120 ff.; *Marchal* in: Rau/Dürrwächter, UStG, 182. EL, 05/2019, § 25e Rn. 41 ff.; *Zugmaier/Oldiges*, DStR 2019, 15, 18 ff.

592 *Bräutigam/Ludwig/Spengel*, Steuerlicher Reformbedarf bei Service-Plattformen: Eine Analyse anhand des deutschen Airbnb-Marktes, 2019, S. 12, https://www.zew.de/fileadmin/FTP/gutachten/ZEW_Expertise_Airbnb_2019.pdf (Stand: 09.11.2020); *Grambeck*, in: BeckOK UStG, 24. Edition 02/2020, § 25e Rn. 2.

593 Richtlinie 2006/112/EG des Rates v. 28.11.2006 über das gemeinsame Mehrwertsteuersystem, ABl. EG Nr. L 347 v. 11.12.2006, S. 1. Art. 14a eingeführt m. W. v. 01.01.2021 durch Richtlinie (EU) 2017/2455 v. 05.12.2017, ABl. EU Nr. L 348 v. 29.12.2017, S. 7, berichtigt durch ABl. EU Nr. L 190 v. 27.07.2018, S. 21.

594 Dazu *Becker*, MwStR 2018, 246, 248; *Heidner*, in: Bunjes, UStG, 19. Aufl. 2020, § 25e Rn. 60.

595 Richtlinie (EU) 2021/514 des Rates v. 22.03.2021, ABl. EU L 104 v. 25.03.2021, S. 1 ff.

a) *Anwendungsbereich von DAC 7*

Der Anwendungsbereich der Meldepflichten von Plattformbetreibern nach DAC 7 ist eröffnet, wenn ein nach der Richtlinie meldepflichtiger Plattformbetreiber bestimmte, meldepflichtige Tätigkeiten über seine Plattform ermöglicht.[596]

Unter „Plattform“ im Sinne der DAC-7-Richtlinie ist jegliche Software zu definieren, einschließlich einer Website und (mobile) Anwendungen, die Nutzern zugänglich ist und die es Leistungsanbietern ermöglicht, mit anderen Nutzern in Verbindung zu stehen, um direkt oder indirekt eine meldepflichtige Tätigkeit für diese Nutzer auszuüben.[597] Plattformbetreiber sind grundsätzlich meldepflichtig, wenn sie ihren Sitz oder ihren Ort der Geschäftsleitung oder Betriebsstätte innerhalb der EU haben (sog. EU-Plattformbetreiber) sowie Plattformbetreiber aus Drittländern, wenn die auf der Plattform tätigen Leistungsanbieter innerhalb der EU ansässig sind oder in der EU belegenes unbewegliches Vermögen vermietet wird (sog. Drittland-Plattformbetreiber).[598]

Meldepflichtige Tätigkeiten der Plattformnutzer sind insbesondere auch die Vermietung von unbeweglichem, in der EU belegenem Vermögen.[599] Von der Meldepflicht ausgenommen ist das zur Verfügung stellen der Plattform an die sog. „freigestellten“ Leistungsanbieter. Dies sind u.a. Hotelketten oder Reiseanbieter, die mehr als 2.000 Vermietungen einer inserierten Immobilieneinheit während des Meldezeitraums über die Plattform durchführen.[600] DAC 7 sieht mithin Melde- und Prüfpflichten für Plattformbetreiber vor, die ihre Plattform für kurzfristige Vermietungsleistungen zur Verfügung stellen und könnte damit ein mit dieser Arbeit zu entwickelndes Reformmodell darstellen.

b) *Ausgestaltung der neuen Meldepflichten nach DAC 7*

Das in der Richtlinie vorgesehene Melde- und Informationsaustauschverfahren ist dreigliedrig aufgebaut: Es bestehen bestimmte Aufzeichnungs- und Prüfpflichten für Plattformbetreiber hinsichtlich meldepflichtiger Daten der

---

596 Vgl. hierzu umfassend *Dinger*, EWS 2021, 250, 252 f.

597 Anhang V Abschnitt I Unterabschnitt A Nr. 1 der Richtlinie (EU) 2021/514 des Rates v. 22.03.2021, ABl. EU L 104 v. 25.03.2021, S. 18.

598 Anhang V Abschnitt I Unterabschnitt A Nr. 4 ff. der Richtlinie (EU) 2021/514 des Rates v. 22.03.2021, ABl. EU L 104 v. 25.03.2021, S. 18 f.

599 Anhang V Abschnitt I Unterabschnitt A Nr. 8 der Richtlinie (EU) 2021/514 des Rates v. 22.03.2021, ABl. EU L 104 v. 25.03.2021, S. 19.

600 Anhang V Abschnitt I Unterabschnitt B Nr. 4 der Richtlinie (EU) 2021/514 des Rates v. 22.03.2021, ABl. EU L 104 v. 25.03.2021, S. 19 f.

Plattformnutzer, die sodann jährlich an die zuständige Behörde eines Mitgliedstaats zu übermitteln sind und schließlich automatisiert zwischen den Mitgliedstaaten auszutauschen sind.[601]

aa) Sorgfaltspflichten der Plattformbetreiber

Die meldepflichtigen Plattformbetreiber sind danach verpflichtet, die notwendigen Informationen über die meldepflichtigen Daten sorgfältig zu erheben und zu überprüfen.[602] Die meldepflichtigen Daten umfassen insbesondere die personenbezogenen Daten des Leistungsanbieters wie dessen Name, Anschrift, Steueridentifikationsnummer, ggf. dessen Umsatzsteueridentifikationsnummer, Geburtsdatum oder Handelsregisternummer und – sofern vorhanden – die Mitteilung über das Bestehen einer Betriebsstätte.[603] Daneben muss der Plattformbetreiber im Zusammenhang mit der Vermietung von unbeweglichem Vermögen die Anschrift jeder inserierten Immobilieneinheit und ggf. die jeweilige Grundbuchnummer erheben. Für freigestellte Vermieter, die mehr als 2.000 Vermietungen im Meldezeitraum tätigen, müssen überdies Belege, Daten oder Informationen darüber eingeholt werden, dass sich die inserierte Immobilieneinheit im Eigentum desselben Eigentümers befindet.[604] Denn nur so kann der Plattformbetreiber zuverlässig prüfen, ob es sich tatsächlich um einen sog. „freigestellten Leistungsanbieter" handelt.

Die erhobenen Daten sind sodann auf ihre Richtigkeit zu überprüfen.[605] Hierbei muss der Plattformbetreiber insbesondere anhand einer vom Mitgliedstaat kostenlos zur Verfügung gestellten Schnittstelle die Gültigkeit der (Umsatz-)Steueridentifikationsnummer prüfen. Übermittelt eine Behörde eines Mitgliedstaats dem Plattformbetreiber ein Ersuchen über einen Plattformnutzer, aus dem sich Zweifel an der Richtigkeit erhobener Daten ergeben, muss der

601 Vgl. zum Ganzen *Dinger*, EWS 2021, 250, 253 f.; *Haase*, Neue Meldepflicht über Nutzer von digitalen Plattformen: DAC 7 angenommen, Onlinebeitrag v. 25.03.2021, https://www.roedl.de/themen/dac7-neue-meldepflicht-nutzer-digitale-plattformen (Stand: 19.12.2021); *Hidien*, BB 2021, 346, 348; *Resenig*, SWI 2021, 38, 41.

602 Vgl. Anhang V Abschnitt II der Richtlinie (EU) 2021/514 des Rates vom 22. 3. 2021, ABl. EU L 104 vom 25. 3. 2021, S. 20 ff.

603 Anhang V Abschnitt II Unterabschnitt B der Richtlinie (EU) 2021/514 des Rates vom 22. 3. 2021, ABl. EU L 104 vom 25. 3. 2021, S. 20 f.

604 Anhang V Abschnitt II Unterabschnitt E der Richtlinie (EU) 2021/514 des Rates vom 22. 3. 2021, ABl. EU L 104 vom 25. 3. 2021, S. 22.

605 Anhang V Abschnitt II Unterabschnitt C der Richtlinie (EU) 2021/514 des Rates vom 22. 3. 2021, ABl. EU L 104 vom 25. 3. 2021, S. 21.

Plattformbetreiber den Nutzer zur Berichtigung der entsprechenden Informationselemente auffordern und verlässliche, aus einer unabhängigen Quelle stammende Belege, Daten oder Informationen vorlegen. Dies können ein gültiges, von einer zuständigen Behörde ausgestelltes Informationsdokument oder eine Bescheinigung neueren Datums über die steuerliche Ansässigkeit sein.[606] Die Erfüllung der Sorgfaltspflichten hat der Plattformbetreiber bis zum 31.12. des Meldezeitraums abzuschließen.[607] Der Meldezeitraum umfasst das Kalenderjahr, für das die Meldung vorzunehmen ist.[608]

Erhobene und überprüfte oder bestätigte Daten müssen daraufhin für 36 Monate nicht erneut auf ihre Richtigkeit oder Zuverlässigkeit überprüft werden, soweit kein Grund zu der Annahme besteht, dass die erhobenen Informationen unglaubwürdig oder unzutreffend (geworden) sind.[609] Die Erfüllung der Sorgfaltspflichten kann auch auf einen Dienstleister übertragen werden; der Plattformbetreiber bleibt allerdings weiterhin verantwortlich für Pflichtverletzungen.[610]

Legt ein Plattformnutzer nach zwei auf das ursprüngliche Ersuchen des Plattformbetreibers folgenden Mahnungen die zu erhebenden Informationen nicht vor, muss der Plattformbetreiber die nach DAC 7 vorgeschriebenen Sanktionsmittel anwenden, dass heißt, entweder nach Ablauf von 60 Tagen das Konto des Plattformnutzers schließen und seine erneute Registrierung verhindern oder die an den Nutzer gezahlte Vergütung bis zur Vorlage der verlangten Information einbehalten.[611]

Die erhobenen Informationen hat der Plattformbetreiber zu dokumentieren und für einen Zeitraum von mindestens fünf, aber maximal zehn Jahren nach Ablauf des Meldezeitraums aufzubewahren.[612]

---

606 Anhang V Abschnitt II Unterabschnitt C der Richtlinie (EU) 2021/514 des Rates vom 22. 3. 2021, ABl. EU L 104 vom 25. 3. 2021, S. 21.

607 Anhang V Abschnitt II Unterabschnitt F Nr. 1 und 2 der Richtlinie (EU) 2021/514 des Rates vom 22. 3. 2021, ABl. EU L 104 vom 25. 3. 2021, S. 22.

608 Anhang V Abschnitt I Unterabschnitt C Nr. 6 der Richtlinie (EU) 2021/514 des Rates vom 22. 3. 2021, ABl. EU L 104 vom 25. 3. 2021, S. 20.

609 Anhang V Abschnitt II Unterabschnitt F Nr. 3 der Richtlinie (EU) 2021/514 des Rates vom 22. 3. 2021, ABl. EU L 104 vom 25. 3. 2021, S. 22.

610 Anhang V Abschnitt II Unterabschnitt H Nr. 1 der Richtlinie (EU) 2021/514 des Rates vom 22. 3. 2021, ABl. EU L 104 vom 25. 3. 2021, S. 22.

611 Anhang V Abschnitt IV Unterabschnitt A Nr. 2 der Richtlinie (EU) 2021/514 des Rates vom 22. 3. 2021, ABl. EU L 104 vom 25. 3. 2021, S. 24.

612 Anhang V Abschnitt IV Unterabschnitt B Nr. 1 der Richtlinie (EU) 2021/514 des Rates vom 22. 3. 2021, ABl. EU L 104 vom 25. 3. 2021, S. 24.

bb) *Meldepflichten der Plattformbetreiber an die zuständige Behörde des Mitgliedstaats*

In einem zweiten Schritt sind die Plattformbetreiber verpflichtet, bis zum 31.01. des Folgejahres die erhobenen Daten an den für sie zuständigen Mitgliedstaat (Sitzstaat oder Staat der Registrierung des Plattformbetreibers) zu übermitteln. Bestehen mehrere zuständige Mitgliedstaaten genügt die Meldung an einen Mitgliedstaat.[613]

Der erste Meldezeitraum soll nach DAC 7 am 01.01.2023 beginnen.[614] Die erste Meldung wäre folglich nach erfolgter Umsetzung von DAC 7 in nationales Recht zum 31.01.2024 vorzunehmen.[615]

cc) *Automatischer Informationsaustausch zwischen den Mitgliedstaaten*

Nach dem neuen Art. 8ac Abs. 2 und 3 der DAC-7-Richtlinie müssen die Mitgliedstaaten die von den Plattformbetreibern erhaltenen Daten innerhalb von zwei Monaten nach Ablauf des Meldezeitraums (also mit Ablauf des Februars des Folgejahres) über das Gemeinsame Kommunikationsnetz der EU (CNN-Netz) an den Mitgliedstaat weiterleiten, in dem der Leistungsanbieter ansässig ist oder in dem das vermietete unbewegliche Vermögen liegt.[616] Der Steuervollzug der Steueransprüche aus der Online-Vermietung soll auf diese Weise in den einzelnen Mitgliedstaaten sichergestellt werden.

5. *Effektivität von Datenkontrollsystemen zur Sicherstellung von Besteuerungsansprüchen aus der Online-Vermietung*

Datenkontrollsysteme setzen im Vergleich zu den informativen Maßnahmen, die die Erfüllung von Steuererklärungspflichten der Steuerpflichtigen erleichtern sollen, auf der Seite der Steuerbehörden an und sollen diese bei der Steuerkontrolle unterstützen. Aufgrund der Datenübermittlungen durch die Plattformbetreiber erhalten die Behörden Informationen über die Nutzer der Plattform und

---

613 Anhang V Abschnitt III Unterabschnitt A, Abschnitt IV Unterabschnitt E der Richtlinie (EU) 2021/514 des Rates vom 22. 3. 2021, ABl. EU L 104 vom 25. 3. 2021, S. 22 f., 25.

614 Art. 2 der Richtlinie (EU) 2021/514 des Rates vom 22. 3. 2021, ABl. EU L 104 vom 25. 3. 2021, S. 16.

615 Vgl. Art. 2 und Anhang V Abschnitt III Unterabschnitt A Nr. 1 der Richtlinie (EU) 2021/514 des Rates vom 22. 3. 2021, ABl. EU L 104 vom 25. 3. 2021, S. 16, 22.

616 Vgl. Erwägungsgrund 32, Art. 1 Nr. 8 der Richtlinie (EU) 2021/514 des Rates vom 22. 3. 2021, ABl. EU L 104 vom 25. 3. 2021, S. 6, 10.

können ausgehend von dem übermittelten Datensatz deren Steuerpflichten prüfen und aufgrund der hierdurch aufgehobenen Anonymität der Plattformnutzer entstandene Steueransprüche durchsetzen.

a) Registrierungspflichten

Als eine Form von Datenkontrollsystemen wurden soeben zunächst Registrierungspflichten der Plattformnutzer, wie sie derzeit in Berlin gelten, vorgestellt. Diese Registrierungspflichten, die ohne korrespondierende Aufzeichnungspflicht beim Plattformbetreiber beziehungsweise ohne eines automatisierten Datenaustausches an Behörden ausgestaltet sind, sind nicht zur umfassenden Sicherstellung des Steueranspruchs geeignet. Denn die Vielzahl und Kurzlebigkeit der Angebote bewirkt, dass eine Rückverfolgbarkeit für Behörden sehr aufwendig ist, sodass der Kostenaufwand zur Sicherung von Steueraufkommen in der Relation zu dem zu erzielenden Steuermehraufkommen ineffizient ist.[617] Die Maßnahme ist geeignet, einzelne Daten zu überprüfen. Diese werden insgesamt wohl aber nur Einzelfälle abbilden können.

b) Aufzeichnungs- und Haftungspflichten für Plattformbetreiber

Im Weiteren wurden die im Bereich der Umsatzsteuer geschaffenen Aufzeichnungs- und Haftungspflichten der §§ 22f, 25e UStG und die vom deutschen Gesetzgeber noch umzusetzenden Datenkontrollpflichten nach DAC 7 erörtert. Danach bestehen für Plattformbetreiber hinsichtlich der über ihre Plattform stattfindenden Leistungen bestimmte haftungsbewehrte Datenaufzeichnungs- und Datenübermittlungspflichten. Die Plattformbetreiber sind verpflichtet, Daten zur Identifizierung der Online-Vermieter vorzuhalten. Mit der Verpflichtung der Plattformbetreiber zur Aufzeichnung der auf der Plattform durchgeführten Transaktionen einschließlich der entsprechenden Daten wie Name und Identifikationsnummer des Vermieters, dem Belegenheitsort des Vermietungsobjekts sowie Dauer und Preis der Vermietung, könnten die Besteuerungsgrundlagen von der Finanzverwaltung nachvollzogen und für die Überprüfung von Steuerpflichten und die Durchsetzung von Steueransprüchen genutzt werden.

Damit die Aufzeichnungspflichten aber effektiv die Erhebung des Steueranspruchs sicherstellen, muss die Aufzeichnungspflicht der Daten mit Prüfpflichten der Plattformbetreiber kombiniert werden, die die Richtigkeit der aufgezeichneten Daten gewährleisten und eine unterlassene oder unrichtige Aufzeichnung

---

617 Vgl. *Fetzer/Spengel/Dinger/Werner*, StuW 2020, 106, 112.

beziehungsweise fehlende oder fehlerhafte Übermittlung sanktioniert werden.[618] Typische Sanktionsmittel sind die Schaffung eines Bußgeldtatbestands oder eines Haftungstatbestands. Würde eine Rückverfolgbarkeit aufgrund einer fehlerhaften Datenübermittlung scheitern, kann der Steueranspruch so durch die Festsetzung eines Bußgeldes oder durch die Inanspruchnahme des Plattformbetreibers über den Haftungstatbestand (jedenfalls teilweise) realisiert und (insoweit) sichergestellt werden. Um einer möglichen Geldbuße oder Haftung zu entgehen, haben die Plattformbetreiber dadurch ein Eigeninteresse an der sachgerechten Besteuerung ihrer Plattformnutzer.[619]

Aufgrund des nunmehr bestehenden und nicht zu unterschätzenden Risikos, dass die Finanzbehörden die Steuererklärung auf die Einnahmen aus der Online-Vermietung hin überprüfen und nicht erklärte Einkünfte entdecken könnten, würde diese Maßnahme die Steuerehrlichkeit der Leistungsanbieter bereits nach einer rationalen Nutzenabwägung erheblich erhöhen.[620]

Eine haftungsbewehrte Datenaufzeichnungs- und Datenübermittlungspflicht von Plattformbetreibern an die Finanzverwaltung ist mithin insbesondere aufgrund der aus ihr resultierenden Rückverfolgbarkeit der stattgefundenen Transaktionen und der Identifikationsmöglichkeiten der Online-Vermieter geeignet, den Besteuerungsanspruch aus der Online-Vermietung deutlich umfassender sicherzustellen als unter dem bisher geltenden Besteuerungssystem. Einem gegebenenfalls bestehenden strukturellen Vollzugsdefizit und einer Wettbewerbsverzerrung im Bereich der Kurzzeitvermietung (zulasten der Hotelbranche) kann so entgegengewirkt werden.

III. Quellensteuerabzugsverfahren

Eine dritte Kategorie von Reformoptionen bildet die Einführung einer Abzug- oder Quellensteuer, die vom Plattformbetreiber im Namen der potenziell steuerpflichtigen Plattformnutzer an die Behörden im Rahmen des Buchungs- und

---

618 Vgl. generelle Ausführungen zur Notwendigkeit einer Haftungspflicht als Sanktionsmöglichkeit *Heuermann*, FR 2013, 354, 357.

619 So auch *Bräutigam/Ludwig/Spengel*, Steuerlicher Reformbedarf bei Service-Plattformen: Eine Analyse anhand des deutschen Airbnb-Marktes, 2019, S. 12, https://www.zew.de/fileadmin/FTP/gutachten/ZEW_Expertise_Airbnb_2019.pdf (Stand: 09.11.2020).

620 *Bozdoganoglu*, IJBSS 2017, 119, 125; vgl. zur rationalen Nutzungsabwägung als Motiv von Steuerhinterziehungen die Ausführungen oben auf S. 162 f.

Abwicklungsprozesses abgeführt wird.[621] Bereits vom Bundesverfassungsgericht wurde 1991 im Rahmen des Zinsurteils ein Quellenbesteuerungsverfahren als Reformoption zur Sicherstellung der Besteuerung von Kapitalerträgen als verfassungsrechtlich zulässig erachtet.[622] Der Gesetzgeber sei von Verfassungs wegen nicht gehindert, Kapitaleinkünfte an der Quelle zu besteuern und mit einer Definitivsteuer zu belasten, die in einem linearen Satz den absetzbaren Aufwand und den Progressionssatz in Durchschnittswerten typisiere.[623]

Ein entsprechendes Verfahren könnte auch auf Einkünfte aus der Online-Vermietung über Sharing-Economy-Plattformen eingeführt werden.[624] Hinsichtlich solcher Steuerentrichtungspflichten haben sich in der Praxis bereits verschiedene Konstellationen etabliert.[625]

1. *Bisher eingeführte Quellensteuerabzugsmodelle für Betreiber von Sharing-Economy-Plattformen*

In der Vergangenheit trafen bereits staatliche Behörden mit den Unterkunftsvermittlungsplattformen Vereinbarungen zum Abzug von Touristen- und Aufenthaltssteuern, die den Plattformbetreiber zur Berechnung von Steuern im Rahmen der Transaktionsabwicklung verpflichten, die die Plattformnutzer schulden und die sodann vom Plattformbetreiber direkt an die Behörden weitergeleitet werden.[626] Beispielsweise vereinbarte die Plattform Airbnb mit der Stadt

---

621 Zum Begriff des Steuerabzugs, der ein Unterfall der Steuerentrichtungspflicht darstellt, *Drüen*, Die Indienstnahme Privater für den Vollzug von Steuergesetzen, 2012, S. 131. Danach ist zu differenzieren, ob eine Steuer durch Abzug von der Leistung oder stattdessen zusätzlich zur steuerpflichtigen Leistung im Wege eines „Steueraufschlags" erhoben wird.

622 BVerfG v. 27.06.1991 – 2 BvR 1493/89, BVerfGE 84, 239, 282 f.

623 BVerfG v. 27.06.1991 – 2 BvR 1493/89, BVerfGE 84, 239, 282 f.

624 Vgl. *Kwong*, Taxation in a Global Digital Economy, 2017, S. 61, 71 ff.; *Pantazatou*, in: Tax and the Digital Economy, 2019, S. 215, 222.

625 Eine Übersicht über verschiedene Länderinitiativen bieten die Arbeitsunterlage der Kommissionsdienststellen, Europäische Kommission, SWD(2016) 184 final, S. 43 f. sowie OECD, Tax Challenges Arising from Digitalization – Interim Report 2018, 2018, S. 196 ff.; OECD, The Sharing and Gig Economy: Effective Taxation of Platform Sellers: Forum on Tax Administration, 2019, S. 23 ff.

626 Vgl. *Airbnb*, Wie funktioniert die Einziehung und Weitergabe von Belegungssteuern durch Airbnb?, https://www.airbnb.de/help/article/1036/wie-funktioniert-die-einziehung-und-weitergabe-von-belegungssteuern-durch-airbnb (Stand: 09.08.2020); *FeWo-direkt*, Wie werden Steuern bei FeWo-direkt gehandhabt?, https://hilfe.fewo-direkt.de/articles/Wie-werden-Steuern-bei-HomeAway-gehandhabt

Dresden, dass Airbnb bei der Buchung von Unterkünften in Dresden dem Mieter eine Beherbergungssteuer in Höhe von 6 Prozent berechnet und an die Stadt Dresden abführt.[627] Dieser Steuerabzug wird von den Betreibern der Plattform Airbnb automatisiert im Rahmen der Abwicklung des Buchungs- und Zahlungsprozesses durchgeführt.[628] Airbnb hat nach eigenen Angaben bereits eine Vielzahl solcher Kooperationen mit Städten und Gemeinden weltweit geschlossen,[629] für Deutschland betrifft dies neben der Stadt Dresden, die Städte Dortmund und Frankfurt am Main.[630] In Dortmund wird eine Beherbergungsabgabe über 7,5 Prozent automatisiert erhoben.[631] Für Übernachtungen in Frankfurt

---

(Stand: 12.10.2020); BMWi, Sharing Economy im Wirtschaftsraum Deutschland, 2018, S. 94, 119; Europäische Kommission, Mitteilung v. 02.06.2016, COM(2016) 356 final, S. 16; *Solmecke/Lengersdorf*, MMR 2015, 493, 496; *Stone*, Die Sharing-Economy: Teile und herrsche, S. 298.

627 Vgl. Ausführungen auf der Homepage von *Airbnb*, Erhebung und Weitergabe von Belegungssteuer durch Airbnb in Deutschland, https://www.airbnb.de/help/article/2285/erhebung-und-weitergabe-von-belegungssteuern-durch-airbnb-in-deutschland (Stand: 09.08.2020) sowie die in dem auf der Homepage der Stadt Dresden publizierten Informationsschreiben zum FAQ-Beherbergungssteuer, Dritter Teil – Fragen zum Verfahren der Besteuerung, Frage 24, S. 12, https://www.dresden.de/media/pdf/infoblaetter/FAQ-Beherbergungssteuer-Internet.pdf (Stand: 09.08.2020).

628 *Airbnb*, Wie funktioniert die Einziehung und Weitergabe von Belegungssteuern durch Airbnb?, https://www.airbnb.de/help/article/1036/wie-funktioniert-die-einziehung-und-weitergabe-von-belegungssteuern-durch-airbnb (Stand: 09.08.2020).

629 Eine Übersicht hierzu bietet *Airbnb*, In welchen Gegenden ist der Einzug und die Abführung von Belegungssteuern durch Airbnb verfügbar?, https://www.airbnb.de/help/article/2509/in-welchen-gegenden-ist-der-einzug-und-die-abf%C3%BChrung-von-belegungssteuern-durch-airbnb-verf%C3%BCgbar (Stand: 09.08.2020).

630 *Airbnb*, Erhebung und Weitergabe von Belegungssteuer durch Airbnb in Deutschland, https://www.airbnb.de/help/article/2285/erhebung-und-weitergabe-von-belegungssteuern-durch-airbnb-in-deutschland (Stand: 09.08.2020). Auf Rückfrage wurde auch von der Stadtverwaltung der Stadt Dortmund bestätigt, dass eine entsprechende (vertrauliche) Vereinbarung mit Airbnb geschlossen wurde. Eine entsprechende Satzungsänderung wurde allerdings nicht vorgenommen, vgl. Beherbergungssatzung vom 08.10.2014, zuletzt geändert durch Satzung vom 23.11.2016, online abrufbar unter: https://dosys01.digistadtdo.de/dosys/ortsrechtweb.nsf/70f520a9de07a861c1256b0b002d90cf/4c1e8105c612e7a9c1257d9b0051670b?OpenDocument (Stand: 16.08.2020).

631 *Airbnb*, Erhebung und Weitergabe von Belegungssteuer durch Airbnb in Deutschland, https://www.airbnb.de/help/article/2285/erhebung-und-weitergabe-von-belegungssteuern-durch-airbnb-in-deutschland (Stand: 09.08.2020).

am Main wird pro Person und Nacht bei allen Buchungen ein Tourismusbeitrag in Höhe von 2 Euro automatisiert im Rahmen der Buchungs- und Zahlungsabwicklung durch Airbnb einbehalten und abgeführt.[632]

Zudem werden in einigen Staaten Betreiber von Sharing-Economy-Plattformen verpflichtet, Ertragsteuern auf Transaktionen ihrer Nutzer zu erheben. Dabei sind sogenannte Abzug- oder Quellensteuern unter Bemessung eines fixen Steuersatzes für auf den Plattformen durchgeführte Transaktionen einzubehalten und an die Behörden abzuführen. Eine entsprechende Quellensteuer von 10 Prozent wurde zum Beispiel in Italien für Einnahmen bis zu 10.000 Euro[633] und in Belgien für Einnahmen aus der Sharing Economy bis zu 5.000 Euro eingeführt.[634]

Die Erhebung der Ertragsteuer in Form einer solchen Quellensteuer, die nach dem deutschen Einkommensteuergesetz als Abzugsteuer bezeichnet wird, könnte auch für Einkünfte, die aus Transaktionen über Wohnraumvermittlungsplattformen erzielt werden, vom Plattformbetreiber durchgeführt werden. Durch eine entsprechende Änderung des Einkommensteuergesetzes könnte Betreibern von Unterkunftsvermittlungsplattformen eine solche Steuerentrichtungspflicht auferlegt werden.

2. *Konzeptionelle Ausgestaltung eines Abzugsteuersystems für Unterkunftsvermittlungsplattformen im Einkommensteuergesetz*

Durch Einführung eines Abzugsteuersystems ins Einkommensteuerrecht könnten Plattformbetreiber verpflichtet werden, eine Abzugsteuer für Rechnung des Leistungsanbieters (bei Unterkunftsvermittlungsplattformen also für den Vermieter) einzubehalten und an die Finanzbehörden abzuführen.[635] Die Zahlstelle,

---

632 *Airbnb*, Erhebung und Weitergabe von Belegungssteuer durch Airbnb in Deutschland, https://www.airbnb.de/help/article/2285/erhebung-und-weitergabe-von-belegungssteuern-durch-airbnb-in-deutschland (Stand: 09.08.2020). Auf Rückfrage wurde auch von der Stadtverwaltung der Stadt Frankfurt bestätigt, dass seit dem 01.08.2018 eine entsprechende (vertrauliche) Vereinbarung mit Airbnb besteht.

633 *Bozdoganoglu*, IJBSS 2017, 119, 132.

634 *Kniebs*, BRF Online-Beitrag v. 01.03.2017, https://brf.be/national/1067171/ (Stand: 09.11.2020); FPS Chancellery of the Belgium Prime Minister, Online-Beitrag v. 15.07.2016, http://digitalbelgium.be/en/belgian-government-approves-simple-and-low-tax-rates-for-sharing-economy/ (Stand: 09.11.2020); *Quaghebeur*, http://www.dvp-law.com/documents/news-items/20160708-belgium-introduces-a-tax-regime-for-the-sharing-economy-.xml (Stand: 04.10.2019).

635 Vgl. zur Ausgestaltung von Steuerentrichtungspflichten allgemein *Drüen*, FR 2004, 1134.

dies ist bei Sharing-Economy-Plattformen der jeweilige Plattformbetreiber, auf dessen Plattform die Transaktion durchgeführt wird, wird dabei als Dritter so in das Steuerrechtsverhältnis einbezogen, dass er die Steuer im Rahmen der Auszahlung für den Steuerschuldner abführen muss und diesem nur noch die Zahlung eines „Netto-Betrags" schuldet. Ein solcher Steuerabzug könnte bei den vorliegenden Plattformmodellen automatisiert in den Buchungs- und Zahlungsabwicklungsprozess der Plattform eingebunden werden.[636] Bei der Plattform Airbnb erfolgt die Zahlungsabwicklung beispielsweise automatisiert über die Plattform. Dabei zahlt der Mieter den Mietpreis an die Plattform. Diese behält davon eine Art Vermittlungsgebühr, die sogenannte „Airbnb-Service-Gebühr" ein und übermittelt den Restbetrag an den Vermieter.[637] An dieser Stelle wird dann ein Abzugsteuersystem relevant. Der Plattformbetreiber behält beim Abzugsteuersystem nicht nur die Vermittlungsprovision ein, sondern berechnet zudem die Abzugsteuer. Die Abzugsteuer wird an das Finanzamt abgeführt, den Restbetrag erhält der Vermieter. Wie auch bisher die Provision von den Plattformbetreibern automatisiert im Buchungsvorgang erhoben wird, könnte auch der Steuerabzug automatisiert in den Buchungsvorgang eingebunden werden.[638] Im Rahmen der Anmeldung bei der Onlineplattform werden vom Leistungsanbieter (also dem potenziellen Online-Vermieter) bereits derzeit persönliche Daten abgefragt, die bei Einführung einer Abzugsteuer um die Abfrage der Steueridentifikationsnummer erweitert werden könnten. Hieran anknüpfend könnte sodann ein fester Steuersatz auf den Mietpreis pauschal erhoben und an den Fiskus unter Angabe der Steueridentifikationsnummer weitergeleitet werden.[639] Die Einführung eines Abzugsteuersystems ist damit auch für Plattformbetreiber

---

636 So auch *Bräutigam/Ludwig/Spengel*, Steuerlicher Reformbedarf bei Service-Plattformen: Eine Analyse anhand des deutschen Airbnb-Marktes, 2019, S. 12, https://www.zew.de/fileadmin/FTP/gutachten/ZEW_Expertise_Airbnb_2019.pdf (Stand: 09.11.2020).

637 Die sogenannte „Airbnb-Service-Gebühr" wird bei Buchungen im Standardmodell für Gastgeber i. H. v. drei Prozent sowie für Gäste i. H. v. bis zu 20 Prozent auf den Übernachtungspreis zuzüglich Reinigungsgebühren von der Plattform erhoben, https://www.airbnb.de/help/article/1857/was-ist-die-airbnbservicegebühr (Stand: 09.11.2020).

638 So auch *Solmecke/Lengersdorf*, MMR 2015, 493, 497; *Fricke/Linnemann*, Focus 2018 (6), 25.

639 Europäische Kommission, Mitteilung v. 02.06.2016, COM(2016) 356 final, S. 16 f.; *Fricke/Linnemann*, Focus 2018 (6), 25.

umsetzbar, was die bei Airbnb oder FeWo-direkt eingeführten Steuerabzugssysteme für Touristen- oder Übernachtungssteuern belegen.[640]

3. *Die Abzugsteuer als Erhebungsform der Einkommensteuer*

Als Abzugsteuer wird im deutschen Einkommensteuerrecht die Einkommensteuer bezeichnet, die durch Steuerabzug erhoben wird.[641] Prominente Beispiele sind die Lohnsteuer, die auf Einkünfte aus nichtselbständiger Arbeit erhoben wird (§ 38 Abs. 1 EStG)[642] und die auf Kapitalerträge erhobene Kapitalertragsteuer (§ 43 Abs. 1 EStG).[643] Letztere wird aufgrund ihrer abgeltenden Wirkung gemäß § 43 Abs. 5 EStG allgemein als Abgeltungsteuer bezeichnet.[644] Ferner sind als typische Beispiele der Steuerabzug bei Bauleistungen (§§ 48 ff. EStG) oder bei beschränkt Steuerpflichtigen (§ 50a EStG) zu nennen.[645] Bei der Abzugsteuer handelt es sich nicht etwa um eine eigene Steuerart,[646] sondern nur um eine besondere Erhebungsart der Einkommensteuer.[647] Da der Steuerabzug unmittelbar an der Quelle des Zahlungsflusses erfolgt, hat sich im internationalen

---

640 Vgl. *Airbnb*, Wie funktioniert die Einziehung und Weitergabe von Belegungssteuern durch Airbnb?, https://www.airbnb.de/help/article/1036/wie-funktioniert-die-einziehung-und-weitergabe-von-belegungssteuern-durch-airbnb (Stand: 09.08.2020); *FeWo-direkt*, Wie werden Steuern bei FeWo-direkt gehandhabt?, https://hilfe.fewo-direkt.de/articles/Wie-werden-Steuern-bei-HomeAway-gehandhabt (Stand: 12.10.2020).

641 *Ettlich*, in: Blümich, EStG, 148. EL, 07/2019, § 36 Rn. 104; *Heuermann*, FR 2013, 354.

642 Zur Ausgestaltung des Lohnsteuerabzugsverfahrens umfassend z. B. *Heuermann*, Systematik und Struktur der Leistungspflichten im Lohnsteuerabzugsverfahren, 1998, S. 13 ff.

643 Die Abgeltungsteuer wurde mit dem Unternehmensteuerreformgesetz 2008 v. 14.08.2007 (BGBl. I 2007, S. 1912) eingeführt, um der Kapitalflucht privater Anleger ins Ausland und der damit einhergehenden Steuerhinterziehung entgegen zu wirken, vgl. BT-Drs. 16/4841 v. 27.03.2007, S. 1.

644 Vgl. z. B. *Treml*, Die Bruttobesteuerung bei der Abgeltungsteuer auf Einkünfte aus Kapitalvermögen, 2014, S. 30 ff. mit umfassenden Ausführungen zur Ausgestaltung der Abgeltungsteuer.

645 *Seiler*, in: Festschrift Bundesfinanzhof, Band I, 2018, S. 1761, 1766.

646 Zum Begriff der Steuerart in Abgrenzung zur Erhebungsform *Hey*, in: Tipke/Lang, Steuerrecht, 23. Aufl. 2018, § 7 Rn. 27.

647 Einschränkend *Drenseck*, DStJG 9 (1986), 377, 380, der beispielsweise im Bereich der Lohnsteuer zwischen der Lohn- und der Einkommensteuer als zwei verschiedene Steuerarten differenziert, bis mit dem Ablauf des Kalenderjahres beide in der Jahreseinkommensteuer vereinheitlicht würden.

Steuerrecht die Bezeichnung als Quellensteuer etabliert.[648] Bereits im Jahr 1950 definierte *Ipsen* die Abzugsteuer als Verpflichtung Privater zum Steuerabzug als „Steuern, die das Steuerrecht ‚an der Quelle abfängt', indem es denjenigen, der wirtschaftlich aus seinem Verhältnis zum Steuerschuldner dafür in Betracht kommt, verpflichtet, die Steuer für Rechnung des Steuerschuldners zu entrichten".[649]

Zum Steuerabzug an der Quelle werden üblicherweise Vertragspartner eines Steuerschuldners verpflichtet, die kraft ihrer Stellung im Wirtschaftsleben über eine gesteigerte Sach- und Verfahrensherrschaft verfügen.[650] Die Sachherrschaft wird durch die tatbestandlich in ihrer Sphäre entstehende Steuer konstatiert, die Verfahrensherrschaft beruht auf der Zugriffsmöglichkeit auf Zahlungsströme, die sie als Schuldner einer Geldleistung an den Steuerschuldner beeinflussen können.[651] Bei der Lohnsteuer nimmt diese Rolle der Arbeitgeber ein (vgl. § 38 Abs. 3 EStG), bei der Kapitalertragsteuer ist es beispielsweise das Finanzinstitut (vgl. § 44 Abs. 1 S. 4 lit. a EStG).[652] Diese müssen dabei die aus ihrer Sicht fremde Steuer sowohl eigenständig berechnen und anmelden als auch einbehalten und abführen, sowie all dies schließlich sorgfältig dokumentieren. Die Hauptpflicht zur Einbehaltung und Abführung von Steuern wird typischerweise durch ein System von Hilfs- und Unterstützungspflichten, wie Anzeige- und Auskunftspflichten, Pflicht zur Anlegung und Führung von Nachweisen und Konten sowie der Verwendung bestimmter Formulare und Geschäftsbücher und der Duldung von steuerbehördlichen Nachprüfungen, begleitet.[653]

---

648 Im Bereich der Abzugsteuer ist insoweit allerdings richtigerweise die Bezeichnung „Quellenbesteuerung" vorzuziehen, vgl. hierzu *Goez*, Die Quellensteuer als Erhebungsform der Einkommensteuer, 1993, S. 3.

649 *Ipsen*, in: Festschrift Kaufmann, 1950, S. 141, 145. Zur Historie der Abzugsteuern umfassend vgl. *Goez*, Die Quellensteuer als Erhebungsform der Einkommensteuer, 1993, S. 13 ff.

650 Vgl. beispielsweise die Steuerabzugspflicht des Arbeitgebers für die Einkommensteuerschuld des Arbeitnehmers (§ 38 Abs. 3 EStG), die Steuerabzugspflicht der die Kapitalerträge auszahlenden Stelle (z. B. inländisches Kreditinstitut, Finanzdienstleister oder Kapitalgesellschaft, § 44 Abs. 1 EStG) oder der Vertragspartner, der die Bauleistungen empfängt und zum Steuerabzug für die Erfüllung der Steuerpflicht des Erbringers der Bauleistung verpflichtet ist (§ 48 Abs. 1 S. 1 EStG).

651 *Seiler*, in: Festschrift Bundesfinanzhof, Band I, 2018, S. 1761, 1766.

652 Vgl. *Drüen*, FR 2004, 1134; *Seelig*, in: BeckOK EStG, 7. Edition, 05/2020, § 36 Rn. 111.

653 *Ipsen*, in: Festschrift Kaufmann, 1950, S. 141, 146.

a) *Ausnahmecharakter der Abzugsteuer*

Die Erhebung der Einkommensteuer durch Steuerabzug bildet die Ausnahme (vgl. § 36 Abs. 1 EStG) und erfolgt daher nur in den gesetzlich geregelten Fällen.[654] Im Einkommensteuerrecht ist die natürliche Person nach § 1 EStG persönlich steuerpflichtig. Sie ist auch Steuerschuldnerin, wenn sie den Tatbestand einer Einkunftsart des § 2 Abs. 1 EStG verwirklicht. Sie ist aber nicht notwendigerweise verpflichtet, die Steuer auch an das Finanzamt abzuführen.[655] In verfahrensrechtlicher Hinsicht ist allerdings zu beachten, dass gemäß § 43 S. 2 AO in den Steuergesetzen festzulegen ist, wenn ein Dritter eine Steuer für Rechnung des Steuerschuldners zu entrichten hat.[656] Nach der Konzeption des Einkommensteuergesetzes ist die Einkommensteuer im Regelfall zwar eine Jahressteuer (§ 2 Abs. 7 S. 1 EStG), die nach Ablauf des Kalenderjahres veranlagt wird (§ 25 Abs. 1 EStG) und auch erst zu diesem Zeitpunkt entsteht (§ 36 Abs. 1 EStG). Wie sich aus § 36 Abs. 2 EStG ergibt, kann die Einkommensteuer aber auch durch Einkommensteuervorauszahlungen oder durch einen Steuerabzug erhoben werden. Das Einkommensteuergesetz lässt also auch die Steuererhebung in Form eines Steuerabzugs zu, wenn diese explizit normiert ist. Entsprechende Regelungen finden sich derzeit, wie bereits erwähnt, insbesondere im Bereich der Besteuerung der Einkünfte aus nichtselbständiger Arbeit (§ 38 Abs. 1 S. 1 EStG) und im Bereich der Besteuerung bestimmter Kapitalerträge (vgl. § 43 Abs. 1 EStG). Da die derzeitige Gesetzeslage für die Erhebung der Einkommensteuer auf Einkünfte aus Vermietung und Verpachtung oder aus Gewerbebetrieb keine besondere Erhebungsform vorsieht, ist sie mittels Durchführung eines Veranlagungsverfahrens zu erheben. Um im Bereich der Unterkunftsüberlassungen, die über Sharing-Economy-Plattformen vermittelt werden, die Erhebung der Einkommensteuer in Form des Steuerabzugs einzuführen, bedarf es somit einer entsprechenden Änderung des Einkommensteuergesetzes, die den Steuerabzug explizit vorsieht.[657]

---

654 *Seelig*, in: BeckOK EStG, 7. Edition, 05/2020, § 36 Rn. 104.

655 *Heuermann*, FR 2013, 354, 355.

656 *Heuermann*, FR 2013, 354.

657 Zum Erfordernis des Gesetzesvorbehalts im Zusammenhang mit der Einführung einer Abzugsteuer als Steuererhebungsverfahren vgl. *Lammers*, in: Herrmann/Heuer/Raupach, EStG, 277. EL, 01/2017, § 36 Rn. 37.

b) Entstehung der Abzugsteuer

Die Abzugsteuer entsteht, sobald der ihr zugrundeliegende Tatbestand erfüllt ist. Dies ist regelmäßig bereits der Zeitpunkt, in dem die ihr unterliegenden Erträge oder Einnahmen generiert werden. So entsteht die Lohnsteuer beispielsweise gemäß § 38 Abs. 2 S. 2 EStG dann, wenn Arbeitslohn dem Arbeitnehmer zufließt und die Kapitalertragsteuer entsteht in dem Zeitpunkt, in dem Kapitalerträge dem Gläubiger der Erträge zufließen, § 44 Abs. 1 S. 2 EStG. Die Abzugsteuer ist regelmäßig vom Vergütungsschuldner direkt aus der Bruttovergütung zu berechnen,[658] abzuziehen und an das Finanzamt abzuführen.[659] Der Vergütungsschuldner wird auf diese Weise bei der Steuererhebung durch Abzug der Steuer an der Quelle als Dritter in das Steuerrechtsverhältnis einbezogen. Er hat die Steuer für den Steuerschuldner abzuführen und muss im Fall eines fehlerhaften Abzugs für die fremde Steuerschuld haften. Ihm wird also mit dem Abzugsteuersystem eine haftungsbewehrte Steuerentrichtungspflicht auferlegt.[660] Er wird hierdurch allerdings nicht zum Steuerschuldner, sondern lediglich zum Steuerpflichtigen, da er nach dem eindeutigen Wortlaut des § 33 Abs. 1 AO eine Steuer für Rechnung eines Dritten einzubehalten und abzuführen hat. Daher wird er auch als „Steuerentrichtungspflichtiger" bezeichnet.[661] Steuerschuldner bleibt der Vergütungsgläubiger, auf dessen Steuerschuld die Abzugsteuer im Weiteren angerechnet wird.

c) Bezugspunkt der Abzugsteuer

Beim Steuerabzug ist zu differenzieren, ob er subjekt- oder objektbezogen ausgestaltet ist.[662]

Der subjektbezogene Steuerabzug bezieht sich auf den Steuerschuldner und berücksichtigt im Rahmen der Bemessung der Steuerhöhe individuelle Merkmale des Steuerschuldners. Als Beispiel einer subjektbezogenen Abzugsteuer ist die Lohnsteuer zu nennen, deren Steuersatz sich nach dem progressiven

---

658 Vgl. § 43a EStG bzgl. der Kapitalertragsteuer. Bei der Berechnung der Höhe der Lohnsteuer gelten Besonderheiten, vgl. § 38a ff. EStG.

659 Vgl. § 38 Abs. 3 S. 1, § 41a EStG bzgl. der Entrichtungspflicht für die Lohnsteuer und § 44 Abs. 1 S. 3, § 45a EStG bzgl. der der Kapitalertragsteuer.

660 *Drüen*, FR 2004, 1134; *Heuermann*, FR 2013, 354, 355; *Tipke*, Die Steuerrechtsordnung Band III, 2. Aufl. 2012, S. 1465.

661 Hierzu umfassend *Heuermann*, StuW 2006, 332 ff.; *Tappe*, in: Zukunftsfragen des deutschen Steuerrechts III, 2018, S. 77, 83 f.

662 Vgl. *Goez*, Die Quellensteuer als Erhebungsform der Einkommensteuer, 1993, S. 9 f.

Einkommensteuertarif bemisst und individuelle Abzugsmerkmale des Arbeitnehmers berücksichtigt (vgl. § 38a Abs. 2, 4 EStG).

Wird beim Steuerabzug nicht auf den Steuerpflichtigen, sondern auf die der Besteuerung zugrunde liegenden Erträge abgestellt, so ist das Abzugsverfahren objektbezogen.[663] Individuelle Umstände des Steuerschuldners finden keinen Eingang in den Steuerabzug. Dieser erfolgt indessen grundsätzlich unabhängig von den persönlichen Merkmalen und der individuellen Leistungsfähigkeit des Steuerpflichtigen durch einen einheitlichen Proportionalsteuersatz.[664] Als Beispiel eines objektbezogenen Steuerabzugs kann hier die durch Steuerabzug erhobene Kapitalertragsteuer angeführt werden, die pauschal in Höhe von grundsätzlich 25 Prozent erhoben wird (vgl. § 43a Abs. 1 S. 1 Nr. 1 EStG).

d) *Rechtsfolge der Abzugsteuer: Anrechnungs- oder Abgeltungswirkung*

Für die systematische Ausgestaltung der Abzugsteuer gibt es zudem zwei Möglichkeiten, die auch in Mischformen denkbar sind: Die Abzugsteuer kann zum einen Anrechnungswirkung haben, mit der Folge, dass die Abzugsteuer auf die Einkommensteuerschuld des Steuerpflichtigen wie eine Vorauszahlung angerechnet wird (§ 36 Abs. 2 Nr. 2 EStG).[665] Die Anrechnung bewirkt, dass die gemäß § 25 EStG festgesetzte Einkommensteuer in Höhe der anzurechnenden Beträge getilgt wird.[666] Die Anrechnungswirkung ist die nach dem Einkommensteuergesetz vorgesehene Rechtsfolge einer Abzugsteuer, vgl. § 36 Abs. 2 Nr. 2 EStG. Zum anderen kann die Abzugsteuer aber auch als Abgeltungsteuer konzipiert sein, sodass die Einkommensteuer mit dem Steuerabzug abgegolten ist.[667] Die erhobene Abzugsteuer verdichtet sich in diesem Fall zum (alleinigen) Steueranspruch, da auf die der abgeltenden Abzugsteuer unterliegenden Einkünfte keine weitere Einkommensteuer mehr erhoben wird.[668]

Die durch Steuerabzug erhobenen Lohnsteuer und Kapitalertragsteuer entfalten im Veranlagungsfall je eine anrechenbare Wirkung (vgl. § 36 Abs. 2 Nr. 2 lit. a EStG). Die Lohnsteuer wird in den Fällen des § 46 Abs. 2 EStG veranlagt,

---

663 *Arndt*, StuW 1990, 364, 365; *Hey*, in: Festschrift Kruse, 2001, S. 269, 279.

664 *Goez*, Die Quellensteuer als Erhebungsform der Einkommensteuer, 1993, S. 10; *Hey*, in: Festschrift Kruse, 2001, S. 269, 279.

665 BFH v. 22.11.1995 – I R 114/94, BStBl. II 1996, 531, 532; *Heuermann*, FR 2013, 354.

666 BFH v. 24.03.1992 – VII R 39/91, BStBl. II 1992, 956, 957; *Ettlich*, in: Blümich, EStG, 148. EL, 07/2019, § 36 Rn. 93.

667 Statt vieler *Heuermann*, FR 2013, 354, 355.

668 *Heuermann*, FR 2013, 354, 355; *Pfirrmann*, in: P. Kirchhof/Seer, EStG, 19. Aufl. 2020, § 32d Rn. 1.

also insbesondere dann, wenn neben den Lohnsteuereinkünften noch andere Einkünfte bestehen, bestimmte Fälle einer Ehegattenveranlagung vorliegen oder die Veranlagung beantragt wird.[669] Eine Veranlagung der Kapitalerträge wird beispielsweise immer dann durchgeführt, wenn die Günstigerprüfung nach § 32d Abs. 6 EStG beantragt und zu einem geringeren Steuersatz als dem der Abzugsteuer, die nach § 43a Abs. 1 S. 1 Nr. 1 EStG pauschal in Höhe von 25 Prozent erhobenen wird, führt oder ein Veranlagungsfall des § 32d Abs. 2 EStG gegeben ist.[670]

Typische Beispiele einer Abzugsteuer mit Abgeltungswirkung sind die nicht veranlagte Lohnsteuer (§ 46 Abs. 4 EStG)[671] und die abgeltende Kapitalertragsteuer (vgl. § 43 Abs. 5 EStG). Die Besonderheit der abgeltenden Kapitalertragsteuer gegenüber der abgeltenden Lohnsteuer ist ihr objektbezogener Charakter mit dem pauschalen Steuersatz von 25 Prozent (vgl. § 32d Abs. 1 S. 1, § 43 Abs. 1 S. 1 Nr. 1 EStG), der als Durchbrechung zum progressiven Einkommensteuersatz (vgl. § 32a EStG) zu bewerten ist.[672] Der Abzugsteuersatz der Lohnsteuer bemisst sich hingegen nach dem progressiven Einkommensteuertarif (vgl. § 38a EStG).

4. *Die Ausgestaltung von Haftungsnormen*

Haftung wird unter dem geltenden Steuerrecht als Fremdhaftung verstanden, gekennzeichnet durch eine Ausweitung des Steuerschuldverhältnisses auf Personen, die nicht Steuerschuldner sind.[673] Im Rahmen eines Abzugsteuersystems sind Haftungsregelungen regelmäßig so ausgestaltet, dass sich die Haftung akzessorisch zu der Steuerschuld, deren Vollzug unterstützt werden soll, verhält.[674] Sinn und Zweck der Haftungsnormen ist die Sanktionierung unterlassener

---

669 *Brandl*, in: Blümich, EStG, 151. EL, 03/2020, § 46 Rn. 2; *Eisgruber*, in: P. Kirchhof/Seer, EStG, 19. Aufl. 2020, § 46 Rn. 2; *Holzner*, in: BeckOK EStG, 7. Edition, 05/2020, § 46 Rn. 27 ff.

670 *Knaupp*, in: P. Kirchhof/Seer, EStG, 19. Aufl. 2020, § 43 Rn. 25; *Seelig*, in: BeckOK EStG, 7. Edition, 05/2020, § 36 Rn. 121.

671 *Eisgruber*, in: P. Kirchhof/Seer, EStG, 19. Aufl. 2020, § 46 Rn. 36.

672 *Pfirrmann*, in: P. Kirchhof/Seer, EStG, 19. Aufl. 2020, § 32d Rn. 1; *Schmidt*, in: BeckOK EStG, 7. Edition, 05/2020, § 32d Rn. 2; *Werth*, in: Blümich, EStG, 151. EL, 03/2020, § 32d Rn. 21.

673 *Brodersen*, in: Festschrift Thieme, 1993, S. 895, 896.

674 Vgl. *Heuermann*, Systematik und Struktur der Leistungspflichten im Lohnsteuerabzugsverfahren, 1998, S. 294 ff., 301; *Heuermann*, FR 2013, 354, 357; *Krüger*, in: Schmidt, EStG, 39. Aufl. 2020, § 42d Rn. 2; *Gersch*, in: Herrmann/Heuer/Raupach, EStG/KStG, 289. EL, 11/2018, § 42d EStG Rn. 20.

oder fehlerhaft durchgeführter (Abzug-)Steuerpflichten. Um im weiteren Verlauf dieser Arbeit bewerten zu können, ob ein Reformmodell mit kombinierten Haftungspflichten sinnvoll ist, soll im Folgenden ein kurzer Überblick über Haftungsnormen im Rahmen von Steuerentrichtungspflichten herausgearbeitet werden.

Ob das Fehlverhalten, das mit der Haftung sanktioniert werden soll, an ein Verschulden des Pflichtigen anknüpft, wurde in den Haftungsnormen unterschiedlich geregelt. Beispielhaft sollen hier zur Veranschaulichung die Haftungsnormen zu den einkommensteuerrechtlichen Steuerentrichtungspflichten der Lohnsteuer nach § 42d Abs. 1 EStG und der Kaspitalertragsteuer nach § 44 Abs. 5 EStG näher beleuchtet werden.

a) Haftung beim Lohnsteuerabzug, § 42d Abs. 1 EStG

Im Bereich der Lohnsteuer haftet der zum Steuerabzug verpflichtete Arbeitgeber nach den in § 42d Abs. 1 EStG geregelten Grundtatbeständen für einzubehaltende und abzuführende Lohnsteuer, für zu Unrecht erstattete Lohnsteuer oder infolge der Verletzung seiner Aufzeichnungspflicht verkürzten Lohnsteuer sowie für Lohnsteuer, die nach § 38 Abs. 3a EStG ein Dritter zu übernehmen hat.[675] Ein Verschulden des Arbeitgebers ist nach dem Wortlaut der Vorschrift keine Voraussetzung für die Haftung. Dennoch hat die Finanzverwaltung bei der Heranziehung des Arbeitgebers im Rahmen ihrer Ermessenentscheidung ein Unverschulden oder entschuldbares Verhalten des Arbeitgebers zu berücksichtigen.[676] Nach einigen Stimmen in der Literatur soll das Verschulden des Arbeitgebers in verfassungskonformer Auslegung der Haftungsnorm sogar schon auf Tatbestandsebene als Tatbestandsmerkmal zu prüfen sein.[677] Im Ergebnis wird der Arbeitgeber somit nur in Haftung genommen, wenn er seine Steuerabzugspflichten schuldhaft verletzt hat.

---

675 Zu den einzelnen Tatbestandsmerkmalen umfassend *Gersch*, in: Herrmann/Heuer/Raupach, EStG/KStG, 289. EL, 11/2018, § 42d EStG Rn. 40 ff. sowie umfassend zur Haftungsschuld beim Lohnsteuerabzug *Heuermann*, Systematik und Struktur der Leistungspflichten im Lohnsteuerabzugsverfahren, 1998, S. 272 ff.

676 BFH v. 19.05.2009 – VI B 8/08, BFH/NV 2009, 1454; *Wagner*, in: Blümich, EStG, 140. EL, 01/2018, § 42d Rn. 58.

677 *Friedrich*, DB 1984, 1114, 1116; *Gersch*, in: Herrmann/Heuer/Raupach, EStG/KStG, 289. EL, 11/2018, § 42d EStG Rn. 23; *Schick*, BB 1983, 1041, 1045 f.

b) *Haftung beim Kapitalertragsteuerabzug, § 44 Abs. 5 EStG*

Bei fehlerhaftem Kapitalertragsteuerabzug haften die Entrichtungspflichtigen für die Kapitalertragsteuer gemäß § 44 Abs. 5 S. 1 EStG nur dann, wenn sie nicht nachweisen können, dass sie die ihnen auferlegten Pflichten weder vorsätzlich noch grob fahrlässig verletzt haben. Hier knüpft die Haftung zwar an ein Verschulden an, nämlich an einen vorsätzlichen oder grob fahrlässigen Pflichtenverstoß. Dieser wird allerdings vermutet. Damit muss sich der Entrichtungspflichtige aufgrund der Beweislastumkehr selbst entlasten und nachweisen, dass er weder vorsätzlich noch grob fahrlässig einen fehlerhaften Steuerabzug vorgenommen hat, also weder in Kenntnis und Billigung des Pflichtenverstoßes gehandelt noch dabei die im Verkehr erforderliche Sorgfalt in ungewöhnlich großem Maße außer Acht gelassen hat.[678]

c) *Anforderungen an ein Verschulden*

Insgesamt wird nach den geltenden Haftungsnormen die Inhaftungnahme des Steuerabzugsverpflichteten also an sein Verschulden geknüpft, wobei dieses vermutet wird und der Haftungsschuldner sein Unverschulden aufgrund der Beweislastumkehr selbst beweisen muss, damit der Exkulpationstatbestand greift.

Die Anforderungen, die an ein Verschulden im Rahmen von Steuerentrichtungspflichten gestellt werden, sind dabei sehr gering: Die ordnungsgemäße Beachtung der Steuergesetze soll von jedem kaufmännischen Leiter eines Gewerbebetriebs verlangt werden können, bei Zweifeln muss er Rechtsrat einholen[679] oder die Steuer einbehalten und auf eine Klärung der Rechtsfrage im Veranlagungsverfahren des Gläubigers verweisen.[680]

5. *Effektivität eines Steuerabzugsmodells*

Die Abzugsbesteuerung ist ein Sicherungsinstrument, das anders als Betriebsprüfungen, Kontrollmitteilungen und Sammelauskunftsersuchen nicht der

---

678 *Hartrott*, in: Herrmann/Heuer/Raupach, EStG/KStG, 285. EL, 04/2018, § 44 EStG Rn. 40.

679 BFH v.20.04.1982 – VII R 96/97, BFHE 135, 416, 418; v. 07.03.1995 – VII B 172/94, BFH/NV 1995, 941, 942 f.; *Gersch*, in: P. Kirchhof/Söhn/Mellinghoff, EStG, 226. EL, 01/2012, § 44 Rn. F 24.

680 BFH v. 20.08.2008 – I R 29/07, BFHE 222, 500, 508 f.; v. 08.04.2009 – I B 78/08, juris Rn. 8; *Gersch*, in: P. Kirchhof/Söhn/Mellinghoff, EStG, 226. EL, 01/2012, § 44 Rn. F 24; *Tappe*, in: Zukunftsfragen des deutschen Steuerrechts III, 2018, S. 77, 86.

nachträglichen Überprüfung des selbstdeklarierten Sachverhalts dient, sondern im Vorfeld des Veranlagungsverfahrens ansetzt – weitestgehend unabhängig von einer manipulierbaren Selbstdeklaration.[681] Der Steuerabzug erfolgt direkt im Rahmen der Entstehung der Einkunftsquelle, also bei der die Einnahmen auszahlenden Stelle, hier dem Plattformbetreiber. Vorteil dieser Steuererhebung ist somit, dass die Besteuerung bereits unabhängig von der Durchführung eines Veranlagungsverfahrens direkt an der Quelle des Zahlungsflusses ansetzt und damit dem Vermieter so bereits die Möglichkeit einer Schwarzvermietung nimmt.[682] Zudem werden alle Steuerschuldner lückenlos erfasst[683] und der Steuerabzug erfolgt durch Fremddeklaration durch den Plattformbetreiber, der kein wirtschaftliches Interesse an der Umgehung einer für ihn „fremden Steuer" hat.[684] Das Betrugsrisiko wird dadurch herabgesetzt.[685] Auch die nachträgliche Überprüfung durch die Finanzbehörden gestaltet sich als einfacher, da sie beim Plattformbetreiber als alleinigem Abzugsverpflichteten ansetzen kann.[686] Darüber hinaus erhalten die Behörden die Möglichkeit, durch die Übermittlung der Abzugsteuer durch die Plattformbetreiber unter Angabe der Steueridentifikationsnummer des Online-Vermieters zu überprüfen, ob er die entsprechenden Vermietungseinkünfte im Rahmen der Veranlagung erklärt hat (beispielsweise durch einen automatisierten Datenabgleich oder durch Erstellung von Kontrollmitteilungen an die für die Veranlagung des Online-Vermieters zuständige Finanzbehörde). Sollte die vom Steuerpflichtigen

---

681 Vgl. *Hey*, in: Festschrift für Kruse, 2001, S. 269, 278.

682 Vgl. *Drüen*, FR 2004, 1134 ff.; *Goez*, Die Quellensteuer als Erhebungsform der Einkommensteuer, 1993, S. 120; *Hey*, in: Festschrift Kruse, 2001, S. 269, 278; sowie zum Lohnsteuerabzugsverfahren *Riepen*, Die Rechtstellung des Arbeitgebers im Lohnsteuerabzugsverfahren, 1967, S. 6 f.; *Thürmer*, in: Blümich, EStG, 140. EL, 01/2018, § 38 Rn. 63.

683 *Frizen*, Das Deklarationsprinzip im Einkommensteuerrecht, 2009, S. 144; *Goez*, Die Quellensteuer als Erhebungsform der Einkommensteuer, 1993, S. 118.

684 *Hey*, in: Festschrift für Kruse, 2001, S. 269, 278; *G. Kirchhof*, Die Erfüllungspflichten des Arbeitgebers im Lohnsteuerverfahren 2005, S. 172.

685 Vgl. BVerfG v. 09.03.2004 – 2 BvL 17/02, BVerfGE 110, 94, 134; *Frizen*, Das Deklarationsprinzip im Einkommensteuerrecht, 2009, S. 141, 144; *Tipke*, Die Steuerrechtsordnung Band III, 2. Aufl. 2012, S. 1465.

686 Vgl. allgemein zum Quellenabzug *Frizen*, Das Deklarationsprinzip im Einkommensteuerrecht, 2009, S. 143; sowie zum Lohnsteuerabzug *Goez*, Die Quellensteuer als Erhebungsform der Einkommensteuer, 1993, S. 120; *G. Kirchhof*, Die Erfüllungspflichten des Arbeitgebers im Lohnsteuerverfahren 2005, S. 192; *Winter*, Der Arbeitgeber im Lohnsteuerrecht, 1998, S. 189.

angegebene Steueridentifikationsnummer falsch sein, lässt sich über die Plattformen die Belegenheit des Vermietungsobjekts ermitteln und der Betrugsfall aufklären. Selbst dann, wenn sich der steuerpflichtige Vermieter nicht ermitteln lässt, wird durch die Erhebung der Abzugsteuer jedenfalls ein Teilbetrag des Steuerbetrags vom Fiskus eingenommen. Das Problem, dass der steuerpflichtige Online-Vermieter die Einnahmen durch Nichtdeklaration vor den Finanzbehörden verbergen kann, wird insoweit vermieden. Aufgrund des nunmehr erhöhten Entdeckungsrisikos für Betrugstaten, kann (nach der rationalen Nutzenkalkulation)[687] ferner von einer Zunahme der Steuerehrlichkeit ausgegangen werden.[688]

Gleichzeitig sichert ein Steuerabzugsverfahren die zur Steuerzahlung nötige Liquidität des Steuerschuldners.[689] Die Möglichkeit, dass er aufgrund von Fehldispositionen leichtfertig Mittel ausgibt, die durch die Steuer gebunden sind, ist mit dem Quellenabzug ausgeschlossen beziehungsweise wird durch diesen abgemildert.[690] Die Steuererhebung durch die Inanspruchnahme des Plattformbetreibers zum Steuerabzug sichert die Sicherung des Steueraufkommens ab.[691] Überdies steht der Finanzverwaltung mit dem Abzugsteuersystem ein Verifikationsmittel zur Verfügung, das einen gleichmäßigen Steuervollzug durch die nunmehr bestehende Rückverfolgungsmöglichkeit gewährleistet.[692] Ein Abzug- oder Quellensteuersystem wird daher als eines der effektivsten Mittel zur Sicherung von Steueransprüchen bewertet.[693] Es bietet sich immer dann an, wenn sich

687 Vgl. hierzu bereits die Ausführungen auf S. 162 f.

688 Vgl. so auch allgemein zur Quellenbesteuerung *Goez*, Die Quellensteuer als Erhebungsform der Einkommensteuer, 1993, S. 119.

689 *Goez*, Die Quellensteuer als Erhebungsform der Einkommensteuer, 1993, S. 120; *Riepen*, Die Rechtstellung des Arbeitgebers im Lohnsteuerabzugsverfahren, 1967, S. 7.

690 Vgl. *G. Kirchhof*, Die Erfüllungspflichten des Arbeitgebers im Lohnsteuerverfahren 2005, S. 172.

691 *Fetzer/Spengel/Dinger/Werner*, StuW 2020, 106, 114.

692 BVerfG v. 27.06.1991 – 2 BvR 1493/89, BVerfGE 84, 239, 281, 282 f.; v. 10.04.1997 – 2 BvL 77/92, BVerfGE 96, 1, 8; v. 09.03.2004 – 2 BvL 17/02, BVerfGE 110, 94, 113 f., 134; *Goez*, Die Quellensteuer als Erhebungsform der Einkommensteuer, 1993, S. 118; *Rehm*, StuW 1984, 230, 233.

693 Vgl. z. B. BVerfG v. 27.06.1991 – 2 BvR 1493/89, BVerfGE 84, 239, 281, 282 f.; v. 10.04.1997 – 2 BvL 77/92, BVerfGE 96, 1, 8; v. 09.03.2004 – 2 BvL 17/02, BVerfGE 110, 94, 113 f., 134; *Breithecker/Garden/Thönnes*, DStR 2007, 361, 362; *Frizen*, Das Deklarationsprinzip im Einkommensteuerrecht, 2009, S. 141 ff.; *Goez*, Die Quellensteuer als Erhebungsform der Einkommensteuer, 1993, S. S. 117 ff.; *Hey*, in: Festschrift Kruse, 2001, S. 269, 278 ff.; *Heuermann*, FR 2013, 354, 358 f.; *G. Kirchhof*, Die

eine Vielzahl gleichartiger Forderungen bei einem Schuldner bündeln, wie der Arbeitslohn beim Arbeitgeber, die Kapitalerträge bei der Bank[694] – oder eben die Vermietungseinnahmen beim Plattformbetreiber, der diese nach Abzug der Provision an die Gastgeber auszahlt.[695] Eine Reform des Einkommensteuergesetzes in Form der Einführung einer Abzugsteuer auf Transaktionen über Unterkunftsvermittlungsplattformen kommt darüber hinaus auch den Plattformbetreibern zu Gute. Denn die vermehrt geäußerte Kritik an den Sharing-Economy-Plattformen rührt aus der mit ihnen in Verbindung gebrachten Steuerhinterziehung her, die mit der Reform bekämpft wird.[696]

Eine Kombination der Steuerentrichtungspflichten mit Haftungspflichten erhöht die Effektivität des Abzugsteuersystems insoweit, als der Plattformbetreiber ein eigenes wirtschaftliches Interesse an der Durchführung eines ordnungsgemäßen Steuerabzugs erhält. Er wird durch die drohende Haftung und dem damit einhergehenden Risiko einer finanziellen Belastung zur Umsetzung des Abzugsteuersystems angehalten.[697] Eine Haftungspflicht wird ausgelöst, wenn der Steuerabzug fehlerhaft durchgeführt oder unterlassen wird und die Einkommensteuer auf die Online-Vermietungseinkünfte vom (originären) Steuerpflichtigen nicht entrichtet wurde. Aufgrund der Haftungspflicht kann der Plattformbetreiber als Haftungsschuldner – und damit als Schuldner aus einem Steuerschuldverhältnis (vgl. § 37 AO)[698] – selbst auf die Steuer in Anspruch genommen werden. Haftungstatbestände sind im Einkommensteuerrecht regelmäßig im Zusammenhang mit Abzugsteuerpflichten wiederzufinden (vgl. § 42d EStG in Bezug zum Lohnsteuerabzug und § 44 Abs. 5 oder § 45a Abs. 7 EStG zum Kapitalertragsteuerabzug). Mit ihrer starken Sanktionswirkung

---

Erfüllungspflichten des Arbeitgebers im Lohnsteuerverfahren, 2005, S. 172 f.; *Seer*, FR 2012, 1000, 1002; *Tipke*, Die Steuerrechtsordnung Band III, 2. Aufl. 2012, S. 1465.

694 OECD, The Sharing and Gig Economy: Effective Taxation of Platform Sellers: Forum on Tax Administration, 2019, S. 27; *Seer*, FR 2012, 1000, 1002.

695 So auch *Bräutigam/Ludwig/Spengel*, Steuerlicher Reformbedarf bei Service-Plattformen: Eine Analyse anhand des deutschen Airbnb-Marktes, 2019, S. 12, https://www.zew.de/fileadmin/FTP/gutachten/ZEW_Expertise_Airbnb_2019.pdf (Stand: 09.11.2020).

696 So auch *Kwong*, Taxation in a Global Digital Economy, 2017, S. 61, 71.

697 Vgl. *Hey*, in: Festschrift für Kruse, 2001, S. 269, 278; *G. Kirchhof*, Die Erfüllungspflichten des Arbeitgebers im Lohnsteuerverfahren 2005, S. 172; kritisch *Kloubert*, Rechtliche Stellung des Arbeitgebers beim Lohnsteuerabzug, 1988, S. 90.

698 *Heuermann*, FR 2013, 354, 355.

fördern die Haftungspflichten einen fehlerfreien Steuerabzug durch den Steuerabzugspflichtigen und runden damit die Abzugsbesteuerung sinnvoll ab.[699]

IV. Ergebnis und Stellungnahme

Die als Reformmodelle für einen verbesserten Steuervollzug in der Online-Vermietung in Betracht kommenden Maßnahmen können im Wesentlichen in drei Kategorien eingeteilt werden, nämlich in informative Maßnahmen, Datenkontrollsysteme und Mechanismen zum Steuerabzug an der Quelle.[700] Diese drei Reformoptionen können in der Praxis jeweils entweder durch Kooperationsvereinbarungen (in Form vertraglicher Vereinbarungen) der Behörden mit den Plattformbetreibern oder über Gesetzesänderungen eingeführt werden.[701] Ist die Zustimmung der Plattformbetreiber nicht erreichbar oder sollen Maßnahmen flächendeckend für verschiedene Plattformbetreiber unabhängig von ihrer Zustimmungsbereitschaft umgesetzt werden, bietet sich eine Änderung der entsprechenden Steuergesetze an. Im Folgenden soll die Effektivität der einzelnen Reformoptionen in Bezug auf die Tauglichkeit zur Vermeidung des Steuervollzugsdefizits im Bereich der Besteuerung der Online-Vermieter zusammengefasst werden.

Die zu Beginn analysierten informativen Maßnahmen sind insoweit effektiv, als sie über Steuerpflichten aufklären und ermöglichen, dass erklärungswillige Steuerpflichtige daraufhin ihren Steuererklärungspflichten nachkommen. Sie können eine gleichmäßige Besteuerung aber nicht sicherstellen, da sie das Problem der Steuerunehrlichkeit von Leistungsanbietern nicht beseitigen. Die Finanzbehörden sind weiterhin auf die Erklärungsbereitschaft der Steuerpflichtigen angewiesen. Sie können damit die Sicherung des Steueranspruchs zwar fördern, lösen aber die Besteuerungsproblematik nicht und stellen damit keine ausreichende Reformoption dar.

Rückverfolgbar – und damit zur Sicherung des Steueranspruchs tauglich – sind Transaktionen bei der Einführung von Datenkontroll- oder Quellensteuerabzugsystemen, vorausgesetzt, die Plattformbetreiber übermitteln beim

699 *Brodersen*, in: Festschrift Thieme, 1993, S. 895, 897 m. w. N.; *G. Kirchhof*, Die Erfüllungspflichten des Arbeitgebers im Lohnsteuerverfahren, 2005, S. 122 in Rn. 191 (zur Haftung des Arbeitgebers im Lohnsteuerabzugsverfahren).

700 Vgl. auch *Pantazatou*, in: Tax and the Digital Economy, 2019, S. 215, 222.

701 Vgl. BMWi, Sharing Economy im Wirtschaftsraum Deutschland, 2018, S. 119 f.; Europäische Kommission, Mitteilung v. 02.06.2016, COM(2016) 356 final, S. 15 ff.

Datenkontrollsystem die der Transaktion zugrundeliegenden, personalisierten Daten an die Behörden.

Bereits die Einführung von personalisierten Aufzeichnungs- und Datenübermittlungspflichten erhöht das Risiko, dass die Finanzbehörden die Steuererklärungen der entsprechenden Leistungsanbieter auf die Einnahmen aus der Sharing Economy hin kontrollieren können. Steueransprüche können allerdings nur insoweit durchgesetzt werden, als die Finanzverwaltung auch über die personellen und technischen Kapazitäten verfügt, die hierzu notwendig sind. Werden bestehende Verifikationsinstrumente nur unzureichend genutzt, kann auch dadurch ein strukturelles Steuervollzugsdefizit begründet werden.[702]

Am effektivsten gesichert wird das Steueraufkommen durch ein Abzugsteuersystem, das den Plattformbetreiber zum Zeitpunkt der Zahlungsabwicklung zur Erhebung der Abzugsteuer verpflichtet. In Höhe der Abzugsteuer wird der Steuerbetrag bereits zu diesem Zeitpunkt an die Finanzbehörden gezahlt und ist damit insoweit bereits beglichen. Dabei hat der Plattformbetreiber als Dritter kein eigenes wirtschaftliches Interesse an der Umgehung einer für ihn „fremden" Steuer, sodass das Betrugsrisiko als sehr gering einzuschätzen ist. Auch die nachträgliche Überprüfung durch die Finanzbehörden gestaltet sich einfacher und kostengünstiger, da sie beim Plattformbetreiber als alleinigem Abzugsverpflichteten ansetzen kann. Zudem werden alle Steuerschuldner lückenlos über die Übermittlung der Steueridentifikationsnummer erfasst. Ein Abzug- oder Quellensteuersystem bietet sich bei Transaktionen über Unterkunftsvermittlungsplattformen gerade deshalb an, da der Plattformbetreiber als Zahlstelle zur Verfügung steht und die Abwicklung des Buchungsprozesses automatisiert bei der Plattform erfolgt, die die für den Steuerabzug notwendigen Daten bündelt und zentralisiert speichern kann. Im Ergebnis ist also die Einführung einer Abzugsteuer, die bei der Abwicklung von Transaktionen über Unterkunftsvermittlungsplattformen direkt vom Plattformbetreiber erhoben wird, eine sehr effiziente Reformoption zur Lösung der Steuervollzugsproblematik.[703]

---

702 Vgl. BVerfG v. 09.03.2004 – 2 BvL 17/02, BVerfGE 110, 94, 114, 128 f.

703 Dem i. Erg. zustimmend BMWi, Sharing Economy im Wirtschaftsraum Deutschland, 2018, S. 94, 119 f.; *Fricke/Linnemann*, Focus 2018 (6), 25; *Hagelüken*, Süddeutsche Zeitung Online-Beitrag v. 27.01.2019, https://www.sueddeutsche.de/wirtschaft/2.220/steuer-airbnb-tourismus-1.4304650 (Stand: 09.11.2020); Monopolkommission, Wettbewerb 2016: Einundzwanzigstes Hauptgutachten der Monopolkommission gemäß § 44 Abs. 1 Satz 1 GWB, S. 404 f.

Ob eine Reform in Form der Einführung eines Datenkontrollsystems oder des (noch effektiveren) Abzugsteuersystems zu bevorzugen ist, soll im Weiteren unter Begutachtung der verfassungsrechtlichen Zulässigkeit und Unionsrechtmäßigkeit der Systeme nachgegangen werden. Die informativen Maßnahmen wurden zwar als „zu kurz greifende" Maßnahme angesehen, um als taugliche Reform für die Sicherstellung der Besteuerungsansprüche aus der Online-Vermietung eingestuft zu werden. Da sie aber dennoch einen gewissen Effektivitätsgewinn zum status quo des Besteuerungssystems darstellen und in der Praxis möglicherweise zügiger umgesetzt werden können, sollen auch sie auf ihre rechtliche Zulässigkeit hin überprüft werden.

B. Verfassungsmäßige sowie unionsrechtliche Anforderungen an die Reformoptionen

I. Informative Maßnahmen

Auf ihre rechtliche Zulässigkeit hin soll im Rahmen dieser Arbeit nur die Beeinträchtigung der Plattformbetreiber durch die Pflicht zur Veröffentlichung des allgemeinen Besteuerungshinweises untersucht werden.

1. Rechtliche Einordnung der Inanspruchnahme der Plattformbetreiber

Ein Gesetz, das für Plattformbetreiber im Unterkunftsvermittlungssektor beispielsweise die Veröffentlichung von Hinweisen über Steuerpflichten als informative Maßnahme vorsieht, legt Plattformbetreibern als privaten Unternehmern bestimmte Handlungspflichten auf, die möglicherweise nicht in deren Interesse liegen. Denn die Hinweise können die Plattformnutzer von der Nutzung der Plattform abhalten, wenn sie sich durch die staatliche Beeinflussung beispielsweise in ihrer Privatsphäre beeinträchtigt fühlen oder darauf aufbauend die Durchführung weiterer staatlicher Maßnahmen befürchten.

Mit der Auferlegung von Pflichten zur Veröffentlichung von Hinweisen über Steuerpflichten auf Unterkunftsvermittlungsplattformen soll die Durchsetzung von Steueransprüchen gefördert werden. Der Steuervollzug stellt eine originär staatliche Aufgabe dar (vgl. § 85 S. 1 AO), die umfassend in hoheitlicher Verantwortung zu gewährleisten ist.[704] Bei der Auferlegung der Pflicht

---

704 BVerfG v. 29.11.1967 – 1 BvR 175/66, BVerfGE 22, 380, 383; *Birk*, StuW 2004, 277; *Goez*, Die Quellensteuer als Erhebungsform der Einkommensteuer, 1993, S. 127; *Hendel*, Die Belastung der Arbeitgeber durch die Lohnsteuer, 1997, S. 66; *Hey*, FR 1998,

zur Veröffentlichung bestimmter Besteuerungshinweise könnte es sich daher um eine Indienstnahme Privater zur Unterstützung des Fiskus bei der Erfüllung der hoheitlichen Aufgabe des Steuervollzugs handeln.[705] Die Einordnung der Inanspruchnahme gewinnt insbesondere an Relevanz, wenn es um die rechtliche Qualifikation der durch die Inanspruchnahme getroffenen Maßnahmen der Inanspruchgenommenen geht. Für den Rechtsschutz der Adressaten dieser Maßnahmen (den Plattformnutzer durch die Handlungen der Plattformbetreiber) ist die Rechtsnatur der Maßnahme (beispielsweise Verwaltungsakt oder privatwirtschaftliche Handlungsform) maßgebend. Die Bestimmung der Rechtsnatur der Maßnahme des Plattformbetreibers hängt davon ab, wie die Beauftragung der Plattformbetreiber durch den Staat rechtlich einzuordnen ist. Entscheidend ist mithin, ob die Plattformbetreiber als private Rechtssubjekte oder als Teil des Staates auftreten und dabei in Form von Verwaltungsakten handeln und Grundrechtsverpflichtete sein können.

Eine Indienstnahme liegt vor, wenn öffentliche Verwaltungsaufgaben auf private Leistungsträger kraft Gesetzes „abgewälzt" werden,[706] Privaten also gegen ihren Willen im Rahmen einer grundrechtlich geschützten Freiheitsausübung die Erfüllung gemeinwohlbezogener Pflichten auferlegt werden.[707] Diese Pflichten erledigt der Private eigenverantwortlich und selbstständig mit Mitteln des Privatrechts und übt dabei keine hoheitlichen Befugnisse aus.[708]

497, 503; *Hufeld*, DStZ 2018, 755, 760 f.; *Seiler*, in: Festschrift Bundesfinanzhof, Band I, 2018, S. 1761, 1765; *Trzaskalik*, DStJG 12 (1989), 157; *Winter*, Der Arbeitgeber im Lohnsteuerrecht, 1998, S. 28 ff.; a. A. *Heuermann*, FR 2013, 354, 358 f., der auch Steuerentrichtungspflichten als Erfüllung von eigenen Steuerpflichten qualifiziert oder *Krohn*, BB 1969, 1233, 1235 in Bezug auf die Lohnsteuerabzugsverpflichtung des Arbeitgebers, die der Arbeitgeber ausschließlich zur Erfüllung seiner gegenüber dem Arbeitnehmer obliegenden Verpflichtung erfülle.

705 Das Institut der gesetzlichen Indienstnahme Privater für Verwaltungsaufgaben geht auf Ipsen zurück, *Ipsen*, in: Festschrift Kaufmann, 1950, S. 141 ff.

706 *Ipsen*, in: Festschrift Kaufmann, 1950, S. 141; *Kirmer*, Der Begriff der öffentlichen Aufgabe in der Rechtsprechung des Bundesverfassungsgerichts, 1995, S. 268.

707 *Drüen*, Die Indienstnahme Privater für den Vollzug von Steuergesetzen, 2012, S. 51 ff.; *Hufeld*, DStZ 2018, 755, 766; *Peterek*, Eigentumsschutz durch Ausgleichsregelungen, 2000, S. 55.

708 *Drüen*, Die Indienstnahme Privater für den Vollzug von Steuergesetzen, 2012, S. 85 ff., 386; *Ehlers/Schneider*, in: Schoch/Schneider/Bier, VwGO, 28. EL, 03/2015, § 40 Rn. 290 f. m. w. N.; *von Heimburg*, Verwaltungsaufgaben und Private, 1982, S. 39 f.

Im Hinblick auf die unterschiedlichen Rechtsfolgen ist das Rechtsinstitut der Indienstnahme von der Beleihung und dem Verwaltungshelfer abzugrenzen.[709]

Die Beleihung zeichnet sich im Vergleich zu anderen Formen der Einbeziehung Privater in die öffentliche Aufgabenerfüllung dadurch aus, dass natürlichen oder juristischen Personen des Privatrechts („Privaten“) staatliche Aufgaben übertragen werden, die diese selbständig und im eigenen Namen in den Handlungsformen des öffentlichen Rechts wahrnehmen.[710] Die staatliche Aufgabe des Steuervollzugs wird mit informativen Hinweisen auf der Plattform nicht erfüllt. Die Veröffentlichung der Hinweise knüpft vielmehr an das privat-wirtschaftliche Betreiben der Plattform an. Die Annahme einer Beleihung ist daher fernliegend.

Verwaltungshelfer sind Private, die nicht selbstständig, sondern für eine Behörde nach außen in deren Auftrag, Namen und auf deren Weisung tätig werden und die Behörde im Rahmen einer untergeordneten Tätigkeit vorbereitend oder rein ausführend bei der Wahrnehmung der weiterhin der Behörde zugewiesenen Aufgaben unterstützen.[711] Der Verwaltungshelfer wird in den Verwaltungsvollzug der Behörde eingeschaltet, Zuständigkeit und Verantwortung für seine Handlungen verbleiben bei der Verwaltung.[712] Bei der Inanspruchnahme der Plattformbetreiber zur Veröffentlichung von Hinweisen zum Besteuerungsverfahren handelt es sich um eine eigenständige Pflicht des Plattformbetreibers, die dieser in eigener Verantwortung zu erbringen hat. Der Inhalt der Hinweise stellt zwar eine behördliche Äußerung dar, die Bereitstellung dieser Hinweise auf der Plattform obliegt dann allein dem Plattformbetreiber und wird im Rahmen seiner Tätigkeit der Plattformbereitstellung erbracht. Er erhält keine expliziten behördlichen Anweisungen hinsichtlich der Art und Weise der Veröffentlichung der Hinweise. Vielmehr regelt dies allein das abstrakt-generelle Gesetz, dessen Adressat der Plattformbetreiber ist. Der Plattformbetreiber wird folglich mit der Inanspruchnahme nicht als Verwaltungshelfer tätig.

---

709 Vgl. BVerwG v. 26.06.1970 – VII C 10/70, NJW 1970, 2075, 2076; v. 26.08.2010 – 3 C 35/09, NVwZ 2011, 368, 370; *Drüen*, Die Indienstnahme Privater für den Vollzug von Steuergesetzen, 2012, S. 85 ff., 386; *Ehlers/Schneider*, in: Schoch/Schneider/Bier, VwGO, 28. EL, 03/2015, § 40 Rn. 275 m. w. N., 281 f. m. w. N., 290 f. m. w. N.

710 BVerwG v. 26.06.1970 – VII C 10/70, NJW 1970, 2075, 2076.; v. 26.08.2010 – 3 C 35/09, NVwZ 2011, 368, 370; *Ehlers/Schneider*, in: Schoch/Schneider/Bier, VwGO, 28. EL, 03/2015, § 40 Rn. 275 m. w. N.; *Voßkuhle*, in: VVDStRL 62 (2003), 266, 299 Fn. 137.

711 *Ehlers/Schneider*, in: Schoch/Schneider/Bier, VwGO, 28. EL, 03/2015, § 40 Rn. 281 f. m. w. N.

712 *Ehlers/Schneider*, in: Schoch/Schneider/Bier, VwGO, 28. EL, 03/2015, § 40 Rn. 289 m. w. N.

Indessen handelt es sich um eine Indienstnahme, da der Plattformbetreiber die dem Gemeinwohl dienende Pflicht eigenverantwortlich und selbstständig mit Mitteln des Privatrechts ausübt, ohne dabei hoheitlich tätig zu werden.

Die Indienstnahme Privater für öffentliche Aufgaben ist einerseits nicht schon als solche verfassungswidrig.[713] Andererseits lässt sich dem Grundgesetz aber auch kein allgemeiner Rechtssatz des Inhalts entnehmen, dass die Heranziehung zur Mithilfe bei der Erfüllung einer öffentlichen Aufgabe schon an sich, ohne Rücksicht auf ihre Ausgestaltung im Einzelnen, einen solchen Anspruch auslöse.[714] Die Zulässigkeit der Indienstnahme des Privaten muss im Einzelfall geprüft werden.[715] Grenzen ergeben sich insbesondere aus den Grundrechten, aber auch das Unionsrecht der Europäischen Union ist beim Vorliegen eines grenzüberschreitenden Sachverhaltes zu beachten.[716]

2. *Verfassungsrechtliche Zulässigkeit der Indienstnahme von Plattformbetreibern zur Veröffentlichung von Besteuerungshinweisen auf ihrer Unterkunftsvermittlungsplattform*

a) *(Negative)Meinungsfreiheit, Art. 5 Abs. 1 S. 1 GG*

Die gesetzliche Verpflichtung der Plattformbetreiber zur Veröffentlichung von Hinweisen über steuerliche (Erklärungs-)Pflichten auf der eigenen Plattform könnte einen nicht zu rechtfertigenden Eingriff in den Schutzbereich der (negativen) Meinungsfreiheit der Plattformbetreiber aus Art. 5 Abs. 1 S. 1 GG darstellen. Eine Grundrechtsverletzung ist bei Freiheitsgrundrechten immer dann zu bejahen, wenn ein Eingriff in den persönlichen und sachlichen Schutzbereich des Grundrechts vorliegt, der verfassungsrechtlich nicht gerechtfertigt ist.[717]

---

713 Vgl. z. B. BVerfG v. 29.11.1967 – 1 BvR 175/66, BVerfGE 22, 380 ff.; v. 16.03.1971 – 1 BvR 52/66, BVerfGE 30, 292, 311; v. 02.03.2010 – 1 BvR 256/08, BVerfGE 125, 260, 361.

714 BVerfG v. 16.03.1971 – 1 BvR 52/66, BVerfGE 30, 292, 311.

715 BVerfG v. 16.03.1971 – 1 BvR 52/66, BVerfGE 30, 292, 311.

716 Der Anwendungsvorrang des Unionsrechts ergibt sich aus Art. 4 Abs. 3 EUV, vgl. EuGH v. 15.07.1964 – C-6/64, ECLI:EU:C:1964:66, Slg. 1964, 1251, 1269 ff. – *Costa/E.N.E.L.*; v. 17.12.1970 – C-11/70, ECLI:EU:C:1970:114, Rn. 3 – *Internationale Handelsgesellschaft*.

717 Vgl. z. B. *Dreier*, in: Dreier, GG, 3. Aufl. 2013, Vorb. Art. 1 Rn. 119 ff.; *v. Münch/Kunig*, in: von Münch/Kunig, GG, 6. Aufl. 2012, Vorb. Art. 1-19 Rn. 11.

aa) Schutzbereich

Die Meinungsfreiheit (Art. 5 Abs. 1 S. 1 HS. 1 GG) gewährt das Recht, dass jedermann seine Meinung in Wort, Schrift und Bild frei äußern und verbreiten darf. Das Grundrecht ist auch auf juristische Personen des Privatrechts wesensmäßig im Sinne von Art. 19 Abs. 3 GG anwendbar,[718] sodass sowohl natürliche als auch juristische Personen als Plattformbetreiber insoweit grundsätzlich grundrechtsberechtigt sind. Unter einer Meinung wird jede Äußerung definiert, die durch die Elemente der Stellungnahme, des Dafürhaltens oder Meinens geprägt ist.[719] Tatsachenbehauptungen sind dagegen im strengen Sinn keine Meinungsäußerungen, da bei ihnen die objektive Beziehung zwischen der Äußerung und der Realität im Vordergrund steht.[720] Der Schutzbereich der Meinungsfreiheit ist allerdings sehr weit zu verstehen und auch dann erfüllt, wenn die Elemente der Stellungnahme und des Dafürhaltens mit einer Mitteilung von Tatsachen untrennbar verbunden sind, da die Tatsachenmitteilung Voraussetzung für das Bilden einer Meinung ist.[721] Mit einem Hinweis auf Steuerpflichten nach den geltenden Steuergesetzen und der Aufforderung der Plattformnutzer zur Erfüllung dieser Pflichten kann die wertende Äußerung verbunden sein, dass die Einhaltung von Steuerpflichten befürwortet wird.[722] Insoweit ist eine Verbindung der Tatsachenmitteilung mit dem Element der Stellungnahme und des Dafürhaltens festzustellen und der Schutzbereich insoweit eröffnet.

---

718 Vgl. BVerfG v. 09.10.1991 – 1 BvR 1555/88, BVerfGE 85, 1, 11 ff.; v. 13.02.1996 – 1 BvR 263/91, BVerfGE 94, 1, 7 ff.; v. 22.01.1997 – 2 BvR 1915/91, BVerfGE 95, 173, 182 f.; v. 28.07.2004 – 1 BvR 2566/95, NJW-RR 2004, 1710, 1711; *Schemmer*, in: BeckOK GG, 43. Edition, 05/2020, Art. 5 Rn. 2; *Schulze-Fielitz*, in: Dreier, GG, 3. Aufl. 2013, Art. 5 Rn. 116.

719 BVerfG v. 22.06.1982 – 1 BvR 1376/79, BVerfGE 61, 1, 9; v. 19.11.1985 – 1 BvR 934/82, BVerfGE 71, 162, 179; v. 13.04.1994 – 1 BvR 23/94, BVerfGE 90, 241, 247; *Schemmer*, in: BeckOK GG, 43. Edition, 05/2020, Art. 5 Rn. 4; *Schulze-Fielitz*, in: Dreier, GG, 3. Aufl. 2013, Art. 5 Rn. 62.

720 BVerfG v. 15.12.1983 – 1 BvR 209/83, BVerfGE 65, 1, 40 f.; v. 09.10.1991 – 1 BvR 1555/88, BVerfGE 85, 1, 15; v. 13.04.1994 – 1 BvR 23/94, BVerfGE 90, 241, 247.

721 BVerfG v. 22.06.1982 – 1 BvR 1376/79, BVerfGE 61, 1, 9; v. 19.11.1985 – 1 BvR 934/82, BVerfGE 71, 162, 179; v. 09.10.1991 – 1 BvR 1555/88, BVerfGE 85, 1, 15 f.; v. 13.04.1994 – 1 BvR 23/94, BVerfGE 90, 241, 247 f.; v. 28.07.2004 – 1 BvR 2566/95, NJW-RR 2004, 1710, 1711; *Schemmer*, in: BeckOK GG, 43. Edition, 05/2020, Art. 5 Rn. 8; *Schulze-Fielitz*, in: Dreier, GG, 3. Aufl. 2013, Art. 5 Rn. 62 ff.

722 Vgl. BVerfG v. 22.01.1997 – 2 BvR 1915/91, BVerfGE 95, 173, 182 f.

Unterstellt man das grundsätzliche Vorliegen einer Meinung im Sinne des Art. 5 Abs. 1 S. 1 GG, bedarf es zur weiteren Beurteilung, ob der Schutzbereich der Meinungsfreiheit tatsächlich betroffen ist, der Abgrenzung, ob die Plattformbetreiber mit den Besteuerungshinweisen deutlich erkennbar die Äußerung des deutschen Fiskus wiederzugeben verpflichtet sind oder sich der Hinweis als ihr eigener darzustellen vermag und den Plattformbetreibern damit zugerechnet werden kann. Nur in der zuletzt genannten Alternative kommt die Eröffnung des Schutzbereichs in Form der negativen Meinungsfreiheit in Betracht.[723] Denn Art. 5 Abs. 1 S. 1 GG schützt auch das Recht, eine Meinung nicht äußern und nicht verbreiten zu müssen.[724]

Soweit aber im Rahmen der auf der Plattform zu veröffentlichenden Hinweise deutlich gemacht werden darf, dass ein Hinweis nur aufgrund einer Hinweispflicht erfolgt, wie beispielsweise durch den erläuternden Zusatz „Hinweis des Bundesministeriums der Finanzen" oder die den Besteuerungshinweis einleitenden Worte „das Bundesministerium der Finanzen informiert", liegt kein Eingriff in Art. 5 Abs. 1 S. 1 GG vor.[725] Es handelt sich dann nur um eine Tatsache, die ohne eigenes Werturteil der Plattformbetreiber verbreitet wird.[726] Etwas anderes würde gelten, wenn die Besteuerungshinweise nicht deutlich erkennbar die Äußerung einer fremden Meinung wären, sondern dem Plattformbetreiber zugerechnet werden könnten. Würde einem Grundrechtsberechtigten die Verbreitung einer fremden Meinung als eigene zugemutet, so wäre die Meinungsfreiheit berührt.[727] Wird den Nutzern der Plattform der Eindruck vermittelt, der Plattformbetreiber unterstütze aus eigenem Willen die Verbreitung der Hinweise, verbreite also von sich aus diese Aussage, so kann die Freiheit der Meinungsverbreitung den Prüfungsmaßstab bieten.[728] Wird hingegen deutlich erkennbar, dass die auf den Unterkunftsvermittlungsplattformen verbreitete Meinung einem anderen zuzurechnen ist, und ist die Verbreitung dieser Informationen allgemeine Bedingung für das Bereitstellen der Plattform im deutschen Markt,

---

723 BVerfG v. 22.01.1997 – 2 BvR 1915/91, BVerfGE 95, 173, 182 f.

724 BVerfG v. 05.02.1981 – 2 BvR 646/80, BVerfGE 57, 170, 191 f.; v. 22.01.1997 – 2 BvR 1915/91, BVerfGE 95, 173, 182; v. 12.07.2017 – 1 BvR 2222/12, BVerfGE 146, 164, 185; *Schulze-Fielitz*, in: Dreier, GG, 3. Aufl. 2013, Art. 5 Rn. 74.

725 Vgl. BVerfG v. 22.01.1997 – 2 BvR 1915/91, BVerfGE 95, 173, 182.

726 Vgl. BVerfG v. 22.01.1997 – 2 BvR 1915/91, BVerfGE 95, 173, 182 f.

727 Vgl. BVerfG v. 22.01.1997 – 2 BvR 1915/91, BVerfGE 95, 173, 182; v. 12.07.2017 – 1 BvR 2222/12, BVerfGE 146, 164, 185.

728 Vgl. BVerfG v. 22.01.1997 – 2 BvR 1915/91, BVerfGE 95, 173, 182.

so ist der Schutzbereich der Meinungsfreiheit nach Art. 5 Abs. 1 S. 1 GG nicht eröffnet.[729]

bb) Ergebnis

Unter Zugrundelegung dieses Maßstabs kann ein Verstoß gegen das Grundrecht der (negativen) Meinungsfreiheit dadurch vermieden werden, dass die die Informationshinweise ausstellende Behörde deutlich erkennbar in den Hinweisen benannt wird. Der sachliche Schutzbereich der (negativen) Meinungsfreiheit gemäß Art. 5 Abs. 1 S. 1 HS. 1 GG wird sodann mit der Verpflichtung zur Veröffentlichung von Hinweisen zu Besteuerungspflichten nicht berührt.

b) Berufsfreiheit, Art. 12 Abs. 1 GG

Die Verpflichtung zu Hinweisen über steuerliche (Erklärungs-)Pflichten der Online-Vermieter auf der eigenen Plattform, betrifft den Plattformbetreiber beim Betrieb seiner Plattform und knüpft daher an seine berufliche Betätigung an. Es ist daher zu prüfen, ob die Hinweispflicht mit der Berufsfreiheit der Plattformbetreiber gemäß Art. 12 Abs. 1 GG zu vereinbaren ist.

aa) Schutzbereich der Berufsfreiheit

(1) Persönlicher Schutzbereich der Berufsfreiheit

Der persönliche Anwendungsbereich der Berufsfreiheit gemäß Art. 12 Abs. 1 GG ist nach dem Wortlaut für alle „Deutschen" eröffnet. Neben natürlichen Personen können sich aufgrund der wesensmäßigen Anwendbarkeit des Grundrechts (Art. 19 Abs. 3 GG) auch juristische Personen des Privatrechts auf Art. 12 Abs. 1 GG berufen.[730] Denn werden Plattformen durch ein Gewerbe betrieben, kann diese Erwerbstätigkeit ihrem Wesen und ihrer Art nach in gleicher Weise von einer juristischen wie von einer natürlichen Person ausgeübt werden, sodass die Freiheit der juristischen Person, die Erwerbszwecken dienende Tätigkeit

---

729 Vgl. BVerfG v. 22.01.1997 – 2 BvR 1915/91, BVerfGE 95, 173, 182; *Hardach/Ludwigs*, DÖV 2007, 288 ff.; *Schulze-Fielitz*, in: Dreier, GG, 3. Aufl. 2013, Art. 5 Rn. 74; *Siekmann*, DÖV 2003, 657, 659.

730 BVerfG v. 16.03.1971 – 1 BvR 52/66, BVerfGE 30, 292, 312; v. 01.03.1979 – 1 BvR 532/77, BVerfGE 50, 290, 363; v. 22.01.1997 – 2 BvR 1915/91, BVerfGE 95, 173, 181; v. 14.01.2014 – 1 BvR 2998/11, BVerfGE 135, 90, 109; *Bethge*, in: Maunz/Schmidt-Bleibtreu/Klein/Bethge, BVerfGG, 53. EL, 02/2018, § 90 Rn. 140; *Huber*, in: von Mangoldt/Klein/Starck, GG, 7. Aufl. 2018, Art. 19 Rn. 322; *Ruffert*, in: BeckOK GG, 43. Edition, 05/2020, Art. 12 Rn. 38.

auszuüben, gleichermaßen beeinträchtigt werden kann.[731] Das Schutzgut des Art. 12 Abs. 1 S. 1 GG ist daher auch auf Plattformbetreiber anwendbar, die als juristische Personen auftreten.

Die Plattformbetreiber sind allerdings global tätig, sodass zu klären ist, ob sich über den Wortlaut des Art. 12 Abs. 1 GG hinaus auch ausländische Plattformbetreiber auf die Berufsfreiheit berufen können. Als Deutsche definiert Art. 116 Abs. 1 GG in erster Linie diejenigen, die die deutsche Staatsangehörigkeit besitzen. Für Unionsbürger der Europäischen Union (Art. 20 AEUV) verlangt allerdings das allgemeine Diskriminierungsverbot des Art. 18 AEUV aufgrund des Anwendungsvorrangs des Unionsrechts[732] eine Gleichstellung von Unionsbürgern mit Deutschen im Bereich der Berufsfreiheit.[733] Daher ist für europäische Ausländer entweder Art. 12 Abs. 1 GG entgegen seinem Wortlaut auch auf Unionsbürger anwendbar[734] oder Art. 2 Abs. 1 GG ist dahin zu verstehen, dass er Unionsbürgern einen den Deutschenrechten gleichwertigen Schutz verbürgt,[735] sodass auch insoweit die Zulässigkeit eines Eingriff am Maßstab des Art. 12 Abs. 1 GG zu messen ist. Darüber hinaus wird auch allen anderen ausländischen natürlichen Personen ein Grundrechtschutz jedenfalls über Art. 2 Abs. 1 GG gewährt, allerdings nach Maßgabe des Art. 2 Abs. 1 GG, der als Auffanggrundrecht einen weiten Schutzbereich gewährt und geringere Anforderungen an die Rechtfertigungsvoraussetzungen stellt.[736]

---

731 Vgl. BVerfG v. 16.03.1971 – 1 BvR 52/66, BVerfGE 30, 292, 312; v. 01.03.1979 – 1 BvR 532/77, BVerfGE 50, 290, 362 f.; v. 18.01.2002 – 1 BvR 2284/95, NJW 2002, 1485; v. 26.6.2002 – 1 BvR 228/91, BVerfGE 105, 252, 265.

732 Vgl. hierzu EuGH v. 15.07.1964 – C-6/64, ECLI:EU:C:1964:66, Slg. 1964, 1251, 1269 ff. – *Costa/E.N.E.L.*; v. 17.12.1970 – C-11/70, ECLI:EU:C:1970:114, Rn. 3 – *Internationale Handelsgesellschaft*.

733 BVerfG v. 04.11.2015 – 2 BvR 282/13, NJW 2016, 1436, 1437; *Ehlers*, JZ 1996, 776, 781; *Mann*, in: Sachs, GG, 8. Aufl. 2018, Art. 12 Rn. 34, 38; *Ruffert*, in: BeckOK GG, 43. Edition, 05/2020, Art. 12 Rn. 37; *Wernsmann*, Jura 2000, 657, 659 ff.

734 *Ehlers*, JZ 1996, 776, 781; *Mann*, in: Sachs, GG, 8. Aufl. 2018, Art. 12 Rn. 34, 38; *Ruffert*, in: BeckOK GG, 43. Edition, 05/2020, Art. 12 Rn. 37; *Wernsmann*, Jura 2000, 657, 659 ff.

735 BVerfG v. 04.11.2015 – 2 BvR 282/13, NJW 2016, 1436 f.; *Bauer/Kahl*, JZ 1995, 1077, 1085; *Dreier*, in: Dreier, GG, 3. Aufl. 2013, Vorb. vor Art. 1 GG Rn. 116.

736 BVerfG v. 18.07.1973 – 1 BvR 23/73, BVerfGE 35, 382, 399; v. 10.05.1988 – 1 BvR 482/84, BVerfGE 78, 179, 196 f.; v. 18.01.2002 – 1 BvR 2284/95, NJW 2002, 1485; *Mann*, in: Sachs, GG, 8. Aufl. 2018, Art. 12 Rn. 33; *Ruffert*, in: BeckOK GG, 43. Edition, 05/2020, Art. 12 Rn. 34.

Wird die Plattform durch eine juristische Person betrieben, ist zu beachten, dass auch Art. 19 Abs. 3 GG seinem Wortlaut nach nur für inländische juristische Personen gilt. Ob eine juristische Person inländisch oder ausländisch ist, richtet sich nach ihrem tatsächlichen Aktionszentrum, das häufig als „Sitz" bezeichnet wird, aber mit dem satzungsmäßigen Sitz der Hauptverwaltung nicht übereinstimmen muss.[737] Juristische Personen mit Sitz in einem anderen Mitgliedstaat der Europäischen Union müssen aber vergleichbar den Deutschenrechten den inländischen juristischen Personen durch eine Anwendungserweiterung des Art. 19 Abs. 3 GG gleichgestellt werden, wenn ein hinreichender Inlandsbezug gegeben ist, der die Geltung der Grundrechte in gleicher Weise wie für inländische juristische Personen geboten erscheinen lässt.[738] Beim Betreiben einer Plattform, die die Vermietung von im Inland gelegenen Unterkünften ermöglicht, ist dies zu bejahen. Demgegenüber können sich juristische Personen aus Drittstaaten nicht auf Art. 12 Abs. 1 GG (sondern nur auf prozessuale Grundrechte wie Art. 101 Abs. 1 S. 2 und Art. 103 Abs. 1 GG) berufen, da das Völkerrecht aufgrund seiner hierarchischen Stellung unterhalb der Verfassung (vgl. Art. 25 S. 2, Art. 59 Abs. 2 S. 1 GG) keine Grundlage für eine modifizierte Auslegung von Art. 19 Abs. 3 GG bietet.[739]

(2) Sachlicher Schutzbereich der Berufsfreiheit

Die Berufsfreiheit nach Art. 12 Abs. 1 GG gliedert sich in die Freiheit der Berufswahl und die Freiheit der Berufsausübung, die sich gegenseitig ergänzen und ein einheitliches Grundrecht darstellen.[740] Als Beruf gilt jede auf eine gewisse Dauer angelegte, der Schaffung und Erhaltung einer Lebensgrundlage dienende Tätigkeit.[741] Erfasst werden dabei nicht nur traditionell oder gesetzlich fixierte

---

737 BVerfG v. 01.03.1067 – 1 BvR 46/66, BVerfGE 21, 207, 208; v. 18.01.2002 – 1 BvR 2284/95, NJW 2002, 1485; *Dreier*, in: Dreier, GG, 3. Aufl. 2013, Art. 19 Rn. 79; *Ludwigs/Friedmann*, JA 2018, 807, 808.

738 BVerfG v. 19.07.2011 – 1 BvR 1916/09, BVerfGE 129, 78, 97; v. 04.11.2015 – 2 BvR 282/13, NJW 2016, 1436, 1437; *Ludwigs/Friedmann*, JA 2018, 807, 809 f.

739 Vgl. BVerfG v. 08.11.1960 – 2 BvR 177/60, BVerfGE 12, 6, 8; BVerfG v. 01.03.1067 – 1 BvR 46/66, BVerfGE 21, 207, 209; v. 12.04.1983 – 2 BvR 678/81, BVerfGE 64, 1, 11; *Dreier*, in: Dreier, GG, 3. Aufl. 2013, Art. 19 Rn. 79 ff., 86; *Ludwigs/Friedmann*, JA 2018, 807, 810 f.

740 BVerfG v. 11.06.1958 – 1 BvR 1864/94, BVerfGE 7, 377, 402; v. 26.02.1997 – 1 BvR, BVerfGE 95, 193, 214 m. w. N.; *Mann*, in: Sachs, GG, 8. Aufl. 2018, Art. 12 Rn. 14 m. w. N.; *Ruffert*, in: BeckOK GG, 43. Edition, 05/2020, Art. 12 Rn. 18, 47.

741 Ständige Rechtsprechung seit BVerfG v. 11.06.1958 – 1 BvR 596/56, BVerfGE 7, 377, 397; vgl. BVerfG v. 03.07.2007 – 1 BvR 2186/06, BVerfGE 119, 59, 78; BVerwG v.

Berufsbilder, sondern auch aufgrund der fortschreitenden technischen, sozialen oder wirtschaftlichen Entwicklung neu entstandene Berufe[742] sowie Zweit- und Nebenberufe.[743] Werden Wohnraumvermittlungsplattformen auf Dauer und zur Erzielung eines nicht unerheblichen Gewinns (durch Erhebung eines Nutzungsentgelts im Zusammenhang mit den Buchungen) betrieben, stellt die Tätigkeit der Plattformbetreiber mithin einen Beruf im obigen Sinne dar.

Die Pflicht zur Veröffentlichung von Hinweisen berührt nicht das Recht der Plattformbetreiber auf freie Berufswahl. Durch sie wird weder rechtlich der Zugang zum Beruf des Plattformbetreibers beschränkt noch macht sie faktisch die sinnvolle Ausübung dieses Berufs überhaupt unmöglich.[744] Vielmehr handelt es sich um eine Verpflichtung, die Vorgaben für die Art und Weise der Ausübung der beruflichen Betätigung der Plattformbetreiber trifft – mithin um eine Berufsausübungsregelung.[745] Auch eine Berufsausübungsregelung kann zwar in ihrer wirtschaftlichen Auswirkung einer Zulassungsbeschränkung

---

04.10.1994 – 1 C 13/93, BVerwGE 97, 12, 22; *Mann*, in: Sachs, GG, 8. Aufl. 2018, Art. 12 Rn. 45 ff. m. w. N.; *Ruffert*, in: BeckOK GG, 43. Edition, 05/2020, Art. 12 Rn. 40; *Scholz*, in: Maunz/Dürig, GG, 47. EL, 06/2006, Art. 12 Rn. 28 ff. m. w. N.

742 BVerfG v. 29.10.1997 – 1 BvR 780/87, BVerfGE 97, 12, 25 f.; v. 03.07.2007 – 1 BvR 2186/06, BVerfGE 119, 59, 78; *Ruffert*, in: BeckOK GG, 43. Edition, 05/2020, Art. 12 Rn. 41.

743 BVerfG v. 15.02.1967 – 1 BvR 569/62, BVerfGE 21, 173, 179; v. 20.04.2004 – 1 BvR 838/01, BVerfGE 110, 304, 321; *Mann*, in: Sachs, GG, 8. Aufl. 2018, Art. 12 Rn. 48 m. w. N.

744 Vgl. zur Berufswahlregelung BVerfG v. 23.03.1960 – 1 BvR 216/51, BVerfGE 11, 30, 41 f.; v. 16.03.1971 – 1 BvR 52/66, BVerfGE 30, 292, 313.

745 Vgl. BVerfG v. 29.11.1967 – 1 BvR 175/66, BVerfGE 22, 380, 383 f. (zum Steuerabzug bei der Kuponsteuer); v. 16.03.1971 – 1 BvR 52/66, BVerfGE 30, 292, 313 ff. (zur Bevorratungspflicht für Erdölerzeugnisse); v. 17.02.1977 – 1 BvR 33/76, BVerfGE 44, 103, 104 (zum Kirchenlohnsteuerabzug); v. 02.03.2010 – 1 BvR 256/08, BVerfGE 125, 260, 359 (zur Speicher- und Übermittlungspflicht für Zwecke der Strafverfolgung, sogenannte Vorratsdatenspeicherung bei der Erbringung von Telekommunikationsleistungen); *Drüen*, Die Indienstnahme Privater für den Vollzug von Steuergesetzen, 2012, S. 103; *Engel*, AöR 118 (1993), 171, 224; *Götz*, in: VVDStRL 41 (1983), 7, 29 f.; *Kloubert*, Rechtliche Stellung des Arbeitgebers beim Lohnsteuerabzug, 1988, S. 69; *Mann*, in: Sachs, GG, 8. Aufl. 2018, Art. 12 Rn. 180 m. w. N.; *Scholz*, in: Maunz/Dürig, GG, 47. EL, 06/2006, Art. 12 Rn. 489; *Winter*, Der Arbeitgeber im Lohnsteuerrecht, 1998, S. 181 f; a. A. *Hey*, FR 1998, 497, 504; *Hoffmann*, BB 1995, 53, 56 f.; *G. Kirchhof*, Die Erfüllungspflichten des Arbeitgebers im Lohnsteuerverfahren, 2005, S. 157; *Krohn*, BB 1969, 1233, 1234 f.; *Ossenbühl*, in: VVDStRL 29 (1971), 137, 177; *Trzaskalik*, DStJG 12 (1989), 157, 161 ff.

nahekommen und damit eine Beschränkung der Berufswahlfreiheit darstellen.[746] Das ist jedoch nicht schon dann anzunehmen, wenn eine Regelung den Gewinn einzelner Unternehmer soweit minimiert, dass sie ihren Beruf aufgeben müssen, sondern erst dann, wenn regelmäßig alle Berufsangehörigen zu einer Aufgabe des Berufs veranlasst werden.[747] Eine solche Belastungswirkung ist von der hier zu erörternden Indienstnahme nicht festzustellen. Mithin ist der Schutzbereich der Berufswahlfreiheit durch eine Veröffentlichungspflicht von Hinweisen zum Besteuerungsrecht nicht betroffen, sondern (lediglich) die Berufsausübung betroffen.

Die Verpflichtung der inländischen und europäischen Plattformbetreiber zur Veröffentlichung von steuerlichen Hinweisen auf der Plattform fällt daher in den Schutzbereich des Art. 12 Abs. 1 GG.

bb) Eingriff in die Berufsfreiheit

Da der Schutzbereich der Berufsfreiheit sehr weit ist, sind nur solche Beeinträchtigungen als Eingriff in die Berufsfreiheit anerkannt, die gerade auf die berufliche Betätigung bezogen sind.[748] Es genügt daher nicht, dass eine Rechtsnorm oder ihre Anwendung unter bestimmten Umständen Rückwirkungen auf die Berufstätigkeit entfaltet, sondern der Norm muss in subjektiver oder objektiver Hinsicht eine „berufsregelnde Tendenz“ innewohnen.[749] Normen sind objektiv berufsregelnd, wenn ihre Entstehungsgeschichte und ihr Inhalt im Schwerpunkt Tätigkeiten betreffen, die typischerweise beruflich ausgeübt werden.[750] Zielt die Norm gerade auf die Regelung der Berufstätigkeit ab, kann sie als subjektiv berufsregelnd qualifiziert werden.[751] Für Indienstnahmen Privater wird eine berufsregelnde Tendenz allgemein mit der Begründung bejaht, dass

---

746 Vgl. BVerfG v. 16.03.1971 – 1 BvR 52/66, BVerfGE 30, 292, 313 f.; v. 02.03.2010 – 1 BvR 256/08, BVerfGE 125, 260, 359.

747 BVerfG v. 16.03.1971 – 1 BvR 52/66, BVerfGE 30, 292, 313 f.; v. 02.03.2010 – 1 BvR 256/08, BVerfGE 125, 260, 359.

748 BVerfG v. 19.06.1985 – 1 BvL 57/79, BVerfGE 70, 191, 214; v. 08.04.1997 – 1 BvR 48/94, BVerfGE 95, 267, 302.

749 BVerfG v. 19.06.1985 – 1 BvL 57/79, BVerfGE 70, 191, 214; v. 08.04.1997 – 1 BvR 48/94, BVerfGE 95, 267, 302.

750 BVerfG v. 17.02.1998 – 1 BvF 1/91, BVerfGE 97, 228, 253 f.; v. 02.03.2010 – 1 BvR 256/08, BVerfGE 125, 260, 358 f.; v. 12.10.2011 – 2 BvR 236/08, BVerfGE 129, 208, 266 f.

751 Vgl. BVerfG v. 30.10.1961 – 1 BvR 833/59, BVerfGE 13, 181, 185.

sie die Rahmenbedingungen, unter denen ein Beruf ausgeübt wird, verändern können.[752]

Die Regelungen über Hinweispflichten für Plattformbetreiber von Unterkunftsvermittlungsplattformen haben objektiv berufsregelnde Tendenz. Sie richten sich an solche Plattformbetreiber, die öffentlich zugänglich Unterkunftsvermittlungsleistungen typischerweise gegen Entgelt für die Plattformnutzer erbringen. Die Verpflichtung zur Veröffentlichung von Hinweisen zur Steuerpflicht betrifft zwar nicht die Ausgestaltung der beruflichen Kerntätigkeit von Plattformbetreibern, denn sie regeln nicht, wie die Plattformbetreiber ihre Angebote auf den Plattformen darstellen müssen. Vielmehr handelt es sich um eine Erweiterung des mit der Berufsausübung verbundenen Pflichtenkreises. Diese Aufgabe wird jedoch mit der beruflich genutzten Verwaltungs- und Organisationskraft erbracht, sodass die Vorschriften Bestimmungen für die Berufsausübung darstellen.[753] Unterkunftsvermittlungsplattformen beanspruchen einen Verwaltungs- und Organisationsapparat, sodass sie auch typischerweise durch berufliche Betätigung erbracht werden. Mithin haben Vorschriften, die die Veröffentlichung von Hinweisen für Unterkunftsvermittlungsplattformen verbindlich vorschreiben, eine objektiv berufsregelnde Tendenz.

cc) Rechtfertigung

Eingriffe in die Freiheit der Berufsausübung bedürfen gemäß Art. 12 Abs. 1 S. 2 GG einer gesetzlichen Grundlage, die den Anforderungen der Verfassung an grundrechtsbeschränkende Gesetze genügt. Die gesetzlichen Grundlagen sind dann mit Art. 12 Abs. 1 GG vereinbar, wenn der mit ihnen verbundene Eingriff in die Berufsausübung durch ausreichende Gründe des Gemeinwohls

752 Vgl. z. B BVerfG v. 29.11.1967 – 1 BvR 175/66, BVerfGE 22, 380, 384 (zum Kuponsteuereinbehalt); v. 17.02.1977 – 1 BvR 33/76, BVerfGE 44, 103, 104 (zum Kirchenlohnsteuerabzug); v. 22.01.1997 – 2 BvR 1915/91, BVerfGE 95, 173, 181 (zur Verpflichtung der Hersteller und Händler von Tabakerzeugnissen zum Aufdruck von Warnhinweisen); sowie v. 02.03.2010 – 1 BvR 256/08, BVerfGE 125, 260, 358 f. (zur Auferlegung von Speicherpflichten für Zwecke der Strafverfolgung, sogenannte Vorratsdatenspeicherung); *G. Kirchhof*, Die Erfüllungspflichten des Arbeitgebers im Lohnsteuerverfahren, 2005, S. 168 ff. (zum Lohnsteuereinbehalt durch den Arbeitgeber); *Mann*, in: Sachs, GG, 8. Aufl. 2018, Art. 12 Rn. 93 m. w. N (zu Indienstnahmen Privater allgemein); *Schirra*, Die Indienstnahme Privater im Lichte des Steuerstaatsprinzips, 2002, S. 93 (zum Kuponsteuereinbehalt).

753 Vgl. *G. Kirchhof*, Die Erfüllungspflichten des Arbeitgebers im Lohnsteuerverfahren, 2005, S. 169 (bzgl. der Erfüllungspflichten im Lohnsteuerabzugsverfahren).

gerechtfertigt werden kann und sie dem Grundsatz der Verhältnismäßigkeit entsprechen, wenn also das gewählte Mittel zur Erreichung des verfolgten Zwecks geeignet und auch erforderlich ist und wenn bei einer Gesamtabwägung zwischen der Schwere des Eingriffs und dem Gewicht der ihn rechtfertigenden Gründe die Grenze der Zumutbarkeit noch gewahrt ist.[754]

(1) Gesetzesvorbehalt

Das Gesetz, das dem Eingriff in die Berufsfreiheit zugrunde liegt, muss formell und materiell verfassungskonform sein.[755] In formeller Hinsicht muss bei Bundesgesetzen der Bund die Gesetzgebungskompetenz zum Erlass des Gesetzes besitzen.[756]

Nach Art. 70 Abs. 1 GG haben die Länder das Recht der Gesetzgebung, soweit das Grundgesetz nicht dem Bund Gesetzgebungsbefugnisse verleiht. Eine vom Grundgesetz zugewiesene Befugnis des Bundes kann sich aus Art. 73, 74 und Art. 105 GG ergeben.[757] Hinsichtlich eines Gesetzes, das Plattformbetreiber zur Veröffentlichung von Besteuerungshinweisen verpflichtet, könnte eine Gesetzgebungsbefugnis des Bundes aus Art. 74 Abs. 1 Nr. 11 GG (Recht der Wirtschaft) abzuleiten sein. Art. 74 Abs. 1 Nr. 11 GG räumt dem Bund die konkurrierende Gesetzgebung für das „Recht der Wirtschaft" ein. Der Begriff „Recht der Wirtschaft" ist weit zu verstehen.[758] Er erfasst nicht nur gesetzgeberische Maßnahmen, die sich in irgendeiner Form auf die Erzeugung, Herstellung und Verteilung von Gütern des wirtschaftlichen Bedarfs beziehen, sondern auch alle anderen das wirtschaftliche Leben und die wirtschaftliche Betätigung als solche regelnde

---

754 BVerfG v. 11.06.1958 – 1 BvR 1864/94, BVerfGE 7, 377, 402 ff.; v. 16.03.1971 – 1 BvR 52/66, BVerfGE 30, 292, 316; v. 14.07.1987 – 1 BvR 362/79, BVerfGE 76, 196, 207; v. 22.01.1997 – 2 BvR 1915/91, BVerfGE 95, 173, 183; v. 02.03.2010 – 1 BvR 256/08, BVerfGE 125, 260, 316; *Grzeszick*, in: Maunz/Dürig, GG, 48. EL, 11/2006, Art. 20 Rn. 110.

755 BVerfG v. 27.10.1998 – 1 BvR 2306/96, BVerfGE 98, 265, 298; v. 30.07.2008 – 1 BvR 3262/07, BVerfGE 121, 317, 347; *Ruffert*, in: BeckOK GG, 43. Edition, 05/2020, Art. 12 Rn. 86.

756 BVerfG v. 27.10.1998 – 1 BvR 2306/96, BVerfGE 98, 265, 298 ff.; v. 30.07.2008 – 1 BvR 3262/07, BVerfGE 121, 317, 347.

757 Vgl. BVerfG v. 27.10.1998 – 1 BvR 2306/96, BVerfGE 98, 265, 299.

758 BVerfG v. 12.12.1984 – 1 BvR 1249/83, BVerfGE 68, 319, 330; BVerfG v. 20.07.1954 – 1 BvR 459/52, BVerfGE 4, 7, 13; *Wittreck*, in: Dreier, GG, 3. Aufl. 2015, Art. 74 Rn. 50.

Normen.[759] Hierzu zählen insbesondere Gesetze mit wirtschaftsregulierendem oder wirtschaftslenkendem Charakter.[760]

Vorliegend könnte der Wirtschaftszweig der kurzfristigen Unterkunftsvermietung betroffen sein. Die Pflicht zur Veröffentlichung von Hinweisen über Besteuerungspflichten verfolgt das Ziel, Wettbewerbsgleichheit im Sektor der kurzfristigen Unterkunftsvermietung durch eine gleichmäßige Besteuerung der Vermieter zu fördern. Es bleibt daher zunächst zu prüfen, ob sich die Befugnis des Gesetzgebers, Plattformbetreiber zur Veröffentlichung von Besteuerungshinweisen zu verpflichten, kraft Sachzusammenhangs oder Annexkompetenz aus der Befugnis zum Erlass der Steuer ergeben muss und sodann ausschließlich nach dem vorrangig anwendbaren Art. 105 GG zu beurteilen ist.[761]

Gemäß Art. 105 Abs. 2 S. 2 GG hat der Bund die konkurrierende Gesetzgebung über die (neben der Grundsteuer bestehenden übrigen) Steuern, wenn ihm das Aufkommen dieser Steuern ganz oder zum Teil zusteht oder die Voraussetzungen des Art. 72 Abs. 2 GG vorliegen. Das Aufkommen der hier in Frage stehenden Einkommensteuer auf die Online-Vermietungseinkünfte steht dem Bund und den Ländern gemeinsam zu, vgl. Art. 106 Abs. 3, 5 GG. Der Bund hat hinsichtlich der Einkommensbesteuerung mithin die konkurrierende Gesetzgebungskompetenz. Fraglich ist, ob sich diese auch auf Vorschriften zur verbesserten Durchsetzung des Beteuerungsanspruchs (wie der Verpflichtung von Pattformbetreibern zur Veröffentlichung von Besteuerungspflichten auf der von ihnen betriebenen Plattform) erstreckt. Eine solche Kompetenz könnte sich aus einer Kompetenz kraft Sachzusammenhangs oder als Annexkompetenz ergeben.

Eine Kompetenz kraft Sachzusammenhangs liegt vor, wenn eine dem Bund zugewiesene Materie verständigerweise nicht geregelt werden kann, ohne dass zugleich eine nicht ausdrücklich zugewiesene andere Materie mitgeregelt wird, diese mithin unerlässliche Voraussetzung für die Regelung der zugewiesenen Materie ist.[762] Die Annexkompetenz knüpft an geschriebene Bundeskompetenzen

---

759 Vgl. BVerfG v. 15.12.1970 – 1 BvR 559/70, BVerfGE 29, 402, 409; v. 10.12.1980 – 2 BvF 3/77, BVerfGE 55, 274, 308 f.; v. 11.07.2006 – 1 BvL 4/00, BVerfGE 116, 202, 215 f.

760 BVerfG v. 20.07.1954 – 1 BvR 459/52, BVerfGE 4, 7, 13; v. 12.12.1984 – 1 BvR 1249/83, BVerfGE 68, 319, 330; v. 11.07.2006 – 1 BvL 4/00, BVerfGE 116, 202, 216.

761 Vgl. BVerfG v. 20.07.1954 – 1 BvR 459/52, BVerfGE 4, 7, 13; *Kube* in: BeckOK GG,. 44. Edition, 08/2020, Art. 105 Rn. 1.

762 BVerfG v. 28.02.1961 – 2 BvG 1/60, BVerfGE 12, 205, 237; v. 30.10.1962 – 2 BvF 2/60, BVerfGE 15, 1, 20; v. 27.10.1998 – 1 BvR 2306/96, BVerfGE 98, 265, 299; v. 03.03.2004 – 1 BvF 3/92, BVerfGE 110, 33, 48; *Uhle*, in: Maunz/Dürig, GG, 53. EL,

an und erstreckt diese über die Grenzen der expliziten Regelungsbefugnis hinaus auf Stadien der Vorbereitung und Durchführung.[763] Der Regelungsgegenstand muss in funktionalem Zusammenhang zur normierten Bundeskompetenz stehen und der Umsetzung der materiellen Regelung dienen.[764] In diesem Sinne geht die Kompetenz kraft Sachzusammenhangs in die Breite, die Kompetenz kraft Annexes hingegen in die Tiefe.[765] Die Kompetenzzuweisung darf allerdings in beiden Fällen nicht dazu dienen, Rechtsetzungsbefugnisse, die das Grundgesetz ausdrücklich den Ländern zuweist, auszuhöhlen oder zu minimieren.[766]

Vorliegend kann die Verpflichtung der Plattformbetreiber zur Veröffentlichung von Besteuerungshinweisen zum wirksamen Vollzug der Besteuerungsnormen beitragen und ist diesen gerade zu dienen bestimmt. Die Gesetzgebungsbefugnis des Bundes wird mit dieser Norm in die Tiefe ausgedehnt, es handelt sich um eine Annexkompetenz zur konkurrierenden Gesetzgebungsbefugnis des Bundes zur Einkommensbesteuerung aus Art. 105 Abs. 2 S 2 GG. Der Bund hat mithin die Kompetenz zum Erlass eines Gesetzes, das Plattformbetreiber zur Veröffentlichung bestimmter Besteuerungshinweise auf Unterkunftsvermittlungsplattformen verpflichtet.

Zudem muss die gesetzliche Rechtsgrundlage für den Eingriff hinreichend bestimmt sein.[767] Das Bestimmtheitsgebot findet seine Grundlage im Rechtsstaatsprinzip (Art. 20, Art. 28 Abs. 1 GG).[768] Es soll sicherstellen, dass der demokratisch legitimierte Parlamentsgesetzgeber die wesentlichen Entscheidungen über Grundrechtseingriffe und deren Reichweite selbst trifft, um damit Regierung, Verwaltung und Gerichten Handlungsmaßstäbe, die einer Rechtskontrolle

---

10/2008, Art. 70 Rn. 67; *Wittreck*, in: Dreier, GG, 3. Aufl. 2015, Vorb. zu Art. 70-74 Rn. 47.

763 BVerfG v. 18.07.1967 – 2 BvF 3/62, BVerfGE 22, 180, 210; v. 03.07.2012 – 2 PBvU 1/11, BVerfGE 132, 1, 6; *Uhle*, in: Maunz/Dürig, GG, 53. EL, 10/2008, Art. 70 Rn. 71.

764 BVerfG v. 18.07.1967 – 2 BvF 3/62, BVerfGE 22, 180, 210; v. 09.12.1987 – 2 BvL 16/84, BVerfGE 77, 288, 299; *Uhle*, in: Maunz/Dürig, GG, 53. EL, 10/2008, Art. 70 Rn. 71.

765 *Uhle*, in: Maunz/Dürig, GG, 53. EL, 10/2008, Art. 70 Rn. 65.

766 BVerfG v. 27.10.1998 – 1 BvR 2306/96, BVerfGE 98, 265, 299; *Uhle*, in: Maunz/Dürig, GG, 53. EL, 10/2008, Art. 70 Rn. 64.

767 Vgl. BVerfG v. 07.04.1964 – 1 BvL 12/63, BVerfGE 17, 306, 314 f.; v. 25.03.1992 – 1 BvR 298/86, BVerfGE 86, 28, 40; v. 03.03.2004 – 1 BvF 3/92, BVerfGE 110, 33, 52; v. 27.02.2008 – 1 BvR 370/07, BVerfGE 120, 274, 315 ff.; *Ruffert*, in: BeckOK GG, 43. Edition, 05/2020, Art. 12 Rn. 86.

768 BVerfG v. 03.03.2004 – 1 BvF 3/92, BVerfGE 110, 33, 53, 57; v. 27.07.2005 – 1 BvR 669/04, BVerfGE 113, 348, 375; v. 04.04.2006 – 1 BvR 518/02, BVerfGE 115, 320, 365.

unterzogen werden können, zu bieten.[769] Ferner sichern Klarheit und Bestimmtheit der Norm, dass der Betroffene die Rechtslage erkennen und sich auf mögliche belastende Maßnahmen einstellen kann.[770] So hat der Gesetzgeber beim Erlass des Indienstnahmegesetzes hinsichtlich der Verpflichtung zur Veröffentlichung von Besteuerungshinweisen, die für Plattformbetreiber im Unterkunftsvermittlungssektor gelten soll, Anlass, Zweck und Grenzen des Eingriffs hinreichend bereichsspezifisch, präzise und normenklar festzulegen.[771]

(2) Gemeinwohlbelang als legitimer Eingriffszweck

Bei der Verpflichtung der Plattformbetreiber zur Veröffentlichung von Besteuerungshinweisen im Rahmen des Betriebs ihrer Unterkunftsvermittlungsplattform handelt es sich um eine Berufsausübungsregelung. Es liegt folglich ein Eingriff auf der „untersten Stufe" vor, die gegenüber den Eingriffsstufen der objektiven und der subjektiven Berufswahlregelung als eingriffsmildeste zu bewerten ist.[772] Für die Rechtfertigung des Eingriffs auf dieser Stufe bedarf es nach der Dreistufentheorie eines Gemeinwohlbelangs, der die Beschränkung nach vernünftigen Erwägungen als zweckmäßig erscheinen lässt.[773] Hierfür kommen alle vernünftigen Gründe des Allgemeinwohls in Betracht.[774] Die Verpflichtung zur Veröffentlichung von Besteuerungshinweisen auf Unterkunftsvermittlungsplattformen

769 BVerfG v. 03.03.2004 – 1 BvF 3/92, BVerfGE 110, 33, 54 f.; v. 27.07.2005 – 1 BvR 669/04, BVerfGE 113, 348, 376 f.; v. 13.06.2007 – 1 BvR 1550/03, BVerfGE 118, 168, 187; v. 27.02.2008 – 1 BvR 370/07, BVerfGE 120, 274, 315 f.

770 BVerfG v. 03.03.2004 – 1 BvF 3/92, BVerfGE 110, 33, 52 f.; v. 27.07.2005 – 1 BvR 669/04, BVerfGE 113, 348, 375 f.; v. 13.06.2007 – 1 BvR 1550/03, BVerfGE 118, 168, 186.

771 Vgl. BVerfG v. 14.07.1999 – 1 BvR 2420/95, BVerfGE 100, 313, 359 f., 372; v. 03.03.2004 – 1 BvF 3/92, BVerfGE 110, 33, 53; v. 04.04.2006 – 1 BvR 518/02, BVerfGE 115, 320, 365 f.; v. 13.06.2007 – 1 BvR 1550/03, BVerfGE 118, 168, 187; v. 27.02.2008 – 1 BvR 370/07, BVerfGE 120, 274, 316 mit weiteren Ausführungen zu den Anforderungen des Bestimmtheitsgrundsatzes.

772 Vgl. ständige Rechtsprechung seit BVerfG v. 11.06.1958 – 1 BvR 1864/94, BVerfGE 7, 377, 402 ff., 405; v. 16.03.1971 – 1 BvR 52/66, BVerfGE 30, 292, 316; v. 14.07.1987 – 1 BvR 362/79, BVerfGE 76, 196, 207; v. 22.01.1997 – 2 BvR 1915/91, BVerfGE 95, 173, 183; v. 02.03.2010 – 1 BvR 256/08, BVerfGE 125, 260, 316.

773 BVerfG v. 11.06.1958 – 1 BvR 1864/94, BVerfGE 7, 377, 405; v. 02.03.2010 – 1 BvR 256/08, BVerfGE 125, 260, 316; *Ruffert*, in: BeckOK GG, 43. Edition, 05/2020, Art. 12 Rn. 94.

774 BVerfG v. 11.06.1958 – 1 BvR 596/56, BVerfGE 7, 377, 405 f.; v. 02.03.2010 – 1 BvR 256/08, BVerfGE 125, 260, 360; *Ruffert*, in: BeckOK GG, 43. Edition, 05/2020, Art. 12 Rn. 94.

soll den Vollzug des Besteuerungsanspruchs in diesem Sektor sowie die Wettbewerbsgleichheit der Online-Vermieter zu Anbietern des traditionellen Hotelgewerbes sicherstellen beziehungsweise jedenfalls verbessern. Hierbei müsste es sich um vernünftige Gründe des Allgemeinwohls handeln.

(a) Erhöhung der Staatseinnahmen

Kein Allgemeinwohlinteresse und damit zur Rechtfertigung einer Indienstnahme nicht ausreichend ist der rein fiskalische Zweck staatlicher Einnahmenerhöhung.[775] Soweit also die Indienstnahme zur Erzielung von Mehreinnahmen eingesetzt werden soll, ist hierin kein rechtfertigungswürdiger, legitimer Zweck in Bezug auf den Eingriff in die Berufsausübung des in Dienst zu nehmenden Plattformbetreibers zu erkennen.[776] Für die Indienstnahme muss sich ein besonderer Zurechnungsgrund oder eine besondere Notwendigkeit für die Durchführung der Aufgabe durch Private feststellen lassen, die außerhalb einer reinen Finanzierungsoptimierung anzusiedeln ist.[777]

(b) Sicherung des Steueraufkommens zur Besteuerungs- und Wettbewerbsgleichheit

Vorliegend soll die Veröffentlichungspflicht von Hinweisen nicht in erster Linie einer Mehreinnahme an Steuern dienen, sondern vielmehr der vermuteten Steuerhinterziehung entgegenwirken, um eine Gleichmäßigkeit der Besteuerung sicherzustellen und damit auch einen fairen Wettbewerb im Sektor der kurzfristigen Unterkunftsvermietung zu realisieren. Wie bereits im Rahmen dieser Arbeit gezeigt wurde, ist im Bereich von Transaktionen über Sharing-Economy-Plattformen die Steuererhebung über das Veranlagungsverfahren, in dem der Staat nur eine Kontrollfunktion gegenüber den Steuerpflichtigen einnimmt, unzureichend.[778] Aufgabe des Gesetzgebers ist es aber, im Rahmen des Steuervollzugs

---

775 Vgl. z. B. BVerfG v. 17.01.1957 – 1 BvL 4/54, BVerfGE 6,55, 80; v. 09.12.2008 – 2 BvL 1, 2/07, BVerfGE 122, 210, 233; v. 15.12.2015, 2 BvL 1/12, BVerfGE 141, 1, 41; v. 29.03.2017, 2 BvL 6/11, BVerfGE 145, 106, 144 f.; *Drüen*, DStR-Beih 2012, 85, 94; *Hey*, in: Festschrift Kruse, 2001, S. 269, 286 f. (zur „Garantiehaftung für fremde Schuld im Dienste des Fiskus"); *Nußberger* in: Sachs, GG, 8. Aufl. 2018, Art. 3 Rn. 145.

776 Vgl. *G. Kirchhof*, Die Erfüllungspflichten des Arbeitgebers im Lohnsteuerverfahren, 2005, S. 172, 183 (zur Indienstnahme beim Lohnsteuerabzug).

777 Vgl. *G. Kirchhof*, Die Erfüllungspflichten des Arbeitgebers im Lohnsteuerverfahren, 2005, S. 172; *Schirra*, Die Indienstnahme Privater im Lichte des Steuerstaatsprinzips, 2002, S. 32 f.

778 S. hierzu Ausführungen auf S. 133 ff.

ein Verfahren bereitzustellen, durch das Steueransprüche gleichmäßig durchgesetzt werden können.[779] Dies entspricht auch dem Prinzip des Steuerstaats.[780] Diesem Prinzip ist es gerade nicht fremd, für die Erfüllung des Steuervollzugs Dienst- und Sachleistungen Privater in Anspruch zu nehmen. Denn die positiven Leistungen des Einzelnen an die Gemeinschaft erschöpfen sich nicht in Geldzahlungen,[781] wenn ein Steuersystem auf dem Prinzip der Gleichmäßigkeit der Besteuerung fußt. Vielmehr setzt ein funktionierender Steuerstaat gerade die Inanspruchnahme Privater zur Verifikation der Steuerdaten Dritter voraus.[782]

Mit der Inanspruchnahme des Plattformbetreibers zur Veröffentlichung von Hinweisen über Besteuerungspflichten soll der Vollzug des durch Transaktionen über Unterkunftsvermittlungsplattformen entstandenen Steueranspruchs verbessert werden und damit Wettbewerbsgleichheit zum Hotelgewerbe hergestellt werden. Die Sicherung des Steueranspruchs dient der Gesetz- und Gleichmäßigkeit der Besteuerung sowie der Wettbewerbsgleichheit, die einen Allgemeinwohlbelang darstellen und damit als legitimer Zweck zur Rechtfertigung von Eingriffen in die Berufsausübungsfreiheit anzuerkennen sind.[783]

(3) Geeignetheit der Hinweispflicht zur Zweckerreichung

Das Indienstnahmegesetz muss weiterhin geeignet sein, den mit ihm verfolgten Zweck, die Sicherung des Steueranspruchs und Gewährleistung einer gleichmäßigen Besteuerung sowie der Schaffung von Wettbewerbsgleichheit, zu erreichen oder zumindest zu fördern.[784] Ungeeignet ist eine Maßnahme dann, wenn die Erfüllung des mit ihr verfolgten Zwecks objektiv unmöglich ist oder die

779 S. hierzu bereits auf S. 147 ff.; sowie *Drüen*, DStJG 31 (2008), 167, 177.

780 Umfassend zum Begriff des Steuerstaats *Isensee*, Steuerstaat als Staatsform, in: Festschrift Ipsen, 1977, S. 409 ff.; *Schirra*, Die Indienstnahme Privater im Lichte des Steuerstaatsprinzips, 2002, S. 35 ff.

781 A. A. aber *Isensee*, Steuerstaat als Staatsform, in: Festschrift Ipsen, 1977, S. 409, 415.

782 Vgl. *Drüen*, DStJG 31 (2008), 167, 188 f.; *Müller-Franken*, Maßvolles Verwalten, 2004, S. 301.

783 Vgl. z. B. BVerfG v. 29.11.1967 – 1 BvR 175/66, BVerfGE 22,380, 384 f., 386 f.; *Drüen*, FR 2004, 1134, 1138 ff.; *derselbe*, Die Indienstnahme Privater für den Vollzug von Steuergesetzen, 2012, S. 278 ff.; *Heuermann*, FR 2013, 354, 358; *Hey*, in: Festschrift Kruse, 2001, S. 269, 278; *G. Kirchhof*, Die Erfüllungspflichten des Arbeitgebers im Lohnsteuerverfahren, 2005, S. 171; *Krohn*, BB 1969, 1233, 1236; *Seiler*, in: Festschrift Bundesfinanzhof, Band I, 2018, S. 1761, 1769.

784 BVerfG v. 16.03.1971 – 1 BvR 52/66, BVerfGE 30, 292, 316; v. 10.04.1997 – 2 BvL 45/92, BVerfGE 96, 10, 23.

Maßnahme unzureichend ist. Es genügt, wenn das Mittel die Wahrscheinlichkeit erhöht, dass der angestrebte Erfolg zumindest teilweise eintritt.[785] Im Rahmen dieser Einschätzung ist dem Gesetzgeber ein weiter Beurteilungsspielraum einzuräumen, der einer näheren gerichtlichen Kontrolle entzogen ist.[786]

Auch wenn die Effektivität der Hinweispflichten zur Gewährleistung eines verbesserten Steuervollzugs ernstlich bezweifelt werden darf, da sie weiterhin an die Deklarationsbereitschaft der Steuerpflichtigen anknüpfen, können sie dennoch nicht als völlig ungeeignete Maßnahmen bewertet werden. Denn es kann nicht von vornherein ausgeschlossen werden, dass die veröffentlichten Hinweise die Steuerpflichtigen zum Erklären ihrer über die Unterkunftsvermittlungsplattform erzielten Einkünfte animieren und damit der vermuteten Steuerhinterziehung entgegenwirken. Die Hinweispflichten fördern mithin den mit ihnen verfolgten Zweck eines optimierten Steuervollzugs im Bereich der Online-Vermietung und sind damit als zweckfördernde Maßnahme zur Rechtfertigung des Eingriffs geeignet.

(4) Erforderlichkeit einer Hinweispflicht als mildeste Maßnahme

Ein gewähltes Mittel ist dann erforderlich, wenn es keine mildere Maßnahme gibt, die denselben Erfolg mit gleicher Sicherheit erzielt. Unter mehreren möglichen, gleich effektiven Mitteln ist dasjenige zu wählen, das die Rechtssphäre des Bürgers am wenigsten beeinträchtigt (relativ mildestes Mittel).[787]

Zur Sicherung des Steueraufkommens wurden als Reformoptionen neben dem Ausbau informativer Maßnahmen die Einführung eines Datenkontrollsystems oder eines Abzugsteuersystems vorgeschlagen.[788] Die Veröffentlichung eines Hinweises auf der Plattform ist im Vergleich zur Etablierung eines Datenkontroll- oder Abzugsteuersystems, die einen Datenabgleich und Datenübermittlungs- beziehungsweise Steuerberechnungs- und Geldzahlungspflichten vorsehen, als weniger aufwendig und damit weniger beeinträchtigend zu

785 Vgl. z. B. BVerfG v. 16.03.1971 – 1 BvR 52/66, BVerfGE 30, 292, 316; v. 10.04.1997 – 2 BvL 45/92, BVerfGE 96, 10, 23; *Grzeszick*, in: Maunz/Dürig, GG, 48. EL, 11/2006, Art. 20 Rn. 112.

786 BVerfG v. 18.12.1968 – 1 BvL 5/64, BVerfGE 25, 1, 12 f.; v. 29.06.2016 – 1 BvR 1015/15, BVerfGE 142, 268, 286; *Sachs*, in: Sachs, GG, 8. Aufl. 2018, Art. 20 Rn. 150 f.

787 BVerfG v. 16.03.1971 – 1 BvR 52/66, BVerfGE 30, 292, 316; v. 14.07.1999 – 1 BvR 2226/94, BVerfGE 100, 313, 375; *Grzeszick*, in: Maunz/Dürig, GG, 48. EL, 11/2006, Art. 20 Rn. 113.

788 S. o. auf S. 169 ff.

bewerten. Eine mildere, gleich effektive Maßnahme ist nicht ersichtlich. Die Hinweispflichten sind mithin erforderlich.

(5) Angemessenheit und Zumutbarkeit

Die Veröffentlichungspflichten von Hinweisen müssten auch angemessen und zumutbar sein. Dazu muss nach einer Gesamtabwägung zwischen der Schwere des Eingriffs und dem Gewicht der ihn rechtfertigenden Gründe die Grenze der Zumutbarkeit noch gewahrt sein.[789]

Bei Indienstnahmen ist in diesem Zusammenhang neben der Art und dem Umfang der übertragenen Tätigkeit insbesondere zu prüfen, ob den Verpflichteten eine besondere Verantwortungs- und Sachnähe zur Tätigkeit trifft. Zudem ist innerhalb der Abwägung zu berücksichtigen, ob es sich um eine unternehmenstypische oder unternehmensfremde (und damit eingriffsintensivere) Tätigkeit handelt und ob die mit der Indienstnahme verbundenen Kostenlast zumutbar ist.[790] Insoweit muss in die Beurteilung der Verhältnismäßigkeit die Möglichkeit aufgenommen werden, gegebenenfalls Ansprüche auf Entschädigung oder Aufwendungsersatz zu gewähren.[791]

(a) Verantwortungs- und Sachnähe

Da es bei den mit dem Eingriff sicherzustellenden Steueransprüchen um das Steuerschuldverhältnis der Online-Vermieter geht, handelt es sich bei der Indienstnahme des Plattformbetreibers um die Inanspruchnahme eines Dritten, der die Rechtsgüterbeeinträchtigung, die aus dem unzureichenden Steuervollzug resultiert, nicht unmittelbar verursacht hat. In die Rechtsgüterabwägung muss deshalb auch einbezogen werden, welche Möglichkeiten dem Staat selbst zur Zweckerreichung – der Gewährleistung einer gleichmäßigen Besteuerung durch gleichmäßigen Steuervollzug – zur Verfügung stehen.

---

789 BVerfG v. 11.06.1958 – 1 BvR 1864/94, BVerfGE 7, 377, 402 ff.; v. 16.03.1971 – 1 BvR 52/66, BVerfGE 30, 292, 316; v. 14.07.1987 – 1 BvR 362/79, BVerfGE 76, 196, 207; v. 22.01.1997 – 2 BvR 1915/91, BVerfGE 95, 173, 183; v. 02.03.2010 – 1 BvR 256/08, BVerfGE 125, 260, 316; *Grzeszick*, in: Maunz/Dürig, GG, 48. EL, 11/2006, Art. 20 Rn. 110.

790 Vgl. BVerfG v. 29.11.1967 – 1 BvR 175/66, BVerfGE 22, 380, 385 f.; v. 16.03.1971 – 1 BvR 52/66, BVerfGE 30, 292, 311, 324 f.; v. 22.01.1997 – 2 BvR 1915/91, BVerfGE 95, 173, 187; v. 02.03.2010 – 1 BvR 256/08, BVerfGE 125, 260, 359 ff.; *Ruffert*, in: BeckOK GG, 43. Edition, 05/2020, Art. 12 Rn. 107.

791 BVerfG v. 16.03.1971 – 1 BvR 52/66, BVerfGE 30, 292, 311; *Ruffert*, in: BeckOK GG, 43. Edition, 05/2020, Art. 12 Rn. 107.

Hierbei ist die Ausprägung des getroffenen Steuersystems von entscheidender Bedeutung. Eine Kopfsteuer beispielsweise, die allen Steuerpflichtigen ungeachtet ihrer Einkommens- und Vermögensverhältnisse gleich hohe Steuerlasten abverlangt, setzt für die Sicherstellung des Steuervollzugs von den Steuerpflichtigen lediglich die Mitwirkung in Form einer Registrierung voraus.[792] Entscheidet sich der Gesetzgeber indessen für individuelle Besteuerungsmaßstäbe wie das Einkommen, sind weitergehende Mitwirkungshandlungen des Steuerpflichtigen notwendig, damit die Finanzverwaltung an die für die Besteuerung relevanten Informationen gelangt und diese verifizieren kann.[793] Je mehr das Steuergesetz an die individuelle Leistungsfähigkeit anknüpft, desto stärker müssen die Kooperationsmöglichkeiten und Kooperationsverpflichtungen zwischen Finanzbehörde und Steuerpflichtigem für einen umfassenden Steuervollzug ausgebaut sein[794] und je eingriffsintensiver dürfen Mitwirkungspflichten somit ausgestaltet sein. Zu bedenken ist hier allerdings, dass es sich bei der Indienstnahme der Plattformbetreiber zur Unterstützung im Steuervollzug um Steueransprüche gegen Dritte handelt, während die Plattformbetreiber gerade nicht die Steuerschuldner sind. Ihre Einbeziehung verfolgt das Ziel, die Besteuerung der Online-Vermieter sicherzustellen. Die Mitwirkung erstreckt sich in diesen Fällen also auf das Steuerschuldverhältnis eines Dritten.[795] Es stellt sich daher die Frage, welche Personen inwieweit angemessen in Anspruch genommen werden können.[796]

§ 93 Abs. 1 S. 3 AO legt für die Reihenfolge der Inanspruchnahme bei Auskunftspflichten fest, dass andere Personen als die Beteiligten erst dann in Anspruch genommen werden sollen, wenn die Sachverhaltsaufklärung durch die Beteiligten nicht zum Ziel führt oder keinen Erfolg verspricht. Auch bei einer Indienstnahme hat der Gesetzgeber bei der Auswahl der Personen, die anstelle des Steuerschuldners mit der Steuerabführungspflicht betraut werden und bei dem Umfang ihrer Inanspruchnahme die Grundsätze der Erforderlichkeit zu beachten.[797] Daher muss sich die Indienstnahme des Dritten aus einer besonderen Verantwortungs- oder Sachnähe des Indienstgenommenen zur

---

792 *Drüen*, DStJG 31 (2008), 167, 171.

793 *Hey*, in: Festschrift Kruse, 2001, S. 269, 273 ff.

794 *Birk*, StuW 2004, 277; *Drüen*, DStJG 31 (2008), 167, 171; *Müller-Franken*, Maßvolles Verwalten, 2004, S. 178.

795 *Breithecker/Garden/Thönnes*, DStR 2007, 361, 362; *Drüen*, DStJG 31 (2008), 167, 173.

796 So auch *Drüen*, DStJG 31 (2008), 167, 172 ff.

797 Vgl. *Krohn*, BB 1969, 1233, 1236.

Indienstnahmetätigkeit rechtfertigen lassen.[798] Mit zunehmender Verantwortungs- und Sachferne wächst die Eingriffsintensität und damit die Anforderungen, die an die Rechtfertigungsgründe im Rahmen der Angemessenheitsprüfung einzustellen sind.[799]

Verantwortungsnähe setzt voraus, dass der Indienstgenommene für die Gefahrenquelle verantwortlich ist, gegen die mit dem Eingriff vorgegangen wird. Bejaht wurde die Verantwortungsnähe beispielsweise im Zusammenhang von Sicherungsmaßnahmen eines Kernkraftwerkbetreibers für die vom Kernkraftwerk ausgehenden Gefahren[800] sowie für den Hersteller von Tabakerzeugnissen hinsichtlich einer Verpflichtung zum Aufdruck von Warnhinweisen über die Gesundheitsgefährdung.[801] Ferner wurde eine solche Verantwortungsnähe auch im Rahmen des Lohnsteuerabzugs aus der Fürsorgepflicht des Arbeitgebers gegenüber seinen Arbeitnehmern hergeleitet, indem der Arbeitgeber den Arbeitnehmer insoweit bei dessen finanziellen Vermögensplanungen unterstützen soll.[802] Auch für Telekommunikationsanbieter wurde eine Verantwortungsnähe zur Vorratsdatenspeicherung bejaht, da sie mit ihrer Tätigkeit Sicherheitsrisiken schaffen würden.[803]

Im Fall der im Unterkunftssektor tätigen Plattformbetreiber müssten diese für die steuerunehrlichen Online-Vermieter verantwortlich sein. Eine solche Verantwortung kann aus der Bereitstellung der Plattform allerdings nicht hergeleitet werden. Zwar ermöglicht der Plattformbetreiber mit seiner Plattform die einfache und anonyme Abwicklung der Transaktionen der steuerunehrlichen Nutzer und setzt damit einen kausalen Verursachungsbeitrag.[804] Er tritt aber nur als Intermediär auf, der einen „neutralen" Infrastrukturbeitrag ähnlich dem von

---

798 BVerfG v. 22.01.1997 – 2 BvR 1915/91, BVerfGE 95, 173, 187; v. 02.03.2010 – 1 BvR 256/08, BVerfGE 125, 260, 362; *Burgi/Krönke*, VerwArch 2018, 423, 441; *Drüen*, Die Indienstnahme Privater für den Vollzug von Steuergesetzen, 2012, S. 278 ff.; *Hufeld*, DStZ 2018, 755, 760 ff.; *derselbe*, DStJG 31 (2008), 167, 184 ff.; *Kloubert*, Rechtliche Stellung des Arbeitgebers beim Lohnsteuerabzug, 1988, S. 69 f.; *Schirra*, Die Indienstnahme Privater im Lichte des Steuerstaatsprinzips, 2002, S. 15 f., 32.

799 *Hufeld*, DStR 2018, 755, 762; *Lennartz*, DÖV 2019, 434, 440.

800 BVerwG v. 19.01.1989 – 7 C 31/87, BVerwGE 81, 185.

801 BVerfG v. 22.01.1997 – 2 BvR 1915/91, BVerfGE 95, 173, 187.

802 Vgl. BVerfG v. 17.02.1977 – 1 BvR 33/76, BVerfGE 44, 103, 104; *Lennartz*, DÖV 2019, 434, 438; a. A. aber *Schirra*, Die Indienstnahme Privater im Lichte des Steuerstaatsprinzips, 2002, S. 123; *Trzaskalik*, DStJG 12 (1989), 157, 163 ff.

803 BVerfG v. 02.03.2010 – 1 BvR 256/08, BVerfGE 125, 260, 362.

804 *Ohly*, ZUM 2015, 308.

Post- und Telekommunikationsanbietern, Marktbetreibern oder Spediteuren in der analogen Welt erbringt.[805] Dabei übt er eine sozial anerkannte Tätigkeit aus, mit der er einen notwendigen Beitrag zur Entwicklung der Infrastruktur im Internet leistet und sozial wünschenswerte Aktionen durchführt.[806] Die von Online-Vermietern begangene Steuerhinterziehung beruht auf einem eigenen, neuen Willensentschluss der Online-Vermieter, den sie selbst zu verantworten haben und aufgrund des eigenverantwortlichen Dazwischentretens dem Plattformbetreiber nicht zuzurechnen ist. Die Indienstnahme der Plattformbetreiber kann damit nicht auf eine Verantwortungsnähe gestützt werden.[807]

Sachnähe meint, dass sich ein Sachverhalt im Wirkungskreis des Indienstgenommenen ereignet und sich daher in seiner Person Sachverhalte, Erfahrungen und Wissen bündeln, sodass er aus tatsächlichen Gründen die Aufgabe besser erfüllen kann als beispielsweise die Finanzbehörde.[808] Sollen Online-Vermietern im Rahmen der Durchführung von Transaktionen über Unterkunftsvermittlungsplattformen Besteuerungshinweise erteilt werden, ist der Plattformbetreiber tatsächlich in der besseren Situation, solche Hinweise zielgerecht an die Online-Vermieter zu übermitteln. Denn die die Steuerpflicht auslösenden Transaktionen finden im Wirkungskreis des Plattformbetreibers statt. Im Rahmen der Durchführung der Transaktionen eröffnet sich ihm die Möglichkeit, die Besteuerungshinweise zu platzieren und in diesem Zuge den Plattformnutzer auf die Steuerpflichten hinzuweisen. Hinsichtlich der Pflicht zur Veröffentlichung von Besteuerungshinweisen kann die erforderliche Sachnähe zur Indienstnahme mithin festgestellt werden.

---

805 *Hufeld*, DStR 2018, 755, 763; *Ohly*, ZUM 2015, 308, 311.

806 *Ohly*, ZUM 2015, 308, 309.

807 Vgl. mit ähnlicher Argumentation in Bezug auf die Ablehnung einer Verantwortungsnähe wegen Missbrauchsmöglichkeiten des Mobilfunks zu kriminellen Zwecken, *Schirra*, Die Indienstnahme Privater im Lichte des Steuerstaatsprinzips, 2002, S. 125 f.; *Scholz*, Archiv PT 1995, 169, 185; a. A. wohl BVerfG v. 02.03.2010 – 1 BvR 256/08, BVerfGE 125, 260, 362.

808 Vgl. BVerfG v. 02.03.2010 – 1 BvR 256/08, BVerfGE 125, 260, 362; *Drüen*, Die Indienstnahme Privater für den Vollzug von Steuergesetzen, 2012, S. 292; *Heuermann*, FR 2013, 354, 359; *Hufeld*, DStR 2018, 755, 765; *Kloubert*, Rechtliche Stellung des Arbeitgebers beim Lohnsteuerabzug, 1988, S. 69; *Krohn*, BB 1969, 1233; *Schirra*, Die Indienstnahme Privater im Lichte des Steuerstaatsprinzips, 2002, S. 32.

(b) Technischer und finanzieller Aufwand

Schließlich muss zur Prüfung der Angemessenheit und Zumutbarkeit des Eingriffs eine Gesamtabwägung zwischen der Schwere des Eingriffs und dem Gewicht der ihn rechtfertigenden Gründe erfolgen.

Mit der Verpflichtung zur Veröffentlichung von Hinweisen soll die Gleichmäßigkeit der Besteuerung und die Wettbewerbsgleichheit im Sektor der kurzfristigen Unterkunftsüberlassung gefördert werden. Dabei handelt es sich – wie bereits festgestellt – um anerkannte, gewichtige Allgemeinwohlbelange.[809] Zu berücksichtigen ist allerdings, dass diese Zwecke mit der Hinweisverpflichtung nur wenig gefördert werden. Mit dieser Maßnahme kann der Vollzug des Steueranspruchs nicht sichergestellt werden, denn es bedarf weiterhin einer Deklaration der für den Staat anonymen Online-Vermieter. Aufgrund der geringen Effektivität der Maßnahme ist im Gegenzug auch nur ein Eingriff rechtfertigbar, von dem eine geringe Belastungswirkung ausgeht.

Mit Blick auf die Belastungswirkung des mit der Hinweisverpflichtung verbundenen Eingriffs ist zu konstatieren, dass der oben dargestellte Eingriff in die Berufsausübung auch weiterhin das erwerbswirtschaftliche Betreiben der Plattform erlaubt. Der Plattformbetreiber muss dabei lediglich einen Hinweis von deutschen Behörden (wie beispielsweise dem Bundeministerium der Finanzen) über die Steuerpflichten der Plattformnutzer veröffentlichen. Der Plattformbetreiber überbringt dem Plattformnutzer dabei lediglich eine Wissensgrundlage zur Erfüllung dessen entstandener Steuerpflichten, die dem Online-Vermieter jedoch nach den gegenwärtig geltenden Steuergesetzen bereits allgemein bewusst sein sollten. Das gewählte Beschränkungsmittel – die bloße sprachliche Einwirkung durch Hinweise – ist eine Handlungsform, die selbst beim Aufdruck von Gesundheitshinweisen auf Tabakerzeugnisse, die die Kaufentscheidung unmittelbar beeinflussen können, vom Bundesverfassungsgericht als verhältnismäßig beurteilt wurde.[810] Die von der Hinweispflicht über Besteuerungspflichten ausgehende Eingriffswirkung ist folglich als gering zu bewerten.

Auch der mit der Veröffentlichung verbundene technische und finanzielle Aufwand ist zumutbar. Denn die Veröffentlichung des Hinweises auf der Plattform betrifft die typische Berufsausübung der Plattformbetreiber, die eigens in der Erstellung der Plattform besteht und ist diesen damit technisch zumutbar. Der mit der Veröffentlichung verbundene Kostenaufwand ist zudem als gering einzuschätzen, da er in die allgemeinen Betriebsabläufe integriert werden kann

809 S. o. auf S. 218 f.

810 Vgl. BVerfG v. 22.01.1997 – 2 BvR 1915/91, BVerfGE 95, 173, 187.

und die Veröffentlichung des Hinweises nur einer einmaligen Programmierung bedarf. Demgemäß bedarf es auch keines finanziellen Lastenausgleich für die Übernahme der Indienstnahmetätigkeit.

Eine Gesamtabwägung des (wenig intensiven) Eingriffs mit dem zu schützenden Rechtsgut der Gleichmäßigkeit der Besteuerung, die auch aus wettbewerbsrechtlicher Sicht von großer Relevanz ist, ergibt somit, dass die Hinweispflicht auch angemessen sowie zumutbar und damit insgesamt verhältnismäßig ist.

dd) Ergebnis

Folglich ist der mit der Hinweisverpflichtung verbundene Eingriff in die Berufsfreiheit der Plattformbetreiber gerechtfertigt. Die Hinweispflicht verstößt mithin nicht gegen Art. 12 Abs. 1 GG.

c) Freiheit vom Arbeitszwang, Art. 12 Abs. 2 GG

Die Hinweisverpflichtung könnte aber auch in das Grundrecht der Plattformbetreiber auf Freiheit vom Arbeitszwang gemäß Art. 12 Abs. 2 GG eingreifen. Die Berufsfreiheit nach Art. 12 Abs. 1 GG ist von der Freiheit vom Arbeitszwang nach Art. 12 Abs. 2 GG abzugrenzen, die zwei selbständige, sich gegenseitig ausschließende Grundrechte darstellen.[811]

Art. 12 Abs. 2 GG bestimmt, dass niemand zu einer bestimmten Arbeit gezwungen werden darf, außer im Rahmen einer herkömmlichen allgemeinen, für alle gleichen öffentlichen Dienstleistungspflicht. Fraglich ist, ob die Indienstnahme zur Veröffentlichung von Besteuerungshinweisen vom Schutzbereich der Art. 12 Abs. 2 GG erfasst wird. Nach herrschender Meinung verstößt die Indienstnahme Privater nicht gegen das Verbot des Arbeitszwangs nach Art. 12 Abs. 2 GG.[812] In der aktuelleren Rechtsprechung des Bundesverfassungsgerichts

---

811 *Ferger*, Ausgleichsansprüche bei der Indienstnahme Privater für Verwaltungsaufgaben, 1979, S. 187 f., 220; *Mann*, in: Sachs, GG, 8. Aufl. 2018, Art. 12 Rn. 180; *Scholz*, in: Maunz/Dürig, GG, 47. EL, 06/2006, Art. 12 Rn. 488 f.; a. A. *Winter*, Der Arbeitgeber im Lohnsteuerrecht, 1998, S. 184, der Art. 12 Abs. 1 GG als lex specialis zu Art. 12 Abs. 2 GG einordnet.

812 Vgl. z. B. BVerfG v. 29.11.1967 – 1 BvR 175/66, BVerfGE 22, 380, 383 f.; *Ruffert*, in: BeckOK GG, 43. Edition, 05/2020, Art. 12 Rn. 143; *Schick*, Grundfragen des Lohnsteuerverfahrens, 1983, S. 45; *Scholz*, in: Maunz/Dürig, GG, 47. EL, 06/2006, Art. 12 Rn. 489; *Winter*, Der Arbeitgeber im Lohnsteuerrecht, 1998, S. 183.

findet Art. 12 Abs. 2 GG daher in diesem Zusammenhang bereits keine Erwähnung mehr.[813] Dem ist mit den folgenden Erwägungen zuzustimmen:

Das Verbot des Arbeitszwangs betrifft nur eine bestimmte Arbeit. Im Prinzip geht es um die einseitige Heranziehung zu einer selbständigen Arbeit, welche der Erfüllung rechtlicher Pflichten des Staats zu dienen bestimmt ist.[814] Nach seiner Entstehungsgeschichte soll Art. 12 Abs. 2 GG vor den im nationalsozialistischen System gängigen, die menschliche Persönlichkeit herabwürdigenden Formen der Zwangsarbeit schützen.[815] Hieraus folgt allerdings nicht, dass Art. 12 Abs. 2 GG ausschließlich entwürdigende Formen der Zwangsarbeit erfasst. Denn ansonsten verbliebe kein selbständiger Anwendungsbereich neben dem Grundrecht auf Menschenwürde aus Art. 1 Abs. 1 GG.[816] Als Zwang ist daher jede psychische oder physische Willensbeugung zur Arbeitserbringung zu verstehen.[817] Kein Arbeitszwang besteht aber bei bloßen Nebenpflichten, die mit der Ausübung eines Berufs lediglich in untergeordneter Weise verbunden und nicht als eigenständig zu bewerten sind.[818] Indienstnahmen, die wie die Verpflichtung zur Veröffentlichung von Hinweisen auf der Plattform, nur an die Art und Weise der Ausübung der beruflichen Betätigung anknüpfen, treten nur als Nebenleistung neben die reguläre Tätigkeit und bilden keine eigenständige Arbeit, die Gegenstand eines Arbeitszwangs sein könnte.[819]

Der Schutzbereich des Art. 12 Abs. 2 GG ist mithin hinsichtlich der Indienstnahme der Plattformbetreiber zur Veröffentlichung von Hinweisen auf ihrer Plattform nicht eröffnet.

---

813 Vgl. z. B. BVerfG v. 22.01.1997 – 2 BvR 1915/91, BVerfGE 95, 173 ff.; v. 02.03.2010 – 1 BvR 256/08, BVerfGE 125, 260 ff.

814 *Ruffert*, in: BeckOK GG, 43. Edition, 05/2020, Art. 12 Rn. 141.

815 BVerfG v. 29.11.1967 – 1 BvR 175/66, BVerfGE 22, 380, 383; *Mann*, in: Sachs, GG, 8. Aufl. 2018, Art. 12 Rn. 179; *Scholz*, in: Maunz/Dürig, GG, 47. EL, 06/2006, Art. 12 Rn. 10.

816 *Gusy*, JuS 1989, 710, 711 ff.; *Schirra*, Die Indienstnahme Privater im Lichte des Steuerstaatsprinzips, 2002, S. 85 ff.; *Trzaskalik*, DStJG 12 (1989), 157, 161.

817 *Schirra*, Die Indienstnahme Privater im Lichte des Steuerstaatsprinzips, 2002, S. 88.

818 *Mann*, in: Sachs, GG, 8. Aufl. 2018, Art. 12 Rn. 180; *Ruffert*, in: BeckOK GG, 43. Edition, 05/2020, Art. 12 Rn. 143; *Scholz*, in: Maunz/Dürig, GG, 47. EL, 06/2006, Art. 12 Rn. 492 f.

819 Vgl. BVerfG v. 29.11.1967 – 1 BvR 175/66, BVerfGE 22, 380, 384; *Scholz*, in: Maunz/Dürig, GG, 47. EL, 06/2006, Art. 12 Rn. 489.

d) *Eigentumsfreiheit, Art. 14 Abs. 1 GG*

Das Grundrecht auf Eigentumsfreiheit der Plattformbetreiber nach Art. 14 Abs. 1 GG könnte dadurch betroffen sein, dass die Hinweisverpflichtung zum einen die Umsatzchancen der Plattformbetreiber schmälert und zum anderen die Erfüllung der Veröffentlichungspflicht mit Kosten verbunden ist.

aa) *Persönlicher Schutzbereich der Eigentumsfreiheit*

Der persönliche Schutzbereich des Art. 14 GG ist auf inländische und ausländische natürliche Personen sowie nach Art. 19 Abs. 3 GG wesensmäßig auf inländische juristische Personen anwendbar.[820] Für ausländische juristische Personen gilt das zu Art. 12 Abs. 1 GG festgestellte, dass diese sich grundsätzlich nicht auf Art. 19 Abs. 3 GG berufen können.[821] Europäische juristische Personen sind allerdings aufgrund des allgemeinen Diskriminierungsverbots wegen der Staatsangehörigkeit nach Art. 18 AEUV und der Europarechtsfreundlichkeit des Grundgesetzes grundrechtsberechtigt.[822] Demgegenüber können sich juristische Personen aus Drittstaaten nicht auf Art. 14 Abs. 1 GG berufen.[823]

bb) *Sachlicher Schutzbereich der Eigentumsfreiheit*

Enteignungen, die nach ganz herrschender Meinung die vollständige oder teilweise Entziehung konkreter subjektiver Eigentumspositionen zur Erfüllung bestimmter öffentlicher Aufgaben voraussetzen,[824] sind ersichtlich nicht gegeben.[825] Die Indienstnahme könnte aber eine Inhalts- und Schrankenbestimmung im Sinne des Art. 14 Abs. 1 S. 2 GG darstellen.

Dem Eigentumsgrundrecht kommt im Gefüge der Grundrechte die Aufgabe zu, dem Grundrechtsträger einen Freiheitsraum im vermögensrechtlichen Bereich sicherzustellen und ergänzt insoweit die Handlungs- und

---

820 Vgl. z. B. statt vieler *Axer*, in: BeckOK GG, 43. Edition, 12/2019, Art. 14 Rn. 37.

821 S. o. auf S. 208 ff.

822 Vgl. BVerfG v. 19.07.2011 – 1 BvR 1916/09, BVerfGE 129, 78, 97; v. 06.12.2016 – 1 BvR 2821/11, BVerfGE 143, 246, 314 ff.; *Axer*, in: BeckOK GG, 43. Edition, 12/2019, Art. 14 Rn. 38; sowie Ausführungen oben auf S. 208 ff.

823 Vgl. hierzu bereits oben auf S. 208 ff.

824 Z. B. BVerfG v. 10.05.1977 – 1 BvR 514/68, BVerfGE 45, 297, 325 f.; v. 18.01.2006 – 2 BvR 2194/99, BVerfGE 115, 97, 111 f.; v. 17.12.2013 – 1 BvR 3139/08, BVerfGE 134, 242, 289; *Wendt*, in: Sachs, GG, 8. Aufl. 2018, Art. 14 Rn. 148 m. w. N.

825 Vgl. *Schirra*, Die Indienstnahme Privater im Lichte des Steuerstaatsprinzips, 2002, S. 94; *Winter*, Der Arbeitgeber im Lohnsteuerrecht, 1998, S. 195.

Gestaltungsfreiheit, indem ein durch Leistung erworbener Bestand an vermögenswerten Gütern zuerkannt wird.[826] Der Schutz betrifft grundsätzlich alle vermögenswerten Rechte, die dem Berechtigten von der Rechtsordnung in der Weise zugeordnet sind, dass dieser die damit verbundenen Befugnisse nach eigenverantwortlicher Entscheidung zu seinem privaten Nutzen ausüben darf.[827] Art. 14 Abs. 1 GG schützt damit sowohl dingliche und sonst gegen jedermann wirkende Rechtspositionen als auch schuldrechtliche Ansprüche.[828] Vom Schutzbereich umfasst wird das Recht, die geschützten vermögenswerten Rechtspositionen innezuhaben, sie zu nutzen oder von einer Nutzung gerade abzusehen, sie zu verwalten und über sie zu verfügen.[829]

Art. 14 Abs. 1 GG schützt jedoch nur Rechtspositionen, die einem Rechtssubjekt bereits zustehen.[830] Verdienst- und Umsatzmöglichkeiten sowie andere in der Zukunft liegende Chancen werden daher nicht umfasst.[831] Daraus folgt die grundsätzliche Abgrenzung zu Art. 12 Abs. 1 GG: Während Art. 14 Abs. 1 GG das Erworbene, also das Ergebnis der Betätigung schützt, berührt Art. 12 Abs. 1 GG dagegen den Erwerb, also die Betätigung selbst.[832] Greift also ein Akt der öffentlichen Gewalt eher in die Freiheit der individuellen Erwerbs- und Leistungstätigkeit ein, so ist der Schutzbereich des Art. 12 Abs. 1 GG berührt; begrenzt er stattdessen mehr das Innehaben und Verwenden vorhandener Vermögensgüter, so kommt der Schutz des Art. 14 GG in Betracht.[833]

---

826 BVerfG v. 11.10.1962 – 1 BvL 22/57, BVerfGE 14, 288, 293; v. 16.03.1971 – 1 BvR 52/66, BVerfGE 30, 292, 335; v. 22.05.2001 – 1 BvR 1512/97, BVerfGE 104, 1, 8 ff.; v. 18.01.2006 – 2 BvR 2194/99, BVerfGE 115, 97, 110 f.; *Wendt*, in: Sachs, GG, 8. Aufl. 2018, Art. 14 Rn. 21.

827 BVerfG v. 09.01.1991 – 1 BvR 929/89, BVerfGE 83, 201, 209; v. 07.12.2004 – 1 BvR 1804/03, BVerfGE 112, 93, 107 m. w. N.; v. 18.01.2006 – 2 BvR 2194/99, BVerfGE 115, 97, 110 f.

828 BVerfG v. 09.01.1991 – 1 BvR 929/89, BVerfGE 83, 201, 208 m. w. N.; v. 18.01.2006 – 2 BvR 2194/99, BVerfGE 115, 97, 111.

829 BVerfG v. 18.01.2006 – 2 BvR 2194/99, BVerfGE 115, 97, 111 m. w. N.

830 BVerfG v. 20.04.1966 – 1 BvR 20/62, BVerfGE 20, 31, 34; v. 22.01.1997 – 2 BvR 1915/91, BVerfGE 95, 173, 187 f.

831 BVerfG v. 16.03.1971 – 1 BvR 52/66, BVerfGE 30, 292, 334 f.; v. 22.01.1997 – 2 BvR 1915/91, BVerfGE 95, 173, 187.

832 BVerfG v. 16.03.1971 – 1 BvR 52/66, BVerfGE 30, 292, 335; v. 08.06.2010 – 1 BvR 2011/07, BVerfGE 126, 112, 135; *Manssen*, in: von Mangoldt/Klein/Starck, GG, 7. Aufl. 2018, Art. 12 Rn. 289 m. w. N.; zurückgehend auf *Wittig*, in: Festschrift Müller, 1970, S. 575, 590 Fn. 67.

833 BVerfG v. 16.03.1971 – 1 BvR 52/66, BVerfGE 30, 292, 335.

Soweit durch die Hinweispflicht Umsatz- und Gewinnchancen gemindert werden, sind mithin keine eigentumsrechtlichen Positionen betroffen.

Die Plattformbetreiber werden durch die Hinweispflicht auch in ihrem Vermögen als solchem betroffen. Dieses wird nach herrschender Meinung allerdings von Art. 14 Abs. 1 GG gerade nicht geschützt. Indessen schützt Art. 14 GG nur konkrete Rechtspositionen und nicht das Vermögen als solches.[834] Allein durch den Umstand, dass dem in Dienst genommenen Privaten durch die Aufgabendurchführung Kosten entstehen, ist dieser somit auch nicht in seinem Grundrecht aus Art. 14 GG betroffen.[835]

Durch die Indienstnahmeregelung könnte aber ein Eingriff in das Recht am eingerichteten und ausgeübten Gewerbebetrieb der Plattformbetreiber vorliegen.[836] Um die Hinweispflicht zu erfüllen, müssen zur Umsetzung der Verpflichtung auch eigene Betriebsmittel eingesetzt werden. Die Erfüllung der Verpflichtung zur Veröffentlichung von Hinweisen ist mit Kosten verbunden, die die Plattformbetreiber in der Dispositionsbefugnis über ihre Betriebsmittel einschränkt (beispielsweise durch Bindung von Personal, Gerätschaften oder Know-how) und damit zu einer Schmälerung des Betriebsvermögens führt. Hierdurch könnte der Schutzbereich der Eigentumsfreiheit eröffnet sein.[837] Denn dann, wenn die Indienstnahme das Innehaben und die Verwendung

---

834 BVerfG v. 20.07.1954 – 1 BvR 459/52, BVerfGE 4, 7, 17; v. 08.04.1997 – 1 BvR 48/94, BVerfGE 95, 267, 300; *Papier*, DVBl 1980, 787, 790; *Papier/Shirvani*, in: Maunz/Dürig, GG, 83. EL, 04/2018, Art. 14 Rn. 277; *Schirra*, Die Indienstnahme Privater im Lichte des Steuerstaatsprinzips, 2002, S. 99 ff.; *Wendt*, in: Sachs, GG, 8. Aufl. 2018, Art. 14 Rn. 38 m. w. N.

835 Vgl. *Schirra*, Die Indienstnahme Privater im Lichte des Steuerstaatsprinzips, 2002, S. 104.

836 Vgl. *Luchterhandt*, Grundpflichten als Verfassungsproblem in Deutschland, 1988, S. 510; *Peterek*, Eigentumsschutz durch Ausgleichsregelungen, 2000, S. 57; *Schirra*, Die Indienstnahme Privater im Lichte des Steuerstaatsprinzips, 2002, S. 94 f.; *Winter*, Der Arbeitgeber im Lohnsteuerrecht, 1998, S. 193.

837 Vgl. *Engel*, AöR 118 (1993), 171, 224 f.; sowie *Schiller*, Sonderabgaben mit einer wirtschaftslenkenden Antriebs- und Sanktionsfunktion in der Wirtschafts- und Finanzverfassung des Grundgesetzes, 2000, S. 157, die allerdings verlangen, dass die Bindung der Betriebsmittel den Unternehmenswert nachhaltig senkt. Dementgegen für einen umfassenderen Schutzbereich sind *Ferger*, Ausgleichsansprüche bei der Indienstnahme Privater für Verwaltungsaufgaben, 1979, S. 16; *Hey*, FR 1998, 497, 504; *Peterek*, Eigentumsschutz durch Ausgleichsregelungen, 2000, S. 57 f.; *Plewa*, Indienstnahme Privater für die Mineralölbevorratung, 1978, S. 180 f.; *Schirra*, Die Indienstnahme Privater im Lichte des Steuerstaatsprinzips, 2002, S. 93 f., 97 f.

vorhandener Vermögensgüter des Unternehmens in nicht unerheblichem Umfang begrenzt, ist sie als Eingriff in das eigentumsgrundrechtlich geschützte Betriebseigentum zu bewerten.[838]

Das Betriebseigentum gehört wie auch das Recht am eingerichteten und ausgeübten Gewerbebetrieb zu den als Eigentum geschützten Rechten des Privatrechts, die als sonstiges Recht im Sinne des § 823 Abs. 1 BGB angesehen werden.[839]

Art. 12 und Art. 14 GG stehen allerdings grundsätzlich in einem Exklusivitätsverhältnis, sodass das Grundrecht, das sachnäher ist oder durch den Eingriff im Schwerpunkt betroffen wird, anwendbar ist.[840] Nur dann, wenn der Eingriff den Schutzbereich beider Freiheitsgrundrechte gleichermaßen berührt, ist der Eingriff am Freiheitsgehalt beider Freiheitsverbürgungen zu messen.[841] Ist bei der Abgrenzung von Art. 12 Abs. 1 mit Art. 14 Abs. 1 GG die Bindung vorhandener Betriebsmittel im Verhältnis zum Vermögenswert des Unternehmens als gering zu bewerten, ist schwerpunktmäßig die Berufsausübung betroffen.[842]

---

838 *Depenheuer/Froese*, in: von Mangoldt/Klein/Starck, GG, 7. Aufl. 2018, Art. 14 Rn. 137; *Ferger*, Ausgleichsansprüche bei der Indienstnahme Privater für Verwaltungsaufgaben, 1979, S. 204 ff.; *Peterek*, Eigentumsschutz durch Ausgleichsregelungen, 2000, S. 58; *Schirra*, Die Indienstnahme Privater im Lichte des Steuerstaatsprinzips, 2002, S. 98 f.

839 BVerfG v. 30.04.1952 – 1 BvR 14/52, BVerfGE 1, 264, 276 ff.; v. 08.06.1977 – 2 BvR 499/74, BVerfGE 45, 142, 173; BGH v. 28.01.1957 – III ZR 141/55, BGHZ 23, 157, 162 f.; v. 28.06.1984 – III ZR 35/83, BGHZ 92, 34, 37; *Engel*, AöR 118 (1993), 171, 189 ff.; *Papier*, DVBl 1980, 787, 791; *Wendt*, in: Sachs, GG, 8. Aufl. 2018, Art. 14 Rn. 26.

840 BVerfG v. 16.03.1971 – 1 BvR 52/66, BVerfGE 30, 292, 335; v. 30.07.2008 – 1 BvR 3262/07, BVerfGE 121, 317, 344 f.; v. 08.06.2010 – 1 BvR 2011/07, BVerfGE 126, 112, 135 f.

841 Vgl. v. 24.01.1962 – 1 BvL 32/57, BVerfGE 13, 290, 296; BVerfG v. 01.03.1979 – 1 BvR 532/77, BVerfGE 50, 290, 361 f.; *Axer*, in: BeckOK GG, 43. Edition, 12/2019, Art. 14 Rn. 27; *Drüen*, DStJG 31 (2008), 167, 183; *Ferger*, Ausgleichsansprüche bei der Indienstnahme Privater für Verwaltungsaufgaben, 1979, S. 189 ff., 217; *Krüger*, DÖV 1977, 263, 264; *Manssen*, in: von Mangoldt/Klein/Starck, GG, 7. Aufl. 2018, Art. 12 Rn. 290; *Peterek*, Eigentumsschutz durch Ausgleichsregelungen, 2000, S. 58; *Plewa*, Indienstnahme Privater für die Mineralölbevorratung, 1978, S. 176; *Schirra*, Die Indienstnahme Privater im Lichte des Steuerstaatsprinzips, 2002, S. 99; *Winter*, Der Arbeitgeber im Lohnsteuerrecht, 1998, S. 187; *Wittig*, in: Festschrift Müller, 1970, S. 575, 590.

842 BVerfG v. 16.03.1971 – 1 BvR 52/66, BVerfGE 30, 292, 335; *Engel*, AöR 118 (1993), 171, 224 f.; *Kanzler*, FR 1996, 473, 478; *Kloubert*, Rechtliche Stellung des Arbeitgebers beim Lohnsteuerabzug, 1988, S. 71 ff.; sowie *Krohn*, BB 1969, 1233, 1235 und *Ossenbühl*, in: VVDStRL 29 (1971), 137, 178 ff., die allerdings auch eine Berufsausübungsregelung ablehnen und daher mit gleicher Begründung stattdessen einen Eingriff in Art. 2

Denn dann handelt es sich nur um eine Inanspruchnahme spezifischer Unternehmerfunktionen und nicht um einen Zugriff auf das sachliche Substrat des eingerichteten und ausgeübten Gewerbebetriebs. Die Indienstnahme trifft den Verpflichteten dann in seiner Eigenschaft als Unternehmer, aber nicht in seiner Eigenschaft als Eigentümer eines Unternehmens.[843]

Bei der Hinweisverpflichtung der Plattformbetreiber ist der zur Erfüllung der Indienstnahme einzusetzende Vermögenswert an Betriebsmitteln im Verhältnis zum Unternehmenswert als sehr gering zu bewerten. Die Plattformbetreiber werden im Schwerpunkt somit durch die Indienstnahme vielmehr in ihrer Eigenschaft als Unternehmer betroffen anstatt als Eigentümer eines Unternehmens. Schwerpunktmäßig handelt es sich bei der Indienstnahme der Plattformbetreiber zur Veröffentlichung von Hinweisen daher um eine Berufsausübungsregelung. Ein Eingriff in die Eigentumsfreiheit ist somit nicht festzustellen.

Der sachliche Schutzbereich der Eigentumsfreiheit gemäß Art. 14 Abs. 1 GG ist mithin nicht eröffnet.

e) Allgemeine Handlungsfreiheit, Art. 2 Abs. 1 GG

aa) Eingriff in den Schutzbereich der allgemeinen Handlungsfreiheit

Das Recht der allgemeinen Handlungsfreiheit in Art. 2 Abs. 1 GG ist als „Jedermann"-Recht ausgestaltet, sodass daher jede natürliche Person grundrechtsberechtigt ist.[844] Nach Art. 19 Abs. 3 GG ist das Grundrecht auch wesensmäßig anwendbar auf inländische oder europäische[845] juristische Personen des Privatrechts, wenn eine staatliche Maßnahme in die wirtschaftliche Betätigung der

---

Abs. 1 GG bejahen; a. A. (unter Bejahung eines Eingriffs in die Eigentumsfreiheit) *Ferger*, Ausgleichsansprüche bei der Indienstnahme Privater für Verwaltungsaufgaben, 1979, S. 209; *Peterek*, Eigentumsschutz durch Ausgleichsregelungen, 2000, S. 57 ff.; *Schirra*, Die Indienstnahme Privater im Lichte des Steuerstaatsprinzips, 2002, S. 98 f., wobei letzterer allerdings einen Eingriff in Art. 14 GG danach abgrenzt, ob sich die Indienstnahme auch auf bereits erworbene Betriebsmittel erstreckt (dann Bejahung von Art. 14 GG) oder ob sie sich ausschließlich auf die in der Zukunft liegende berufliche Tätigkeit bezieht und damit nur auf den außerhalb des Schutzbereichs von Art. 14 GG liegenden „Erwerb".

843 BVerfG v. 16.03.1971 – 1 BvR 52/66, BVerfGE 30, 292, 335.

844 Vgl. z. B. BVerfG v. 18.07.1973 – 1 BvR 23/73, BVerfGE 35, 382, 399; v. 10.05.1988 – 1 BvR 482/84, BVerfGE 78, 179, 196 f.; *Di Fabio*, in: Maunz/Dürig, GG, 39. EL, 07/2001, Art. 2 Rn. 10; *Dreier*, in: Dreier, GG, 3. Aufl. 2013, Art. 2 Rn. 44; *Lang*, in: BeckOK GG, 43. Edition, 05/2020, Art. 2 Rn. 19.

845 Vgl. hierzu auf S. 208 ff.

juristischen Person eingreift.[846] Demgegenüber können sich außereuropäische ausländische juristische Personen auf die materiellen Grundrechte, zu denen auch Art. 2 Abs. 1 GG zählt, nicht berufen.[847]

Ist der Schutzbereich der allgemeinen Handlungsfreiheit persönlich eröffnet, kann sich der Einzelne in sachlicher Hinsicht nur auf Art. 2 Abs. 1 GG berufen, soweit seine Freiheit in dem betroffenen Lebensbereich unter den gleichen Gesichtspunkten nicht bereits durch eine besondere Grundrechtsnorm geschützt wird.[848] Art. 2 Abs. 1 GG kann aber neben anderen Freiheitsgrundrechten zum Tragen kommen, wenn es um einen weiteren zusätzlichen Gesichtspunkt geht, der nicht schon vom Schutzzweck des an sich spezielleren Grundrechts abgedeckt ist.[849] Soweit der Schutzbereich des Art. 12 Abs. 1 GG aufgrund der Hinweisverpflichtung des Plattformbetreibers bereits eröffnet ist und diese vollumfänglich erfasst,[850] ist dieses Grundrecht mithin spezieller und Art. 2 Abs. 1 GG nicht anwendbar. Soweit die Hinweispflicht jedoch nicht als Berufsausübungsregelung qualifiziert wird, ist Art. 2 Abs. 1 GG als Auffanggrundrecht anzuwenden.[851] Zudem kommt hier der Anwendbarkeit des Art. 2 Abs. 1 GG auf die natürlichen Personen aus Drittstaaten, die weder deutsche Staatsangehörige noch Unionsbürger sind, besondere Bedeutung zu, da auf diese

---

846 BVerfG v. 14.12.1965 – 1 BvR 413/60, BVerfGE 19, 206, 215; v. 25.01.1984 – 1 BvR 272/81, BVerfGE 66, 116, 130; v. 12.04.2005 – 2 BvR 1027/02, BVerfGE 113, 29, 45; *Lang*, in: BeckOK GG, 43. Edition, 05/2020, Art. 2 Rn. 19.

847 Vgl. Ausführungen oben auf S. 208 ff.

848 BVerfG v. 07.01.1959 – 1 BvR 100/57, BVerfGE 9, 73, 77; v. 24.01.1962 – 1 BvL 32/57, BVerfGE 13, 290, 296; v. 16.03.1971 – 1 BvR 52/66, BVerfGE 30, 292, 336; v. 08.04.1997 – 1 BvR 48/94, BVerfGE 97, 267, 303; *Lang*, in: BeckOK GG, 43. Edition, 05/2020, Art. 2 Rn. 9.

849 BVerfG v. 14.12.1965 – 1 BvR 413/60, BVerfGE 19, 206, 225; v. 08.02.1977 – 1 BvL 7/71, BVerfGE 44, 59, 69; v. 01.03.1979 – 1 BvR 532/77, BVerfGE 50, 290, 362; *Di Fabio*, in: Maunz/Dürig, GG, 39. EL, 07/2001, Art. 2 Rn. 24; *Hey*, FR 1998, 497, 504; *Hoffmann*, BB 1995, 53, 56 f.

850 Vgl. hierzu oben auf S. 208 ff.

851 Vgl. BVerfG v. 18.07.1973 – 1 BvR 23/73, BVerfGE 35, 382, 399; v. 10.05.1988 – 1 BvR 482/84, BVerfGE 78 179, 197; *Di Fabio*, in: Maunz/Dürig, GG, 39. EL, 07/2001, Art. 2 Rn. 15; *Dreier*, in: Dreier, GG, 3. Aufl. 2013, Art. 2 Rn. 28; *Ferger*, Ausgleichsansprüche bei der Indienstnahme Privater für Verwaltungsaufgaben, 1979, S. 222 f.; *Winter*, Der Arbeitgeber im Lohnsteuerrecht, 1998, S. 182 f.

Personengruppe Art. 12 Abs. 1 GG nicht persönlich anwendbar ist und folglich auch nicht aus Gründen der Spezialität vorrangig anzuwenden ist.[852]

Art. 2 Abs. 1 GG schützt die freie Entfaltung der Persönlichkeit und umfasst dabei auch die allgemeine Handlungsfreiheit.[853] Um einen lückenlosen Grundrechtsschutz zu gewährleisten, wird der Schutzbereich sehr weit aufgefasst.[854] Teil dieser umfassenden Garantie, die jede menschliche Betätigung einschließt, welche nicht den Schutz eines spezielleren Grundrechts genießt, ist auch die wirtschaftliche Betätigungsfreiheit.[855] Erfasst wird darüber hinaus auch die negative Handlungsfreiheit, also die Freiheit, etwas nicht tun zu müssen.[856]

Mit der Pflicht zur Veröffentlichung von Besteuerungshinweisen greift die staatliche Maßnahme mithin in den Schutzbereich der allgemeinen Handlungsfreiheit der Plattformbetreiber ein, die auch das Recht umfasst, Hinweise nicht auf der eigenen Plattform veröffentliche zu müssen. Tritt Art. 2 Abs. 1 GG nicht aus Subsidiaritätsgründen zurück, so liegt mit dem Indienstnahmegesetz ein Eingriff in den Schutzbereich der allgemeinen Handlungsfreiheit vor.

bb) Rechtfertigung des Eingriffs in die allgemeine Handlungsfreiheit

Abgesehen von einem absolut geschützten Kernbereich privater Lebensgestaltung, der der Einwirkung der öffentlichen Gewalt entzogen ist,[857] fungiert als Schranken der allgemeinen Handlungsfreiheit die sogenannte Schrankentrias, die sich aus den Rechten anderer, dem Sittengesetz und der verfassungsmäßigen

---

852 Vgl. zum persönlichen Schutzbereich der Berufsfreiheit des Art. 12 Abs. 1 GG die Ausführungen auf S. 208 ff.

853 BVerfG v. 16.01.1957 – 1 BvR 253/56, BVerfGE 6, 32, 36 ff.; v. 06.06.1989 – 1 BvR 921/85, BVerfGE 80, 137, 152 f.; v. 08.04.1997 – 1 BvR 48/94, BVerfGE 95, 267, 303.

854 BVerfG v. 16.01.1957 – 1 BvR 253/56, BVerfGE 6, 32, 36 ff.; v. 06.06.1989 – 1 BvR 921/85, BVerfGE 80, 137, 152 f.; v. 25.09.1992 – 2 BvL 5/91, BVerfGE 87, 153, 169; v. 23.10.2013 – 1 BvR 1842/11, BVerfGE 134, 204, 222 f.; v. 18.07.2019 – 1 BvL 1/18, NJW 2019, 3054, 3061; *Dreier*, in: Dreier, GG, 3. Aufl. 2013, Art. 2 Rn. 28; *Lang*, in: BeckOK GG, 43. Edition, 05/2020, Art. 2 Rn. 2 ff.

855 BVerfG v 01.03.1979 – 1 BvR 532/77, BVerfGE 50, 290, 366; v. 08.04.1997 – 1 BvR 48/94, BVerfGE 95, 267, 303; *Di Fabio*, in: Maunz/Dürig, GG, 39. EL, 07/2001, Art. 2 Rn. 19 m. w. N.; *Dreier*, in: Dreier, GG, 3. Aufl. 2013, Art. 2 Rn. 36.

856 BVerfG v. 29.07.1959 – 1 BvR 394/58, BVerfGE 10, 89, 102; v. 18.12.1974 – 1 BvR 430/65, BVerfGE 38,281, 297 f.; v. 07.12.2001 – 1 BvR 1806/98, NVwZ 2002, 335, 336; *Lang*, in: BeckOK GG, 43. Edition, 05/2020, Art. 2 Rn. 7.

857 BVerfG v. 16.01.1957 – 1 BvR 253/56, BVerfGE 6, 32, 41; v. 06.06.1989 – 1 BvR 921/85, BVerfGE 80, 137, 153.

Ordnung zusammensetzt.[858] Das Sittengesetz und die Rechte anderer werden von der verfassungsmäßigen Ordnung umfasst, sodass letztlich diese anzuwenden ist.[859] Die verfassungsmäßige Ordnung meint alle Rechtsnormen, die formell und materiell mit der Verfassung in Einklang stehen.[860] Die Schranke ist damit sehr weit gefasst, um dem weiten Schutzbereich der allgemeinen Handlungsfreiheit gerecht zu werden.[861]

Das Gesetz über die Verpflichtung der Plattformbetreiber zur Veröffentlichung von Hinweisen berührt nicht den Kernbereich privater Lebensgestaltung, da es nur Nebenverpflichtungen einer Tätigkeit festlegt. Das Gesetz gehört zur verfassungsmäßigen Ordnung, wenn es formell und materiell verfassungsgemäß ist. Gemäß der bisherigen Prüfung ist es als formell und materiell verfassungsgemäß zu bewerten.[862] Besondere Bedeutung kommt aber auch hier der Verhältnismäßigkeitsprüfung zu.[863] Das gewählte Eingriffsmittel muss daher zur Erreichung des verfolgten Zwecks geeignet, erforderlich und angemessen sein, wonach die Maßnahme unter Berücksichtigung der Intensität des Eingriffs nicht außer Verhältnis zu dem zurückzutretenden Rechtsgut stehen darf.[864] Ferner ist bei Indienstnahmen, wie bereits im Zusammenhang mit der Rechtfertigung einer Berufsausübungsregelung ausgeführt, neben der Art und dem Umfang der übertragenen Aufgabe insbesondere zu prüfen, ob den Verpflichteten eine besondere Verantwortungs- und Sachnähe zur Tätigkeit trifft und ob die mit der Indienstnahme verbundene Kostenlast zumutbar ist.[865]

---

858 BVerfG v. 16.01.1957 – 1 BvR 253/56, BVerfGE 6, 32, 37; v. 25.01.2011 – 1 BvR 918/10, BVerfGE 128, 193, 206; *Dreier*, in: Dreier, GG, 3. Aufl. 2013, Art. 2 Rn. 51; *Lang*, in: BeckOK GG, 43. Edition, 05/2020, Art. 2 Rn. 24.

859 BVerfG v. 09.03.1994 – 2 BvL 43/92, BVerfGE 90, 145, 171; *Lang*, in: BeckOK GG, 43. Edition, 05/2020, Art. 2 Rn. 24.

860 BVerfG v. 16.01.1957 – 1 BvR 253/56, BVerfGE 6, 32, 37 f.; v. 18.07.1973 – 1 BvR 23/73, BVerfGE 35, 382, 399; v. 09.03.1994 – 2 BvL 43/92, BVerfGE 90, 145, 172; v. 25.01.2011 – 1 BvR 918/10, BVerfGE 128, 193, 206.

861 Vgl. z.B. *Dreier*, in: Dreier, GG, 3. Aufl. 2013, Art. 2 Rn. 51, 53.

862 Vgl. Darstellungen auf S. 205 ff.

863 Vgl. BVerfG v. 06.06.1989 – 1 BvR 921/85, BVerfGE 80, 137, 153; v. 08.04.1997 – 1 BvR 48/94, BVerfGE 95, 267, 312; v. 27.02.2008 – 1 BvR 370/07, BVerfGE 120, 274, 318 ff.; *Dreier*, in: Dreier, GG, 3. Aufl. 2013, Art. 2 Rn. 61; *Lang*, in: BeckOK GG, 43. Edition, 05/2020, Art. 2 Rn. 25.

864 Vgl. zum Verhältnismäßigkeitsgrundsatz bereits die allgemeinen Ausführungen oben, S. 213 ff.

865 S. o. auf S. 221 ff.

bb) Rechtfertigung der Ungleichbehandlung

Nach der aktuellen Formel des Bundesverfassungsgerichts liegt eine Ungleichbehandlung von wesentlich Gleichem dann vor, wenn eine Gruppe von Normadressaten im Vergleich zu anderen Normadressaten anders behandelt wird, obwohl zwischen beiden Gruppen keine Unterschiede von solcher Art und solchem Gewicht bestehen, dass sie die ungleiche Behandlung rechtfertigen könnten.[872] Je nach Regelungsgegenstand und Differenzierungsmerkmal reicht der („stufenlose")[873] Prüfungsmaßstab von einem bloßen Willkürverbot bis hin zu einer strengen Verhältnismäßigkeitsprüfung.[874] Über den anzuwendenden Prüfungsmaßstab ist je im Einzelfall nach der Intensität und Schwere der Ungleichbehandlung zu entscheiden, wobei nicht zwischen beiden Prinzipien strikt zu trennen ist, sondern die Kontrolldichte mit zunehmendem Grad der Beeinträchtigung von der bloßen Willkürkontrolle zur immer strenger werdenden Verhältnismäßigkeitsprüfung ansteigt.[875]

Die weniger strenge Willkürprüfung lässt als Rechtfertigungsgrund einer Ungleichbehandlung jeden vernünftigen, sich aus der Natur der Sache ergebenden oder sonst wie sachlich einleuchtenden Grund für die gesetzliche Differenzierung ausreichen, wobei lediglich evidente Ungerechtigkeiten aufgegriffen

872 BVerfG v. 07.10.1980 – 1 BvL 50/79, 1 BvL 89/79, 1 BvR 240/79, BVerfGE 55, 72, 88; v. 30.05.1990 – 1 BvL 2/83, BVerfGE 82, 126, 146; v. 27.07.2007 – 1 BvL 10/00, BVerfGE 117, 272, 300 f.; v. 21.06.2011 – 1 BvR 2035/07, BVerfGE 129, 49, 69; v. 07.05.2013 – 2 BvR 909/06, BVerfGE 133, 377, 408; hierzu *Eichberger*, in: Festschrift Bundesfinanzhof, Band I, 2018, S. 501, 503; *Hey*, in: Tipke/Lang, Steuerrecht, 23. Aufl. 2018, § 3 Rn. 124; *Heun*, in: Dreier, GG, 3. Aufl. 2013, Art. 3 Rn. 22; *P. Kirchhof*, in: Maunz/Dürig, GG, 75. EL, 09/2015, Art. 3 Rn. 296; *Kischel*, AöR 124 (1999), 174, 189; *derselbe*, in: BeckOK GG, 43. Edition, 05/2020, Art. 3 Rn. 28; *Schwarz*, in: Festschrift Isensee, 2007, S. 949, 951.

873 BVerfG v. 21.06.2011 – 1 BvR 2035/07, BVerfGE 129, 49, 69.

874 BVerfG v. 08.04.1987 – 2 BvR 909/82, BVerfGE 75, 108, 157; v. 07.11.1995 – 2 BvR 413/88, BVerfGE 93, 319, 348 f.; v. 08.06.2004 – 2 BvL 5/0, BVerfGE 110, 412, 432; v. 21.07.2010 – 1 BvR 2464/07, BVerfGE 126, 400, 416; v. 21.06.2011 – 1 BvR 2035/07, BVerfGE 129, 49, 69.

875 Vgl. BVerfG v. 26.01.1993 – 1 BvL 38/92, BVerfGE 88, 87, 96; v. 08.06.2004 – 2 BvL 5/00, BVerfGE 110, 412, 431; v. 12.10.2010 – 1 BvL 14/09, BVerfGE 127, 263, 280; v. 21.06.2011 – 1 BvR 2035/07, BVerfGE 129, 49, 68 f.; v. 19.11.2019 – 2 BvL 22-27/14, DStR 2020, 93, 97 f.; *Hey*, in: Tipke/Lang, Steuerrecht, 23. Aufl. 2018, § 3 Rn. 124; *Kischel*, AöR 124 (1999), 174, 189.

werden.[876] Die Verhältnismäßigkeitsprüfung dagegen setzt neben dem Vorliegen eines sachlichen Grundes zusätzlich voraus, dass die (Gleichheits-)Beeinträchtigung in ihrem Gewicht durch entsprechende sachliche Gründe aufgewogen wird.[877] Das Ausmaß der Ungleichbehandlung und das die Ungleichbehandlung rechtfertigende Differenzierungsziel müssen in einem angemessenen Verhältnis zueinander stehen.[878] Eine strengere Bindung an den Verhältnismäßigkeitsgrundsatz ist insbesondere anzunehmen, wenn die Differenzierung an Persönlichkeitsmerkmale anknüpft, wobei sich die verfassungsrechtlichen Anforderungen umso mehr verschärfen, je weniger die Merkmale für den Einzelnen durch sein Verhalten beeinflussbar sind, sie Freiheitsgrundrechte beeinträchtigen oder je mehr sie sich denen des Art. 3 Abs. 3 GG annähern.[879]

Im Bereich von Berufsausübungsregelungen gebietet Art. 3 Abs. 1 GG, dass innerhalb einer Berufsgruppe bestimmte Gruppen (also nicht nur einzelne, aus dem Rahmen fallende Sonderfälle) nicht ohne sachlichen Grund wesentlich stärker belastet werden.[880] Die festgestellte Ungleichbehandlung muss sich sachbereichsbezogen auf einen vernünftigen, sachlich einleuchtenden Grund zurückführen lassen, der im Hinblick auf die Schwere der Ungleichbehandlung angemessen ist.[881]

---

876 Vgl. BVerfG v. 23.10.2951 – 2 BvG 1/51, BVerfGE 1, 14, 52; v. 17.12.1953 – 1 BvR 323/51, BVerfGE 3, 162, 182; v. 16.03.1955 – 2 BvK 1/54, BVerfGE 4, 144, 155; v. 16.10.1979 – 1 BvL 51/79, BVerfGE 52, 277, 280; v. 26.01.1993 – 1 BvL 38/92, BVerfGE 88, 87, 97; sowie zum Ganzen z. B. *Hey*, in: Tipke/Lang, Steuerrecht, 23. Aufl. 2018, § 3 Rn. 124; *Kischel*, AöR 124 (1999), 174, 188.

877 *Kischel*, AöR 124 (1999), 174, 191; *Schwarz*, in: Festschrift Isensee, 2007, S. 949, 952 f.

878 Vgl. z.B. BVerfG v. 30.05.1990 – 1 BvL 2/83, BVerfGE 82, 126, 146; v. 29.03.2017 – 2 BvL 6/11, BVerfGE 145, 106, 142.

879 BVerfG v. 26.01.1993 – 1 BvL 38/92, BVerfGE 88, 87, 96; v. 07.07.2009 – 1 BvR 1164/07, BVerfGE 124, 199, 220; v. 12.10.2010 – 1 BvL 14/09, BVerfGE 127, 263, 280 f.; v. 21.06.2011 – 1 BvR 2035/07, BVerfGE 129, 49, 69; v. 07.05.2013 – 2 BvR 909/06, BVerfGE 133, 377, 408; *Britz*, NJW 2014, 346, 347 ff.; *Eichberger*, in: Festschrift Bundesfinanzhof, Band I, 2018, S. 501, 506; *Hey*, in: Tipke/Lang, Steuerrecht, 23. Aufl. 2018, § 3 Rn. 124; *P. Kirchhof*, in: Maunz/Dürig, GG, 75. EL, 09/2015, Art. 3 Rn. 296; *Kischel*, in: BeckOK GG, 43. Edition, 05/2020, Art. 3 Rn. 28 f.; kritisch *Englisch*, Wettbewerbsgleichheit im grenzüberschreitenden Handel mit Schlussfolgerungen für indirekte Steuern, 2008, S. 187 ff.

880 BVerfG v. 16.03.1971 – 1 BvR 52/66, BVerfGE 30, 292, 326.

881 Vgl. BVerfG v. 23.10.1951 – 2 BvG 1/51, BVerfGE 1, 14, 52; v. 27.09.2005 – 2 BvR 1387/02, BVerfGE 114, 258, 297 f.; v. 29.03.2017 – 2 BvL 6/11, BVerfGE 145, 106, 143; *Kischel*, AöR 124 (1999), 174, 187.

Da mit der Indienstnahme der Plattformbetreiber zur Veröffentlichung von Hinweisen Eingriffe in die Freiheitsgrundrechte der Berufsfreiheit beziehungsweise der allgemeinen Handlungsfreiheit zu konstatieren waren, ist hier die Prüfung der Rechtfertigung nicht auf eine bloße Willkürprüfung beschränkt, sondern erfordert eine Verhältnismäßigkeitsprüfung.

Als sachlicher Rechtfertigungsgrund der Ungleichbehandlung ist auch hier die Gleichmäßigkeit der Besteuerung und des Wettbewerbs heranzuziehen. Rein fiskalische Zwecke sind auch zur Rechtfertigung von Ungleichbehandlungen nicht anerkannt.[882] Wie im Rahmen der Freiheitsgrundrechte bereits erörtert, erfordert auch hier die Zumutbarkeit der Ungleichbehandlung, von der auch insoweit nur eine geringe Belastungswirkung für die Betroffenen ausgeht, keinen finanziellen Lastenausgleich.[883] Die Ungleichbehandlung ist vielmehr erforderlich und angemessen.

Eine Indienstnahme der Plattformbetreiber zur Veröffentlichung von Besteuerungshinweisen genügt somit auch dem Gebot des Gleichheitssatzes.

g) Ergebnis

Die Verpflichtung der Plattformbetreiber zur Veröffentlichung von Besteuerungshinweisen auf ihrer Plattform verstößt damit im Hinblick auf Beschränkungen zulasten der Plattformbetreiber nicht gegen das Grundgesetz und ist somit verfassungsgemäß.

3. Unionsrechtliche Erwägungen zur Veröffentlichungspflicht von Besteuerungshinweisen

Die zur Veröffentlichung von Besteuerungshinweisen verpflichteten Plattformbetreiber sind international tätig, sodass auch die Anwendbarkeit von Unionsrecht nicht ausgeschlossen ist. Hinsichtlich anwendbarem Unionsrecht ergibt sich aus Art. 4 Abs. 3 EUV ein Anwendungsvorrang gegenüber nationalem (einfachen) Recht.[884]

In der Kompetenzzuteilung auf Ebene der Europäischen Union fallen die direkten Steuern wie die Einkommensteuer in die Zuständigkeit der Mitgliedstaaten

---

882 BVerfG v. 17.01.1957 – 1 BvL 4/54, BVerfGE 6, 55, 80; v. 06.07.2010 – 2 BvL 13/09, BVerfGE 126, 268, 281.

883 Vgl. hierzu Ausführungen oben auf S. 219 ff.

884 EuGH v. 15.07.1964 – C-6/64, ECLI:EU:C:1964:66, Slg. 1964, 1251, 1269 ff. – *Costa/E.N.E.L.*; v. 17.12.1970 – C-11/70, ECLI:EU:C:1970:114, Rn. 3 – *Internationale Handelsgesellschaft*.

(vgl. Art. 4 Abs. 1, Art. 5 EUV i. V. m. Art. 3 ff., Art. 113 ff. AEUV).[885] Der Begriff der Steuern im Sinne von Art. 114 Abs. 2 AEUV umfasst dabei auch die Modalitäten der Beitreibung dieser Steuern und beinhaltet also das materielle Recht und das Verfahrensrecht gleichermaßen.[886] Mithin sind auch die mit einer Reform des Steuervollzugs im Bereich der Online-Vermietungseinkünfte verbundenen Maßnahmen, wie die gesetzlich normierte Pflicht zur Veröffentlichung von Besteuerungshinweisen, dem Teilgebiet der direkten Steuern zuzuordnen, für deren Regelung die Mitgliedstaaten zuständig sind. Die Mitgliedstaaten müssen ihre Befugnisse jedoch unter Wahrung des Unionsrechts ausüben.[887]

a) Vereinbarkeit mit der Dienstleistungsrichtlinie

Die gesetzlich normierte Vorgabe an Betreiber von Unterkunftsvermittlungsplattformen zur Veröffentlichung von Besteuerungshinweisen, muss mit der Dienstleistungsrichtlinie vereinbar sein.[888] Richtlinien sind als spezielles Sekundärrecht vorrangig vor dem unionsrechtlichen Primärrecht, wie den Grundfreiheiten, zu prüfen.[889]

Die Dienstleistungsrichtlinie enthält allgemeine Bestimmungen, die bei gleichzeitiger Gewährleistung einer hohen Qualität der Dienstleistungen die Wahrnehmung der Niederlassungsfreiheit durch Dienstleistungserbringer sowie den freien Dienstleistungsverkehr erleichtern soll (Art. 1 Abs. 1 der Richtlinie).[890] Sie gilt gemäß ihrem Art. 2 Abs. 1 für Dienstleistungen, die von einem

---

885 Vgl. *Korte*, in: Calliess/Ruffert, EUV/AEUV, 5. Aufl. 2016, Art. 114 AEUV Rn. 14 f., Art. 115 AEUV Rn. 4.

886 EuGH v. 29.04.2004 – C-338/01, ECLI:EU:C:2004:253, Rn. 67 – *Kommission/Rat*; *Korte*, in: Calliess/Ruffert, EUV/AEUV, 5. Aufl. 2016, Art. 114 AEUV Rn. 15.

887 Vgl. EuGH v. 14.02.1995 – C-279/93, ECLI:EU:C:1995:31, Rn. 21 – *Finanzamt Köln-Altstadt / Schumacker*; v. 15.05.1997 – C-250/95, ECLI:EU:C:1997:239, Rn. 19 – *Futura Participations und Singer*; v. 28.04.1998 – C-118/96, ECLI:EU:C:1998:170, Rn. 21 – *Safir*; v. 08.03.2001 – C-397/98, ECLI:EU:C:2001:134, Rn. 37 – *Metallgesellschaft*; v. 29.11.2001 – C-17/00, ECLI:EU:C:2001:651, Rn. 25 – *De Coster*; v. 13.12.2005 – C-446/03, ECLI:EU:C:2005:763, Rn. 29 – *Marks & Spencer*; v. 03.10.2006 – C-290/04, ECLI:EU:C:2006:630, Rn. 30 – *FKP Scorpio Konzertproduktionen*; v. 15.02.2007 – C-345/04, ECLI:EU:C:2007:96, Rn. 19 – *Centro Equestro da Leziria Grande*; *Kluth*, in: Calliess/Ruffert, EUV/AEUV, 5. Aufl. 2016, Art. 57 AEUV Rn. 19.

888 Richtlinie 2006/123/EG v. 12.12.2006 über Dienstleistungen im Binnenmarkt („Dienstleistungsrichtlinie"), ABl. L 376 v. 27.12.2006, S. 36-68.

889 EuGH v. 14.12.2004 – C-309/02, ECLI:EU:C:2004:799, Rn. 53 – *Radlberger Getränkegesellschaft und S. Spitz*.

890 Art. 1 Abs. 1 der Richtlinie 2006/123/EG v. 12.12.2006, ABl. L 376 v. 27.12.2006, S. 50.

in einem Mitgliedstaat niedergelassenen Dienstleistungserbringer angeboten werden.[891] „Dienstleistungserbringer" im Sinne der Richtlinie ist jede natürliche Person, die die Staatsangehörigkeit eines Mitgliedstaats besitzt, und jede in einem Mitgliedstaat niedergelassene juristische Person im Sinne des Art. 54 AEUV (ex-Art. 48 EGV), die eine Dienstleistung anbietet oder erbringt (Art. 4 Nr. 2 der Dienstleistungsrichtlinie).[892] Der persönliche Anwendungsbereich der Dienstleistungsrichtlinie ist für Betreiber von Unterkunftsvermittlungsplattformen mithin eröffnet, wenn der Plattformbetreiber als natürliche Person die Staatsangehörigkeit eines Mitgliedstaats besitzt oder als juristische Person gemäß Art. 54 S. 1 AEUV den satzungsmäßigen Sitz, die Hauptverwaltung oder die Hauptniederlassung innerhalb der Europäischen Union hat.

Sachlich anwendbar ist die Dienstleistungsrichtlinie, wenn von dem in einem Mitgliedstaat niedergelassenen Dienstleistungserbringer im obigen Sinne Dienstleistungen angeboten werden (Art. 2 Abs. 1 der Dienstleistungsrichtlinie).[893] Unter Dienstleistung definiert die Richtlinie jede von Art. 50 EGV bzw. Art. 57 AEUV erfasste selbständige Tätigkeit, die in der Regel gegen Entgelt erbracht wird (vgl. Art. 4 Nr. 1 der Dienstleistungsrichtlinie).[894] Die Dienstleistungsrichtlinie lehnt sich damit direkt an den Dienstleistungsbegriff des EG-Vertrags (heute AEUV) an.[895]

Vom Anwendungsbereich der Dienstleistungsrichtlinie ausgenommen ist aber der Bereich der Steuern gemäß Art. 2 Abs. 3 der Richtlinie.[896] Die Verpflichtung der Plattformbetreiber zur Veröffentlichung der Beteuerungshinweise auf der Plattform soll dazu dienen, die Gleichmäßigkeit des Steuervollzugs zu fördern und ist mithin als Maßnahme zu bewerten, die Modalitäten der Beitreibung einer Steuer betrifft. Da im Unionsrecht das Steuerverfahrensrecht gleichermaßen wie das materielle Steuerrecht vom Begriff der Steuer erfasst ist,[897] sind auch Maßnahmen, die dem verbesserten Steuervollzug zu dienen bestimmt sind, dem Bereich der Steuern zuzuordnen und damit vom Anwendungsbereich der Dienstleistungsrichtlinie ausgenommen.

---

891 Art. 2 Abs. 1 der Richtlinie 2006/123/EG v. 12.12.2006, ABl. L 376 v. 27.12.2006, S. 51.
892 Art. 4 Nr. 2 der Richtlinie 2006/123/EG v. 12.12.2006, ABl. L 376 v. 27.12.2006, S. 52.
893 Art. 2 Abs. 1 der Richtlinie 2006/123/EG v. 12.12.2006, ABl. L 376 v. 27.12.2006, S. 51.
894 Art. 4 Nr. 1 der Richtlinie 2006/123/EG v. 12.12.2006, ABl. L 376 v. 27.12.2006, S. 52.
895 *Schlichting/Spelten*, EuZW 2005, 238.
896 Art. 2 Abs. 3 der Richtlinie 2006/123/EG v. 12.12.2006, ABl. L 376 v. 27.12.2006, S. 51.
897 S. hierzu die Ausführungen oben auf S. 240 f.

Die Dienstleistungsrichtlinie steht einer Hinweisverpflichtung für Plattformbetreiber folglich nicht entgegen.

b) Vereinbarkeit mit der E-Commerce-Richtlinie

Mit der Indienstnahme von Plattformbetreibern im Unterkunftsvermittlungssektor, die einen wesentlichen Beitrag zum Abschluss von Verträgen im Internet leisten, könnte ein Verstoß gegen die E-Commerce-Richtlinie begründet werden.[898] Nach Art. 9 Abs. 1 S. 2 der E-Commerce-Richtlinie sollen die Mitgliedstaaten sicherstellen, dass die für den Vertragsabschluss geltenden Rechtsvorschriften kein Hindernis für die Verwendung elektronisch abgeschlossener Verträge bilden.[899] Eine Verpflichtung zur Veröffentlichung von Besteuerungshinweisen beim Betreiben von Unterkunftsvermittlungsplattformen könnte ein solches Hindernis darstellen.

Allerdings findet die E-Commerce-Richtlinie gemäß ihrem Art. 1 Abs. 5 lit. a keine Anwendung auf Besteuerungsvorschriften, zu denen die Normen über eine Verpflichtung zur Veröffentlichung von Besteuerungshinweisen an Plattformbetreiber zählen.[900]

Ein Verstoß gegen die E-Commerce-Richtlinie kommt somit nicht in Betracht.

c) Vereinbarkeit mit der Dienstleistungsfreiheit

Die Verpflichtung zur Veröffentlichung von Besteuerungshinweisen auf Unterkunftsvermittlungsplattformen könnte aber gegen die Dienstleistungsfreiheit gemäß der Art. 56 ff. AEUV verstoßen.

aa) Anwendungsbereich der Dienstleistungsfreiheit

Unter den Begriff der Dienstleistung im Sinne der Art. 56, 57 AEUV fällt jede selbstständige, zeitlich begrenzte und in der Regel gegen Entgelt erbrachte

---

898 Richtlinie 2000/31/EG v. 08.06.2000 über bestimmte rechtliche Aspekte der Dienste der Informationsgesellschaft, insbesondere des elektronischen Geschäftsverkehrs, im Binnenmarkt („Richtlinie über den elektronischen Geschäftsverkehr"), ABl. L 178 v. 17.07.2000, S. 1-16.

899 Art. 9 Abs. 1 S. 2 der Richtlinie 2000/31/EG v. 08.06.2000, ABl. L 178 v. 17.07.2000, S. 11.

900 Vgl. Art. 1 Abs. 5 lit. a der Richtlinie 2000/31/EG v. 08.06.2000, ABl. L 178 v. 17.07.2000, S. 8 sowie die allgemeinen Ausführungen oben auf S. 240 f. zur Auslegung des Begriffs der Steuern im Unionsrecht, von dem auch Steuerverfahrensvorschriften umfasst werden und die vergleichbaren Ausführungen zur Dienstleistungsrichtlinie auf S. 241 f.

Leistung unkörperlicher Natur, soweit sie nicht den Vorschriften über den freien Waren- und Kapitalverkehr und über die Freizügigkeit der Personen unterliegen. Als Dienstleistungen gelten danach insbesondere gewerbliche, kaufmännische, handwerkliche und freiberufliche Tätigkeiten (Art. 57 S. 2 AEUV). In Abgrenzung zur Arbeitnehmerfreizügigkeit, der Niederlassungsfreiheit und der Warenverkehrsfreiheit fällt unter den Begriff der Dienstleistung im Sinne der Art. 56, 57 AEUV jede selbstständige, zeitlich begrenzte und in der Regel gegen Entgelt (als Teil des Wirtschaftslebens) erbrachte Leistung unkörperlicher Natur.[901]

Das Betreiben einer Unterkunftsvermittlungsplattform stellt eine – in Abgrenzung zur Freizügigkeit der Personen – gewerbliche, selbständig ausgeübte Tätigkeit dar, die gegen Entgelt (die Plattform-Nutzungsgebühr) an die Plattformnutzer erbracht wird. Die Nutzungsüberlassung der Plattform wird nur vorübergehend, ohne Einrichtung einer eigenen Niederlassung, in den anderen Mitgliedstaaten angeboten. Die Tätigkeit der Plattformbetreiber ist unkörperlicher Natur und unterliegt somit nicht der Warenverkehrsfreiheit. Eine Beschränkung des freien Kapital- und Zahlungsverkehrs wäre nur eine unvermeidbare Folge der etwaigen Beschränkung des freien Dienstleistungsverkehrs, sodass nur die im Schwerpunkt betroffene Dienstleistungsfreiheit zu prüfen ist.[902] Das Betreiben einer Unterkunftsvermittlungsplattform stellt mithin eine Dienstleistung im Sinne der Art. 56, 57 AEUV dar.

Voraussetzung ist allerdings, dass diese Leistung ein grenzüberschreitendes Element beinhaltet. Dieses kann in dreierlei Hinsicht erfüllt werden: Zum einen wird dieser Anwendungsbereich dadurch begründet, dass sich der Leistende zum Empfänger der Dienstleistungen begibt (sogenannte aktive Dienstleistungsfreiheit) und zum anderen in Form der passiven Dienstleistungsfreiheit, in deren Rahmen der Leistungsempfänger die Dienstleistung in einem anderen Mitgliedstaat, in dem sich der Leistende aufhält, in Anspruch nimmt.[903] Ferner genügt

---

901 Vgl. EuGH v. 12.12.1974 – C-36/74, ECLI:EU:C:1974:140, Rn. 4/10 – *Walrave*; v. 05.10.1988 – C-196/87, ECLI:EU:C:1988:475, Rn. 9 ff., 15 ff. – *Steymann*; v. 30.11.1995 – C-55/94, ECLI:EU:C:1995:411, Rn. 26 ff. – *Gebhard*; v. 12.12.1996 – C-3/95, ECLI:EU:C:1996:487, Rn. 21 f. – *Reisebüro Broede*; *Kluth*, in: Calliess/Ruffert, EUV/AEUV, 5. Aufl. 2016, Art. 57 AEUV Rn. 8 ff.

902 Vgl. EuGH v. 08.09.2009 – C-42/07, ECLI:EU:C:2009:519, Rn. 47 – *Liga Portuguesa de Futebol Profissional und Bwin International.*

903 EuGH v. 02.02.1989 – C 168/87, ECLI:EU:C:1989:47, Rn. 15 – *Cowan*; v. 03.10.2006 – C-290/04, ECLI:EU:C:2006:630, Rn. 32 – *FKP Scorpio Konzertproduktionen*; v. 11.09.2007 – C-76/05, ECLI:EU:C:2007:492, Rn. 36 – *Schwarz und Gootjes-Schwarz.*

drittens für den grenzüberschreitenden Bezug das Vorliegen einer Korrespondenzdienstleistung, das heißt, wenn allein die Dienstleistung die Grenze überschreitet, der Leistende und der Empfänger aber in ihren (unterschiedlichen) Heimatstaaten verbleiben.[904] Ist der Plattformbetreiber in einem Mitgliedstaat der Europäischen Union außerhalb der Bundesrepublik Deutschland ansässig (beziehungsweise hat die Gesellschaft, die die Plattform betreibt, ihren Sitz, ihre Hauptverwaltung oder ihre Hauptniederlassung dort), während der Online-Vermieter als Nutzer der Plattform beispielsweise in Deutschland ansässig ist, weist die Dienstleistung den grenzüberschreitenden Bezug auf (Korrespondenzdienstleistung) und der Anwendungsbereich der Dienstleistungsfreiheit ist somit (gegebenenfalls i. V. m. Art. 62, 54 AEUV) eröffnet. Gleiches gilt für den umgekehrten Fall, in dem der Betreiber der Unterkunftsvermittlungsplattform in Deutschland ansässig ist und die Leistung an einen Nutzer im EU-Ausland erbringt.

bb) Beschränkung der Dienstleistungsfreiheit

Der Dienstleistungsfreiheit steht jede nationale Regelung entgegen, die die Erbringung von Dienstleistungen zwischen Mitgliedstaaten gegenüber der Erbringung von Dienstleistungen innerhalb eines Mitgliedstaats erschwert.[905]

Direkte Diskriminierungen aufgrund der Staatsangehörigkeit sind bei den Veröffentlichungspflichten für Plattformbetreiber, die unabhängig von der Staatsangehörigkeit des Plattformbetreibers gelten, ersichtlich nicht gegeben. Auch wirken sich diese Verpflichtungen nicht mittelbar diskriminierend aus, sodass auch kein Anlass für die Annahme indirekter Diskriminierungsfolgen hervorgerufen wird. Allerdings sind überdies als Beschränkungen des freien Dienstleistungsverkehrs auch solche nationalen Maßnahmen zu verstehen, die – selbst wenn sie unterschiedslos für inländische Dienstleistende wie solche aus den anderen Mitgliedstaaten gelten – geeignet sind, die Tätigkeiten des Dienstleistenden, der in einem anderen Mitgliedstaat ansässig ist, in dem er

904 EuGH v. 14.10.2004 – C-36/02, ECLI:EU:C:2014:614, Rn. 25 – *Omega*.

905 EuGH v. 04.12.1986 – C-205/84, ECLI:EU:C:1986:463, Rn. 25 – *Kommission/Deutschland*; v. 26.02.1991 – C-180/89, ECLI:EU:C:1991:78, Rn. 15 – *Kommission/Italien*; v. 29.11.2001 – C-17/00, ECLI:EU:C:2001:651, Rn. 30 – *De Coster*; v. 03.10.2006 – C-290/04, ECLI:EU:C:2006:630, Rn. 31 – *FKP Scorpio Konzertproduktionen*; v. 09.11.2006 – C-433/04, ECLI:EU:C:2006:702, Rn. 31 – *Kommission/Belgien;* v. 08.09.2009 – C-42/07, ECLI:EU:C:2009:519, Rn. 51 – *Liga Portuguesa de Futebol Profissional und Bwin International*; v. 18.06.2019 – C-591/17, ECLI:EU:C:2019:504, Rn. 135 – *Österreich/Deutschland.*

rechtmäßig ähnliche Dienstleistungen erbringt, zu unterbinden, zu behindern oder weniger attraktiv zu machen.[906] Unter das Beschränkungsverbot fallen somit Maßnahmen, die geeignet sind, den Wirtschaftsteilnehmer von der Ausübung der Dienstleistungsfreiheit abzuhalten.[907] Durch die Verpflichtung zur Veröffentlichung von Besteuerungshinweisen bei der Bereitstellung der Plattform an Online-Vermieter mit inländischen Vermietungsobjekten, wird das Bereitstellen der Plattform an Nutzer, für die die Veröffentlichung vorzunehmen ist, unattraktiver als das Bereitstellen für Nutzer, für die diese Verpflichtung nicht besteht. Ohne die Erfüllung der Veröffentlichungspflicht wird das Bereitstellen der Plattform zur Nutzung an Online-Vermieter mit inländischen Vermietungsobjekten rechtswidrig, während das Anbieten an Online-Vermieter mit Vermietungsobjekten im eigenen Mitgliedstaat rechtmäßig ist. Die Veröffentlichungspflicht könnte Plattformbetreiber daher davon abhalten, ihre Dienstleistung (in Form der Bereitstellung der Plattform zur Nutzung als Marktplatz) auch Online-Vermietern mit inländischen Vermietungsobjekten anzubieten.[908] Um der Veröffentlichungspflicht und dem damit verbundenen administrativen Aufwand zu entgehen, könnten Plattformbetreiber Online-Vermietungen über in Deutschland belegene Vermietungsobjekte von ihrem Plattformangebot ausnehmen. Insoweit könnte die Hinweisverpflichtung dazu führen, die Ausübung der Dienstleistungsfreiheit weniger attraktiv zu machen.

Art. 56 AEUV erfasst allerdings solche Maßnahmen nicht, deren einzige Wirkung es ist, zusätzliche Kosten für die betreffende Leistung zu verursachen und die Erbringung von Dienstleistungen zwischen Mitgliedstaaten in gleicher Weise wie deren Erbringung innerhalb eines Mitgliedstaats berühren.[909] In Anlehnung

---

906 EuGH v. 04.12.1986 – C-205/84, ECLI:EU:C:1986:463, Rn. 25 – *Kommission/Deutschland*; v. 26.02.1991 – C-180/89, ECLI:EU:C:1991:78, Rn. 15 – *Kommission/Italien*; v. 29.11.2001 – C-17/00, ECLI:EU:C:2001:651, Rn. 29 – *De Coster*; v. 09.11.2006 – C-433/04, ECLI:EU:C:2006:702, Rn. 28 – *Kommission/Belgien*; v. 08.09.2009 – C-42/07, ECLI:EU:C:2009:519, Rn. 51 – *Liga Portuguesa de Futebol Profissional und Bwin International*; v. 18.06.2019 – C-591/17, ECLI:EU:C:2019:504, Rn. 136 – *Österreich/Deutschland*.

907 Vgl. EuGH v. 29.11.2001 – C-17/00, ECLI:EU:C:2001:651, Rn. 33 – *De Coster*; v. 09.11.2006 – C-433/04, ECLI:EU:C:2006:702, Rn. 29 – *Kommission/Belgien*.

908 Vgl. EuGH v. 03.10.2006 – C-290/04, ECLI:EU:C:2006:630, Rn. 33 f. – *FKP Scorpio Konzertproduktionen*; v. 09.11.2006 – C-433/04, ECLI:EU:C:2006:702, Rn. 31 – *Kommission/Belgien*.

909 EuGH v. 08.09.2005 – C-544/03, C-545/03, ECLI:EU:C:2005:518, Rn. 31 – *Mobistar und Belgacom Mobile*; v. 18.06.2019 – C-591/17, ECLI:EU:C:2019:504, Rn. 137 – *Österreich/Deutschland*.

an den Grundgedanken der sogenannten „Keck"-Formel ist davon auszugehen, dass der Anwendungsbereich des Beschränkungsverbots auf solche nationalen Hindernisse begrenzt ist, die den grenzüberschreitenden Marktzugang als solchen betreffen.[910] Es ist daher abzugrenzen, ob es sich um eine allgemeine Dienstleistungsmodalität vergleichbar einer Vertriebsregelung handelt oder der Marktzugang für ausländische Anbieter erschwert wird.

Da die Pflicht zur Veröffentlichung von Hinweisen für inländische Plattformbetreiber gleichermaßen gilt wie für ausländische, wird – den deutschen Markt isoliert betrachtet – für ausländische Plattformbetreiber der Zugang zum deutschen Markt insoweit nicht mehr erschwert als für deutsche Plattformbetreiber. Die Schaffung besonderer Marktzugangsregeln führt aber dazu, dass die Dienstleistung selbst je unter Beachtung der speziellen Marktzugangserfordernisse für den jeweiligen Markt angepasst werden muss. So stellt das Hinzufügen von Besteuerungshinweisen beim Angebot der Dienstleistung an Vermieter mit inländischen Vermietungsobjekten für den Plattformbetreiber einen zusätzlich zu erbringenden Aufwand dar, der einer Dienstleistung – vergleichbar einer produktbezogenen Regelung im Rahmen der Warenverkehrsfreiheit – anhaftet. Deutlich wird der Aufwand, wenn man unterstellt, dass mehrere Mitgliedstaaten eine vergleichbare Verpflichtung für das Erbringen von Dienstleistungen auf dem eigenen Markt voraussetzen. Der Dienstleistungsanbieter muss neben seinen inländischen auch besondere ausländische Regularien beachten. Mithin stellt die Verpflichtung zur Veröffentlichung bestimmter Hinweise auf der Plattform ein für ausländische Anbieter intensiver wirkendes Marktzugangshindernis dar, das den Zugang zum deutschen Markt zwar nicht unmöglich macht, aber erschwert. Eine Beschränkung der Dienstleistungsfreiheit liegt damit vor.

cc) Rechtfertigung der Beschränkung der Dienstleistungsfreiheit

Der freie Dienstleistungsverkehr darf nur durch Regelungen beschränkt werden, die aus Gründen der öffentlichen Ordnung, Sicherheit oder Gesundheit (vgl. Art. 62 i. V. m. Art. 52 Abs. 1 AEUV) oder durch zwingende Gründe des Allgemeininteresses gerechtfertigt sind, soweit die Vorschriften im letzteren Fall für alle im Hoheitsgebiet des Bestimmungsstaats tätigen Personen oder Unternehmen gleichermaßen gelten.[911] Die Anforderungen müssen außerdem sachlich

910 Vgl. EuGH v. 24.11.1993 – C-267/91, ECLI:EU:C:1993:905, Rn. 16 f. – *Keck und Mithouard.*

911 EuGH v. 04.12.1986 – C-205/84, ECLI:EU:C:1986:463, Rn. 27 – *Kommission/Deutschland;* v. 26.02.1991 – C-180/89, ECLI:EU:C:1991:78, Rn. 17 – *Kommission/Italien;* v. 09.11.2006 – C-433/04, ECLI:EU:C:2006:702, Rn. 33 – *Kommission/Belgien;* v.

geboten sein, um den Schutz der Interessen, den sie bezwecken, zu gewährleisten.[912] Dabei ist zu prüfen, ob das gleiche Ergebnis nicht durch weniger einschneidende Regelungen erreicht werden kann, insbesondere, ob dem Allgemeininteresse nicht bereits durch die Rechtsvorschriften Rechnung getragen ist, denen der Leistungserbringer in dem Staat unterliegt, in dem er ansässig ist.[913]

Als Rechtfertigungsgrund könnte der gleichmäßige Vollzug deutscher Besteuerungsansprüche in Betracht kommen. Vom EuGH ist der Rechtfertigungsgrund der „effizienten Beitreibung der Steuer" als schützenswertes Allgemeininteresse anerkannt.[914] Danach sind beispielsweise grundfreiheitsrechtliche Beeinträchtigungen in Form eines besonderen, haftungsbewehrten Steuerabzugs an der Quelle gegenüber steuerausländischen Vergütungsschuldnern (§ 50a EStG) gerechtfertigt, wenn der Vollzug des Besteuerungsanspruchs auf diese Weise sichergestellt werden soll.[915] Nationale Regelungen sind nur dann geeignet, die Erreichung des geltend gemachten Ziels zu gewährleisten, wenn sie tatsächlich dem Anliegen gerecht werden, es in kohärenter und systematischer Weise zu erreichen.[916]

Die Verpflichtung der Plattformbetreiber zum Veröffentlichen bestimmter Besteuerungshinweise ist somit ein legitimes Ziel, aber auch geeignetes Mittel, den Vollzug der aus der Online-Vermietung entstehenden Steueransprüche zu verbessern. Denn auch wenn die Effektivität der Hinweispflichten zur Gewährleistung eines verbesserten Steuervollzugs in ihrer Wirkung begrenzt ist, da sie weiterhin an die Deklarationsbereitschaft der Steuerpflichtigen anknüpfen,

---

08.09.2009 – C-42/07, ECLI:EU:C:2009:519, Rn. 56 – *Liga Portuguesa de Futebol Profissional und Bwin International*; v. 18.06.2019 – C-591/17, ECLI:EU:C:2019:504, Rn. 139 – *Österreich/Deutschland.*

912 EuGH v. 04.12.1986 – C-205/84, ECLI:EU:C:1986:463, Rn. 27 – *Kommission/Deutschland;* v. 26.02.1991 – C-180/89, ECLI:EU:C:1991:78, Rn. 17 – *Kommission/Italien.*

913 EuGH v. 04.12.1986 – C-205/84, ECLI:EU:C:1986:463, Rn. 29 – *Kommission/Deutschland;* v. 26.02.1991 – C-180/89, ECLI:EU:C:1991:78, Rn. 17 f. – *Kommission/Italien*; v. 09.11.2006 – C-433/04, ECLI:EU:C:2006:702, Rn. 33 – *Kommission/Belgien.*

914 Vgl. EuGH v. 03.10.2006 – C-290/04, ECLI:EU:C:2006:630, Rn. 35 ff. – *FKP Scorpio Konzertproduktionen*; v. 09.11.2006 – C-433/04, ECLI:EU:C:2006:702, Rn. 35 – *Kommission/Belgien;* v. 15.02.2007 – C-345/04, ECLI:EU:C:2007:96, Rn. 24 – *Centro Equestro da Leziria Grande*; *Kube*, in: EuGH-Rechtsprechung zum direkten Steuerrecht, 2009, S. 13 f.

915 EuGH v. 03.10.2006 – C-290/04, ECLI:EU:C:2006:630, Rn. 35 ff. – *FKP Scorpio Konzertproduktionen.*

916 EuGH v. 08.09.2009 – C-42/07, ECLI:EU:C:2009:519, Rn. 61 – *Liga Portuguesa de Futebol Profissional und Bwin International.*

können sie dennoch nicht als völlig ungeeignete Maßnahmen bewertet werden.[917] Dass die veröffentlichten Hinweise die Steuerpflichtigen zum Erklären ihrer über die Unterkunftsvermittlungsplattform erzielten Einkünfte animieren und damit der vermuteten Steuerhinterziehung entgegenwirken, kann nämlich nicht von vornherein ausgeschlossen werden.

Die Hinweisverpflichtung ist im Übrigen verhältnismäßig, wenn sie erforderlich ist. Es darf kein gleich wirksames, aber milderes Mittel zur Zweckerreichung – dem verbesserten Steuervollzug – ersichtlich sein und die mit der Regelung verursachten Beschränkungen der Dienstleistungsfreiheit müssen im Verhältnis zu dem mit ihnen bezweckten Ziel eines verbesserten Steuervollzugs angemessen sein.[918] Dabei dürfen insbesondere die Vorschriften des Niederlassungsstaats nicht ausreichen, um das notwendige Schutzniveau zu erreichen.[919]

Das bisher bestehende Schutzniveau im Inland und in den Mitgliedstaaten der EU genügt nicht den Anforderungen an einen effektiven Steuervollzug bezüglich der aus der Online-Vermietung über Unterkunftsvermittlungsplattformen entstehenden Steueransprüche der BRD.[920] Zudem ist die Hinweisverpflichtung für den Plattformbetreiber die mildeste der in Betracht kommenden Reformmaßnahmen. Denn die Veröffentlichung eines Hinweises auf der Plattform ist im Vergleich zur Etablierung eines Datenkontroll- oder Abzugsteuersystems, die einen Datenabgleich und Datenübermittlungs- beziehungsweise Steuerberechnungs- und Geldzahlungspflichten vorsehen,[921] als weniger aufwendig und damit weniger beeinträchtigend zu bewerten.[922] Eine mildere, gleich effektive Maßnahme ist somit nicht ersichtlich.

Schließlich muss die Beschränkung der Dienstleistungsfreiheit im Übrigen verhältnismäßig sein. Die Schwere der Beeinträchtigung ist zum Maß der Zweckerreichung abzuwägen.[923]

---

917 Vgl. bereits die Ausführungen hierzu oben auf S. 219 f.

918 Vgl. EuGH v. 04.12.1986 – C-205/84, ECLI:EU:C:1986:463, Rn. 29 – *Kommission/Deutschland;* v. 26.02.1991 – C-180/89, ECLI:EU:C:1991:78, Rn. 18 – *Kommission/Italien*; v. 18.06.2019 – C-591/17, ECLI:EU:C:2019:504, Rn. 139 – *Österreich/Deutschland.*

919 Vgl. EuGH v. 04.12.1986 – C-205/84, ECLI:EU:C:1986:463, Rn. 33 – *Kommission/Deutschland.*

920 Vgl. hierzu die Ausführungen auf S. 131 ff.

921 Vgl. zu den einzelnen Reformmaßnahmen die Ausführungen auf S. 169 ff.

922 Vgl. die Ausführungen auf S. 220 f.

923 Vgl. hierzu die Ausführungen zur Angemessenheitsprüfung im Rahmen der Prüfung einer Vereinbarkeit mit der Berufsfreiheit nach Art. 12 Abs. 1 GG auf S. 221 ff.

Mit der Verpflichtung zur Veröffentlichung von Hinweisen soll die Gleichmäßigkeit der Besteuerung und die Wettbewerbsgleichheit im Sektor der kurzfristigen Unterkunftsüberlassung gefördert werden. Diese Zwecke können mit der Hinweisverpflichtung allerdings nur in geringem Umfang erreicht werden, da es zum Vollzug der aus der Online-Vermietung entstehenden Steueransprüche weiterhin einer Deklaration der Vermietungseinkünfte durch die für den Staat anonymen Online-Vermieter bedarf. Aufgrund der geringen Effektivität der Maßnahme ist nur eine Beschränkung rechtfertigbar, von der eine geringe Belastungswirkung ausgeht.

Hinsichtlich der durch die Hinweisverpflichtung verursachten Belastungswirkung wurde bereits festgestellt, dass diese als gering zu bewerten ist.[924] Denn die Verpflichtung erlaubt das erwerbswirtschaftliche Betreiben der Plattform weiterhin – lediglich mit der Vorgabe, dass ein bestimmter Hinweis zu veröffentlichen ist, der allgemeine, gesetzlich geregelte Pflichten zur Besteuerung beinhaltet. Der mit der Veröffentlichung verbundene technische und finanzielle Aufwand ist dem Plattformbetreiber, dessen Betätigung in der Bereitstellung einer Plattform besteht, aufgrund der Nähe der Pflichterfüllung zu seiner regulären Betätigung in der technischen und finanziellen Umsetzung zumutbar.[925] Denn der mit der Veröffentlichung verbundene Kostenaufwand ist als gering einzuschätzen, da er in die allgemeinen Betriebsabläufe integriert werden kann.

Die Verpflichtung der Plattformbetreiber zur Veröffentlichung von Besteuerungshinweisen auf der Plattform steht folglich angesichts des geringen Umfangs der in ihr enthaltenen Beschränkungen nicht außer Verhältnis zum angestrebten Zweck der Förderung von Wettbewerbsgleichheit im Sektor der kurzfristigen Unterkunftsüberlassung durch einen gleichmäßigeren Steuervollzug. Die Beschränkung der Dienstleistungsfreiheit ist mithin gerechtfertigt.

dd) Ergebnis

Es ist somit festzustellen, dass die Hinweisverpflichtung nicht gegen die Dienstleistungsfreiheit der Art. 56, 57 AEUV verstößt.

d) Vereinbarkeit mit der Europäischen Grundrechtecharta

Rechtliche Grenzen könnten sich zudem aus den europäischen Grundrechten der Europäischen Grundrechtecharta ergeben, namentlich aus dem europäischen

---

924 Vgl. die Ausführungen auf S. 225 f.

925 Vgl. hierzu die vergleichbaren Ausführungen zur Prüfung der Verhältnismäßigkeit eines Eingriffs in die Berufsfreiheit nach Art. 12 Abs. 1 GG auf S. 225 f.

Grundrecht auf Berufsfreiheit und das Recht zu arbeiten (Art. 15 EU-GR-Charta), dem Grundrecht auf unternehmerische Freiheit (Art. 16 EU-GR-Charta), dem Eigentumsrecht (Art. 17 EU-GR-Charta) oder dem Recht auf Gleichheit vor dem Gesetz (Art. 20 EU-GR-Charta).

Die Europäische Grundrechtecharta ist vorrangig gegenüber nationalem Verfassungsrecht anwendbar und zwar mit der Maßgabe, das nationale Grundrechte unanwendbar sind, wenn ein nationales Gesetz auf der Umsetzung einer Richtlinie der Europäischen Union beruht und die Richtlinie ohne Ermessensspielraum eins zu eins umzusetzen ist.[926] Vorliegend beruht das geplante Reformgesetz nicht auf der Umsetzung einer Richtlinie, sodass das die nationalen Grundrechte zu prüfen waren.[927]

Die europäischen Grundrechte gelten als allgemeine Grundsätze des (primären) Unionsrechts (vgl. Art. 6 Abs. 3 EUV) und binden vertikal neben den Unionsorganen auch die Mitgliedstaaten (vgl. Art. 6 Abs. 1 EUV).[928] Die Grundrechtecharta gilt gemäß ihrem Art. 51 Abs. 1 S. 1 allerdings für die Mitgliedstaaten ausschließlich bei der Durchführung des Unionsrechts. Unter der „Durchführung von Unionsrecht" ist insbesondere die Vollziehung von EU-Verordnungen oder aufgrund fehlender nationaler Umsetzung unmittelbar anzuwendende EU-Richtlinien zu begreifen.[929] Ferner sind hiervon nationale Gesetze erfasst, die auf der Umsetzung von EU-Richtlinien beruhen sowie deren Vollzug durch die Verwaltung oder Auslegung durch Gerichte.[930] Zudem kann

---

926 Vgl. BVerfG v. 22.10.1986 – 2 BvR 197/83, BVerfGE 73, 339, 378 ff., 387 (sog. Solange II-Entscheidung); v. 12.10.1993 – 2 BvR 2134/92, BVerfGE 89, 155, 174 f. (sog. Maastricht-Entscheidung); v. 07.06.2000 – 2 BvL 1/97, BVerfGE 102, 147, 161 ff. (sog. Entscheidung zur Bananenmarkt-VO); v. 08.09.2020 – 1 BvR 895/16, BeckRS 2020, 26957, Rn. 24 f.

927 Vgl. die Grundrechtsprüfung auf S. 205 ff.

928 *Schorkopf*, in: Grabitz/Hilf/Nettesheim, Das Recht der Europäischen Union, 68. EL 10/2019, Art. 6 EUV Rn. 13, 30b.

929 EuGH v. 10.04.2003 – C-276/01, ECLI:EU:C:2003:228, Rn. 39 ff. – *Steffensen*; *Schorkopf*, in: Grabitz/Hilf/Nettesheim, Das Recht der Europäischen Union, 68. EL 10/2019, Art. 6 EUV Rn. 30b; *Starke*, DVBl 2017, 721, 724.

930 Vgl. EuGH v. 10.07.2003 – C-20/00, ECLI:EU:C:2003:397, Rn. 88 – *Booker Aquaculture und Hydro Seafood*; v. 26.06.2007 – C-305/05, ECLI:EU:C:2007:383, Rn. 28 – *Ordre des barreaux francophones und germanophone*; v. 11.10.2007 – C-117/06, ECLI:EU:C:2007:596, Rn. 78 f. – *Möllendorf und Möllendorf-Niehuus*; v. 29.01.2008 – C-275/06, ECLI:EU:C:2008:54, Rn. 68 – *Promusicae*; v. 29.04.2015 – C-528/13, ECLI:EU:C:2015:288, Rn. 40 ff. – *Léger*; *Schorkopf*, in: Grabitz/Hilf/Nettesheim, Das

die Grundrechtecharta auf nationales Verwaltungsverfahrensrecht anwendbar sein, wenn es auf einen unionalen Sachverhalt angewendet wird.[931] Letztlich bedarf es für die Bejahung der Durchführung von Unionsrecht einem hinreichenden Zusammenhang zwischen Sekundärrecht und dem mitgliedstaatlichen Recht von einem Grad, der darüber hinaus geht, dass der fragliche Sachbereich mit dem Unionsrecht benachbart ist oder eine mittelbare Auswirkung zwischen beiden besteht.[932] Eine „Durchführung von Unionsrecht" ist jedenfalls dann abzulehnen, wenn die Mitgliedstaaten in ihrem alleinigen Kompetenzbereich handeln oder der Sachverhalt allein mitgliedschaftlich geprägt ist.[933]

Der Bereich der direkten Steuern fällt in den Kompetenzbereich der Mitgliedstaaten, sodass ein Gesetz, das Plattformbetreiber zur Veröffentlichung bestimmter Besteuerungshinweise verpflichtet, somit nicht an der Europäischen Grundrechtcharta zu messen ist.

e) Ergebnis

Die Verpflichtung der Betreiber von Unterkunftsvermittlungsplattformen zur Veröffentlichung bestimmter Besteuerungshinweise, wenn sie ihre Plattform an Online-Vermietung zur Vermietung im Inland belegener Vermietungsobjekte anbieten, ist mithin insgesamt mit dem Unionsrecht vereinbar.

4. Verfassungsrechtliche und unionsrechtliche Zulässigkeit in Bezug auf die Online-Vermieter

Auch in Bezug auf die Online-Vermieter als Nutzer der Unterkunftsvermittlungsplattformen sind die informativen Maßnahmen insgesamt als verfassungsrechtlich und unionsrechtlich unbedenklich zu bewerten. Denn durch Hinweise über Besteuerungspflichten werden die Plattformnutzer nicht wesentlich

---

Recht der Europäischen Union, 68. EL 10/2019, Art. 6 EUV Rn. 30b; *Starke*, DVBl 2017, 721, 724.

931 EuGH v. 10.04.2003 – C-276/01, ECLI:EU:C:2003:228, Rn. 48 ff. – *Steffensen*; *Schorkopf*, in: Grabitz/Hilf/Nettesheim, Das Recht der Europäischen Union, 68. EL 10/2019, Art. 6 EUV Rn. 30b; *Starke*, DVBl 2017, 721, 724 f.

932 EuGH v. 06.03.2014 – C-206/13, ECLI:EU:C:2014:126, Rn. 24 ff., 31 f. – *Siragusa*; v. 10.07.2014 – C-198/13, ECLI:EU:C:2014:2055, Rn. 37 – *Julian Hernández.*

933 Vgl. EuGH v. 10.07.2014 – C-198/13, ECLI:EU:C:2014:2055, Rn. 37 ff. – *Julian Hernández;* v. 05.02.2015 – C-117/14, ECLI:EU:C:2015:60, Rn. 28 ff. – Nisttahuz Poclava; *Schorkopf*, in: Grabitz/Hilf/Nettesheim, Das Recht der Europäischen Union, 68. EL 10/2019, Art. 6 EUV Rn. 30b.

beeinträchtigt. Die von diesen ausgehenden Wirkungen sind rein psychologischer Natur. Lehnen die Online-Vermieter diese Hinweise ab, können sie diese ohne unmittelbare Konsequenzen ignorieren. Letztlich geben die Hinweise die gesetzlichen Regelungen wieder. Dabei ist ferner zu beachten, dass die Erinnerung an steuerliche Verpflichtungen – also die Aufklärung über die geltende Rechtsordnung – rechtmäßig ist. Gegenüber den Online-Vermietern ist solchen Hinweisen bereits eine Eingriffswirkung abzusprechen.[934] Ein Eingriff in Grundrechte sowie eine Beschränkung von Grundfreiheiten ist insoweit mithin abzulehnen. Würde man ihnen eine Eingriffswirkung zusprechen, wären diese aber jedenfalls gerechtfertigt.

Die Verpflichtung der Plattformbetreiber zur Veröffentlichung von bestimmten Besteuerungshinweisen auf ihrer Unterkunftsvermittlungsplattform verstößt damit in Bezug auf mögliche Beeinträchtigungen der Online-Vermieter weder gegen Verfassungs- noch gegen Unionsrecht.

5. *Ergebnis*

Informative Maßnahmen, wie die Veröffentlichungspflicht von Hinweisen auf den Unterkunftsvermittlungsvermittlungsplattformen durch die Plattformbetreiber begegnen letztlich keinen verfassungsrechtlichen Bedenken. Die Auferlegung der Veröffentlichungspflicht zulasten der Plattformbetreiber stellt eine Indienstnahme Privater dar, die einen Eingriff in die Berufsfreiheit bzw. der allgemeinen Handlungsfreiheit der Plattformbetreiber begründet, der aber aufgrund der Sachnähe der Plattformbetreiber und der geringen Intensität der Belastungswirkung auch unter Berücksichtigung der technischen und finanziellen Anforderungen gerechtfertigt ist. Auch die dabei verursachte Ungleichbehandlung der Plattformbetreiber im Verhältnis zu den traditionellen Unterkunftsvermittlern, die von der Hinweisverpflichtung nicht erfasst werden, ist zur Sicherstellung des Besteuerungsanspruchs, die gerade durch Transaktionen über Online-Plattformen gefährdet wird, gerechtfertigt. Mit korrespondierender Argumentation ist überdies auch eine mit der Hinweisverpflichtung bewirkte Beschränkung der Dienstleistungsfreiheit gerechtfertigt.

Letztlich kann festgehalten werden, dass die Hinweisverpflichtung mit ihrer geringen Eingriffsintensität verfassungsrechtlichen und unionsrechtlichen Anforderungen sowohl mit Blick auf den Plattformbetreiber als auch unter

---

934 Zum Eingriffsbegriff vgl. *Dreier*, in: Dreier, GG, 3. Aufl. 2013, Vorb. Art. 1 Rn. 123 ff.; *Eckhoff*, Der Grundrechtseingriff, 1992, S. 48 ff.

Einbeziehung der Auswirkungen auf den Online-Vermieter standhält. Zur Reform des Besteuerungssystems von größerem Interesse sind allerdings die über die informativen Maßnahmen hinausgehenden Verpflichtungen der Plattformbetreiber zur Datenerfassung und -übermittlung sowie zum Steuerabzug, da diese Maßnahmen einen höheren Effektivitätsgewinn für den Steuervollzug erwarten lassen.[935] Ihre verfassungsrechtliche und unionsrechtliche Zulässigkeit wird im Folgenden erörtert.

II. Datenkontrollsysteme

Die mit dem Effizienzgewinn einhergehende Belastung eines Datenkontrollsystems muss den verfassungsmäßigen und unionsrechtlichen Anforderungen standhalten.[936] Während bei den informativen Maßnahmen die Beeinträchtigung des Plattformbetreibers im Kernbereich in der Duldung der Veröffentlichung „fremder" Hinweise bestand und sein Aktivwerden durch die Veröffentlichungsleistung als von geringer Eingriffsintensität bewertet wurde, wird er nunmehr zur Erbringung von eingriffsintensiveren Maßnahmen (namentlich der Aufzeichnung und Übermittlung von Daten) verpflichtet, deren fehlerhafte Ausführung oder Unterlassung in eine Haftungspflicht münden kann. Vergleichbar mit der Verpflichtung zur Veröffentlichung von Besteuerungshinweisen auf der eigenen Plattform, handelt es sich auch bei der Verpflichtung der Plattformbetreiber zu Datenkontroll- und Datenübermittlungspflichten um eine Indienstnahme Privater, die die staatliche Aufgabe des Steuervollzugs unterstützen soll.[937]

Die Einbeziehung des Plattformbetreibers in den Steuervollzug zur Sicherung von Steueraufkommen über ein Datenkontrollsystem ist im Folgenden verfassungsrechtlich und sodann unionsrechtlich zu begutachten. Neben der Indienstnahme des Plattformbetreibers ist aber insbesondere auch der Online-Vermieter als Plattformnutzer in den Blick zu nehmen, der durch die Indienstnahme unmittelbar betroffen wird: Seine Daten werden vom Plattformbetreiber gespeichert und an die Behörden weitergegeben. Auch dieser Eingriff soll im Anschluss auf seine rechtliche Zulässigkeit hin beleuchtet werden.

---

935 Vgl. hierzu bereits Ausführungen zur Effektivität der einzelnen Reformmaßnahmen auf S. 169 ff.

936 Zur Ausgestaltung eines Datenkontrollsystems vgl. S. 172 ff.

937 Zur rechtlichen Einordnung der Inanspruchnahme Privater vgl. Ausführungen S. 202 ff.

1. *Verfassungsrechtliche Zulässigkeit der Inanspruchnahme von Plattformbetreibern zur haftungsbewehrten Kontrolle und Übermittlung von Daten*

a) Berufsfreiheit, Art. 12 Abs. 1 GG

Die Verpflichtung zur Datenüberprüfung, Datenspeicherung und Datenübermittlung an Finanzbehörden betrifft den Plattformbetreiber (vergleichbar der Veröffentlichungspflicht von Hinweisen) beim Betrieb seiner Plattform und knüpft daher an seine berufliche Betätigung an. Es ist daher zu prüfen, ob die mit dem Datenkontrollsystem verbundenen Pflichten mit der Berufsfreiheit der Plattformbetreiber gemäß Art. 12 Abs. 1 GG zu vereinbaren sind.

aa) Eingriff in den Schutzbereich der Berufsfreiheit

Persönlich anwendbar ist die Berufsfreiheit auf alle inländischen und europäischen natürlichen sowie alle inländischen und europäischen juristischen Personen.[938] Da die Datenkontrollpflichten durch Gesetz, also durch öffentlich-rechtlichen Hoheitsakt, auferlegt werden, handelt es sich um den Fall einer klassischen Eingriffsverwaltung.[939] Bei den Datenspeicher- und Datenübermittlungspflichten handelt es sich wie bei den Hinweispflichten um Berufsausübungsregelungen mit objektiv berufsregelnder Tendenz, da sie sich gezielt an Plattformbetreiber der Unterkunftsvermittlung richten, die typischerweise ihre Vermittlungsleistung gegen Entgelt anbieten.[940] Die Datenkontrollpflichten führen nicht dazu, dass die Plattformen grundsätzlich nicht mehr betrieben werden können, sodass keine Berufswahlregelung vorliegt. Zwar wird die Anonymität der Plattformnutzer gegenüber Finanzbehörden aufgehoben, wodurch womöglich einige potenzielle Plattformnutzer abgeschreckt werden und von einer Nutzung der Plattform abgehalten werden. Den Finanzbehörden gegenüber sind die Plattformnutzer aber kraft der Steuergesetze bereits verpflichtet, die den Transaktionen zugrunde liegenden Daten für Besteuerungszwecke offen zu legen. Von der Nutzung der Plattform werden durch die Datenkontrollpflichten folglich in erster Linie Nutzer abgehalten, deren Anonymisierungsinteresse sich gegen die Erfüllung von Steuerpflichten richtet. Das Angebot der

---

938 Vgl. hierzu Ausführungen auf S. 208 ff.

939 Vgl. *Tappe*, in: Zukunftsfragen des deutschen Steuerrechts III, 2018, S. 77, 79; *Winter*, Der Arbeitgeber im Lohnsteuerrecht, 1998, S. 31.

940 Vgl. hierzu Ausführungen zur Berufsausübungsregelung auf S. 210 ff., sowie zum Eingriff mit berufsregelnder Tendenz auf S. 212 f.

Unterkunftsvermittlungsplattformen wird dadurch nicht insgesamt hinfällig. Eine Berufswahlregelung ist daher in den Datenkontrollpflichten nicht festzustellen. Die Verpflichtung der inländischen und europäischen Plattformbetreiber zur Datenspeicherung, Datenkontrolle und Datenübermittlung stellt folglich als Berufsausübungsregelung mit objektiv berufsregelnder Tendenz einen Eingriff in den Schutzbereich des Art. 12 Abs. 1 GG dar.

Werden die Indienstnahmepflichten mit Haftungsregelungen kombiniert, wie es aus Effektivitätsgründen im vorliegenden Fall erforderlich ist, um die auferlegten Pflichten durchsetzen zu können, liegt hierin eine Eingriffsintensivierung. Denn durch die Haftungspflichten muss der Indienstgenommene nicht nur die organisatorische Last der Indienstnahme tragen, sondern darüber hinaus das volle Risiko für deren Richtigkeit.[941] Der Eingriff durch die Haftungsnormen ist daher seinerseits rechtfertigungsbedürftig.[942]

bb) Rechtfertigung

Der Eingriff in Art. 12 Abs. 1 GG kann durch ein Gesetz, das den Anforderungen der Verfassung an grundrechtsbeschränkende Gesetze genügt, gerechtfertigt werden.[943] Die Gesetzgebungsbefugnis des Bundes zum Erlass eines Gesetzes, das Plattformbetreiber zu Datenkontrollpflichten in Dienst nimmt, ergibt sich als Annex zur konkurrierenden Gesetzgebungsbefugnis zur Einkommensbesteuerung aus Art. 105 Abs. 2 S. 2 GG.[944] Die gesetzlichen Grundlagen sind dann mit Art. 12 Abs. 1 GG vereinbar, wenn der mit ihnen verbundene Eingriff in die Berufsausübung durch ausreichende Gründe des Gemeinwohls gerechtfertigt werden kann und sie dem Grundsatz der Verhältnismäßigkeit entsprechen.[945]

Mit den Datenkontrollpflichten soll der Steuervollzug und die Besteuerungs- und Wettbewerbsgleichheit der Online-Vermietung über Sharing-Economy-Plattformen im Sektor der kurzfristigen Unterkunftsüberlassung optimiert werden. Hierbei handelt es sich um einen legitimen Gemeinwohlbelang.[946] Das Datenkontrollsystem ist zur Erreichung dieses Zwecks auch geeignet, da es eine

---

941 Vgl. *Gersch*, in: Herrmann/Heuer/Raupach, EStG/KStG, 289. EL, 11/2018, § 42d EStG Rn. 8.

942 *Brodersen*, in: Festschrift Thieme, 1993, S. 895, 901 ff.; *Hufeld*, DStZ 2018, 755, 761.

943 Vgl. zu den Voraussetzungen des Gesetzesvorbehalts auf S. 214 ff.

944 Vgl. hierzu die Ausführungen zur Befugnis des Bundes zum Erlass eines Gesetzes zur Verpflichtung der Plattformbetreiber zum Veröffentlichen von Besteuerungshinweisen als Annexkompetenz zu Art. 105 Abs. 2 S. 2 GG auf S. 214 ff.

945 Vgl. hierzu S. 214 ff.

946 Vgl. hierzu S. 217 ff.

verbesserte Steuerkontrolle durch die Finanzbehörden ermöglicht und damit einen optimierten Steuervollzug erwarten lässt, der die Gleichmäßigkeit der Besteuerung und einen fairen Wettbewerb im Sektor der kurzfristigen Unterkunftsvermietung fördern kann.[947] Die Indienstnahme der Plattformbetreiber zu den Datenkontrollpflichten müsste aber auch erforderlich und angemessen sein. Für die weitere rechtliche Bewertung sollen im Folgenden beispielhaft die haftungsbewehrten Aufzeichnungs-, Kontroll- und Übermittlungspflichten nach der DAC-7-Richtlinie sowie der §§ 22f und 25e UStG als Grundlage dienen.[948]

(1) Erforderlichkeit der Datenkontrollpflichten

Wie bereits erörtert, ist ein gewähltes Mittel dann erforderlich, wenn es keine mildere Maßnahme gibt, die denselben Erfolg mit gleicher Sicherheit erzielt, wobei unter mehreren möglichen, gleich effektiven Mitteln dasjenige zu wählen ist, das die Rechtssphäre des Bürgers am wenigsten beeinträchtigt (relativ mildestes Mittel).[949]

(a) Erforderlichkeit der Ausgestaltungsvarianten innerhalb des Datenkontrollsystems

Ein Vergleich der unterschiedlichen Ausgestaltungsmöglichkeiten innerhalb des Reformmodells der Datenkontrollpflichten hat bereits ergeben, dass Registrierungspflichten, die vor allem die Online-Vermieter treffen, aber vom Plattformbetreiber zu kontrollieren sind, weniger effektiv als haftungsbewehrte Aufzeichnungspflichten zu bewerten sind. Registrierungspflichten stellen daher keine relativ milderen Mittel dar.

(b) Erforderlichkeit im Verhältnis zur Hinweispflicht

Zur Sicherung des Steueraufkommens wurden als Reformoptionen neben der Einführung eines Datenkontrollsystems der Ausbau informativer Maßnahmen und die Einführung eines Abzugsteuersystems vorgeschlagen.[950] Die

---

947 Vgl. zu den Anforderungen an die Geeignetheit einer Maßnahme zur Zweckerreichung die allgemeinen Ausführungen auf S. 219 f.; zur Effektivität des Datenkontrollsystems zur Sicherstellung von Besteuerungsansprüchen vgl. S. 183 f.

948 Vgl. zur konkreten Ausgestaltung der Datenkontrollpflichten nach DAC 7 die Ausführungen auf S. 178 ff. sowie zu den §§ 22f und 25e UStG die Ausführungen auf S. 174 ff.

949 S. hierzu oben auf S. 220.

950 S. o. auf S. 169 ff.

Veröffentlichung eines Hinweises auf der Plattform ist im Vergleich zur Etablierung eines Datenkontroll- oder Abzugsteuersystems, die einen Datenabgleich und Datenübermittlungs- beziehungsweise Steuerberechnungs- und Geldzahlungspflichten vorsehen, als weniger aufwendig und damit weniger beeinträchtigend zu bewerten. Die bereits analysierten informativen Maßnahmen sind allerdings weniger effektiv zur Zielerreichung, da sie einen verbesserten Steuervollzug nur in geringem Umfang fördern, eine gleichmäßige Besteuerung aber nicht sicherstellen können. Denn mit ihnen werden die Auswirkungen steuerunehrlicher Online-Vermietern nicht beseitigt, da die Finanzbehörden weiterhin auf die Erklärungsbereitschaft der Steuerpflichtigen angewiesen sind. Sie können damit die Sicherung des Steueranspruchs zwar fördern, lösen aber die Besteuerungsproblematik nicht. Rückverfolgbar sind die Online-Transaktionen allerdings bei der Einführung von Datenkontroll- oder Quellenabzugsteuersystemen, vorausgesetzt die Plattformbetreiber übermitteln beim Datenkontrollsystem die der Transaktion zugrundeliegenden, personalisierten Daten an die Behörden. Mithin können informative Maßnahmen einen Besteuerungserfolg nicht mit gleicher Sicherheit erzielen wie ein Datenkontroll- oder Steuerabzugssystem und sind daher im Verhältnis zu diesen Maßnahmen kein relativ milderes Mittel.[951] Die Datenkontrollpflichten sind folglich im Verhältnis zu den informativen Maßnahmen als erforderlich zu beurteilen.

(c) Erforderlichkeit im Verhältnis zu einem haftungsbewehrten Abzugsteuersystem

Am effektivsten gesichert wird das Steueraufkommen durch den Einbehalt und die Abführung einer Abzugsteuer durch den Plattformbetreiber zum Zeitpunkt der Zahlungsabwicklung.[952] Denn in Höhe der Abzugsteuer wird der Steuerbetrag bereits zu diesem Zeitpunkt an die Finanzbehörden gezahlt und ist damit bereits beglichen. Ein Abzugsteuersystem kommt mithin als relativ milderes Mittel grundsätzlich in Betracht.

Hinsichtlich der Eingriffswirkung ist festzuhalten, dass auf den ersten Blick die Eingriffsintensität, die von Datenaufzeichnungs- und Datenübermittlungspflichten auf Plattformbetreiber ausgeht, geringer erscheint als die eines Steuerabzugssystems, bei dem der Betreiber die Höhe der Abzugsteuer ermitteln,

951 Vgl. bereits zur Abwägung der Effektivität der Reformmaßnahmen im Verhältnis zueinander die Ausführungen auf S. 200 ff.

952 S. o. auf S. 200 ff.

einzubehalten und an die Finanzbehörden abzuführen hat.[953] Denn beim Datenaustauschsystem besteht der Verpflichtungsgegenstand in der Übermittlung von Daten und nicht in einem direkten Liquiditätsabfluss. Ob das Datenkotrollsystem im Verhältnis zum Abzugsteuersystem aber tatsächlich eingriffsmilder ist, soll im Folgenenden erörtert werden.

Exemplarisch können hier die §§ 22f und 25e UStG herangezogen werden, die besondere haftungsbewehrte Aufzeichnungspflichten für Betreiber elektronischer Marktplätze vorsehen sowie die Vorgaben aus der DAC-7-Richtlinie, die bestimmen, dass Plattformbetreiber meldepflichtige Daten erheben, überprüfen und schließlich an die zuständige Behörde jährlich weiterleiten.

Aus den verschuldensabhängigen Haftungspflichten nach § 25e UStG kann abgeleitet werden, dass den Betreiber ergänzend zu den Aufzeichnungspflichten korrespondierende Prüfpflichten treffen, um einer Haftung entgehen zu können. Ein vergleichbares Kontrollsystem, das eine Überprüfung auf Richtigkeit der Daten vorsieht, wäre auch bei der Einführung eines Datenaustauschsystems bei Unterkunftsvermittlungsplattformen notwendig. Nur so kann die Missbrauchsanfälligkeit des Systems ausgeräumt bzw. seine Umsetzung sichergestellt werden, sodass es als geeignetes Sicherungsmittel zur Durchsetzung von Steueransprüchen anzuerkennen ist. Alternativ zur Haftungspflicht wäre die Etablierung eines Bußgeldtatbestands möglich.

Im Rahmen des Gesetzgebungsverfahrens zu den §§ 22f und 25e UStG ist der Gesetzgeber zunächst davon ausgegangen, dass es dem Marktplatzbetreiber ohne großen Aufwand möglich und zumutbar sei, die aufzuzeichnenden allgemeinen Daten des Plattformnutzers vorzuhalten und auf Anforderung der Finanzverwaltung zur Verfügung zu stellen.[954] Dazu, wie eine Überprüfung auf Richtigkeit der Daten erfolgen könnte, wurde allerdings (noch) keine Lösung angeboten. Nachdem die Europäische Kommission im Oktober 2019 gegen die Haftungsverpflichtung nach § 25e UStG allerdings ein Vertragsverletzungsverfahren gegen Deutschland einleitete, mit der Begründung, dass die Vorschrift ineffizient sei und in unverhältnismäßiger Weise den Zugang europäischer Unternehmen zum deutschen Markt behindere, hat der Gesetzgeber mit eine Neufassung reagiert.[955] Die Europäische Kommission kritisierte, dass die

953 Vgl. *Drüen*, DStJG 31 (2008), 167, 199 f.; *Hey*, in: Festschrift Kruse, 2001, S. 269, 292 f.; *G. Kirchhof*, FR 2015, 773, 778.

954 BT-Drucks. 19/4455 v. 24.09.2018, S. 60.

955 Vgl. Europäische Kommission, Pressemitteilung vom 10.10.2019, INF/19/5950, https://ec.europa.eu/germany/news/20191010-vertragsverletzungsverfahren-deutschland_de

ursprüngliche Fassung der §§ 22f, 25e UStG die Verpflichtung vorsah, dass der auf der Plattform tätige Verkäufer eine von der deutschen Steuerbehörde ausgestellte Papierbescheinigung einreichen muss, die die Richtigkeit seiner Meldedaten nachweist, die wiederum der Plattformbetreiber den Finanzbehörden vorlegen soll (vgl. § 22f Abs. 1 S. 2 ff., § 25e Abs. 2 UStG a.F.).[956] Der deutsche Gesetzgeber hat hierauf mit dem ab 01.07.2021 geltenden § 18e Nr. 3 UStG sowie einer ab 01.07.2021 geltenden Neufassung der §§ 22f, 25e UStG reagiert und damit die Kontrollpflichten des Plattformbetreibers insoweit vereinfacht, dass statt der Einholung der Papierbescheinigung der Plattformbetreiber von seiner Haftung nunmehr (vereinfacht) frei wird, indem er das gemäß § 18e Nr. 3 UStG eingeführte Bestätigungsverfahren zur Überprüfung der Richtigkeit deutscher Umsatzsteuer-Identifikationsnummern nutzt.[957]

Für die den Unterkunftsvermittlungsplattformen aufzuerlegenden Aufzeichnungspflichten im Ertragsteuerrecht gilt, dass sich die Adresse des Vermietungsobjekts zwar aus der Annonce auf der Plattform ergeben wird und damit verlässliche Prüfungsansätze gegeben sind. Hinsichtlich der identifizierbaren Daten des Online-Vermieters wie Name, Adresse und der Steueridentifikationsnummer sind Kontrollen aber – wenn überhaupt – nur eingeschränkt möglich. Es müsste folglich zunächst ein Verfahren eingeführt werden, das eine Überprüfung der Steueridentifikationsnummer durch den Plattformbetreiber ermöglicht, wie beispielsweise ein elektronisches Abrufsystem, das die persönlichen Daten des Plattformnutzers mit der Steueridentifikationsnummer abgleicht, vergleichbar dem System zur Umsatzsteueridentifikationsnummer. Der mit der Aufzeichnung und Überprüfung erwartbare verbundene administrative Aufwand ist – insbesondere in Anbetracht der zu erwartenden Masse an Geschäftsvorfällen auf elektronischen Marktplätzen – als erheblich und sehr eingriffsintensiv zu bewerten.

Auch die den Plattformbetreibern auferlegten haftungsbewehrten Aufzeichnungspflichten nach den §§ 22f, 25e UStG werden vielfach als nicht erforderlich angesehen[958] und stattdessen als milderes Mittel im Verhältnis zu den

---

(Stand: 01.07.2021); https://ec.europa.eu/commission/presscorner/detail/de/INF_19_5950 (Stand: 06.02.2022).

956 §§ 22f, 25e UStG in der Fassung bis 30.06.2021, eingeführt durch Gesetz v. 11.12.2018 (BGBl. I, S. 2338).

957 §§ 22f, 25e UStG in der Fassung ab 01.07.2021, neu gefasst durch Gesetz v. 21.12.2020 (BGBl. I, S. 3096); § 18e Nr. 3 UStG angeführt mit Wirkung vom 01.07.2021 durch Gesetz v. 21.12.2020 (BGBl. I, S. 3096).

958 *Hufeld*, DStZ 2018, 755, 767 ff.; *Kemper*, UStB 2018, 288, 294 f.; *Luther*, IWB 2018, 679, 681 ff.; *Prätzler/Zawodsky*, UStB 2018, 269, 275, 279; *Sterzinger*, UR 2019, 1, 7 ff.;

Aufzeichnungs- und Prüfpflichten die Einführung eines Split-Payment-Verfahrens vorgeschlagen.[959] Das Split-Payment-Verfahren knüpft im Umsatzsteuerrecht an das Reverse-Charge-Verfahren, einer Umkehr der Steuerschuldnerschaft, an. Grundsätzlich schuldet im Umsatzsteuerrecht der Leistungserbringer die Umsatzsteuer (vgl. § 13a Abs. 1 Nr. 1 UStG).[960] Beim Split-Payment-Verfahren wird – wie beim Reverse-Charge-Verfahren – der Leistungsempfänger, der die Zahlung schuldet, zum Steuerschuldner (vgl. § 13b UStG). Dabei wird die an den Leistungserbringer zu leistende Bruttozahlung sodann in die Umsatzsteuer und den Nettobetrag aufgeteilt. Nur der Nettobetrag wird an den Leistungserbringer gezahlt, die Umsatzsteuer wird an die Finanzbehörden übermittelt.[961] Da die Zahlungsabwicklung bei Internetmarktplätzen sehr häufig unter Einschaltung der Marktplatzbetreiber geschieht, ist es zumindest theoretisch kein größeres Problem, den Mechanismus eines Split-Payment-Systems einzuführen. Bei Transaktionen über Online-Plattformen könnten die Plattformbetreiber in den Split-Payment-Mechanismus so eingebunden werden, dass sie im Zuge der Zahlungsabwicklung den Umsatzsteueranteil einbehalten und an das Finanzamt abführen. Durch den weit verbreiteten Einsatz von Zahlungsdienstleistern wie beispielsweise PayPal wird ein Split-Payment-System in gewisser Weise bereits praktiziert. Es müsste nur zusätzlich der Fiskus als weiterer Kreditor berücksichtigt werden.[962] In dieser Konstellation entspricht das Split-Payment-Verfahren dem System einer Abzugsbesteuerung im Einkommensteuerrecht.

Auch für den vorliegenden Fall, der Einführung eines Abzugsteuersystems im Bereich der Einkommensteuer für Transaktionen über Unterkunftsvermittlungsplattformen sind diese Erwägungen zu berücksichtigen. Vergleichbar dem Split-Payment-Verfahren, das weniger eingriffsintensiv als ein Datenaustauschsystem ist, ist auch die Abzugsbesteuerung eingriffsmilder als ein Datenaustauschsystem. Denn aufgrund des Haftungsanspruchs des Staats gegen den

---

Zugmaier/Oldiges, DStR 2019, 15, 19; a. A. *Heidner*, in: Bunjes, UStG, 19. Aufl. 2020, § 25e Rn. 2; *Nacke*, UStB 2019, 74 f.

959 *Hufeld*, DStZ 2018, 755, 756, 768; *Kemper*, UStB 2018, 288, 294 f.; *Prätzler/Zawodsky*, UStB 2018, 269, 278 f.

960 *Leipold*, in: Sölch/Ringleb, UStG, 83. EL, 06/2018, § 13a Rn. 12; *Leonard/Korn*, in: Bunjes, UStG, 19. Aufl. 2020, § 13a Rn. 1.

961 *Becker*, MwStR 2018, 246, 248; *Loy*, DStR 2018, 1097, 1100, 1103 f., der sich für ein automatisiertes Split-Payment-System durch Einsatz von Smart Contracts in Bezug auf die Bekämpfung des Umsatzsteuerbetrugs im innergemeinschaftlichen Erwerb ausspricht.

962 *Prätzler/Zawodsky*, UStB 2018, 269, 278.

Plattformbetreiber bei der Verletzung von kombinierten Aufzeichnungs- und Prüfpflichten, sind solche Pflichten für den Plattformbetreiber als eingriffsintensiver als eine Steuerentrichtungspflicht zu bewerten.[963] Beim Steuerabzug wickelt der Plattformbetreiber den Buchungsvorgang ab und beherrscht dadurch die relevanten Zahlungsströme. Indem er selbst über den abzuführenden Steuerbetrag verfügt, kann er die Haftungspflicht vermeiden. Bei den Aufzeichnungs- und Prüfpflichten ist dies gerade nicht möglich.[964] Ob der Plattformnutzer (der Online-Vermieter) seine steuerlichen Verpflichtungen im Rahmen des nachträglichen Veranlagungsverfahrens erfüllt, ist für den Plattformbetreiber nicht rückverfolgbar. Sobald der Plattformbetreiber den Plattformnutzern den Zugang zur Nutzung seiner Plattform gewährt, kann er seine Haftung nur begrenzen, indem er die aufgezeichneten Daten auf ihre Richtigkeit überprüft. Erkennt er deren Unrichtigkeit aus Unachtsamkeit oder mangels zumutbarer Überprüfungsmöglichkeit nicht, entstehen die Haftungsansprüche, sobald der Vermieter die über die Plattform erzielten Einkünfte nicht erklärt.

Bei einem Abzugsteuersystem kann der Plattformbetreiber indessen die Haftung schon allein durch Einbehalt und Abführen der Abzugsteuer an die Finanzbehörden vermeiden, unabhängig davon, ob die zugrundeliegenden Daten richtig oder falsch sind. Die Vermeidung des Haftungsfalls ist für den Plattformbetreiber bedeutend, denn der Regress beim Plattformnutzer wird bei Falschangaben regelmäßig sehr schwer und nur mit weiterem nicht unerheblichem Aufwand zu realisieren sein. Die Eingriffsintensität nimmt in dem Maße zu, in dem der Rückgriff auf den Steuerpflichtigen unwahrscheinlicher wird.[965] Da sich somit die Prüfung der Richtigkeit der aufzuzeichnenden Daten aufwendiger als der Steuerabzug gestaltet, für den ein automatisiertes Verfahren eingerichtet werden kann, handelt es sich beim Steuerabzugssystem um ein eingriffsmilderes Mittel als den haftungsauslösenden Aufzeichnungs- und Prüfpflichten.[966]

Damit steht fest, dass die Eingriffswirkung eines Abzugsteuersystems aufgrund der mit ihr verbundenen Zahlungsverpflichtung zwar zunächst als intensiver erscheint. Letztlich ist es doch aber gerade diese Zahlungslast, die den

---

963 So wohl auch *Härtwig*, UR 2018, 777, 781.

964 Vgl. hierzu bzgl. der Plattformbetreiberhaftung im Internethandel nach den §§ 22f, 25e UStG *Hufeld*, DStZ 2018, 755, 765 ff.; *Luther*, DB 2018, 1942, 1946.

965 *Hufeld*, DStZ 2018, 755, 766.

966 So bereits vertreten in *Fetzer/Spengel/Dinger/Werner*, StuW 2020, 106, 115; vgl. zu den haftungsbewehrten Aufzeichnungspflichten der §§ 22f, 25e UStG *Hufeld*, DStZ 2018, 755, 765 ff.; *Luther*, DB 2018, 1942, 1946. A. A. *Drüen*, DStJG 31 (2008), 167, 199 f.; *Hey*, in: Festschrift Kruse, 2001, S. 269, 292 f.; *G. Kirchhof*, FR 2015, 773, 778.

Plattformbetreiber von anschließenden Haftungsrisiken befreit und ihn damit finanziell entlastet. Die Abzugsteuer ist mithin die eingriffsmildere Reformoption im Verhältnis zu einem haftungsbewehrten Datenaustauschsystem. Die Einführung eines Datenaustauschsystems ist folglich im Verhältnis zu einem Abzugsteuersystem nicht erforderlich.

In Bezug auf die Umsetzung der nach der DAC-7-Richtlinie vorgesehenen Datenkontrollpflichten in das nationale Recht ist zu betonen, dass die Umsetzungspflicht auch durch die Einführung eines Abzugssystems erfüllt werden kann.[967] Da die Ertragsteuern anders als die Umsatzsteuer nicht unionsweit harmonisiert sind, fallen sie nicht in den Kompetenzbereich der Europäischen Union (vgl. Art. 113, 114 AEUV). Daher konnten die EU-Institutionen die Einführung einer Abzugsteuer in der Richtlinie nicht vorschreiben. Da es sich bei dem Abzugsteuersystem – wie soeben gezeigt – um eine eingriffsmildere Maßnahme als dem Datenkontrollsystem handelt, ist die Umsetzung von DAC 7 mittels der Etablierung eines Steuerabzugsystems von der Richtlinie gedeckt.

(2) Angemessenheit der Datenkontrollpflichten

Weiterhin müsste ein Gesetz über Datenkontrollpflichten von Plattformbetreibern zu seiner Verhältnismäßigkeit auch in Anbetracht der Rechtfertigungsgründe angemessen und zumutbar sein. Zwar wurde zuvor konstatiert, dass die Einführung eines Datenkontrollsystems neben der eines Steuerabzugsystems als nicht erforderlich und damit bereits unverhältnismäßig erachtet wird. Da die DAC-7-Richtlinie aber gemäß ihrem bisherigen Wortlaut mit hoher Wahrscheinlichkeit mittels eines Datenkontrollsystems in das nationale Recht umgesetzt werden soll und nach anderer Auffassung, das Steuerabzugssystem als eingriffsintensiver beurteilt wird, soll im Folgenden dargestellt werden, welche Voraussetzungen an die Angemessenheit und Zumutbarkeit eines Datenkontrollsystems zu stellen sind.[968]

Neben der Art und dem Umfang der übertragenen Tätigkeit ist insoweit insbesondere zu prüfen, ob den Verpflichteten eine besondere Verantwortungs- und Sachnähe zur Tätigkeit trifft, ob es sich um eine unternehmenstypische oder eingriffsintensivere unternehmensfremde Tätigkeit handelt und ob die mit der Indienstnahme verbundene Kostenlast zumutbar ist oder es der Gewährleistung eines Entschädigungsanspruchs bedarf.[969]

967 Vgl. hierzu *Dinger*, EWS 2021, 250, 260 f.

968 Vgl. Erwägungen zur Angemessenheit eines Datenkontrollsystems zur Umsetzung der DAC-7-Richtlinie *Dinger*, EWS 2021, 250, 256 ff.

969 Vgl. hierzu bereits Ausführungen auf S. 221 ff.

(a) *Verantwortungs- oder Sachnähe des Plattformbetreibers zur Durchführung der Datenkontrollpflichten*

Eine Verantwortungsnähe des Plattformbetreibers für die Steuerhinterziehung der Online-Vermieter ist auszuschließen, da die Online-Vermieter mit ihrem eigenverantwortlichen Dazwischentreten den Zurechnungszusammenhang zum Plattformbetreiber unterbrechen.[970]

Allerdings ist auch hinsichtlich der Durchführung der Datenkontrollpflichten (wie bei der Veröffentlichung von Hinweisen auf der Plattform) eine Sachnähe des Plattformbetreibers festzustellen.[971] Denn die Durchführung der Datenkontrollpflicht soll sich im Wirkungskreis des in Dienst zu nehmenden Plattformbetreibers ereignen, sodass er aus tatsächlichen Gründen besser „positioniert" und die Aufgabe effektiver erfüllen kann als beispielsweise die Finanzbehörde.[972] Im Rahmen der Registrierung der Plattformnutzer sowie der Buchungs- und Zahlungsabwicklung der auf seiner Plattform stattfindenden Transaktionen erhält er die für die Datenkontrolle notwendigen Daten beziehungsweise die Möglichkeit diese Daten vom Online-Vermieter abzufragen. Folglich ist die für eine verhältnismäßige Indienstnahme erforderliche Sachnähe zur in Dienst genommenen Aufgabe bei der Indienstnahme der Plattformbetreiber zur Einbeziehung in das Datenkontrollsystem gegeben.

(b) *Gesamtabwägung unter Berücksichtigung des technischen und finanziellen Aufwands des Plattformbetreibers zur Umsetzung von Datenkontrollpflichten*

Die Prüfung der Zumutbarkeit fragt schließlich, ob die Erfüllung der Datenkontrollpflichten für den einzelnen Plattformbetreiber – nach seiner Verwaltungskraft, den ihm verfügbaren Rechtskenntnissen und der Komplexität seiner bisherigen (etwa die aus seiner beruflichen Tätigkeit resultierenden) Fälle – angemessen ist.[973] Zudem muss beachtet werden, dass die Datenkontrollpflichten

---

970 Insoweit ergeben sich keine anderen Erwägungen als bei der Indienstnahme der Plattformbetreiber zur Veröffentlichung von Hinweisen, vgl. hierzu Ausführungen auf S. 221 ff.

971 Vgl. zur Sachnähe des Plattformbetreibers bei der Hinweispflicht die Ausführungen auf S. 221 ff.

972 Vgl. hierzu auch Argumentation im Urteil zur Vorratsdatenspeicherung BVerfG v. 02.03.2010 – 1 BvR 256/08, BVerfGE 125, 260, 362.

973 Vgl. *G. Kirchhof*, Die Erfüllungspflichten des Arbeitgebers im Lohnsteuerverfahren, 2005, S. 175 ff.

auch dann zur Unangemessenheit führen, wenn die übermittelten Daten vom Staat nicht zureichend ausgewertet werden.[974] Denn Nutzen und Aufwand einschränkender Maßnahmen müssen sich in einem ausgewogenen Verhältnis gegenüberstehen.[975] Steueransprüche können aber nur durchgesetzt werden, wenn die Finanzverwaltung auch über die personellen und technischen Kapazitäten verfügt, die hierzu notwendig sind. Werden bestehende Verifikationsinstrumente nur unzureichend genutzt, kann auch dadurch ein strukturelles Steuervollzugsdefizit begründet werden.[976] Führen flächendeckende Datenübermittlungspflichten dazu, dass sie eher im Ausnahmefall die gesetzten Ziele erreichen können, dann sind sie als unangemessen zu bewerten.[977] Wenn Meldepflichten letztlich zu „Datenfriedhöfen" führen, die nicht qualifiziert ausgewertet werden können,[978] aber einen erheblichen Aufwand für die Meldepflichtigen darstellen, stehen sich Nutzen und Aufwand der beschränkenden Maßnahmen nicht mehr in einem ausgewogenen Verhältnis gegenüber.[979] Bei der Einführung eines Datenkontrollsystems, das dem Plattformbetreiber administrativen Aufwand zur Speicherung, Überprüfung und Übermittlung von Daten auferlegt, muss daher zugleich von staatlicher Seite gewährleistet werden, dass diese Daten auch in Anbetracht der zu erwartenden Masse an Geschäftsvorfällen ausgewertet und für den Steuervollzug genutzt werden.

Anknüpfungspunkte für eine unzumutbare Belastung des Plattformbetreibers bilden hier außerdem die mit der Umsetzung der Datenkontrollpflichten verbundenen praktischen – insbesondere technischen – Schwierigkeiten sowie die finanziellen Belastungen, die durch den technischen und personellen Aufwand der Umsetzung eines Datenkontrollsystems abverlangt werden.

Hinsichtlich der technischen Anforderungen, die sich durch ein Datenkontrollsystem für den Plattformbetreiber stellen, ist zu beachten, dass sich die betreffenden Plattformbetreiber mit ihrem Tätigkeitsfeld bereits in einem digitalen Geschäftsmodell bewegen, für das sie ohnehin ein hohes Maß an Technikbeherrschung im Rahmen der Erfüllung ihrer beruflichen Betätigung aufweisen müssen. Über diese Fähigkeiten müssen auch kleine Unternehmen in diesem

974 Vgl. *Eilers/Sommer*, ISR 2019, 75, 78, 82; *Hey*, FR 2018, 633, 637.

975 Vgl. *Eilers/Sommer*, ISR 2019, 75, 78, 82.

976 Vgl. BVerfG v. 09.03.2004 – 2 BvL 17/02, BVerfGE 110, 94, 114, 128 f.

977 Vgl. im Zusammenhang mit den sog. „DAC-6"-Meldepflichten der §§ 138d ff. AO *Eilers/Sommer*, ISR 2019, 75, 78, 82; *Fischer/Riedlinger*, IWB 2018, 416, 422; *Hey*, FR 2018, 633, 637.

978 Vgl. *Fischer/Riedlinger*, IWB 2018, 416, 422.

979 Vgl. *Eilers/Sommer*, ISR 2019, 75, 78, 82.

Sektor verfügen. Überdies wird jedenfalls ein Großteil der im Rahmen der Steuerentrichtungspflicht zu erhebenden Daten ohnehin für die Buchungsabwicklung und die Provisionsberechnung von den betreffenden Plattformbetreibern vorübergehend für eigene Zwecke erhoben. Die Datenerhebung ist mithin schon Gegenstand der von Betreibern von Unterkunftsvermittlungsplattformen angebotenen Dienste. Insoweit ist die Auferlegung der spezifischen Pflichten im Rahmen eines Datenaustauschsystems in technisch-organisatorischer Hinsicht nicht unverhältnismäßig.[980]

Allerdings setzt das Datenkontrollsystem neben der Datenerhebung auch eine Datenkontrolle voraus, die haftungsbewehrt ist. Die Datenüberprüfung ist dem Plattformbetreiber nicht mittels eines technisch automatisierbaren Vorgangs möglich, sondern bedarf einer personellen Kontrolle, über die beispielsweise die Identifikationsnummer mit den weiteren persönlichen Angaben der Online-Vermieter abgeglichen werden muss. Anders als bei einem Abzugsteuersystem, bei dem ein Online-Vermieter daran interessiert ist, dass die abgezogene Steuer auf seine Steuerschuld angerechnet wird und er daher dazu neigt, richtige Daten anzugeben, besteht bei einem Datenkontrollsystem eine gegenläufige Interessenlage. Hier besteht beim Online-Vermieter ein Anreiz falsche Daten anzugeben, damit den Finanzbehörden seine Daten verborgen bleiben, um seine Wohnung weiterhin schwarz vermieten zu können. Erkennt der Plattformbetreiber die Falschangaben nicht, setzt er sich einem Haftungsrisiko hinsichtlich der aus der Online-Vermietung entstehenden Steueransprüche aus. Die Überprüfbarkeit der Daten wird allerdings mit einem nicht unerheblichen Kostenaufwand verbunden sein. Die Inhaftungnahme der Plattformbetreiber aus den Datenkontrollpflichten für originär fremde Steuerschulden stellt daher einer Eingriffsintensivierung der Datenkontrollpflichten dar,[981] die ohne finanziellen Ausgleich für den administrativen Datenkontrollaufwand unzumutbar sein dürfte.[982] Eine entschädigungslose Indienstnahme stößt in der Literatur vielfach auf Kritik.[983] Durch eine

---

980 Vgl. mit ähnlicher Argumentation auch BVerfG v. 02.03.2010 – 1 BvR 256/08, BVerfGE 125, 260, 361 zur Speicherungspflicht im Rahmen der Vorratsdatenspeicherung von Telekommunikationsunternehmen.

981 Vgl. zur besonderen Rechtfertigungsbedürftigkeit einer Eingriffsintensivierung durch Haftungsnormen *Brodersen*, in: Festschrift Thieme, 1993, S. 895, 901 ff.; *Hufeld*, DStZ 2018, 755, 761.

982 Zu den verfassungsrechtlichen Bedenken von Datenkontrollpflichten vgl. *Fetzer/Dinger*, TCLR 2019, 29, 52 ff.; *Fetzer/Spengel/Dinger/Werner*, StuW 2020, 106, 115.

983 Vgl. *Berg*, in: Festschrift Scupin, 1983, S. 519, 533; *Burgi/Krönke*, VerwArch 2018, 423, 443 ff.; *Drüen*, DStJG 31 (2008), 167, 199; *Geurts*, DB 1997, 1997, 2000 f.; *Gramm*,

finanzielle Kompensation auf Sekundärebene kann aber eine an sich unverhältnismäßige Primärpflicht möglicherweise „geheilt" werden und als angemessen zu betrachten sein.[984] Obgleich das Grundgesetz eine Entschädigungspflicht des Staates nur für Enteignungen statuiert (vgl. Art. 14 Abs. 3 GG),[985] erhöht das Aufbürden der Kostenlast die Eingriffsintensivität der Indienstnahme[986] und ist folglich bei der Bewertung der Angemessenheit in Rechnung zu stellen.[987] An das Erfordernis und die Voraussetzungen einer kompensierenden Ausgleichspflicht für Indienstnahmen sind unterschiedliche Auffassungen in der Rechtsprechung und Literatur zu finden, über die im Folgenden ein kurzer Überblick gegeben werden soll.

(aa) Kompensation durch Kostenabwälzung oder besondere Umsatzchancen

Nach der Rechtsprechung des Bundesverfassungsgerichts löst die Indienstnahme als solche nicht grundsätzlich einen Anspruch auf Entschädigung oder Aufwendungsersatz des in Anspruch genommenen Bürgers aus.[988] Vielmehr muss die Grenze der Belastbarkeit für den Einzelfall im Rahmen der Angemessenheitsprüfung bestimmt werden.[989] Ein Anspruch auf Entschädigung

---

Privatisierung und notwendige Staatsaufgaben, 2001, S. 130; *Hey*, FR 1998, 497, 502 ff.; *Hufeld*, DStZ 2018, 755, 771; *G. Kirchhof*, Die Erfüllungspflichten des Arbeitgebers im Lohnsteuerverfahren, 2005, S. 178 ff, 184 ff.; *Seiler*, in: Festschrift Bundesfinanzhof, Band I, 2018, S. 1761, 1770 f.; *Trzaskalik*, in: P. Kirchhof/Söhn/Mellinghoff, EStG, 130. EL, 04/2003, § 38 Rn. A 96; *Winter*, Der Arbeitgeber im Lohnsteuerrecht, 1998, S. 192, 198 ff.

984 Vgl. BVerfG v. 02.03.1999 – 1 BvL 7/91, BVerfGE 100, 226, 244; v. 06.12.2016 – 1 BvR 2821/11, BVerfGE 143, 246, 338 f.; *Burgi/Krönke*, VerwArch 2018, 423, 429 ff.; *Friauf*, in: Festschrift Jahrreiß, 1974, S. 45, 65; *Gallwas*, BayVBl. 1971, 245, 247; *Hey*, FR 1998, 497, 503; *Hufeld*, DStZ 2018, 755, 771; *Ossenbühl*, in: VVDStRL 29 (1971), 137, 182; *Voßkuhle*, Das Kompensationsprinzip, 1999, S. 285 f.

985 Vgl. *Ossenbühl*, in: VVDStRL 29 (1971), 137, 181 m. w. N.; *Peterek*, Eigentumsschutz durch Ausgleichsregelungen, 2000, S. 67.

986 Der Plattformbetreiber wird über die Möglichkeit des Betriebsausgabenabzugs nur für einen Teil seiner Kosten in Form einer verringerten Steuerlast entschädigt.

987 Vgl. *G. Kirchhof*, Die Erfüllungspflichten des Arbeitgebers im Lohnsteuerverfahren, 2005, S. 184; *Schirra*, Die Indienstnahme Privater im Lichte des Steuerstaatsprinzips, 2002, S. 50 ff.

988 Vgl. z. B. BVerfG v. 16.03.1971 – 1 BvR 52/66, BVerfGE 30, 292, 311; v. 17.02.1977 – 1 BvR 33/76, BVerfGE 44, 103, 104; v. 14.07.1981 – 1 BvL 24/78, BVerfGE 58, 137, 151 f.

989 BVerfG v. 16.03.1971 – 1 BvR 52/66, BVerfGE 30, 292, 311.

wurde dann aber letztlich vom Bundesverfassungsgericht nur in Ausnahmefällen bejaht.[990] Abgelehnt wurde eine solcher Ausgleichsanspruch beispielsweise für die Indienstnahme Privater für die öffentliche Aufgabe der Bevorratung von Erdölerzeugnissen,[991] für den Kirchlohnsteuerabzug des Arbeitgebers,[992] die Verpflichtung der Kreditinstitute zum Kuponsteuerabzug[993] und bei der Indienstnahme von Telekommunikationsunternehmen zur Vorratsdatenspeicherung.[994] Als maßgebende Kriterien einer Ausgleichsbedürftigkeit sollen neben dem Ermittlungsaufwand für die Durchführung der Tätigkeit und der Nähe der Tätigkeit zu den unternehmenstypischen Aufgaben auch kompensierende Aspekte wie die Möglichkeit, diese Kosten auf den Leistungsabnehmer abzuwälzen sowie die Möglichkeit von erhöhten Umsatzchancen durch das Tätigwerden in einem bestimmten Markt berücksichtigt werden.[995]

Im Rahmen der Prüfung der Angemessenheit des Aufwands zur Durchführung der Datenkontrolle wurde bereits festgestellt, dass die Ermittlung, Speicherung und Übermittlung der Daten für sich betrachtet keinen größeren Arbeitsaufwand erfordert, da die erforderlichen Daten größtenteils bereits im Zuge des Registrierungs- und Buchungsprozesses abgefragt werden beziehungsweise in den Abfragekatalog aufgenommen werden können. Problematisch ist aber der Aufwand zur Kontrolle der Richtigkeit dieser Daten und die insoweit bestehende Haftungsverpflichtung. Zu prüfen bleibt somit, ob der durch die Datenkontrolle entstehende finanzielle Mehraufwand auf die Plattformnutzer überwälzt werden kann und ob eine solche Abwälzung in den Abwägungsprozess der Zumutbarkeitsprüfung einbezogen werden darf.[996]

---

990 Vgl. BVerfG v. 1.07.1980 – 1 BvR 349/75, 1 BvR 378/76, BVerfGE 54, 251, 271 (Entschädigungspflicht bei Inanspruchnahme eines Vormunds); v. 14.07.1981 – 1 BvL 24/78, BVerfGE 58, 137, 151 (Pflichtexemplar-Entscheidung).

991 Vgl. BVerfG v. 16.03.1971 – 1 BvR 52/66, BVerfGE 30, 292, 326.

992 Vgl. BVerfG v. 17.02.1977 – 1 BvR 33/76, BVerfGE 44, 103, 104.

993 Vgl. BVerfG v. 29.11.1967 – 1 BvR 175/66, BVerfGE 22, 380, 385 f.; vgl. hierzu auch *Drüen*, FR 2004, 1134, 1141.

994 Vgl. BVerfG v. 02.03.2010 – 1 BvR 256/08, BVerfGE 125, 260, 362.

995 Vgl. BVerfG v. 29.11.1967 – 1 BvR 175/66, BVerfGE 22, 380, 385 f.; v. 16.03.1971 – 1 BvR 52/66, BVerfGE 30, 292, 311, 324 f., 326; BVerfG v. 02.03.2010 – 1 BvR 256/08, BVerfGE 125, 260, 362; *Lennartz*, DÖV 2019, 434, 439; a. A. *Peterek*, Eigentumsschutz durch Ausgleichsregelungen, 2000, S. 72 f.; *Trzaskalik*, DStJG 12 (1989), 157, 179.

996 Vgl. zu den Anforderungen an eine rechtlichen und tatsächliche Weitergabemöglichkeit der Indienstnahmekosten, *Burgi/Krönke*, VerwArch 2018, 423, 442 f.

Für die Plattformbetreiber würde dies bedeuten, dass sie den mit den Datenkontrollpflichten verbundenen Mehraufwand auf ihr Entgelt für die Vermittlungsleistung – also die Provision – aufschlagen müssten. Dadurch wird das Leistungsangebot der Plattformbetreiber an die Online-Vermieter teurer und senkt damit nach allgemeinen wirtschaftlichen Gesichtspunkten die Nachfrage dieses Leistungsangebots durch die Online-Vermieter. Auch dann, wenn die Online-Vermieter die an sie gerichtete Preiserhöhung im Vermietungsangebot an die Mieter weitergeben, indem sie die Kostenlast auf ihren Angebotspreis aufschlagen, sinkt spätestens an dieser Stelle durch die Erhöhung des Angebotspreises die Nachfrage der Mieter an Unterkünften über Sharing-Economy-Plattformen. Auch dieser Rückgang der Mieter wirkt sich in der Leistungskette auf den Plattformbetreiber aus. Da ihr Gewinn in erster Linie durch die Provision beeinflusst wird, die erst mit dem Vertragsschluss des Online-Vermieters mit dem Online-Mieter beziehungsweise der Vertragsdurchführung entsteht, „kostet" den Plattformbetreiber ein Rückgang von Online-Vermietern wie auch ein Rückgang von Online-Mietern eine Einbuße an Einkünften. Im Übrigen ist aufgrund der sogenannten indirekten Netzwerkeffekte eine Plattform erfolgreicher, je mehr Leistungsanbieter und Leistungsabnehmer auf ihr aktiv sind.[997] Eine Kostenabwälzung auf die Nutzer der Leistung führt daher immer nur dann zur Zumutbarkeit einer Kostentragungspflicht, wenn durch die Kostenabwälzung keine Wettbewerbsnachteile entstehen. Solche Wettbewerbsnachteile werden vermieden, wenn alle Teilnehmer eines bestimmten Wettbewerbskreises – wie hier alle Vermittler von Unterkünften – betroffen wären.[998] Hier wird allerdings der Plattformbetreiber durch die Kostentragungspflicht der Indienstnahme ungleich zu den außerhalb von Sharing-Economy-Plattformen aktiven Unterkunftsvermittlern behandelt. Mithin sind einer Indienstnahme von Plattformbetreibern zur Datenkontrolle insoweit Wettbewerbsnachteile immanent. Allein durch eine Kostenabwälzung an die Leistungsabnehmer können die durch die Indienstnahme entstehenden Mehrkosten hier somit nicht ausgeglichen werden. Der Verweis der Plattformbetreiber auf eine Kostenabwälzung kommt hier folglich insoweit nicht in Betracht.

---

997 Vgl. hierzu bereits oben auf S. 53 ff.

998 Vgl. *Ossenbühl*, in: VVDStRL 29 (1971), 137, 183 f.

(bb) Vergütungsanspruch gegen den deutschen Fiskus

Zum Ausgleich ist dem in Dienst zu nehmenden Plattformbetreiber daher ein Vergütungsanspruch gegen die öffentliche Hand einzuräumen.[999] Denn die Indienstnahme der Plattformbetreiber zur Datenkotrolle erfolgt im Allgemeininteresse, da dadurch eine zuverlässigere, gleichmäßigere Besteuerung gewährleistet wird. Durch einen vereinfachten und verbesserten Steuervollzug können staatliche Ressourcen eingespart werden, sodass insoweit gerade eine Übernahme der Indienstnahmekosten durch die öffentliche Hand gerechtfertigt erscheint.[1000] Mit der Minimierung der Staatsausgaben durch einen verminderten staatlichen Ermittlungsaufwand wird der Staatshaushalt geschont, sodass im Gegenzug den Plattformbetreibern ein Ausgleichanspruch bei unzumutbarer Inanspruchnahme gewährt werden kann. Hierfür spricht auch das Prinzip der Lastengleichheit, wonach die staatliche Aufgabe der Steuererhebung von der Allgemeinheit unter Beachtung des Gleichheitssatzes zu tragen ist, zu der der Plattformbetreiber mit der Erfüllung der Datenkontrollpflichten einen Beitrag leistet.[1001] Weshalb sich diese grundsätzliche Regel der Lastenverteilung bei der Übertragung einer staatlichen Aufgabe auf einen Privaten ändern sollte, ist nicht erkennbar.[1002]

---

999 Vgl. BVerfG v. 01.07.1980 – 1 BvR 349/75, BVerfGE 54, 251, 271; *Kirmer*, Der Begriff der öffentlichen Aufgabe in der Rechtsprechung des Bundesverfassungsgerichts, 1995, S. 281; *Schuppert*, Die Erfüllung öffentlicher Aufgaben durch verselbständigte Verwaltungseinheiten, 1981, S. 146 ff.; *von Heimburg*, Verwaltungsaufgaben und Private, 1982, S. 164 f.; *Ossenbühl*, in: VVDStRL 29 (1971), 137, 181 f.; *Wehr*, Rechtspflichten im Verfassungsstaat, 2005, S. 254 f.

1000 Vgl. *Schirra*, Die Indienstnahme Privater im Lichte des Steuerstaatsprinzips, 2002, S. 32, 79 ff. unter Berufung auf das Steuerstaatsprinzip.

1001 Vgl. BVerfG v. 10.05.1960 – 1 BvR 190/58, BVerfGE 11, 105, 119; v. 22.02.1994 – 1 BvL 30/88, BVerfGE 90, 60, 105 f.; v. 06.07.2005 – 2 BvR 2335/95, BVerfGE 113, 128 ff.; *Hendel*, Die Belastung der Arbeitgeber durch die Lohnsteuer, 1997, S. 66; *Kube*, DStJG 29 (2006), 11, 30; *Peterek*, Eigentumsschutz durch Ausgleichsregelungen, 2000, S. 71; *Schiller*, Sonderabgaben mit einer wirtschaftslenkenden Antriebs- und Sanktionsfunktion in der Wirtschafts- und Finanzverfassung des Grundgesetzes, 2000, S. 172; *Scholz*, in: Maunz/Dürig, GG, 47. EL, 06/2006, Art. 12 Rn. 123; *Winter*, Der Arbeitgeber im Lohnsteuerrecht, 1998, S. 197.

1002 *Friauf*, in: Festschrift Jahrreiß, 1974, S. 45, 64; *Winter*, Der Arbeitgeber im Lohnsteuerrecht, 1998, S. 197.

(cc) Erfordernis einer gesetzlichen Fixierung der Ausgleichsregelung

Teilweise wird vertreten, dass die gesetzliche Fixierung einer Ausgleichsregelung entbehrlich sei.[1003] Denn es sei nicht sachgerecht, aufgrund einer ungeschriebenen Entschädigungsregelung ein Indienstnahmegesetz für verfassungswidrig zu erklären, obgleich absehbar wäre, dass das Gesetz ergänzt um die Entschädigungsregel in der gleichen Form gerade wieder (verfassungsgemäß) erlassen werden könnte.[1004] Eine fehlende gesetzliche Fixierung führe daher allein nicht zur Verfassungswidrigkeit der Norm.

Diesem Begründungsansatz kann nicht zugestimmt werden. Für die Betroffenen bleiben ohne eine geschriebene Ausgleichsnorm die Anspruchsvoraussetzungen und der Anspruchsumfang unklar. Ferner bestehen Zweifel an der Durchsetzbarkeit des Anspruchs. Die mangelnde gesetzliche Fixierung widerspricht somit dem Bestimmtheitsgrundsatz und führt zu Rechtsunsicherheit, sodass in der fehlenden gesetzlichen Normierung des Ausgleichsanspruchs ein Verstoß gegen das Rechtsstaatsprinzip zu erkennen ist. Folglich ist die gesetzliche Fixierung einer Ausgleichsregelung notwendig. Allein der Umstand, dass die Verfassungswidrigkeit einer Norm durch Ausbesserung des Gesetzestextes geheilt werden kann, macht die Durchführung einer Korrektur nicht entbehrlich.

Die gesetzliche Fixierung einer Ausgleichsregelung im Indienstnahmegesetz könnte aber entbehrlich sein, wenn sich ein entsprechender Vergütungsanspruch bereits ohnehin aus der Rechtsordnung ableiten lässt und damit bereits gesetzlich fixiert ist. Insoweit diskutierte Anspruchsgrundlagen sind insbesondere ein Anspruch analog aus dem zivilrechtlichen Auftragsrecht gemäß §§ 1835, 670 BGB oder der Geschäftsführung ohne Auftrag über §§ 683, 670 BGB sowie ein Anspruch sui generis.[1005] Ein Anspruch aus der entsprechenden Anwendung

---

1003 *Ferger*, Ausgleichsansprüche bei der Indienstnahme Privater für Verwaltungsaufgaben, 1979, S. 145 ff.; *Schirra*, Die Indienstnahme Privater im Lichte des Steuerstaatsprinzips, 2002, S. 134, 144.

1004 *Schirra*, Die Indienstnahme Privater im Lichte des Steuerstaatsprinzips, 2002, S. 145.

1005 Zu den einzelnen Tatbestandsvoraussetzungen umfassend vgl. *Ferger*, Ausgleichsansprüche bei der Indienstnahme Privater für Verwaltungsaufgaben, 1979, S. 132 ff., 148 ff.; *Plewa*, Indienstnahme Privater für die Mineralölbevorratung, 1978, S. 202 ff.; *Schirra*, Die Indienstnahme Privater im Lichte des Steuerstaatsprinzips, 2002, S. 139 ff. Einen groben Umriss zu den Begründungsansätzen für einen Vergütungsanspruch bietet *Peterek*, Eigentumsschutz durch Ausgleichsregelungen, 2000, S. 65 ff. Zur analogen Anwendung von Normen mangels Vorliegens einer planwidrigen Regelungslücke zweifelnd *Winter*, in: Festschrift Der Fachanwalt für Steuerrecht im Rechtswesen, 1999, S. 311, 321.

der Normen der Geschäftsführung ohne Auftrag ist allerdings abzulehnen, da das Rechtsinstitut auf die Fälle der Indienstnahme nicht passt. Die Geschäftsführung ohne Auftrag wurde für Fälle geschaffen, bei denen jemand freiwillige Vermögensopfer im Interesse eines Dritten erbringt, ohne dass zuvor die Übernahme vereinbart wurde. Die Ursache der fehlenden Vereinbarung muss dabei allerdings in der faktischen Unmöglichkeit ihrer Erlangung innerhalb des für die Leistungserbringung vorgegebenen Zeitlimits liegen.[1006] Den Indienstnahmefällen liegt eine andere Fallgestaltung zugrunde. Die Indienstnahme wird nicht plötzlich erforderlich, sodass eine Vereinbarung nicht mehr erreicht werden kann. Vielmehr ist sie gesetzlich geregelt. Dies gilt auch hinsichtlich des finanziellen Aufwands. Die mit der Erfüllung der Indienstnahmepflichten verbundenen finanziellen Belastungen sind dem fixierten Indienstnahmetatbestand immanent und mit diesem gemeinsam zu regeln.[1007]

Eine entsprechende Anwendung der Auftragsnormen ist zudem in Ermangelung einer mit dem Auftragsrecht vergleichbaren Situation abzulehnen. Die Erfüllung der Indienstnahme erfolgt gerade nicht freiwillig, sondern unter der Zwangskomponente der gesetzlichen Verpflichtung.[1008] Ein (ungeschriebener) Anspruch auf Entschädigung sui generis wird teilweise für entschädigungspflichtige Indienstnahmen, in denen den Pflichtigen keine Finanzierungsverantwortung trifft, bejaht.[1009] Doch auch unter der Annahme, dass bereits ein Vergütungsanspruch sui generis aus der geltenden Rechtsordnung hergeleitet werden kann, birgt er zu große Rechtsunsicherheit und -unklarheit in sich. Soll dem Indienstgenommenen ein Vergütungsanspruch für seinen durch die Indienstnahme ausgelösten Mehraufwand zuzusprechen sein, so sind die

---

1006 *Dornis*, in: Erman, BGB, 15. Aufl. 2017, Vorb. vor § 677, Rn. 25; *Mansel*, in: Jauernig, BGB, 17. Aufl. 2018, § 677 Rn. 6 f.

1007 Vgl. mit gleichem Ergebnis *Ferger*, Ausgleichsansprüche bei der Indienstnahme Privater für Verwaltungsaufgaben, 1979, S. 152; *Schirra*, Die Indienstnahme Privater im Lichte des Steuerstaatsprinzips, 2002, S. 141.

1008 Vgl. *Ferger*, Ausgleichsansprüche bei der Indienstnahme Privater für Verwaltungsaufgaben, 1979, S. 150 ff.; *Schirra*, Die Indienstnahme Privater im Lichte des Steuerstaatsprinzips, 2002, S. 140.

1009 Vgl. *Ipsen*, AöR 90 (1965), 393, 428; *Schirra*, Die Indienstnahme Privater im Lichte des Steuerstaatsprinzips, 2002, S. 139 ff. Ein Erstattungsanspruch sui generis ablehnend *Ferger*, Ausgleichsansprüche bei der Indienstnahme Privater für Verwaltungsaufgaben, 1979, S. 139 ff.

Regelungen über einen finanziellen Ausgleich aus Gründen der Rechtssicherheit bereits unmittelbar in das Indienstnahmegesetz aufzunehmen.[1010]

(dd) Bemessung des Ausgleichsanspruchs

Die Höhe der als Ausgleich für den Plattformbetreiber zu gewährenden Vergütung könnte sich an den Kosten orientieren, die vom Plattformbetreiber für die Datenkontrolle aufgebracht werden müssen.[1011] Es greift das im öffentlichen Recht geltende Kostendeckungsprinzip.[1012] Der Indienstgenommene muss über Nachweise den ihm durch die Indienstnahme entstandenen Mehraufwand plausibel darlegen. Zu beachten ist hierbei, dass die Aufwendungen, die der Plattformbetreiber für die Datenkontrolle tätigt, gewinnmindernd als Betriebsausgaben von der Ertragsteuer absetzen kann. Soweit diese Ausgaben die Höhe der festzusetzenden Steuer minimieren, werden sie bereits von der Allgemeinheit getragen und sind vom Vergütungsanspruch abzuziehen.[1013]

Problematisch könnte an der Gewährung eines solchen Ausgleichsanspruchs allerdings sein, dass seine Geltendmachung wiederum mit Kosten verbunden und die Berechnung zu aufwendig ist. Vorzugswürdig könnte daher neben der vorstehenden aufwendigen Einzelfallberechnung die Gewährung einer pauschal zu bemessender Ausgleichszahlung sein, die dem Plattformbetreiber automatisiert im Gegenzug zur Datenübermittlung gutgeschrieben wird. Diese Zahlung könnte beispielsweise anhand der Anzahl der gemeldeten Transaktionen typisierend bemessen werden.[1014]

(ee) Ergebnis zum Ausgleichsanspruch für die Indienstnahme zur Datenkontrolle

Die Indienstnahme von Plattformbetreibern zur Datenkontrolle setzt zu ihrer Angemessenheit eine das Indienstnahmegesetz ergänzende gesetzliche Regelung voraus, die eine finanzielle Kompensation der vom Plattformbetreiber getätigten Aufwendungen zur Datenkontrolle beinhaltet. Aus Vereinfachungsgründen

1010 So auch *Peterek*, Eigentumsschutz durch Ausgleichszahlungen, 2000, S. 75; *Schirra*, Die Indienstnahme Privater im Lichte des Steuerstaatsprinzips, 2002, S. 139.

1011 So *Geurts*, DB 1997, 1997, 2001; *Peterek*, Eigentumsschutz durch Ausgleichszahlungen, 2000, S. 74 m. w. N.

1012 *Geurts*, DB 1997, 1997, 2001.

1013 Vgl. so auch *Winter*, in: Festschrift Der Fachanwalt für Steuerrecht im Rechtswesen, 1999, S. 311, 320.

1014 Vgl. *Winter*, Der Arbeitgeber im Lohnsteuerrecht, 1998, S. 198.

kann ein solcher Ausgleichsanspruch pauschal bemessen werden, beispielsweise anhand der Anzahl der mit der Datenkontrolle gemeldeten Transaktionen.

(3) Verhältnismäßigkeit der das Datenkontrollsystem ergänzenden Haftungspflicht

Wie bereits festgestellt, stellen die mit den Datenkontrollpflichten kombinierten Haftungsregelungen eine Eingriffsintensivierung dar, die ihrerseits rechtfertigungsbedürftig ist.[1015]

Mit der Begründung eines Haftungsschuldverhältnisses wird das Steuerschuldverhältnis auf Haftende ausgedehnt (vgl. §§ 33 Abs. 1, 37 Abs. 1 AO). Hierfür bedarf der Gesetzgeber spezifischer Gründe, wobei der Gedanke der Sicherung des Steueraufkommens allein nicht ausreichend ist.[1016] Indessen sind Zurechnungsgründe erforderlich, die es rechtfertigen, bestimmte Personen in bestimmten Fällen als Haftende für die Sicherung des Steueranspruchs in Anspruch zu nehmen.[1017]

(a) Legitimität des Eingriffsziels und Geeignetheit der Haftungsnorm zur Zielerreichung

Die die Datenkontrollpflichten begleitenden Haftungsnormen sollen vordergründig dem Ziel dienen, die Durchsetzung dieser Pflichten gegenüber dem Plattformbetreiber zu gewährleisten. Damit dienen sie zwar mittelbar auch der Sicherung von Steueransprüchen, die mit dem Datenkontrollsystem verfolgt wird. Sie sind mit anderen Worten ein „verlängerter Arm" der Datenkontrollpflichten. Da die Haftungsnormen der Durchsetzung der Datenkontrollpflichten gegenüber dem Plattformbetreiber dienen und an eine verschuldete Pflichtverletzung des Plattformbetreibers im Zusammenhang mit der Erfüllung dieser Pflichten anknüpfen, können sie aber nicht lediglich als Rückgriff auf einen Haftungsschuldner im Falle des Steuerausfalls eingesetzt werden, sondern sind primär ein Sanktionsmittel für die pflichtgemäße Erfüllung der Datenkontrollpflichten. Mithin ist der Zweck der Haftungsvorschriften als legitim zu bewerten. Die die Datenkontrollpflichten ergänzenden Haftungsnormen dienen dem Zweck, den Plattformbetreiber überhaupt zur Durchführung dieser

---

1015 S. o. auf S. 255 ff.; sowie *Brodersen*, in: Festschrift Thieme, 1993, S. 895, 901 ff.; *Hufeld*, DStZ 2018, 755, 761.

1016 *Brodersen*, in: Festschrift Thieme, 1993, S. 895, 901 f.

1017 *Brodersen*, in: Festschrift Thieme, 1993, S. 895, 902.

Pflichten anzuhalten und sind zur Erreichung dieses Zwecks nicht grundsätzlich ungeeignet.

(b) Erforderlichkeit einer Haftungsnorm

Sie müssten auch erforderlich sein. Es dürfte somit kein milderes Mittel zur Verfügung stehen, das den Zweck der Haftungsnormen gleichermaßen erfüllt.[1018] Als milderes Mittel könnten hier Bußgeldvorschriften in Betracht kommen, die als Sanktion bei unterlassener oder unrichtiger Meldung von Daten durch den Plattformbetreiber gegen diesen festgesetzt werden. Dies wäre beispielsweise möglich durch eine Aufnahme des Meldetatbestands in den Ordnungswidrigkeitskatalog des § 379 AO. Während der Gesetzgeber bei den Datenkontrollpflichten nach §§ 22f, 25e UStG einen Haftungstatbestand in § 25e Abs. 2 bis 4 UStG geschaffen hat, ist er bei den sogenannten „DAC-6"-Meldepflichten der §§ 138d ff. AO zur Umsetzung der europäischen Änderungsrichtlinie bezüglich des verpflichtenden automatischen Informationsaustausches im Bereich der Besteuerung über meldepflichtige grenzüberschreitende Gestaltungen (sog. „DAC-6-Richtlinie")[1019] den Weg über die Sanktion durch Schaffung eines Ordnungswidrigkeitstatbestands gegangen (vgl. § 379 Abs. 2 Nr. 1e i. V. m. Abs. 7 AO).[1020] Danach liegt die Verletzung einer „DAC-6"-Meldepflicht vor, wenn die Meldung unterlassen wird oder nicht rechtzeitig oder mit unvollständigen Angaben erfolgt. Die vorsätzliche oder leichtfertige Verletzung verwirklicht den Tatbestand der Ordnungswidrigkeit einer „Steuergefährdung" gemäß § 379 Abs. 2 Nr. 1e AO und kann gemäß § 379 Abs. 7 AO mit einer Geldbuße von bis zu 25.000 Euro geahndet werden. Die „DAC-6"-Meldepflichten sehen sich allerdings auch aufgrund ihrer Bußgeldbewehrung dem Vorwurf der Unverhältnismäßigkeit und Unbestimmtheit ausgesetzt.[1021] Denn dem rechtsstaatlichen Bestimmtheitsgebot kommt im Verfahrensrecht eine besondere Bedeutung zu,

---

1018 *Krohn*, BB 1969, 1233, 1237.

1019 Richtlinie (EU) 2018/822 v. 25.05.2018, ABl. EU v. 05.06.2018, L 139/1. „DAC 6" bezieht sich auf die englische Bezeichnung der Amtshilferichtlinie: „Directive on Administrative Cooperation", um deren 6. Version es sich handelt; zum Umsetzungszweck vgl. BT-Drs. 19/15876, 1, 36.

1020 Vgl. hierzu z. B. *Hey*, FR 2018, 633, 637; *Polatzky/Schäfer*, StuB 2020, 295, 297.

1021 Vgl. z. B. *Hey*, FR 2018, 633, 637.

insbesondere wenn es um bußgeldbewerte Verhaltenspflichten geht. Deren Voraussetzungen müssen klar definiert sein.[1022]

Vorliegend ist fraglich, ob Bußgelder tatsächlich als geringere Maßnahme im Verhältnis zur Haftungspflicht zu bewerten sind. Denn insoweit ist zu berücksichtigen, dass Bußgelder nicht akzessorisch zur Steuerschuld sind und somit auch dann festgesetzt werden können, wenn die Steuerschuld beglichen wurde.[1023] Zudem besteht bei einem Bußgeld kein Regressanspruch gegen den originären Steuerschuldner. Somit spricht bereits mehr dafür, Bußgeldtatbestände nicht als mildere Maßnahme gegenüber den Haftungstatbeständen zu bewerten. Ferner sind Bußgeldvorschriften mit dem Blick auf das Ziel, Steueransprüche gleichmäßig durchzusetzen, nicht gleich wirksam wie Haftungsansprüche. Denn nur mit den Haftungsansprüchen werden die ursprünglichen Steuerschulden durchgesetzt. Die die Datenkontrollpflichten ergänzenden Haftungsvorschriften sind folglich als relativ mildeste Mittel erforderlich.

Da diese Haftungsnormen dem Ziel dienen, unterlassene oder fehlerhafte Indienstnahmen zur Datenkontrolle zu sanktionieren, sind nur Haftungsnormen erforderlich, die an ein Verschulden anknüpfen.[1024] Das Verschulden wird auch bei den derzeit gesetzlich fixierten Haftungsnormen, jedenfalls im Rahmen der Prüfung der Rechtmäßigkeit einer Inhaftungnahme, gefordert.[1025] Folglich sollte eine Haftung der Plattformbetreiber verschuldensabhängig sein, obgleich die gesetzliche Formulierung eine Beweislastumkehr vorsehen kann.[1026]

1022 Vgl. BVerfG v. 29.11.1989 – 2 BvR 1491/87, BVerfGE 81, 132, 135; v. 13.6.2007 – 1 BvR 1550/30, BVerfGE 118, 168, 186 ff.; v. 10.3.2008 – 1 BvR 2338/03, BVerfGE 120, 351, 366 f.; *Hey*, FR 2018, 633, 637.

1023 Vgl. zur Ausgestaltung von Haftungsnormen die Ausführungen auf S. 194 ff.

1024 Vgl. *Friedrich*, DB 1984, 1114, 1118; *Hey*, in: Festschrift Kruse, 2001, S. 269, 286; *Krohn*, BB 1969, 1233, 1237; *Tipke*, Die Steuerrechtsordnung Band III, 2. Aufl. 2012, S. 1466, 1468; *Winter*, Der Arbeitgeber im Lohnsteuerrecht, 1998, S. 192; sowie *G. Kirchhof*, Die Erfüllungspflichten des Arbeitgebers im Lohnsteuerverfahren, 2005, S. 186, der die Verschuldensabhängigkeit der Haftung allerdings auf der Ebene der Angemessenheit prüft.

1025 S. o. auf S. 174 ff., S. 194 ff. sowie BFH v.19.05.2009 – VI B 8/08, BFH/NV 2009, 1454; *Drüen*, in: Bochumer Lohnsteuertag, 2005, S. 59, 80 ff.; *Wagner*, in: Blümich, EStG, 140. EL, 01/2018, § 42d Rn. 58.

1026 Vgl. hierzu beispielhaft § 44 Abs. 5 S. 1 EStG sowie Ausführungen hierzu auf S. 196.

(c) *Angemessenheit einer Haftung bei Verletzung einer Datenkontrollpflicht*

Die Eingriffsintensität, die von einer Haftungsnorm ausgeht, ist bei der Abwägung der Angemessenheit mit dem mit ihr verfolgten Zweck der Optimierung des Steuervollzugs durch Sanktionierung fehlerhafter oder unterlassener Datenmeldungen, von entscheidender Bedeutung.

Zunächst ist insoweit festzustellen, dass der drohende Haftungsumfang, der akzessorisch zum Steueranspruch aus der Online-Vermietung ist, im Regelfall verhältnismäßig gering ausfallen dürfte. Denn auf Sharing-Economy-Plattformen zur kurzfristigen Vermietung von Unterkünften handelt es sich um zeitlich begrenzte Wohnraumüberlassung, sodass der Mietpreis und der daraus entstehende Steueranspruch wahrscheinlich relativ geringe Beträge umfassen dürften. Sollte ein Online-Vermieter allerdings gewerblich tätig sein und mehrere Unterkünfte regelmäßig online vermieten, steigt der Haftungsumfang.

Daneben kommt dem Ausgleich der Haftung im Innenverhältnis der Schuldner, also der Aussicht des Haftungsschuldners, den Primärschuldner in Regress zu nehmen, im Rahmen der Angemessenheitsprüfung besondere Relevanz zu.[1027] Durch die Inanspruchnahme mittels Haftungsbescheid wird zwischen dem Steuerschuldner und dem Haftungsschuldner ein Gesamtschuldverhältnis begründet (§ 44 Abs. 1 AO). Grundsätzlich kann ein Haftungsschuldner im Haftungsfall aufgrund des Gesamtschuldverhältnisses Rückgriff gegen den originären Steuerschuldner nehmen und Freistellung verlangen (§ 426 BGB).[1028] Problematisch ist allein die Realisierbarkeit dieses Anspruchs in der Praxis. Misslingt der Rückgriff, bleibt der Entrichtungspflichtige endgültig belastet.[1029] Vom Bundesverfassungsgericht wurden die Haftungsnormen zu den Steuerentrichtungspflichten der Lohnsteuer insoweit als verfassungsgemäß bewertet.[1030]

Bei den zu den Datenkontrollpflichten korrespondierenden Haftungsnormen ist sonach zu berücksichtigen, dass hier gerade die den Haftungsanspruch auslösenden „Schwarzvermieter" bei den Plattformen falsche Daten angeben

---

1027 BVerfG v. 24.05.1995 1 BvR 923/95, NVwZ 1995, 1198; *Hufeld*, DStZ 2018, 755, 761; *Krumm*, Die Verwaltung 2013, 59, 76 f.

1028 Zur (ausschließlichen) Anwendbarkeit des bürgerlichen Rechts auf die Ausgleichspflicht der Gesamtschuldner im Innenverhältnis, vgl. BAG v. 14.11.2018 – 5 AZR 301/17, DStR 2019, 1218, 1219 ff.; BGH v. 22.10.1992 – IX ZR 244/91, NJW 1993, 585, 586; *Koenig*, in: Koenig, AO, 3. Aufl. 2014, § 44 Rn. 14.

1029 *Heuermann*, StuW 2006, 332, 337 f.

1030 BVerfG v. 17.02.1977 – 1 BvR 33/76, BVerfGE 44, 103.

werden. Die Richtigkeit der Daten ist – wie bereits im Verlauf der Arbeit gezeigt wurde – vom Plattformbetreiber nur sehr schwer überprüfbar.[1031] Ohne die richtigen Daten des Online-Vermieters kann auch der aus der Haftung resultierende Regressanspruch nicht gegen diesen durchgesetzt werden. Die Chancen der erfolgreichen Realisierung von Regressansprüchen des Plattformbetreibers gegen den Online-Vermieter sind daher als sehr gering zu bewerten. Insoweit geht von der Haftungsnorm mithin eine erhöhte Eingriffsintensität aus. Erschwerend tritt hinzu, dass die Haftungspflichten zwar an ein Verschulden anknüpfen. Dieses wird aber sehr schnell bejaht und der Plattformbetreiber muss bei einer Beweislastumkehr sein Unverschulden beweisen.[1032] Unterlässt der Plattformbetreiber die (unverhältnismäßige) Prüfung der Daten der Online-Vermieter,[1033] trifft ihn insoweit bereits ein Verschulden. Knüpft die Haftung an eine unverhältnismäßige Hauptpflicht an, führt die Unverhältnismäßigkeit der Hauptpflicht also auch zur Unverhältnismäßigkeit der Haftungsnorm.

Letztlich wird bei der haftungsbewehrten Datenkontrollpflicht die Schwierigkeit im Steuervollzug und das Risiko eines Steuerausfalls vom deutschen Fiskus auf den Plattformbetreiber verlagert. Die Übernahme des Haftungsrisikos, um Steuerausfälle aus der Online-Vermietung zu übernehmen, ist den Plattformbetreibern aber aufgrund der Unkontrollierbarkeit der Daten und damit Unbeherrschbarkeit des Haftungsrisikos nicht zumutbar.

Die mit den Datenkontrollpflichten der Plattformbetreiber der Unterkunftsvermittlung zu verbindenden verschuldensabhängigen Haftungsnormen sind somit als unangemessen und damit unverhältnismäßig zu bewerten.

cc) Ergebnis

Ein gesetzlich normiertes Datenkontrollsystem für Plattformbetreiber von Unterkunftsvermittlungsplattformen stellt eine die Berufsfreiheit einschränkende Berufsausübungsregelung dar, die zur Förderung des gleichmäßigen Steuervollzugs, einem Allgemeinwohlbelang, aufgrund der Sachnähe des Plattformbetreibers zu den Datenkontrollpflichten grundsätzlich rechtfertigbar erscheint. Aufgrund der mit dem Datenkontrollsystem verbundenen Haftungspflicht, der sich der Plattformbetreiber nur durch die aufwendige Datenkontrolle entziehen kann, ist ein Datenkontrollsystem aber im Verhältnis zu einem effektiveren Abzugssteuersystem eingriffsintensiver und – sollte ein Abzugsteuersystem

---

1031 Vgl. hierzu Ausführungen auf S. 264 ff.

1032 Vgl. zum Verschulden bei Haftungsnormen die Ausführungen auf S. 196.

1033 Zur Unzumutbarkeit der Datenkotrollpflicht vgl. S. 264 ff.

verfassungsgemäß umsetzbar sein – daher insoweit nicht erforderlich und insoweit bereits unverhältnismäßig.

Darüber hinaus ist die zur Durchsetzung der Datenkontrollpflichten notwendige Haftungsnorm aufgrund der unzumutbaren Prüfpflichten und des erhöhten Ausfallrisikos eines Regressanspruchs unangemessen.

Zudem erfordert die Datenkontrolle einen unzumutbaren finanziellen Aufwand, der durch einen auf Sekundärebene zu gewährenden Ausgleichsanspruch kompensiert werden muss. Es wird deshalb vorgeschlagen, bei der Einführung eines Datenkontrollsystems eine Regelung zum finanziellen Ausgleich des durch die Indienstnahme entstehenden Mehraufwands in das Indienstnahmegesetz aufzunehmen. Durch die gesetzliche Fixierung im Indienstnahmegesetz kann das Reformgesetz Bedenken gegen das Rechtsstaatsgebot ausräumen. Die obigen Ausführungen haben gezeigt, dass hinsichtlich der Höhe des Ausgleichsanspruchs aus Vereinfachungsgründen zu erwägen ist, einen pauschal zu bemessenden Ausgleichsanspruch zu gewähren, der dem Plattformbetreiber nach erfolgter Datenübermittlung, bemessen an der Anzahl der übermittelten Transaktionen, gutgeschrieben werden kann.

b) Eigentumsfreiheit, Art. 14 Abs. 1 GG

Das Grundrecht auf Eigentumsfreiheit der Plattformbetreiber nach Art. 14 Abs. 1 GG könnte durch die haftungsbewehrten Datenkontrollpflichten zum einen dadurch betroffen sein, dass die Erfüllung der Datenkontrollpflichten mit Kosten verbunden ist, zum anderen könnte die mit den Datenkontrollpflichten verbundene Haftungsnorm die Eigentumsfreiheit der Plattformbetreiber verletzen.

aa) Persönlicher Schutzbereich der Eigentumsfreiheit

Der persönliche Schutzbereich des Art. 14 GG ist auf inländische und ausländische natürliche Personen sowie nach Art. 19. Abs. 3 GG i. V. m. Art. 18 AEUV wesensmäßig auf inländische und europäische juristische Personen anwendbar, nicht jedoch auf juristische Personen aus Drittstaaten.[1034]

1034 Vgl. hierzu bereits oben auf S. 228, sowie zur Unanwendbarkeit des Art. 19 Abs. 3 GG auf juristische Personen aus Drittstaaten auf S. 208 ff.

bb) Sachlicher Schutzbereich der Eigentumsfreiheit

Prognostizierte Umsatzschmälerungen werden als noch nicht entstandene Rechtspositionen in Abgrenzung zu Art. 12 Abs. 1 GG nicht vom sachlichen Schutzbereich der Eigentumsfreiheit erfasst.[1035] Denn während Art. 12 Abs. 1 GG den Erwerb und damit die Betätigung selbst schützt, umfasst Art. 14 Abs. 1 GG grundsätzlich nur das Erworbene, also das aus der Betätigung erlangte Ergebnis.

Wie bei der Erfüllung der Hinweispflicht bedarf es aber auch für die Umsetzung der Datenkontrollpflichten eines Einsatzes an eigenen Betriebsmitteln zur Erfüllung der Indienstnahmepflicht. Im Rahmen der Prüfung der Veröffentlichungspflichten von Hinweisen auf der Plattform konnte bereits festgestellt werden, dass insoweit die Berufsfreiheit der Plattformbetreiber im Schwerpunkt betroffen und die Eigentumsfreiheit daher nicht anwendbar ist.[1036] Auch bei der Indienstnahme der Plattformbetreiber zur Datenkontrolle handelt es sich hinsichtlich des aufzuwendenden Kosteneinsatz zur Erfüllung der Verpflichtung nur um eine Inanspruchnahme spezifischer Unternehmerfunktionen. Die Plattformbetreiber werden im Schwerpunkt durch die Indienstnahme in ihrer Eigenschaft als Unternehmer betroffen und nicht in der als Eigentümer eines Unternehmens, sodass die Indienstnahme insoweit als Berufsausübungsregelung und nicht als Eingriff in die Eigentumsfreiheit zu bewerten ist. Der sachliche Schutzbereich der Eigentumsfreiheit gemäß Art. 14 Abs. 1 GG ist mithin insoweit nicht eröffnet.

Durch die mit der Indienstnahme zur Datenkontrolle verbundenen Haftungspflichten könnte aber ein Eingriff in die Eigentumsfreiheit zu konstatieren sein.[1037] Soweit der Indienstgenommene in Haftung genommen wird, schuldet er nicht nur eine Dienstleistung, sondern Geld, und der Staat greift damit auch in das erworbene Vermögen des Plattformbetreibers ein. In Abgrenzung zu Art. 12 Abs. 1 GG genügt für einen Eingriff in Art. 14 Abs. 1 GG allerdings (wie bereits erörtert) nicht, dass für die Erfüllung auferlegter Berufsausübungsregelungen auf personelle und sachliche Kräfte des Unternehmens zurückzugreifen ist, ohne dass diese in ihrer Eingriffstiefe tatsächlich die Substanz des Unternehmens berühren. Ein Eingriff in die Unternehmenssubstanz kann in Anbetracht des zu erwartenden Haftungsumfangs, der sich nur auf die Steuer bezieht, die im Rahmen der Online-Vermietungen entsteht, auch insoweit nicht angenommen

---

1035 Vgl. hierzu die Ausführungen auf S. 228 ff.

1036 Vgl. die Ausführungen auf S. 228 ff.

1037 Vgl. *Drüen*, DStJG 31 (2008), 167, 183; *Hahn*, NJW 1988, 20, 26; *Heuermann*, StuW 2006, 332, 337; *Hufeld*, DStZ 2018, 755, 761.

werden. Muss der Plattformbetreiber im Haftungsfall vorhandenes Vermögen einsetzen, ist zu beachten, dass das Vermögen als solches vom Schutzbereich der Eigentumsfreiheit nicht erfasst wird.[1038]

cc) Ergebnis

Der sachliche Schutzbereich der Eigentumsfreiheit gemäß Art. 14 Abs. 1 GG ist mithin auch hinsichtlich der haftungsbewehrten Datenkontrollpflichten nicht eröffnet.

c) Allgemeine Handlungsfreiheit, Art. 2 Abs. 1 GG

aa) Eingriff in den Schutzbereich der allgemeinen Handlungsfreiheit

Wie bereits in dieser Arbeit festgestellt werden konnte, ist die allgemeine Handlungsfreiheit aus Art. 2 Abs. 1 GG persönlich auf alle natürliche Personen sowie i. V. m. Art. 19 Abs. 3 GG auf inländische und europäische juristische Personen des Privatrechts anwendbar, allerdings nicht auf außereuropäische ausländische juristische Personen.[1039] Die in sachlicher Hinsicht als Auffanggrundrecht fungierende allgemeine Handlungsfreiheit, die nur zur Anwendung kommt, wenn der betroffene Lebenssachverhalt nicht bereits vom Schutzbereich eines Freiheitsgrundrechts umfassend erfasst wird,[1040] gewinnt bei der Indienstnahme zur Datenkontrolle, die als Berufsausübungsregelung nach Art. 12 Abs. 1 GG den sachlichen Schutzbereich der Berufsfreiheit eröffnet,[1041] insbesondere für die natürlichen Personen aus Drittstaaten an Bedeutung.[1042] Denn auf natürliche Personen, die weder Deutsche noch Unionsbürger sind, ist der persönliche Schutzbereich der Berufsfreiheit nicht eröffnet,[1043] sodass Art. 2 Abs. 1 GG insoweit nicht aus Subsidiaritätsgründen zurücktritt, sondern auf diese Personengruppe anzuwenden ist.[1044]

Der im Übrigen sehr weite Schutzbereich der allgemeinen Handlungsfreiheit umfasst jede menschliche Betätigung, auch die wirtschaftliche Betätigungsfreiheit, sowie die negative Handlungsfreiheit, also die Freiheit, etwas nicht tun zu müssen.[1045] Ein Indienstnahmegesetz, das Plattformbetreiber zu

---

1038 S. o. auf S. 228 ff.
1039 Vgl. hierzu die Ausführungen auf S. 232 ff.
1040 Vgl. hierzu auf S. 232 ff.
1041 S. o. auf S. 255 f.
1042 Vgl. hierzu die Ausführungen auf S. 232 ff.
1043 Vgl. Ausführungen auf S. 208 ff. und S. 255 f.
1044 S. o. auf S. 232 ff.
1045 Vgl. hierzu die Ausführungen auf S. 232 ff.

Datenkontrollpflichten verpflichtet, greift mithin in den Schutzbereich der allgemeinen Handlungsfreiheit der Plattformbetreiber ein, die auch das Recht umfasst, Daten der Plattformnutzer nicht speichern, überprüfen und übermitteln zu müssen. Tritt Art. 2 Abs. 1 GG nicht aus Subsidiaritätsgründen zurück, so liegt in der staatlichen Maßnahme in Form des Indienstnahmegesetzes ein Eingriff in den Schutzbereich der allgemeinen Handlungsfreiheit vor.

bb) Rechtfertigung des Eingriffs in die allgemeine Handlungsfreiheit

Ein Eingriff in die allgemeine Handlungsfreiheit kann aufgrund Rechten anderer, dem Sittengesetz und der verfassungsmäßigen Ordnung gerechtfertigt sein, soweit dabei nicht der Kernbereich privater Lebensgestaltung betroffen wird.[1046] Von Bedeutung ist insoweit insbesondere die Schranke der verfassungsmäßigen Ordnung, die alle Rechtsnormen, die formell und materiell mit der Verfassung in Einklang stehen, umfasst und damit korrespondierend zum weiten Anwendungsbereich des Schutzbereichs der allgemeinen Handlungsfreiheit ebenso sehr weit gefasst ist.[1047]

Das Gesetz über die Verpflichtung der Plattformbetreiber zur Datenkontrolle berührt als Nebenverpflichtung zur beruflichen Betätigung der Plattform nicht den Kernbereich privater Lebensgestaltung. Das Gesetz muss formell und materiell verfassungsgemäß sein. Hinsichtlich der formellen Anforderungen bestehen keine verfassungsrechtlichen Bedenken.[1048] In materieller Hinsicht kommt auch hier der Verhältnismäßigkeitsprüfung eine besondere Bedeutung zu, wobei neben der Legitimität des Eingriffszwecks sowie der Geeignetheit und Erforderlichkeit des Indienstnahmegesetzes zur Zweckerreichung im Rahmen der Angemessenheit insbesondere zu prüfen ist, ob eine Verantwortungs- oder Sachnähe zur Indienstnahmetätigkeit gegeben ist und ob die mit der Indienstnahme verbundene Kostenlast zumutbar ist.[1049]

Das Gesetz zur Indienstnahme für die Datenkontrolle verfolgt das Ziel der Sicherstellung des Besteuerungsanspruchs aus der Online-Vermietung und die Gewährleistung einer gleichmäßigen Besteuerung sowie einer dahingehenden Wettbewerbsneutralität im Verhältnis zu Vermietern der kurzfristigen

---

1046 Vgl. hierzu die Ausführungen auf S. 234 f.

1047 Vgl. hierzu bereits S. 234 f.

1048 S. o. auf S. 256 f.

1049 Vgl. zum Verhältnismäßigkeitsgrundsatz bereits die allgemeinen Ausführungen auf S. 213 f. sowie die Ausführungen zu den besonderen Anforderungen an die Verhältnismäßigkeit von Indienstnahmen auf S. 221 ff.

Wohnraumüberlassung außerhalb des Kommunikationsmittels der Sharing-Economy-Plattformen. Hierbei handelt es sich um anzuerkennende Gemeinwohlbelange,[1050] die auch zur Einschränkung der allgemeinen Handlungsfreiheit legitim sind. Diese Zwecke werden mit dem Indienstnahmegesetz zwar gefördert und sind zur Zweckerreichung mithin geeignet,[1051] das Verpflichtungsgesetz zur Durchführung der Datenkontrolle ist im Verhältnis zum Steuerabzugssystem aber wie bereits festgestellt als eingriffsintensiver zu bewerten und stellt damit nicht das relativ mildeste Mittel zur Zweckerreichung dar.[1052]

Darüber hinaus ist die zur Durchsetzung der Datenkontrollpflichten notwendige Haftungsnorm aufgrund der unzumutbaren Überprüfung der vom Online-Vermieter angegebenen Daten und dem damit verbundenen erhöhten Ausfallrisiko eines Regressanspruchs bereits unangemessen.

Die Indienstnahme zur Datenkontrolle ist zwar eine unternehmens- und sachnahe Aufgabe der Plattformbetreiber, die Überprüfung der Richtigkeit der angegebenen Daten der Online-Vermieter erfordert aber ferner einen unzumutbaren finanziellen Aufwand, der durch einen auf Sekundärebene zu gewährenden Ausgleichsanspruch kompensiert werden müsste.[1053] Letztlich ergeben sich hier die gleichen Erwägungen, die bereits im Rahmen der Prüfung der Berufsfreiheit erörtert wurden.[1054]

cc) Ergebnis

Die haftungsbewehrte Datenkontrollpflicht ist auch im Hinblick auf die Prüfung der allgemeinen Handlungsfreiheit – wie bei der Prüfung eines Verstoßes gegen die Berufsfreiheit der Plattformbetreiber – neben einem Abzugsteuersystem als eingriffsintensiver zu bewerten und daher insoweit nicht erforderlich. Die das Datenkontrollsystem zur Zweckerreichung notwendigerweise ergänzende Haftungsnorm ist unangemessen. Der mit der Überprüfung der Datenkontrolle aufzuwendende, finanziell unzumutbare Aufwand, wäre zudem auf Sekundärebene über einen Ausgleichsanspruch zu kompensieren.[1055]

1050 S. o. auf S. 218 f.

1051 Vgl. zu den Anforderungen an die Geeignetheit einer Maßnahme zur Zweckerreichung die allgemeinen Ausführungen auf S. 219 f.; zur Effektivität des Datenkontrollsystems zur Sicherstellung von Besteuerungsansprüchen vgl. S. 183 f.

1052 S. o. auf S. 258 ff.

1053 Vgl. hierzu die Ausführungen auf S. 263 ff.

1054 S. o. auf S. 263 ff.

1055 Vgl. hierzu die weitergehenden Ausführungen zur Berufsfreiheit auf S. 264 ff. sowie das dort entsprechend festgestellte Ergebnis auf S. 278 f.

d) Allgemeiner Gleichbehandlungsgrundsatz, Art. 3 Abs. 1 GG

Die Einführung eines Datenkontrollsystems für Plattformbetreiber, die als Unterkunftsvermittler auf Sharing-Economy-Plattformen auftreten, stellt vergleichbar der Indienstnahme dieser Plattformbetreiber zur Veröffentlichung von Besteuerungshinweisen eine relevante Ungleichbehandlung der Plattformbetreiber im Vergleich zu den übrigen Unterkunftsvermittlern dar.[1056] Die damit verbundenen Beeinträchtigungen müssten durch einen sachlichen Grund gerechtfertigt sein und zudem den Anforderungen des Verhältnismäßigkeitsgrundsatzes genügen.[1057]

Als sachlicher Rechtfertigungsgrund der Ungleichbehandlung ist auch hier die Gleichmäßigkeit der Besteuerung und des Wettbewerbs heranzuziehen. Hinsichtlich der Verhältnismäßigkeitsprüfung ergeben sich für die Prüfung der Rechtfertigung einer Ungleichbehandlung nach Art. 3 Abs. 1 GG keine anderen Erwägungsgründe als die im Rahmen der Rechtfertigung eines Eingriffs in Freiheitsgrundrechte bereits ausführlich erörterten.[1058] Die Sicherstellung der Besteuerungs- und Wettbewerbsgleichheit sind legitime Rechtfertigungsgründe. Dennoch ist auch insoweit das Abzugsteuersystem als ein relativ milderes Mittel zur Zweckerreichung zu bewerten und die Datenkontrollpflichten auch im Lichte des Gleichbehandlungsgrundsatzes nicht erforderlich. Die das Datenkontrollsystem ergänzenden Haftungsnormen sind zudem unzumutbar. Weiterhin bedarf die Angemessenheit der Indienstnahme zur Datenkontrolle eines Ausgleichsanspruchs, der zur Kompensation des für die Erfüllung der Datenkontrollpflichten notwendigen finanziellen Aufwands gewährt wird.[1059]

Eine Indienstnahme der Plattformbetreiber zur haftungsbewehrten Datenkontrolle genügt somit auch nicht dem Gebot des Gleichheitssatzes.

2. Unionsrechtliche Erwägungen zur Indienstnahme von Plattformbetreibern zur Datenkontrolle

Die Indienstnahme von Plattformbetreibern zur Datenkontrolle muss (wie die Verpflichtung zur Veröffentlichung von Besteuerungshinweisen) aufgrund des

1056 Vgl. zur Ungleichbehandlung im Rahmen der Indienstnahme zur Veröffentlichung von Besteuerungshinweisen die Ausführungen auf S. 236 ff.

1057 Vgl. hierzu die Ausführungen auf S. 238 ff.

1058 Zu Rechtfertigungsprüfung im Rahmen der Berufsfreiheit s. o. auf S. 256 ff.

1059 Vgl. zum Ganzen insoweit die weitergehenden Ausführungen zur Berufsfreiheit auf S. 264 ff. sowie das dort entsprechend festgestellte Ergebnis zur Berufsfreiheit auf S. 278 f. und zur allgemeinen Handlungsfreiheit auf S. 283.

möglichen grenzüberschreitenden Bezugs der Regelung, die nämlich auch auf Plattformbetreiber anwendbar ist, die in anderen Mitgliedstaaten der Europäischen Union tätig sind, einer unionsrechtlichen Prüfung standhalten.[1060] Obgleich die Kompetenzen im Bereich der direkten Steuern (wie der Einkommensteuer) auf Unionsebene bei den Mitgliedstaaten der Europäischen Union verbleiben, müssen die Maßnahmen dennoch unionsrechtskonform sein.[1061]

a) Vereinbarkeit mit europäischem Sekundärrecht

Von dem gegenüber dem Primärrecht (wie den Grundfreiheiten) spezielleren Sekundärrecht ist sachlich grundsätzlich der Anwendungsbereich der Dienstleistungsrichtlinie[1062] und der E-Commerce-Richtlinie[1063] naheliegend.[1064] Beide Richtlinien sind jedoch für den Bereich des Steuerrechts nicht anzuwenden, der auch die gesetzliche Maßnahme zur Verpflichtung der Plattformbetreiber zur Datenkontrolle umfasst.[1065] Denn die Indienstnahmeverpflichtung soll dazu dienen, die Gleichmäßigkeit des Steuervollzugs zu fördern und ist mithin (wie die Verpflichtung der Plattformbetreiber zur Veröffentlichung von Besteuerungshinweisen) als Maßnahme zu bewerten, die Modalitäten der Betreibung einer Steuer betrifft.[1066] Da im Unionsrecht das Steuerverfahrensrecht gleichermaßen wie das materielle Steuerrecht vom Begriff der Steuer erfasst ist,[1067] sind auch Maßnahmen, die dem verbesserten Steuervollzug zu dienen bestimmt

---

1060 Vgl. zur Prüfung der Unionsrechtmäßigkeit der Veröffentlichungspflicht von Hinweisen die Ausführungen auf S. 240 ff.

1061 Vgl. hierzu die Ausführungen oben auf S. 240 ff.

1062 Richtlinie 2006/123/EG v. 12.12.2006 über Dienstleistungen im Binnenmarkt („Dienstleistungsrichtlinie"), ABl. L 376 v. 27.12.2006, S. 36-68.

1063 Richtlinie 2000/31/EG v. 08.06.2000 über bestimmte rechtliche Aspekte der Dienste der Informationsgesellschaft, insbesondere des elektronischen Geschäftsverkehrs, im Binnenmarkt („Richtlinie über den elektronischen Geschäftsverkehr"), ABl. L 178 v. 17.07.2000, S. 1-16.

1064 Zur vorrangigen Anwendbarkeit des unionsrechtlichen Sekundärrechts vor Primärrecht s. o. auf S. 241.

1065 Vgl. zum Anwendungsausschluss auf den Bereich der Steuern Art. 2 Abs. 3 der Richtlinie 2006/123/EG v. 12.12.2006 (Dienstleistungsrichtlinie), ABl. L 376 v. 27.12.2006, S. 51 sowie Art. 1 Abs. 5 lit. a der Richtlinie 2000/31/EG v. 08.06.2000 (E-Commerce-Richtlinie), ABl. L 178 v. 17.07.2000, S. 8.

1066 Vgl. hierzu die Ausführungen zur Hinweisverpflichtung der Plattformbetreiber auf S. 241.

1067 S. hierzu die Ausführungen oben auf S. 240 f.

sind, dem Bereich der Steuern zuzuordnen und damit vom Anwendungsbereich der Dienstleistungsrichtlinie sowie der E-Commerce-Richtlinie ausgenommen.

b) Vereinbarkeit mit der Dienstleistungsfreiheit

Doch auch für die Indienstnahme der Plattformbetreiber zur Datenkontrolle steht (wie bei der Hinweisverpflichtung) in Frage, ob eine solche Maßnahme mit der Dienstleistungsfreiheit gemäß der Art. 56 ff. AEUV vereinbar ist.

aa) Anwendungsbereich der Dienstleistungsfreiheit

Das Bereitstellen einer Unterkunftsvermittlungsplattform an die Nutzer der Plattform stellt als selbstständige, zeitlich begrenzte und gegen Entgelt erbrachte Leistung unkörperlicher Natur eine Dienstleistung im Sinne der Art. 56, 57 AEUV dar.[1068] Die Dienstleistungsfreiheit ist anwendbar, wenn die Dienstleistung die Grenze zweier Mitgliedstaaten überschreitet (sog. Korrespondenzdienstleistung), also beispielsweise der Plattformbetreiber in einem Mitgliedstaat der Europäischen Union außerhalb der Bundesrepublik Deutschland ansässig ist (beziehungsweise die Gesellschaft, die die Plattform betreibt, ihren Sitz, ihre Hauptverwaltung oder ihre Hauptniederlassung dort hat), während der Online-Vermieter als Nutzer der Plattform in Deutschland ansässig ist sowie im umgekehrten Fall, in dem der Plattformbetreiber in Deutschland ansässig ist und der Nutzer im europäischen Ausland die Leistung empfängt.[1069]

bb) Beschränkung der Dienstleistungsfreiheit

Die gesetzlich normierte Indienstnahme des Plattformbetreibers zur haftungsbewehrten Datenkontrolle ist geeignet, Plattformbetreiber davon abzuhalten, ihre Dienstleistung in Form der Bereitstellung der Plattform auch an Online-Vermieter mit inländischen Vermietungsobjekten anzubieten.[1070] Ihnen droht ein Ausschluss von der Plattformnutzung durch den Plattformbetreiber zur Vermeidung der Indienstnahmepflichten. Die Datenkontrollpflichten können mithin die Ausübung der Dienstleistungsfreiheit weniger attraktiv machen und

---

1068 S. die Ausführungen oben auf S. 243 f.

1069 Vgl. hierzu die Ausführungen auf S. 243 ff.

1070 Vgl. hierzu die korrespondierenden Ausführungen zur gesetzlich normierten Veröffentlichungspflicht von Besteuerungshinweisen auf S. 245 ff.

stellen damit als Marktzugangsbehinderung eine Beschränkung der Dienstleistungsfreiheit dar.[1071]

cc) Rechtfertigung der Beschränkung der Dienstleistungsfreiheit

Da die Regelung zur Datenkontrolle nicht diskriminierend ist und für inländische wie ausländische Marktteilnehmer gleichermaßen gilt, kann eine Beschränkung der Dienstleistungsfreiheit aus zwingenden Gründen des Allgemeininteresses gerechtfertigt sein.[1072] Vorliegend könnte der Rechtfertigungsgrund der „effizienten Beitreibung der Steuer" als schützenswertes Allgemeininteresse heranzuziehen sein.[1073] Die Einführung eines haftungsbewehrten Pflichtenkreises ist aus Gründen der „Wirksamkeit der steuerlichen Kontrolle" allerdings nur zulässig, wenn der Anwendungsbereich der Abzugsbesteuerung auf Fälle beschränkt ist, in denen tatsächlich eine Steuerpflicht anfällt.[1074] Da die Speicherung und Übermittlung von Daten vorliegend auf Personen begrenzt sein soll, die im Inland belegene Vermietungsobjekte vermieten, sind nur Daten derjenigen Online-Vermieter betroffen, die tatsächlich als potenzielle (unbeschränkt oder beschränkt) Steuerpflichtige in Betracht kommen.[1075] Deshalb ist die Einführung eines haftungsbewehrten Datenkontrollsystems für Plattformbetreiber von Unterkunftsvermittlungsplattformen zur gleichmäßigen Beitreibung der Einkommensteuer auf (Online-)Vermietungseinkünfte als legitimer Rechtfertigungsgrund anzuerkennen. Ein solches System ist auch nicht schlechterdings ungeeignet, einen effektiveren Steuervollzug als den unter dem gegenwärtigen System bestehenden zu fördern und damit zu seiner Zweckerreichung als geeignet zu bewerten.[1076]

Die Datenkontrollpflichten müssten zudem als mildestes Mittel zur Zweckerreichung erforderlich sein. Ein weniger einschneidendes Mittel als die

---

1071 Vgl. zur Beschränkungswirkung aufgrund einer Indienstnahme zum haftungsbewehrten Steuerabzug EuGH v. 03.10.2006 – C-290/04, ECLI:EU:C:2006:630, Rn. 33 f. – *FKP Scorpio Konzertproduktionen*.

1072 Vgl. zur Anerkennung und Definition des Rechtfertigungsgrunds der „Effizienz in der Beitreibung einer Steuer" die Ausführungen auf S. 247 f.

1073 Vgl. insoweit die Ausführungen auf S. 247 f.

1074 Vgl. EuGH v. 09.11.2006 – C-433/04, ECLI:EU:C:2006:702, Rn. 36 f. – *Kommission/Belgien* zur belgischen Bauabzugsteuer.

1075 S. o. auf S. 69 ff.

1076 Vgl. zur Effektivität von Datenkontrollsystemen im Hinblick auf die Optimierung des Steuervollzugs im Rahmen der Online-Vermietungseinkünfte die Ausführungen auf S. 183 f.

Datenspeicher- und Datenübermittlungspflichten wäre beispielsweise die Verpflichtung zur Veröffentlichung von Besteuerungshinweisen als reines Informationshandeln, ohne die Einführung von Datenkontrollpflichten. Es wurde aber bereits im Verlauf dieser Arbeit erläutert, dass ein Informationssystem ohne Datenübermittlungspflicht nicht gleich wirksam einen gleichmäßigen Steuervollzug gewährleisten kann.[1077] Diese alternativen Maßnahmen im Bereich des Informationshandelns des Staates sind mithin nicht gleich wirksam zur Zweckerreichung eines gleichmäßigen Steuervollzugs geeignet.

Im Rahmen der Prüfung der verfassungsrechtlichen Zulässigkeit eines Datenkontrollsystems wurde allerdings bereits festgestellt, dass das haftungsbewehrte Datenkontrollsystem eingriffsintensiver als das für den gleichmäßigen Steuervollzug noch effektivere haftungsbewehrte Abzugsteuersystem ist, da das mit dem Datenkontrollsystem einhergehende Haftungsrisiko – anders als beim Freiwerden der Haftung durch die Abführung der Abzugsteuer – für den Plattformbetreiber unbeherrschbar ist.[1078] Beim Abzugsteuersystem besteht zwar ein unmittelbarer Liquiditätsabfluss, dieser wird aber letztlich vom Online-Vermieter finanziell getragen, der nur einen um die Abzugsteuer verminderten Netto-Betrag vom Plattformbetreiber ausbezahlt erhält. Mit der automatisiert durchführbaren Zahlung der Abzugsteuer wird der Plattformbetreiber von der Haftung im Rahmen der Abzugsteuersystems frei. Beim Datenkontrollsystem hingegen sind zur Gewährleistung eines gleichmäßigen Steuervollzugs haftungsbewehrte Datenüberprüfungspflichten zulasten der Plattformbetreiber notwendig, die sicherstellen, dass die von den Online-Vermietern angegebenen Daten auf ihre Richtigkeit hin kontrolliert werden.[1079] Bei Datenkontrollpflichten führt mithin eine Haftungsregelung dazu, dass der Plattformbetreiber aufwendige Überprüfungen durchführen muss, um eine Haftung vermeiden zu können. Dies gilt auch für eine verschuldensabhängige Haftung, da zur Vermeidung der Haftung die Daten der Online-Vermieter zu kontrollieren sind. Diese Prüfpflichten gestalten sich für den Plattformbetreiber aufwendiger als die Durchführung eines automatisierten Steuerabzugs, sodass die Einführung eines Datenkontrollsystems als gegenüber einem Abzugsteuersystem eingriffsintensivere Maßnahme zu bewerten und folglich nicht erforderlich ist, wenn man unterstellt, dass das Abzugsteuersystem unionsrechtmäßig ist.[1080]

1077 S. Ausführungen oben auf S. 170 ff., 200 ff.

1078 S. o. auf S. 258 ff.

1079 Vgl. Ausführungen auf S. 183 f.

1080 Die Prüfung der Verfassungs- und Unionsrechtmäßigkeit eines Abzugsteuersystem erfolgt im weiteren Verlauf der Arbeit unter Teil 4, Kapitel 1, III.

Darüber hinaus begegnet der mit der Überprüfung verbundene administrative Aufwand aber auch im Übrigen Bedenken an seine Verhältnismäßigkeit. Das Betreiben der Plattform ist durch ein System geprägt, in dem Prozesse durch vorherige Programmierung automatisiert ablaufen. Dies ist bei der Identitätsprüfung von Online-Vermieten nicht möglich. Gerade die Angaben zur eigenen Identität sind bei einer Online-Vermietung vor allem dem Missbrauchsvorwurf ausgesetzt, da Online-Vermieter auf diese Weise über die Plattform anonym agieren könnten und eine Rückverfolgbarkeit auf ihre Person vermeiden könnten. Eine personelle Überprüfung der Steueridentifikationsnummer sowie der persönlichen Daten des Online-Vermieters ist bei der Masse an registrierten Nutzern mit einem erheblichen Kostenaufwand verbunden, der dem Plattformbetreiber nicht zuzumuten und daher ausgleichspflichtig ist.[1081] Die Pflicht zur Überprüfung der Daten und die mit ihr verbunden Haftungsregelung sind zudem unverhältnismäßig.[1082] Die durch sie verursachte Beschränkung der Dienstleistungsfreiheit kann deshalb nicht mit dem Ziel einer effektiven Beitreibung von Steuern gerechtfertigt werden.

c) Ergebnis

Die Einführung eines haftungsbewehrten Datenkontrollsystems verstößt gegen die Dienstleistungsfreiheit der Art. 56, 57 AEUV und wäre daher unionsrechtswidrig.

3. Verfassungsrechtliche Zulässigkeit in Bezug auf die Online-Vermieter

a) Recht auf informationelle Selbstbestimmung, Art. 2 Abs. 1 i. V. m. Art. 1 Abs. 1 GG

Ein Indienstnahmegesetz, das Plattformbetreiber unter anderem zum Speichern und Übermitteln von Daten seiner Nutzer verpflichtet, könnte auch wegen Verstoßes gegen das Recht der betroffenen Online-Vermieter auf informationelle Selbstbestimmung verfassungswidrig sein.

aa) Schutzbereich des Rechts auf informationelle Selbstbestimmung

Das auf dem allgemeinen Persönlichkeitsrecht des Art. 2 Abs. 1 in Verbindung mit Art. 1 Abs. 1 GG beruhende Recht auf informationelle Selbstbestimmung

---

1081 Vgl. hierzu die Ausführungen auf S. 263 ff.

1082 Vgl. hierzu die Ausführungen auf S. 277 ff.

trägt Gefährdungen und Verletzungen der Persönlichkeit Rechnung, die sich für den Einzelnen aus informationsbezogenen Maßnahmen, insbesondere unter den Bedingungen moderner Datenverarbeitung, ergeben.[1083] Der Schutzumfang des Rechts auf informationelle Selbstbestimmung beschränkt sich nicht auf sensible Informationen,[1084] sondern erstreckt sich auf personenbezogene Daten mit nur geringem Informationsgehalt. Somit werden alle personenbezogenen Daten, die für eine elektronische Datenverarbeitung verwendet werden, vom Schutzbereich erfasst.[1085]

Der grundrechtliche Schutz entfällt auch nicht deshalb, weil die betroffenen Informationen über eine Internetplattform öffentlich zugänglich sind. Auch wenn der Einzelne sich in die Öffentlichkeit begibt, schützt das Recht auf informationelle Selbstbestimmung dessen Interesse, dass die damit verbundenen personenbezogenen Informationen nicht im Zuge automatisierter Informationserhebung zur Speicherung mit der Möglichkeit der Weiterverwertung erfasst werden.[1086]

Bei dem vorliegend als Reformvorschlag unterbreiteten Datenkontrollsystem sollen Plattformbetreiber von Unterkunftsvermittlungsplattformen verpflichtet werden, neben den transaktionsbezogenen Daten wie die Adresse des Vermietungsobjektes, dem Zeitpunkt der Vermietung und dem Mietpreis auch die personenbezogenen Daten des Online-Vermieters wie dessen Name, Adresse, Geburtsdatum und insbesondere seiner Steueridentifikationsnummer abzufragen, zu speichern und gegebenenfalls an eine Behörde zu übermitteln. Der Schutzbereich des Rechts auf informationelle Selbstbestimmung ist mithin eröffnet.

bb) Eingriff in den Schutzbereich des Rechts auf informationelle Selbstbestimmung

Ein Eingriff in den Schutzbereich des Rechts auf informationelle Selbstbestimmung ist abzulehnen, wenn Daten unmittelbar nach der Erfassung technisch wieder spurenlos, anonym und ohne die Möglichkeit, einen Personenbezug herzustellen, gelöscht werden, da dann kein Gefährdungstatbestand für das Recht

---

1083 BVerfG v. 15.12.1983 – 1 BvR 209/83, BVerfGE 65, 1, 42 f.; v. 24.01.2012 – 1 BvR 1299/05, BVerfGE 130, 151, 183.

1084 BVerfG v. 24.01.2012 – 1 BvR 1299/05, BVerfGE 130, 151, 183.

1085 BVerfG v. 13.06.2007 – 1 BvR 1550/03, BVerfGE 118, 168, 185.

1086 BVerfG v. 11.03.2008 – 1 BvR 2074/05, BVerfGE 120, 378, 399.

auf informationelle Selbstbestimmung vorliegt.[1087] Werden dagegen – wie bei dem Datenkontrollsystem zur Nachverfolgung der steuerpflichtigen Online-Vermietung – Daten des Vermieters an Behörden übermittelt und von diesen gespeichert, um gegebenenfalls Gegenstand weiterer Steuervollzugsmaßnahmen sein zu können, ist ein Eingriff in das Recht auf informationelle Selbstbestimmung zu bejahen.

Der Eingriff ist trotz der Speicherung und Übermittlung der Daten durch private Plattformbetreiber dem Staat als unmittelbarer Eingriff zurechenbar, da der Gesetzgeber die Datenkontrollpflichten mit dem Indienstnahmegesetz unmittelbar anordnet, ohne dass den verpflichteten Plattformbetreibern insoweit ein Handlungsspielraum verbleibt.[1088]

cc) Rechtfertigung des Eingriffs in das Recht auf informationelle Selbstbestimmung

Das Indienstnahmegesetz zur Datenkontrolle müsste zur Rechtfertigung des Eingriffs in das Recht auf informationelle Selbstbestimmung eine zulässige Schrankenregelung im Sinne des Art. 2 Abs. 1 GG darstellen.

Der Einzelne muss grundsätzlich Einschränkungen seines Rechts auf informationelle Selbstbestimmung im überwiegenden Allgemeininteresse hinnehmen, soweit sie im Übrigen verhältnismäßig sind.[1089] Die mit dem Datenkontrollsystem bezweckte Schaffung von Wettbewerbsgleichheit durch Sicherstellung eines gleichmäßigen Steuervollzugs stellt einen Rechtfertigungsgrund dar, der im überwiegenden Allgemeininteresse liegt[1090] und somit grundsätzlich einen Eingriff in das Recht auf informationelle Selbstbestimmung rechtfertigen kann.

Mit dem als Reformmaßnahme zur gleichmäßigen Vollziehung von Einkommensteueransprüchen aus der Online-Vermietung unterbreiteten Gesetzesvorschlag zur Datenkontrolle soll der Plattformbetreiber einer Unterkunftsvermittlungsplattform verpflichtet werden, neben den transaktionsbezogenen Daten zur Online-Vermietung wie die Adresse des Vermietungsobjektes,

---

1087 BVerfG v. 14.07.1999 – 1 BvR 226/94, BVerfGE 100, 313, 366; v. 11.03.2008 – 1 BvR 2074/05, BVerfGE 120, 378, 399.

1088 Vgl. BVerfG v. 12.03.2003 – 1 BvR 330/96, BVerfGE 107, 299, 313 f.; v. 02.03.2010 – 1 BvR 256/08, BVerfGE 125, 260, 311.

1089 BVerfG v. 15.12.1983 – 1 BvR 209/83, BVerfGE 65, 1, 43 f.

1090 Vgl. hierzu die Ausführungen auf S. 218 f. sowie BVerfG v. 13.06.2007 – 1 BvR 1550/03, BVerfGE 118, 168, 196 (zum Kontenabruf); *Englisch*, Die Abgeltungsteuer für private Kapitalerträge – ein verfassungswidriger Sondertarif, 2016, S. 59 (zur Kapitalertragsteuer).

dem Zeitpunkt der Vermietung und dem Mietpreis auch personenbezogene Daten wie den Namen, die Adresse, das Geburtsdatum und die Steueridentifikationsnummer der Online-Vermieter zu speichern, da diese Daten für ein für den Steuervollzug effektives Datenkontrollsystem notwendig sind.[1091] In dieser Ausgestaltung ist das Datenkontrollsystem geeignet, das mit ihm verfolgte Ziel eines gleichmäßigen Steuervollzugs zu gewährleisten.

Mit Blick auf die für den Online-Vermieter verursachte Eingriffswirkung ist das Datenkontrollsystem auch als relativ mildestes Mittel zu bewerten. Denn die jedenfalls gleich effektive Regelung eines Abzugsteuersystems gestaltet sich für den Online-Vermieter eingriffsintensiver, da neben der Datenübermittlung zu seinen Lasten zusätzlich ein Liquiditätsabfluss in Form der erhobenen Abzugsteuer erfolgt. Das Datenkontrollsystem ist folglich erforderlich.

Im Rahmen der Angemessenheit muss die mit der Maßnahme bewirkte Eingriffsintensität mit den mit ihr verfolgten Rechtsgutsinteressen abgewogen werden. Die Verhältnismäßigkeit richtet sich dabei nach der Art und der Intensität des Eingriffs, die wiederum insbesondere von der Art der erfassten Informationen, dem Anlass und den Umständen der Datenerhebung, dem betroffenen Personenkreis und der Art der möglichen Verwertung der Daten sowie der Gefahr ihres Missbrauchs beeinflusst werden.[1092] Die Maßnahme ist eingriffsintensiver, wenn sie eine hohe Persönlichkeitsrelevanz aufweist, anlasslos oder heimlich erfolgt, dem Einzelnen Nachteile aus der Datenverwertung entstehen können oder die Nutzung der Daten Folgeeingriffe in Grundrechte auslösen kann.[1093] Demgegenüber wiegt ein Eingriff geringer, wenn eine gesetzliche Ermächtigung lediglich die Nutzung bestimmter, im Gesetz ausdrücklich aufgezählter Informationen, die für sich genommen keine gesteigerte Persönlichkeitsrelevanz aufweisen, zu einem näher bestimmten Zweck zulässt.[1094]

Die Grenze zulässiger Datenspeicherung soll jedenfalls dann überschritten sein, wenn personenbezogene Daten, wie beispielsweise Internet- und Telefondaten, flächendeckend und anlasslos auf Vorrat zu unbestimmten oder noch nicht bestimmbaren Zwecken gespeichert werden und vielseitig verwendet

---

1091 Vgl. hierzu die Ausführungen auf S. 183 f.

1092 BVerfG v. 15.12.1983 – 1 BvR 209/83, BVerfGE 65, 1, 46; v. 11.03.2008 – 1 BvR 2074/05, BVerfGE 120, 378, 401 ff.; BFH v. 15.07.2015 – II R 32/14, BFHE 250, 427, 444.

1093 BVerfG v. 14.07.1999 – 1 BvR 2226/94, BVerfGE 100, 313, 376; v. 11.03.2008 – 1 BvR 2074/05, BVerfGE 120, 378, 402 f.

1094 BVerfG v. 13.06.2007 – 1 BvR 1550/03, BVerfGE 118, 168, 197; BFH v. 15.07.2015 – II R 32/14, BFHE 250, 427, 445.

und miteinander verknüpft werden können.[1095] Die Vorratsdatenspeicherung, durch welche sehr genaue Rückschlüsse auf das Privatleben der Personen gezogen werden können, wie etwa Gewohnheiten des täglichen Lebens, ständige oder vorübergehende Aufenthaltsorte, erfolgende Ortsveränderungen, ausgeübte Tätigkeiten, soziale Beziehungen dieser Personen und das soziale Umfeld, in dem sie verkehren, wird nur zur Bekämpfung schwerer Kriminalität wie der Bedrohung der nationalen Sicherheit oder zur Ahndung von Straftaten, die überragend wichtige Rechtsgüter bedrohen, für einen begrenzten Zeitraum als rechtmäßig erachtet.[1096]

Anders als bei einer Vorratsdatenspeicherung werden bei der vorgeschlagenen Reformoption eines Datenkontrollsystems aber nicht Daten darüber, wann, wo und wie oft eine Kommunikation über die Plattform stattfindet, gespeichert.[1097] Zudem sollen die gewonnenen Informationen auch nicht für eine Vielzahl von Zwecken genutzt oder miteinander verknüpft werden können. Vielmehr werden allein Daten aufgezeichnet, die auch im Rahmen einer Rechnungsstellung als Beleg einer Transaktion festzuhalten wären. Auch in einer Rechnung werden neben den transaktionsbezogenen Daten personenbezogene Daten des Leistungserbringers, wie dessen Namen, Adresse und für steuerliche Zwecke auch dessen Umsatzsteuer oder Umsatzsteueridentifikationsnummer aufgeführt. Die für das Datenkontrollsystem zu speichernden und übermittelnden personenbezogenen Daten weisen somit zwar eine gewisse Persönlichkeitsrelevanz auf, indem Name, Adresse und Steueridentifikationsnummer betroffen sind, also Daten, die die Identifikation einer Person ermöglichen. Weitergehende Daten, wie besondere persönliche Eigenschaften der Person, Kommunikationsinhalte oder Angaben zum Aufenthaltsort oder der Zeitpunkt der Dokumentation,

1095 Vgl. BVerfG v. 15.12.1983 – 1 BvR 209/83, BVerfGE 65, 1, 46; v. 14.07.1999 – 1 BvR 2226/94, BVerfGE 100, 313, 360; v. 04.04.2006 – 1 BvR 518/02, BVerfGE 115, 320, 350; v. 13.06.2007 – 1 BvR 1550/03, BVerfGE 118, 168, 187 f.; v. 02.03.2010 – 1 BvR 256/08, BVerfGE 125, 260, 318 ff.

1096 Vgl. BVerfG v. 02.03.2010 – 1 BvR 256/08, BVerfGE 125, 260, 328 ff.; EuGH v. 21.12.2016 – C-203/15, ECLI:EU:C:2016:970, Rn. 97 ff. – *Tele2 Sverige*; v. 06.10.2020 – C-623/17, ECLI:EU:C:2020:790, Rn. 58 ff. – *Privacy International*.

1097 Vgl. zum Umfang der gespeicherten Daten bei der Vorratsdatenspeicherung nach den §§ 113a, 113b TKG a. F. die Ausführungen in BVerfG v. 02.03.2010 – 1 BvR 256/08, BVerfGE 125, 260, 311.

durch die sogenannte Bewegungsprofile einer Person erstellt werden können,[1098] beinhaltet das vorgesehene Datenkontrollsystem aber nicht.

Ferner werden bestimmte Daten zielgenau gespeichert, die sodann an die Finanzbehörden zur Verwertung im Veranlagungsverfahren genutzt werden sollen. Die Datenerhebung erfolgt damit zu einem bestimmten Zweck und wird den Online-Vermietern mitgeteilt. Die Datenüberprüfung erfolgt damit nicht heimlich, sondern transparent bei jedem Buchungsvorgang über die Unterkunftsvermittlungsplattform, bei der der Vermieter zu diesem Zweck seine Steueridentifikationsnummer preisgeben muss. Dem Umfang nach werden nur die Daten über den Online-Vermieter weitergeleitet, die für die Durchsetzung des Einkommensteueranspruchs notwendig sind und in welchem sie der Online-Vermieter im Rahmen seiner Veranlagungspflicht zu erklären verpflichtet ist. Darüber hinaus setzt das Steuergeheimnis gemäß § 30 AO einer Weiterverbreitung und Nutzung der Daten für außersteuerliche Zwecke enge Grenzen,[1099] weshalb die Eingriffsintensität des Datenkontrollsystems als gering zu bewerten ist.[1100] Wenn, wie hier, eine effektive Kontrolle der tatsächlichen besteuerungsrelevanten Verhältnisse wesentlich eingeschränkt beziehungsweise unmöglich ist und behördliche Ermittlungen, die auf den erhobenen Daten aufbauen, nicht „ins Blaue hinein" erfolgen, wird dem Gesetzgeber bei Vereinfachungszwecknormen ein erheblicher Gestaltungsspielraum zugestanden.[1101] Nach alledem wird das Recht der vom Datenkontrollsystem betroffenen Online-Vermieter auf informationelle Selbstbestimmung also nur im erforderlichen Umfang eingeschränkt, in dem es im überwiegenden Allgemeininteresse geboten ist.

Mithin ist ein Eingriff in das Recht der betroffenen Online-Vermieter auf informationelle Selbstbestimmung gemäß Art. 2 Abs. 1 i. V. m. Art. 1 Abs. 1 GG gerechtfertigt.

1098 Vgl. hierzu z.B. EuGH v. 21.12.2016 – C-203/15, ECLI:EU:C:2016:970, Rn. 99 – *Tele2 Sverige*.

1099 Vgl. BFH v. 16.05.2013 – II R 15/12, BFHE 241, 211, 224 f.; zum Schutzumfang des Steuergeheimnisses umfassend *Bilsdorfer*, Die Informationsquellen und –wege der Finanzverwaltung, 8. Aufl. 2009, S. 157 ff.

1100 Vgl. *Englisch*, Die Abgeltungsteuer für private Kapitalerträge – ein verfassungswidriger Sondertarif, 2016, S. 60.

1101 Vgl. BVerfG v. 13.06.2007 – 1 BvR 1550/03, BVerfGE 118, 168, 192 f.; v. 06.07.2010 – 2 BvL 13/09, BVerfGE 126, 268, 282; zustimmend *Englisch*, Die Abgeltungsteuer für private Kapitalerträge – ein verfassungswidriger Sondertarif, 2016, S. 58 f.

b) Ergebnis

Das als Reformoption vorgeschlagene Datenkontrollsystem begegnet in Bezug auf seine Eingriffswirkung zulasten der Online-Vermieter mithin keinen verfassungsrechtlichen Bedenken.

4. Ergebnis zur rechtlichen Zulässigkeit eines Datenaustauschsystems

Ein Datenkotrollsystem mit haftungsbewehrten Aufzeichnungs- und Datenübermittlungspflichten für Betreiber von Unterkunftsvermittlungsplattformen ist geeignet, die Finanzverwaltung in die Lage zu versetzen, die Online-Transaktionen nachzuverfolgen und einen gleichmäßigen Steuervollzug durchzusetzen. Die verfassungsrechtliche und unionsrechtliche Verhältnismäßigkeitsprüfung hat aber ergeben, dass sich ein Datenkontrollsystem gegenüber einem Abzugsteuersystem für den Plattformbetreiber als eingriffsintensiver darstellt, da die Prüfpflichten beim Datenkontrollsystem, insbesondere die Verpflichtung zur Überprüfung der Richtigkeit der vom Online-Vermieter angegebenen Daten, nur schwer und kostenintensiv möglich ist und der Plattformbetreiber damit einem hohen Haftungsrisiko ausgesetzt ist. Bei einem Abzugsteuersystem hingegen kann der Plattformbetreiber die Inhaftungnahme ohne großen Prüfungsaufwand bereits dadurch vermeiden, dass er den Steuerabzug vornimmt. Ein Steuerabzug beinhaltet daneben den Vorteil, dass für den Online-Vermieter durch die Möglichkeit der späteren Anrechnung der Abzugsteuer auf seine Steuerschuld der Anreiz geschaffen wird, korrekte Daten hinsichtlich seiner Identität anzugeben, wodurch das Haftungsrisiko des Plattformbetreibers weiter begrenzt wird. Die haftungsbewehrten Datenkontrollpflichten sind mithin nicht erforderlich und daher bereits aus diesem Grund unverhältnismäßig.

Zudem hat die Angemessenheitsprüfung der haftungsbewehrten Datenkontrollpflichten für Plattformbetreiber ergeben, dass ein solches Indienstnahmegesetz um eine gesetzliche Regelung, die eine finanzielle Ausgleichszahlung zugunsten der Plattformbetreiber begründet, zu ergänzen ist. Aus Vereinfachungsgründen kann ein solcher Ausgleichsanspruch pauschal bemessen werden, beispielsweise anhand der Anzahl der vom Plattformbetreiber im Zuge der Datenkontrolle gemeldeten Transaktionen.

Dieser Ausgleichsanspruch kann aber das erhöhte Haftungsrisiko nicht kompensieren, da die aus einer fehlerhaften Datenkontrolle resultierende Inhaftungnahme sehr wahrscheinlich nicht beim Online-Vermieter als Steuerschuldner erfolgreich durch den Regressanspruch liquidiert werden kann, da dessen Identifikation bei fehlerhafter Datenangabe Schwierigkeiten bereiten wird. Die mit dem Datenaustauschsystem für dessen erfolgreiche Durchsetzung und Sanktionierung notwendigen Haftungsnormen sind mithin zudem unangemessen.

Die Indienstnahme zur Datenkontrolle im Rahmen eines Datenaustauschsystems ist letztlich mit der Berufsfreiheit der Plattformbetreiber aus Art. 12 Abs. 1 GG beziehungsweise der subsidiär anwendbaren allgemeinen Handlungsfreiheit aus Art. 2 Abs. 1 GG sowie mit dem allgemeinen Gleichbehandlungsgrundsatz des Art. 3 Abs. 1 GG unvereinbar und verstößt darüber hinaus gegen die Dienstleistungsfreiheit der Plattformbetreiber gemäß Art. 56 ff. AEUV.

In Bezug auf die vom Datenkontrollsystem durch die Datenspeicherung und -weitergabe verursachte Eingriffswirkung zulasten der die Plattform nutzenden Online-Vermieter begegnet das Datenkontrollsystem allerdings keinen rechtlichen Bedenken. Insbesondere ist kein Verstoß gegen das Recht der Online-Vermieter auf informationelle Selbstbestimmung festzustellen.

III. Steuerabzugssystem

Für eine Reform der Besteuerung der Online-Vermietung über Sharing-Economy-Plattformen hat sich die Einführung eines Steuerabzugssystems als effektivste Maßnahme herausgestellt.[1102] Daher soll die Einführung eines Abzugsteuersystems auf seine verfassungsrechtliche und unionsrechtliche Zulässigkeit hin überprüft werden.

Insgesamt sind im Rahmen der rechtlichen Prüfung des Abzugsteuersystems drei Personengruppen, die als beeinträchtigte Adressaten eines Steuerabzugssystems in Betracht kommen, differenziert in den Blick zu nehmen: der Plattformbetreiber, der Online-Vermieter und die Vermieter des traditionellen Geschäftsverkehrs.

Die Betreiber von Unterkunftsvermittlungsplattformen werden mit der Steuererhebung in Anspruch genommen, durch die ihnen ein erhöhter Aufwand entsteht. Insoweit besteht eine vergleichbare Lage wie bei den bereits erörterten Hinweis- und Datenkontrollpflichten. Die Auswirkungen eines Steuerabzugssystems auf die Plattformbetreiber ist daher verfassungsrechtlich und unionsrechtlich zu beleuchten.

Die Vermieter, die Wohnraum online über die Plattform anbieten, können durch den aus der Abzugsteuer resultierende Vorauszahlungscharakter benachteiligt werden, wenn der Abzugsteuersatz über dem nach der Durchführung der Veranlagung festzusetzenden Einkommensteuersatz liegt. Bei einer

1102 Vgl. hierzu die Ausführungen auf S. 200 ff.

Abgeltungswirkung sind diese Folgen zudem nachteilhaft, da der Steuersatz dann sogar endgültig ist.

Drittens sind im Rahmen der abgeltenden Abzugsteuer aber auch die Vermieter, die Wohnraum im „traditionellen" Geschäftsverkehr – außerhalb von Sharing-Economy-Plattformen – anbieten, von verfassungsrechtlicher Relevanz. Liegt der Abzugsteuersatz unter dem auf die Einkünfte entfallenden Einkommensteuersatz, der bei einer Veranlagung entstehen würde, werden die traditionellen Vermieter gegenüber den Online-Vermietern benachteiligt und bieten Anlass für eine rechtliche Überprüfung.

Auf ihre rechtliche Zulässigkeit hin genauer zu untersuchen sind daher im Folgenden die Inanspruchnahme der Plattformbetreiber zum Steuerabzug in verfassungsrechtlicher und unionsrechtlicher Hinsicht (1.), die verfassungsrechtliche und unionsrechtliche Zulässigkeit des Vorauszahlungscharakters einer Abzugsteuer (2.) sowie schließlich die Verfassungsmäßigkeit einer Abgeltungswirkung als alternative Rechtsfolge der Abzugsteuer im Verhältnis zur Anrechnungswirkung (3.).

1. *Verfassungs- und unionsrechtliche Zulässigkeit der Inanspruchnahme von Plattformbetreibern zum Steuerabzug*

Die haftungsbewehrte Verpflichtung der Plattformbetreiber zum Steuerabzug[1103] könnte wie die Verpflichtung zur Veröffentlichung von Besteuerungshinweisen und die Datenkontrollpflichten eine Indienstnahme darstellen, sodass die Plattformbetreiber mit dem Steuerabzug privat-rechtlich tätig werden.[1104]

Für die Inanspruchnahme durch Steuerentrichtungspflichten Privater wird zum Teil eine Beleihung angenommen.[1105] Dem ist jedoch entgegenzuhalten, dass mit der Steuerentrichtung, vergleichbar mit einer Steueranmeldung, keine

1103 Zur Ausgestaltung des Steuerabzugsverfahrens vgl. Ausführungen auf S. 184 ff.

1104 Vgl. hierzu bereits Ausführungen auf S. 202 ff. und S. 254.

1105 *Geurts*, DB 1997, 1997, 1998 f. (zur Indienstnahme zur Erstellung des Freistellungsauftrags beim Kapitalertragsteuerabzug); *Schäfer*, Die Dreiecksbeziehung zwischen Arbeitnehmer, Arbeitgeber und Finanzamt beim Lohnsteuerabzug, 1990, S.70 ff.; *Steiner*, Öffentliche Verwaltung durch Private, 1975, S. 190 f.; Stolterfoht, DStJG 9 (1986), 175, 192 ff.; *Weber-Grellet*, DStR 2013, 1357, 1360; *derselbe*, in: Schmidt, § 45a EStG Rn. 2; *Winter*, Der Arbeitgeber im Lohnsteuerrecht, 1998, S. 172 f.; sowie *Lennartz*, DÖV 2019, 434, 437, der jede unfreiwillige Beleihung aber auch unter die Indienstnahme subsumiert, indem er die Beleihung als Zurechnungskategorie und die Indienstnahme als das das Verhältnis zwischen Staat und Verpflichtetem versteht.

hoheitlichen Befugnisse selbständig und im eigenen Namen in der Handlungsform des öffentlichen Rechts ausgeübt werden, wie dies eine Beleihung voraussetzt.[1106] Die Steuerentrichtungs- wie auch die Steueranmeldungspflicht wird durch gesetzliche Verpflichtungen festgelegt. Das Steuergesetz bestimmt, dass Steuern zu zahlen sind und auf welche Art und Weise sie zu zahlen sind. Diese Pflichten gehen vom Staat aus. Der Vollzug im Steuerrecht wird zwar traditionell von den Erklärungen des Steuerpflichtigen unterstützt (Deklarationsprinzip).[1107] Denn die Steuerverwaltung ist auf Mitwirkungspflichten des Steuerschuldners angewiesen, wenn eine Steuer konzeptionell an Informationen und Daten aus der Sphäre des Steuerpflichtigen anknüpft (Kooperationsprinzip).[1108] Deklarations- und Zahlungspflichten rütteln aber nicht an der hoheitlichen Durchsetzungsverantwortung der Behörden.[1109] Der Steuervollzug stellt eine originär staatliche Aufgabe dar (vgl. § 85 S. 1 AO), die umfassend in hoheitlicher Verantwortung zu gewährleisten ist.[1110] Der Plattformbetreiber wird mit dem Steuerabzug mithin nicht hoheitlich tätig.[1111]

Teilweise wird auch vertreten, dass der für den Steuervollzug in Anspruch genommene Private als Verwaltungshelfer[1112] einzustufen

1106 Zum Begriff der Beleihung vgl. Ausführungen auf S. 204.

1107 *Drüen*, FR 2011, 101, 104; *Frizen*, Das Deklarationsprinzip im Einkommensteuerrecht, 2009, S. 165 ff.; *Hufeld*, DStZ 2018, 755, 761.

1108 Speziell zum Leitbild des kooperativen Staats mit einem kooperativen Verwaltungsverfahren vgl. nur *Remmert*, Private Dienstleistungen im staatlichen Verwaltungsverfahren, 2003, S. 1 Fn. 4 m. w. N., S. 1 ff.; *Ritter*, AöR 104 (1979), 389 ff. Zum Ganzen *Birk*, StuW 2004, 277; *Drüen*, DStJG 31 (2008), 167, 171 f.; *derselbe*, FR 2011, 101, 104 f.; *Eckhoff*, Rechtsanwendungsgleichheit im Steuerrecht, 1999, S. 450 ff.; *Müller-Franken*, Maßvolles Verwalten, 2004, S. 179.

1109 *Schick*, Grundfragen des Lohnsteuerverfahrens, 1983, S. 15.

1110 BVerfG v. 29.11.1967 – 1 BvR 175/66, BVerfGE 22, 380, 383; *Birk*, StuW 2004, 277; *Goez*, Die Quellensteuer als Erhebungsform der Einkommensteuer, 1993, S. 127; *Hendel*, Die Belastung der Arbeitgeber durch die Lohnsteuer, 1997, S. 66; *Hey*, FR 1998, 497, 503; *Hufeld*, DStZ 2018, 755, 760 f.; *Seiler*, in: Festschrift Bundesfinanzhof, Band I, 2018, S. 1761, 1765; *Trzaskalik*, DStJG 12 (1989), 157; *Winter*, Der Arbeitgeber im Lohnsteuerrecht, 1998, S. 28 ff.; a. A. *Heuermann*, FR 2013, 354, 358 f., der auch Steuerentrichtungspflichten als Erfüllung von eigenen Steuerpflichten qualifiziert oder *Krohn*, BB 1969, 1233, 1235 in Bezug auf die Lohnsteuerabzugsverpflichtung des Arbeitgebers, die der Arbeitgeber ausschließlich zur Erfüllung seiner gegenüber dem Arbeitnehmer obliegenden Verpflichtung erfülle.

1111 Vgl. *Tappe*, in: Zukunftsfragen des deutschen Steuerrechts III, 2018, S. 77, 88.

1112 Vgl. zum Begriff des Verwaltungshelfers Ausführungen auf S. 204.

sei.[1113] Hiergegen spricht jedoch, dass der Plattformbetreiber die Steuer nicht im Namen der Behörde einbehält, sondern aufgrund eigener Verpflichtungen, die ihm gesetzlich auferlegt wurden. Der Steuerentrichtungspflichtige erhebt die Steuer „für“ den Steuerschuldner und nicht zur Unterstützung des Staates in der Ausübung hoheitlicher Tätigkeit als Helfer des Staates „vom“ Steuerpflichtigen. Ob die Steueransprüche des Staates realisiert werden, liegt grundsätzlich nicht in seinem Interessenbereich. Erst durch die Begründung der Haftungspflicht, wird für ihn ein Interesse an der Erfüllung der Steueransprüche seiner Plattformnutzer begründet. Er führt die Steuer für den Plattformnutzer ab, damit er selbst von seiner Haftungspflicht frei wird. Mithin handelt er zur Erfüllung seiner eigenen Verpflichtungen und nicht zur Unterstützung des Staates in dessen hoheitlichen Aufgabenbereich. Die Unterstützungshandlung erfolgt bei Gelegenheit der eigenen Aufgabenerfüllung. Daher ist die Rolle des Plattformbetreibers nicht als Verwaltungshelfer, sondern als Indienstnahme zu bewerten.[1114]

1113 *Burgi*, Funktionale Privatisierung und Verwaltungshilfe, 1999, S. 116, 259; *Goez*, Die Quellensteuer als Erhebungsform der Einkommensteuer, 1993, S. 33: „Im Ergebnis wird der Arbeitgeber somit hoheitlich und als Organ der Finanzverwaltung tätig.“; *Heintzen*, in: VVDStRL 62 (2003), 220, 253 spricht vom „Zuarbeiter“; *Musil*, in: Hübschmann/Hepp/Spitaler, 251. EL, 02/2019, § 6 AO Rn. 12; *Trzaskalik*, DStJG 12 (1989), 157, 162 ff.

1114 Vgl. BVerfG v. 17.02.1977 – 1 BvR 33/76, BVerfGE 44, 103, 104; BFH v. 05.07.1963 – VI 270/62 U, BFHE 77, 408, 410 f.; *Drüen*, Die Indienstnahme Privater für den Vollzug von Steuergesetzen, 2012, S. 51 ff. (umfassende Auseinandersetzung mit dem Begriff der Indienstnahme); *Goez*, Die Quellensteuer als Erhebungsform der Einkommensteuer, 1993, S. 129; *Gramm*, Privatisierung und notwendige Staatsaufgaben, 2001, S. 126 f.; *Hey*, FR 1998, 497, 499 ff.; *Hufeld*, DStZ 2018, 755, 760 f.; *Ipsen*, in: Festschrift Kaufmann, 1950, S. 145; *Luchterhandt*, Grundpflichten als Verfassungsproblem in Deutschland, 1988, S. 511; *Riepen*, Die Rechtstellung des Arbeitgebers im Lohnsteuerabzugsverfahren, 1967, S. 41 ff.; *Schirra*, Die Indienstnahme Privater im Lichte des Steuerstaatsprinzips, 2002, S. 14 ff.; *Seiler*, in: Festschrift Bundesfinanzhof, Band I, 2018, S. 1761, 1767, 1771 f.; *Tappe*, in: Zukunftsfragen des deutschen Steuerrechts III, 2018, S. 77, 90 f.; *Voßkuhle*, in: VVDStRL 62 (2003), 266, 299 f. mit Fn. 139; *Winter*, Der Arbeitgeber im Lohnsteuerrecht, 1998, S. 45 ff. (jedoch mit der Konkretisierung, dass die Indienstnahme einen Unterfall der Beleihung darstelle, S. 86 f.); a. A. *Heuermann*, FR 2013, 354, 357 ff., der abgeleitet aus § 33 Abs. 1 AO in Steuerentrichtungspflichten nicht die Wahrnehmung von Verwaltungsaufgaben, sondern die Erfüllung „eigener“ steuerrechtlicher Pflichten sieht und damit auch eine „Indienstnahme“ ablehnt.

Steuerrechtliche Pflichten, die schwerpunktmäßig strukturell oder zumindest potenziell fremdnützig sind, fallen unter den Begriff der Indienstnahme, während die Steuerschuldnerschaft (die insbesondere das Umsatzsteuersystem prägt) als Erfüllung eigener Steuerpflichten zu bewerten ist.[1115] Der durch Plattformbetreiber durchgeführte Steuerabzug bezieht sich auf die Steueransprüche, die gegen die Online-Vermieter bestehen. Es handelt sich folglich bei dem zu prüfenden Steuerabzug um eine Indienstnahme, die die Plattformbetreiber als Private eigenverantwortlich und selbstständig mit eigenen Mitteln erbringen, ohne dabei hoheitlich tätig zu werden.

Im Folgenden ist daher vergleichbar den Hinweis- und Datenkontrollpflichten zu prüfen, ob die Indienstnahme der Plattformbetreiber zum Steuerabzug mit der Berufsfreiheit (Art. 12 Abs. 1 GG), der Eigentumsgarantie (Art. 14 Abs. 1 GG), der allgemeinen Handlungsfreiheit (Art. 2 Abs. 1 GG), dem Gleichbehandlungsgrundsatz (Art. 3 Abs. 1GG) sowie mit der unionsrechtlichen Dienstleistungsrichtlinie,[1116] der E-Commerce-Richtlinie[1117] und der Dienstleistungsfreiheit (Art. 56 ff. AEUV) vereinbar ist.[1118]

a) Berufsfreiheit, Art. 12 Abs. 1 GG

Zur Einführung eines Abzugsteuersystems bei Unterkunftsvermittlungsplattformen müsste der Gesetzgeber die Betreiber der Plattformen verpflichten, im Rahmen des Buchungsvorgangs und der Zahlungsabwicklung die Abzugsteuer zu berechnen, einzubehalten und an den Fiskus abzuführen sowie diese Steuerentrichtungspflichten aus Effektivitätsgesichtspunkten um Haftungspflichten ergänzen. Wie die Verpflichtung zur Veröffentlichung von Hinweisen und die Datenkontrollpflichten betreffen auch die Steuerabzugspflichten[1119] den

1115 So auch *Drüen*, Die Indienstnahme Privater für den Vollzug von Steuergesetzen, 2012, S. 387 f.

1116 Richtlinie 2006/123/EG v. 12.12.2006 über Dienstleistungen im Binnenmarkt („Dienstleistungsrichtlinie"), ABl. L 376 v. 27.12.2006, S. 36-68.

1117 Richtlinie 2000/31/EG v. 08.06.2000 über bestimmte rechtliche Aspekte der Dienste der Informationsgesellschaft, insbesondere des elektronischen Geschäftsverkehrs, im Binnenmarkt („Richtlinie über den elektronischen Geschäftsverkehr"), ABl. L 178 v. 17.07.2000, S. 1-16.

1118 Vgl. zu den betroffenen Grundrechten bei Indienstnahmen zum Steuerabzug z. B. *Drüen*, FR 2011, 101, 109; *Schirra*, Die Indienstnahme Privater im Lichte des Steuerstaatsprinzips, 2002, S. 84 ff., 138; *Winter*, Der Arbeitgeber im Lohnsteuerrecht, 1998, S. 179.

1119 Zur Ausgestaltung des Steuerabzugsverfahrens vgl. Ausführungen auf S. 184 ff.

Plattformbetreiber beim Betrieb seiner Plattform und knüpfen daher an seine berufliche Betätigung an.[1120] Es ist daher die Vereinbarkeit der Steuerabzugspflichten mit der Berufsfreiheit der Plattformbetreiber gemäß Art. 12 Abs. 1 GG zu prüfen.

aa) Eingriff in den Schutzbereich der Berufsfreiheit

Persönlich anwendbar ist die Berufsfreiheit auf alle inländischen und europäischen natürlichen und juristischen Personen.[1121] Die Steuerabzugspflichten sind Berufsausübungsregelungen mit objektiv berufsregelnder Tendenz,[1122] da sie sich gezielt an Plattformbetreiber der Unterkunftsvermittlung richten, die typischerweise ihre Vermittlungsleistung gegen Entgelt anbieten.[1123] Die Indienstnahmen zum Steuerabzug stellen folglich einen Eingriff in den Schutzbereich der Berufsfreiheit der Plattformbetreiber aus Art. 12 Abs. 1 GG dar. Die Haftungstatbestände begründen auch insoweit eine (selbständig) rechtfertigungsbedürftige Eingriffsintensivierung.[1124]

bb) Rechtfertigung

Für den Eingriff in Art. 12 Abs. 1 GG gilt der Gesetzesvorbehalt.[1125] In formeller Hinsicht muss das Indienstnahmegesetz zum Steuerabzug der Plattformbetreiber

---

1120 Vgl. zur Prüfung der Vereinbarkeit der Hinweispflicht mit der Berufsfreiheit Ausführungen auf S. 208 ff. sowie zu den Datenkontrollpflichten auf S. 255 ff.

1121 Vgl. hierzu Ausführungen auf S. 208 ff.

1122 Vgl. allgemein zu Steuerabzugspflichten als Berufsausübungsregelungen BVerfG v. 29.11.1967 – 1 BvR 175/66, BVerfGE 22, 380, 383 f. (Kuponsteuerabzug); v. 17.02.1977 – 1 BvR 33/76, BVerfGE 44, 103, 104 (Kirchenlohnsteuerabzug); *Drüen*, Die Indienstnahme Privater für den Vollzug von Steuergesetzen, 2012, S. 103; *Engel*, AöR 118 (1993), 171, 224; *Götz*, in: VVDStRL 41 (1983), 7, 29 f.; *Kloubert*, Rechtliche Stellung des Arbeitgebers beim Lohnsteuerabzug, 1988, S. 69; *Mann*, in: Sachs, GG, 8. Aufl. 2018, Art. 12 Rn. 180; *Scholz*, in: Maunz/Dürig, GG, 47. EL, 06/2006, Art. 12 Rn. 489; *Winter*, Der Arbeitgeber im Lohnsteuerrecht, 1998, S. 181 f; dies ablehnend *Hey*, FR 1998, 497, 504; *Hoffmann*, BB 1995, 53, 56 f.; *G. Kirchhof*, Die Erfüllungspflichten des Arbeitgebers im Lohnsteuerverfahren, 2005, S. 157; *Krohn*, BB 1969, 1233, 1234 f.; *Ossenbühl*, in: VVDStRL 29 (1971), 137, 177 und *Trzaskalik*, DStJG 12 (1989), 157, 161.

1123 Vgl. hierzu Ausführungen zur Berufsausübungsregelung auf S. 210 ff., sowie zum Eingriff mit berufsregelnden Tendenz auf S. 212 f. und zur Abgrenzung zu Berufswahlregelungen auf S. 255 f.

1124 Vgl. zur Eingriffsintensivierung von Haftungsnormen die Ausführungen auf S. 256.

1125 Vgl. zu den Voraussetzungen des Gesetzesvorbehalts die allgemeinen Ausführungen auf S. 214 ff.

hinreichend bestimmt sein.[1126] So hat der Gesetzgeber beim Erlass des Indienstnahmegesetzes hinsichtlich der Verpflichtung der Plattformbetreiber zum Steuerabzug Anlass, Zweck und Grenzen des Eingriffs hinreichend bereichsspezifisch, präzise und normenklar festzulegen.[1127] Die Zuständigkeit des Bundes für den Erlass von Indienstnahmegesetzen zum Vollzug der Einkommensteuer ergibt sich aus Art. 105 Abs. 2 S. 2 GG in Verbindung mit Art. 106 Abs. 3, 5 GG, da ihm das Aufkommen der Einkommensteuer auf die Einkünfte aus der Online-Vermietung im Inland belegener Vermietungsobjekte zum Teil zusteht.[1128] Der Bund hat insoweit mithin die konkurrierende Gesetzgebungskompetenz.

Zudem muss das Indienstnahmegesetz den Eingriff in die Berufsausübung durch ausreichende Gründe des Gemeinwohls rechtfertigten und dem Grundsatz der Verhältnismäßigkeit entsprechen.[1129]

(1) Legitimität des Eingriffszwecks

Als tragender Rechtfertigungsgrund für die Indienstnahme Privater zum Steuervollzug (insbesondere in Bezug auf den Steuerentrichtungspflichtigen) wird zumeist die Sicherung des Steueranspruchs angeführt.[1130] Auch vorliegend sollen die Indienstnahmen der Plattformbetreiber zum Steuervollzug in erster Linie als Reformmaßnahme zur Sicherung des Steueranspruchs eingesetzt werden. Die Sicherung des Steueranspruchs dient der Gesetz- und Gleichmäßigkeit der Besteuerung sowie der Schaffung von Wettbewerbsgleichheit, die als Allgemeinwohlbelange zur Rechtfertigung von Eingriffen in die Berufsausübungsfreiheit anerkannt sind.[1131]

1126 Vgl. zum Bestimmtheitsgebot bei Indienstnahmegesetzen bereits die Ausführungen auf S. 216 f.

1127 Vgl. BVerfG v. 14.07.1999 – 1 BvR 2420/95, BVerfGE 100, 313, 359 f., 372; v. 03.03.2004 – 1 BvF 3/92, BVerfGE 110, 33, 53; v. 04.04.2006 – 1 BvR 518/02, BVerfGE 115, 320, 365 f.; v. 13.06.2007 – 1 BvR 1550/03, BVerfGE 118, 168, 187; v. 27.02.2008 – 1 BvR 370/07, BVerfGE 120, 274, 316.

1128 Vgl. hierzu die Ausführungen auf S. 215 f.

1129 Vgl. hierzu S. 213 ff.

1130 Vgl. z. B. *Drüen*, FR 2004, 1134, 1138 ff.; *derselbe*, Die Indienstnahme Privater für den Vollzug von Steuergesetzen, 2012, S. 278 ff.; *Heuermann*, FR 2013, 354, 358; *Hey*, in: Festschrift Kruse, 2001, S. 269, 278; *G. Kirchhof*, Die Erfüllungspflichten des Arbeitgebers im Lohnsteuerverfahren, 2005, S. 171; *Krohn*, BB 1969, 1233, 1236; *Seiler*, in: Festschrift Bundesfinanzhof, Band I, 2018, S. 1761, 1769.

1131 Vgl. hierzu S. 217 ff.

(2) Geeignetheit des Steuerabzugssystems zur Sicherung des Besteuerungsanspruchs

Das Indienstnahmegesetz muss weiterhin geeignet sein, den mit ihm verfolgten Zweck, die Sicherung des Steueranspruchs und Gewährleistung einer gleichmäßigen Besteuerung sowie die Schaffung von Wettbewerbsgleichheit, zu erreichen oder zumindest zu fördern. Es wurde bereits festgestellt, dass mittels eines Steuerabzugssystems das Steueraufkommen jedenfalls teilweise gesichert werden kann, während das derzeitige Veranlagungsverfahren Vollzugsmängel aufweist.[1132] Steuerabzugsverfahren sind mithin taugliche Mittel, um die Sicherstellung des Steueranspruchs zu fördern.[1133] Steuerabzugssysteme bieten sich bei Plattformmodellen der Sharing Economy auch geradezu an, da der Plattformbetreiber als Zahlstelle zur Verfügung steht und die Abwicklung des Buchungsprozesses automatisiert bei der Plattform erfolgt, die die für den Datenaustausch und Steuerabzug notwendigen Daten bündelt und zentralisiert speichern kann. Insgesamt bleibt somit festzuhalten, dass Steuerabzugsverfahren den legitimen Zweck der Sicherung von Steueransprüchen in geeigneter Weise verfolgen.

(3) Erforderlichkeit eines Steuerabzugssystems

Die informativen Maßnahmen sind als die am wenigsten beeinträchtigenden Maßnahmen zu bewerten, aber auch im Hinblick auf die Sicherstellung von Steuersubstrat am wenigsten effektiv. Sie können zwar einen verbesserten Steuervollzug fördern. Da die Finanzbehörden aber weiterhin auf die Deklarationsbereitschaft anonymer Steuerpflichtiger angewiesen sind, kann eine Sicherstellung des Steueranspruchs mit ihnen nicht gewährleistet werden. Wurden diese Maßnahmen auch zur Sicherung des Steuersubstrats noch als geeignet angesehen, da sie nicht als völlig ungeeignet beurteilt werden können, sind sie dennoch nicht als gleichwertig effektive Alternativen zu den beiden anderen Reformen eines Datenkontroll- oder Abzugsteuersystems in Betracht zu ziehen.[1134] Denn über Datenaustausch- oder Abzugsteuersysteme sind die über die Plattformen durchgeführten Transaktionen für die Behörden aufgrund der personalisierten

1132 Zum Steuervollzugsdefizit s. o. auf S. 144 f.; zur Effektivität eines Steuerabzugsverfahren s. o. auf S. 196 ff.

1133 Vgl. hierzu z. B. auch *Hey*, in: Festschrift für Kruse, 2001, S. 269, 292; sowie speziell zur Geeignetheit des Lohnsteuerabzugs zur Sicherung von Steuereinnahmen vgl. z. B. *G. Kirchhof*, Die Erfüllungspflichten des Arbeitgebers im Lohnsteuerverfahren, 2005, S. 172 f.

1134 Vgl. hierzu bereits Ausführungen auf S. 200 ff., 257 f.

Datenübermittlung rückverfolgbar und können damit für die Ermittlung von Steueransprüchen und deren Vollzug genutzt werden. Hinzu kommt, dass der Plattformbetreiber kein eigenes wirtschaftliches Interesse an der Umgehung der Steuervollzugsmaßnahmen hat, insbesondere da ihm eine Haftung droht und somit das Betrugsrisiko minimiert ist. Somit sind informative Maßnahmen zwar die mildesten Mittel, aber nicht gleich geeignet und damit nicht das relativ mildeste Mittel.

Im Vergleich zum Datenkontrollsystems wurde bereits festgestellt, dass ein Abzugsteuersystem als eingriffsmildere Maßnahme zu bewerten ist.[1135] Denn aufgrund des Haftungsanspruchs des Staats gegen den Plattformbetreiber bei der Verletzung von kombinierten Aufzeichnungs- und Prüfpflichten, sind diese Datenkontrollpflichten für den Plattformbetreiber als eingriffsintensiver als eine Steuerentrichtungspflicht zu bewerten. Bei einem Abzugsteuersystem kann der Plattformbetreiber indessen die Haftung schon allein durch Einbehalt und Abführen der Abzugsteuer an die Finanzbehörden vermeiden, unabhängig davon, ob die zugrundeliegenden Daten richtig oder falsch sind. Da sich die Prüfung der Richtigkeit der aufzuzeichnenden Daten aufwendiger als der Steuerabzug gestaltet, für den ein automatisiertes Verfahren eingerichtet werden kann, handelt es sich bei haftungsauslösenden Aufzeichnungs- und Prüfpflichten nicht um ein eingriffsmilderes Mittel.

Weitere, im Vergleich zur Abzugsbesteuerung gleich effektive Verfahren, die schonender in die Grundrechte des Plattformbetreibers eingreifen, sind nicht ersichtlich.[1136] Insbesondere kann der Quellenabzug nicht vom Staat selbst mit seiner Verwaltung durchgeführt werden. Dazu bedarf es der besonderen Erhebungsform der Steuerentrichtungspflicht.[1137] Auch die Idee einer Lieferkettenfiktion, wie sie im Bereich der Umsatzsteuer nach Art. 14a der MwStSystRL[1138] für Warenlieferungen von Anbietern aus Drittstaaten über Plattformen vorgesehen ist und wonach der Plattformbetreiber fiktiv in die Lieferkette als Erstabnehmer und Zweitlieferer eingeschaltet wird,[1139] ist nicht als mildere Maßnahme zu bewerten. Denn danach wird er zur Stellung von Rechnungen und der

1135 Vgl. hierzu Ausführungen auf S. 258 ff.

1136 So auch zum Lohnsteuerabzug *G. Kirchhof*, Die Erfüllungspflichten des Arbeitgebers im Lohnsteuerverfahren, 2005, S. 174.

1137 *Heuermann*, FR 2013, 354, 359.

1138 Art. 14a eingeführt m. W. v. 01.01.2021 durch Richtlinie (EU) 2017/2455 v. 05.12.2017, ABl. EU Nr. L 348 v. 29.12.2017, S. 7, berichtigt durch ABl. EU Nr. L 190 v. 27.07.2018, S. 21.

1139 Hierzu umfassend *Becker*, MwStR 2018, 246, 248.

Berechnung der Umsatzsteuerschuld verpflichtet, die von dem Plattformbetreiber einen größeren administrativen Aufwand als eine Abzugsbesteuerung fordern.[1140]

Ein Abzugsteuersystem ist folglich das relativ mildeste Mittel zur Gewährleistung einer gleichmäßigen und wettbewerbsneutralen Besteuerung von Transaktionen, die über Unterkunftsvermittlungsplattformen durchgeführt werden. Die Einführung eines Steuerabzugssystems ist somit erforderlich.

(4) Angemessenheit eines Steuerabzugsystems

Schließlich darf eine staatliche Maßnahme nicht außer Verhältnis zu dem mit ihr verfolgten Zweck stehen. Die Maßnahme muss angemessen und zumutbar sein. Wie bereits dargestellt, ist bei Indienstnahmen im Rahmen der Güterabwägung neben der Art und dem Umfang der in Dienst genommenen Tätigkeit insbesondere zu prüfen, ob den Verpflichteten eine besondere Verantwortungs- und Sachnähe zur Tätigkeit trifft, ob es sich um eine unternehmenstypische oder unternehmensfremde Tätigkeit handelt und ob der Umfang der mit der Indienstnahme verbundenen Kostenlast zumutbar ist oder einer Entschädigung beziehungsweise eines Aufwendungsersatzes bedarf.[1141]

(a) Verantwortungs- oder Sachnähe des Plattformbetreibers zum Steuerabzug

Auch bei der Indienstnahme zum Steuerabzug bedarf es einer Verantwortungs- oder Sachnähe des Plattformbetreibers zur in Dienst genommenen Tätigkeit. Denn gemäß § 33 Abs. 1 Var. 3 AO ist ein Entrichtungspflichtiger zwar selbst Steuerpflichtiger, allerdings ergibt sich aus der Formulierung der §§ 43 S. 2, 33 Abs. 1 AO auch, dass er durch die Entrichtungspflicht nicht zum Steuerschuldner wird, sondern ein „Dritter" im Verhältnis zum Steuerschuldverhältnis des Staates mit dem Steuerschuldner (dem Online-Vermieter bei kurzfristigen Online-Vermietungen, die über Unterkunftsvermittlungsplattformen initiiert werden) bleibt.[1142]

Eine Rechtfertigung aufgrund einer besonderen Verantwortungsnähe ist auch hinsichtlich des Pflichtenkreises des Steuerabzugs nicht festzustellen, da auch insoweit die Online-Vermieter im Rahmen einer Steuerhinterziehung

1140 *Prätzler/Zawodsky*, UStB 2018, 269, 278.

1141 Vgl. hierzu oben auf S. 221 ff.

1142 So auch *Heuermann*, FR 2013, 354, 355; *Winter*, Der Arbeitgeber im Lohnsteuerrecht, 1998, S. 28 f.

eigenverantwortlich dazwischentreten und damit einen Zurechnungszusammenhang zum Plattformbetreiber unterbrechen.[1143]

Allerdings könnte eine Sachnähe des Plattformbetreibers zur Indienstnahme zum Steuerabzug bestehen, da dieser beim Plattformmodell die Buchungen und Zahlungen seiner Plattformnutzer abwickelt und dabei auch über die für eine Abzugsteuer erforderlichen Daten Kenntnis erlangt oder sich jedenfalls durch eine Datenabfrage die Kenntnis verschaffen kann.[1144]

Eine Sachnähe wird im Bereich von Steuerentrichtungspflichten beispielsweise beim Arbeitgeber in Bezug auf Lohneinkünfte seiner Arbeitnehmer oder bei der Bank hinsichtlich der Kapitalerträge ihrer Kunden bejaht, da sie je die Kenntnis über die konkrete Höhe der zu besteuernden Einnahmen besitzen und die Zahlungsflüsse ohnehin organisieren müssen.[1145] Die Beherrschung des durch die materielle Steuerpflicht anvisierten Zahlungsstroms führt zu einer „qualifizierten Beziehung" zwischen dem Steuerschuldner und dem Dritten.[1146] Dem Staat ist in diesen Fällen zwar die Erlangung der spezifischen Kenntnisse prinzipiell möglich, allerdings nur unter erheblich höheren Kosten und mit erheblich geminderter Effizienz.[1147] Auch im Bereich digitaler Geschäftsmodelle wird aus Effizienzgesichtspunkten befürwortet, den Intermediär in Anspruch zu nehmen, da er „an der Quelle sitzt".[1148]

Im Unterschied zu Arbeitgebern in Bezug auf den Lohnsteuerabzug ist das Verhältnis der Plattformbetreiber zu den Vermietern, die die der Abzugsteuer unterliegenden Einnahmen erzielen, sachferner, da sie nicht selbst die Leistung empfangen und die Zahlung schulden, aus der sich die Abzugsteuer bemisst. Diese Leistungsbeziehung besteht bei Unterkunftsvermittlungsplattformen der Sharing Economy zwischen dem Online-Mieter und dem Online-Vermieter.

1143 Insoweit ergeben sich keine anderen Erwägungen als bei der Indienstnahme der Plattformbetreiber zur Veröffentlichung von Hinweisen und Datenkontrollpflichten, vgl. hierzu Ausführungen auf S. 221 ff. und S. 264.

1144 Vgl. zur Sachnähe des Plattformbetreibers bei der Hinweispflicht die Ausführungen auf S. 221 ff. sowie zur Sachnähe im Rahmen eines Datenkontrollsystems auf S. 264.

1145 *Drüen*, DStJG 31 (2008), 167, 186; *Heuermann*, FR 2013, 354, 359; *G. Kirchhof*, Die Erfüllungspflichten des Arbeitgebers im Lohnsteuerverfahren, 2005, S. 183.

1146 *Drüen*, DStJG 31 (2008), 167, 185; *Hufeld*, DStZ 2018, 755, 765.

1147 Differenzierung zwischen Unmöglichkeit und nur erheblich erschwert möglicher Aufgabenwahrnehmung nach *Schirra*, Die Indienstnahme Privater im Lichte des Steuerstaatsprinzips, 2002, S. 110 ff.

1148 *Leistner/Stang*, WRP 2008, 533, 545; *Ohly*, ZUM 2015, 308, 309; *Spindler*, CR 2010, 592, 597.

Dennoch haben aber auch die Betreiber von Unterkunftsvermittlungsplattformen mit den Online-Vermietern Verträge – die Vermittlungsverträge, die den Provisionsanspruch beziehungsweise die Plattformnutzungsgebühr begründen – geschlossen. Ihre Beziehung entbehrt zwar jeglichem persönlichen Kontakt. Dies ist für eine Sachnähe aber auch nicht zwingend notwendig. Unterkunftsvermittlungsplattformen, die die Daten ihrer Nutzer für die Buchungs- und Zahlungsabwicklung zentral über die Plattform speichern, erhalten hierdurch Zugriff auf Informationen über die Person des Vermieters, den Standort der Unterkunft und die in den Transaktionen getroffenen Vereinbarungen. Sie sind somit besser positioniert als Finanzbehörden und besitzen folglich die für eine Abzugsteuer erforderliche Sachkenntnis und die für Indienstnahmen typische Sachnähe. Fehlende Informationen können die Plattformbetreiber bereits während des initialen Registrierungsprozesses der Gastgeber einfach und automatisiert abfragen. Die Kenntniserlangung ist demnach zumutbar. Der Steuerabzug selbst könnte schließlich in das Abbuchungssystem integriert werden. Dass dies praktisch realisierbar ist, zeigt beispielsweise der derzeit von Airbnb praktizierte Abzug von Tourismusabgaben oder Quellensteuern.[1149]

Aufgrund dieser Sachnähe ist die Indienstnahme der Plattformbetreiber zum Steuerabzug insoweit verhältnismäßig.

(b) Zumutbarkeit des Steuerabzugs

Weiterhin müsste ein Abzugsteuersystem auch technisch und finanziell dem Plattformbetreiber zumutbar sein. Die Durchführung des Abzugsteuerverfahrens muss dabei für den einzelnen Plattformbetreiber nach seiner Verwaltungskraft, den ihm verfügbaren Rechtskenntnissen und nach der Komplexität seiner bisherigen (etwa die aus seiner beruflichen Tätigkeit resultierenden) Fälle angemessen sein.[1150]

Die Geeignetheit der technischen Umsetzbarkeit eines Abzugsteuersystems ergibt sich aus den Praxisfällen im Zusammenhang mit Airbnb, wonach ein Steuerabzug automatisiert in die Abwicklung des Buchungs- und Zahlungsprozesses integriert werden kann.[1151] Die Einführung eines Abzugsteuersystems für Betreiber von Unterkunftsvermittlungsplattformen erscheint daher hinsichtlich der technischen Anforderungen als zumutbar. Gleichwohl bedeutet die

---

1149 Siehe hierzu bereits die Ausführungen auf S. 185 ff.

1150 Vgl. *G. Kirchhof*, Die Erfüllungspflichten des Arbeitgebers im Lohnsteuerverfahren, 2005, S. 175 ff.

1151 Vgl. hierzu die Ausführungen auf S. 185 ff.

Einführung eines solchen Verfahrens einen nicht unerheblichen Aufwand für die Plattformbetreiber: Die Umsetzung eines Steuerabzugssystems beansprucht Organisations- und Finanzkraft sowie eigene Betriebsmittel der Plattformbetreiber. Sie reicht beispielsweise von der Anschaffung der für den Steuerabzug erforderlichen Computersoftware, die bei einer Änderung der Rechtslage stets umgestellt werden muss,[1152] über die Bereitstellung eigener Mitarbeiter zur Überwachung und Gewährleistung der Funktionsfähigkeit des Systems und Überprüfung der sich ändernden Vorschriften.[1153] So ist die Einführung und Bereitstellung eines automatisierten Steuerabzugssystems mit einem nicht unerheblichem Kostenaufwand verbunden.[1154]

Fraglich ist aber auch bei einem Abzugsteuersystem (wie schon beim Datenkontrollsystem), ob die finanzielle Belastung des (auf Primärebene rechtmäßig) in Dienst genommenen Plattformbetreibers unverhältnismäßig ist, insbesondere, ob die Unentgeltlichkeit einer solchen Pflichtenübernahme gerechtfertigt ist oder dem Plattformbetreiber im Gegenzug auf Sekundärebene Ausgleichsansprüche zu gewähren sind.[1155]

Im Vergleich zu den Datenkontrollpflichten ist die von einem Steuerabzugssystem ausgehende Eingriffswirkung als abgeschwächt zu bewerten, da zum einen das Risiko von Falschangaben bei einem Abzugsteuersystem nur noch überaus gering ist. Denn der Online-Vermieter erhält nur noch die „Netto"-Miete abzüglich der Abzugsteuer ausbezahlt, die an die Finanzbehörden übermittelt wird und im Rahmen des Veranlagungsverfahrens auf die Steuerschuld nach § 36 Abs. 2 Nr. 2 lit. a EStG angerechnet werden kann. Zum anderen wird der Plattformbetreiber mit dem Steuerabzug bereits von der Haftung frei und ist sodann keinem Haftungsrisiko mehr ausgesetzt. Eine die kompensierende Ausgleichspflicht auslösende Eingriffswirkung kann sich hier daher nicht aus der Haftungspflicht, sondern nur noch ergeben, wenn die Umsetzung des Abzugsteuersystems selbst mit unzumutbaren finanziellen Belastungen verbunden

---

1152 Vgl. *Goez*, Die Quellensteuer als Erhebungsform der Einkommensteuer, 1993, S. 127 ff; *Schirra*, Die Indienstnahme Privater im Lichte des Steuerstaatsprinzips, 2002, S. 15.

1153 Vgl. *Breithecker/Garden/Thönnes*, DStR 2007, 361, 364 m. w. N. (zum Aufwand der Banken beim automatisierten Kontenabruf im Rahmen der Kapitalertragsteuer nach § 93b AO a. F.).

1154 *Fetzer/Spengel/Dinger/Werner*, StuW 2020, 106, 115; *Pantazatou*, in: Tax and the Digital Economy, 2019, S. 215, 223.

1155 Vgl. zur Ausgleichspflicht auf Sekundärebene bei Datenkontrollpflichten die Ausführungen auf S. 264 ff.

ist. Als maßgebende Kriterien einer Ausgleichsbedürftigkeit sollen neben dem Ermittlungsaufwand für die Durchführung der Tätigkeit und der Nähe der Tätigkeit zu den unternehmenstypischen Aufgaben auch kompensierende Aspekte wie die Möglichkeit, diese Kosten auf den Leistungsabnehmer abzuwälzen sowie die Möglichkeit von erhöhten Umsatzchancen durch das Tätigwerden in einem bestimmten Markt berücksichtigt werden.[1156]

Der Abzug der Kirchenlohnsteuer durch den Arbeitgeber sowie die Verpflichtung von Kreditinstituten zum Kuponsteuerabzug wurde vom Bundesverfassungsgericht auch ohne kompensierenden Entschädigungsanspruch mit der Begründung als finanziell zumutbar erachtet, dass sich die für den Steuerabzug erforderlichen Daten für die Indienstgenommenen ohne großen Ermittlungsaufwand aus den ihnen bereits vorliegenden Unterlagen ergeben.[1157] Auch beim Steuerabzug der Plattformbetreiber verfügt dieser bereits über die für den Steuerabzug notwendigen personellen Daten der Plattformnutzer beziehungsweise kann diese automatisiert beim Registrierungs- oder Buchungsprozess erfragen. Allerdings tritt bei einem Steuerabzug die Aufgabe hinzu, dass auch die einzubehaltende Steuer vom Plattformbetreiber ermittelt werden muss. Insoweit ist insbesondere zu beachten, dass die abzugsteuerpflichtigen Plattformbetreiber international tätig sind. Administrative Barrieren führen zur Unattraktivität des Wirtschaftsstandorts Deutschland.[1158] Für den Steuerabzug eines individuell zu ermittelndem Steuersatz bedürfte es beispielsweise weitreichender Kenntnisse des deutschen Einkommensteuerrechts und ein automatisiert durchführbarer Steuerabzug würde stark erschwert bis unmöglich gemacht werden, insbesondere durch die drohende Haftung des Plattformbetreibers bei fehlerhaftem Abzug. Daher erscheint ein subjektiver Steuerabzug mit individuell zu ermittelndem Steuersatz, den die international agierenden Plattformbetreiber für jeden Steuerpflichtigen nach den nationalen Bestimmungen gesondert errechnen müssten, als unzumutbar.[1159] Insoweit bedürfte es eines Ausgleichsanspruchs, der dem

1156 Vgl. hierzu bereits die Darstellung auf S. 267 ff.

1157 Vgl. BVerfG v. 17.02.1977 – 1 BvR 33/76, BVerfGE 44, 103, 104; v. 29.11.1967 – 1 BvR 175/66, BVerfGE 22, 380, 385 f.

1158 Vgl. bereits *Fetzer/Spengel/Dinger/Werner*, StuW 2020, 106, 120.

1159 Vgl. zur Unzumutbarkeit des individuell zu ermittelbaren Lohnsteuerabzugs *Burgi*, Funktionale Privatisierung und Verwaltungshilfe, 1999, S. 115 f.; *Drüen*, FR 2004, 1134, 1141 ff.; *Hahn*, NJW 1988, 20, 21 ff.; *Kanzler*, FR 1996, 473, 478; *G. Kirchhof*, Die Erfüllungspflichten des Arbeitgebers im Lohnsteuerverfahren, 2005, S. 185; *derselbe*, FR 2015, 773, 778; *Kloubert*, Rechtliche Stellung des Arbeitgebers beim Lohnsteuerabzug, S. 20 ff.; *Schick*, Besteuerungsverfahren und Verfahrensleistungsfähigkeit,

Plattformbetreiber die für den Steuerabzug anfallenden Steuer- und Rechtsberatungskosten ersetzt.[1160]

Fraglich ist aber, ob die Regelung zur Steuerentrichtungspflicht nicht so ausgestaltet werden kann, dass für den Steuerabzug keine besonderen steuerrechtlichen Kenntnisse erforderlich sind. Für die Ausgestaltung einer Steuerabzugspflicht Privater kommen grundsätzlich zwei Konstellationen in Betracht. Dies ist zum einen der objektbezogene Steuerabzug durch einen festen pauschalen Steuersatz, wie er bei der Kapitalertragsbesteuerung in Höhe von 25 Prozent beziehungsweise 15 Prozent (§ 43a Abs. 1 EStG) wiederzufinden ist.[1161] Bei der Lohnsteuer zum anderen wurde die alternative Variante eines subjektiven Steuerabzugs anhand eines unter Berücksichtigung persönlicher Abzugsmerkmale, individuell zu ermittelnden, Steuersatzes gewählt (§ 38a EStG).[1162] Die Erhebung eines fixen Steuersatzes ist verhältnismäßig einfach, die Komplexität der Durchführung hängt hier insbesondere vom Ermittlungsaufwand der Bemessungsgrundlage ab. Für den Steuerabzug unter Berücksichtigung individueller Abzugsmerkmale kommt der Ermittlungsaufwand der möglichen Abzüge und des individuellen Steuersatzes hinzu und bedarf somit besonderer steuerrechtlicher Kenntnisse des Abzugsteuerstaates. Eine für den Abzugsverpflichteten schonende Ausgestaltung des Abzugsteuersystems, wie beispielsweise ein pauschaler Steuerabzug,[1163] ist ohne steuerrechtliche Kenntnisse möglich und löst mithin keine Ausgleichsansprüche aus.[1164] Der für die Ermittlung der

---

1980, S. 35 f.; *Seer*, FR 2004, 1037, 1038 ff.; *Trzaskalik*, DStJG 12 (1989), 157, 172 ff.; die Zumutbarkeit ernsthaft anzweifelnd *Winter*, in: Festschrift Der Fachanwalt für Steuerrecht im Rechtswesen, 1999, S. 311; a. A. hingegen *Eckhoff*, Rechtsanwendungsgleichheit im Steuerrecht, 1999, S. 347, der die Lohnsteuerabzugsverpflichtungen des Arbeitgebers als „quantitativ erhebliche, qualitativ aber weitgehend einfache Verwaltungsleistungen" bezeichnet; *Goez*, Die Quellensteuer als Erhebungsform der Einkommensteuer, 1993, S. 137, 156.

1160 Vgl. hierzu *G. Kirchhof*, Die Erfüllungspflichten des Arbeitgebers im Lohnsteuerverfahren, 2005, S. 185; *derselbe*, FR 2015, 773, 778; i. Erg. auch *Kanzler*, FR 1996, 473, 479.

1161 Vgl. hierzu Ausführungen auf S. 193.

1162 Vgl. hierzu Ausführungen auf S. 192.

1163 *G. Kirchhof*, Die Erfüllungspflichten des Arbeitgebers im Lohnsteuerverfahren, 2005, S. 175 ff.

1164 Vgl. *Drüen*, DStJG 31 (2008), 167, 190; zu den a. A., die ohne Verantwortungsnähe eine Finanzierungsverantwortung ablehnen und einen Entschädigungsanspruch befürworten, vgl. *Burgi*, Funktionale Privatisierung und Verwaltungshilfe, 1999, S. 271; *Hey*, FR 1998, 497, 507 f.; *Krohn*, BB 1969, 1233; *Peterek*, Eigentumsschutz

Bemessungsgrundlage der Abzugsteuer hinzutretende Aufwand kann zudem weiter reduziert werden, indem der Steuerabzug pauschaliert von Bruttoeinahmen vorzunehmen ist.[1165]

Finanziell zumutbar – auch ohne Festlegung eines Ausgleichsanspruchs – ist mithin (nur) eine objektbezogene Abzugsbesteuerung, die einen fixen pauschalen Steuersatz vorsieht und auf eine leicht zu errechnende Bemessungsgrundlage anzuwenden ist. Insoweit erscheint es im Weiteren sachgerecht, dass der Plattformbetreiber die Kosten zur Umsetzung eines automatisiert durchführbaren Steuerabzugssystems auf die Plattformnutzer über seine Vermittlungsgebühr abwälzt oder sie seinen Umsätzen als Betriebsausgaben gegenrechnet. Es ist insoweit nicht angezeigt, diese Kosten über einen Ausgleichsanspruch gegen den Staat, den die Allgemeinheit über die Steuern auszugleichen hat, zu kompensieren. Indessen sind diese Kosten von den Profiteuren des digitalen Geschäftsmodells zu tragen.

(c) Ergebnis und Stellungnahme

Ob die Unentgeltlichkeit und damit die Kostentragungslast einer Indienstnahme für den Privaten noch angemessen ist oder aufgrund der Überschreitung der Zumutbarkeitsgrenze zur Verfassungswidrigkeit des Indienstnahmegesetzes führt, hängt richtigerweise von der Intensität der Belastung für den Pflichtigen ab.[1166] Beim Lohnsteuerabzug wird insbesondere die Belastung des Arbeitgebers durch die komplexe Berechnung der Lohnsteuer, die sich an individuellen Abzugsposten des Arbeitnehmers orientiert, als unverhältnismäßig kritisiert und eine Vereinfachung im Abzugsteuerverfahren gefordert.[1167] Aus der Zumutbarkeitsprüfung der Indienstnahme des Plattformbetreibers von Unterkunftsvermittlungsplattformen zum Steuerabzug ergeben sich folgende Anforderungen an die Einführung eines Abzugsteuertatbestands:

---

durch Ausgleichsregelungen, 2000, S. 70 f.; *Schirra*, Die Indienstnahme Privater im Lichte des Steuerstaatsprinzips, 2002, S. 137; *Trzaskalik*, DStJG 12 (1989), 157, 180; *Winter*, Der Arbeitgeber im Lohnsteuerrecht, 1998, S. 197.

1165 *G. Kirchhof*, FR 2015, 773, 778.

1166 Vgl. z. B. *Kube*, DStJG 29 (2006), 11, 32 f.; *Winter*, Der Arbeitgeber im Lohnsteuerrecht, 1998, S. 198.

1167 *Albert*, in: Bochumer Lohnsteuertag, 2005, S. 139, 146 ff. (zur Vereinfachung durch Typisierungen und Pauschalierungen); *Hendel*, Die Belastung der Arbeitgeber durch die Lohnsteuer, 1997, S. 53 ff.; *Seer*, in: Bochumer Lohnsteuertag, 2005, S. 159, 166 ff.; *Strohner*, in: Bochumer Lohnsteuertag, 2005, S. 121 ff.

Der Steuerabzug muss objektbezogen, also über einen fixen Abzugsteuersatz ausgestaltet sein, der pauschal auf eine leicht zu errechnende Bemessungsgrundlage anzuwenden ist, ohne dass für den Steuerabzug besondere steuerrechtliche Kenntnisse erforderlich sind. Indessen muss der Steuerabzug anhand leicht zu erfragender beziehungsweise vorhandener Daten automatisiert in den Buchungsprozess einbezogen werden können. Dies ist möglich bei einem festen Steuersatz auf eine Bemessungsgrundlage, die sich anhand der vorhandenen Daten automatisiert errechnen lässt. Eines Ausgleichsanspruchs des Plattformbetreibers gegen den deutschen Fiskus bedarf es zur Zumutbarkeit der Indienstnahme zum automatisierten Steuerabzug nicht.

(5) Verhältnismäßigkeit der zur Steuerabzugspflicht korrespondierenden Haftungsnorm

Wie bereits festgestellt, stellen die mit den Steuerabzugspflichten kombinierten Haftungsregelungen eine Eingriffsintensivierung dar, die ihrerseits rechtfertigungsbedürftig ist.[1168]

Die die Steuerentrichtungspflichten begleitenden Haftungsnormen sollen vordergründig dem Ziel dienen, die Durchsetzung der Steuerentrichtungspflichten zu gewährleisten. Damit dienen sie zwar mittelbar auch der Sicherung von Steueransprüchen, die mit den Steuerentrichtungspflichten verfolgt wird, sollen aber vor allem eine Sanktionsmöglichkeit gegenüber dem Plattformbetreiber bei unterlassenem oder fehlerhaftem Steuerabzug darstellen. Der mit ihnen verfolgte Zweck ist daher als legitim zu bewerten und sie sind zur Zweckerreichung auch nicht völlig ungeeignet. Ferner sind die als alternative Sanktionsmöglichkeit zur Verfügung stehenden Bußgeldvorschriften zum letztlich entscheidenden Ziel der Durchsetzung des mit der Online-Vermietung entstehenden Steueranspruchs nicht gleich effektiv wie Haftungsnormen und zudem auch nicht als eingriffsmilder zu beurteilen.[1169] Erforderlich sind allerdings nur verschuldensabhängige Haftungsnormen.[1170]

Daneben kommt (wie oben bereits erörtert) dem Ausgleich der Haftung im Innenverhältnis der Schuldner, also der Aussicht des Haftungsschuldners, den Primärschuldner in Regress zu nehmen, im Rahmen der Angemessenheitsprüfung besondere Relevanz zu.[1171] Problematisch ist insoweit die Realisierbarkeit

---

1168 S. o. auf S. 256 f.; sowie *Brodersen*, in: Festschrift Thieme, 1993, S. 895, 901 ff.; *Hufeld*, DStZ 2018, 755, 761.

1169 Vgl. hierzu die Ausführungen auf S. 275 f.

1170 S. o. auf S. 275 f.

1171 Vgl. hierzu Ausführungen auf S. 277 ff.

dieses Anspruchs in der Praxis. Vom Bundesverfassungsgericht wurden die Haftungsnormen zu den Steuerentrichtungspflichten der Lohnsteuer beispielsweise als verfassungsgemäß bewertet.[1172] Hinsichtlich der Eingriffsintensität der drohenden Haftung durch Haftungsnormen bei der Indienstnahme von Plattformbetreibern zum Steuerabzug ist anders als bei den Datenkontrollpflichten zu beachten, dass der Online-Vermieter grundsätzlich dazu neigen wird, bei der Plattform inhaltlich richtige Daten anzugeben.[1173] Denn der Steuerabzug wird vom Plattformbetreiber auf seinen Mietpreis vorgenommen und ihm sodann nur der Nettobetrag nach Abzug der Steuer überwiesen. Die Steuer wird an die Finanzbehörden weitergeleitet und von dieser im Rahmen der Veranlagung des Online-Vermieters auf dessen Steuerschuld angerechnet. Hierzu bedarf es der korrekten Datenangaben. Aufgrund richtiger Daten sind für den Plattformbetreiber die Chancen der Realisierung eines Regressanspruchs hoch, insbesondere wesentlich höher als beim Datenkontrollsystem.[1174]

Darüber hinaus ist in die Abwägung der durch die Haftungsnorm verursachten Eingriffsintensität im Verhältnis zu dem mit ihr bezweckten Ziel der durchsetzbaren Sicherstellung der Besteuerungsgleichheit einzustellen, dass der Plattformbetreiber die Haftung selbst durch zumutbare Handlungen abwenden kann, indem er den Steuerabzug automatisiert in den Buchungs- und Abwicklungsvorgang integriert.[1175]

Aufgrund der global auftretenden Plattformbetreiber ist die Geltendmachung eines aus der Haftung entstehenden Regressanspruchs zwar möglicherweise aufwendig, wenn der Steuerschuldner in einem anderen Staat ansässig ist. Dieses Risiko entstammt aber der Sphäre des Plattformbetreibers, wenn er die Nutzung seiner Plattform in diesem Staat eröffnet und damit seinen Kundenkreis erweitert. Ein vergleichbares Risiko trägt er bereits hinsichtlich der Geltendmachung zivilrechtlicher Ansprüche wie beispielsweise seines Provisionsanspruchs. Hinzu kommt, dass es sich bei den einzelnen Geschäftsvorfällen der Unterkunftsvermittlung regelmäßig um vorübergehende Wohnraumüberlassungen und damit kleinere Beträge handelt, sodass das finanzielle Risiko, welches mit der Inhaftungnahme des einzelnen Abzugsteuerbetrags verbunden ist, als gering einzustufen ist.

1172 BVerfG v. 17.02.1977 – 1 BvR 33/76, BVerfGE 44, 103.

1173 Vgl. hierzu bereits auf S. 307 ff.

1174 Vgl. zu den Realisierungschancen beim Datenkontrollsystem die Ausführungen auf S. 277 ff.

1175 Vgl. zur Zumutbarkeit des Steuerabzugs auf S. 307 ff.

Regelungen zur Inhaftungnahme des steuerabzugsverpflichteten Plattformbetreibers erwecken mithin keine ernsten verfassungsrechtlichen Bedenken. Die mit den Steuerentrichtungspflichten der Plattformbetreiber der Unterkunftsvermittlung zu verbindenden verschuldensabhängigen Haftungsnormen sind somit als angemessen und verhältnismäßig zu bewerten.

cc) Ergebnis

Die haftungsbewehrte Indienstnahme der Plattformbetreiber zum Steuerabzug stellt mithin einen gerechtfertigten Eingriff in die Berufsfreiheit der Plattformbetreiber dar und verstößt mithin nicht gegen Art. 12 Abs. 1 GG.

b) Eigentumsfreiheit, Art. 14 Abs. 1 GG

Die Indienstnahme der Plattformbetreiber zum Steuerabzug könnte zudem auch die von Art. 14 Abs. 1 GG geschützte Freiheit des Eigentums tangieren.

Persönlich anwendbar ist Art. 14 Abs. 1 GG auf alle inländischen und ausländischen natürlichen Personen sowie nach Art. 19. Abs. 3 GG i. V. m. Art. 18 AEUV auch auf alle inländischen und europäischen juristischen Personen, nicht jedoch auf juristische Personen aus Drittstaaten.[1176]

Die Erfüllung von Steuerabzugsverpflichtungen ist zwar mit Kosten verbunden, die die Plattformbetreiber in ihrer Dispositionsbefugnis über ihre Betriebsmittel einschränken und damit zu einer fremdbestimmten Schmälerung ihrer Betriebsmittel zwingt.[1177] Da es sich aber wie bei der Indienstnahme zur Veröffentlichung von Hinweisen und der zur Datenkontrolle auch bei der Indienstnahme zum Steuerabzug im Schwerpunkt um eine Berufsausübungsregelung handelt, ist der sachliche Schutzbereich der Eigentumsfreiheit insoweit nicht eröffnet.[1178]

Auch durch die Haftungsregelung zur Indienstnahme zum Steuerabzug wird vergleichbar zur Haftungsregelung zu den Datenkontrollpflichten der sachliche Schutzbereich der Eigentumsfreiheit nach Art. 14 Abs. 1 GG nicht betroffen.[1179]

1176 Vgl. hierzu bereits oben auf S. 228, sowie zur Unanwendbarkeit des Art. 19 Abs. 3 GG auf juristische Personen aus Drittstaaten auf S. 208 ff.

1177 Vgl. *Ferger*, Ausgleichsansprüche bei der Indienstnahme Privater für Verwaltungsaufgaben, 1979, S. 16; *Peterek*, Eigentumsschutz durch Ausgleichsregelungen, 2000, S. 57 f.; *Schirra*, Die Indienstnahme Privater im Lichte des Steuerstaatsprinzips, 2002, S. 93 f.

1178 Vgl. hierzu die Ausführungen auf S. 228 ff. und auf S. 280 f.

1179 Vgl. hierzu die Ausführungen zur Datenkontrollpflicht auf S. 280 f.

Mithin liegt in dem Indienstnahmegesetz zum haftungsbewehrten Steuerabzug kein Eingriff in den Schutzbereich der Eigentumsfreiheit nach Art. 14 Abs. 1 GG.

c) Allgemeine Handlungsfreiheit, Art. 2 Abs. 1 GG

aa) Eingriff in den Schutzbereich der allgemeinen Handlungsfreiheit

Die allgemeine Handlungsfreiheit aus Art. 2 Abs. 1 GG ist persönlich auf alle natürliche Personen sowie i. V. m. Art. 19 Abs. 3 GG auf inländische und europäische juristische Personen des Privatrechts anwendbar, allerdings nicht auf außereuropäische ausländische juristische Personen.[1180] Soweit mit der Indienstnahme zum Steuerabzug bereits der Schutzbereich der Berufsfreiheit eröffnet ist, ist Art. 2 Abs. 1 GG nicht anwendbar.[1181] Der Schutzbereich der allgemeinen Handlungsfreiheit des Art. 2 Abs. 1 GG ist hier daher insbesondere bei natürlichen Personen aus Drittstaaten, die weder Deutsche noch Unionsbürger sind, insoweit einschlägig.[1182]

Der sachliche Schutzbereich des Art. 2 Abs. 1 GG umfasst jede menschliche Betätigung, auch die wirtschaftliche Betätigungsfreiheit, sowie die negative Handlungsfreiheit, also die Freiheit, etwas nicht tun zu müssen.[1183] Eine staatliche Maßnahme, die den Plattformbetreiber zum Steuerabzug verpflichtet, schränkt den Plattformbetreiber in seiner wirtschaftlichen Betätigungsfreiheit ein, die auch das Recht umfasst, den Steuerabzug nicht vornehmen zu müssen. Tritt Art. 2 Abs. 1 GG nicht aus Subsidiaritätsgründen zurück, so liegt in dem Indienstnahmegesetz zum Steuerabzug ein Eingriff in den Schutzbereich der allgemeinen Handlungsfreiheit vor.

bb) Rechtfertigung des Eingriffs in die allgemeine Handlungsfreiheit

Der Eingriff durch das Indienstnahmegesetz zum Steuerabzug betrifft nicht den Kernbereich der privaten Lebensführung der Plattformbetreiber und könnte aufgrund der Schranke der verfassungsmäßigen Ordnung gerechtfertigt sein.[1184]

1180 Vgl. hierzu die Ausführungen auf S. 232 f.

1181 Zur Eröffnung des Schutzbereichs des Art. 12 Abs. 1 GG aufgrund der Indienstnahme zum Steuerabzug vgl. die Ausführungen auf S. 301; sowie zur subsidiären Anwendbarkeit des Art. 2 Abs. 1 GG vgl. die Ausführungen auf S. 232 ff.

1182 Vgl. hierzu bereits die Ausführungen auf S. 232 ff.

1183 Vgl. zum sachlichen Schutzbereich der allgemeinen Handlungsfreiheit die Ausführungen auf S. 232 ff.

1184 Vgl. zu den Schranken des Art. 2 Abs. 1 GG die Ausführungen auf S. 234 ff.

Das Indienstnahmegesetz ist formell verfassungsgemäß.[1185] In materieller Hinsicht ist insbesondere der Verhältnismäßigkeitsgrundsatz zu prüfen. Da die Schranke der verfassungsmäßigen Ordnung nach Art. 2 Abs. 1 GG an die Legitimität des Eingriffszwecks geringere Anforderungen stellt, als Art. 12 Abs. 1 GG, der besondere Eingriffszwecke voraussetzt und im Übrigen die gleichen Voraussetzungen gelten, kann hier auf die bereits im Rahmen der Berufsfreiheit durchgeführte Verhältnismäßigkeitsprüfung verwiesen werden.[1186] Verhältnismäßig ist ein objektbezogenes Steuerabzugssystem, bei dem ein fester Abzugsteuersatz auf eine leicht zu errechnende Bemessungsgrundlage anzuwenden ist, ohne dass für den Steuerabzug besondere steuerrechtliche Kenntnisse erforderlich sind. Indessen muss der Steuerabzug anhand leicht zu erfragender beziehungsweise vorhandener Daten automatisiert in den Buchungsprozess einbezogen werden können.[1187] Auch die die Steuerabzugspflicht ergänzenden, verschuldensabhängigen Haftungsnormen sind angemessen, da diese bei einem Steuerabzugssystem aufgrund erwartbar richtiger Angaben durch die Online-Vermieter und der möglichen Haftungsvermeidung mit dem durch den Plattformbetreiber selbst durchführbaren Steuerabzug von verhältnismäßig geringer Eingriffsintensität – insbesondere im Vergleich zur Haftung beim Datenkontrollsystem – sind.[1188]

cc) Ergebnis

Die haftungsbewehrte Indienstnahme der Plattformbetreiber zum Steuerabzug ist mithin bei einem Eingriff in die allgemeine Handlungsfreiheit der Plattformbetreiber gerechtfertigt und verstößt folglich nicht gegen Art. 2 Abs. 1 GG.

d) Allgemeiner Gleichbehandlungsgrundsatz, Art. 3 Abs. 1 GG

Die Indienstnahme der Plattformbetreiber zum Steuerabzug stellt eine relevante Ungleichbehandlung der auf Sharing-Economy-Plattformen auftretenden Unterkunftsvermittler im Vergleich zur Gruppe der übrigen Unterkunftsvermittler dar.[1189] Die damit verbundenen Beeinträchtigungen müssten durch einen sachlichen Grund gerechtfertigt sein und zudem den Anforderungen des Verhältnismäßigkeitsgrundsatzes genügen.[1190]

1185 S. o. auf S. 301 f.

1186 S. o. auf S. 301 ff.

1187 Vgl. hierzu insbesondere die Ausführungen ab S. 307 ff.

1188 Vgl. hierzu Ausführungen auf S. 312 ff.

1189 Vgl. die weitergehenden Ausführungen zur Ungleichbehandlung im Rahmen der Indienstnahme zur Veröffentlichung von Besteuerungshinweisen auf S. 236 ff.

1190 Vgl. zu den konkreten Anforderungen die Ausführungen auf S. 238 ff.

Als sachlicher Rechtfertigungsgrund der Ungleichbehandlung ist auch hier der legitime Rechtfertigungsgrund der Gleichmäßigkeit der Besteuerung und des Wettbewerbs heranzuziehen. Hinsichtlich der Verhältnismäßigkeitsprüfung kann hier auf die Prüfung im Rahmen der Freiheitsgrundrechte verwiesen werden, die für die Prüfung der Rechtfertigung einer Ungleichbehandlung nach Art. 3 Abs. 1 GG entsprechend durchzuführen ist.[1191] Zusammengefasst ist die für die Indienstnahme Privater erforderliche Sachnähe gegeben und der mit der Erfüllung der Steuerabzugsverpflichtung verbundene technische und finanzielle Aufwand sowie die ergänzenden verschuldensabhängigen Haftungsnormen sind bei einem objektbezogenen, automatisiert durchführbaren Steuerabzug zumutbar. Eines finanziellen Ausgleichanspruch auf Sekundärebene bedarf es insoweit nicht.

Die Indienstnahme zum Steuerabzug ist mithin mit dem allgemeinen Gleichbehandlungsgrundsatz des Art. 3 Abs. 1 GG vereinbar.

e) Unionsrechtliche Erwägungen zur Indienstnahme von Plattformbetreibern zum Steuerabzug

Die zum Steuerabzug in Dienst zu nehmenden Plattformbetreiber sind international tätig, weshalb im Rahmen der Einführung einer Abzugsteuer auch die Vorgaben des Unionsrechts zu beachten sind.[1192]

aa) Vereinbarkeit mit europäischem Sekundärrecht

Die bezüglich einer Indienstnahme von Plattformbetreibern zum Steuerabzug in Betracht kommende Dienstleistungsrichtlinie[1193] und E-Commerce-Richtlinie[1194] sind auf Besteuerungsvorschriften, zu denen auch die Vorschriften zu einem Abzugsteuersystem als Teilbereich des Steuerverfahrensrechts zählen,[1195] gemäß Art. 2 Abs. 3 der Dienstleistungsrichtlinie[1196] und Art. 1 Abs. 5 lit. a der

---

1191 Zu Rechtfertigungsprüfung im Rahmen der Berufsfreiheit s. o. auf S. 301 ff.

1192 Vgl. zum Prüfungsumfang die allgemeinen Ausführungen zur Prüfung der Unionsrechtmäßigkeit der Veröffentlichungspflicht von Besteuerungshinweisen auf S. 240 ff.

1193 Richtlinie 2006/123/EG v. 12.12.2006 über Dienstleistungen im Binnenmarkt („Dienstleistungsrichtlinie"), ABl. L 376 v. 27.12.2006, S. 36-68.

1194 Richtlinie 2000/31/EG v. 08.06.2000 über bestimmte rechtliche Aspekte der Dienste der Informationsgesellschaft, insbesondere des elektronischen Geschäftsverkehrs, im Binnenmarkt („Richtlinie über den elektronischen Geschäftsverkehr"), ABl. L 178 v. 17.07.2000, S. 1-16.

1195 S. hierzu die Ausführungen oben auf S. 240 ff.

1196 Vgl. Art. 2 Abs. 3 der Richtlinie 2006/123/EG v. 12.12.2006 (Dienstleistungsrichtlinie), ABl. L 376 v. 27.12.2006, S. 51.

E-Commerce-Richtlinie[1197] nicht anwendbar. Ein Verstoß gegen die Dienstleistungsrichtlinie oder die E-Commerce-Richtlinie liegt damit nicht vor.

bb) Vereinbarkeit mit der Dienstleistungsfreiheit

Fraglich ist aber, ob ein Gesetz, das die Indienstnahme der Betreiber von Unterkunftsvermittlungsplattformen zum Steuerabzug vorsieht, mit der Dienstleistungsfreiheit gemäß der Art. 56 ff. AEUV vereinbar ist.

(1) Anwendungsbereich der Dienstleistungsfreiheit

Es wurde bereits im Laufe dieser Arbeit erläutert, dass das Bereitstellen der Unterkunftsvermittlungsplattform an die Nutzer der Plattform eine selbstständige, zeitlich begrenzte und gegen Entgelt erbrachte Leistung unkörperlicher Natur darstellt und folglich als Dienstleistung im Sinne der Art. 56, 57 AEUV zu bewerten ist.[1198] Der Anwendungsbereich der Dienstleistungsfreiheit ist bei einer Überschreitung der Dienstleistung über die Grenze zweier Mitgliedstaaten (in Form der sog. Korrespondenzdienstleistung) eröffnet, wenn also Dienstleistender und Dienstleistungsempfänger in zwei unterschiedlichen Mitgliedstaaten ansässig sind.[1199] Eine Anwendung der Dienstleistungsfreiheit nach Art. 56, 57 AEUV ist vorliegend mithin denkbar.

(2) Beschränkung der Dienstleistungsfreiheit

Die gesetzlich normierte Indienstnahme des Plattformbetreibers zum haftungsbewehrten Steuerabzug ist geeignet, dass Plattformbetreiber ihre Plattform nicht mehr Online-Vermietern mit inländischen Vermietungsobjekten zur Nutzung anbieten, um den haftungsbewehrten Steuerabzug nicht vornehmen und sich dem damit verbundenen Haftungsrisiko nicht aussetzen zu müssen.[1200] Zudem kann der vorgesehene Steuerabzug auch potenzielle Online-Vermieter von einer

---

1197 Vgl. Art. 1 Abs. 5 lit. a der Richtlinie 2000/31/EG v. 08.06.2000 (E-Commerce-Richtlinie), ABl. L 178 v. 17.07.2000, S. 8.

1198 S. die Ausführungen oben auf S. 243 f.

1199 Vgl. hierzu die Ausführungen auf S. 243 ff.

1200 Vgl. hierzu die korrespondierenden Ausführungen zur gesetzlich normierten Veröffentlichungspflicht von Besteuerungshinweisen auf S. 245 ff. sowie zu den Datenkontrollpflichten auf S. 286 f. Vgl. zur Beschränkung aufgrund der belgischen haftungsbewehrten Bauabzugsteuer auch EuGH v. 09.11.2006 – C-433/04, ECLI:EU:C:2006:702, Rn. 31 f. – *Kommission/Belgien.*

Nutzung der Plattform abhalten.[1201] Die Steuerabzugsverpflichtung kann somit die Ausübung der Dienstleistungsfreiheit weniger attraktiv machen und als Zugangsbehinderung zum inländischen Markt eine Beschränkung der Dienstleistungsfreiheit darstellen.[1202] Denn die Verpflichtung zum Steuerabzug tritt neben die Verpflichtungen hinzu, die der Plattformbetreiber zur rechtmäßigen Erfüllung seiner Dienstleistung nach den Vorgaben seines Ansässigkeitsstaats zu erbringen hat. Die Einhaltung unterschiedlicher Regularien der verschiedenen Mitgliedstaaten, kann ein Marktzugangshindernis begründen.[1203] Ein Gesetz, das Plattformbetreiber von Unterkunftsvermittlungsplattformen für Online-Vermietungen im Inland belegener Vermietungsobjekte zum Steuerabzug verpflichtet, stellt mithin eine nationale Regelung dar, die die Erbringung grenzüberschreitender Dienstleistungen erschwert und beschränkt daher die Dienstleistungsfreiheit.

(3) Rechtfertigung der Beschränkung der Dienstleistungsfreiheit

Da die Regelung zum Steuerabzug nicht diskriminierend ist und für inländische wie ausländische Pattformbetreiber gleichermaßen gilt, kann eine Beschränkung der Dienstleistungsfreiheit zur „effizienten Beitreibung der Steuer" (als anerkannter zwingender Allgemeinwohlbelang) gerechtfertigt sein.[1204] Die Einführung einer haftungsbewehrten Abzugsteuerpflicht aus Gründen der „Wirksamkeit der steuerlichen Kontrolle" kommt als legitimer Rechtfertigungsgrund allerdings nur in Betracht, wenn der Anwendungsbereich der Abzugsbesteuerung auf Fälle beschränkt ist, in denen tatsächlich eine Steuerpflicht anfällt.[1205] Da die Abzugsteuer auf Online-Vermietungen nur auf Vermietungen im Inland belegener Vermietungsobjekte begrenzt ist, die in Deutschland regelmäßig der

---

1201 Vgl. zur Beschränkungswirkung in Bezug auf die von der Abzugsteuerpflicht betroffenen Dienstleister, die aufgrund des um die Abzugsteuer gekürzten Auszahlungsbetrags vom Vertragsschluss abgehalten werden könnten, EuGH v. 09.11.2006 – C-433/04, ECLI:EU:C:2006:702, Rn. 30 – *Kommission/Belgien*.

1202 Vgl. zur Beschränkungswirkung aufgrund einer Indienstnahme zum haftungsbewehrten Steuerabzug EuGH v. 03.10.2006 – C-290/04, ECLI:EU:C:2006:630, Rn. 33 f. – *FKP Scorpio Konzertproduktionen*.

1203 Vgl. zu den Anforderungen einer Marktzugangsbehinderung die Ausführungen auf S. 245 ff.

1204 Vgl. zur Anerkennung und Definition des Rechtfertigungsgrunds der „Effizienz in der Beitreibung einer Steuer" die Ausführungen auf S. 247 f.

1205 Vgl. EuGH v. 09.11.2006 – C-433/04, ECLI:EU:C:2006:702, Rn. 36 f. – *Kommission/Belgien* zur belgischen Bauabzugsteuer.

(unbeschränkten oder beschränkten) Steuerpflicht unterliegen,[1206] ist die Einführung einer haftungsbewehrten Abzugsteuer zur gleichmäßigen Beitreibung der Einkommensteuer auf (Online-)Vermietungseinkünfte als legitimer Rechtfertigungsgrund anzuerkennen. Ein System, das die Plattformbetreiber von Unterkunftsvermittlungsplattformen zum Steuerabzug bei Online-Vermietungen von im Inland belegenen Vermietungsobjekten verpflichtet, ist auch geeignet, einen gleichmäßigen Vollzug der bei Online-Vermietungen entstehenden Einkommensteuer zu gewährleisten.[1207]

Im Übrigen müsste der haftungsbewehrte Steuerabzug ein verhältnismäßiges Mittel zur Beitreibung steuerlicher Forderungen des Besteuerungsstaats darstellen. Eine eingriffsmildere, aber zugleich gleich wirksame Regelung wie die zur Abzugsteuer ist nicht ersichtlich. Insbesondere ist reines Informationshandeln wie die Verpflichtung zur Veröffentlichung von Besteuerungshinweisen nicht gleichsam effektiv zur Sicherstellung des Steuervollzugs.[1208] Ein Datenkontrollsystem ist nicht als eingriffsmildere Maßnahme zu bewerten.[1209] Die Einführung eines Abzugsteuersystems ist somit als mildestes Mittel insoweit erforderlich.

Grundsätzlich kann der Steuerabzug eine verhältnismäßige, unionsrechtmäßige Maßnahme zur Beitreibung steuerlicher Forderungen des Besteuerungsstaats darstellen.[1210] Die verfassungsmäßige Prüfung eines haftungsbewehrten Abzugsteuersystems im Rahmen von Online-Vermietungen hatte ergeben, dass das Steuerabzugsverfahren zu seiner verfassungsrechtlichen Zulässigkeit automatisiert durchführbar sein muss und daher objektbezogen auszugestalten ist.[1211] Ein solches Abzugsteuersystem begegnet auch in unionsrechtlicher Hinsicht keinen Bedenken an die verhältnismäßige Ausgestaltung.

Gleiches gilt für die eventuelle Haftung des zu einem solchen Abzug verpflichteten Plattformbetreiber, die es erlaubt, das Unterlassen des Steuerabzugs gegebenenfalls zu sanktionieren. Da diese Haftung unmittelbar aus dieser Art der Einkommensteuererhebung folgt, trägt sie ebenfalls in angemessener Weise

---

1206 S. o. auf S. 69 ff.

1207 Vgl. zur Effektivität eines solchen Abzugsteuersystems im Hinblick auf die Optimierung des Steuervollzugs im Rahmen der Online-Vermietungseinkünfte die Ausführungen auf S. 196 ff.

1208 S. o. auf S. 200 ff.

1209 Vgl. die Ausführungen oben zur unionsrechtlichen Prüfung der Datenkontrollpflicht auf S. 287 ff.

1210 Vgl. z. B. EuGH v. 03.10.2006 – C-290/04, ECLI:EU:C:2006:630, Rn. 37 – *FKP Scorpio Konzertproduktionen*.

1211 S. o. auf S. 307 ff.

dazu bei, die Effizienz dieser Erhebung zu gewährleisten.[1212] Ein milderes Sanktionsmittel als eine verschuldensabhängige Haftung ist nicht ersichtlich.[1213]

Demnach ist festzustellen, dass die Einführung einer haftungsbewehrten Steuerabzugspflicht für Plattformbetreiber eine gerechtfertigte Beschränkung der Dienstleistungsfreiheit darstellt.

cc) Ergebnis

Die Einführung eines haftungsbewehrten Abzugsteuersystems, das Plattformbetreiber zum Steuerabzug bei Online-Vermietungen von im Inland belegenen Vermietungsobjekten verpflichtet, begegnet damit keinen unionsrechtlichen Bedenken.

f) Zusammenfassung der Ergebnisse

Eine Indienstnahme von Plattformbetreibern zum Steuerabzug über die Einführung einer Abzugsteuer mit verschuldensabhängiger Haftungspflicht verstößt nicht gegen Verfassungsrecht. Eingriffe in die Berufsfreiheit des Art. 12 Abs. 1 GG beziehungsweise in die subsidiär betroffene allgemeine Handlungsfreiheit des Art. 2 Abs. 1 GG der Plattformbetreiber und die mit der Indienstnahme zum Steuerabzug verbundene relevante Ungleichbehandlung der Plattformbetreiber im Vergleich zu den außerhalb von Sharing-Economy-Plattformen aktiven Unterkunftsvermittlern sind gerechtfertigt, wenn der Steuerabzug automatisiert im Rahmen der Buchungsabwicklung der Vermietungsvorgänge durchführbar ist. Hierzu muss der Abzugsteuersatz ein fixer Steuersatz sein, der pauschal auf eine automatisiert errechenbare Bemessungsgrundlage anzuwenden ist (objektbezogener Steuerabzug), ohne dass für den Steuerabzug besondere steuerrechtliche Kenntnisse erforderlich sind. Insoweit ist eine Sachnähe des Plattformbetreibers zu bejahen, da er über eine bessere Sachkenntnis hinsichtlich der steuerpflichtigen Transaktionen verfügt und damit besser positioniert ist als die Finanzbehörden. Die Inanspruchnahme des im Markt der digitalen Wirtschaft auftretenden Plattformbetreibers zu einem digital und automatisiert durchführbaren Steuerabzug überschreitet nicht die Grenze des dem Plattformbetreiber Zumutbaren und ist mithin zur Gleichmäßigkeit der Besteuerung und Sicherstellung eines gleichmäßigen Steuervollzugs gerechtfertigt. Auch die die Steuerabzugspflicht

---

1212 Vgl. insoweit auch EuGH v. 03.10.2006 – C-290/04, ECLI:EU:C:2006:630, Rn. 38 – *FKP Scorpio Konzertproduktionen.*

1213 Vgl. EuGH v. 09.11.2006 – C-433/04, ECLI:EU:C:2006:702, Rn. 40 – *Kommission/ Belgien.*

ergänzenden, verschuldensabhängigen Haftungsnormen sind angemessen, da diese bei einem Steuerabzugssystem aufgrund der zu erwartenden richtigen Angaben durch die Online-Vermieter und der möglichen Haftungsvermeidung mit dem durch den Plattformbetreiber selbst durchführbaren Steuerabzug von verhältnismäßig geringer Eingriffsintensität sind. Ein Ausgleichsanspruch auf Sekundärebene ist zur Verhältnismäßigkeit der Indienstnahme nicht erforderlich, da die Übernahme des finanziellen Aufwands zur Durchführung des Steuerabzugs nach einer Güterabwägung als zumutbar zu bewerten ist.

Mit korrespondierender Argumentation lässt sich die durch die Einführung eines haftungsbewehrten Abzugsteuersystems bewirkte Beschränkung der Dienstleistungsfreiheit zur effektiveren Beitreibung der bei Online-Vermietungen entstehenden Einkommensteuer rechtfertigen.

Die Einführung eines objektbezogenen, automatisiert durchführbaren Steuerabzugs ist mithin sowohl verfassungsgemäß als auch unionsrechtmäßig.

2. *Verfassungs- und unionsrechtliche Würdigung von pauschalierten Vorauszahlungspflichten der Online-Vermieter*

a) Einführung

Die rechtliche Prüfung der Indienstnahme des Plattformbetreibers zum Steuerabzug hat ergeben, dass eine rechtmäßige Abzugsteuer pauschal aus einer leicht zu errechnenden Bemessungsgrundlage ermittelbar sein muss, ohne dass für den Steuerabzug besondere steuerrechtliche Kenntnisse erforderlich sind. Zudem muss der Steuerabzug anhand leicht zu erfragender Daten automatisiert in den Buchungsprozess einbezogen werden können. Persönliche Abzugsbeträge des Online-Vermieters (wie der Grundfreibetrag, individuelle Werbungskosten oder Sonderausgaben) können daher bei der Bemessung der Abzugsteuer nicht berücksichtigt werden (sogenannter objektbezogener Steuerabzug).[1214] Da die Abzugsteuer bereits zum Zeitpunkt der Abwicklung des Buchungsprozesses entsteht, erhält sie den Charakter einer „pauschalierten Vorauszahlungspflicht". Für den Online-Vermieter können sich bei dem objektbezogenen Steuerabzug Nachteile ergeben, wenn die Abzugsteuer aufgrund ihrer pauschalen Bemessung höher als die später zu veranlagende Einkommensteuer auf die Einkünfte ausfällt.

1214 Vgl. zur Differenzierung zwischen subjektbezogenem und objektbezogenem Steuerabzug die Ausführungen auf S. 192 f.

Im Folgenden soll zunächst allein untersucht werden, ob eine Abzugsteuer mit Anrechnungswirkung verfassungsmäßigen Ansprüchen genügt. Erst darauf aufbauend wird in einem weiteren Schritt auf die eingriffsintensivere Abzugsteuer mit Abgeltungswirkung eingegangen, bei der die durch eine Abzugsbesteuerung verursachten Wirkungen im Fall der Nicht-Veranlagung endgültig sind.

b) Gleichbehandlungsgrundsatz, Art. 3 Abs. 1 GG

Die über Sharing-Economy-Plattformen auftretenden Online-Vermieter könnten durch die Einführung eines Abzugsteuersystems und der damit verbundenen „pauschalierten Vorauszahlungspflicht“ in ihrem Grundrecht aus Art. 3 Abs. 1 GG verletzt werden.

aa) Relevante Ungleichbehandlung von Online-Vermietern zu anderen Einkommensteuerpflichtigen

In Bezug auf Art. 3 Abs. 1 GG sind alle inländischen und ausländischen natürlichen und juristischen Personen des Privatrechts grundrechtsberechtigt.[1215] Der allgemeine Gleichheitssatz des Art. 3 Abs. 1 GG gebietet es, wesentlich Gleiches gleich und wesentlich Ungleiches ungleich zu behandeln.[1216] Im Steuerrecht erfährt der allgemeine Gleichbehandlungsgrundsatz des Art. 3 Abs. 1 GG seine besondere Ausprägung durch das Leistungsfähigkeitsprinzip und das Gebot der Folgerichtigkeit.[1217]

(1) Das Leistungsfähigkeitsprinzip

Dem Prinzip der Besteuerung nach der Leistungsfähigkeit liegt der Gedanke zugrunde, dass die Besteuerung an die Einkünfte als Bemessungsgrundlage anknüpft und daher Gleichheit in der Besteuerung nicht bedeutet, dass jede Person nominal die gleiche Höhe an Steuern zahlt, sondern bei gleicher Bemessungsgrundlage die gleiche Höhe an Steuern zu zahlen ist.[1218] Bei gleicher Leistungsfähigkeit soll also letztlich auch die gleiche Steuerbelastung anfallen (horizontale Steuergerechtigkeit), während bei ungleicher Leistungsfähigkeit die Steuer unterschiedlich hoch sein sollte, also höhere Einkommen im Vergleich zu

---

1215 Vgl. hierzu die Ausführungen auf S. 236 ff.

1216 S. o. auf S. 236.

1217 Ständige Rechtsprechung, vgl. z. B. BVerfG v. 04.12.2002 – 2 BvR 400/98, BVerfGE 107, 27, 46; v. 08.06.2004 – 2 BvL 5/00, BVerfGE 110, 412, 433.

1218 Vgl. *Jachmann*, Steuergesetzgebung zwischen Gleichheit und wirtschaftlicher Freiheit, 2000, S. 9.

niedrigeren Einkommen einer höheren Steuerbelastung unterliegen (vertikaler Steuergerechtigkeit).[1219]

Hintergrund dieser besonderen Ausprägung des Gleichheitssatzes ist, dass die Erhebung von Steuern zur Finanzierung der staatlichen Aufgabenerfüllung notwendig ist und im Interesse der Allgemeinheit ausgeführt wird.[1220] Geldzahlungen erbringen kann aber nur, wem Geld zur Verfügung steht. Soll jeder nominal die gleiche Steuer zahlen (sogenannte Kopfsteuer), dann müsste man sich in einem Sozialstaat entweder bei der Bemessung am zahlungsschwächsten Steuerpflichtigen orientieren oder diejenigen, die den Steueranspruch nicht erfüllen können, mit staatlichen Leistungen refinanzieren. Deshalb orientiert sich das deutsche Steuersystem nicht an einer absoluten, sondern an einer relativen Belastungsgleichheit der Allgemeinheit.[1221] Maßstab für die Gleichheit der Lastenzuteilung bildet das Leistungsfähigkeitsprinzip. Dieses verlangt eine Bemessung der Steuer nach Maßgabe der individuellen Fähigkeit, Geldzahlungen erbringen können.[1222] Der Gleichheitssatz des Art. 3 Abs. 1 GG wird für das Steuerrecht somit dahingehend konkretisiert, dass Gleichheit im Sinne von „gleichmäßiger Besteuerung entsprechend der individuellen wirtschaftlichen Leistungsfähigkeit“ auszulegen ist und insoweit Steuerpflichtige durch die Steuergesetze rechtlich und tatsächlich gleichmäßig belastet werden (Prinzip der steuerrechtlichen

---

1219 Ständige Rechtsprechung, vgl. z. B. BVerfG v. 29.05.1990 – 1 BvL 20/84, BVerfGE 82, 60, 89; v. 29.03.2017 – 2 BvL 6/11, BVerfGE 145, 106, 142 f.; v. 19.11.2019 – 2 BvL 22-27/14, DStR 2020, 93, 98 m. w. N.

1220 Vgl. z. B. *Arndt/Schumacher*, AöR 118 (1993), 513, 518; *Birk*, Das Leistungsfähigkeitsprinzip als Maßstab der Steuernormen, 1983, S. 189; *Isensee*, in: Festschrift Ipsen, 1977, S. 409, 416; *Papier*, DVBl 1980, 787, 788 f., 793; *Tipke*, Die Steuerrechtsordnung Band II, 2. Aufl. 2003, S. 578. Dies gilt auch dann, wenn neben den fiskalischen Zweck Lenkungszwecke wie der Umweltschutz hinzutreten, vgl. *Trzaskalik*, StuW 1992, 135, 140 f.

1221 BVerfG v. 27.06.1991 – 2 BvR 1493/89, BVerfGE 84, 239, 268 f.; *Jachmann*, Steuergesetzgebung zwischen Gleichheit und wirtschaftlicher Freiheit, 2000, S. 9; *G. Kirchhof*, DStJG 15 (1993), 3, 20, 22; *Tipke*, Die Steuerrechtsordnung Band II, 2. Aufl. 2003, S. 569 ff.; *Trzaskalik*, StuW 1992, 135, 139.

1222 BVerfG v. 03.05.1995 – 1 BvR 1176/88, BStBl. II 1995, 758, 759; *Arndt/Schumacher*, AöR 118 (1993), 513, 518; *Jachmann*, Steuergesetzgebung zwischen Gleichheit und wirtschaftlicher Freiheit, 2000, S. 9; *Kruse*, StuW 1990, 322, 326; *Müller-Franken*, Maßvolles Verwalten, 2004, S. 255.

Lastengleichheit).[1223] Das gilt insbesondere im Einkommensteuerrecht, das auf die Leistungsfähigkeit des jeweiligen Steuerpflichtigen hin angelegt ist.[1224]

Die für die Lastengleichheit im Einkommensteuerrecht maßgebliche wirtschaftliche und finanzielle Leistungsfähigkeit bemisst der einfache Gesetzgeber nach dem objektiven und subjektiven Nettoprinzip,[1225] vgl. § 2 Abs. 1 bis 5 EStG. Besteuert werden soll nur das disponible Einkommen,[1226] das dem Steuerpflichtigen nach Abzug des erwerbssichernden Aufwandes (objektives Nettoprinzip) und nach Abzug des existenzsichernden, privaten Aufwandes (subjektives Nettoprinzip) verbleibt.[1227]

(a) Objektives Nettoprinzip

Das einkommensteuerrechtliche objektive Nettoprinzip besagt, dass die zu besteuernden Einkünfte als Nettogröße zu ermitteln sind.[1228] Grundsätzlich sind alle Aufwendungen, die durch die Einnahmeerzielung veranlasst sind, als Betriebsausgaben oder Werbungskosten abziehbar, sodass nur das Nettoeinkommen der Einkommensteuer unterworfen wird.[1229] Dementsprechend definiert § 2 Abs. 2 EStG (nur) den Gewinn beziehungsweise den Überschuss der Einnahmen über die Ausgaben als zu besteuernde Einkünfte.[1230]

1223 BVerfG v. 27.06.1991 – 2 BvR 1493/89, BVerfGE 84, 239, 268, 271; v. 04.12.2002 – 2 BvR 400/98, BVerfGE 107, 27, 46; v. 08.06.2004 – 2 BvL 5/00, BVerfGE 110, 412, 433.

1224 BVerfG v. 23.11.1976 – 1 BvR 150/75, BVerfGE 43, 108 120; v. 29.03.2017 – 2 BvL 6/11, BVerfGE 145, 106, 142; v. 19.11.2019 – 2 BvL 22-27/14, DStR 2020, 93, 98; *Tipke*, Die Steuerrechtsordnung Band II, 2. Aufl. 2003, S. 619; *Worgulla*, Die Bruttobesteuerung in der Schedule der Einkünfte aus Kapitalvermögen, 2013, S. 80.

1225 BVerfG v. 08.06.2004 – 2 BvL 5/00, BVerfGE 110, 412, 433; v. 09.12.2008 – 2 BvL 1/07, BVerfGE 122, 210, 233; *Schneider*, DStR-Beih 2009, 87, 88. Zum Begriff des objektiven und subjektiven Nettoprinzips vgl. *Lang*, DStJG 24 (2001), 49, 117 ff.; *Tipke*, Die Steuerrechtsordnung Band II, 2. Aufl. 2003, S. 762 ff.

1226 *Arndt/Schumacher*, AöR 118 (1993), 513, 525; *Lang*, DStJG 24 (2001), 49, 117.

1227 BVerfG v. 09.12.2008 – 2 BvL 1/07, BVerfGE 122, 210, 233; *Arndt/Schumacher*, AöR 118 (1993), 513, 525; *Schaumburg*, StuW 2000, 369, 371; *Tipke*, Die Steuerrechtsordnung Band II, 2. Aufl. 2003, S. 762 f.; *Weber-Grellet*, in: Schmidt, EStG, 39. Aufl. 2020, § 2 Rn. 1.

1228 *Schneider*, DStR-Beih 2009, 87, 88.

1229 *Tipke*, Die Steuerrechtsordnung Band II, 2. Aufl. 2003, S. 763 ff.; *Weber-Grellet*, in: Schmidt, EStG, 39. Aufl. 2020, § 2 Rn. 10.

1230 Vgl. *Schaumburg*, StuW 2000, 369, 371 f.; *Schneider*, DStR-Beih 2009, 87, 88; *Weber-Grellet*, in: Schmidt, EStG, 39. Aufl. 2020, § 2 Rn. 10.

Nach dem objektiven Nettoprinzip sind Erwerbseinnahmen mit den notwendigen Erwerbsaufwendungen zu saldieren. Notwendige Erwerbsaufwendungen liegen vor, wenn sich der Steuerpflichtige diesen bei pflichtgemäßer Ausübung der Erwerbstätigkeit nicht entziehen kann.[1231]

(b) Subjektives Nettoprinzip

Das subjektive Nettoprinzip verlangt den Abzug der unvermeidbaren (zwangsläufigen) Privataufwendungen von der steuerlichen Bemessungsgrundlage.[1232] Was der Steuerschuldner für die eigene Existenz sowie für die Existenz von ihm gegenüber Unterhaltsberechtigten benötigt,[1233] kann er nicht gleichzeitig zum Steuerzahlen verwenden.[1234] Insoweit gilt das Verfassungsgebot der steuerlichen Verschonung des Existenzminimums des Steuerpflichtigen und seiner unterhaltsberechtigten Familie.[1235] Der hierfür existenznotwendige Aufwand muss in angemessener, realitätsgerecht bestimmter Höhe von der Einkommensteuer freigestellt werden.[1236] Umgesetzt wird dieses Prinzip im Einkommensteuerrecht durch den Grundfreibetrag, bis zu dessen Höhe das zu versteuernde Einkommen nicht der Einkommensteuer unterworfen wird, den Kinderfreibeträgen sowie der Gewährung von Sonderausgaben und außergewöhnlichen Belastungen.[1237]

(2) Das Gebot der Folgerichtigkeit

Im Zuge der Ausgestaltung wird dem Gesetzgeber bei der Auswahl des Steuergegenstandes sowie bei der Bestimmung des Steuersatzes ein weitreichender Entscheidungsspielraum zugestanden.[1238] Das Verfassungsgebot der gleichmäßigen Besteuerung nach der wirtschaftlichen Leistungsfähigkeit verlangt jedoch grundsätzlich, dass die Steuern mit ihren Bemessungsgrundlagen an Größen

---

1231 *Schneider*, DStR-Beih 2009, 87, 91.

1232 *Tipke*, Die Steuerrechtsordnung Band II, 2. Aufl. 2003, S. 785 ff.

1233 Zum familiären Existenzminimum vgl. *Arndt/Schumacher*, AöR 118 (1993), 513, 574.

1234 *Tipke*, Die Steuerrechtsordnung Band II, 2. Aufl. 2003, S. 785.

1235 BVerfG v. 29.05.1990 – 1 BvL 20/84, BVerfGE 82, 60, 82; v. 04.12.2002 – 2 BvR 400/98, BVerfGE 107, 27, 48; 08.06.2004 – 2 BvL 5/00, BVerfGE 110, 412, 433.

1236 Vgl. hierzu umfassend BVerfG v. 10.11.1998 – 2 BvL 42/93, BVerfGE 99, 246, 259 f.; *Lang*, DStJG 24 (2001), 49, 121 f.

1237 Vgl. *Schaumburg*, StuW 2000, 369, 371; sowie umfassend *Tipke*, Die Steuerrechtsordnung Band II, 2. Aufl. 2003, S. 797 ff.

1238 BVerfG v. 07.11.2006 – 1 BvL 10/02, BVerfGE 117, 1, 30; v. 12.10.2010 – 1 BvL 12/07, BVerfGE 127, 224, 245.

anknüpfen, die die wirtschaftliche Leistungsfähigkeit möglichst genau abbilden.[1239] Nur so ist auch ein gleichmäßiger und systemgerechter Belastungserfolg realisierbar.[1240] Der Grundsatz der gleichmäßigen Besteuerung nach der wirtschaftlichen Leistungsfähigkeit ist folglich schon bei der Bestimmung von Gegenstand und Grundtatbestand einer Steuer zu beachten.[1241]

Eine einmal getroffene Belastungsentscheidung muss sodann folgerichtig im Sinne der Belastungsgleichheit umgesetzt werden.[1242] Die im Ausgangstatbestand getroffenen Besteuerungsprinzipien müssen mithin konsequent in der Folgegesetzgebung eingehalten werden.[1243] Wesentlicher Ausfluss der Besteuerungsgleichheit ist das Erfordernis steuergesetzlicher Systemgerechtigkeit, die sowohl innerhalb einer Steuerart als auch bezogen auf das Gesamtsteuersystem gilt.[1244] Ein Einzelsteuergesetz muss daher systemgerecht zum Gesamtsteuersystem und systemgerecht innerhalb einer Steuerart umgesetzt werden.[1245]

Dem Gesetzgeber obliegt grundsätzlich die Entscheidung, ob der Steuertarif progressiv oder linear (proportional) ausgestaltet sein soll.[1246] Auch ein proportionaler Steuersatz, der auf die Summe von Einkünften erhoben wird, orientiert sich an der Leistungsfähigkeit des Steuerpflichtigen, da sich in der Steuerbemessungsgrundlage seine erzielten Leistungen widerspiegeln.[1247] Der progressive Steuertarif ist Ausdruck des Sozialstaatsprinzips, da durch die Progression die Leistungsstärkeren einem erhöhten Steuersatz unterliegen und damit letztlich die Finanzierung der Leistungsschwachen unterstützen.[1248] Im Einkommensteuerrecht hat sich der Gesetzgeber in seiner Ausgangsentscheidung (vor

---

1239 *Trzaskalik*, StuW 1992, 135, 141.

1240 BVerfG v. 29.03.2017 – 2 BvL 6/11, BVerfGE 145, 106, 143 f. m. w. N.

1241 So auch *Jachmann*, Steuergesetzgebung zwischen Gleichheit und wirtschaftlicher Freiheit, 2000, S. 23 f.

1242 Ständige Rechtsprechung, vgl. z. B. BVerfG v. 27.06.1991 – 2 BvR 1493/89, BVerfGE 84, 239, 271; v. 06.07.2010 – 2 BvL 13/09, BVerfGE 126, 268, 278 m. w. N.; BFH v. 10.09.2015 – IV R 8/13, BFHE 251, 25, 27 f.; v. 19.11.2019 – 2 BvL 22-27/14, DStR 2020, 93, 98; sowie *Brandt*, in: Festschrift Bundesfinanzhof, Band I, 2018, S. 289, 293.

1243 Vgl. *Eckhoff*, Rechtsanwendungsgleichheit im Steuerrecht, 1999, S. 172.

1244 *Hey*, in: Tipke/Lang, Steuerrecht, 23. Aufl. 2018, § 3 Rn. 119; *Jachmann*, Steuergesetzgebung zwischen Gleichheit und wirtschaftlicher Freiheit, 2000, S. 23; *Weber-Grellet*, StuW 1993, 97, 102 f.

1245 Vgl. *Drüen*, StuW 2008, 3, 9.

1246 BVerfG v. 18.01.2006 – 2 BvR 2194/99, BVerfGE 115, 97, 117; *Tipke*, Die Steuerrechtsordnung Band II, 1. Aufl. 2000, S. 403.

1247 *Tipke*, Die Steuerrechtsordnung Band II, 2. Aufl. 2003, S. 867.

1248 *Tipke*, Die Steuerrechtsordnung Band II, 2. Aufl. 2003, S. 868.

Erlass des Unternehmensteuerreformgesetzes 2008[1249]) dafür entschieden, dass alle Einkunftsarten die gleiche Leistungsfähigkeit repräsentieren[1250] und einheitlich mit dem progressiven Einkommensteuertarif in § 32a EStG besteuert werden.[1251] Die synthetische Einkommensteuer[1252] behandelt grundsätzlich alle Einkünfte gleich und lässt nach dem objektiven Nettoprinzip in der Regel alle Erwerbsaufwendungen zum Abzug zu.[1253] Es handelt sich grundsätzlich um eine Einheitssteuer, die nach einem einheitlichen Tarif verlangt.[1254]

Mit der Einführung einer Abzugsteuer mit einem festen Steuersatz auf Vermietungseinnahmen, die über Sharing-Economy-Plattformen erzielt werden, liegt eine im Verhältnis zu anderen Vermietungen und anderen Einkunftsarten ungleiche Besteuerung vor, die sich nicht mehr an der finanziellen Leistungsfähigkeit orientiert.[1255] Denn sowohl die Bemessungsgrundlage des objektbezogenen Steuerabzugs als auch der Steuersatz der Abzugsteuer treffen zum regulären System abweichende Bestimmungen. Die Abzugsteuer bemisst sich nach einem einheitlichen Steuersatz, der für alle Steuerpflichtigen gilt, ohne persönliche Merkmale zu berücksichtigen und unabhängig von der Steuertarifregelung des § 32a EStG, nach der individuelle Steuersätze zu ermitteln sind. Durch die pauschalierte Abzugsteuer werden also persönliche Abzugsbeträge der Online-Vermieter (wie Grundfreibetrag, negative Einkünfte anderer Einkunftsarten, individuelle Werbungskosten, Sonderausgaben oder außergewöhnliche Belastungen) nicht berücksichtigt.

Allerdings ist der Gesetzgeber von Verfassungs wegen nicht gehindert, ein einmal normiertes System auch wieder aufzugeben und zu ändern.[1256] Das

---

1249 Unternehmensteuerreformgesetz 2008 v. 14.08.2007, BGBl. I 2007, S. 1912.

1250 *Buge*, in: Herrmann/Heuer/Raupach, EStG/KStG, 294. EL, 10/2019, § 20 Rn. 8.

1251 *Englisch*, Die Abgeltungsteuer für private Kapitalerträge – ein verfassungswidriger Sondertarif, 2016, S. 10.

1252 Vgl. § 2 Abs. 1, 2 EStG; BVerfG v. 07.12.1999 – 2 BvR 301/98, BVerfGE 101, 297; *Hey*, in: Tipke/Lang, Steuerrecht, 23. Aufl. 2018, § 8 Rn. 1.

1253 Vgl. § 2 Abs. 2 EStG; BVerfG v. 12.10.2010 – 1 BvL 12/07, BVerfGE 217, 224; *Drüen*, StuW 2008, 3, 10; *G. Kirchhof*, DStJG 40 (2017), 47, 74; *Tipke*, Die Steuerrechtsordnung Band II, 2. Aufl. 2003, S. 762 ff.

1254 *Tipke*, Die Steuerrechtsordnung Band II, 2. Aufl. 2003, S. 868.

1255 Vgl. zur abgeltenden Kapitalertragsteuer *Buge*, in: Herrmann/Heuer/Raupach, EStG/KStG, 294. EL, 10/2019, § 20 Rn. 8; *Englisch*, StuW 2007, 221, 224; *Hey*, BB 2007, 1303, 1304; *Worgulla*, Die Bruttobesteuerung in der Schedule der Einkünfte aus Kapitalvermögen, 2013, S. 90.

1256 BVerfG v. 09.12.2008 – 2 BvL 1/07, BVerfGE 122, 210, 241 f.

Grundgesetz darf die Steuerrechtsordnung nicht versteinern.[1257] Daher kann auch das Gebot der Folgerichtigkeit einen Systemwechsel nicht verbieten.[1258] Durchbrechungen des Systems bedürfen aber einer besonderen Rechtfertigung mit strenger Rechtfertigungsprüfung.[1259]

Es ist zu prüfen, ob ein Systemwechsel gewollt war[1260] und verschiedene Ungleichbehandlungen widerspruchsfrei zusammenpassen sowie innerhalb eines vertretbaren Konzepts aufeinander abgestimmt sind.[1261] Dies ist bei der Einführung eines Abzugsteuersystems für Transaktionen über Sharing-Economy-Plattformen zu verneinen. Ihr Ziel ist es gerade, die Besteuerung der auf diesen Plattformen aktiven Leistungsanbieter nach dem bisher geltenden Steuersystem sicherzustellen und die Gleichmäßigkeit der Besteuerung der Plattformnutzer im Verhältnis zu anderen Steuerpflichtigen zu gewährleisten. Ein Systemwechsel in der Einkommensbesteuerung soll damit nicht verbunden sein.

Zu beachten ist aber, dass der Abzugsteuer ohne Abgeltungswirkung nur eine Vorauszahlungswirkung zukommt, die sich nicht auf die Besteuerung nach der Veranlagung auswirkt. Wie bereits angekündigt, soll an dieser Stelle zunächst nur die anrechenbare Abzugsteuer ohne Abgeltungswirkung beleuchtet werden und die Abgeltungswirkung anschließend getrennt untersucht werden. Soll der Abzugsteuer keine Abgeltungswirkung zukommen, muss also nicht ein etwaiger Systemwechsel auf seine verfassungsrechtliche Zulässigkeit überprüft werden, sondern im Fokus steht die Wirkung der vor der Veranlagung bereits entstehenden und fälligen Abzugsteuer – also ihr Charakter als Vorauszahlung. Obgleich die Belastung durch die Anrechnungswirkung zwar nur von vorübergehender Natur ist und mit der Veranlagung ausgeglichen wird, entstehen dem Steuerpflichtigen auch durch die Erhebung von Abzugsteuern Liquiditäts- und Zinsnachteile,[1262] sodass auch von der anrechenbaren Abzugsteuer ausgehend eine Belastungswirkung festzustellen ist.

1257 *Eckhoff*, FR 2007, 989, 993 f.

1258 *Birk*, StuW 2000, 328, 334; *Drüen*, StuW 2008, 3, 9; *Eckhoff*, FR 2007, 989, 993 f.; *Jachmann*, BB 2003, 2712, 2716.

1259 *Tipke*, Die Steuerrechtsordnung Band II, 2. Aufl. 2003, S. 868.

1260 *Englisch*, Die Abgeltungsteuer für private Kapitalerträge – ein verfassungswidriger Sondertarif, 2016, S. 11.

1261 BVerfG v. 21.06.2006 – 2 BvL 2/99, BVerfGE 116, 164, 181 f.; v. 09.12.2008 – 2 BvL 1/07, BVerfGE 122, 210, 242; *Birk*, StuW 2000, 328, 334.

1262 *Drenseck*, StuW 2000, 452, 454; *Goez*, Die Quellensteuer als Erhebungsform der Einkommensteuer, 1993, S. 130; *Hey*, in: Festschrift Kruse, 2001, S. 269, 281 f.; *Schaumburg*, StuW 2000, 369, 371 f.

(3) *Ungleichbehandlung durch unterschiedliche Bemessung der Einkommensteuervorauszahlungen*

Als Vergleichsgruppe zu den der Abzugsteuer unterliegenden Online-Vermietern sind hier die übrigen Einkommensteuerpflichtigen sowie insbesondere diejenigen Vermieter heranzuziehen, die ihre Unterkünfte nicht über Sharing-Economy-Plattformen vermieten und damit nicht der Abzugsteuer unterfallen. Für diese bemessen sich die Einkommensteuervorauszahlungen nach der Steuer des zuletzt festgesetzten Veranlagungszeitraums (vgl. § 37 Abs. 3 S. 2 EStG), also regelmäßig der Steuer des Vorjahres, die bei laufenden Mindereinkommen auch angepasst werden können (§ 37 Abs. 3 S. 3 EStG).[1263] Die nach § 37 Abs. 3 EStG berechneten Vorauszahlungen orientieren sich mithin an einer wirklichkeitsgerechten und gegenwartsnahen Höhe der Einkommensteuerschuld. Bei einer pauschalierten Abzugsteuer dagegen werden die Einkünfte des Vorjahres bzw. die neben den Online-Einkünften bestehenden Einkünfte und individuelle Steuerabzugsmerkmale der Online-Vermieter nicht berücksichtigt. Die Abzugsteuer kann daher über einem entsprechenden Vorauszahlungsbetrag im Sinne von § 37 Abs. 3 EStG liegen und fällt überdies nicht erst mit Ablauf eines Vorauszahlungszeitraums an, sondern bei Durchführung der die Abzugsteuer auslösenden Transaktion. Insgesamt ist hierin eine relevante Ungleichbehandlung einer Abzugsteuer im Vergleich zur regulär nach § 37 Abs. 3 EStG zu berechnenden Vorauszahlung zu erkennen.[1264]

bb) *Rechtfertigung der Ungleichbehandlung*

Die Ungleichbehandlung, die aus der unterschiedlich bemessenen Abzugsteuer der über Sharing-Economy-Plattformen aktiven Online-Vermieter im Verhältnis zur Einkommensteuervorauszahlungshöhe der anderen Vermieter resultiert, müsste gerechtfertigt sein. Der Gesetzgeber hat zwar einen Gestaltungsspielraum,

---

1263 *G. Kirchhof*, Die Erfüllungspflichten des Arbeitgebers im Lohnsteuerverfahren, 2005, S. 193.

1264 Vgl. BVerfG v. 10.04.1997 – 2 BvL 77/92, BVerfGE 96, 1, 7 zum monatlichen Lohnsteuerabzug im Verhältnis zur vierteljährlichen Einkommensteuervorauszahlung bei anderen Einkünften sowie BFH v. 29.04.1992 – VI B 152/91, BFHE 167, 152, 155 ff. zur Ungleichbehandlung infolge einer eingeschränkten Eintragungsmöglichkeit im Lohnsteuerabzugsverfahren nach § 39a Abs. 1 Nr. 5 EStG a. F. Vgl. in Bezug zum Quellensteuerabzug *Hey*, in: Festschrift Kruse, 2001, S. 269, 281; sowie zum Lohnsteuerabzug *G. Kirchhof*, Die Erfüllungspflichten des Arbeitgebers im Lohnsteuerverfahren, 2005, S. 193.

um diejenigen Sachverhalte auszuwählen, an die er dieselben Rechtsfolgen knüpft und die er damit als rechtlich gleich qualifiziert und welche er daraufhin unterschiedlich behandeln möchte. Diese Auswahl muss er aber sachgerecht treffen.[1265] Wie bei der Prüfung der Ungleichbehandlung durch die Indienstnahme der Plattformbetreiber bereits festgestellt, bedürfen Differenzierungen stets der Rechtfertigung durch Sachgründe, die dem Differenzierungsziel und dem Ausmaß der Ungleichbehandlung angemessen sind.[1266] Dabei ergeben sich je nach Regelungsgegenstand und Differenzierungsmerkmalen für den Gesetzgeber unterschiedliche Grenzen, die vom bloßen Willkürverbot bis zu einer strengen Bindung an Verhältnismäßigkeitserfordernisse reichen.[1267]

(1) Legitimität einer pauschalierten Vorauszahlungspflicht für Online-Vermieter

Die Belastung der über Sharing-Economy-Plattformen aktiven Online-Vermieter mit einer (ungleichen) pauschalierten Vorauszahlungspflicht darf nicht willkürlich sein. Es bedarf hierfür zunächst eines legitimen Rechtfertigungsgrundes, der geeignet, erforderlich und angemessen ist, die Ungleichbehandlung sachlich zu rechtfertigen.

Als sachlicher Rechtfertigungsgrund kommt auch hier der grundsätzlich legitime Grund der Erhöhung der Vollzugsgerechtigkeit, die die Gleichmäßigkeit der Besteuerung und des Wettbewerbs gewährleisten soll, in Betracht.[1268]

Bei einer besonderen Form der Steuererhebung durch eine Abzugsbesteuerung auf bestimmte Einkünfte, sind die Eigenheiten dieser Einkünfte in Bezug auf die anderen Einkünfte zu analysieren und bewerten.[1269] Die Einkommensteuer ist in ihrer Ausgestaltung als Jahressteuer (§ 2 Abs. 7 S. 1 EStG) konzipiert, die nach Ablauf des Kalenderjahres veranlagt wird (§ 25 Abs. 1 EStG) und auch

1265 BVerfG v. 20.12.1966 – 1 BvR 320/57, BVerfGE 21, 12, 26; v. 15.12.2015 – 2 BvL 1/12, BVerfGE 141, 1, 38.

1266 S. o. auf S. 238 ff.

1267 Vgl. hierzu die Ausführungen auf S. 238 f.

1268 Vgl. zur Legitimität der Sicherstellung eines gleichmäßigen Steuervollzugs als Rechtfertigungsgrund BVerfG v. 10.04.1997 – 2 BvL 77/92, BVerfGE 96, 1, 7 f.; BFH v. 20.11.2018 – VIII R 45/15, BFHE 263, 175, 184; *Englisch*, StuW 2007, 221, 225 f.; *Goez*, Die Quellensteuer als Erhebungsform der Einkommensteuer, 1993, S. 163; *Treml*, Die Bruttobesteuerung bei der Abgeltungsteuer auf Einkünfte aus Kapitalvermögen, 2014, S. 108 f., 115.

1269 Vgl. BVerfG v. 14.10.1970 – 1 BvR 307/68, BVerfGE 29, 221, 237; v. 10.04.1997 – 2 BvL 77/92, BVerfGE 96, 1, 8.

erst zu diesem Zeitpunkt entsteht (§ 36 Abs. 1 EStG). Die Belastungsgleichheit muss daher (erst) nach Ablauf des Erhebungszeitraums erreicht werden.[1270] Da Abzugsteuern wie Vorauszahlungen bei der Durchführung der Veranlagung mit der Steuerschuld verrechnet werden, ergeben sich insoweit keine Bedenken. Betrachtet man die möglichen Erhebungsarten der Einkommensteuer im Verhältnis zueinander, ist festzustellen, dass das Quellensteuersystem die wirksamste Form eines gegenwartsnahen Gesetzesvollzugs bietet. Denn die Quellensteuer wird bei der Realisierung des steuerpflichtigen Tatbestands unmittelbar erhoben und dem Steuerpflichtigen als Vorauszahlung auf die von ihm endgültig geschuldete Einkommensteuer angerechnet.[1271]

Die Einführung eines Abzugsteuersystems, das die Plattformbetreiber von Sharing-Economy-Plattformen im Bereich der Unterkunftsvermittlung zum Einbehalt und Abführen der Abzugsteuer verpflichtet, ist mithin als Sicherungsmittel zum gegenwartsnahen Gesetzesvollzug geeignet. Die Erhebung der Abzugsteuer ist auch erforderlich, da die Gleichmäßigkeit der Besteuerung im Bereich der Online-Vermietung über Sharing-Economy-Plattformen auf andere – mildere – Weise nicht, insbesondere nicht über das bisher ausgestaltete Veranlagungsverfahren, gewährleistet werden kann.[1272] Allein deshalb, weil eine Abzugsbesteuerung bei anderen Einkünften nicht möglich oder gesetzlich nicht vorgesehen ist, ist der Gesetzgeber nicht grundsätzlich für alle Einkunftsarten auf die für den Steuerpflichtigen mildeste Steuererhebungsform (wie die Steuererhebung durch Veranlagung) beschränkt.[1273] Bei der Wahl der Steuererhebungsform ist vielmehr auch deren Erhebungserfolg einzubeziehen.[1274] Der

---

1270 BVerfG v. 10.04.1997 – 2 BvL 77/92, BVerfGE 96, 1, 7.

1271 Vgl. z. B. BVerfG v. 27.06.1991 – 2 BvR 1493/89, BVerfGE 84, 239, 281, 282 f.; v. 10.04.1997 – 2 BvL 77/92, BVerfGE 96, 1, 7 f.; v. 09.03.2004 – 2 BvL 17/02, BVerfGE 110, 94, 113 f., 134; *Breithecker/Garden/Thönnes*, DStR 2007, 361, 362; *Frizen*, Das Deklarationsprinzip im Einkommensteuerrecht, 2009, S. 141 ff.; *Goez*, Die Quellensteuer als Erhebungsform der Einkommensteuer, 1993, S. S. 118; *Heuermann*, FR 2013, 354, 358 f.; *Hey*, in: Festschrift Kruse, 2001, S. 269, 278 ff.; *G. Kirchhof*, Die Erfüllungspflichten des Arbeitgebers im Lohnsteuerverfahren, 2005, S. 172 f.; *Rehm*, StuW 1984, 230, 233; *Seer*, FR 2012, 1000, 1002; *Tipke*, Die Steuerrechtsordnung Band III, 2. Aufl. 2012, S. 1465.

1272 Vgl. zur Vollzugsproblematik des bisherige Veranlagungssystems die Ausführungen unter Teil 3 auf S. 131 ff. sowie zur Effektivität eines Abzugsteuersystems die Ausführungen auf S. 196 ff.

1273 Vgl. BVerfG v. 10.04.1997 – 2 BvL 77/92, BVerfGE 96, 1, 8.

1274 *Tipke*, Die Steuerrechtsordnung Band III, 2. Aufl. 2012, S. 1409.

Erhebungserfolg derjenigen Einkommensteuer, die über einen Quellensteuerabzug erzielt wird, liegt quantitativ weit über der veranlagten Einkommensteuer und wird daher als das effektivste Erhebungsverfahren erachtet.[1275] Die Erhebung der Einkommensteuer durch das Veranlagungsverfahren ist mithin nicht das relativ mildeste Mittel.

Die Einführung einer Abzugsteuer ist hier somit grundsätzlich legitim und zur Erreichung eines gleichmäßigen Steuervollzugs geeignet und erforderlich.

(2) Angemessenheit eines objektbezogenen Abzugsteuersystems

Allerdings muss auch die konkrete Ausgestaltung des Abzugsteuersystems zur Sicherung des Steueraufkommens erforderlich und angemessen sein. Das Abzugsteuersystem soll der Sicherung der aus der Online-Vermietung über Sharing-Economy-Plattformen entstehenden Steueransprüche dienen. Die Besicherung des Steueranspruchs darf allerdings nicht weiter gehen, als es der mit ihr verfolgte Zweck erfordert.

Im Rahmen der Rechtmäßigkeitsprüfung der Indienstnahme der Plattformbetreiber zum Steuerabzug musste festgestellt werden, dass den Plattformbetreibern nur ein objektbezogener, automatisiert durchführbarer Steuerabzug unter Verhältnismäßigkeitsgesichtspunkten zugemutet werden kann. Mit der objektbezogenen Abzugsteuer können individuelle Merkmale der Online-Vermieter aber gerade nicht berücksichtigt werden. Hieraus folgt, dass die Abzugsteuer in einigen Fällen im Verhältnis zur tatsächlichen Einkommensteuerschuld zu hoch ausfallen wird. Es ist zwar möglich, eine Anpassung der (übrigen) Vorauszahlungen in der Gestalt vorzunehmen, dass die Abzugsteuer als Vorauszahlung berücksichtigt wird. Die Abzugsteuer erfasst aber auch diejenigen Fälle, für die nach § 37 EStG keine Vorauszahlungen festzusetzen wären. Dies betrifft insbesondere die Steuerpflichtigen, deren Summe der Einkünfte maßgeblich durch Einkünfte aus nichtselbständiger Arbeit nach § 19 EStG bestimmt wird und die damit bereits insoweit dem Lohnsteuerabzug unterliegen, sowie Steuerpflichtige, deren zu versteuerndes Einkommen unter dem Grundfreibetrag liegt. In diesen Fällen liegt eine „Übersicherung" vor, die vom Rechtfertigungsgrund der Sicherung des Steueranspruchs nicht erfasst ist.[1276]

1275 Vgl. z. B. BVerfG v. 10.04.1997 – 2 BvL 77/92, BVerfGE 96,1, 7 f.; BFH v. 20.11.2018 – VIII R 45/15, BFHE 263, 175, 184; *Tipke*, Die Steuerrechtsordnung Band III, 2. Aufl. 2012, S. 1409.

1276 Zur Übersicherungsproblematik beim Quellensteuerabzug vgl. z. B. *Hey*, in: Festschrift Kruse, 2001, S. 269, 281 f.

(a) Typisierungsbefugnis des Gesetzgebers

Bei einer objektbezogenen Abzugsteuer mit einem fixen Steuersatz wird eine bestimmte Steuersatzhöhe, individuelle Besteuerungsmerkmale sowie die Nichtabzugsfähigkeit verschiedener Werbungskosten aus Vereinfachungsgründen typisiert. Zur Ordnung von Massenerscheinungen ist der Gesetzgeber zu generalisierenden Typisierungen berechtigt und darf dabei den Einzelfall außer Acht lassen, auch wenn damit unvermeidlich Härten verbunden sind.[1277] Letztlich erfordern allgemein gültige und generelle Gesetz eine Verallgemeinerung.[1278] Gesetzliche Typisierung bedeutet dabei, bestimmte in wesentlichen Elementen gleich geartete Lebenssachverhalte normativ zusammenzufassen.[1279] Eine zulässige Typisierung setzt voraus, dass eine Vielzahl von Einzelfällen in einem Gesamtbild erfasst werden, das möglichst weit ist und alle betroffenen Gruppen und Regelungsgegenstände einschließt und dabei aber die regelungsbedürftigen Sachverhalte nach der allgemeinen Lebenserfahrung zutreffend wiedergibt.[1280] Begünstigungen oder Belastungen können in einer gewissen Bandbreite zum Zweck der Verwaltungsvereinfachung nach oben und unten pauschalierend bestimmt werden, sofern kein atypischer Fall als Leitbild gewählt wird, sondern der typische Fall realitätsgerecht als Maßstab zugrunde gelegt wird.[1281] Bei einer realitätsgerechten Ausgestaltung eines Abzugsteuersystems ist also zu beachten, dass für den Regelfall des objektbezogenen Steuerabzugs, der der Sicherung des

---

1277 Vgl. BVerfG v. 31.05.1990 – 2 BvL 12/88, BVerfGE 82, 159, 186; v. 08.10.1991 – 1 BvL 50/86, BVerfGE 84, 348, 359 f.; v. 10.04.1997 – 2 BvL 77/92, BVerfGE 96,1, 6; v. 09.12.2008 – 2 BvL 1/07, BVerfGE 122, 210, 232; v. 29.03.2017 – 2 BvL 6/11, BVerfGE 145, 106, 145; v. 19.11.2019 – 2 BvL 22-27/14, DStR 2020, 93, 98; *G. Kirchhof*, DStJG 40 (2017), 47, 78 ff.

1278 BVerfG v. 10.04.1997 – 2 BvL 77/92, BVerfGE 96,1, 6; v. 09.12.2008 – 2 BvL 1/07, BVerfGE 122, 210, 232; *G. Kirchhof*, DStJG 40 (2017), 47, 74.

1279 BVerfG v. 09.12.2008 – 2 BvL 1/07, BVerfGE 122, 210, 232; v. 19.11.2019 – 2 BvL 22-27/14, DStR 2020, 93, 98; *Eckhoff*, Rechtsanwendungsgleichheit im Steuerrecht, 1999, S. 87.

1280 BVerfG v. 28.06.1960 – 2 BvL 19/59, BVerfGE 11, 245, 254; v. 10.04.1997 – 2 BvL 77/92, BVerfGE 96,1, 6; v. 09.12.2008 – 2 BvL 1/07, BVerfGE 122, 210, 232; v. 07.05.2013 – 2 BvR 909/06, BVerfGE 133, 377, 412; v. 19.11.2019 – 2 BvL 22-27/14, DStR 2020, 93, 99.

1281 BVerfG v. 21.06.2006 – 2 BvL 2/99, BVerfGE 116, 164, 182 f.; v. 09.12.2008 – 2 BvL 1/07, BVerfGE 122, 210, 232 f.; v. 06.07.2010 – 2 BvL 13/09, BVerfGE 126, 268, 279; v. 04.07.2012 – 2 BvC 1/11, BVerfGE 132, 39, 49; v. 07.05.2013 – 2 BvR 909/06, BVerfGE 133, 377, 412; v. 05.11.2014 – 2 BvF 3/11, BVerfGE 137, 350, 375; v. 29.03.2017 – 2 BvL 6/11, BVerfGE 145, 106, 146.

Steueranspruchs zu dienen bestimmt ist, das Übermaßverbot beachtet und eine Übersicherung vermieden wird.

(b) Grenze der Übersicherung bei einem objektbezogenen Steuerabzug

Grundsätzlich gilt, dass Typsierungen zur Erreichung ihres Ziels erforderlich sein müssen. Das heißt, die Typisierung muss als relativ schonendstes Mittel notwendig sein, um das verwaltungspragmatische Ziel zu verwirklichen und im rechten Verhältnis zu der mit ihr notwendig verbundenen Ungleichheit der Belastung stehen.[1282] Der durch den Gewinn an Praktikabilität gewonnene Vorteil im Steuervollzug muss gegenüber dem durch Verzicht auf Einhaltung des Gleichmaßes im Einzelfall hervorgerufenen Nachteil überwiegen.[1283]

Die Sicherung des Steueranspruchs darf dabei im Hinblick auf das Übermaßverbot grundsätzlich nur in Höhe der späteren Steuerschuld erfolgen.[1284] Wird eine überhöhte Abzugsteuer erhoben und dadurch auf Einkünfte eine Vorauszahlung gleistet, die den tatsächlichen Steueranspruch, der sich im Rahmen einer Veranlagung der entsprechenden Einkünfte ergeben würde, übersteigt, ist in Höhe der Überzahlung eine Sicherung nicht notwendig.

Bei einer subjektbezogenen Abzugsteuer – wie beispielsweise der Lohnsteuer – können Übersicherungen durch die Berücksichtigung individueller Besteuerungsmerkmale im Rahmen des Steuerabzugs (relativ problemlos) verhindert werden. Beim Lohnsteuerabzug besteht zum Beispiel die Möglichkeit, steuermindernde Tatsachen auf der Lohnsteuerkarte eintragen zu lassen (§§ 39, 39a EStG), sodass den persönlichen Verhältnissen des Steuerschuldners bereits bei der Vornahme des Lohnsteuerabzugs Rechnung getragen wird.[1285] Dies ist bei einer objektbezogenen Abzugsbesteuerung, bei der individuelle Verhältnisse des Steuerschuldners nicht berücksichtigt werden, gerade nicht möglich. Als Erhebungstechnik kommt eine objektbezogene Abzugsteuer daher sinnvollerweise nur in den Fällen in Betracht, in denen das Verhältnis zwischen Einnahmen und

---

1282 Vgl. BVerfG v. 20.04.2004 – 1 BvR 1748/99, BVerfGE 110, 274, 292; v. 05.11.2014 – 1 BvF 3/11, BVerfGE 137, 350, 375; *Brandt*, in: Festschrift Bundesfinanzhof, Band I, 2018, S. 289, 294.*Isensee*, Die typisierende Verwaltung, 1976, S. 167 f.

1283 *Eckhoff*, Rechtsanwendungsgleichheit im Steuerrecht, 1999, S. 90.

1284 *Drenseck*, StuW 2000, 452, 454 f.; *Hey*, in: Festschrift Kruse, 2001, S. 269, 281; *Seer*, FR 2004, 1037, 1042.

1285 *Eckhoff*, Rechtsanwendungsgleichheit im Steuerrecht, 1999, S. 406; *Hey*, in: Festschrift Kruse, 2001, S. 269, 279, 285. Zur Entwicklung und Anpassung der Eintragungsmöglichkeit an das Vorauszahlungsverfahren des § 37 EStG und zu verbleibenden Defiziten vgl. *Drenseck*, StuW 2000, 452, 453 ff.

zu versteuerndem Einkommen für alle Steuerschuldner relativ konstant ist. Nur dann ist auch über die Erhebung eines festen Proportionalsteuersatzes auf die (Brutto-)Einnahmen eine Orientierung der Abzugsteuer an der tatsächlichen Steuerschuld möglich und ein realitätsgerechter Steuerabzug erreichbar.[1286]

Kann ein konstantes Verhältnis zwischen Einnahmen und Aufwendungen nicht festgestellt werden, kann eine Übersicherung nur durch die Verwendung eines niedrig bemessenen Abzugsteuersatzes ausgeschlossen beziehungsweise als zumutbar bewertet werden.[1287] Die Erhebung der Steuer stellt somit in diesen Fällen nur eine Grundsicherung des Steueranspruchs dar, die aber auch die Gleichmäßigkeit der Besteuerung jedenfalls fördert und damit zur Zweckerreichung nicht ungeeignet ist.

Bei den über Sharing-Economy-Plattformen erzielten Online-Vermietungseinkünften stehen sich Einnahmen und Aufwand grundsätzlich nicht in einem konstanten Verhältnis gegenüber.[1288] Denn hinsichtlich der Abzugsfähigkeit von Aufwendungen muss differenziert werden, ob eine Unterkunft ausschließlich, teilweise oder nur bei Gelegenheit der eigenen Abwesenheit Vermietungszwecken dient beziehungsweise, ob sie auch zu eigenen privaten Zwecken genutzt wird. Ferner ist abzugrenzen, ob es sich um eine im Eigentum befindliche Unterkunft handelt oder um eine angemietete. Hinzu kommt, dass sich je nach Einkunftsart (gewerbliche Einkünfte nach § 15 EStG oder solche aus Vermietung und Verpachtung nach § 21 EStG) unterschiedliche Abzugsposten ergeben.[1289] Insgesamt bleibt festzuhalten, dass das Verhältnis zwischen Einnahmen und Ausgaben zwar für die verschiedenen Konstellationen ermittelbar, allerdings ihr Verhältnis in den verschiedenen Fallgruppen nicht konstant ist. Um Übersicherungen zu vermeiden, muss daher ein niedriger Abzugsteuersatz gewählt werden.

Bei der konkreten Ausgestaltung des Abzugsteuertatbestandes ist auch die Gewährung eines Steuerfreibetrags in Form einer Freigrenze, eines Freibetrags oder eines Pauschbetrags sowie deren Berücksichtigung über Steuerfreistellungsanträge zu bedenken.[1290] Plausibel und praktisch in einem automatisierten

1286 So auch *Fetzer/Spengel/Dinger/Werner*, StuW 2020, 106, 117; *Hey*, in: Festschrift Kruse, 2001, S. 269, 284.

1287 *Hey*, in: Festschrift Kruse, 2001, S. 269, 279.

1288 Vgl. *Fetzer/Spengel/Dinger/Werner*, StuW 2020, 106, 117.

1289 Siehe zum Ganzen die Ausführungen unter Teil 2 auf S. 69 ff.

1290 Vgl. hierzu BVerfG v. 27.06.1991 – 2 BvR 1493/89, BVerfGE 84, 239, 283 zur Einführung einer Quellensteuer bei der Besteuerung der Kapitaleinkünfte.

Verfahren umsetzbar könnte auch die Berücksichtigung bestimmter direkt der Vermietungstätigkeit zuordenbarer Aufwendungen sein, die bei jeder kurzfristigen Vermietung anfallen, wie beispielsweise eine pauschale Reinigungsgebühr oder die an den Plattformbetreiber zu entrichtende Vermittlungsgebühr. Alternativ ist anstelle der Gewährung von Steuerfreibeträgen oder einer Berücksichtigung direkt zuordenbarer Aufwendungen auch ein Ausgleich durch eine (weitere) Minimierung des Abzugsteuersatzes möglich. Dies hat den Vorteil, dass die Idee eines automatisierten und einfach durchführbaren Steuerabzugssystems am besten realisiert wird und sich für den Plattformbetreiber als dem von der Indienstnahme Beeinträchtigtem am eingriffsmildesten gestaltet.[1291]

Festzuhalten bleibt schließlich, dass eine realitätsgerechte, das Übermaßverbot beachtende Ausgestaltung der typisierenden Abzugsbesteuerung grundsätzlich möglich erscheint. Eine Übersicherung kann durch die Wahl eines sehr niedrigen Steuersatzes, der das unterschiedliche Verhältnis zwischen Einnahmen und abzugsfähigen Aufwendungen berücksichtigt, vermieden werden. Insoweit ist die mit der anrechenbaren Abzugsteuer für Online-Vermieter hervorgerufene Ungleichbehandlung sachgerecht. Die konkrete Höhe möglicher Abzugsteuersätze soll im folgenden Kapitel zur Ausarbeitung eines konkreten Gestaltungsmodells erfolgen, da hierfür zu beachten ist, inwiefern und in welcher Höhe Abzugsposten für Aufwendungen in einem automatisierten Steuerabzugssystem Berücksichtigung finden können.

(c) Berücksichtigung von Härtefällen durch Schaffung einer Ausnahmeregelung

Zu bedenken ist aber, ob der Abzugsteuertatbestand eine Härtefallregelung beinhalten muss, wonach die Abzugsteuer in Ausnahmefällen nicht zu erheben ist.

Bei einer ertragsorientierten Besteuerung verlangt das Übermaßverbot, dass die Besteuerung die Möglichkeit belassen muss, dass mit der Einkunftsquelle weiterhin Erträge erzielt werden können[1292] und die Belastung durch die Steuer selbst nicht zur Vernichtung beziehungsweise Aufgabe der Einkunftsquelle führt.[1293] Denn nur die Ertragsfähigkeit des Eigentums ist der

---

1291 Eine Erörterung der konkreten Ausgestaltungsvarianten erfolgt im Anschluss an die Prüfung der rechtlichen Zulässigkeit des Abzugsteuersystems im darauffolgenden Kapitel 2 von Teil 4.

1292 *Engelschalk*, Die Besteuerung von Steuerausländern auf Bruttobasis, 1988, S. 96.

1293 BVerfG v. 22.05.1963 – 1 BvR 78/56, BVerfGE 16, 147, 161; v. 18.01.2006 – 2 BvR 2194/99, BVerfGE 115, 97, 109, 115; *Jachmann*, Steuergesetzgebung zwischen

verfassungsrechtlich zulässige Besteuerungsgegenstand.[1294] Die Besteuerung darf sich daher nur auf einen Teil des Nettoertrags, also die nach Abzug der Aufwendungen verbleibende Marge, beschränken[1295] und muss so bemessen sein, dass die Steuer nicht dazu führt, dass der Betroffene von der Nutzung seiner Rechtsposition generell abgehalten wird.[1296] Ein solcher Fall ist zumindest dann gegeben, wenn die Steuer die um die abzugsfähigen Aufwendungen reduzierten Einnahmen vollständig aufzehrt.[1297] Da die Abzugsteuer auf Online-Vermietungen objektbezogen auf die einzelne Transaktionen erhoben wird und nicht unmittelbar mit der Transkation verbundene Aufwendungen und Verluste unberücksichtigt lässt, besteht die Möglichkeit, dass der Abzugsteuerbetrag in Ausnahmefällen über dem Gewinn liegt und diesen damit vollständig aufzehrt. Mithin kann durch die objektbezogene Abzugsteuer in Ausnahmefällen ein Verstoß gegen das Übermaßverbot vorliegen.

Ferner darf durch die Erhebung der Abzugsteuer nicht das Existenzminimum des Steuerpflichtigen und seiner Familienmitglieder berührt werden. Dieses muss von der Besteuerung (auch bei nur temporärer Belastung) steuerfrei gestellt sein.[1298] Hergeleitet wird die Steuerfreistellung des Existenzminimums aus dem Recht auf ein menschenwürdiges Dasein aus Art. 1 Abs. 1 GG in Verbindung mit dem Sozialstaatsgrundsatz aus Art. 20 Abs. 1 GG und Art. 6 Abs. 1 GG. Ebenso wie der Staat nach diesen Verfassungsnormen verpflichtet ist, dem mittellosen Bürger diese Mindestvoraussetzungen erforderlichenfalls durch Sozialleistungen zu sichern, darf er dem Bürger das selbst erzielte Einkommen bis zu diesem

---

Gleichheit und wirtschaftlicher Freiheit, 2000, S. 42; *Worgulla*, Die Bruttobesteuerung in der Schedule der Einkünfte aus Kapitalvermögen, 2013, S. 289 m. w. N.

1294 *Jachmann-Michel*, StuW 2017, 209, 214; *Knies*, Steuerzweck und Steuerbegriff, 1976, S. 129 f.

1295 Vgl. zur abgeltenden Kapitalertragsteuer *Behrens*, DStR 2007, 1998, 2002; *Klotz*, Die Abgeltungsteuer, 2017, S. 200.

1296 *Engelschalk*, Die Besteuerung von Steuerausländern auf Bruttobasis, 1988, S. 96; *Papier*, DVBl 1980, 787, 791.

1297 So auch *Engelschalk*, Die Besteuerung von Steuerausländern auf Bruttobasis, 1988, S. 96; *Rose*, StuW 1985, 330, 341 f.

1298 BVerfG v. 29.05.1990 – 1 BvL 20/84, BVerfGE 82, 60, 85; v. 10.11.1998 – 2 BvL 42/93, BVerfGE 99, 246, 259 f.; *Hey*, in: Tipke/Lang, Steuerrecht, 23. Aufl. 2018, § 3 Rn. 160 f., 211; *Jachmann*, Steuergesetzgebung zwischen Gleichheit und wirtschaftlicher Freiheit, 2000, S. 49; *Mußgnug*, JZ 1991, 993, 995; *Wallerath*, JZ 2008, 157, 161; *Worgulla*, Die Bruttobesteuerung in der Schedule der Einkünfte aus Kapitalvermögen, 2013, S. 293, 295.

Betrag nicht entziehen.[1299] Die Erhebung einer objektbezogenen Abzugsteuer auf Online-Vermietungen kann – vor allem bei Niedrigverdienern – im Einzelfall dazu führen, dass mit der Abzugsteuer das Existenzminimum betroffen wird.

Daher sind für die Ausgestaltung des Abzugsteuertatbestands insoweit Vorkehrungen zu treffen, dass auch im Einzelfall keine unzumutbaren Härtefälle auftreten. Dies kann beispielsweise dadurch erreicht werden, dass Ausnahmevorschriften als Möglichkeit der Abhilfe in den gesetzlichen Tatbestand aufgenommen werden.[1300] Diese Ausnahmevorschrift sollte über den bei unbilligen Härten geltenden Billigkeitserlass nach §§ 263, 227 AO[1301] hinausgehen und konkrete Voraussetzung und Rechtsfolgen einer Abzugsteuerbefreiung vorschreiben (sogenannte „Escape-Klausel"),[1302] um das Vorliegen von Unbilligkeit nicht in das Ermessen der Verwaltungsbehörde zu legen und einem langwierigen Entscheidungsprozess mit Liquiditätseinbußen entgegenzuwirken.[1303]

Um eine Belastung der Plattformbetreiber durch die Prüfung von Sonderfällen zu vermeiden, müsste die Befreiung von der Abzugsteuer auf einer Initiative des Online-Vermieters als Steuerschuldner bei den staatlichen Behörden beruhen. Beispielsweise wäre möglich, dass Finanzbehörden auf Antrag des Steuerschuldners konkrete Befreiungsbescheinigungen ausstellen, die dieser dann dem Plattformbetreiber vorlegen kann.

(3) Ergebnis

Damit eine anrechenbare Abzugsteuer nicht die Grenzen des Übermaßverbots übersteigt, bedarf es einer Härtefallregelung im Abzugsteuertatbestand, nach der

1299 Vgl. BVerfG v. 29.05.1990 – 1 BvL 20/84, BVerfGE 82, 60, 85.

1300 Vgl. BVerfG v. 17.07.1974 – 1 BvR 51/69, BVerfGE 38, 61, 102; v. 02.03.1999 – 1 BvL 7/91, BVerfGE 100, 226, 243 ff.

1301 Vgl. hierzu BVerfG v. 22.05.1963 – 1 BvR 78/56, BVerfGE 16, 147, 177; 17.07.1974 – 1 BvR 51/69, BVerfGE 38, 61, 95.

1302 Vgl. die Verwendung des Begriffs zur Ausnahme von der Zinsschrankenregelung des § 4h EStG *Breuninger/Frey*, in: Habersack/Mülbert/Schlitt, Unternehmensfinanzierung am Kapitalmarkt, 4. Aufl. 2019, Rn. 19.34 ff.; *Loewens*, in: Blümich, EStG, 148. EL, 07/2019, § 4h Rn. 70 ff.; *Tschesche*, BB 2012, 2292; sowie im Zusammenhang mit dem Betriebsausgabenabzugsverbot des § 8b Abs. 3 S. 1 und Abs. 5 S. 1 KStG BVerfG v. 12.10.2010 – 1 BvL 12/07, BVerfGE 127, 224, 251 ff.; FG Hamburg v. 07.11.2007 – 5 K 153/06, DStRE 2008, 427, 430; *Roser*, GmbHR 2011, 214.

1303 Vgl. *Worgulla*, Die Bruttobesteuerung in der Schedule der Einkünfte aus Kapitalvermögen, 2013, S. 300 m. w. N.; a. A. wohl *G. Kirchhof*, in: Festschrift Bundesfinanzhof, Band I, 2018, S. 361, 380.

der Steuerschuldner zur Vermeidung unzumutbarer Härten von der Abzugsbesteuerung befreit werden kann.

Im Übrigen ist eine Abzugsteuer mit Anrechnungswirkung auf Online-Vermietungseinkünfte verhältnismäßig, wenn eine Übersicherung durch einen niedrigen Steuersatz vermieden wird. Die Ungleichbehandlung der Online-Vermieter wegen einer ungleichen Berechnung der durch die Abzugsteuer vorauszubezahlenden Einkommensteuer ist sachlich gerechtfertigt und verstößt damit nicht gegen den allgemeinen Gleichheitsgrundsatz des Art. 3 Abs. 1 GG.

c) Freiheitsgrundrechte

Die durch die anrechenbare Abzugsteuererhebung entstehenden Belastungen und Liquiditätsnachteile für die Online-Vermieter können auch Eingriffe in ihre Freiheitsgrundrechte begründen.[1304] Im Rahmen der freiheitsgrundrechtlichen Prüfung sind insbesondere die Einzelfälle zu betrachten, für die die Abzugsteuer eine unzumutbare Härte bedeutet, also die Fälle, in denen zum einen aufgrund hoher Werbungskosten der objektbezogene Abzugsteuersatz, der auf eine Bruttobemessungsgrundlage (die Mieteinnahmen) erhoben wird, die Gewinnmarge aufzehrt sowie zum anderen Fälle von Geringverdienern, bei denen die Abzugsteuer in das Existenzminimum eingreift. Die Abzugsteuer könnte den betroffenen Online-Vermieter in seinen Freiheitsgrundrechten aus Art. 14 Abs. 1, Art. 12 Abs. 1 oder Art. 2 Abs. 1 GG verletzen.[1305]

aa) Eigentumsfreiheit, Art. 14 Abs. 1 GG

(1) Die Abzugsteuer als Eingriff in den Schutzbereich des Art. 14 Abs. 1 GG

Da Gegenstand dieser Arbeit nur die einkommensteuerrechtlichen Folgen der Online-Vermietung sind und damit nur Online-Vermieter, die als natürliche Personen auftreten relevant sind, kann sich die Betrachtung des persönlichen Schutzbereichs der Eigentumsfreiheit hier auf die Anwendbarkeit auf natürliche Personen begrenzen. Art. 14 Abs. 1 GG ist kein „Deutschen-Grundrecht“ und insoweit auf alle inländischen und ausländischen natürlichen Personen anwendbar.[1306]

1304 *Jachmann-Michel*, StuW 2017, 209; *Worgulla*, Die Bruttobesteuerung in der Schedule der Einkünfte aus Kapitalvermögen, 2013, S. 284.

1305 Vgl. *Elicker*, StuW 2002, 217, 219; *Jachmann-Michel*, StuW 2017, 209; *Treml*, Die Bruttobesteuerung bei der Abgeltungsteuer auf Einkünfte aus Kapitalvermögen, 2014, S. 153 ff.

1306 Vgl. hierzu Ausführungen auf S. 228.

Wie bereits im Rahmen der verfassungsrechtlichen Würdigung der Indienstnahme der Plattformbetreiber erörtert wurde, ist der Schutzbereich der Eigentumsgarantie nach Art. 14 Abs. 1 GG sehr weit und betrifft grundsätzlich alle vermögenswerten Rechte – nicht aber das Vermögen als solches – und gewährleistet dabei das Recht, die geschützten Rechtspositionen innezuhaben, zu nutzen, zu verwalten und über sie zu verfügen.[1307]

Steuergesetze greifen in das private Innehaben und Nutzen vermögenswerter Rechtspositionen ein, wenn der Steuerzugriff tatbestandlich an das Innehaben von vermögenswerten Rechtspositionen anknüpft und dabei den privaten Nutzen der erworbenen Rechtspositionen einschränkt.[1308] Die Einkommensbesteuerung knüpft an die Einkünfte, also den Gewinn oder Überschuss, der im Laufe eines Jahres erworben wird, an. Art. 14 GG schützt zwar in Abgrenzung zu Art. 12 GG nicht den Erwerb, wohl aber den Bestand des Hinzuerworbenen.[1309] Die Einkommensteuer ist als Steuerart zu qualifizieren, die generell als Beeinträchtigung konkreter subjektiver Rechtspositionen zu qualifizieren ist, da sie die Zugänge an geldwerten Gegenständen und dinglichen oder obligatorischen Rechten steuerlich erfasst.[1310] Diese sind Ausgangspunkt der zu ermittelnden Steuerpflicht. Denn der Einkommensteuerpflichtige muss zahlen, weil und soweit seine Leistungsfähigkeit durch den Hinzuerwerb von Eigentum erhöht ist, sodass der Schutzbereich der Eigentumsfreiheit durch die Einkommensbesteuerung generell betroffen ist.[1311]

Bei der Vermietung über Sharing-Economy-Plattformen erhält der Vermieter einen Anspruch auf Vermietungseinnahmen, der um die Abzugsteuer verkürzt wird. Der Anspruch auf die Vermietungseinnahmen stellt eine vermögenswerte Rechtsposition dar, die vom Schutzbereich des Art. 14 Abs. 1 GG umfasst ist. Diese vermögenswerten Rechte kann der Steuerschuldner in Höhe der Abzugssteuerpflicht nicht innehaben und nutzen. Da die Geldleistungspflicht in Form der Abzugsteuer an den Erwerb vermögenswerter Rechtspositionen anknüpft,

---

1307 S. o. auf S. 228 f.

1308 BVerfG v. 22.06.1995 – 2 BvL 37/91, BVerfGE 93, 121, 138; v. 18.01.2006 – 2 BvR 2194/99, BVerfGE 115, 97, 111; zum Eingriffsbegriff vgl. *Dreier*, in: Dreier, GG, 3. Aufl. 2013, Vorb. Art. 1 Rn. 123 ff.; *Eckhoff*, Der Grundrechtseingriff, 1992, S. 48 ff.

1309 Vgl. hierzu die Ausführungen auf S. 228 ff.

1310 BVerfG v. 18.01.2006 – 2 BvR 2194/99, BVerfGE 115, 97, 112; BFH v. 23.04.2008 – X R 32/06, BFHE 221, 102, 110 f.; zustimmend für die Einkünfte aus Gewerbebetrieb, Land- und Forstwirtschaft, Kapitalvermögen und Vermietung und Verpachtung *Papier/Shirvani*, in: Maunz/Dürig, GG, 83. EL, 04/2018, Art. 14 Rn. 287.

1311 BVerfG v. 18.01.2006 – 2 BvR 2194/99, BVerfGE 115, 97, 112.

stellt der Abzugsteuertatbestand mithin eine Inhalts- und Schrankenbestimmung dar, die einen Eingriff in den Schutzbereich des Art. 14 Abs. 1 S. 1 GG begründet.[1312]

(2) Rechtfertigung

Der Abzugsteuertatbestand muss zu seiner Rechtfertigung als Inhalts- und Schrankenbestimmung insbesondere dem Verhältnismäßigkeitsgrundsatz genügen.[1313] Nach Art. 14 Abs. 2 GG dient das Eigentum neben dem privaten Nutzen auch dem Wohl der Allgemeinheit. Für Steuereingriffe in vermögenswerte Rechtspositionen folgt daraus, dass der Nutzen der vermögenswerten Rechtspositionen für die steuerliche Gemeinlast zugänglich ist, solange dem Berechtigten ein privater Ertragsnutzen verbleibt.[1314] Dabei sind die Garantie des Eigentums (Art. 14 Abs. 1 S. 1 GG) und das Gebot einer sozialen Eigentumsordnung (Art. 14 Abs. 2 GG) als schutzwürdige Interessen aller Beteiligten in einen gerechten Ausgleich und ein ausgewogenes Verhältnis zu bringen.[1315] Da dem Gesetzgeber im Rahmen der Einkommensbesteuerung ein großer Gestaltungsspielraum zuzusprechen ist,[1316] bietet die Prüfung der Geeignetheit und Erforderlichkeit grundsätzlich keine greifbaren Ansatzpunkte für eine Begrenzung.[1317] Denn Steuern werden mit dem Zweck, Einnahmen zur Deckung des staatlichen Finanzbedarfs zu erzielen, erhoben und sind gemessen an diesem Zweck grundsätzlich geeignet und erforderlich.[1318] Im Rahmen der Gesamtabwägung innerhalb der Prüfung der Angemessenheit und Zumutbarkeit der Steuerbelastung können sich aber Obergrenzen für eine Steuerbelastung ergeben.[1319]

1312 Vgl. BVerfG v. 18.01.2006 – 2 BvR 2194/99, BVerfGE 115, 97, 112 f.; dem zustimmend *Hey*, in: Tipke/Lang, Steuerrecht, 23. Aufl. 2018, § 3 Rn. 190; *Worgulla*, Die Bruttobesteuerung in der Schedule der Einkünfte aus Kapitalvermögen, 2013, S. 285.

1313 Vgl. BVerfG v. 18.01.2006 – 2 BvR 2194/99, BVerfGE 115, 97, 113; *Hey*, in: Tipke/Lang, Steuerrecht, 23. Aufl. 2018, § 3 Rn. 196.

1314 BVerfG v.22.06.1995 – 2 BvL 37/91, BVerfGE 93, 121, 138; v. 18.01.2006 – 2 BvR 2194/99, BVerfGE 115, 97, 113 f.

1315 BVerfG v. 15.01.1969 – 1 BvL 3/66, BVerfGE 25, 112 117; v. 18.01.2006 – 2 BvR 2194/99, BVerfGE 115, 97, 114.

1316 *Engelschalk*, Die Besteuerung von Steuerausländern auf Bruttobasis, 1988, S. 96.

1317 Vgl. BVerfG v. 18.01.2006 – 2 BvR 2194/99, BVerfGE 115, 97, 115.

1318 *Birk*, Das Leistungsfähigkeitsprinzip als Maßstab der Steuernormen, 1983, S. 189; *Papier*, DVBl 1980, 787, 793; *Tipke*, Die Steuerrechtsordnung Band II, 2. Aufl. 2003, S. 578.

1319 BVerfG v. 18.01.2006 – 2 BvR 2194/99, BVerfGE 115, 97, 108, 115.

Eine allgemein verbindliche, absolute Belastungsobergrenze, ab deren Überschreiten ein rechtswidriger Eingriff in das Eigentumsgrundrecht zu bejahen wäre, wird nicht mehr vertreten und ist namentlich auf die Einkommensbesteuerung nicht übertragbar.[1320] Im Besonderen gilt nicht der für die Vermögenssteuer entwickelte „Halbteilungsgrundsatz", wonach für die Vermögensteuer entschieden wurde, dass sie zu den übrigen Ertragssteuern nur in einer solchen Höhe hinzutreten darf, dass dem Steuerpflichtigen nach der steuerlichen Gesamtbelastung noch in etwa die Hälfte seines Ertrags verbleibt.[1321] Denn die Erwägungen zur Vermögensteuer sind auf die Einkommensteuer, die einen Hinzuerwerb nur einmal im Jahr seiner Entstehung steuerlich erfasst, während die Vermögensteuer neben Ertragsteuern jährlich wiederholend und unabhängig vom tatsächlichen Ertrag erhoben wird, aufgrund dieser unterschiedlichen Erhebungsziele nicht übertragbar.[1322] Auch kann Art. 14 Abs. 2 S. 2 GG nicht mit Hilfe des Adverbs „zugleich" als ein striktes, grundsätzlich unabhängig von Zeit und Situation geltendes Gebot hälftiger Teilung von Erträgen zwischen Eigentümer und Staat ausgelegt werden.[1323]

Indessen muss im Einzelfall geprüft werden, ob die Intensität der Steuerbelastung zumutbar ist. Es gilt auch hier das Gebot horizontaler und vertikaler Steuergerechtigkeit (Art. 3 Abs. 1 GG)[1324] und das Verbot übermäßiger Steuerbelastung.[1325] Auch wenn dem Übermaßverbot keine zahlenmäßig zu konkretisierende allgemeine Obergrenze der Besteuerung entnommen werden kann, darf die steuerliche Belastung für den Regelfall dennoch nicht so weit gehen, dass der wirtschaftliche Erfolg grundlegend beeinträchtigt wird und damit nicht mehr angemessen zum Ausdruck kommt.[1326] Denn bei einer ertragsorientierten Besteuerung verlangt das Übermaßverbot, dass die Besteuerung die Möglichkeit belassen muss, dass mit der Einkunftsquelle weiterhin Erträge erzielt werden

---

1320 Vgl. BVerfG v. 18.01.2006 – 2 BvR 2194/99, BVerfGE 115, 97, 108, 114; BFH v. 12.08.1999 – XI R 77/97, BFHE 189, 413; v. 22.08.2017 – II B 93/16, BeckRS 2017, 130075, Rn. 15.

1321 BVerfG v. 22.06.1995 – 2 BvL 37/91, BVerfGE 93, 121, 136 ff., 138.

1322 BVerfG v. 18.01.2006 – 2 BvR 2194/99, BVerfGE 115, 97, 109, 114.

1323 Die Idee dieser Auslegung beruht auf *P. Kirchhof*, in: VVDStRL 39 (1981), 213, 271 f.; wird aber nunmehr abgelehnt, vgl. z. B. BVerfG v. 18.01.2006 – 2 BvR 2194/99, BVerfGE 115, 97, 114; *Hey*, in: Tipke/Lang, Steuerrecht, 23. Aufl. 2018, § 3 Rn. 196.

1324 Vgl. hierzu die Ausführungen zum Leistungsfähigkeitsprinzip auf S. 323 ff.

1325 BVerfG v. 18.01.2006 – 2 BvR 2194/99, BVerfGE 115, 97, 116 f.

1326 BVerfG v. 22.06.1995 – 2 BvL 37/91, BVerfGE 93, 121, 137; v. 18.01.2006 – 2 BvR 2194/99, BVerfGE 115, 97, 117.

können[1327] und die Belastung durch die Steuer selbst nicht zur Vernichtung beziehungsweise Aufgabe der Einkunftsquelle führt.[1328] Nur die Ertragsfähigkeit des Eigentums ist der verfassungsrechtlich zulässige Besteuerungsgegenstand.[1329]

Letztlich ist im Rahmen der Verhältnismäßigkeitsprüfung der Maßstab anzuwenden, der auch im Rahmen der Verhältnismäßigkeitsprüfung der Ungleichbehandlung zugrunde gelegt wurde.[1330] Auf die hierzu getroffenen Erwägungen kann daher verwiesen werden.[1331]

Die Verhältnismäßigkeitsprüfung ergibt mithin auch hier, dass nur die sich im Zeitpunkt der Erhebung der Abzugsteuer ergebenden Liquiditäts- und Zinsnachteile aufzugreifen sind, da Belastungen in der Steuerhöhe bei anrechnender Wirkung der Abzugsteuer durch die nachfolgende Veranlagung ausgeglichen werden. Ein Verstoß gegen das Übermaßverbot in Form einer „Übersicherung", die vom Zweck der Abzugsteuer als Sicherungsmittel der entstehenden Einkommensteuer nicht mehr gedeckt ist, kann bei einer objektbezogenen Abzugsteuer, deren Einnahmen und Ausgaben nicht für alle Anwendungsfälle in einem konstanten Verhältnis zueinanderstehen, nur durch eine geringe Steuersatzhöhe vermieden werden. Dadurch kann für den Regelfall aber zugleich vermieden werden, dass der grundlegende wirtschaftliche Erfolg der Tätigkeit aufgrund der Abzugsteuer beeinträchtigt wird.

In den sogenannten „Härtefällen" kann die objektbezogene Abzugsteuer aber dazu führen, dass die Steuer die um die abzugsfähigen Aufwendungen reduzierten Einnahmen vollständig aufzehrt, da einzelne Aufwendungen im Rahmen des transaktionsbezogenen und automatisierten Steuerabzugs nicht berücksichtigt werden können.[1332] In diesen Fällen kann die Abzugsteuer den Online-Vermieter zur Aufgabe der Tätigkeit zwingen oder unzulässig in sein

---

1327 Vgl. *Behrens,* DStR 2007, 1998, 2002; *Engelschalk*, Die Besteuerung von Steuerausländern auf Bruttobasis, 1988, S. 96; *Klotz*, Die Abgeltungsteuer, 2017, S. 200; *Rose*, StuW 1985, 330, 341 f.

1328 BVerfG v. 22.05.1963 – 1 BvR 78/56, BVerfGE 16, 147, 161; v. 18.01.2006 – 2 BvR 2194/99, BVerfGE 115, 97, 109, 115; *Jachmann*, Steuergesetzgebung zwischen Gleichheit und wirtschaftlicher Freiheit, 2000, S. 42; *Papier*, DVBl 1980, 787, 791; *Worgulla*, Die Bruttobesteuerung in der Schedule der Einkünfte aus Kapitalvermögen, 2013, S. 289 m. w. N.

1329 *Jachmann-Michel*, StuW 2017, 209, 214; *Knies*, Steuerzweck und Steuerbegriff, 1976, S. 129 f.

1330 Vgl. BVerfG v. 18.01.2006 – 2 BvR 2194/99, BVerfGE 115, 97, 114 f.

1331 S. o. auf S. 330 ff.

1332 Vgl. hierzu die Ausführungen auf S. 337 ff.

Existenzminimum eingreifen. Daher sind auch unter freiheitsgrundrechtlichen Gesichtspunkten insoweit gesetzliche Ausnahmeregelungen notwendig, durch die von der Erhebung der Abzugsteuer abgesehen werden kann. Praktisch umsetzbar wäre dies beispielsweise durch Vorlage einer Freistellungsbescheinigung, die von Finanzbehörden auf Antrag des Online-Vermieters erteilt werden kann und vom Online-Vermieter dem Plattformbetreiber vorzulegen ist.[1333]

(3) Ergebnis

Letztlich begegnet die Abzugsteuer keinen Bedenken im Hinblick auf die Eigentumsgarantie der Online-Vermieter aus Art. 14 Abs. 1 GG, wenn ein das Übermaßverbot beachtender, geringer Abzugsteuersatz gewählt und eine Ausnahmevorschrift als Härtefallregelung in den gesetzlichen Tatbestand mit aufgenommen wird.

bb) Berufsfreiheit, Art. 12 Abs. 1 GG

Neben Art. 14 Abs. 1 GG könnten die Online-Vermieter auch in ihrer Berufsfreiheit aus Art. 12 Abs. 1 GG betroffen sein, wenn die Online-Vermietung Teil einer beruflichen Betätigung ist.[1334] Als Beruf gilt jede auf eine gewisse Dauer angelegte, der Schaffung und Erhaltung einer Lebensgrundlage dienende Tätigkeit.[1335] Für Vermietungstätigkeiten im Bereich der kurzfristigen Vermietung ist dies insbesondere dann zu bejahen, wenn die Vermietung die Haupteinnahmequelle darstellt oder es sich um eine gewerbliche Betätigung im Sinne des § 15 EStG handelt. Grundrechtsberechtigt sind insbesondere deutsche Staatsangehörige, aber auch Unionsbürger (i. V. m. Art. 18 AEUV).[1336]

Art. 12 Abs. 1 GG ist allerdings von Art. 14 Abs. 1 GG abzugrenzen. Während Art. 14 Abs. 1 GG das Erworbene als Ergebnis der beruflichen Betätigung schützt, sichert Art. 12 Abs. 1 GG die Betätigung selbst.[1337] Die Abzugsteuer knüpft an die Einnahmen an, die durch Online-Vermietungen über Sharing-Economy-Plattformen erzielt werden und schmälert damit den Auszahlungsbetrag des Vermieters – also die erworbene Rechtsposition. Mithin ist der Schutzbereich des Art. 14 Abs. 1 GG sachnäher betroffen.[1338]

1333 Vgl. hierzu die Ausführungen auf S. 339.

1334 Vgl. *Papier*, DVBl 1980, 787, 791 m. w. N.

1335 Vgl. zum sachlichen Schutzbereich der Berufsfreiheit die Ausführungen auf S. 210 ff.

1336 Vgl. hierzu die Ausführungen auf S. 208 ff.

1337 Vgl. hierzu die Ausführungen auf S. 229.

1338 Zur Abgrenzung der Grundrechte des Art. 12 Abs. 1 GG und Art. 14 Abs. 1 GG nach der Sachnähe, vgl. die Ausführungen auf S. 231; a. A. wohl *Papier/Shirvani*,

Der Schutzbereich des Art. 12 Abs. 1 GG wäre daneben allerdings dann eröffnet, wenn die Abzugsteuer eine Wirkung entfaltet, die die Ausübung des Berufs unmöglich macht, indem die Erhebung der Abzugsteuer aufgrund ihrer Höhe zur Aufgabe der Tätigkeit zwingt.[1339]

Insoweit können verfassungsrechtliche Bedenken an die Verhältnismäßigkeit wiederum entsprechend der zu Art. 3 Abs. 1 GG und Art. 14 Abs. 1 GG getroffenen Feststellungen durch eine geringe Steuersatzhöhe und die Normierung einer Härtefallklausel ausgeräumt werden.[1340] Ein Abzugsteuertatbestand mit einem das Übermaßverbot beachtenden Steuersatz und einer Härtefallregelung stellt mithin auch einen den Grundsätzen des Gesetzesvorbehalts und des Verhältnismäßigkeitsgrundsatzes genügenden rechtfertigbaren Eingriff in die Berufsfreiheit der Online-Vermieter dar.[1341]

cc) Allgemeine Handlungsfreiheit, Art. 2 Abs. 1 GG

Die subsidiär zu den besonderen Freiheitsgrundrechten in Art. 2 Abs. 1 GG verbürgte allgemeine Handlungsfreiheit, die als Menschenrecht auf alle inländischen und ausländischen natürlichen Personen persönlich anwendbar ist,[1342] kommt neben dem eröffneten Schutzbereich des Art. 14 Abs. 1 GG keine eigenständige Bedeutung zu.[1343] Wird allerdings die Ansicht vertreten, dass eine Steuerbelastung mit der Abzugsteuer den Schutzbereich des Art. 14 Abs. 1 und des Art. 12 Abs. 1 GG nicht eröffnet, würde das Abzugsteuergesetz in den sachlichen Schutzbereich des Art. 2 Abs. 1 GG eingreifen.[1344] Im Rahmen der Rechtfertigung des Eingriffs über die Schranke der verfassungsmäßigen Ordnung

---

in: Maunz/Dürig, GG, 83. EL, 04/2018, Art. 14 Rn. 286, die nach der Art der ertragsteuerlichen Einkünfte Art. 12 und Art. 14 GG abgrenzen und für Einkünfte aus nichtselbständiger und selbständiger Arbeit den Schutzbereich der Berufsfreiheit als eröffnet ansehen.

1339 Vgl. *Arndt/Schumacher,* AöR 118 (1993), 513, 583.

1340 Vgl. hierzu die Ausführungen auf S. 337 ff.; 344 f.

1341 Vgl. zu den Anforderungen an die Rechtfertigung von Eingriffen in Berufsfreiheit die allgemeinen Ausführungen auf S. 213 ff.

1342 S. o. auf S. 232 f.

1343 Vgl. zur Subsidiarität des Art. 2 Abs. 1 GG die Ausführungen auf S. 233 f. sowie im Speziellen für den Bereich der Besteuerung die Ausführungen in *Arndt/Schumacher,* AöR 118 (1993), 513, 584 f.

1344 Vgl. BVerfG v. 18.01.2006 – 2 BvR 2194/99, BVerfGE 115, 97, 113; BFH v. 22.05.2019 – X R 19/17, BFHE 265, 95, 112; *Papier/Shirvani,* in: Maunz/Dürig, GG, 83. EL, 04/2018, Art. 14 Rn. 291.

sind allerdings die Erwägung zur Inhalts- und Schrankenbestimmung entsprechend zu berücksichtigen, sodass auch insoweit das gleiche Ergebnis zu erlangen ist: Ein Abzugsteuertatbestand mit geringem Steuersatz (dessen Höhe es noch im nachfolgenden Kapitel 2 zum Gestaltungsvorschlag zu bestimmen gilt), der für Ausnahmefälle eine Escape-Klausel vorsieht, kann einen Eingriff in Art. 2 Abs. 1 GG rechtfertigen und verstößt damit nicht aufgrund seines Charakters als pauschale Vorauszahlungsverpflichtung gegen die allgemeine Handlungsfreiheit der Online-Vermieter.[1345]

d) Recht auf informationelle Selbstbestimmung, Art. 2 Abs. 1 i. V. m. Art. 1 Abs. 1 GG

Da das Abzugsteuersystem neben der Indienstnahme des Plattformbetreibers zum Steuerabzug diesen auch zur Abfrage, dem Speichern und Übermitteln bestimmter personenbezogener Daten des Online-Vermieters – wie dessen Namen, Adresse, Geburtsdatum und Steueridentifikationsnummer – verpflichtet, die für einen gleichmäßigen Steuervollzug notwendig sind, gewinnt auch beim Abzugsteuersystem das Recht der Online-Vermieter auf informationelle Selbstbestimmung gemäß Art. 2 Abs. 1 i. V. m. Art. 1 Abs. 1 GG an Relevanz.

aa) Eingriff in den Schutzbereich des Rechts auf informationelle Selbstbestimmung

Der Schutzbereich des Rechts auf informationelle Selbstbestimmung gemäß Art. 2 Abs. 1 i. V. m. Art. 1 Abs. 1 GG umfasst alle personenbezogenen Daten, auch solche von nur geringem und ohne sensiblen Informationsgehalt wie die Daten über den Namen, die Adresse, Geburtsdatum und die Steueridentifikationsnummer des Online-Vermieters.[1346] Der Schutzbereich des Rechts auf informationelle Selbstbestimmung ist mithin bei einem Abzugsteuersystem für Plattformbetreiber, bei dem diese zum Speichern und Übermitteln von Namen, Adresse, Geburtsdatum und Steueridentifikationsnummer der Online-Vermieter verpflichtet werden, sobald diese im Inland belegene Vermietungsobjekte vermieten, eröffnet.

Das Abzugsteuergesetz, das den Plattformbetreibern hinsichtlich des Speicherns und Übermittelns der Daten keine Handlungsspielräume einräumt, stellt einen Eingriff dar, der dem Staat unmittelbar zurechenbar ist.[1347]

1345 Vgl. hierzu die Ausführungen auf S. 337 ff.; 344 f.

1346 Vgl. die Ausführungen oben zum Datenkontrollsystem auf S. 289 f.

1347 Vgl. hierzu die Ausführungen auf S. 290 f.

bb) Rechtfertigung des Eingriffs in das Recht auf informationelle Selbstbestimmung

Das Indienstnahmegesetz zum Steuerabzug, das die personenbezogene Datenerhebung vorsieht und einen Eingriff in das Recht auf informationelle Selbstbestimmung begründet, könnte aus Gründen der Sicherstellung eines gleichmäßigen Steuervollzugs gerechtfertigt sein. Insoweit liegt ein überwiegendes Allgemeininteresse grundsätzlich vor.[1348] Das Speichern und Übermitteln der personenbezogenen Daten des Online-Vermieters wie Name, Adresse, Geburtsdatum und Steueridentifikationsnummer sind zur Zuordnung der erhobenen Abzugsteuer notwendig und damit im Rahmen der Etablierung eines Abzugsteuersystems geeignet, einen gleichmäßigen Steuervollzug bzgl. der Online-Vermietungseinkünfte zu gewährleisten. Ein milderes Mittel als das Speichern und Übermitteln dieser Daten ist weder im Hinblick auf ein Abzugsteuersystem ersichtlich noch sind andere Maßnahmen als ein Abzugsteuersystem erkennbar, die den Steuervollzug gleichwirksam mit einer geringeren Eingriffsintensität sicherstellen können. Insbesondere kann die Datenerhebung auch nicht bei einem reinen Datenkontrollsystem ohne Steuerabzugsverpflichtung vermieden werden. Die Datenerhebung ist somit erforderlich.

Im Rahmen der Angemessenheit muss die mit der Maßnahme bewirkte Eingriffsintensität mit den mit ihr verfolgten Rechtsgutsinteressen abgewogen werden. Die Verhältnismäßigkeit eines Eingriffs in das Recht auf informationelle Selbstbestimmung beurteilt sich nach der Art der erfassten Informationen, dem Anlass und den Umständen der Datenerhebung, dem betroffenen Personenkreis und der Art der möglichen Verwertung der Daten sowie der Gefahr des Missbrauchs der erhobenen Daten.[1349]

Vergleichbar zum Datenkontrollsystem sieht auch das Abzugsteuersystem lediglich eine transparente Datenerhebung vor, die allein zu dem Zweck erfolgen soll, dass die Finanzbehörden die Daten im Veranlagungsverfahren der Online-Vermieter nutzen können. Dabei ist zudem zu berücksichtigen, dass hinsichtlich der Daten zur Identifikation des Steuerpflichtigen der Dokumentationscharakter überwiegt, dem eine mit einer Rechnung vergleichbare Wirkung zukommen soll.[1350] Rückschlüsse auf das Privatleben der Online-Vermieter, ihrem Aufenthaltsort oder dem Zeitpunkt der Durchführung der Transaktionen werden aufgrund der Datenerhebung nicht möglich. Dem Umfang nach werden auch beim

---

1348 S. o. auf S. 291 ff.

1349 Vgl. die Ausführungen auf S. 292.

1350 Vgl. zum Datenkontrollsystem die Ausführungen auf S. 292 ff.

Abzugsteuersystem nur die Daten an die Finanzbehörden weitergeleitet, die für die Durchsetzung des Einkommensteueranspruchs notwendig sind und in welchem sie der Online-Vermieter im Rahmen seiner Veranlagungspflicht zu erklären verpflichtet ist. Wie auch beim Datenkontrollsystem ist die Eingriffswirkung der im Rahmen eines Abzugsteuersystems zu erhebenden Daten als gering und verhältnismäßig zu bewerten.

Mithin ist ein durch das Abzugsteuersystem bewirkter Eingriff in das Recht der betroffenen Online-Vermieter auf informationelle Selbstbestimmung aus Art. 2 Abs. 1 i. V. m. Art. 1 Abs. 1 GG gerechtfertigt.

cc) Ergebnis

Ein Abzugsteuersystem, das Betreiber von Unterkunftsvermittlungsplattformen zum Steuerabzug und dabei zur Erhebung, Speicherung und Weiterleitung personenbezogener Daten der Online-Vermieter, wie deren Name, Adresse, Geburtsdatum und Steueridentifikationsnummer verpflichtet, ist mit dem Recht der Online-Vermieter auf informationelle Selbstbestimmung nach Art. 2 Abs. 1 i. V. m. Art. 1 Abs. 1 GG vereinbar und begegnet damit auch insoweit keinen verfassungsrechtlichen Bedenken.

e) Dienstleistungsfreiheit, Art. 56 ff. AEUV

Die dem Steuerabzug unterliegenden Online-Vermieter, die im Inland belegene Vermietungsobjekte über Unterkunftsvermittlungsplattformen vermieten, können in einem anderen europäischen Mitgliedstaat ansässig sein oder ihre Objekte an Mieter vermieten, die in einem anderen Mitgliedstaat als Deutschland ansässig sind, sodass insoweit je ein grenzüberschreitender Sachverhalt vorläge und die Anwendbarkeit von Unionsrecht zu prüfen ist.

aa) Anwendungsbereich der Dienstleistungsfreiheit

Die im Rahmen der Online-Vermietung in Betracht kommende Dienstleistungsrichtlinie[1351] und E-Commerce-Richtlinie[1352] sind auf Besteuerungsvorschriften, zu denen die Vorschriften über ein Abzugsteuersystem als Teilbereich

---

1351 Richtlinie 2006/123/EG v. 12.12.2006 über Dienstleistungen im Binnenmarkt („Dienstleistungsrichtlinie"), ABl. L 376 v. 27.12.2006, S. 36-68.

1352 Richtlinie 2000/31/EG v. 08.06.2000 über bestimmte rechtliche Aspekte der Dienste der Informationsgesellschaft, insbesondere des elektronischen Geschäftsverkehrs, im Binnenmarkt („Richtlinie über den elektronischen Geschäftsverkehr"), ABl. L 178 v. 17.07.2000, S. 1-16.

des Steuerverfahrensrechts zählen,[1353] gemäß Art. 2 Abs. 3 der Dienstleistungsrichtlinie[1354] und Art. 1 Abs. 5 lit. a der E-Commerce-Richtlinie[1355] nicht anwendbar. Zu prüfen ist daher, ob die Einführung eines Abzugsteuersystems mit dem unionsrechtlichen Primärrecht, namentlich der Dienstleistungsfreiheit nach Art. 56 ff. AEUV, vereinbar ist.

Die Online-Vermietung stellt eine selbstständige, zeitlich begrenzte und gegen Entgelt zu erbringende Leistung unkörperlicher Natur dar und ist demnach als Dienstleistung im Sinne der Art. 56, 57 AEUV zu bewerten.[1356] Zur Eröffnung des Anwendungsbereichs der Dienstleistungsfreiheit bedarf es zudem eines grenzüberschreitenden Bezugs. Dieser kann dadurch begründet werden, dass sich der Leistende von seinem Ansässigkeits-Mitgliedstaat zu einem anderen Mitgliedstaat des Dienstleistungsempfängers begibt (aktive Dienstleistungsfreiheit), dass sich der Leistungsempfänger zum Mitgliedstaat des Leistenden begibt (passive Dienstleistungsfreiheit) oder dass allein die Dienstleistung die Grenze überschreitet, der Leistende und der Empfänger aber in ihren (unterschiedlichen) Heimatstaaten verbleiben (Korrespondenzdienstleistung).[1357] Möglich erscheint hier zum einen das Vorliegen der aktiven Dienstleistungsfreiheit, wenn der Online-Vermieter in einem außerdeutschen Mitgliedstaat ansässig ist und ein im Inland belegenes Vermietungsobjekt an einen im Inland ansässigen Mieter vermietet sowie zum anderen die Eröffnung des Anwendungsbereichs in Form der passiven Dienstleistungsfreiheit, wenn ein Online-Vermieter das im Inland belegene Vermietungsobjekt an einen Mieter zur Nutzung überlässt, der in einem außerdeutschen EU-Mitgliedstaat ansässig ist und sich zur Inanspruchnahme der Vermietungsleistung mithin grenzüberschreitend ins Inland begibt.

Die Anwendbarkeit der Dienstleistungsfreiheit nach Art. 56, 57 AEUV ist vorliegend mithin denkbar.

1353 S. hierzu die Ausführungen oben auf S. 240 f. und S. 285 f.

1354 Vgl. Art. 2 Abs. 3 der Richtlinie 2006/123/EG v. 12.12.2006 (Dienstleistungsrichtlinie), ABl. L 376 v. 27.12.2006, S. 51.

1355 Vgl. Art. 1 Abs. 5 lit. a der Richtlinie 2000/31/EG v. 08.06.2000 (E-Commerce-Richtlinie), ABl. L 178 v. 17.07.2000, S. 8.

1356 Vgl. zur Definition der Dienstleistung im Sinne der Art. 56, 57 AEUV die Ausführungen oben auf S. 243 f.

1357 Vgl. hierzu die Ausführungen auf S. 243 ff.

bb) Beschränkung der Dienstleistungsfreiheit

Das Gesetz zur Einführung einer Abzugsteuer stellt eine Beschränkung der Dienstleistungsfreiheit dar, wenn es geeignet ist, den Online-Vermieter von der Erbringung der Vermietungsleistung abzuhalten.[1358] Vorliegend ist nicht auszuschließen, dass Online-Vermieter deshalb von der Vermietung über Unterkunftsvermittlungsplattformen absehen, da sie über den Teil ihres Einkommens, der der Abzugsteuer entspricht, nicht sofort verfügen können und diesen nur über ein Veranlagungsverfahren erstattet bekommen können.[1359] Vermietungen mit grenzüberschreitendem Bezug werden aber im Besonderen über das Internet abgeschlossen, sodass für sie der Zugang zum deutschen Markt der kurzfristigen Unterkunftsüberlassung durch die Einführung eines Abzugsteuersystems für Unterkunftsvermittlungsplattformen erschwert wird. Eine Beschränkung der Dienstleistungsfreiheit ist somit insoweit festzustellen.

cc) Rechtfertigung der Beschränkung der Dienstleistungsfreiheit

Die eine Beschränkung der Dienstleistungsfreiheit bewirkende Regelung zum Steuerabzug gilt für inländische wie ausländische Pattformbetreiber gleichermaßen und kann daher zur „effizienten Beitreibung der Steuer“ (als anerkannter zwingender Allgemeinwohlbelang) gerechtfertigt sein.[1360] Die Einführung einer Abzugsteuerpflicht aus Gründen der „Wirksamkeit der steuerlichen Kontrolle“ kommt als legitimer Rechtfertigungsgrund vorliegend in Betracht, da der Anwendungsbereich der Abzugsbesteuerung auf Fälle beschränkt ist, in denen tatsächlich eine (unbeschränkte oder beschränkte) Steuerpflicht der Online-Vermieter begründet wird.[1361] Ein Abzugsteuersystem ist auch geeignet, die Gleichmäßigkeit des Steuervollzugs zu gewährleisten.[1362]

1358 Vgl. zur Definition der Beschränkung der Dienstleistungsfreiheit die Ausführungen auf S. 245 ff.

1359 Vgl. EuGH v. 09.11.2006 – C-433/04, ECLI:EU:C:2006:702, Rn. 30 – *Kommission/Belgien*.

1360 Vgl. zur Anerkennung und Definition des Rechtfertigungsgrunds der „Effizienz in der Beitreibung einer Steuer“ die Ausführungen auf S. 247 f.

1361 Vgl. zur Steuerpflichtigkeit der Online-Vermietungseinkünfte die Ausführungen auf S. 69 ff. Zu den Anforderungen des Rechtfertigungsgrunds der „wirksamen steuerlichen Kontrolle“ vgl. EuGH v. 09.11.2006 – C-433/04, ECLI:EU:C:2006:702, Rn. 36 f. – *Kommission/Belgien* sowie die Ausführungen oben auf S. 319.

1362 S. o. auf S. 196 ff.

Ein weniger einschneidendes Mittel als den Online-Vermietern die Möglichkeit zu nehmen, über einen erheblichen Teil ihrer Einkünfte sofort zu verfügen, könnte in der Einführung eines Systems bestehen, das auf dem Austausch von Informationen zwischen den Nutzern der Plattform, dem Plattformbetreiber und den deutschen Finanzbehörden beruht.[1363] Es wurde aber bereits im Verlauf dieser Arbeit erläutert, dass ein Informationssystem ohne Datenübermittlungspflicht nicht gleich wirksam einen gleichmäßigen Steuervollzug gewährleisten kann[1364] und eine reine haftungsbewehrte Datenübermittlungspflicht ohne Steuerabzugsverpflichtung kein milderes rechtmäßiges Mittel darstellt, da das damit einhergehende Haftungsrisiko – anders als beim Freiwerden der Haftung durch die Abführung der Abzugsteuer – für den Plattformbetreiber unbeherrschbar und sowohl verfassungs- als auch unionsrechtswidrig ist.[1365] Die Einführung einer Abzugsteuer ist mithin auch im Hinblick auf die Beschränkungswirkung beim Online-Vermieter insoweit erforderlich.

Die Beschränkung durch das Abzugsteuersystem müsste auch im Übrigen verhältnismäßig sein. Der Reformvorschlag beinhaltet ein objektbezogenes, automatisiert durchführbares Abzugsteuersystem, welches zu seiner Verfassungsmäßigkeit eines geringen Abzugsteuersatzes bedarf, der Übersicherungen vermeidet und eine gesetzliche Ausnahmeregelungen für Härtefallkonstellationen vorsieht, bei denen über eine von den Finanzbehörden zu erteilende Freistellungsbescheinigung von der Erhebung der Abzugsteuer abzusehen ist.[1366] Das Abzugsteuersystem ist analog zur verfassungsrechtlichen Abwägung auch in Bezug auf die Beschränkung der Dienstleistungsfreiheit der betroffenen Online-Vermieter zur Gewährleistung eines gleichmäßigen Steuervollzugs angemessen.[1367]

Die Beschränkung der Dienstleistungsfreiheit der Online-Vermieter durch die Einführung eines Abzugsteuersystems auf Unterkunftsvermittlungsplattformen für im Inland belegene Vermietungsobjekte ist somit gerechtfertigt.

1363 Vgl. EuGH v. 09.11.2006 – C-433/04, ECLI:EU:C:2006:702, Rn. 39 – *Kommission/Belgien* zur belgischen Bauabzugsteuer.

1364 S. Ausführungen oben auf S. 200 ff.

1365 S. o. auf S. 254 ff.

1366 Vgl. hierzu die Ausführungen auf S. 330 ff.

1367 Vgl. die Ausführungen oben auf S. 333 ff. und S. 342 ff.

dd) Ergebnis

Die Einführung eines Abzugsteuersystems für Online-Vermietungen über Unterkunftsvermittlungsplattformen, das die Erhebung einer Abzugsteuer für im Inland belegene Vermietungsobjekte durch den Plattformbetreiber vorsieht, ist insbesondere mit der Dienstleistungsfreiheit der Online-Vermieter aus Art. 56 ff. AEUV vereinbar und verstößt nicht gegen Unionsrecht.

f) Zusammenfassung und Ergebnis zur Vorauszahlungswirkung der anrechenbaren Abzugsteuer auf den Online-Vermieter

Eine Abzugsteuer mit Anrechnungswirkung kann auch mit Blick auf ihren pauschalierten Vorauszahlungscharakter verfassungsgemäß und unionsrechtmäßig ausgestaltet werden. Hierbei sind für eine realitätsgerechte, das Übermaßverbot beachtende, typisierende Ausgestaltung einer Abzugsbesteuerung folgende Maßgaben zu berücksichtigen:

Da bei der Indienstnahme der Plattformbetreiber zum Steuerabzug nur die Einführung einer objektbezogenen Abzugsteuer in Betracht kommt und die Berücksichtigung individueller Abzugsposten des Online-Vermieters für die Plattformbetreiber unzumutbar ist, gewinnt das Übermaßverbot eine besondere Bedeutung. Erschwerend kommt hinzu, dass sich bei den Vermietungseinkünften der Online-Vermieter die Aufwandsposten zu den Einnahmen grundsätzlich nicht in einem konstanten Verhältnis zueinander befinden. Ein pauschaler, fester Abzugsteuersatz, der für den durchschnittlichen Steuerschuldner den tatsächlichen Einkommensteuersatz darstellt, lässt sich somit nicht ermitteln. Eine Abzugsteuer ist daher nur verhältnismäßig, wenn eine Übersicherung durch einen niedrigen Steuersatz vermieden wird. Dessen konkrete Höhe soll im Anschluss an das Kapitel zur Prüfung der rechtlichen Zulässigkeit eines Abzugsteuersystems – in Kapitel 2 zum Gestaltungsvorschlag – erörtert werden, da die Höhe des Steuersatzes von der weiteren rechtlichen Prüfung abhängt und von der Möglichkeit eines automatisierten Abzugs von Aufwendungen beeinflusst wird. Als pauschale Abzüge für Aufwendungen könnten die direkt der Vermietungstätigkeit zuordenbare Aufwendungen, die bei jeder kurzfristigen Vermietung anfallen, wie beispielsweise eine pauschale Reinigungsgebühr oder die an den Plattformbetreiber zu entrichtende Vermittlungsgebühr in Betracht kommen. Die konkrete Ausgestaltung des Abzugsteuersystems soll daher zusammenhängend im Anschluss an die rechtliche Prüfung unter Berücksichtigung der gefundenen Ergebnisse dargestellt werden.

Darüber hinaus ist für Einzelfälle, für die die Abzugsbesteuerung eine unzumutbare Härte darstellt, eine Ausnahmeregelung in den gesetzlichen Tatbestand mit aufzunehmen, die die betroffenen Steuerschuldner von der Abzugsbesteuerung befreit. Auch bei der Ausgestaltung der Härtefallvorschrift muss eine möglichst für den Plattformbetreiber schonende Ausgestaltung, die ihm möglichst wenige Pflichten auferlegt, gewählt werden, um eine Verfassungsmäßigkeit und Unionsrechtmäßigkeit des Abzugsteuertatbestands sicherzustellen.

Sowohl bei Eingriffen in Art. 14 Abs. 1, Art. 12 Abs. 1 oder Art. 2 Abs. 1 GG der Online-Vermieter als auch in Bezug auf den allgemeinen Gleichheitsgrundsatz nach Art. 3 Abs. 1 GG sowie in Bezug auf Beschränkungen der Dienstleistungsfreiheit der Online-Vermieter nach Art. 56 ff. AEUV ergeben sich somit aufgrund ihrer Verhältnismäßigkeit keine grundsätzlichen Bedenken gegen die Einführung einer objektbezogenen Abzugsteuer mit Anrechnungswirkung.

3. *Verfassungsrechtliche Prüfung einer Abgeltungswirkung im Lichte des allgemeinen Gleichbehandlungsgrundsatzes nach Art. 3 Abs. 1 GG*

Die Abzugsteuer ist auf Online-Vermietungen über Sharing-Economy-Plattformen mit einem pauschalen, linearen Steuersatz zu erheben, der individuelle Besteuerungsmerkmale, insbesondere einen individualisierten Werbungskostenabzug, unberücksichtigt lässt.[1368] Ist die Abzugsteuer mit der Rechtsfolge einer Abgeltungswirkung ausgestaltet, ist der pauschale Steuersatz definitiv, wenn keine Steuerfestsetzung im Rahmen eines Veranlagungsverfahrens nachfolgt. Die Höhe der steuerlichen Belastung ist somit nicht nur zeitlich begrenzt, sondern gibt die tatsächliche Steuerbelastung der der Abgeltungsteuer unterworfenen Einkünfte wieder. Damit unterliegen diese Einkünfte einem gesonderten Steuersatz. Eine proportional bemessene Abgeltungsteuer schafft mithin eine besondere Einkünfteschedule,[1369] indem die Einkünfte mit einem besonderen Tarif besteuert werden,[1370] während die übrigen Einkünfte nach dem synthetischen Grundkonzept der Einkommensteuer grundsätzlich dem progressiven Steuertarif mit einem Spitzensteuersatz von bis zu 45 Prozent unterworfen

---

1368 Vgl. die Ausführungen zur verfassungsrechtlichen und unionsrechtlichen Prüfung der Indienstnahme des Plattformbetreibers auf S. 297 ff.

1369 Vgl. *Buge*, in: Herrmann/Heuer/Raupach, EStG/KStG, 294. EL, 10/2019, § 20 Rn. 8; *Englisch*, Die Abgeltungsteuer für private Kapitalerträge – ein verfassungswidriger Sondertarif, 2016, S. 7; *Spengel/Ernst*, DStR 2008, 835.

1370 Vgl. *Worgulla*, Die Bruttobesteuerung in der Schedule der Einkünfte aus Kapitalvermögen, 2013, S. 22.

werden.[1371] Die Besonderheit liegt hier im Vergleich zur abgeltenden Kapitalertragsteuer darin, dass eine Schedule innerhalb einer Einkunftsart geschaffen wird, da die Abzugsteuer auf Online-Vermietungen nur den Teilbereich einer Einkunftsart betrifft. Die Besteuerung der Einkünfte mit dem linearen Steuersatz kann eine höhere, aber auch eine niedrigere steuerliche Belastung der Einkünfte als nach dem grundsätzlich regulären, progressiven Steuersatz nach sich ziehen. Dies könnte einen Verstoß gegen das Leistungsfähigkeitsprinzip darstellen: Denn bei gleicher Leistungsfähigkeit könnte sonach eine ungleiche Steuerbelastung anfallen (Verstoß gegen die horizontale Steuergerechtigkeit), während sich bei ungleicher Leistungsfähigkeit eine Steuer in gleicher Höhe ergeben kann (insbesondere im Verhältnis der Online-Vermieter untereinander, die alle demselben Steuersatz unterliegen), obwohl höhere Einkommen im Vergleich zu niedrigeren Einkommen einer höheren Steuerbelastung unterliegen sollen (Verstoß gegen die vertikaler Steuergerechtigkeit).[1372]

Dementsprechend ergeben sich in verfassungsrechtlicher Hinsicht zwei Anknüpfungspunkte für eine Verletzung des allgemeinen Gleichheitsgrundsatzes gemäß Art. 3 Abs. 1 GG: Zum einen könnte hierin bei einem erhöhten Abzugssteuersatz im Verhältnis zum regulären Einkommensteuersatz des § 32a EStG eine Ungleichbehandlung zulasten der Online-Vermieter im Verhältnis zu anderen Einkommensteuerpflichtigen, insbesondere auch anderen Vermietern und Gewerbetreibenden im Sektor der kurzfristigen Unterkunftsvermietung, liegen. Zum anderen könnte sich aber auch ein für die Online-Vermieter begünstigter Steuersatz ergeben, sodass eine Ungleichbehandlung zulasten der anderen Einkommensteuerpflichtigen, insbesondere auch zulasten der Gruppe der nicht über Online-Plattformen auftretenden Vermieter, hierin zu erkennen ist. Diese beiden Anknüpfungspunkte einer Ungleichbehandlung sollen im Folgenden je erörtert und auf ihre Rechtfertigung hin überprüft werden.

1371 Eine Schedulenbesteuerung erfolgt nach dem geltenden Einkommensteuergesetz auch für die Einkünfte, die mit der abgeltenden Kapitalertragsteuer mit dem einheitlichen linearen Steuersatz von 25 Prozent besteuert werden, vgl. § 32d Abs. 1 S. 1 EStG.

1372 Vgl. zur Bedeutung des Leistungsfähigkeitsprinzips bei der Prüfung des allgemeinen Gleichbehandlungsgrundsatzes im Steuerrecht sowie dessen Ausprägungen die Ausführungen auf S. 323 ff.

a) *Art. 3 Abs. 1 GG in Bezug auf eine erhöhte Abgeltungsteuer zulasten der Online-Vermieter*

aa) *Verstoß gegen das Leistungsfähigkeitsprinzip bei einer Bruttobesteuerung ohne Veranlagungsoption*

Ergibt sich für den Online-Vermieter ein höherer Steuersatz, als er sich nach der Einkommensteuerveranlagung ermitteln würde, könnte dies einen Verstoß gegen das Leistungsfähigkeitsprinzip zulasten der Gruppe der Online-Vermieter begründen.

Bei einer abgeltenden Abzugsbesteuerung der Einkünfte des Online-Vermieters wird sowohl das objektive als auch das subjektive Nettoprinzip relevant. Die Abzugsteuer wird mit einem linearen Steuersatz pauschal auf Einnahmen erhoben. Es handelt sich mithin insoweit um eine Bruttobesteuerung unter Belastung mit einem proportionalen Steuersatz, die erwerbsbedingte Aufwendungen nicht berücksichtigt und damit gegen das objektive Nettoprinzip verstoßen könnte.[1373] Neben den individuellen Erwerbsaufwendungen werden auch individuelle Besteuerungsmerkmale im Zuge der Abzugsbesteuerung nicht berücksichtigt. Wenn durch nichtberücksichtigte Aufwendungen oder eine überhöhte Abgeltungsteuer das Existenzminimum des Steuerpflichtigen und seiner Familienangehörigen berührt wird, wie beispielsweise dann, wenn der Online-Vermieter mit seinem zu versteuernden Einkommen ohne die Einkünfte aus der abzugsteuerpflichtigen Online-Vermietung den einkommensteuerrechtlichen Grundfreibetrag nicht ausschöpft, liegt ein Verstoß gegen das subjektive Nettoprinzip vor.[1374]

Eine relevante Ungleichbehandlung ist somit bei einer abgeltenden Abzugsteuer ohne Veranlagungsoption zulasten der Online-Vermieter gegenüber der übrigen Einkommensteuerpflichtigen (sogenannte externe

---

1373 Vgl. *Buge*, in: Herrmann/Heuer/Raupach, EStG/KStG, 294. EL, 10/2019, § 20 Rn. 8; *Eckhoff*, FR 2007, 989, 994; *Engelschalk*, Die Besteuerung von Steuerausländern auf Bruttobasis, 1988, S. 29, 75 ff.; *Englisch*, StuW 2007, 221, 224; *Hey*, in: Festschrift Kruse, 2001, S. 269, 281; *Recnik*, Die Besteuerung privater Kapitaleinkünfte durch die Abgeltungsteuer, 2011, S. 60; *Schaumburg*, StuW 2000, 369, 371; *Tipke*, StuW 2007, 201, 209; *Treml*, Die Bruttobesteuerung bei der Abgeltungsteuer auf Einkünfte aus Kapitalvermögen, 2014, S. 84, 118; *Weber-Grellet*, NJW 2008, 545, 547; *Wernsmann*, DStR-Beih 2008, 37, 39; *Worgulla*, Die Bruttobesteuerung in der Schedule der Einkünfte aus Kapitalvermögen, 2013, S. 207.

1374 Vgl. *Birk*, StuW 2000, 328, 331; *Recnik*, Die Besteuerung privater Kapitaleinkünfte durch die Abgeltungsteuer, 2011, S. 60; *Worgulla*, Die Bruttobesteuerung in der Schedule der Einkünfte aus Kapitalvermögen, 2013, S. 202 f.

Bruttobesteuerung)[1375] – insbesondere aber auch gegenüber Steuerpflichtigen derselben Einkunftsart (sogenannte interne Bruttobesteuerung)[1376] – festzustellen.[1377] Eine Gleichbehandlung von Einkünften ist bei derart unterschiedlichen Besteuerungskonzepten, von denen das eine bei der Nettobemessungsgrundlage unter progressivem Steuersatz ansetzt und das andere eine Besteuerung der Bruttobemessungsgrundlage mit einem proportionalen Steuersatz vorsieht, nur rein zufälliger Natur.[1378] Ebenso liegt auch in vertikaler Richtung, wonach die Besteuerung höherer Einkommen im Vergleich mit der Steuerbelastung niedrigerer Einkommen dem Gerechtigkeitsgebot genügen muss, ein Verstoß gegen das Leistungsfähigkeitsprinzip vor.[1379] Ungleiche Sachverhalte werden gleichbehandelt, indem die Einkünfte aus der Online-Vermietung unabhängig von ihrer Höhe demselben Steuersatz unterliegen und dadurch das Prinzip der Besteuerung nach der Leistungsfähigkeit missachtet wird.

bb) Rechtfertigung

Die Gleichbehandlung von wesentlich Ungleichem beziehungsweise die Ungleichbehandlung von wesentlich Gleichem, also der Verstoß gegen das Prinzip der Besteuerung nach der Leistungsfähigkeit, könnte aber gerechtfertigt sein, wenn hierfür ein sachlicher Grund besteht und die Anforderungen an den Verhältnismäßigkeitsgrundsatz gewahrt sind. Dabei ergeben sich je nach Regelungsgegenstand und Differenzierungsmerkmalen für den Gesetzgeber unterschiedliche Grenzen, die vom bloßen Willkürverbot bis zu einer strengen Bindung an Verhältnismäßigkeitserfordernisse reichen.[1380] Der Prüfungsmaßstab ist danach umso strenger, je mehr die Differenzierung an personenbezogene Merkmale anknüpft, sich die Ungleichbehandlung auf die Ausübung von

1375 Vgl. umfassend zur externen Bruttobesteuerung, *Worgulla*, Die Bruttobesteuerung in der Schedule der Einkünfte aus Kapitalvermögen, 2013, S. 111 ff.

1376 Vgl. umfassend zur internen Bruttobesteuerung, *Worgulla*, Die Bruttobesteuerung in der Schedule der Einkünfte aus Kapitalvermögen, 2013, S. 256 ff.

1377 Vgl. *Frizen*, Das Deklarationsprinzip im Einkommensteuerrecht, 2009, S. 144. Auf die Differenzierung zwischen externer und interner Bruttobesteuerung kommt es nicht an, da beide Arten betroffen sind.

1378 Vgl. *Worgulla*, Die Bruttobesteuerung in der Schedule der Einkünfte aus Kapitalvermögen, 2013, S. 112 ff., 208.

1379 Vgl. *Treml*, Die Bruttobesteuerung bei der Abgeltungsteuer auf Einkünfte aus Kapitalvermögen, 2014, S. 147.

1380 Vgl. hierzu die Ausführungen auf S. 238 f.

Freiheitsgrundrechten auswirkt oder keine Ausweichmöglichkeiten bestehen.[1381] Vorliegend kann der Steuerschuldner der abgeltenden Abzugsteuer nicht durch Gestaltungsoptionen ausweichen. Denn sie fällt auf jeder Sharing-Economy-Plattform im Sektor der Unterkunftsvermittlung an und es folgt keine nachgelagerte Veranlagung, bei der Korrekturen vorgenommen werden können. Aufgrund der Unausweichlichkeit der Ungleichbehandlung muss die Rechtfertigung die (strengeren) Maßstäbe der Verhältnismäßigkeitsprüfung erfüllen.[1382]

Ein Verstoß gegen das objektive und subjektive Nettoprinzip kann grundsätzlich nur beim Vorliegen gewichtiger Gründe gerechtfertigt werden, wenn sich der Gesetzgeber generalisierender, typisierender oder pauschalierender Regelungen bedient.[1383] Wählt der Gesetzgeber für verschiedene Arten von Einkünften unterschiedliche Steuertarifverläufe, obwohl die Einkünfte nach der gesetzgeberischen Ausgangsentscheidung die gleiche Leistungsfähigkeit repräsentieren, muss diese Ungleichbehandlung aber besonderen Rechtfertigungsanforderungen genügen. Hierzu reicht allein die systematische Unterscheidung zwischen verschiedenen Einkunftsarten nicht.[1384] Vielmehr müssen sachliche Gründe eine nach unterschiedlichen Einkunftsarten differenzierende Besteuerung tragen.[1385] Außerdem steigen die Anforderungen an den Rechtfertigungsgrund mit Umfang und Ausmaß der Abweichung vom Gebot folgerichtig gleichmäßiger Steuerbelastung.[1386]

Als Rechtfertigungsgrund für die Einführung einer abgeltenden Abzugsteuer, die einen gleichmäßigen Steuervollzug gewährleisten soll, kommen insoweit der finanzielle Aspekt erhöhter Steuereinnahmen, die Schaffung von

---

1381 S. o. auf S. 238 f.

1382 Auch nach BVerfG v. 09.12.2008 – 2 BvL 1/07, BVerfGE 122, 210, 234 ff. ist bei Verstößen gegen das objektive Nettoprinzip eine strenge Folgerichtigkeits- und Verhältnismäßigkeitsprüfung durchzuführen; zustimmend *Drüen*, StuW 2008, 3, 11; vgl. auch *Treml*, Die Bruttobesteuerung bei der Abgeltungsteuer auf Einkünfte aus Kapitalvermögen, 2014, S. 83.

1383 BVerfG v. 12.10.2010 – 1 BvL 12/07, BVerfGE 127, 224, 245 f.

1384 Vgl. BVerfG v. 08.10.1991 – 1 BvL 50/86, BVerfGE 84, 348, 363 f.; v. 10.04.1997 – 2 BvL 77/92, BVerfGE 96, 1, 6; v. 21.06.2006 – 2 BvL 2/99, BVerfGE 116, 164, 181.

1385 BVerfG v. 10.04.1997 – 2 BvL 77/92, BVerfGE 96, 1, 6 f.; v. 04.12.2002 – 2 BvR 400/98, BVerfGE 107, 27, 48; v. 12.10.2010 – 1 BvL 12/07, BVerfGE 127, 224, 245 f.

1386 BVerfG v. 17.12.2014 – 1 BvL 21/12, BVerfGE 138, 136, 181; hierzu *Englisch*, Die Abgeltungsteuer für private Kapitalerträge – ein verfassungswidriger Sondertarif, 2016, S. 15 ff.

Wettbewerbsneutralität und die praktischen Erwägungen einer Verfahrensvereinfachung in der Durchsetzung von Steueransprüchen in Betracht.

(1) Fiskalische Ziele

Das rein fiskalische Interesse der staatlichen Einnahmenerhöhung kann nicht als legitimer Rechtfertigungsgrund herangezogen werden.[1387] Im Steuerrecht gilt der Grundsatz, dass der staatliche Finanzbedarf nach einer gerechten Lastenverteilung von der Allgemeinheit zu tragen ist.[1388] Dieser Grundsatz konkretisiert sich im Prinzip der Besteuerung nach der wirtschaftlichen Leistungsfähigkeit. Wird bei der Besteuerung das objektive und subjektive Nettoprinzip missachtet, stellt dies eine Ausnahme vom Leistungsfähigkeitsprinzip dar, durch die dem Einzelnen ein finanzielles Sonderopfer auferlegt wird, das nicht allein mit dem Argument eines Finanzbedarfs gerechtfertigt werden kann.[1389] Vielmehr sind solche fiskalischen Gründe beispielsweise über die Anhebung des für alle geltenden Tarifs zu verfolgen.[1390]

(2) Wettbewerbsneutralität durch gleichmäßige Besteuerung

Zur Rechtfertigung der durch die Abgeltungswirkung verursachten Ungleichbehandlung kann auch hier die Vermeidung von Wettbewerbsnachteilen durch umfassende Vollzugsdefizite im Rahmen der Durchsetzung von Steueransprüchen angeführt werden. Dieser Rechtfertigungsgrund wurde auch bei der Einführung der abgeltenden Kapitalertragsteuer[1391] und der abgeltenden

1387 Vgl. BVerfG v. 09.12.2008 – 2 BvL 1/07, BVerfGE 122, 210, 233; *Drüen*, StuW 2008, 3, 12.

1388 BVerfG v. 27.06.1991 – 2 BvR 1493/89, BVerfGE 84, 239, 268 f.; v. 09.12.2008 – 2 BvL 1/07, BVerfGE 122, 210, 233; *Jachmann*, Steuergesetzgebung zwischen Gleichheit und wirtschaftlicher Freiheit, 2000, S. 9; *G. Kirchhof*, DStJG 15 (1993), 3, 20, 22; *Schön*, in: Festschrift Solms, 2005, S. 263, 267; *Söhn*, DStJG 30 (2007), 13, 29; *Tipke*, Die Steuerrechtsordnung Band II, 2. Aufl. 2003, S. 569 ff.; *Trzaskalik*, StuW 1992, 135, 139; *Worgulla*, Die Bruttobesteuerung in der Schedule der Einkünfte aus Kapitalvermögen, 2013, S. 208.

1389 *Drüen*, StuW 2008, 3, 12.

1390 *Tipke*, BB 2007, 1525, 1528, 1532.

1391 Vgl. Entwurf eines Unternehmensteuerreformgesetzes 2008 des Bundestags vom 27.03.2007, BT-Drs. 16/4841 v. 27.03.2007, S. 1 sowie des Bundesrats vom 30.03.2007, BR-Drs. 220/07 v. 30.03.2007, S. 52; *Drüen*, StuW 2008, 3, 13; *Eckhoff*, FR 2007, 989, 994; *Englisch*, Die Abgeltungsteuer für private Kapitalerträge – ein verfassungswidriger Sondertarif, 2016, S. 20 f.; *Recnik*, Die Besteuerung privater Kapitaleinkünfte durch die Abgeltungsteuer, 2011, S. 69; *Schenk/Brusch*, DStR 2005, 1254, 1255; *Treml*,

Quellenbesteuerung beschränkt Steuerpflichtiger[1392] vorgebracht. Auch das Bundesverfassungsgericht hat in seinem Zinsurteil für zulässig erachtet, dass zur Vermeidung von (strukturellen) Vollzugsdefiziten Kapitaleinkünfte an der Quelle mit einer linearen Definitivsteuer belastet werden und dabei der absetzbare Aufwand nach Durchschnittswerten typisiert wird.[1393] Es gibt insoweit allerdings zu bedenken, dass das Folgerichtigkeitsprinzip verlangt, dass dem unterdurchschnittlichen Steuersatz der Kleinsparer durch erhebliche Freibeträge Rechnung getragen werden müsse.[1394]

(a) *Anrechnungswirkung als eingriffsmildere Maßnahme gegenüber der Abgeltungswirkung*

Die Vermeidung von Steuerhinterziehung und strukturellen Vollzugsdefiziten mag zwar, wie bereits gezeigt, einen Steuerabzug an der Quelle erforderlich machen, erklärt aber nicht zugleich die Notwendigkeit einer abgeltenden Wirkung des Steuerabzugs.[1395] Indessen könnten die Steuervollzugsdefizite auch mit einer Abzugsteuer mit Anrechnungswirkung gleichermaßen behoben werden, die aufgrund der Korrekturen im anschließenden Veranlagungsverfahren in Bezug auf die Online-Vermieter als mildere Maßnahme zu bewerten ist.[1396] Denn durch die Einbeziehung der abzugsteuerpflichtigen Einkünfte in das Veranlagungsverfahren und unter Berücksichtigung von Betriebsausgaben und Werbungskosten, können die Einkünfte unter Anrechnung der Abzugsteuer einer individuellen Steuerbelastung zugeführt und ein Verstoß gegen das objektive und subjektive Nettoprinzip vermieden werden.[1397] Die Durchbrechung des

---

Die Bruttobesteuerung bei der Abgeltungsteuer auf Einkünfte aus Kapitalvermögen, 2014, S. 107 f.; *Weber-Grellet*, NJW 2008, 545, 549.

1392 Vgl. BVerfG v. 24.09.1965 – 1 BvR 228/65, BVerfGE 19, 119, 124; *Schaumburg*, StuW 2000, 369, 371.

1393 BVerfG v. 27.06.1991 – 2 BvR 1493/89, BVerfGE 84, 239, 282 f.

1394 BVerfG v. 27.06.1991 – 2 BvR 1493/89, BVerfGE 84, 239, 283.

1395 So auch zum abgeltenden Quellensteuerabzug beschränkt Steuerpflichtiger *Schaumburg*, StuW 2000, 369, 371; sowie zum Werbungskostenausschluss bei der Kapitalertragsteuer *Worgulla*, Die Bruttobesteuerung in der Schedule der Einkünfte aus Kapitalvermögen, 2013, S. 192.

1396 Vgl. hierzu auch *Engelschalk*, Die Besteuerung von Steuerausländern auf Bruttobasis, 1988, S. 78; *Schaumburg*, StuW 2000, 369, 371.

1397 Vgl. zur grundsätzlichen Verfassungsmäßigkeit der Abzugsteuer mit Anrechnungswirkung die Ausführungen oben auf S. 322 ff., sowie die Zusammenfassung und das Ergebnis hierzu auf S. 353 f.

Nettoprinzips beruht nicht auf der Abzugsbesteuerung selbst, sondern allein auf der Abgeltungswirkung.[1398]

Fraglich ist aber, ob die Abzugsteuer mit Anrechnungswirkung gleich effektiv wie eine Abzugsteuer mit Abgeltungswirkung ist, also auch das relativ mildeste Mittel darstellt und eine Abgeltungswirkung deshalb nicht erforderlich ist.

(b) Anrechnungswirkung als relativ mildestes Mittel gegenüber der Abgeltungswirkung

Die Abzugsteuer mit Anrechnungswirkung stellt gegenüber der Abzugsteuer mit Abgeltungswirkung kein relativ milderes Mittel dar, wenn sie nicht gleich effektiv ist. Die Effektivität der Abzugsteuer mit Anrechnungswirkung wäre dann nachhaltig beeinträchtigt, wenn eine Anrechnungswirkung der Abzugsteuer auf Online-Vermietungseinkünfte eine Missbrauchsgefahr ähnlich der Cum/Ex-Problematik auslösen würde.[1399] Die Problematik bei den sogenannten Cum/Ex-Geschäften bestand darin, dass Kapitalertragsteuer, die nur einmal einbehalten wurde, mehrfach von den Finanzbehörden im Rahmen der Veranlagung angerechnet oder erstattet wurde, wodurch dem Fiskus Presseberichten zufolge ein Schaden im zweistelligen Milliardenbereich entstanden sein soll.[1400] Vereinfacht lässt sich das Geschäftsmodell wie folgt darstellen: Durch einen Verkauf von Aktien um den Dividendenstichtag war für die depotverwaltenden Kreditinstitute nicht eindeutig erkennbar, wer Berechtigter der Dividendenzahlung ist, da ein Verkauf sowohl mit als auch ohne Dividendenanspruch möglich war. Deshalb wurde sowohl dem bisherigen Rechtsinhaber als auch dem Erwerber der Aktien der Einbehalt von Kapitalertragsteuer bescheinigt, sodass beide durch Einreichung der Steuerbescheinigung beim Finanzamt die bescheinigte Kapitalertragsteuer auf ihre Einkommensteuerschuld anrechnen oder sich erstatten

---

1398 Vgl. *Schaumburg*, StuW 2000, 369, 371; *Worgulla*, Die Bruttobesteuerung in der Schedule der Einkünfte aus Kapitalvermögen, 2013, S. 192.

1399 Vgl. zur Cum/Ex-Problematik beispielsweise *Dutt/Spengel/Vay*, StuW 2018, 229 ff.; *Schwenke*, jM 2015, 83; *Seer/Krumm*, DStR 2013, 1757 ff.; *Spengel/Eisgruber*, DStR 2015, 785 ff.

1400 Vgl. z. B. *Ackermann/Daubenberger/Faigle/Polke-Majewski/Rohrbeck/Salewski/Schröm*, Tagesschau Online-Beitrag v. 24.03.2019, https://www.tagesschau.de/wirtschaft/cum-cum-105.html (Stand: 09.11.2020); Zeit Online-Beitrag v. 18.10.2018, https://www.zeit.de/news/2018-10/18/medien-schaden-durch-cum-ex-bei-55-milliarden-euro-181018-99-422107 (Stand: 09.11.2020).

lassen konnten.[1401] Dadurch wurde das Geschäftsmodell der doppelten Kapitalertragsteueranrechnung auf nur einmal gezahlte Kapitalertragsteuer möglich.

Auch bei Vermietungen über Online-Plattformen sind Fälle denkbar, in denen das Vermietungsobjekt nach Abschluss des Mietvertrags über eine Sharing-Economy-Plattform, aber vor Durchführung der Nutzungsüberlassung, veräußert wird. Auch hier kann sich die Problematik stellen, dass für einen außenstehenden Dritten nicht erkennbar ist, ob der Erwerber die Mieterträge aus den bereits abgeschlossenen Mietverträgen erhalten soll oder diese beim bisherigen Rechtsinhaber verbleiben sollen.

Ob die über die Online-Plattform mit den Mietern geschlossenen Mietverträge aufrechterhalten werden, ist daran erkennbar, dass die Buchungen über die Plattform nicht storniert werden. Vertragspartner ist aus Perspektive des Plattformbetreibers weiterhin der bisherige Vermieter, der Inhaber des Nutzungskontos bei der Plattform ist. Ist nach den AGB der Plattform eine Vertragsübernahme möglich, ist entscheidend, ob eine solche durchgeführt wird. Bei der Plattform Airbnb ist eine solche Vertragsübernahme aber beispielsweise nicht möglich, sondern die Buchung ist (unter Anfall von Stornierungsgebühren) zu stornieren und vom Erwerber unter seinem eigenen Benutzerkonto erneut abzuschließen.[1402] Sollen die bestehenden Mietverträge (zwischen dem bisherigen Eigentümer und den Mietern) aufrechterhalten werden, besteht die Möglichkeit, dass der bisherige Rechtsinhaber mit dem neuen Erwerber einen weiteren Mietvertrag über das Vermietungsobjekt über die übernommen Mietzeiträume schließen, dessen Mieter der alte Rechtsinhaber ist, sodass der über die Online-Plattform geschlossene Mietvertrag als „Unter“-Mietvertrag einzuordnen ist.

Eine doppelte Anrechnung beziehungsweise Erstattung der Abzugsteuer wird vermieden, indem Steueranrechnungen nur über ein elektronisches System ermöglicht werden, bei dem die Anrechnung mit den tatsächlichen Zahlungsflüssen der Abzugsteuer von Sharing-Economy-Plattformen abgeglichen wird, wie dies derzeit im Rahmen des elektronischen Lohnsteuerabzugs von den Finanzbehörden durchgeführt wird. Die Zahlungen der Abzugsteuer sollen unter Nennung der Steueridentifikationsnummer des auf der Sharing-Economy-Plattform

---

1401 *Schwenke*, jM 2015, 83; *Seer/Krumm*, DStR 2013, 1757, 1758; *Spengel/Eisgruber*, DStR 2015, 785, 786.

1402 Stornierungsgebühren werden jedenfalls bei der Sharing-Economy-Plattform Airbnb erhoben, vgl. Internetauftritt von Airbnb, abrufbar unter: https://www.airbnb.de/help/article/990/ich-bin-gastgeber-mit-welchen-sanktionen-muss-ich-rechnen-wenn-ich-einen-gebuchten-aufenthalt-stornieren-muss (Stand: 09.11.2020).

registrierten Vermieters erfolgen und nur dieser kann daher auch die Abzugsteuer anrechnen. Wer Eigentümer oder rechtlich berechtigter Vermieter ist, ist unerheblich für das Abzugsteuersystem. Die Plattformbetreiber bescheinigen nur tatsächliche Zahlungsflüsse. Abzugsteuerzahlungen werden von den Finanzbehörden nur nach einem Abgleich im elektronischen System anerkannt.

Missbrauchskonstellationen, die das Anrechnungssystem insoweit bietet, sind daher insbesondere die folgenden beiden Fallvarianten: Findet eine zweite Vermietung zwischen dem neuen Eigentümer und dem bisherigen Rechtsinhaber statt, kann der bisherige Rechtsinhaber die Mietzahlungen als Aufwendungen im Rahmen seiner Online-Vermietung einkünftemindernd geltend machen, da die eigene Miete für die Einkünfteerzielung der Online-(Unter-)Vermietung notwendig wird. Entsprechen sich die Mieterträge und -aufwendungen, betragen seine Einkünfte null Euro, sodass der Online-Vermieter die durch den Plattformbetreiber erhobene Abzugsteuer auf seine Einkommensteuer vollständig gemäß § 36 Abs. 2 Nr. 2 lit. a EStG anrechnen kann und sofern keine Einkommensteuer anfällt, sogar erstattet erhält. Eine Missbrauchskonstellation ist zum einen insoweit denkbar, dass der neue Erwerber die Vermietungseinnahmen aus der Vermietung an den alten Rechtsinhaber nicht erklärt oder zum anderen dadurch, dass sich der bisherige Rechtsinhaber die Veräußerung nur ausgedacht hat, um sich die Erstattung der Abzugsteuer zu erschleichen. In beiden Fällen würde die Vermietung über die Sharing-Economy-Plattform zwar letztlich nicht besteuert werden. Der Staat steht aber nicht schlechter als ohne Einführung eines Abzugsteuersystems, wenn Online-Vermieter ihre Einkünfte aus der Vermietung nicht erklären. Zudem besteht bei einer Abzugsteuer mit Anrechnungswirkung die Möglichkeit, im Rahmen der Veranlagung Nachweise für bestimmte Vorgänge wie den Verkauf von Immobilien anzufordern. Die Finanzbeamten können beispielswiese für die Anerkennung von Mietaufwendungen des bisherigen Eigentümers Belege verlangen und diesen zur Benennung der Identität des Erwerbers auffordern und so dessen Besteuerung sicherstellen. Ferner können Veräußerungsvorgänge über Anfragen beim Grundbuchamt geprüft und die Identität neuer Erwerber von Unterkünften hierüber überprüft und sodann deren Besteuerung sichergestellt werden.

Mithin können also Missbrauchskonstellationen wie sie bei den Cum/Ex-Geschäftsmodellen über Mehrfachbescheinigungen einer nur einmal gezahlten Kapitalertragsteuer etabliert wurden, vermieden werden. Die Anrechnungswirkung einer Abzugsteuer löst keine Missbrauchsgefahr ähnlich der Cum/Ex-Problematik aus, sodass eine anrechnende Abzugsteuer als gleich effektiv wie eine Abgeltungsteuer zu bewerten ist. Durch die geringere Eingriffsintensität, die von der anrechenbaren Abzugsteuer im Vergleich zur abgeltenden Abzugsteuer ausgeht, besteht in der anrechenbaren Abzugsteuer damit ein zur Abgeltungsteuer relativ milderes Mittel.

Folglich kann eine Abgeltungswirkung ohne Veranlagungsoption nicht mit dem Grund der Vermeidung von Steuervollzugsdefiziten gerechtfertigt werden, da sie zur Erreichung dieses Ziel nicht erforderlich und somit unverhältnismäßig ist.

(3) Verfahrensvereinfachung

Daneben ist auch der Aspekt der Steuervereinfachung als sachlicher Grund für eine steuerliche Typisierung – auch wenn sie eine Durchbrechung des objektive und subjektiven Nettoprinzips darstellt – anerkannt.[1403]

Einer Abgeltungsteuer ohne Einräumung einer Veranlagungsoption ist im Verhältnis zur Abzugsteuer mit Anrechnungswirkung eine beträchtliche Vereinfachungswirkung im Besteuerungsverfahren zuzusprechen,[1404] da keine Veranlagung mehr erfolgen muss.[1405] Die Abgeltungswirkung ist daher als relativ mildestes Mittel zur Erreichung der Verfahrensvereinfachung geeignet und somit auch erforderlich. Die Vereinfachungswirkung muss aber im Verhältnis zum Verstoß gegen das objektive und subjektive Nettoprinzip zulasten der betroffenen Online-Vermieter angemessen sein.[1406]

Ein vergleichbarer Ausschluss von Werbungskosten ist derzeit im Bereich der abgeltenden Kapitalertragsteuer wiederzufinden. Insoweit wird zwar eine

---

1403 BVerfG v. 23.01.1990 – 1 BvL 4/87, BVerfGE 81, 228, 237; v. 15.01.2008 – 1 BvL 2/04, BVerfGE 120, 1, 30; v. 07.05.2013 – 2 BvR 909/06, 2 BvR 288/07, BVerfGE 133, 377, 412; *Drüen*, StuW 2008, 3, 13 f.; *Englisch*, Die Abgeltungsteuer für private Kapitalerträge – ein verfassungswidriger Sondertarif, 2016, S. 50 ff.; *Schenk/Brusch*, DStR 2005, 1254, 1255; *Treml*, Die Bruttobesteuerung bei der Abgeltungsteuer auf Einkünfte aus Kapitalvermögen, 2014, S. 109 ff.; *Worgulla*, Die Bruttobesteuerung in der Schedule der Einkünfte aus Kapitalvermögen, 2013, S. 139.

1404 Vgl. z. B. *Brandt*, in: Festschrift Bundesfinanzhof, Band I, 2018, S. 289, 301; *Eckhoff*, FR 2007, 989, 994; *Hey*, BB 2007, 1303, 1307; *Frizen*, Das Deklarationsprinzip im Einkommensteuerrecht, 2009, S. 143 f.; *Treml*, Die Bruttobesteuerung bei der Abgeltungsteuer auf Einkünfte aus Kapitalvermögen, 2014, S. 109 ff. m. w. N., 115; *Weber-Grellet*, NJW 2008, 545, 550.

1405 Vgl. *Musil*, FR 2010, 149, 153; *Wagner*, Steuergleichheit unter Standortvorbehalt?, 2010, S. 190; *Worgulla*, Die Bruttobesteuerung in der Schedule der Einkünfte aus Kapitalvermögen, 2013, S. 146.

1406 BVerfG v. 20.04.2004 – 1 BvR 1748/99, BVerfGE 110, 274, 292; v. 05.11.2014 – 1 BvF 3/11, BVerfGE 137, 350, 375; *Brandt*, in: Festschrift Bundesfinanzhof, Band I, 2018, S. 289, 294.

Veranlagungsoption eingeräumt, diese sieht aber auch keine Möglichkeit des Werbungskostenabzuges vor, §§ 2 Abs. 2 S. 2, 20 Abs. 9 S. 1 Hs. 2, 32d Abs. 4 und Abs. 6 EStG. Hiergegen werden in der Literatur vielfach verfassungsrechtliche Bedenken vorgebracht.[1407] Argumentiert wird, dass sich der mit den Kapitaleinkünften verbundene Aufwand nicht in einem absoluten Betrag typisieren lasse[1408] und auch der im Verhältnis zum progressiven Einkommensteuertarif niedrigere Proportionalsteuersatz den Werbungskostenausschluss nicht legitimieren könne, da er nicht für alle Steuerpflichtigen tatsächlich günstiger sei.[1409] Vielmehr könne die Streichung des tatsächlichen Werbungskostenabzugs zu einer enteignenden Besteuerung führen, wenn die Kapitalanlagen fremdfinanziert seien und tatsächlich nur eine Marge frei verfügbar ist, die die Steuerbelastung nicht deckt.[1410]

Diese Argumente kommen auch bei der Besteuerung der Online-Vermietungseinkünfte mit der Abzugsteuer mit abgeltender Wirkung ohne Veranlagungsoption zum Tragen. Die Eingriffsintensität ist sogar noch als intensiver zu bewerten, da eine Ungleichbehandlung innerhalb einer Einkunftsart (also ein Verstoß gegen die interne Bruttobesteuerung)[1411] vorliegt. Bei Vermietungseinkünften und gewerblichen Einkünften können die Werbungskosten

---

1407 Vgl. *Behrens*, BB 2007, 1025, 1028; *Buge*, in: Herrmann/Heuer/Raupach, EStG/KStG, 294. EL, 10/2019, § 20 Rn. 8; *Dinkelbach*, DB 2009, 870, 871; *Englisch*, StuW 2007, 221, 230; *Gratz*, BB 2008, 1105; *Groh*, FR 2008, 264, 265; *Haisch*, DStZ 2007, 762, 772; *Hey*, BB 2007, 1303, 1307; *Kämmerer*, DStR 2010, 27, 29; *Klotz*, Die Abgeltungsteuer, 2017, S. 138 ff., 166 f.; *Oho/Hagen/Lenz*, DB 2007, 1322, 1323; *Rockoff*, Beeinflussung der Investitionsentscheidung durch die Abgeltungsteuer, 2014, S. 215 ff.; *derselbe/Weber*, DStR 2010, 363, 364. Eine Verfassungswidrigkeit im Ergebnis aber ablehnend *Brandt*, in: Festschrift Bundesfinanzhof, Band I, 2018, S. 289, 302; *Eckhoff*, FR 2007, 989, 994 ff.; *Recnik*, Die Besteuerung privater Kapitaleinkünfte durch die Abgeltungsteuer, 2011, S. 86, 123 ff.; *Treml*, Die Bruttobesteuerung bei der Abgeltungsteuer auf Einkünfte aus Kapitalvermögen, 2014, S. 130 f.; *Weber-Grellet*, DStR 2013, 1357, 1359 f.

1408 *Hey*, BB 2007, 1303, 1307; *Rockoff*, Beeinflussung der Investitionsentscheidung durch die Abgeltungsteuer, 2014, S. 217.

1409 *Hey*, BB 2007, 1303, 1307; *Kämmerer*, DStR 2010, 27, 29; a. A. *Eckhoff*, FR 2007, 989, 998 und *Musil*, FR 2010, 149, 154 je mit Verweis auf die bei Pauschalierung hinzunehmenden Härten in Sonderfällen; sowie *Wernsmann*, DStR-Beih 2009, 101, 103, der davon ausgeht, dass die Kleinsparer mit geringerem Steuersatz keine über dem Sparer-Freibetrag liegenden Werbungskosten veranschlagen.

1410 *Behrens*, BB 2007, 1025, 1028; *Kämmerer*, DStR 2010, 27, 29.

1411 Vgl. hierzu oben auf S. 356 f.

und Betriebsausgaben sehr hoch ausfallen und je nach Vermietung sehr unterschiedlich ausfallen.

Bei der Typisierung von Regelungen zur steuerlichen Bemessungsgrundlage wird dem Gesetzgeber zwar aufgrund der Vielzahl der Fälle ein weiter Spielraum eingestanden, der Praktikabilitätserwägungen auf Kosten von Ermittlungsgenauigkeit den Vorrang einräumt, um die Festsetzung und Erhebung der Steuer handhabbar zu halten (sogenanntes Praktikabilitätsprinzip).[1412] Denn Gesetze, die nicht praktikabel und undurchführbar sind, können nicht gleichmäßig durchgeführt werden und laufen damit dem Gleichheitssatz zuwider.[1413] Es gilt insoweit der Grundsatz der „Steuergerechtigkeit durch Steuervereinfachung".[1414] Typisierungen sollen aber eine Durchschnittsnormalität fixieren.[1415] Je schwächer die Realität abgebildet wird, umso mehr muss dieser Verlust durch einen Gewinn an Praktikabilität aufgewogen werden.[1416] Dabei darf der Gewinn an Praktikabilität nicht durch einen beträchtlichen Verlust an Einzelfallgerechtigkeit erkauft werden.[1417] Der Spielraum zum Erlass von Vereinfachungszwecknormen wird mithin dadurch begrenzt, dass die von ihm geschaffenen Bemessungsregeln grundsätzlich (noch) in der Lage sein müssen, den mit der Steuer verfolgten Belastungsgrund in der Relation realitätsgerecht abzubilden.[1418] Lässt sich ein Regelfall nicht feststellen, ist die Typisierung unzulässig.[1419]

Bei der einzuführenden Abzugsbesteuerung ist durch das inkonsistente Verhältnis von Einnahmen und Ausgaben sowie der stark vereinfachten,

---

1412 BVerfG v. 10.05.1962 – 1 BvL 31/58, BVerfGE 14, 76, 102; v. 10.02.1976 – 1 BvL 8/73, BVerfGE 41, 269, 283; v. 10.04.2018 – 1 BvL 11/14, BVerfGE 148, 147, 200 f.; *Arndt*, Praktikabilität und Effizienz, 1983, S. 9 ff.; *Hey*, in: Tipke/Lang, Steuerrecht, 23. Aufl. 2018, § 3 Rn. 145.

1413 *Hey*, in: Tipke/Lang, Steuerrecht, 23. Aufl. 2018, § 3 Rn. 145 f.; *Klotz*, Die Abgeltungsteuer, 2017, S. 182.

1414 *P. Kirchhof*, in: VVDStRL 39, 1981, 213, 267; *Lang*, in: Festschrift Meyding, 1994, S. 33, 36; *Seer*, StuW 1995, 184, 188.

1415 *Hey*, in: Tipke/Lang, Steuerrecht, 23. Aufl. 2018, § 3 Rn. 147.

1416 BVerfG v. 20.04.2004 – 1 BvR 905/00, BVerfGE 110, 274, 292; v. 17.12.2014 – 1 BvL 21/12, BVerfGE 138, 136, 234; *Brandt*, in: Festschrift Bundesfinanzhof, Band I, 2018, S. 289, 299; *Eckhoff*, Rechtsanwendungsgleichheit im Steuerrecht, 1999, S. 90.

1417 *Eichberger*, in: Festschrift Bundesfinanzhof, Band I, 2018, S. 501, 518; *Hey*, in: Tipke/Lang, Steuerrecht, 23. Aufl. 2018, § 3 Rn. 145, 148; *Müller-Franken*, Maßvolles Verwalten, 2004, S. 353 ff.

1418 Vgl. BVerfG v. 22.06.1995 – 2 BvL 37/91, BVerfGE 93, 121, 136; v. 10.04.2018 – 1 BvL 11/14, BVerfGE 148, 147, 201 f.

1419 *Hey*, in: Tipke/Lang, Steuerrecht, 23. Aufl. 2018, § 3 Rn. 149.

objektbezogenen Bemessungsgrundlage eine der progressiven Steuerlast entsprechende Abzugsteuer, die auch individuelle Besteuerungsmerkmale abbildet, nicht zuverlässig realitätsgerecht ermittelbar. Der hohe Verlust an Einzelfallgerechtigkeit kann zudem nicht mit der zu erzielenden Verfahrensvereinfachung aufgewogen werden. Denn der Vereinfachungseffekt ist als gering zu bewerten, da er nur erreicht wird, wenn eine Veranlagung entfällt. Die Einkünfte, die der Abgeltungsteuer unterfallen, sind zwar nicht zu veranlagen. Dennoch werden die Steuerschuldner gegebenenfalls aufgrund ihrer anderen Einkünfte veranlagt. Der für die Veranlagung der Einkünfte aus Sharing-Economy-Aktivitäten hinzutretende Verwaltungsaufwand ist daneben überschaubar.

Hinzu kommt, dass mit der einzuführenden Abzugsteuer vordergründig keine Verfahrensvereinfachung bezweckt wird, sondern die Vollzugsgerechtigkeit hergestellt werden soll. Der Gesetzgeber des Abzugsteuertatbestands wird daher keinen die Verfahrensvereinfachung fördernden Systemwechsel von einer Netto- zur Bruttobesteuerung in den Blick nehmen.

Der mit einer abgeltenden Abzugsteuer ohne Veranlagungsoption erzielte Vereinfachungseffekt ist daher im Verhältnis zu dem bewirkten Verstoß gegen das objektive und subjektive Nettoprinzip insgesamt als unverhältnismäßig zu bewerten.

cc) Ergebnis

Eine Abzugsteuer mit Abgeltungswirkung ohne Veranlagungsoption stellt folglich eine Gleichbehandlung von ungleichen Sachverhalten sowie eine Ungleichbehandlung von gleichen Sachverhalten dar, die nicht gerechtfertigt werden kann und damit gegen das objektive und subjektive Nettoprinzip zulasten der Online-Vermieter verstößt und verfassungswidrig wäre.

Zur Erreichung des erforderlichen Maßes an Einzelfallgerechtigkeit ist in den gesetzlichen Tatbestand bei einer Abgeltungswirkung eine Veranlagungsoption aufzunehmen.

Eine Abzugsteuer mit grundsätzlich abgeltender Wirkung, die den Online-Vermietern aber eine Veranlagungsoption und damit eine Anrechnungsmöglichkeit einräumt, ist hingegen insoweit gerechtfertigt, da die durch die Abzugsteuer entstandenen Nachteile wiederum nur temporärer Natur sind.[1420] Die Online-Vermieter tragen dann nur die Nachteile der pauschalierten Vorauszahlungspflicht, die im vorherigen Abschnitt rechtlich gewürdigt und als

1420 Vgl. *Hey*, in: Festschrift Kruse, 2001, S. 269, 289 f., die eine Abgeltungsteuer mit Veranlagungswahlrecht als „relative Abzugsteuer" bezeichnet.

verfassungs- und unionsgemäß bewertet wurde.[1421] Da im Falle der Veranlagung sowohl Aufwendungen als auch die sonstigen individuellen Besteuerungsmerkmale berücksichtigt werden, liegt insoweit kein Verstoß gegen das objektive oder subjektive Nettoprinzip vor.[1422] Durch die Gewährung einer Veranlagungsoption zum progressiven Steuertarif wird folglich eine ungerechtfertigte Gleich- oder Ungleichbehandlung im Sinne des Art. 3 Abs. 1 GG vermieden.[1423]

b) Art. 3 Abs. 1 GG in Bezug auf eine ermäßigte Abgeltungsteuer zugunsten der Online-Vermieter

Es wurde bereits festgestellt, dass auch bei einem Abzugsteuersatz, der unter der tariflichen Einkommensteuer liegt, ein Verstoß gegen das Prinzip der Besteuerung nach der Leistungsfähigkeit vorliegt, der diesmal allerdings zugunsten der Online-Vermieter erfolgt.[1424]

aa) Verstoß gegen das Leistungsfähigkeitsprinzip durch ungleiche Begünstigung der Online-Vermieter

Der Gleichbehandlungsgrundsatz gilt für ungleiche Belastungen wie für ungleiche Begünstigungen.[1425] Verboten ist daher auch ein gleichheitswidriger Begünstigungsausschluss, bei dem einem Personenkreis eine Begünstigung gewährt wird, einem vergleichbaren anderen Personenkreis die Begünstigung aber vorenthalten bleibt.[1426]

Liegt die Abzugsteuer unter dem tariflichen Einkommensteuersatz, werden die Einkünfte aus der Online-Vermietung entgegen dem Prinzip der Besteuerung nach der Leistungsfähigkeit begünstigt besteuert. Diese Konstellation ist sogar sehr wahrscheinlich, da zur Vermeidung von Übersicherungen bei einem linearen pauschalen Abzugsteuersatz ein verhältnismäßig geringer Steuersatz gewählt werden muss.[1427] In diesem Fall werden die von der Abzugsteuer

---

1421 S. o. auf S. 322 ff., sowie die Zusammenfassung des Ergebnisses auf S. 353 f.

1422 Vgl. *Schaumburg*, StuW 2000, 369, 372; *Worgulla*, Die Bruttobesteuerung in der Schedule der Einkünfte aus Kapitalvermögen, 2013, S. 302 ff.

1423 *Worgulla*, Die Bruttobesteuerung in der Schedule der Einkünfte aus Kapitalvermögen, 2013, S. 209 f.

1424 Vgl. hierzu die Ausführungen auf S. 354 ff.

1425 BVerfG v. 11.10.1988 – 1 BvR 777/85, BVerfGE 79, 1, 17; v. 29.03.2017 – 2 BvL 6/11, BVerfGE 145, 106, 141 f.; v. 19.11.2019 – 2 BvL 22-27/14, DStR 2020, 93, 97.

1426 BVerfG v. 31.01.1996 – 2 BvL 39/93, BVerfGE 93, 386, 396; v. 08.06.2004 – 2 BvL 5/00, BVerfGE 110, 412, 431.

1427 S. hierzu umfassend die Ausführungen auf S. 335 ff.

betroffenen Online-Vermieter mit einem begünstigten Steuersatz besteuert. Diese Ungleichbehandlung kann auch nicht mit einer Veranlagungsoption ausgeräumt werden, da die Online-Vermieter im Fall ihrer Begünstigung gerade nicht die Veranlagungsoption wählen werden. Die begünstigte Besteuerung der über Unterkunftsvermittlungsplattformen agierenden Online-Vermieter könnte aber gerechtfertigt sein.

bb) Rechtfertigung der ungleichen Begünstigung der abzugsteuerpflichtigen Online-Vermieter

Auch für Sondertarife gelten nach der Rechtsprechung des Bundesverfassungsgerichts keine geringeren Rechtfertigungsanforderungen als für Durchbrechungen des objektiven Nettoprinzips, da es im Hinblick auf die Belastungsgleichheit keinen Unterschied macht, ob Einkünfte, die die gleiche Leistungsfähigkeit repräsentieren, in unterschiedlicher Höhe in die Bemessungsgrundlage einfließen oder ob sie einem unterschiedlichen Steuertarif unterworfen werden.[1428] Demnach gilt auch hier als Maßstab für die Rechtfertigungsprüfung eine strenge Verhältnismäßigkeitsprüfung.

(1) Vermeidung von Wettbewerbsnachteilen durch gleichmäßigen Steuervollzug

Es wurde bereits gezeigt, dass eine Abgeltungswirkung der Abzugsteuer zur Vermeidung von Steuervollzugsdefiziten und Wettbewerbsnachteilen nicht erforderlich ist. Diese können durch eine Abzugsteuer mit Anrechnungswirkung gleichermaßen behoben werden, sodass auch eine Begünstigung der abzugsteuerpflichtigen Online-Vermieter gegenüber anderen Vermietern insoweit nicht zu rechtfertigen ist.[1429]

(2) Verfahrensvereinfachung

Neben der Vermeidung von Vollzugsdefiziten zur Schaffung von Wettbewerbsneutralität ist insbesondere die Vereinfachung des Besteuerungsverfahrens ein zentraler Rechtfertigungsgrund für die Abgeltungswirkung einer Abzugsteuer.[1430]

Es wurde aber bereits festgestellt, dass eine Abgeltungswirkung ohne Veranlagungsoption einen Verstoß gegen den Gleichbehandlungsgrundsatz

1428 BVerfG v. 21.06.2006 – 2 BvL 2/99, BVerfGE 116, 164, 181.

1429 Vgl. die Ausführungen oben auf S. 361 ff.

1430 S. o. auf S. 364 ff.

begründet.[1431] Durch die Einräumung einer Veranlagungsoption wird der Vereinfachungseffekt des Besteuerungsverfahrens allerdings stark vermindert.[1432] Grundsätzlich hat sich der Gesetzgeber zwar bei der Bemessung der Abzugssteuer an der möglichst exakten Höhe der Steuer bezogen auf den durchschnittlichen Steuerpflichtigen zu orientieren, sodass sich eine Veranlagung im Regelfall erübrigt. Die Besteuerung der Lohn- und Kapitaleinkünfte mit der Lohnsteuer beziehungsweise seit 2008 mit der als Abgeltungsteuer bezeichneten Kapitalertragsteuer haben jedoch gezeigt, dass freiwillige Veranlagungsoptionen regelmäßig von den Steuerpflichtigen zur Überprüfung des günstigeren Steuersatzes genutzt werden.[1433] In diesen Fällen wird der Arbeitsaufwand der Finanzbeamten nicht minimiert. Der mit der Entbehrlichkeit einer Veranlagung verbundene Vereinfachungseffekt ist daher bei Einräumung einer Veranlagungsoption stark eingeschränkt. Bei der Überprüfung der Verhältnismäßigkeit ist der durch die Typisierung eintretende (hier nur minimale) Gewinn an Vereinfachung des Besteuerungsverfahrens den aus dem Verzicht auf Einhaltung des Gleichmaßes im Einzelfall erlittenen Nachteil gegenüberzustellen.[1434]

Die mit der abgeltenden Abzugsbesteuerung unter Einräumung einer Veranlagungsoption verursachten Ungleichbehandlungen können sehr intensiv sein. Eine realitätsgerechte Typisierung der Abzugsteuer gemäß der ihr entsprechenden progressiven Einkommensteuer ist durch das inkonsistente Verhältnis von Einnahmen und Ausgaben sowie der stark vereinfachten, objektbezogenen Bemessungsgrundlage nicht zuverlässig möglich. Indessen soll zum Ausgleich ein sehr niedriger Steuersatz gewählt werden. Die Abzugsteuer soll insbesondere dazu dienen, die Finanzbehörden über die Online-Vermietung zu unterrichten und dabei den Online-Vermieter zu identifizieren, sodass die Behörden diese Informationen im Rahmen der Durchführung der Besteuerung aufgreifen und deren Deklaration überprüfen können. Eine Grundsicherung ist in Form einer belastenden Vorauszahlung zulässig, nicht jedoch als endgültige (begünstigende)

1431 S. o. auf S. 367.

1432 Vgl. *Drüen*, in: Zukunftsfragen des deutschen Steuerrechts I, 2009, S. 1, 4; *Eckhoff*, FR 2007, 989, 996; *Englisch*, StuW 2007, 221, 230; *Hey*, BB 2007, 1303, 1308; *Wagner*, Steuergleichheit unter Standortvorbehalt?, 2010, S. 192; *Worgulla*, Die Bruttobesteuerung in der Schedule der Einkünfte aus Kapitalvermögen, 2013, S. 160.

1433 *Treml*, Die Bruttobesteuerung bei der Abgeltungsteuer auf Einkünfte aus Kapitalvermögen, 2014, S. 111.

1434 Vgl. BVerfG v. 20.04.2004 – 1 BvR 905/00, BVerfGE 110, 274, 292; v. 17.12.2014 – 1 BvL 21/12, BVerfGE 138, 136, 234; *Eckhoff*, Rechtsanwendungsgleichheit im Steuerrecht, 1999, S. 90, 196.

Steuerfestsetzung. Eine Typisierung, die einen solchen Verlust an Ermittlungsgenauigkeit und damit an Realitätsgerechtigkeit bewirkt, kann den minimalen Vereinfachungseffekt einer Abgeltungsteuer mit Veranlagungsoption nicht aufwiegen.

Ferner ist nicht ersichtlich, weshalb zur Verfahrensvereinfachung nicht auch eine abgeltende Bruttobesteuerung für sonstige Vermietungseinkünfte eingeführt wird.[1435] Insoweit ist jedoch in die Bewertung einzustellen, dass dies die Durchbrechung des im Einkommensteuergesetz als Konzeption zugrundeliegenden Nettoprinzips noch intensivieren würde und im Verhältnis zu den anderen Einkunftsarten nicht gerechtfertigt werden kann. Dieser Systembruch bedürfte vielmehr eines anderen sachgerechten Prinzips, das seinerseits wiederum folgerichtig durchgehalten werden müsste.[1436] Anhaltspunkte für ein entsprechendes Durchbrechungskonzept im Rahmen der Besteuerung von Einkünften aus kurzfristigen Vermietungen sind nicht ersichtlich.

Für eine Einbuße an Einzelfallgerechtigkeit in diesem Maße sind auch insoweit mithin keine sachlichen Rechtfertigungsgründe gegeben. Der durch die Einräumung einer Veranlagungsoption stark geminderte Vereinfachungseffekt ist im Verhältnis zu der mit der Abgeltungswirkung verursachten ungleichen Besteuerung als unangemessen zu bewerten und kann diese nicht rechtfertigen.

cc) Ergebnis

Eine Abgeltungsteuer verstößt mithin auch bei Einräumung einer Veranlagungsoption gegen Art. 3 Abs. 1 GG.

c) Ergebnis zur verfassungsrechtlichen Prüfung einer Abgeltungswirkung

Eine für Online-Vermietungen über Sharing-Economy-Plattformen zu erhebende Abzugsteuer mit Abgeltungswirkung verstößt gegen den allgemeinen Gleichbehandlungsgrundsatz des Art. 3 Abs. 1 GG. Eine realitätsgerechte Ausgestaltung einer typisierenden Abzugsbesteuerung mit Abgeltungswirkung ist aufgrund der Objektbezogenheit der Abzugsteuer nicht realisierbar. Liegt der abgeltende Abzugsteuersatz über dem progressiven Einkommensteuersatz, liegt eine ungleiche Benachteiligung der Abzugsteuerpflichtigen vor, liegt er darunter, werden sie ungleich begünstigt. Diese Ungleichbehandlungen können je nicht mit der Schaffung von Wettbewerbsneutralität durch Vermeidung von Steuervollzugsdefiziten gerechtfertigt werden, da diese auch mit der eingriffsmilderen

---

1435 Vgl. *Schaumburg*, StuW 2000, 369, 372.

1436 *Tipke*, Die Steuerrechtsordnung Band I, 2. Aufl. 2000, S. 329.

beziehungsweise realitätsgerechteren Anrechnungswirkung gleichermaßen erzielt werden kann. Eine Abgeltungswirkung ist insoweit nicht erforderlich.

Zur Vereinfachung des Besteuerungsverfahrens kann eine Abgeltungswirkung mit Veranlagungsoption nur in sehr geringem Umfang beitragen, führt aber zu einer wirkungsintensiven ungleichen Begünstigung der der Abzugsteuer unterliegenden Vermieter, die den Praktikabilitätsgewinn weit übersteigt. Die Ungleichbehandlung kann somit insoweit nicht mit der Verfahrensvereinfachung gerechtfertigt werden.

Eine Abgeltungsteuer ohne Veranlagungsoption kann zwar in höherem Maße zur Verfahrensvereinfachung beitragen. Bei einer objektbezogenen Abzugsteuer, bei der sich Einnahmen und Ausgaben nicht in einem konstanten Verhältnis zueinander befinden, verstößt die Typisierung aber gegen das Leistungsfähigkeitsprinzip und ist verfassungswidrig.

Die Abzugsteuer ist aus verfassungsrechtlichen Erwägungen zum allgemeinen Gleichheitsgrundsatz des Art. 3 Abs. 1 GG ausschließlich mit der Rechtsfolge einer Anrechnungswirkung auszugestalten.

C. Zusammenfassung und Ergebnis zu den Reformmaßnahmen zur Sicherstellung der Besteuerungsansprüche aus der Online-Vermietung

I. Zusammenfassung

Als Reformoptionen zur Sicherstellung der Besteuerung von Online-Vermietern, die Wohnraum kurzfristig über Sharing-Economy-Plattformen überlassen, wurden Informations-, Datenkontroll- und Abzugsteuersysteme auf ihre Effektivität und Rechtmäßigkeit hin untersucht.

Dabei wurde festgestellt, dass Maßnahmen, die die Steuerschuldner informativ über ihre Steuerpflicht und über die Erfüllung ihrer steuerlichen Pflichten unterrichten sollen, unter Effektivitätsdefiziten leiden, da auch sie den gleichmäßigen Steuervollzug nicht gewährleisten können. Datenkontrollsysteme hingegen verringern zwar Steuervollzugsdefizite. Die zur Durchsetzung der Datenkontrollpflichten notwendigerweise zu erlassenden Haftungsverpflichtungen belasten den Plattformbetreiber aber stärker als bei einem Abzugsteuersystem, da er bei einem Abzugsteuersystem die Haftungspflicht mit dem Entrichten der Abzugsteuer abwenden kann, während sich ihm bei einem Datenkontrollsystem keine vergleichbare Möglichkeit bietet. Ein Datenkontrollsystem scheidet daher gegenüber einem mindestens gleich effektiven Abzugsteuersystem als eingriffsintensivere und damit unverhältnismäßige Reformoption aus.

Die Steuererhebung durch Einführung eines Abzugsteuersystems, bei dem der Plattformbetreiber zum Abzug der Steuer im Rahmen der Buchungsabwicklung in Dienst genommen wird, bietet sich bei Transaktionen über Unterkunftsvermittlungsplattformen gerade deshalb an, weil der Plattformbetreiber als Zahlstelle zur Verfügung steht und die für den Steuerabzug notwendigen Daten bündeln und zentralisiert speichern kann. Dadurch, dass der Steuerabzug unabhängig von der Durchführung eines Veranlagungsverfahrens direkt an der Quelle des Zahlungsflusses ansetzt, wird dem Vermieter bereits die Möglichkeit einer „Schwarzvermietung" genommen. Der Plattformbetreiber hat als Dritter kein eigenes wirtschaftliches Interesse an der Umgehung einer für ihn „fremden Steuer", sodass das Betrugsrisiko als sehr gering einzustufen ist. Auch die nachträgliche Überprüfung durch die Finanzbehörden gestaltet sich einfacher und kostengünstiger für die Behörden, da sie beim Plattformbetreiber als alleinigem Abzugsverpflichteten ansetzen können. Ein Abzugsteuersystem ist mithin die effektivste Reformoption zur Lösung der Steuervollzugsproblematik.

In rechtlicher Hinsicht war zu beachten, dass die haftungsbewehrte Indienstnahme des Plattformbetreibers zum Steuerabzug in der Regel eine Berufsausübungsregelung gemäß Art. 12 Abs. 1 S. 2 GG sowie eine ungleiche Belastung der Plattformbetreiber gegenüber den übrigen Wohnraumvermittlern (beispielsweise der analogen Welt) nach Art. 3 Abs. 1 GG und eine Beschränkung der Dienstleistungsfreiheit nach Art. 56 ff. AEUV darstellt. Die Beeinträchtigungen der Grundrechte und Grundfreiheiten können jedoch mit dem Zweck der Sicherstellung des gleichmäßigen Steuervollzugs gerechtfertigt werden. Da die Plattformbetreiber gegenüber den Finanzbehörden bezüglich der für den Steuerabzug erforderlichen Sachkenntnis besser positioniert sind, besitzen sie die für die Rechtfertigung der Indienstnahme erforderliche Sachnähe. Zumutbar ist allerdings nur ein objektbezogener Steuerabzug, der dem global tätigen Plattformbetreiber keine besonderen steuerrechtlichen Kenntnisse über das deutsche Steuerrecht abverlangt und der im Zuge der zahlreich auf der Plattform stattfinden Transaktionen automatisiert, anhand leicht zu erfragender Daten, durchgeführt werden kann.

Auf Ebene der der Abzugsteuer unterliegenden Online-Vermieter war zu prüfen, ob die Einführung einer Abzugsteuer gegen den allgemeinen Gleichheitsgrundsatz gemäß Art. 3 Abs. 1 GG oder gegen Freiheitsgrundrechte (Art. 14 Abs. 1, Art. 12 Abs. 1, Art. 2 Abs. 1 GG) sowie gegen ihr Recht auf informationelle Selbstbestimmung (Art. 2 Abs. 1 i. V. m. Art. 1 Abs. 1 GG) oder ihre Dienstleistungsfreiheit nach Art. 56 ff. AEUV verstößt. Insoweit war zunächst festzustellen, dass die Abzugsteuer mit Anrechnungswirkung einen pauschalierten Vorauszahlungscharakter entfaltet. Die pauschal von den

Vermietungseinnahmen bemessene, objektbezogene Abzugsteuer weicht vom Regelfall der Vorauszahlungsermittlung nach § 37 Abs. 3 EStG ab und stellt insoweit eine relevante Ungleichbehandlung im Verhältnis zu Vorauszahlungen anderer Einkommensteuerpflichtiger, die nicht über Sharing-Economy-Plattformen kurzfristig Unterkünfte vermieten, dar. Zudem wird durch die Erhebung der Abzugsteuer der Anspruch der Online-Vermieter auf die auszuzahlenden Vermietungseinnahmen, die bereits eine vermögenswerte Rechtsposition bedeuten, gemindert, sodass auch ein Eingriff in Art. 14 Abs. 1 GG zu konstatieren ist. Zwingt die Erhebung der Abzugsteuer einen Online-Vermieter zur Aufgabe seiner beruflichen Betätigung, konnte zudem ein Eingriff in die Berufsfreiheit festgestellt werden. Das Speichern und Übermitteln der personenbezogenen Daten der Online-Vermieter (wie Name, Adresse, Geburtsdatum und Steueridentifikationsnummer) greifen außerdem in das Recht der Online-Vermieter auf informationelle Selbstbestimmung ein. Darüber hinaus können auch die Online-Vermieter durch die Abzugsbesteuerung von der Ausübung ihrer Vermietungstätigkeit abgehalten werden, sodass bei einem grenzüberschreitenden Bezug die Dienstleistungsfreiheit der Online-Vermieter beschränkt wird. Die Grundrechtsbeeinträchtigungen und die Grundfreiheitsbeschränkung sind allerdings auch insoweit allesamt mit dem Zweck der Vermeidung von Steuerhebungsdefiziten und der Gewährleistung von Wettbewerbsneutralität zu rechtfertigen. Im Rahmen der Angemessenheit gewinnt das Übermaßverbot aufgrund des Objektsteuercharakters und des nicht zuverlässig ermittelbaren Verhältnisses zwischen Einnahmen und Ausgaben an Relevanz. Diesem muss durch einen niedrig anzusetzenden Abzugsteuersatz Rechnung getragen werden.

Ferner ist zu beachten, dass die Abzugsteuer auch im Einzelfall keine erdrosselnde Wirkung entfalten oder in das steuerfrei zu stellende Existenzminimum eingreifen darf. Um dies zu vermeiden, sind im gesetzlichen Abzugsteuertatbestand Ausnahmevorschriften aufzunehmen, die die betroffenen Steuerschuldner von der Abzugsbesteuerung befreien.

Eine Abgeltungswirkung als Rechtsfolge der Abzugsteuer führt zu einer ungleichen Besteuerung der ihr unterliegenden Online-Vermietungseinkünfte, da die Einkommensteuer auf Vermietungseinkünfte nicht mit einer objektbezogenen, pauschalen, automatisiert zu erhebenden Abzugsteuer realitätsgerecht berechnet werden kann. Eine derart ungleiche Typisierung bedarf einer besonders strengen Rechtfertigungsprüfung. Bei der Abgeltungswirkung mit Veranlagungsoption ist nur ein schwacher Vereinfachungseffekt im Besteuerungsverfahren festzustellen. Die Einbuße an Einzelfallgerechtigkeit, die im Zusammenhang mit der Steuersatzhöhe bei einer Abgeltungsteuer in Kauf genommen wird, kann den erzielten geringen Vereinfachungseffekt nicht kompensieren. Eine Abgeltungsteuer ohne

Veranlagungsoption kann zwar einen höheren Vereinfachungseffekt erreichen, insoweit verstößt die Typisierung aber gegen das Leistungsfähigkeitsprinzip (insbesondere zulasten der von der Abzugsteuer betroffenen Online-Vermieter) und ist daher verfassungswidrig.

Zur Sicherung der Besteuerungsgleichheit ist indessen eine Anrechnungswirkung als eingriffsmildere und realitätsgerechtere Maßnahme ausreichend, mit der im nachfolgenden Veranlagungsverfahren der Abzugsteuersatz „korrigiert" wird. Eine Missbrauchsanfälligkeit der Anrechnungswirkung vergleichbar der Cum/Ex-Problematik kann dadurch begegnet werden, dass ein elektronisches Abzugsteuerverfahren eingeführt wird, das eine Überprüfung der geleisteten Zahlungsströme der Abzugsteuer vor Durchführung einer Steueranrechnung vorsieht.

Eine Abgeltungswirkung als Rechtsfolge der Abzugsteuer konnte mithin einer verfassungsrechtlichen Würdigung nicht standhalten und ist insgesamt als Verstoß gegen den allgemeinen Gleichheitsgrundsatz des Art. 3 Abs. 1 GG abzulehnen.

Verfassungsgemäß und unionsrechtsmäßig ist aber die Einführung eines Abzugsteuersystems, das ausschließlich eine Anrechnungswirkung in der Rechtsfolge vorsieht und wonach die Abzugsteuer objektbezogen bemessen wird und automatisiert vom Plattformbetreiber im Rahmen der Buchungsabwicklung erhoben werden kann.

Die Einführung eines Steuerabzugsystems ist auch nach der DAC-7-Richtlinie möglich, da die konkrete Ausgestaltung der im Rahmen der Datenkontrollpflichten einzuführenden Verfahrensvorschriften in das Ermessen der Mitgliedstaaten gestellt ist und die inhaltlich nach DAC 7 vorgesehenen Datenkontrollpflichten auch mit einem Abzugsteuersystem erfüllt werden können.[1437] Da die EU-Institutionen nach dem EUV und dem AEUV nicht die notwendigen Kompetenzen zur Einführung einer Abzugsteuer im Ertragsteuerrecht besitzen, obliegt es gerade den Mitgliedstaaten, die Initiative zur Einführung einer Abzugsteuer zu ergreifen.

II. Ergebnis

Im Ergebnis kann festgehalten werden, dass eine gesetzlich neu einzuführende Abzugsteuer bei Sharing-Economy-Plattformen im Unterkunftssektor, für die

1437 Vgl. bereits *Dinger*, EWS 2021, 250, 261.

im folgenden Kapitel eine Gestaltungsempfehlung herausgearbeitet werden soll, folgende Vorgaben erfüllen muss:

Die Abzugsteuer muss objektbezogen mit einem festen Pauschalsteuersatz ausgestaltet sein, sodass sie vom Plattformbetreiber automatisiert erhoben werden kann.

Der Abzugsteuersatz darf dabei nicht zu hoch angesetzt werden, um Übersicherungen und damit einen Verstoß gegen das Übermaßverbot zu vermeiden.

Als Rechtsfolge darf zwingend ausschließlich die Anrechnungswirkung in Betracht kommen, da eine Abgeltungswirkung verfassungswidrig ist.

Ferner ist als Härtefallregelung zugunsten der die Abzugsteuer schuldenden Online-Vermieter eine Ausnahmeregelung in den Abzugsteuertatbestand aufzunehmen.

Kapitel 2: Gestaltungsempfehlungen für einen Abzugsteuertatbestand

Zur Einführung einer Abzugsteuer auf Online-Vermietungen, die über Sharing-Economy-Plattformen initiiert werden, müsste eine entsprechende Neuregelung ins Einkommensteuergesetz aufgenommen werden. Diese muss den Plattformbetreiber verpflichten, im Zuge der Abwicklung des Zahlungsprozesses eine Abzugsteuer für Rechnung des Vermieters einzubehalten und an die Finanzbehörden unter Angabe der Steueridentifikationsnummer des Online-Vermieters abzuführen.[1438] Der Abzugsteuertatbestand muss Konkretisierungen zur Steuerbemessungsgrundlage, dem Steuersatz und zur Rechtsfolge des Steuerabzugs (Anrechnungs- statt Abgeltungswirkung) enthalten.[1439]

Darüber hinaus sollte die Vorschrift einfach und transparent sein und im Hinblick auf Verhältnismäßigkeitserwägungen und den Sinn und Zweck einer Abzugsteuer die administrativen Kosten sowohl für den Staat als auch für die einzelnen steuerpflichtigen Online-Vermieter und – insbesondere – für die in Dienst zu nehmenden steuerentrichtungspflichtigen Plattformbetreiber geringhalten.[1440] Als Formulierungsbespiele können die Normen zur Lohn- und Kapitalertragsteuer (§§ 38 ff. EStG und §§ 43 ff. EStG) unterstützend herangezogen werden.

Mit dem Gestaltungsvorschlag soll ein Abzugsteuersystem herausgearbeitet werden, das eine objektbezogene Abzugsteuererhebung in einem automatisierten Verfahren durch den Plattformbetreiber ermöglicht. Dazu ist die Abzugsteuer mit einem festen Pauschalsteuersatz und Anrechnungswirkung auszugestalten sowie der Steuersatz mit Blick auf das Übermaßverbot möglichst niedrig – aber dennoch zur Erfüllung des staatlichen Sicherungsinteresses auch gleichzeitig so hoch wie rechtlich noch zulässig – anzusetzen. Als Rechtsfolge ist eine Abgeltungswirkung verfassungswidrig und daher eine Abzugsteuer mit Anrechnungswirkung nach § 36 Abs. 2 Nr. 2 EStG einzuführen. Die steuerpflichtigen Online-Vermieter bleiben daher auch trotz der Erhebung der Abzugsteuer

---

1438 Vgl. Europäische Kommission, Mitteilung v. 02.06.2016, COM(2016) 356 final, S. 16 f.; *Drüen*, FR 2004, 1134; *Fricke/Linnemann*, Focus 2018 (6), 25.

1439 Vgl. *Fetzer/Spengel/Dinger/Werner*, StuW 2020, 106, 118 ff.

1440 Vgl. *Fetzer/Spengel/Dinger/Werner*, StuW 2020, 106, 119.

durch den Plattformbetreiber zur Erklärung ihrer Einkünfte aus der Sharing Economy verpflichtet.

A. Anknüpfung an die Belegenheit des Vermietungsobjekts im Inland

Als tatbestandliche Voraussetzung für die Entstehung der Abzugsteuer ist die territoriale Anknüpfung an einen inländischen Belegenheitsort des Vermietungsobjekts zu empfehlen. Denn die Erörterung der Besteuerung der Einkünfte aus der Online-Vermietung hat ergeben, dass der BRD das Besteuerungsrecht an den Einkünften regelmäßig dann zugewiesen ist, wenn sich der Belegenheitsort des Vermietungsobjekts im Inland befindet.[1441] Es besteht zwar eine unbeschränkte Einkommensteuerpflicht, wenn der Online-Vermieter seinen Wohnsitz oder gewöhnlichen Aufenthalt im Inland hat, sodass nach dem Welteinkommensprinzip auch die Einkünfte aus Online-Vermietungen von im Ausland belegenen Vermietungsobjekten der unbeschränkten Einkommensteuerpflicht unterliegen.[1442] Da das Besteuerungsrecht nach den Abkommen zur Vermeidung der Doppelbesteuerung aber grundsätzlich dem Belegenheitsstaat zugewiesen ist, erfolgt im Inland entweder eine Freistellung der ausländischen Einkünfte oder eine Anrechnung der ausländischen Steuer, wenn die ausländischen Einkünfte durch den Progressionsvorbehalt in die Höhe der deutschen Einkommensteuer eingeflossen sind.[1443] Das Steueraufkommen an den Einkünften aus der Online-Vermietung steht daher letztlich in allen Fällen, in denen ein Doppelbesteuerungsabkommen anwendbar ist, dem Belegenheitsstaat zu. Dies gilt auch für beschränkt Steuerpflichtige ohne Wohnsitz und gewöhnlichen Aufenthalt im Inland, aber mit einem im Inland belegenen Vermietungsobjekt. Insoweit steht der BRD als Belegenheitsstaat das Besteuerungsrecht zu.[1444] Auslandssachverhalte, die nicht von Doppelbesteuerungseinkommen erfasst werden, stellen nicht den Regelfall dar und sollen daher hier vernachlässigt werden. Typisierend soll daher unter Zugrundelegung des Regelfalls davon ausgegangen werden, dass ein Steueranspruch hinsichtlich der Einkünfte aus der Online-Vermietung bei Belegenheit des Vermietungsobjekts im Inland entsteht.

1441 Vgl. zur Besteuerung der Einkünfte aus der Online-Vermietung die Ausführungen auf S. 69 ff.

1442 S. o. auf S. 71 ff.

1443 Vgl. hierzu die Ausführungen auf S. 119 ff.

1444 Vgl. die Ausführungen auf S. 124 f.

Der Abzugsteuertatbestand soll daher an die Belegenheit des Vermietungsobjekts im Inland anknüpfen. Die Abzugsteuerpflicht soll nach dem gesetzlichen Tatbestand für den Plattformbetreiber immer dann anfallen, wenn das Vermietungsobjekt in der Bundesrepublik Deutschland belegen ist.

Der Plattformbetreiber muss im Rahmen der Abwicklung des Buchungsprozesses daher (automatisiert) prüfen, ob sich das der Online-Vermietung zugrunde liegende Vermietungsobjekt in der BRD befindet. Bejahendenfalls muss eine Abzugsteuer im Zuge der Buchungsabwicklung erhoben werden. Die Anknüpfung der Abzugsteuerentrichtungspflicht an den Belegenheitsort des Vermietungsobjekts ist einfach für die Gesetzesanwender nachzuvollziehen und kann vom Plattformbetreiber automatisiert überprüft werden. Ferner ist dieses Tatbestandsmerkmal wenig missbrauchsanfällig, da das Vermietungsobjekt den zentralen Vertragsgegenstand bildet und der Belegenheitsort für den Vertragsabschluss des Buchenden ausschlaggebend ist, eine Falschangabe durch den Online-Vermieter mithin wenig zielführend ist.

Tatbestandsmerkmale des Abzugsteuertatbestands sollen daher kurzfristige Vermietungen von inländischen Vermietungsobjekten bilden, die über eine Sharing-Economy-Plattform vereinbart werden. Steuerschuldner der Abzugsteuer ist der Plattformbetreiber.

B. Definition notwendiger Begriffsmerkmale

Zunächst muss die Abzugsteuer unter einer konkreten Bezeichnung legal definiert werden, um sie von der Einkommensteuer und anderen Abzugsteuern abzugrenzen. Da die Abzugsteuer von Einkünften aus der Online-Vermietung erhoben werden soll, bietet sich die Bezeichnung als „Onlinevermietungsteuer" an. Dies entspricht der bisherigen Konzeption des Einkommensteuergesetzes, wonach die vom Arbeitslohn durch Steuerabzug erhobene Einkommensteuer als Lohnsteuer (vgl. § 38 Abs. 1 S. 1 EStG) und die bei Kapitalerträgen erhobene Abzugsteuer als Kapitalertragsteuer (vgl. § 43 Abs. 1 S. 1 EStG) bezeichnet werden.

Aus der Legaldefinition der Onlinevermietungsteuer muss sich der Steuergegenstand ergeben, also dass die Einkommensteuer bei Einkünften aus der kurzfristigen Vermietung von im Inland belegenem Wohnraum, deren Vertragsschluss über Unterkunftsvermittlungsplattformen erfolgt, durch Abzug vom Vermietungsertrag zum Zeitpunkt der Zahlungsabwicklung durch den Plattformbetreiber zu erheben ist.

Dabei muss konkretisiert werden, dass der Begriff der Vermietungsleistung weit zu verstehen ist. Vom Abzugsteuertatbestand erfasst werden soll jede entgeltliche kurzfristige Überlassung von inländischem Wohnraum, unabhängig von ihrer ertragsteuerlichen Einkünfte-Qualifikation als gewerbliche Einkünfte oder Einkünfte aus Vermietung und Verpachtung.[1445]

Zur Vornahme des Steuerabzugs verpflichtet werden soll der Plattformbetreiber der Unterkunftsvermittlungsplattform. Sowohl der Begriff des Plattformbetreibers als auch der einer Unterkunftsvermittlungsplattform sind im gesetzlichen Tatbestand zu definieren. Unter Unterkunftsvermittlungsplattformen im Sinne des Abzugsteuertatbestandes sollen solche über das Internet abrufbare Websites zu verstehen sein, über die zwei Nutzergruppen (Vermieter und Mieter) zueinander finden und einen Vertrag über eine kurzfristige Vermietung abschließen. Da insoweit Unterkünfte „geteilt werden", handelt es sich bei diesen Vermittlungsplattformen um Sharing-Economy-Plattform im Bereich des Unterkunftssektors.[1446] Zur Formulierung einer Definition kann insoweit auch auf die Definition des elektronischen Marktplatzes nach § 25e Abs. 5 UStG a.F. zurückgegriffen werden, wonach ein elektronischer Marktplatz definiert wird als „eine Website oder jedes andere Instrument, mit dessen Hilfe Informationen über das Internet zur Verfügung gestellt werden, die es einem Dritten, der nicht Betreiber des Marktplatzes ist, ermöglicht, Umsätze auszuführen". Eine Unterkunftsvermittlungsplattform kann hiernach definiert werden als eine Website oder jedes andere Instrument, mit dessen Hilfe Informationen über das Internet zur Verfügung gestellt werden, die es einem Dritten, der nicht Betreiber des Marktplatzes ist, ermöglicht, Unterkünfte kurzfristig gegen Entgelt Dritten zur Nutzungsüberlassung anzubieten oder solche Unterkünfte zur kurzfristigen Nutzungsüberlassung zu mieten.

Die Definition des Plattformbetreibers kann beispielsweise an die des Betreibers eines elektronischen Marktplatzes gemäß § 25e Abs. 6 UStG a.F. angelehnt werden. Als Plattformbetreiber gilt dementsprechend derjenige, der eine Unterkunftsvermittlungsplattform unterhält und es Dritten ermöglicht, über die Plattform kurzfristige Vermietungen anzubieten oder zu buchen.

1445 Es werden nur die Vermietungseinkünfte natürlicher Personen behandelt. Die Vermietung durch juristische Personen ist nicht Gegenstand dieser Arbeit. Zur Einkünfte-Qualifikation vgl. die Ausführungen auf S. 69 ff.

1446 Vgl. zur Ausgestaltung von Unterkunftsvermittlungsplattformen als Teilbereich von Sharing-Economy-Plattformen die Ausführungen auf S. 37 ff.

C. Bemessungsgrundlage der Abzugsteuer

Für die konkrete Ausgestaltung des gesetzlichen Tatbestandes muss zudem geklärt werden, welche Posten in die Bemessungsgrundlage der Abzugsteuer einzubeziehen sind und (darauf aufbauend) welcher Steuersatz anzuwenden ist.

Da die Abzugsteuer auch trotz ihres sachlichen Grundes der Gleichmäßigkeit der Besteuerung eine Ungleichbehandlung bewirkt, muss sie realitätsgerecht sein. Da sie letztlich eine Vorauszahlung auf die Einkommensteuer darstellt, sollte ihre Höhe in etwa der tariflichen, sich aus einer Veranlagung ergebenden Einkommensteuer entsprechen. Zur Vermeidung einer Übersicherung darf sie die auf die Einkünfte entfallende tarifliche Einkommensteuerschuld nicht überschreiten. Ihren Sicherungszweck erfüllt sie aber am effektivsten, wenn sie die tarifliche Einkommensteuerschuld weitestgehend abdeckt. Die für die Abzugsteuer heranzuziehende Bemessungsgrundlage sollte sich daher an der Bemessungsgrundlage der tariflichen Einkommensteuer, also der Ermittlung der Einkünfte aus Vermietung und Verpachtung gemäß §§ 2 Abs. 1 S. 1 Nr. 6, 21 i. V. m. § 2 Abs. 2 S. 1 Nr. 2 EStG beziehungsweise der aus Gewerbebetrieb gemäß §§ 2 Abs. 1 S. 1 Nr. 2, 15 i. V. m. § 2 Abs. 2 S. 1 Nr. 1 EStG (die je auch für die beschränkte Steuerpflicht gemäß § 49 EStG entsprechend gelten), orientieren.[1447]

Mithin sind insoweit die Mieteinnahmen abzüglich des abzugsfähigen Aufwands anzusetzen. Hierbei ist allerdings zu beachten, dass der Steuerabzug automatisiert durchführbar sein muss und nicht verlangt werden darf, dass die Steuerbemessungsgrundlage individuell vom Plattformbetreiber unter Zugrundelegung spezieller deutscher Normen des Einkommensteuerrechts zu errechnen ist.[1448] Es ist daher zu untersuchen, welche Abzugsposten generalisierend über die Vertragsgestaltung über Sharing-Economy-Plattformen in Abzug gebracht werden können, um ein möglichst realitätsnahes Ergebnis als Bemessungsgrundlage zu erhalten. Hierbei ist insbesondere zu erörtern, welche Angaben dem Plattformbetreiber im Rahmen der Buchungsabwicklung zur Verfügung gestellt werden und daher automatisiert bei der Bemessung der Abzugsteuer berücksichtigungsfähig sind.

1447 Zur Einkommensbesteuerung der Online-Vermieter nach § 15 und § 21 EStG, s. o. auf S. 71 ff.

1448 Vgl. zur Anforderung eines automatisiert durchführbaren Steuerabzugs ohne spezielle Kenntnisse zum deutschen Steuerrecht die Ausführungen auf S. 307 ff.

I. Zusammensetzung der Preisgestaltung bei Unterkunftsvermittlungsplattformen

Der Brutto-Mietpreis, der vom Mieter einer Unterkunft zu zahlen ist, setzt sich aus mehreren Komponenten zusammen.

1. Vom Online-Vermieter festgelegter Mietpreis

Hauptbestandteil des vom Mieter zu entrichtenden Brutto-Mietpreises ist der Übernachtungspreis, der für die Überlassung der Unterkunft zu zahlen ist. Dieser wird vom Online-Vermieter in seinem Online-Inserat festgelegt.[1449] Zudem besteht teilweise die Möglichkeit, dass neben dem Mietpreis obligatorische Zusatzkosten wie eine Reinigungsgebühr für die Endreinigung, Kosten für die Bereitstellung der Bettwäsche oder eine Gebühr für zusätzliche Gäste erhoben werden kann, deren Höhe der Vermieter individuell bestimmt.[1450] Die Reinigungsgebühr soll dabei den Betrag abbilden, der die Reinigungskosten abdeckt und die Gebühr für zusätzliche Gäste soll eine Buchung für eine unterschiedliche Gästeanzahl auf der Grundlage eines Inserats ermöglichen.[1451] Die Reinigungsgebühr und die Gebühr für zusätzliche Gäste sowie alle weiteren (optionalen) Zusatzkosten bilden also gemeinsam mit dem Übernachtungspreis den Preis, den der Online-Vermieter als Gegenleistung für die Vermietungstätigkeit festlegt.

1449 Vgl. hierzu die Ausführungen auf der Airbnb-Website, https://www.airbnb.de/help/article/125/wie-wird-der-preis-für-meine-buchung-bestimmt (Stand: 28.11.2019) sowie die auf der Website von ferienwohnungen.de unter der Rubrik „Preisangaben ändern", abrufbar unter: https://www.ferienwohnungen.de/hilfe/hilfe_fuer_vermieter/ (Stand: 03.10.2020) und die Erläuterungen von FeWo-direkt unter Tz. 3.4.1 https://www.fewo-direkt.de/legal/allgemeine-geschaftsbedingungen-agb (Stand: 03.10.2020).

1450 Vgl. die Ausführungen auf der Airbnb-Website, https://www.airbnb.de/help/article/58/wie-füge-ich-eine-reinigungsgebühr-zu-meinem-inserat-hinzu (Stand: 28.11.2019) oder die auf der Website von ferienwohnungen.de unter den Rubriken „Preisangaben ändern" und „Preisangabenverordnung (PAngV)", abrufbar unter: https://www.ferienwohnungen.de/hilfe/hilfe_fuer_vermieter/ (Stand: 03.10.2020).

1451 Vgl. hierzu die Ausführungen auf der Airbnb-Website, https://www.airbnb.de/help/article/58/wie-füge-ich-eine-reinigungsgebühr-zu-meinem-inserat-hinzu (Stand: 28.11.2019).

2. *Vermittlungsgebühren der Plattform*

Daneben werden vom Plattformbetreiber üblicherweise Vermittlungs- oder Nutzungsgebühren erhoben, die als Gegenleistung für die vom Plattformbetreiber zur Verfügung gestellten Dienste (insbesondere für das Bereitstellen der Plattform) zu erbringen sind.[1452] Eine solche Gebühr wird zum einen gegenüber dem buchenden Mieter festgelegt.[1453] Sie ermittelt sich aus dem vom Vermieter festgelegten Mietpreis (teilweise unter dem gesonderten Ausweis einer Reinigungsgebühr und Gebühr für zusätzliche Gäste oder sonstiger Gebühren, die in den Mietpreis einbezogen werden)[1454] und wird dem Mieter mit dem Mietpreis vom Plattformbetreiber in Rechnung gestellt, der die Buchungen und Zahlungen abwickelt. Bei der Plattform Airbnb beträgt diese Vermittlungsgebühr für den Mieter maximal 14,2 Prozent des Mietpreises und wird nur erhoben, wenn der Vermieter nicht aus dem hotel- oder gastgewerblichen Bereich stammt.[1455]

Zum anderen wird eine Vermittlungsgebühr auch gegenüber dem Online-Vermieter erhoben. Diese beträgt bei Airbnb beispielsweise gegenüber Hotels und anderen gastgewerblichen Betrieben zwischen 14 Prozent und 20 Prozent.[1456] Bei den übrigen Online-Vermietern hat Airbnb eine regelmäßige

1452 Beispielhaft ist hier die von Airbnb erhobene „Servicegebühr" zu nennen, vgl. hierzu die Darstellungen auf der Airbnb-Website, https://www.airbnb.de/help/article/1857/was-ist-die-airbnbservicegebühr (Stand: 29.03.2020) sowie die von FeWo-direkt erhobene „Servicegebühr", vgl. die Erläuterungen unter Tz. 2.6 der AGB gegenüber Urlaubern, https://www.fewo-direkt.de/legal/agb-urlauber (Stand: 02.10.2020) bzw. zur „Unterkunftsgebühr gegenüber den Online-Vermietern" die Ausführungen unter der „Vereinbarung über den Einzug von Unterkunftsgebühren" unter https://www.fewo-direkt.de/legal/zahlungsbedingungen (Stand: 02.10.2020).

1453 Vgl. bzgl. Airbnb die Ausführungen unter https://www.airbnb.de/help/article/1857/was-ist-die-airbnbservicegebühr (Stand: 29.03.2020); bzgl. FeWo-direkt, die Allgemeinen Geschäftsbedingungen (AGB) gegenüber Urlaubern unter Tz. 2.6, https://www.fewo-direkt.de/legal/agb-urlauber (Stand: 03.10.2020).

1454 Vgl. die Ausführungen auf der Airbnb-Website unter https://www.airbnb.de/help/article/1857/was-ist-die-airbnbservicegebühr (Stand: 29.03.2020) sowie die auf der Website von FeWo-direkt unter Tz. 3.4.1 https://www.fewo-direkt.de/legal/allgemeine-geschaftsbedingungen-agb (Stand: 03.10.2020).

1455 Vgl. die Ausführungen auf der Airbnb-Website unter https://www.airbnb.de/help/article/1857/was-ist-die-airbnbservicegebühr (Stand: 29.03.2020).

1456 Vgl. Ausführungen auf der Airbnb-Website unter https://www.airbnb.de/help/article/1857/was-ist-die-airbnbservicegebühr (Stand: 29.03.2020).

Gebührenhöhe von drei Prozent festgelegt.[1457] Von dem vom Mieter erhaltenen Mietpreis behält der Plattformbetreiber seine Vermittlungsgebühr ein – und zwar sowohl den Betrag, der auf den Mieter entfällt als auch die Gebühr, die der Online-Vermieter zu tragen hat. Den Restbetrag übermittelt der Plattformbetreiber sodann (gegebenenfalls nach einem weiteren Abzug von lokalen Steuern) an den Online-Vermieter.

Die Plattformgebühren sind mithin Aufwandsposten, die im Rahmen der Zahlungsabwicklung einbehalten werden und damit als Abzugsposten in die Bemessungsgrundlage einer Abzugsteuer auf Online-Vermietungseinkünfte Berücksichtigung finden können. Dabei minimiert die vom Mieter zu zahlende Plattformgebühr die Bemessungsgrundlage, da sie keine Mieteinnahme darstellt, sondern vom Plattformbetreiber auf den Mietpreis des Online-Vermieters zusätzlich erhoben und nur anlässlich der Zahlungsabwicklung der Online-Vermietung daneben vom Plattformbetreiber abgewickelt wird. Es handelt sich aber um eine Einnahme des Plattformbetreibers, die unabhängig von der Vermietungstätigkeit des Online-Vermieters an den Mieter zu beurteilen ist. Die vom Vermieter zu zahlende Vermittlungstätigkeit stellt hingegen einen Aufwand dar, der durch die Vermietungstätigkeit veranlasst ist und daher Werbungskosten oder Betriebsausgaben darstellt und aus diesem Grund von der Bemessungsgrundlage der Abzugsteuer vorab abgezogen werden muss.

3. *Lokale Steuern*

Teilweise werden von Plattformbetreibern auch lokale Steuern, wie Belegungssteuern, automatisiert vor der Auszahlung des Mietpreises an den Online-Vermieter erhoben. Ein solcher Abzug lokaler Steuern wird derzeit beispielswese vom Plattformbetreiber der Plattform Airbnb praktiziert. Voraussetzung hierfür ist, dass für diese Steuern die automatische Erhebung und Zahlung bei Airbnb eingerichtet ist.[1458] In allen anderen Fällen müssen sie vom Vermieter manuell

1457 Auf der Website werden diese Online-Vermieter als „Gastgeber individueller Unterkünfte“ bezeichnet, vgl. hierzu sowie zur Gebührenhöhe die Ausführungen unter https://www.airbnb.de/help/article/1857/was-ist-die-airbnbservicegebühr (Stand: 29.03.2020).

1458 Vgl. hierzu die Auflistung auf der Airbnb-Website hinsichtlich der Orte, für die der automatisierte Steuerabzug eingerichtet ist, https://www.airbnb.de/help/article/2509/in-welchen-gegenden-ist-der-einzug-und-die-abführung-von-belegungssteuern-durch-airbnb-verfügbar (Stand: 28.11.2019).

und in eigener Verantwortung entrichtet werden.[1459] Ihre Berechnung erfolgt in Abhängigkeit vom Standort der Gastgeberunterkunft. Sie werden entweder vom Unterkunftspreis (ein- oder ausschließlich der Reinigungsgebühr) pauschal bemessen oder als fixer Betrag abhängig von der Personen- und Übernachtungsanzahl festgesetzt.[1460]

Es wurde bereits im Laufe dieser Arbeit darauf hingewiesen, dass gerade das Praxisbeispiel Airbnb zeigt, dass ein automatisierter Steuerabzug für Plattformbetreiber technisch umsetzbar ist und damit auch für einkommensteuerrechtliche Zwecke genutzt werden kann.[1461] Insoweit begegnet das Reformmodell daher keinen Bedenken an seine praktische Umsetzbarkeit.

4. *Ergebnis*

Die Preisgestaltung bei Unterkunftsvermittlungsplattformen lässt sich mithin wie folgt zusammenfassen: Der (Brutto-)Mietpreis, den der Mieter zu zahlen hat, setzt sich aus dem Übernachtungspreis und gegebenenfalls aus der Reinigungsgebühr und einer etwaigen Gebühr für zusätzliche Gäste sowie einer vom Mieter zu zahlenden Plattformgebühr sowie gegebenenfalls aus lokalen Steuern, sofern für sie der automatisierte Steuerabzug eingerichtet ist, zusammen.

Aus der Perspektive des mit der Abzugsteuer zu besteuernden Online-Vermieters ergeben sich hieraus die folgenden Konsequenzen: Er erhält vom Plattformbetreiber den Betrag übermittelt, der sich nach dem Abzug der vom Vermieter zu zahlenden Plattformgebühr vom festgelegten Mietpreis ergibt. Die Zusammensetzung dieses Betrags lässt sich wie folgt skizzieren:

Festgelegter Mietpreis (inklusive Reinigungsgebühr + Gebühr für zusätzliche Gäste)./. vom Vermieter zu tragende Plattformgebühr = Auszahlungsbetrag an den Online-Vermieter.

Es ist mithin festzuhalten, dass die vom Mieter zu zahlende Plattformgebühr sowie die lokalen Steuern für die Bemessung der Abzugsteuer außer Betracht bleiben können, da sie die Sphäre des Online-Vermieters nicht berühren.

1459 Vgl. hierzu die Erläuterungen auf der Airbnb-Website, https://www.airbnb.de/help/article/2496/wie-funktioniert-die-manuelle-erhebung-und-zahlung-von-belegungssteuern (Stand: 28.11.2019).

1460 Vgl. hierzu die Erläuterungen auf der Airbnb-Website, https://www.airbnb.de/help/article/2285/occupancy-tax-collection-and-remittance-by-airbnb-in-germany (Stand: 28.11.2019).

1461 Vgl. die Ausführungen auf S. 185 ff.

II. Gestaltungsempfehlung für die Bemessungsgrundlage eines Abzugsteuertatbestands

Die Abzugsteuer soll die tarifliche Einkommensteuer möglichst realitätsgerecht abbilden. Die Bemessungsgrundlage muss zwar automatisiert vom Plattformbetreiber ermittelbar sein, soll sich dabei aber so weit wie möglich an der einkommensteuerrechtlichen Bemessungsgrundlage orientieren. Dieser Interessenkonflikt zwischen „Steuervereinfachung" und „Steuergerechtigkeit" muss insoweit in Ausgleich gebracht werden, denn die Grenze einer Typisierung ist überschritten, wenn sie sich als zu realitätsfern herausstellt.

1. Berücksichtigung der Angaben aus der konkreten Online-Transaktion

In die Bemessungsgrundlage der Abzugsteuer ist zunächst der vom Online-Vermieter festgelegte Mietpreis einzubeziehen. Wie vorab dargestellt, kann dieser neben dem Übernachtungspreis auch eine Gebühr für weitere Gäste und eine Reinigungsgebühr enthalten. Die Gebühren für die Überlassung an mehr als eine Person sind als Bestandteil des Mietpreises zu bewerten und daher einkünfteerhöhend in die Bemessungsgrundlage der Abzugsteuer einzubeziehen.

Die Reinigungskosten hingegen sind direkt der Vermietungstätigkeit zuordenbare, abzugsfähige Aufwendungen, die anlässlich der konkreten Vermietung anfallen und nicht in die Bemessungsgrundlage einzubeziehen sind. Neben den Kosten, die für die Reinigung des Mietobjekts anfallen, können insoweit auch Kosten für die Reinigung von Gebrauchsgegenständen (wie Bettwäsche) oder Kosten für Verbrauchsgegenstände (wie Toilettenpapier) enthalten sein, die ebenso nicht in die Bemessungsgrundlage einzubeziehen sind. Der Online-Vermieter kann diese direkt zuordenbaren Aufwendungen also (von seinem Brutto-Mietpreis) in Abzug bringen und von der Abzugsbesteuerung ausschließen. Diese Möglichkeit birgt zwar auch die Missbrauchsgefahr, dass der Online-Vermieter durch eine erhöhte Angabe der Reinigungskosten seinen Mietpreis der Abzugsbesteuerung entziehen kann. Da die Abzugsteuer aber nur Anrechnungswirkung hat, können im Rahmen der anschließenden Veranlagung die angesetzten Kosten von den Finanzbehörden überprüft und korrigiert werden. Es ist allerdings zu beachten, dass nicht alle Plattformmodelle, die im Sektor der Unterkunftsvermittlung tätig sind, die Angabe einer Reinigungsgebühr unterstützen und diese Kosten in diesem Fall nicht von der Bemessungsgrundlage automatisiert abgezogen werden können, sondern zu den weiteren Vermietungsaufwendungen hinzutreten.[1462]

Die Plattformgebühr wird vom Plattformbetreiber bereits vom Auszahlungsbetrag abgezogen und ist ebenso einkünftemindernd vom Mietpreis im Rahmen der Ermittlung der Bemessungsgrundlage der Abzugsteuer zu berücksichtigen. Denn sie ist der Vermietungstätigkeit unmittelbar als Aufwandsposten zuzuordnen und stellt damit in voller Höhe abzugsfähige Werbungskosten oder Betriebsausgaben dar. Die Plattformgebühr ist damit ebenso nicht in die Bemessungsgrundlage der Abzugsteuer einzubeziehen.

Als Bemessungsgrundlage der Abzugsteuer wird insoweit daher vorgeschlagen, den vom Online-Vermieter festgelegten Mietpreis abzüglich der Reinigungsgebühren (soweit diese Angabe im Rahmen des Plattformmodells möglich ist) sowie abzüglich der Plattformgebühr zugrunde zu legen.

2. *Berücksichtigungsfähigkeit weiterer Vermietungsaufwendungen*

Erörterungsbedürftig ist insbesondere, wie die weiteren nach dem Einkommensteuergesetz abzugsfähigen Aufwendungen möglichst realitätsgerecht in der Bemessungsgrundlage der Abzugsteuer Berücksichtigung finden können. Problematisch gestaltet sich insoweit, dass je nachdem, ob der Online-Vermieter selbst Eigentümer oder Mieter des Vermietungsobjekts ist und je nachdem, ob er dieses auch für private Zwecke nutzt oder sogar seine eigengenutzte Wohnung als Home-Sharer nur selten (unter)vermietet, unterschiedliche Aufwendungen dem Grunde und der Höhe nach einkünftemindernd abzugsfähig sind.[1463] Zusammenfassend wurde insoweit festgestellt, dass bei der Vermietung von im Eigentum stehender Mietobjekte die Finanzierungskosten sowie die Abschreibungen für die durch Abnutzung entstehende Wertminderung, die Absetzung für Abnutzung („AfA"), dem Grunde nach abzugsfähig sind.[1464] Im Fall der Untervermietung von angemieteten Unterkünften sind die eigenen Mietkosten als Aufwendungen dem Grunde nach anzusetzen. Der Höhe nach sind diese Aufwendungen je im Verhältnis der bestehenden Vermietungsabsicht beziehungsweise Eigennutzung zur Gesamtnutzung abzugsfähig. Ist der die Vermietung

1462 Vgl. hierzu die direkt im Anschluss folgenden Ausführungen zur Berücksichtigungsfähigkeit weiterer Vermietungsaufwendungen auf S. 387 ff.

1463 Vgl. zur Abzugsfähigkeit von Betriebsausgaben bei gewerblicher Vermietung die Ausführungen auf S. 84 ff. bzw. zur Abzugsfähigkeit von Werbungskosten im Rahmen der Einkünfte aus Vermietung und Verpachtung die Ausführungen auf S. 105 ff.

1464 Vgl. die Ausführungen auf S. 84 ff.; S. 105 ff.

umfassende Nutzungsanteil von völlig untergeordneter Bedeutung, wie dies bei den sogenannten Home-Sharer-Fällen gut zu bejahen sein kann, ist ein Abzug der gemischt veranlassten Aufwendungen ausgeschlossen.[1465]

Welche dieser Vermieter-Gruppe letztlich auf den einzelnen Online-Vermieter zutrifft, ist für den Plattformbetreiber nicht ohne weitere Ermittlungen erkennbar beziehungsweise überprüfbar. Da sein Steuerabzug haftungsbewehrt ist, muss er für den sicheren Ausschluss einer Haftung die Angaben der Vermieter auf ihre Richtigkeit hin überprüfen können. Die entsprechenden Sachverhaltsermittlungsmaßnahmen müssen dem Plattformbetreiber zumutbar sein. Die rechtliche Prüfung der Indienstnahme von Plattformbetreibern im Bereich der Unterkunftsvermittlung hat ergeben, dass eine solche Sachverhaltsermittlung den global agierenden Plattformbetreibern nicht zugemutet werden kann.[1466] Insbesondere kann auch die Überprüfung konkreter Abzugsposten wie die Höhe der Absetzung für Abnutzung oder des dem Online-Vermieter entstandenen Mietaufwands von dem Plattformbetreiber nicht verlangt werden, da dies zeit- und arbeitsintensiv und damit zu kostspielig ist. Zumutbar ist nur ein Steuerabzug, der automatisiert durchgeführt werden kann. Die Anwendung spezifischer steuerrechtlicher Kenntnisse über das deutsche Einkommensteuerrecht, wie die Ermittlung der Höhe der abzugsfähigen Absetzung für Abnutzung, sind Angaben, hinsichtlich derer sich der Plattformbetreiber nicht in einer sachnäheren Position als die Finanzbehörden befindet, sodass eine Indienstnahme insoweit nicht verhältnismäßig ist.[1467]

Daneben sind die unmittelbar der Vermietungstätigkeit zuordenbaren Aufwendungen zu berücksichtigen, deren Höhe vom Plattformbetreiber nicht abgefragt wird und die daher im Rahmen der Ermittlung der Bemessungsgrundlage nicht durch den Plattformbetreiber in Abzug gebracht werden können. Dies können beispielsweise Kosten für die Reinigung der Unterkunft sowie zur Verfügung gestellter Gebrauchs- und Verbrauchsgegenstände wie Bettwäsche und Handtücher oder Seife, Spülmittel oder Kaffee sein.

Da bei der Bemessung der Abzugsteuer also nicht die konkrete Höhe von abzugsfähigen Aufwandsposten berücksichtigt werden kann, ist zu fragen, ob ein pauschaler Abzug unter Zugrundelegung des gegenwartsnahen und realitätsgerechten, typischen Anwendungsfalles erfolgen kann. Insoweit muss jedoch festgestellt werden, dass unter den unterschiedlichen Vermieter-Gruppen kein

---

1465 Hierzu s. o. auf S. 91 f.

1466 Vgl. hierzu die Ausführungen auf S. 310 ff.

1467 Vgl. die Ausführungen auf S. 310 ff.

typischer Hauptanwendungsfall ausgemacht werden kann. Indessen scheinen sowohl die Ferienwohnungs-Vermieter mit und ohne Eigennutzung der Unterkunft als auch die Home-Sharer in jeweils sehr hoher Anzahl auf Sharing-Economy-Plattformen im Bereich der Unterkunftsvermittlung aktiv zu sein, ohne dass eine Gruppe als mehrheitlich in Erscheinung tretende Nutzergruppe identifiziert werden kann. Im Hinblick auf das Übermaßverbot ist daher für die Höhe der Abzugsteuer typisierend die Vermieter-Gruppe zugrunde zu legen, die die höchsten nach dem Einkommensteuerrecht abzugsfähigen Abzugsposten für sich generieren kann, wobei insoweit keine atypischen Sonderkonstellationen Einfluss finden dürfen.[1468] Es ist also die Vermietergruppe zugrunde zu legen, die die Unterkunft ohne Eigennutzung ganzjährig vermietet, da insoweit alle von der Vermietungstätigkeit veranlassten Aufwendungen der Höhe nach ungekürzt abzugsfähig sind.

Anstelle eines pauschalierten Abzugs von fiktiven Aufwendungen im Rahmen der Ermittlung der Bemessungsgrundlage sollen die Aufwendungen aber bei der Höhe des Steuersatzes durch eine Minimierung der Steuersatzhöhe berücksichtigt werden. Dieser Ansatz beeinträchtigt einen automatisierten Steuerabzug am wenigsten und wird daher für den Abzugsteuertatbestand empfohlen. Denn ob nun die Bemessungsgrundlage reduziert oder die Steuersatzhöhe reduziert wird, macht mathematisch keinen Unterschied. Mithin sind die in der Bemessungsgrundalge der Abzugsteuer nicht berücksichtigungsfähigen, aber nach dem Einkommensteuergesetz abzugsfähigen Aufwendungen durch einen Abzug in der Höhe des Abzugsteuersatzes auszugleichen.

D. Steuersatz der Abzugsteuer

Da die Abzugsteuer als Grundsicherung für die tarifliche Einkommensteuer dienen soll, muss die Steuersatzhöhe die tarifliche Einkommensteuer möglichst realitätsgerecht abbilden, darf diese aber zur Vermeidung von Übersicherungen nicht übersteigen.[1469] Dabei ist ein Abzug für die unberücksichtigten Aufwandsposten im Rahmen der Bemessung der Steuersatzhöhe der Abzugsteuer vorzunehmen. Denn auch bei einer Besteuerung, die auf den Bruttoertrag abstellt,

---

1468 Vgl. zur Typisierungsbefugnis die Ausführungen auf S. 334 f.; sowie zum Übermaßverbot durch Übersicherungen beim objektbezogenen Steuerabzug die Ausführungen auf S. 335 ff.

1469 Zum Übermaßverbot durch Übersicherung bei Abzugsteuern vgl. Ausführungen oben auf S. 335 ff.

muss im Rahmen einer realitätsgerechten Typisierung der zu erwartende Nettoertrag Messgröße für die zu erwartende Steuerbelastung sein. Wie bereits erläutert, ist als typische Fallkonstellationen diejenige zu wählen, die die höchsten abzugsfähigen Aufwendungen generiert. Dies sind die Vermieter-Gruppen mit dauerhafter Vermietungs- und ohne Eigennutzungsabsicht.

Im Folgenden sind insoweit die Aufwendungen der Vermieter, die Eigentümer der vermieteten Unterkünfte sind und Aufwendungen in Form von Absetzung für Abnutzung und Finanzierungskosten geltend machen können sowie die Aufwendungen der Untervermieter in Form der (eigenen) Mietkosten zu vergleichen.

Bei der Untervermietung einer Mietwohnung bilden den primären abzugsfähigen Aufwandsposten die zu zahlenden Mietkosten. Die durchschnittliche monatliche Warmmiete wurde für Deutschland im Jahr 2018 mit 619 Euro veranschlagt,[1470] die ein untervermietender Online-Vermieter in Abzug bringen könnte. Die monatlich über Airbnb im Jahr 2018 zu erzielenden Einnahmen lagen zwischen 1.000 und 1.500 Euro.[1471] Unterstellt man eine dauerhafte Vermietung über Airbnb, kann durchschnittlich ein Nettoertrag in Höhe von etwa 50 Prozent erzielt werden.[1472]

Für die Vermietung von im Eigentum stehendem Wohnraum wurde in der Vergangenheit, in den Veranlagungszeiträumen 1996 bis 1998, bereits ein pauschaler Abzug von Werbungskosten zugelassen.[1473] Dabei wurde typisierend ein pauschalierter Werbungskostenabzug in Höhe von 42 DM pro Quadratmeter Wohnfläche zusätzlich zu Abschreibungen und Schuldzinsen gewährt.[1474]

1470 Statistische Ämter des Bundes und der Länder, Wohnen in Deutschland, 2019, https://www.destatis.de/DE/Themen/Gesellschaft-Umwelt/Wohnen/Publikationen/Downloads-Wohnen/wohnen-in-deutschland-5122125189005.html?nn=206104 (Stand: 28.11.2019).

1471 *Wurnig/Gringmuth-Dallmer*, Wie funktioniert die Wohnungsplattform Airbnb?, Rbb24 Online-Beitrag v. 03.12.2018, https://www.rbb24.de/politik/beitrag/2018/12/faq-airbnb-plattform-daten-berlin-vermietung.html (Stand: 09.11.2020).

1472 Vgl. *Fetzer/Spengel/Dinger/Werner*, StuW 2020, 106, 119 f.

1473 Vgl. § 9a S. 1 Nr. 2 EStG i. d. F. des Art. 1 Nr. 15 des Gesetzes v. 11.10.1995, BGBl. I 1995, S. 1250; hierzu BT-Drs. 13/901 v. 27.03.1995, S 126, 132; *Bräutigam/Ludwig/Spengel*, Steuerlicher Reformbedarf bei Service-Plattformen: Eine Analyse anhand des deutschen Airbnb-Marktes, 2019, S. 12, https://www.zew.de/fileadmin/FTP/gutachten/ZEW_Expertise_Airbnb_2019.pdf (Stand: 09.11.2020).

1474 Vgl. § 9a S. 1 Nr. 2 EStG i. d. F. des Art. 1 Nr. 15 des Gesetzes v. 11.10.1995, BGBl. I 1995, S. 1250.

Letztlich wird davon ausgegangen, dass der Nettoertrag von Vermietungen bei im Eigentum stehendem Wohnraum dem von angemietetem Wohnraum entspricht.[1475]

Bei Anwendung des höchsten tariflichen Einkommensteuersatzes von 45 Prozent würde sich bei der Annahme eines Nettoertrags von 50 Prozent ein Abzugsteuersatz von 22,5 Prozent ergeben.[1476] Im Verhältnis zur abgeltenden Kapitalertragsteuer, für die ein Abzugsteuersatz in Höhe von 25 Prozent unter Berücksichtigung eines pauschalen Werbungskostenabzugs gewählt wurde, ist zu beachten, dass bei den Vermietungseinkünften höhere Werbungskosten bei der typisierten Betrachtung zu kalkulieren sind.[1477] Um die den Mieteinnahmen gegenüberstehenden, im Vergleich zu anderen Einkunftsarten verhältnismäßig hohen Aufwendungen zu berücksichtigen, ist ein unter der tatsächlichen Einkommensteuer liegender Abzugsteuersatz zu wählen. Da der durchschnittliche Einkommensteuersatz in Deutschland knapp 20 Prozent beträgt,[1478] erscheint ein Abzugsteuersatz von zehn Prozent[1479] oder auch 15 Prozent[1480] als angemessen.[1481] Der Abzugsteuersatz in Höhe von 15 Prozent findet im Einkommensteuergesetz auch bereits an anderer Stelle Anwendung, beispielsweise beim Steuerabzug bei beschränkt Steuerpflichtigen gemäß § 50a Abs. 2 EStG sowie

---

1475 Vgl. *Fetzer/Spengel/Dinger/Werner*, StuW 2020, 106, 119 f.

1476 Vgl. *Fetzer/Spengel/Dinger/Werner*, StuW 2020, 106, 120.

1477 Vgl. *Bräutigam/Ludwig/Spengel*, Steuerlicher Reformbedarf bei Service-Plattformen: Eine Analyse anhand des deutschen Airbnb-Marktes, 2019, S. 12, https://www.zew.de/fileadmin/FTP/gutachten/ZEW_Expertise_Airbnb_2019.pdf (Stand: 09.11.2020).

1478 *Kaiser*, Durchschnittsverdiener zahlen höchstens 19 Prozent Steuern, Spiegel Online-Beitrag v. 17.05.2017, https://www.spiegel.de/wirtschaft/soziales/steuern-durchschnittsverdiener-zahlen-hoechstens-19-prozent-a-1147997.html (Stand: 09.11.2020).

1479 Vgl. *Bräutigam/Ludwig/Spengel*, Steuerlicher Reformbedarf bei Service-Plattformen: Eine Analyse anhand des deutschen Airbnb-Marktes, 2019, S. 14, https://www.zew.de/fileadmin/FTP/gutachten/ZEW_Expertise_Airbnb_2019.pdf (Stand: 09.11.2020).

1480 Vgl. *Fetzer/Spengel/Dinger/Werner*, StuW 2020, 106, 120.

1481 Auch nach Berechnungen von *Engelschalk*, Die Besteuerung von Steuerausländern auf Bruttobasis, 1988, S. 98, 12 ff. wird bei einem Bruttosteuersatz von 25 Prozent der Nettoertrag erst dann vollständig „wegbesteuert", wenn der Werbungskosten- oder Betriebsanteil mindestens 75 Prozent der erzielten Einnahmen beträgt, sodass bei einem Abzugsteuersatz von bis zu 15 Prozent eine Übersicherung für Transaktionen über Sharing Economy Plattformen für den typischen Fall auszuschließen ist.

der Bauabzugsteuer gemäß § 48 Abs. 1 S. 1 EStG zur Eindämmung illegaler Betätigungen im Baugewerbe.[1482]

Unter dem Gesichtspunkt, dass Home-Sharer nur geringe Aufwendungen abziehen können und bei einer umfassenden Vermietung im Gegenzug die regulären Einkommensteuervorauszahlungen angepasst werden können, wird für den Gestaltungsvorschlag zur Befriedigung des mit ihm verfolgten Sicherungsinteresses ein Abzugsteuersatz in Höhe von 15 Prozent auf Einkünfte aus der Online-Vermietung gewählt.

E. Freistellung vom Steuerabzug zur Vermeidung von Härtefällen

Zu erwägen ist ferner, ob bis zu einer bestimmten Einnahmenhöhe generell eine Freigrenze zu gewähren ist, bis zu der keine Abzugsteuer erhoben wird. Praktisch umsetzbar wäre dies beispielsweise durch das Stellen von Freistellungsaufträgen wie es derzeit im Bereich der Kapitaleinkünfte praktiziert wird (vgl. § 44a Abs. 1 EStG). Sinn der Gewährung solcher Freigrenzen ist die Berücksichtigung von Werbungskostenpauschbeträgen, Freibeträgen und Freigrenzen sowie bei der Kapitalertragsteuer der Sparerfreibetrag, da bei einem Steuerabzug ohne Berücksichtigung dieser Beträge, die darauf erhobenen Abzugsteuerbeträge in einem späteren Veranlagungsverfahren zu erstatten wären. Das spätere Veranlagungsverfahren soll also mit der Stellung von Freistellungsaufträgen vermieden werden.[1483]

Bei der Online-Vermietung bestehen zwar grundsätzlich keine Pauschbeträge oder Freibeträge. Allerdings wird bei der Untervermietung selbstgenutzten Wohnraums im Einverständnis mit dem Steuerpflichtigen von der Besteuerung der Einkünfte abgesehen, wenn die Einnahmen den Betrag von 520 Euro nicht übersteigen (Freigrenze).[1484] Möglich wäre es daher, beispielsweise in Höhe von 520 Euro die Stellung von Freistellungsaufträgen einzuräumen. Ein solcher Auftrag müsste an den Gläubiger der Abzugsteuer, also den Plattformbetreiber gestellt werden. Zu bedenken ist allerdings, dass die Berücksichtigung solcher Freistellungsaufträge mit hohem Verwaltungsaufwand verbunden ist und der Idee eines automatisierten Steuerabzugs zuwiderläuft.

1482 Vgl. hierzu auch *Fetzer/Spengel/Dinger/Werner*, StuW 2020, 106, 120.

1483 Vgl. z. B. *Jachmann-Michel*, in: Blümich, EStG, 150. EL, 11/2019, § 44a Rn. 1.

1484 Vgl. R 21.2 Abs. 1 EStR 2012.

Überdies ist es auch möglich, dass für solche Fälle sowie für Fälle, in denen sich der Steuerabzug als unzumutbare Härte gestaltet, auf Antrag beim Veranlagungsfinanzamt eine Freistellungsbescheinigung erteilt wird, die vorgibt, dass im Rahmen der Online-Vermietung ausnahmsweise kein Steuerabzug vorzunehmen ist. Solche Härtefälle liegen beispielsweise vor, wenn die Einkünfte des Online-Vermieters auch bei Einbeziehung seiner Einkünfte aus der Online-Vermietung unter dem Grundfreibetrag liegen oder er mit der Tätigkeit Verluste erzielt, sodass letztlich keine Einkommensteuer auf die Online-Vermietungseinkünfte zu erheben ist. Ist die Freistellungsbescheinigung beim Finanzamt zu beantragen, entsteht dem Plattformbetreiber insoweit kein Prüfaufwand. Er muss lediglich eine vorgelegte Bescheinigung beachten, während die Finanzbehörden prüfen, ob einer der Härtefälle oder ein Fall von Steuerfreiheit gegeben ist. Das Verfahren sollte so ausgestaltet werden, dass die Geltungsdauer der Bescheinigung zeitlich begrenzt ist, sodass sie in regelmäßigen Zeitabständen aktualisiert und das Vorliegen ihrer Voraussetzungen überprüft werden. Am realitätsgerechtesten wäre, wenn sie lediglich für die Dauer eines Veranlagungszeitraums ausgestellt wird und jährlich aktualisiert werden muss. Um einen erhöhten Verwaltungsaufwand zu vermeiden, könnte hier wie für das Freistellungsverfahren bei der Kapitalertragsteuer eine Geltungsdauer von maximal drei Jahren gewählt werden (vgl. § 44a Abs. 2 S. 3 EStG). Die Bescheinigungen sollten zur Vermeidung von Fälschungen elektronisch gespeichert und für die Plattformbetreiber elektronisch abrufbar sein, damit sie die Echtheit einer vorgelegten Bescheinigung überprüfen können. Ein solches Bescheinigungsverfahren wäre dem Plattformbetreiber zumutbar, da davon auszugehen ist, dass Freistellungsaufträge in Anbetracht der geringen Abzugsteuerhöhe nur in Ausnahmefällen von den Online-Vermietern beantragt werden. Das Verfahren stellt aber als Härtefallklausel die Verfassungsmäßigkeit des Abzugsbesteuerung sicher. Eine entsprechende Regelung wird daher für den Abzugsteuertatbestand empfohlen. Sowohl die Fälle, für die kein Steuerabzug vorgenommen werden muss als auch die Einzelheiten des Bescheinigungsverfahren müssen im gesetzlichen Tatbestand klargestellt werden. Als Beispiel kann insoweit § 44a EStG herangezogen werden.[1485]

Folglich wird hier vorgeschlagen, keine Freigrenze oder besonderen Abzüge auf Ebene der Ermittlung der Bemessungsgrundlage zu gewähren. Stattdessen soll von der Erhebung des Steuerabzugs in besonderen Fällen Abstand genommen

1485 Vgl. hierzu die noch folgenden Ausführungen zum Beispiel eines Abzugsteuertatbestands für Online-Vermietungen unter H auf S. 398 ff.

werden. Hierzu muss der Online-Vermieter bei seinem Veranlagungsfinanzamt eine entsprechende Freistellungsbescheinigung beantragen und diese dem Plattformbetreiber vorlegen, der daraufhin keinen Steuerabzug vornimmt.

F. Sonstige Verfahrensregelungen für die Indienstnahme des Plattformbetreibers zum Steuerabzug

I. Einbeziehung des Bundeszentralamts für Steuern

Der Steuerbetrag ist an eine zentrale Behörde, beispielsweise an das Bundeszentralamt für Steuern, unter Nennung der Steueridentifikationsnummer des Online-Vermieters zu übermitteln. Die Übermittlung des Steuerbetrags an eine zentrale Behörde in Deutschland stellt eine Verfahrensvereinfachung für den in Dienst zu nehmenden Plattformbetreiber dar, für den das Verfahren automatisiert und möglichst ohne arbeitsintensive Prüfpflichten durchführbar sein soll. Daher wird vorgeschlagen, dass die Steuerabzugspflicht derart ausgestaltet wird, dass der Plattformbetreiber den Steuerbetrag zentral an das Bundeszentralamt für Steuern zu übermitteln hat. Durch die den Steuerabzug ergänzenden Datenübermittlungspflichten über die personenbezogenen Daten des steuerpflichtigen Online-Vermieters wird dem Bundeszentralamt für Steuern die Identifikation des Online-Vermieters möglich, sodass ein elektronisches Datenabrufsystem die Zuordnung der Einkünfte ermöglicht und diese im Veranlagungsverfahren automatisiert berücksichtigt beziehungsweise die Besteuerung überprüft und sichergestellt werden kann.

Soll eine zentrale Finanzbehörde für die Verwaltung der Abzugsteuer auf Online-Vermietungseinkünfte zuständig sein, kommt hierfür eine Bundesoberbehörde der Finanzbehörden in Betracht. Das Bundeszentralamt für Steuer ist eine solche Bundesoberbehörde der Finanzbehörden, vgl. § 6 Abs. 2 Nr. 2 AO. Die Aufgaben des Bundeszentralamts für Steuern sind in § 5 FVG geregelt. Hiernach ist das Bundeszentralamt für Steuern derzeit gemäß § 5 Abs. 1 Nr. 2 FVG für die Entlastung von deutschen Abzugsteuern (Erstattungen und Freistellungen) in den Fällen des § 43b und § 50g EStG zuständig und hat gemäß § 5 Abs. 1 Nr. 6 FVG die Aufgabe der zentralen Sammlung und Auswertung von Unterlagen über steuerliche Auslandsbeziehungen nach näherer Weisung des Bundesministeriums der Finanzen sowie gemäß § 5 Abs. 1 Nr. 7 bei Personen, die nicht im Inland ansässig sind, bei Zweifeln über das für die Besteuerung örtlich zuständige Finanzamt zu entscheiden. Dementsprechend fügt sich die Aufgabe der Entgegennahme und Weiterleitung von Steueranmeldungen einer deutschen Abzugsteuer auf Online-Vermietungen in den bisherigen Aufgabenkreis des Bundeszentralamts für Steuern ein und kann insoweit erweitert werden. Als zuständige zentrale Finanzbehörde sollte daher das Bundeszentralamt für Steuern gewählt werden und sein Aufgabenkreis nach § 5 Abs. 1 FVG demgemäß angepasst werden.

II. Anmelde- und Bescheinigungsverfahren

Zudem sollte der Abzugsteuertatbestand um Verfahrensvorschriften hinsichtlich des Anmelde- und Bescheinigungsverfahrens der Abzugsteuer sowie der an das Bundeszentralamt für Steuern bestehenden Mitteilungspflichten ergänzt werden. Beim Anmeldungs- und Bescheinigungsverfahren ist eine Orientierung an § 45a EStG, der das Anmelde- und Bescheinigungsverfahren für die Kapitalertragsteuer regelt, sinnvoll. Das Anmeldeverfahren für die Abzugsteuer auf Online-Vermietungseinkünfte könnte beispielsweise so ausgestaltet werden, dass eine Anmeldung der Abzugsteuer durch den steuerentrichtungsverpflichteten Plattformbetreiber bis zum zehnten des Folgemonats des Monats der Zahlungsabwicklung erfolgen muss. Die Steueranmeldung ist eine Steuererklärung im Sinne des § 150 Abs. 1 AO, die gemäß § 168 AO einer Steuerfestsetzung unter Vorbehalt der Nachprüfung gleichsteht.[1486]

Ferner sollte geregelt werden, dass der Steuerabzug dem Online-Vermieter auf Verlangen zu bescheinigen ist. Zwar ist eine Anrechnung der Abzugsteuer auf Online-Vermietungseinkünfte nur möglich, wenn die Abzugsteuer elektronisch übermittelt wurde. Da der vom Plattformbetreiber an den Online-Vermieter auszuzahlende Vermietungsertrag aber um die Abzugsteuer gekürzt wird, erhält der Online-Vermieter so eine Abrechnung gegenüber dem Plattformbetreiber und kann bei einem unterlassenen oder fehlerhaften Steuerabzug gegen diesen vorgehen.

III. Datenübermittlungspflichten

Darüber hinaus sollte der zum Steuerabzug verpflichtete Plattformbetreiber (angelehnt an § 45d EStG) zur Datenübermittlung nach Maßgabe des § 93c Abs. 1 AO verpflichtet werden, um den Finanzbehörden eine Überprüfung des Steuerfalls zu ermöglichen. Gemäß § 93c Abs. 1 AO kann eine elektronische Übermittlung von steuerlichen Daten durch Dritte gesetzlich vorgeschrieben werden. Die Datenübermittlung muss nach § 93c Abs. 1 Nr. 1 AO bis zum letzten Tag des Februars des Jahres, das auf das Jahr folgt, in dem die

1486 Vgl. *Jachmann-Michel*, in: Blümich, EStG, 150. EL, 11/2019, § 45a Rn. 3.

Online-Vermietungseinkünfte dem Online-Vermieter zufließen, erfolgen. Der Datensatz muss insbesondere Angaben wie die Kontaktdaten der mitteilungspflichtigen Stelle, also die des Plattformbetreibers enthalten sowie hinsichtlich des steuerpflichtigen Online-Vermieters dessen Familiennamen, Vornamen, Tag der Geburt, die Anschrift und dessen Identifikationsnummer nach § 139b AO wiedergeben (vgl. § 93c Abs. 1 Nr. 2 lit. a und lit. c AO). Die Mitteilung der Identifikationsnummer ist erforderlich, um eine Zusammenfassung verschiedener Mitteilungen zu gewährleisten, insbesondere, wenn Fehler wie unterschiedliche Schreibweisen des Namens, Zahlendreher beim Geburtsdatum oder veraltete Adressdaten auftreten.[1487]

Daneben ist allerdings zudem notwendig, dass die Finanzbehörden über den Belegenheitsort des Vermietungsobjekts Kenntnis erhalten, um das Bestehen des Besteuerungsrechts beurteilen zu können, das regelmäßig an die Belegenheit im Inland anknüpft. Die Erweiterung um die Mitteilung dieser Information muss zusätzlich im gesetzlichen Tatbestand verankert werden, da sie von einem Verweis auf § 93c Abs. 1 AO nicht erfasst wird.

Weiterhin sollten (vergleichbar dem § 45d EStG) Mitteilungspflichten auch bei der Freistellung vom Steuerabzug bestehen, damit die Finanzbehörde diese Fälle überprüfen und Missbrauchskonstellationen aufdecken kann. Unterbleibt der Steuerabzug, sollte der Plattformbetreiber dennoch zur Meldung der Daten und darüber hinaus zur Meldung des Grundes des unterlassenen Steuereinbehaltes sowie der Höhe der Online-Vermietungseinkünfte verpflichtet werden.

Verstöße gegen die Mitteilungspflichten könnten über eine Ergänzung des Bußgeldtatbestandes nach § 50e EStG sanktioniert werden, indem der Bußgeldtatbestand des § 50e EStG um diese Mitteilungspflichten erweitert wird. Danach kann eine Geldbuße bis zu 5.000 Euro festgesetzt werden (vgl. § 50e Abs. 1 S. 2 EStG).

IV. Haftungsregelung

Außerdem ist der Abzugsteuertatbestand mit einem Haftungstatbestand zu kombinieren, auf dessen Grundlage der Plattformbetreiber bei einem unterlassenen oder fehlerhaften Steuerabzug in Anspruch genommen werden kann.[1488]

1487 Vgl. *Jachmann-Michel*, in: Blümich, EStG, 150. EL, 11/2019, § 45d Rn. 8.

1488 Vgl. zur Notwendigkeit einer Haftungsnorm zur Durchsetzung des Steueranspruchs die Ausführungen auf S. 199 f. sowie zur Ausgestaltung von Haftungsnormen die Ausführungen auf S. 194 ff. Zur rechtlichen Zulässigkeit einer verschuldensabhängigen Inhaftungnahme des Plattformbetreibers bei fehlerhaftem Steuerabzug vgl. die Ausführungen auf S. 312 ff.

Der Haftungstatbestand kann dabei so ausgestaltet werden, dass ein Verschulden (Vorsatz oder grobe Fahrlässigkeit) des Plattformbetreibers bei einem fehlerhaften Steuerabzug vermutet wird. Durch eine Beweislastumkehr muss der Plattformbetreiber sein Unverschulden beweisen.[1489]

G. Zusammenfassung zur Gestaltungsempfehlung für einen Abzugsteuertatbestand

Anknüpfungspunkt des Abzugsteuertatbestands bildet die Belegenheit des Vermietungsobjekts im Inland und die Nutzung einer Unterkunftsvermittlungsplattform für den Vertragsabschluss einer kurzfristigen Vermietung.

Entrichtungspflichtiger der Abzugsteuer ist der Plattformbetreiber der Unterkunftsvermittlungsplattform. Sowohl der Begriff des Plattformbetreibers als auch der einer Unterkunftsvermittlungsplattform sind im gesetzlichen Tatbestand zu definieren. Zudem muss auch die Art der Vermietungsleistung als kurzfristige Überlassung von Wohnraum, unabhängig von ihrer ertragsteuerlichen Einkünfte-Qualifikation als gewerbliche Einkünfte oder Einkünfte aus Vermietung und Verpachtung, konkretisiert werden.

Als Bemessungsgrundlage der objektbezogenen Abzugsteuer wird vorgeschlagen, den vom Online-Vermieter festgelegten Mietpreis abzüglich der obligatorischen Zusatzkosten wie die Reinigungsgebühr (sofern das Plattformmodell die Angabe zulässt) sowie abzüglich der Plattformgebühr als je direkt zuordenbare, abzugsfähige Aufwendungen zugrunde zu legen. Weitere abzugsfähige Betriebsausgaben oder Werbungskosten sollen weder als berücksichtigungsfähige Abzugsgrößen, Pauschbeträge oder in Form eines Freibetrags bei der Abzugsteuererhebung berücksichtigt werden, sondern indessen über einen geminderten Abzugsteuersatz die Nichtberücksichtigung kompensieren und einer Übersicherung vermeiden. Als angemessen wurde ein Abzugsteuersatz in Höhe von 15 Prozent erachtet. Eine Freigrenze ist nicht zu gewähren. Die Möglichkeit einer abgeltenden Wirkung der Abzugsteuer ist nicht einzuräumen.

Zur Erfassung von Härtefällen, in denen der Steuerabzug dem Online-Vermieter unzumutbar ist, da beispielsweise mit den Einkünften kein Gewinn erzielt oder der Online-Vermieter mit seinen Einkünften unter dem Grundfreibetrag liegt, sollen Ausnahmetatbestände in die gesetzliche Regelung aufgenommen werden, für die der Steuerabzug nicht vorzunehmen ist. Zur Realisierung in der Praxis soll das Verfahren so ausgestaltet werden, dass der Online-Vermieter

1489 Vgl. hierzu die Ausführungen auf S. 194 ff.

bei seinem Veranlagungsfinanzamt in diesen Fällen eine entsprechende Freistellungsbescheinigung beantragen kann und diese dem Plattformbetreiber vorlegen muss.

Ferner ist der Abzugsteuertatbestand mit Haftungspflichten des Plattformbetreibers zur Sanktionierung eines unterlassenen oder fehlerhaften Steuerabzugs zu kombinieren und um Verfahrensvorschriften hinsichtlich des Anmelde- und Bescheinigungsverfahrens der Abzugsteuer sowie der an das Bundeszentralamt für Steuern bestehenden Mitteilungspflichten zu ergänzen.

H. Beispiel eines Abzugsteuertatbestandes für Online-Vermietungen

I. § 1 – Online-Vermietungseinkünfte mit Steuerabzug

(1) Bei Einkünften aus der kurzfristigen Vermietung von im Inland belegenem Wohnraum, die über Unterkunftsvermittlungsplattformen der Sharing Economy initiiert werden, wird die Einkommensteuer durch Abzug vom Vermietungsertrag (Onlinevermietungsteuer) erhoben.

(2) Eine Unterkunftsvermittlungsplattform im Sinne dieser Vorschrift ist eine Website oder jedes andere Instrument, mit dessen Hilfe Informationen über das Internet zur Verfügung gestellt werden, die es einem Dritten, der nicht Betreiber des Marktplatzes ist, ermöglicht, Unterkünfte kurzfristig gegen Entgelt Dritten zur Nutzungsüberlassung anzubieten oder solche Unterkünfte zur kurzfristigen Nutzungsüberlassung zu mieten.

(3) Zu den Online-Vermietungseinkünften nach Absatz 1 gehören alle Einkünfte, die sich aus der kurzfristigen Überlassung im Inland belegenen Wohnraums gegen Entgelt ergeben.

(4) Die Onlinevermietungsteuer beträgt 15 Prozent. Dem Steuerabzug unterliegt der Mietertrag, der sich aus der Differenz des vom Gläubiger der Online-Vermietungseinkünfte festgelegten Mietpreises abzüglich etwaiger Zusatzkosten wie der Reinigungsgebühr und abzüglich einer etwaigen vom Plattformbetreiber festzulegenden Plattformgebühr ergibt.

II. § 2 – Entrichtung der Onlinevermietungsteuer

(1) Schuldner der Onlinevermietungsteuer ist der Gläubiger der Online-Vermietungseinkünfte. Die Onlinevermietungsteuer entsteht in dem Zeitpunkt, in dem die Online-Vermietungseinkünfte dem Gläubiger zufließen. In diesem Zeitpunkt haben die Betreiber der

Unterkunftsvermittlungsplattform den Steuerabzug für Rechnung des Gläubigers der Online-Vermietungseinkünfte vorzunehmen.

(2) Plattformbetreiber im Sinne dieser Vorschrift ist, wer eine Unterkunftsvermittlungsplattform unterhält und es Dritten ermöglicht, über die Plattform kurzfristige Vermietungen anzubieten oder zu buchen.

(3) Die innerhalb eines Kalendermonats vom Plattformbetreiber einzubehaltende Steuer ist jeweils bis zum zehnten des folgenden Monats an das Bundeszentralamt für Steuern abzuführen.

(4) Die Plattformbetreiber haften für die Onlinevermietungsteuer, die sie einzubehalten und abzuführen haben, es sei denn, sie weisen nach, dass sie die ihnen auferlegten Pflichten weder vorsätzlich noch grob fahrlässig verletzt haben.

III. § 3 – Abstandnahme vom Steuerabzug

(1) Ein Steuerabzug ist nicht vorzunehmen bei Online-Vermietungseinkünften, die einem unbeschränkt oder beschränkt einkommensteuerpflichtigen Gläubiger zufließen, wenn die Onlinevermietungsteuer bei ihm aufgrund der Art seiner Geschäfte auf Dauer höher wäre als die steuerpflichtigen Einkünfte aus der Onlinevermietungstätigkeit oder höher wäre als die gesamte festzusetzende Einkommensteuer. Der Steuerabzug ist auch dann nicht vorzunehmen, wenn anzunehmen ist, dass keine Steuer entsteht.

(2) Voraussetzung für die Abstandnahme vom Steuerabzug nach Absatz 1 ist, dass dem zum Steuerabzug verpflichteten Plattformbetreiber in den Fällen

1. des Absatzes 1 Satz 1 ein Freistellungsauftrag des Gläubigers der Online-Vermietungseinkünfte nach amtlich vorgeschriebenem Muster oder
2. des Absatzes 1 Satz 2 eine Nichtveranlagungs-Bescheinigung des für den Gläubiger zuständigen Wohnsitzfinanzamts

vorliegt. Ihre Geltungsdauer darf höchstens drei Jahre betragen und muss am Schluss eines Kalenderjahres enden. Sie ist unter den Vorbehalt des Widerrufs zu stellen. Fordert das Finanzamt die Bescheinigung zurück oder erkennt der Gläubiger, dass die Voraussetzungen für ihre Erteilung weggefallen sind, so hat er dem Finanzamt die Bescheinigung zurückzugeben.

(3) Ein Freistellungsauftrag kann nur erteilt werden, wenn der Gläubiger der Online-Vermietungseinkünfte seine Identifikationsnummer (§ 139b der Abgabenordnung) und bei gemeinsamen Freistellungsaufträgen auch die Identifikationsnummer des Ehegatten mitteilt.

(4) Die Freistellungsbescheinigung wird elektronisch gespeichert und ist für registrierte Plattformbetreiber abrufbar. Der zum Steuerabzug verpflichtete

Plattformbetreiber hat in seinen Unterlagen das Finanzamt, das die Bescheinigung erteilt hat, den Tag der Ausstellung der Bescheinigung und die in der Bescheinigung angegebene Steueridentifikationsnummer und Listennummer zu vermerken sowie die Freistellungsaufträge aufzubewahren.

IV. § 4 – Anmeldung und Bescheinigung der Onlinevermietungsteuer

(1) Die Anmeldung der einbehalten Onlinevermietungsteuer ist dem Finanzamt innerhalb der in § 2 bestimmten Frist nach amtlich vorgeschriebenem Vordruck auf elektronischem Weg zu übermitteln. Satz 1 gilt entsprechend, wenn ein Steuerabzug nicht oder nicht in voller Höhe vorzunehmen ist. Der Grund für die Nichtabführung ist anzugeben.

(2) Der zur Abführung der Onlinevermietungsteuer verpflichtete Plattformbetreiber ist verpflichtet, dem Gläubiger der Online-Vermietungseinkünfte auf Verlangen den Steuerabzug zu bescheinigen.

V. § 5 – Mitteilungen an das Bundeszentralamt für Steuern

Wer nach § 2 dieses Gesetzes zum Steuerabzug verpflichtet ist, hat dem Bundeszentralamt für Steuern nach Maßgabe des § 93c der Abgabenordnung neben den in § 93c Absatz 1 der Abgabenordnung genannten Angaben folgende Daten übermitteln:

1. die Anschrift des Vermietungsobjekts.
2. bei den Online-Vermietungseinkünften, für die ein Freistellungsauftrag erteilt worden ist, die Online-Vermietungseinkünfte, bei denen vom Steuerabzug Abstand genommen worden ist. Bei einem gemeinsamen Freistellungsauftrag sind die Daten beider Ehegatten zu übermitteln.
3. die Online-Vermietungseinkünfte, bei denen aufgrund einer Nichtveranlagungs-Bescheinigung vom Steuerabzug Abstand genommen wurde.

Teil 5: Thesenhafte Zusammenfassung

Unterkunftsvermittlungsplattformen im Internet haben sich als bedeutender Wirtschaftszweig etabliert und treten in direkter Konkurrenz zum Hotelgewerbe auf.

Das dieser Arbeit zugrunde liegende Plattformmodell setzt sich aus drei Parteien zusammen, zum einem aus dem Plattformbetreiber sowie zum anderen aus dem Online-Vermieter und dem Online-Mieter, die die Plattform jeweils als digitalen Marktplatz nutzen. Die Online-Vermieter und die Online-Mieter müssen sich für die Nutzung der Plattform vorab auf dieser registrieren, der Plattformbetreiber wickelt die über seine Plattform getätigten Buchungen und daraus resultierenden Zahlungsflüsse ab und behält sich dabei seine Vermittlungsgebühr ein.

Typischerweise vermieten die Online-Vermieter über die Plattformen kurzfristig entweder Ferienwohnungen oder ihre eigene Wohnung (sog. Home-Sharing).

Wenn die Online-Vermieter, die vielfach Privatpersonen sind, aufgrund ihres für den Staat anonymen Status regulatorische und steuerrechtliche Vorschriften in nicht unerheblichem Maße missachten, verschaffen sie sich einen ungerechtfertigten Wettbewerbsvorteil gegenüber dem traditionellen Hotelgewerbe.

Die über Sharing-Economy-Plattformen erzielten Online-Vermietungseinkünfte sind grundsätzlich einkommensteuerpflichtig, wenn der Online-Vermieter der unbeschränkten oder beschränkten Steuerpflicht unterliegt. Lediglich beim Home-Sharing verzichtet die Finanzverwaltung bei jährlichen Mieteinnahmen von bis zu 520 Euro aus Vereinfachungsgründen auf deren Besteuerung.

Im Zusammenhang mit Auslandssachverhalten (Steuerausländern mit im Inland belegenen Vermietungsobjekten oder Steuerinländern mit im Ausland belegenen Vermietungsobjekten) ist zu beachten, dass die Einkünfte aus der Online-Vermietung abkommensrechtlich als Einkünfte aus unbeweglichem Vermögen zu qualifizieren sind, wobei dem Belegenheitsstaat das Besteuerungsrecht zugewiesen wird.

Anknüpfungspunkt für eine Zuweisung des Besteuerungsrechts an Deutschland ist mithin sowohl bei unbeschränkter als auch bei beschränkter Steuerpflicht, die Belegenheit des Vermietungsobjekts im Inland. Für eine Reform des Besteuerungsrechts der Einkünfte aus der Online-Vermietung sollte daher maßgebend sein, dass sich das Vermietungsobjekt in Deutschland befindet.

Ursache des in enormer Höhe vermuteten Steuererhebungsdefizits bei der Besteuerung der Einkünfte aus der Online-Vermietung ist nicht etwa, dass die Anwendung der materiellen Besteuerungsnormen unklar wäre, sondern vielmehr mangelt es am konsequenten Steuervollzug, der durch die Vielzahl, Kurzlebigkeit und Anonymität der Online-Transaktionen erschwert wird.

Die Steuervollzugsproblematik ist nicht nur aus wettbewerbsrechtlichen – sondern auch aus verfassungsrechtlichen – Gesichtspunkten bedenklich. Denn die durch Art. 3 Abs. 1 GG geschützte Gleichmäßigkeit der Besteuerung umfasst neben der Gleichheit in der normativen Steuerpflicht auch die Komponente der Gleichheit bei der Durchsetzung in der Steuererhebung.

Als Reformen zur Sicherstellung eines gleichmäßigen Steuervollzugs im Bereich von Online-Vermietungseinkünften kommen informative Maßnahmen, Datenkontrollsysteme oder ein Abzugsteuersystem in Betracht.

Als informative Maßnahme wäre die Verpflichtung der Plattformbetreiber zur Veröffentlichung eines Besteuerungshinweises auf ihrer Plattform möglich, der wie folgt lauten könnte:

„Das Bundesministerium der Finanzen informiert: Die (kurzfristige) Vermietung im Inland belegener Vermietungsobjekte unterliegt grundsätzlich der deutschen Einkommensteuerpflicht. Sie sind als Online-Vermieter verpflichtet, die hieraus erzielten Einkünfte den deutschen Finanzbehörden zu erklären. Werden aufgrund des Verschweigens dieser Einkünfte Steuern verkürzt, machen Sie sich der Steuerhinterziehung (§ 370 AO) strafbar.“

Eine solche Indienstnahme der Plattformbetreiber ist verfassungs- sowie unionsrechtlich zulässig und fördert möglicherweise die Deklarationsbereitschaft der Online-Vermieter zur Mitteilung der Online-Vermietungseinkünfte, kann einen gleichmäßigen Steuervollzug aber nicht sicherstellen, da die Verifikationsmöglichkeiten der Finanzverwaltung nicht verbessert werden.

Ein Datenkontrollsystem ist zwar geeignet, den Vollzug der aus der Online-Vermietung entstehenden Steueransprüche sicherzustellen. Es ist gegenüber dem Abzugsteuersystem aber aufgrund seines erhöhten Haftungsrisikos, das nicht durch die Zahlung einer Abzugsteuer begrenzt werden kann, sondern aufwendige Prüfpflichten beinhaltet, eingriffsintensiver für den Plattformbetreiber und daher nicht erforderlich. Darüber hinaus sind die mit dem Datenkontrollsystem zu verbindenden Haftungsnormen unangemessen. Ein Datenkontrollsystem ist mithin aufgrund seines Verstoßes gegen Art. 12 Abs. 1 GG bzw. Art. 2 Abs. 1 GG und Art. 3 Abs. 1 GG verfassungswidrig und zudem mit der Dienstleistungsfreiheit der Art. 56 ff. AEUV nicht zu vereinbaren und somit auch unionsrechtswidrig.

Der effektivste Reformvorschlag ist ein Abzugsteuersystem mit Anrechnungswirkung, welches verfassungsrechtlich und unionsrechtlich zulässig ausgestaltet werden kann.

Die haftungsbewehrte Verpflichtung des Plattformbetreibers zum Einbehalt und Abführen der Abzugsteuer stellt eine Indienstnahme zur staatlichen Aufgabe des Steuervollzugs dar. Der dadurch begründete Eingriff in Art. 12 Abs. 1 GG (bzw. in den subsidiären Art. 2 Abs. 1 GG) und die Beschränkung der Dienstleistungsfreiheit der Plattformbetreiber sowie die Ungleichbehandlung der Plattformbetreiber gegenüber anderen Vermittlern im Kurzzeitvermietungssektor sind aus Gründen der Sicherstellung eines gleichmäßigen Steuervollzugs und der Schaffung von Wettbewerbsgleichheit gerechtfertigt. Verhältnismäßig ist allerdings nur eine Abzugsbesteuerung, die objektbezogen mit einem pauschalen Steuersatz auf eine automatisiert zu berechnende Bemessungsgrundlage ausgestaltet ist.

Die objektbezogene, pauschalierte Abzugsteuer bewirkt eine pauschalierte Vorauszahlungspflicht für die Online-Vermieter. Die dadurch verursachte Ungleichbehandlung gegenüber der allgemeinen Einkommensteuervorauszahlungspflicht ist zur Sicherung des Steueranspruchs gerechtfertigt, wenn durch einen niedrigen Steuersatz und einen Ausnahmetatbestand für Härtefälle Übersicherungen vermieden werden. Unter diesen Voraussetzungen wird auch ein Eingriff in die Eigentumsfreiheit, Berufsfreiheit und allgemeine Handlungsfreiheit sowie eine Beschränkung der Dienstleistungsfreiheit der Online-Vermieter gerechtfertigt.

Verhältnismäßig ist ein Abzugsteuersatz von 15 % bezogen auf den vom Online-Vermieter festgelegten Mietpreis abzüglich der Zusatzkosten wie die Reinigungsgebühr (sofern das Plattformmodell die Angabe solcher Zusatzkosten erlaubt) sowie abzüglich der Plattformgebühr.

Eine Abgeltungswirkung als Rechtsfolge der Abzugsteuer verstößt allerdings gegen den allgemeinen Gleichbehandlungsgrundsatz des Art. 3 Abs. 1 GG, da eine solche Wirkung zur Schaffung von Wettbewerbsneutralität nicht erforderlich ist und auch im Hinblick auf den mit ihr bewirkten Vereinfachungseffekt als zu realitätsferne Typisierung nicht zu rechtfertigen ist. Die Abzugsteuer auf Online-Vermietungen ist folglich nur mit der Rechtsfolge einer Anrechnungswirkung auszustatten.

Aus rechtlicher Perspektive ist eine Abzugsteuer mithin ein sinnvolles Mittel, die Steuereinnahmen zu sichern und damit eine gleichmäßige Besteuerung zu gewährleisten. Ohne wesentlichen Mehraufwand für die Plattformbetreiber von Sharing-Economy-Plattformen kann mithilfe des automatisierten Abzugsteuersystems eine wettbewerbsgerechte Besteuerung der Einkünfte von Nutzern von Unterkunftsvermittlungsplattformen gewährleistet werden. Im Ergebnis ist somit die durch den digitalen Fortschritt verursachte Besteuerungsproblematik mit einer digitalen Technologie, der Einführung einer automatisierten Abzugssteuer, die Zahlungsströme über ein elektronisches System nachvollziehbar darstellt, zu lösen.

Literaturverzeichnis

Ackermann, Lutz / Daubenberger, Manuel / Faigle, Philip / Polke-Majewski, Karsten / Rohrbeck, Felix / Salewski, Christian / Schröm, Oliver: Cum-Ex- und Cum-Cum-Geschäfte. „Größter Steuerskandal der Geschichte", Tagesschau Online-Beitrag v. 24.03.2019, https://www.tagesschau.de/wirtschaft/cum-cum-105.html (Stand: 09.11.2020).

Ahgz Online-Beitrag v. 05.04.2019: Airbnb kooperiert mit dänischem Steuerministerium, https://www.ahgz.de/news/home-sharing-airbnb-kooperiert-mit-daenischem-steuerministerium,200012255057.html# (Stand: 09.11.2020).

Ahrendt, Christian: Alte Zöpfe neu geflochten – Das materielle Recht in der Hand von Programmierern, Neue Juristische Wochenschrift (NJW) 2017, S. 537-540.

Albert, Uwe: Auswirkungen des Beschlusses des Großen BFH-Senats zum Aufteilungs- und Abzugsverbot, Finanz-Rundschau (FR) 2010, S. 220-225.

Albert, Uwe: Vereinfachung bei der Lohnsteuer durch Typisierung und Pauschalierung, in: Bochumer Lohnsteuertag. Die Lohnsteuer im Spannungsfeld zwischen Unternehmerfreiheit und Fiskalinteresse, hrsg. von Roman Seer, Frankfurt am Main 2005, S. 139-158

Alstyne, Marshall W. van / Parker, Geoffrey G. / Choudary, Sangeet Paul: Pipelines, Platforms, and the New Rules of Strategy, Harvard Business Review (HBR) 2016, S. 54-60.

Arndt, Hans-Wolfgang: Entwicklungstendenzen der beschränkten Steuerpflicht im deutschen und amerikanischen Einkommensteuerrecht, Steuer und Wirtschaft (StuW) 1990, S. 364-371.

Arndt, Hans-Wolfgang: Praktikabilität und Effizienz: Zur Problematik gesetzesvereinfachenden Verwaltungsvollzuges und der „Effektuierung" subjektiver Rechte, Köln 1983.

Arndt, Hans-Wolfgang / Schumacher, Andreas: Einkommensbesteuerung und Grundrechte. Zum Einfluß grundrechtlicher Entscheidungen des Bundesverfassungsgerichts auf die Entwicklungen der Einkommensbesteuerung in der Bundesrepublik Deutschland, Archiv des öffentlichen Rechts (AöR) 1993, Band 118, S. 513-590.

Australian Taxation Office: The sharing economy and tax, https://www.ato.gov.au/General/The-sharing-economy-and-tax/ (Stand: 09.11.2020).

Autohaus Online-Beitrag v. 19.06.2020: Pkw-Dichte in Großstädten: Jedes Jahr Tausende Autos mehr, https://www.autohaus.de/nachrichten/

pkw-dichte-in-grossstaedten-jedes-jahr-tausende-autos-mehr-2633022.html (Stand: 09.11.2020).

Bal, Aleksandra: United Kingdom/European Union – Managing EU VAT Risks for Platform Business Models, Bulletin for International Taxation (BIT) 2018, Band 72, Heft 4a/Special Issue, online abrufbar unter: https://online.ibfd.org/kbase/index.jsp#topic=doc&url=/collections/bit/html/bit_2018_4a_e2_1.html (Stand: 19.11.2019).

Bauer, Hartmut / Kahl, Wolfgang: Europäische Unionsbürger als Träger von Deutschen-Grundrechten?, Juristenzeitung (JZ) 1995, S. 1077-1085.

Becker, Stefanie: Bericht aus Brüssel. 18. und 19. Sitzung der MwSt-Expertengruppe im Februar 2018, Zeitschrift für das gesamte Mehrwertsteuerrecht (MwStR) 2018, S. 246-249.

Behrens, Stefan: Abgeltungsteuer ab 2009 – Handlungsmöglichkeiten des Privatanlegers im Übergangszeitraum, Deutsches Steuerrecht (DStR) 2007, S. 1998-2002.

Behrens, Stefan: Neuregelug der Besteuerung der Einkünfte aus Kapitalvermögen ab 2009 nach dem Regierungsentwurf eines Unternehmenssteuerreformgesetzes vom 14.3.2007, Betriebs-Berater (BB) 2007, S. 1025-1032.

Benz, Sebastian / Böhmer, Julian: Besteuerung digitaler Unternehmen – Der Zwischenbericht der OECD 2018 und der Entwurf eines EU-Maßnahmenpakets –, Der Betrieb (DB) 2018, S. 1233-1238.

Beretta, Giorgio: Taxation of Individuals in the Sharing Economy, Intertax 2017, Band 45, Heft 1, S. 2-11.

Berg, Wilfried: Hilfsdienste der Wirtschaft für den Staat. Neuere Aspekte der Arbeitsteilung zwischen Staat und Wirtschaft, in: Recht und Staat im sozialen Wandel. Festschrift für Hans Ulrich Scupin zum 80. Geburtstag, hrsg. von Norbert Achterberg, Berlin 1983, S. 519-535.

Beutin, Nikolas: Share Economy 2017. The New Business Model, PricewaterhouseCoopers GmbH Wirtschaftsprüfungsgesellschaft, 2018, abrufbar unter: https://www.pwc.de/de/digitale-transformation/share-economy-report-2017.pdf (Stand: 09.11.2020).

Bilsdorfer, Peter: Die Informationsquellen und –wege der Finanzverwaltung. Auf dem Weg zum „gläsernen Steuerbürger“!, 8. Auflage, Berlin 2009.

Birk, Dieter: Das Gebot des gleichmäßigen Steuervollzugs und dessen Sanktionierung. Zum Urteil des Bundesverfassungsgerichts vom 9. März 2004 – 2 BvL 17/02, FR 2004, 470, Steuer und Wirtschaft (StuW) 2004, S. 277-282.

Birk, Dieter: Das Leistungsfähigkeitsprinzip in der Unternehmenssteuerreform, Steuer und Wirtschaft (StuW) 2000, S. 328-336.

Blümich, Walter (Begr.): Einkommensteuergesetz, Körperschaftsteuergesetz, Gewerbesteuergesetz, hrsg. v. Bernd Heuermann und Peter Brandis, Loseblatt, München, Werkstand: 153. Ergänzungslieferung, Juni 2020.

Botsman, Rachel / Rogers, Roo: What's mine is yours: how collaborative consumption is changing the way we live, London 2011.

Bozdoganoglu, Burcin: Tax Issues Arise From a New Economic Model: Sharing Economy, International Journal of Business and Social Science (IJBSS) 2017, S. 119-135.

Brandt, Jürgen: Anwendung von Vereinfachungszwecknormen und Vereinfachung als Auslegungstopos – Aus Sicht der Rechtsprechung, in: 100 Jahre Steuerrechtsprechung in Deutschland 1918-2018. Festschrift für den Bundesfinanzhof, hrsg. von Klaus-Dieter Drüen, Johanna Hey und Rudolf Mellinghoff, Band I, Köln 2018, S. 289-319.

Bräutigam, Rainer / Ludwig, Christopher / Spengel, Christoph: Steuerlicher Reformbedarf bei Service-Plattformen: Eine Analyse anhand des deutschen Airbnb-Marktes, ZEW-Studie v. 15.01.2019, abrufbar unter: https://www.zew.de/fileadmin/FTP/gutachten/ZEW_Expertise_Airbnb_2019.pdf (Stand: 09.11.2020).

Breithecker, Volker / Garden, Christian / Thönnes, Marco: Steuerbelastung jenseits der Steuerbelastung, Deutsches Steuerrecht (DStR) 2007, S. 361-367.

Breuninger, Gottfried / Frey, Johannes: 19. Teil: Steuerliche und bilanzielle Aspekte von Anleiheemissionen, in: Unternehmensfinanzierung am Kapitalmarkt, hrsg. von Mathias Habersack, Peter O. Mülbert und Michael Schlitt, 4. Auflage, Köln 2019.

Britz, Gabriele: Der allgemeine Gleichheitssatz in der Rechtsprechung des BVerfG. Anforderungen an die Rechtfertigung von Ungleichbehandlungen durch Gesetz, Neue Juristische Wochenschrift (NJW) 2014, S. 346-351.

Brodersen, Carsten: Haftung und Schuld im Steuerrecht. Einige Aspekte zu Grundfragen steuerrechtlicher Inpflichtnahme für die Sicherung fremder Steuerschulden, in: Festschrift für Werner Thieme zum 70. Geburtstag, hrsg. von Bernd Becker und Werner Thieme, Köln 1993, S. 895-910.

Bryde, Brun-Otto: Die Effektivität von Recht als Rechtsproblem, Berlin 1993.

Bueb, Simone: Rechtsprobleme bei Privatvermietung von Wohnungen an Touristen, Zeitschrift für Wohnungseigentumsrecht (ZWE) 2016, S. 207-212.

Bueb, Simone: Zu den Grenzen der Nutzungsbefugnis von Wohnungs- und Teileigentümern bei Überlassung der Räume an Touristen und Asylsuchende, Zeitschrift für Wohnungseigentumsrecht (ZWE) 2018, S. 350-351.

Bundesministerium für Wirtschaft und Energie: Sharing Economy im Wirtschaftsraum Deutschland. Analyse des Stellenwerts im Allgemeinen sowie

Untersuchung der Handlungsoptionen im Einzelsegment ‚Vermittlungsdienste für Privatunterkünfte'. Studie des Instituts der deutschen Wirtschaft Köln in Zusammenarbeit mit DICE Consult, 2018, https://www.bmwi.de/Redaktion/DE/Publikationen/Studien/sharing-economy-im-wirtschaftsraum-deutschland.pdf?__blob=publicationFile&v=3 (Stand: 09.11.2020).

Bunjes, Johann: Umsatzsteuergesetz, 19. Auflage, München 2020.

Burgi, Martin: Die Enteignung durch „teilweisen" Rechtsentzug als Prüfstein für die Eigentumsdogmatik, Neue Zeitschrift für Verwaltungsrecht (NVwZ) 1994, S. 527-534.

Burgi, Martin: Funktionale Privatisierung und Verwaltungshilfe, Tübingen 1999.

Burgi, Martin / Krönke, Christoph: Die ausgleichspflichtige Indienstnahme, Verwaltungsarchiv (VerwArch) 2018, S. 423-453.

Busch, Christoph / Schulte-Nölke, Hans / Wiewiórowska-Domagalska, Aneta / Zoll, Fryderyk: The Rise of the Platform Economy: A New Challenge for EU Consumer Law?, Journal of European Consumer and Market Law (EuCML) 2016, S. 3-10.

Calliess, Christian / Ruffert, Matthias: EUV/AEUV Kommentar, 5. Auflage, München 2016.

Center of Automotive Management (CAM), Studie im Auftrag des BNP Paribas Cardif: Finanzierung und Absicherung neuer Mobilitätskonzepte, 2018, https://www.bnpparibascardif.de/documents/28628/159881/180321+Studie+-+Finanzierung+und+Absicherung+neuer+Mobilita%CC%88tskonzepte_final.pdf/82178336-40f4-4955-8d1d-2937fe70e1a7 (Stand: 09.11.2020).

Delp, Udo / Ronig, Roland: Sharing Economy, erweiterte Geschäftsmodelle und Besteuerung, Der Betrieb (DB) 2018, S. 1296-1302.

Dinger, Bianka: Rechtmäßigkeit der neuen DAC-7-Meldepflichten, Europäisches Wirtschafts- und Steuerrecht (EWS) 2021, S. 250-261.

Dinkelbach, Andreas: Offene Fragen und Ungereimtheiten bei Kapitaleinkünften nach der Unternehmensteuerreform, Der Betrieb (DB) 2009, S. 870-875.

Discher, Konrad H. J. / Hamm, Nina: Erste Anmerkungen zur Änderung des Zweckentfremdungsverbot-Gesetzes Berlin (ZwVbG), Neue Zeitschrift für Verwaltungsrecht (NVwZ) 2018, S. 791-793.

Dittmann, Heidi / Kuchinke, Björn A.: Sharing Economy: Digitale Revolution in der Produktion und im Konsum?, in: Digitale Wirtschaft und Sharing Economy. Wirtschaftsethische und moralökonomische Perspektiven, hrsg. von Detlef Aufderheide und Martin Dobrowski, Berlin 2017, S. 11-31.

Dörr, Julian: Sharing is caring? Entwicklungsperspektiven der Sharing Economy, in: Digitale Wirtschaft und Sharing Economy. Wirtschaftsethische und moralökonomische Perspektiven, hrsg. von Detlef Aufderheide und Martin Dobrowski, Berlin 2017, S. 123-143.

Dreier, Horst: Grundgesetz-Kommentar, Band I, 3. Auflage, Tübingen 2013.

Dreier, Horst: Grundgesetz-Kommentar, Band III, 3. Auflage, Tübingen 2018.

Drenseck, Walter: Neuorientierung im Lohnsteuerrecht, Steuer und Wirtschaft (StuW) 2000, S. 452-456.

Drenseck, Walter: Verwaltungsakte im Lohn- und Einkommensteuerverfahren, in: Grundfragen des Lohnsteuerrechts, Deutsche Steuerjuristische Gesellschaft (DStJG), Band 9, Köln 1986, S. 377-429.

Drüen, Klaus-Dieter: Die Bruttobesteuerung von Einkommen als verfassungsrechtliches Vabanquespiel, Steuer und Wirtschaft (StuW) 2008, S. 3-14.

Drüen, Klaus-Dieter: Die Inanspruchnahme des Arbeitgebers für Fiskalzwecke der Finanzverwaltung als Verfassungsproblem, in: Bochumer Lohnsteuertag. Die Lohnsteuer im Spannungsfeld zwischen Unternehmerfreiheit und Fiskalinteresse, hrsg. von Roman Seer, Frankfurt am Main 2005, S. 59-88.

Drüen, Klaus-Dieter: Die Indienstnahme Privater für den Vollzug von Steuergesetzen, Tübingen 2012.

Drüen, Klaus-Dieter: Die Zukunft des Steuerverfahrens, in: Zukunftsfragen des deutschen Steuerrechts I, hrsg. von Wolfgang Schön und Karin E. M. Beck, Berlin 2009, S. 1-38.

Drüen, Klaus-Dieter: Grenzen der Steuerentrichtungspflichten – Verfassungsrechtliche Bestandsaufnahme angesichts intensivierter Arbeitgeberpflichten beim Lohnsteuerabzug, Finanz-Rundschau (FR) 2004, S. 1134-1148.

Drüen, Klaus-Dieter: Inanspruchnahme Dritter für den Steuervollzug, in: Steuervollzug im Rechtsstaat, hrsg. von Werner Widmann, Deutsche Steuerjuristische Gesellschaft (DStJG), Band 31, Köln 2008, S. 167-201.

Drüen, Klaus-Dieter: Kooperation im Besteuerungsverfahren, Finanz-Rundschau (FR) 2011, S. 101-113.

Drüen, Klaus-Dieter: Periodengewinn und Totalgewinn zum Einfluß des Totalgewinngedankens auf die steuerrechtliche Gewinnermittlung, Berlin 1999.

Drüen Klaus-Dieter: Vom Steuerabzug zur Zahlungsgarantie? – Geplante Korrekturgesetzgebung zur Entrichtungsschuld, Beihefter zu Deutsches Steuerrecht (DStR-Beih) 2012, S. 85-100.

Dudek, Sonja: Auskunfts- und Urkundenvorlageersuchen von Finanzbehörden an Kreditinstitute, München 2015.

Duden, Konrad: Die deutsche Rechtschreibung, 27. Auflage, Berlin 2017.

Dutt, Verena K. / Spengel, Christoph / Vay, Heiko: Dividendenstripping durch Cum/Ex- und Cum/Cum-Geschäfte – Analyse aktueller Entwicklungen, Steuer und Wirtschaft (StuW) 2018, S. 229-238.

Eckhoff, Rolf: Abgeltungsteuer. Systematische und verfassungsrechtliche Aspekte, Finanz-Rundschau (FR) 2007, S. 989-998.

Eckhoff, Rolf: Der Grundrechtseingriff, Köln 1992.

Eckhoff, Rolf: Rechtsanwendungsgleichheit im Steuerrecht. Die Verantwortung des Gesetzgebers für einen gleichmäßigen Vollzug des Einkommensteuerrechts, Köln 1999.

Ehlers, Dirk: Die Weiterentwicklung des Staatshaftungsrechts durch das europäische Gemeinschaftsrecht. Das Brasserie du pecheur-Urteil des EuGH und seine Folgen, Juristenzeitung (JZ) 1996, S. 776-783.

Eichberger, Michael: Der Gleichheitssatz im Steuerrecht, in: 100 Jahre Steuerrechtsprechung in Deutschland 1918-2018. Festschrift für den Bundesfinanzhof, hrsg. von Klaus-Dieter Drüen, Johanna Hey und Rudolf Mellinghoff, Band I, Köln 2018, S. 501-518.

Eilers, Stephan / Oppel, Florian: Die Besteuerung der digitalen Wirtschaft: Trends und Diskussionen. Überblick über die Arbeiten der OECD und EU mit kritischer Einordnung, Internationales Steuerrecht (IStR) 2018, S. 361-370.

Eilers, Stephan / Sommer, Daniel: Anzeigepflichten für Steuergestaltungen – Sinnvoller Wettlauf der Gesetzgeber?, Internationale Steuerrundschau (ISR) 2019, S. 75-84.

Eisenmann, Thomas R.: Managing Proprietary and Shared Platforms, California Management Review (CMR) 2008, S. 31-53.

Eisgruber, Thomas: Arten der Einkünfteermittlung – Bestandsaufnahme und Kritik – „Vereinfachte" Gewinnermittlung (§ 4 Abs. 3 EStG), in: Einkünfteermittlung, hrsg. von Johanna Hey, Deutsche Steuerjuristische Gesellschaft (DStJG), Band 34, Köln 2011, S. 185-205.

Elicker, Michael: Darf der Steuerzugriff ein Unternehmen zahlungsunfähig machen?, Steuer und Wirtschaft (StuW) 2002, S. 217-234.

Elliot, Carrie Brandon: International/OECD/European Union – Taxation of the Sharing Economy: Recurring Issues, Bulletin for International Taxation (BIT) 2018, Band 72, Heft 4a/Special Issue, online abrufbar unter: https://online.ibfd.org/kbase/index.jsp#topic=doc&url=/collections/bit/html/bit_2018_4a_e2_1.html (Stand: 19.11.2019).

Empirica AG: Airbnb im Kontext zentraler quantitativer Einflussfaktoren auf regionale Wohnungsmärkte, 2019, S. 17, https://www.empirica-institut.de/fileadmin/Redaktion/Publikationen_Referenzen/PDFs/20190806_empirica-Studie-Einflussfaktoren-Wohnungsmarkt.pdf (Stand: 09.11.2020).

Engel, Christoph: Eigentumsschutz für Unternehmen, Archiv des Öffentlichen Rechts (AöR) 1993, Band 118, S. 171-236.

Engelschalk, Michael: Die Besteuerung von Steuerausländern auf Bruttobasis. Bestandsaufnahme, Rechtliche Grenzen, Alternativen, Heidelberg 1988.

Englisch, Joachim: Die Abgeltungsteuer für private Kapitalerträge – ein verfassungswidriger Sondertarif, Tübingen 2016.

Englisch, Joachim: Verfassungsrechtliche und steuersystematische Kritik der Abgeltungsteuer, Steuer und Wirtschaft (StuW) 2007, S. 221-240.

Englisch, Joachim: Wettbewerbsgleichheit im grenzüberschreitenden Handel mit Schlussfolgerungen für indirekte Steuern, Tübingen 2008.

Epping, Volker / Hillgruber, Christian: BeckOK GG, 43. Edition, München, Mai 2020.

Erman, Walter Alexander (Begr.): Bürgerliches Gesetzbuch, Handkommentar mit AGG, EGBGB (Auszug), ErbbauRG, HausratsVO, LPartG, ProdHaftG, UKlaG, VAHRG und WEG, hrsg. von Harm Peter Westermann, Barbara Grunewald und Georg Maier-Reimer 15. Auflage, Köln 2017.

Europäische Kommission: Aktionsplan für eine faire und einfache Besteuerung zur Unterstützung der Aufbaustrategie, Mitteilung v. 15.07.2020, COM(2020) 312 final.

Europäische Kommission: Europäische Agenda für die kollaborative Wirtschaft, Mitteilung v. 02.06.2016, COM(2016) 356 final.

Europäische Kommission: European agenda for the collaborative economy - supporting analysis, Arbeitsunterlage der Kommissionsdienststellen v. 02.06.2016, SWD(2016) 184 final.

Europäische Kommission: Vorschlag für eine Richtlinie des Rates zum gemeinsamen System einer Digitalsteuer auf Erträge aus der Erbringung bestimmter digitaler Dienstleistungen v. 21.03.2018, COM(2018) 148 final.

Europäische Kommission: Vorschlag für eine Richtlinie des Rates zur Festlegung von Vorschriften für die Unternehmensbesteuerung einer signifikanten digitalen Präsenz v. 21.03.2018, COM(2018) 147 final.

Evans, Peter C. / Gawer, Annabelle: The Rise of the Platform Enterprise. A Global Survey, 2016, online abrufbar unter: https://www.thecge.net/app/uploads/2016/01/PDF-WEB-Platform-Survey_01_12.pdf (Stand: 09.11.2020).

EY (Ernst & Young GmbH Wirtschaftsprüfungsgesellschaft): Get ready: open to sharing means open for business, 2016, online abrufbar unter: https://www.eycom.ch/en/Publications/20151221-Understanding-the-sharing-economy/download (Stand: 09.11.2020).

FAZ (Frankfurter Allgemeine Zeitung) Online-Beitrag v. 04.05.2018: Finanzbehörden nehmen Airbnb-Vermieter unter die Lupe, http://www.faz.net/aktuell/finanzen/meine-finanzen/steuern-sparen/finanzbehoerden-nehmen-airbnb-vermieter-wegen-verdacht-auf-steuerhinterziehung-unter-die-lupe-15573894.html (Stand: 09.11.2020).

Fehling, Jonas: Airbnb, was ist das? Deutsche Finanzämter verschlafen Millionen-Einnahmen, Focus Online-Beitrag v. 23.04.2014, https://www.focus.de/finanzen/steuern/tid-34247/us-behoerden-jagen-schon-private-vermieter-airbnb-was-ist-das-deutsche-finanzaemter-verschlafen-millioneneinnahmen_aid_1136297.html (Stand: 09.11.2020).

Ferger, Herbert: Ausgleichsansprüche bei der Indienstnahme Privater für Verwaltungsaufgaben, Köln 1979.

Fetchenhauer, Detlev: Fehlende Solidarität: Zur Erklärung von Steuerhinterziehung, Schwarzarbeit und (Sozial-)Versicherungsbetrug, in: Solidarität: Konflikt, Umwelt und Dritte Welt, hrsg. von Hans-Werner Bierhoff und Detlev Fetchenhauer, Opladen 2001, S. 205-230.

Fetzer, Thomas: Die Besteuerung des Electronic Commerce im Internet, Frankfurt am Main 2000.

Fetzer, Thomas / Dinger, Bianka: The digital platform economy and its challenges to taxation, Tsinghua China Law Review (TCLR) 2019, S. 29-56.

Fetzer, Thomas / Spengel, Christoph / Dinger, Bianka / Werner, Ann-Catherin: Besteuerungskonzepte für die Sharing Economy: Aktuelle Regelungen und Reformoptionen, Steuer und Wirtschaft (StuW) 2020, S. 106-120.

Fischer, Carola / Riedlinger, Raoul: Anzeigepflicht für grenzüberschreitende Steuergestaltungen. Zusätzliche Rechtsunsicherheit und bedeutender zusätzlicher Aufwand für Berater und Steuerpflichtige, Internationales Steuer- und Wirtschaftsrecht (IWB) 2018, S. 416-423.

Fischer, Peter: Der BFH verabschiedet das sog. Aufteilungs- und Abzugsverbot: Der Beschluss des Großen Senats des BFH v. 21.09.2009 zu § 12 Nr. 1 Satz 2 EStG, Neue Wirtschafts-Briefe (NWB) 2010, S. 412-421.

FPS Chancellery of the Belgium Prime Minister: Belgian Government Approves Simple and Low Tax Rates for Sharing Economy, Online-Beitrag v. 15.07.2016, http://digitalbelgium.be/en/belgian-government-approves-simple-and-low-tax-rates-for-sharing-economy/ (Stand: 09.11.2020).

Franzen, Wolfgang: Was wissen wir über Steuerhinterziehung?, Neue Kriminalpolitik (NK) 2008, S. 72-79, 94-101.

Friauf, Karl Heinrich: Öffentliche Sonderlasten und Gleichheit der Steuerbürger, in: Festschrift für Herrmann Jahrreiß zum 80. Geburtstag, 19. August 1974, hrsg. vom Institut für Völkerrecht und ausländisches öffentliches Recht der Universität zu Köln, Köln 1974, S. 45-66.

Fricke, Otto / Linnemann, Carsten: Die richtige Steuer für Airbnb & Co., Focus 2018, Heft 6, S. 25.

Friedrich, Werner: Muß der Bürger als Steuereinheber strenger haften als der Finanzbeamte, Der Betrieb (DB) 1984, S. 1114-1118.

Frizen, Friederike: Das Deklarationsprinzip im Einkommensteuerrecht. Steuerehrlichkeit, Sachverhaltsverantwortung und Kontrolle, Frankfurt am Main 2009.

Gallwas, Hans-Ullrich: Die Erfüllung von Verwaltungsaufgaben durch unentgeltliche Dienstleistung Privater, Bayerische Verwaltungsblätter (BayVBl.) 1971, S. 245-249.

Geurts, Matthias: Private als Erfüllungsgehilfen des Staats am Beispiel des Freistellungsauftrags, Der Betrieb (DB) 1997, S. 1997-2001.

Goez, Christoph: Die Quellensteuer als Erhebungsform der Einkommensteuer, Münster 1993.

Götz, Volkmar: Grundpflichten als verfassungsrechtliche Dimension, in: Grundpflichten als verfassungsrechtliche Dimension. Verwaltungsverfahren zwischen Verwaltungseffizienz und Rechtsschutzauftrag: Berichte und Diskussionen auf der Tagung der Vereinigung der Deutschen Staatsrechtslehrer in Konstanz vom 6. bis 9. Oktober 1982, Veröffentlichungen der Vereinigung der Deutschen Staatsrechtslehrer (VVDStRL), Band 41, Berlin 1983, S. 7-37.

Gramm, Christof: Privatisierung und notwendige Staatsaufgaben, Berlin 2001.

Gratz, Kurt: Optimierung des Zusammenspiels von privater und betrieblicher Kapitalanlage nach Einführung der Abgeltungsteuer, Betriebs-Berater (BB) 2008, S. 1105-1110.

Grlica, Ivo: How the Sharing Economy is challenging the EU VAT System, International VAT Monitor (Int. VAT Monitor) 2017, S. 124-131.

Groh, Manfred: Unternehmensteuerreform 2008/MoMiG 2008: Neuerungen bei § 17 EStG, Finanz-Rundschau (FR) 2008, S. 264-267.

Groß, Stefan / Heinrichshofen, Stefan: „Share Economy“ und die Frage nach der Umsatzsteuer – Gemeinsames Nutzen, Tauschen und Verleihen, Umsatzsteuer-Rundschau (UR) 2016, S. 385-386.

Gusy, Christoph: Arbeitszwang – Zwangsarbeit – Strafvollzug – BVerfGE 74, 102, Juristische Schulung (JuS) 1989, S. 710-716.

Hagelüken, Alexander: Kein Schlaf ohne Steuer, Süddeutsche Zeitung Online-Beitrag v. 29.01.2019, https://www.sueddeutsche.de/wirtschaft/airbnb-kein-schlaf-ohne-steuer-1.4307799 (Stand: 09.11.2020).

Haase, Florian: Neue Meldepflicht über Nutzer von digitalen Plattformen: DAC 7 angenommen, Onlinebeitrag v. 25.03.2021, https://www.roedl.de/themen/dac7-neue-meldepflicht-nutzer-digitale-plattformen (Stand: 19.12.2021).

Hagelüken, Alexander: Was dem Staat an Steuern entgeht, Süddeutsche Zeitung Online-Beitrag v. 27.01.2019, https://www.sueddeutsche.de/wirtschaft/2.220/steuer-airbnb-tourismus-1.4304650 (Stand: 09.11.2020).

Hahn, Hartmut: Verfassungsrechtliche Aspekte der Haftung des Arbeitgebers für einzubehaltende Lohnsteuer, Neue Juristische Wochenschrift (NJW) 1988, S. 20-26.

Haisch, Martin: Besteuerung von Finanzprodukten unter der Abgeltungsteuer, Deutsche Steuer-Zeitung (DStZ) 2007, S. 762-773.

Handelsblatt Online-Beitrag v. 23.02.2018: Airbnb baut Geschäft mit Hotels und Luxus aus, https://www.handelsblatt.com/unternehmen/dienstleister/20995968-2.html (Stand: 09.11.2020).

Hardach, Felix / Ludwigs, Markus: Die Novellierung der Warnhinweispflicht für Tabakerzeugnisse im Lichte der negativen Meinungsfreiheit – Eine grundrechtliche Neubewertung, Die Öffentliche Verwaltung (DÖV) 2007, S. 288-295.

Härtwig, Sven: Gesetzliche Neuregelung zur Haftung von Handelsplattformen. Eine kritische Analyse des Gesetzentwurfs der Bundesregierung vom 10.8.2018 unter Berücksichtigung der Stellungnahme des Bundesrates vom 21.9.2018, Umsatzsteuer-Rundschau (UR) 2018, S. 777-782.

Hau, Wolfgang / Poseck, Roman: BeckOK BGB, 54. Edition, München, Mai 2020.

Heimburg, Sibylle von: Verwaltungsaufgaben und Private. Funktionen und Typen der Beteiligung Privater an öffentlichen Aufgaben unter besonderer Berücksichtigung des Baurechts, Berlin 1982.

Heinemann, Patrick: Die Verfassungswidrigkeit der Zweckentfremdungsverbotsgesetze der Länder, Neue Zeitschrift für Verwaltungsrecht (NVwZ) 2019, S. 1070-1076.

Heintzen, Markus: Beteiligung Privater an der Wahrnehmung öffentlicher Aufgaben und staatliche Verantwortung, in: Leistungsgrenzen des Verfassungsrechts. Öffentliche Gemeinwohlverantwortung im Wandel: Berichte und Diskussionen auf der Tagung der Vereinigung der Deutschen Staatsrechtslehrer in St. Gallen vom 1. bis 5. Oktober 2002, Veröffentlichungen der Vereinigung der Deutschen Staatsrechtslehrer (VVDStRL), Band 62, Berlin 2003, S. 220-265.

Hendel, Harald: Die Belastung der Arbeitgeber durch die Lohnsteuer, Bonn 1997.

Hendricks, Michael: Internationale Informationshilfe im Steuerverfahren. Grundlagen, Systematik und Grenzen der informationellen zwischenstaatlichen Rechts- und Amtshilfe, Köln 2004.

Henke, Sebastian / Singbartl, Jan / Zintl, Josef: Mietwohnüberlassung an Touristen: Wimdu, Airbnb & Co. aus zivilrechtlicher Perspektive. Neues von der „kollaborativen Wirtschaft", Neue Zeitschrift für Miet- und Wohnungsrecht (NZM) 2018, S. 1-6.

Herrmann, Carl / Heuer, Gerhard / Raupach, Arndt (Begr.): Einkommensteuer- und Körperschaftsteuergesetz, Loseblatt, Köln, Werkstand: 299. Ergänzungslieferung, Oktober 2020.

Heuermann, Bernd: Entrichtungspflicht – Steuerpflicht – Grundpflicht?, Finanz-Rundschau (FR) 2013, S. 354-359.

Heuermann, Bernd: Systematik und Struktur der Leistungspflichten im Lohnsteuerabzugsverfahren. Zugleich zur Rechtstellung des privaten Arbeitgebers und deren verfassungsrechtlicher Legitimation, Frankfurt am Main 1998.

Heuermann, Bernd: Was ist eigentlich eine Entrichtungssteuerschuld?, Steuer und Wirtschaft (StuW) 2006, S. 332-338.

Hey, Johanna: Mitteilungspflichten oder Quellenabzug – Maßnahmen zur Sicherung von Steueransprüchen, in: Festschrift für Heinrich Wilhelm Kruse zum 70. Geburtstag, hrsg. von Walter Drenseck und Roman Seer, Köln 2001, S. 269-293.

Hey, Johanna: Steuern verwalten durch Banken. Einige grundsätzliche Anmerkungen zur Heranziehung der Banken zu Steuerverwaltungsaufgaben aus Anlaß der BGH-Urteile v. 15.7.1997, Finanz-Rundschau (FR) 1998, S. 497-509.

Hey, Johanna: Verletzung fundamentaler Besteuerungsprinzipien durch die Gegenfinanzierungsmaßnahmen des Unternehmensteuerreformgesetzes 2008, Betriebs-Berater (BB) 2007, S. 1303-1309.

Hey, Johanna: Zur Verfassungsmäßigkeit von Anzeigepflichten für Steuergestaltungen, Finanz-Rundschau (FR) 2018, S. 633-639.

Hidien, Jürgen W.: E-Commerce: Mitteilungspflichten der Plattformbetreiber und Informationsaustausch im EU-Steuerpaket 2020 („DAC 7"), Betriebs-Berater (BB) 2021, S. 346-350.

Hidien, Jürgen W.: E-Commerce: Neue Mitteilungspflichten der Plattformbetreiber der Sharing and Gig Economy im Musterentwurf der OECD, Internationales Steuerrecht (IStR) 2021, S. 129-135.

Hinrichs, Frank: Nebenwohnungen und Zweckentfremdungsverbot in Hamburg, Neue Zeitschrift für Miet- und Wohnungsrecht (NZM) 2017, S. 589-593.

Hoffmann, Martin: Staatliche Wirtschaftsregulierung und grundrechtlicher Schutz der Unternehmensfreiheit durch Art. 12 Abs. 1 GG und Art. 2

Abs. 1 GG (Art. 12 Abs. 1 GG, Art. 2 Abs. 1 GG), Betriebs-Berater (BB) 1995, S. 53-58.

Holznagel, Daniel: Notice and Take-Down-Verfahren als Teil der Providerhaftung. Untersuchung des rechtlichen Rahmens von Verfahren zur Beanstandung und Verteidigung von Inhalten im Internet, insbesondere auf „User Generated Content"-Plattformen, Tübingen 2013.

Hönik, Carsten / Einemann, Joel: Haftung der Marktplatzbetreiber für Umsatzsteuer bei Warenlieferungen über Online-Marktplätze – schafft die neue Verwaltungsanweisung wirklich Klarheit? Kritische Anmerkung zum BMF-Schreiben vom 28.1.2019, Betriebs-Berater (BB) 2019, S. 1116-1123.

Hübschmann, Walter / Hepp, Ernst / Spitaler, Armin: Abgabenordnung – Finanzgerichtsordnung, Werkstand: 259. Ergänzungslieferung, September 2020.

Hufeld, Ulrich: Betreiberhaftung im Internethandel: Gutachten zu § 22f, 25e UStG – neu – im Entwurf eines Gesetzes zur Vermeidung von Umsatzsteuerausfällen beim Handel mit Waren im Internet und zur Änderung weiterer steuerlicher Vorschriften vom 1.8.2018, Deutsche Steuer-Zeitung (DStZ) 2018, S. 755-772.

Humm, Stefan: Kontrollmitteilungen im Steuerrecht. System – Rechtsvergleich – Reformimpulse, Berlin 2014.

Ingold, Albert: Die „Sharing Economy" der kurzzeitigen Unterkunftsvermietung als Herausforderung für das Gewerbe-, Bau- und Ordnungsrecht, Die Öffentliche Verwaltung (DÖV) 2016, S. 595-603.

Ipsen, Hans Peter: Gesetzliche Bevorratungsverpflichtung Privater. Erläutert am Modell des Gesetzes über Mindestvorräte an Erdölerzeugnissen vom 9. September 1965 (BGBl. I S. 1217), Archiv des Öffentlichen Rechts (AöR) 1965, Band 90, S. 393-440.

Ipsen, Hans Peter: Gesetzliche Indienstnahme Privater für Verwaltungsaufgaben, in: Um Recht und Gerechtigkeit. Festgabe für Erich Kaufmann zu seinem 70. Geburtstage, 21. September 1950, Stuttgart 1950, S. 141-161.

Isensee, Josef: Die typisierende Verwaltung. Gesetzesvollzug im Massenverfahren am Beispiel der typisierenden Betrachtungsweise des Steuerrechts, Berlin 1976.

Isensee, Josef: Steuerstaat als Staatsform, in: Hamburg/Deutschland/Europa. Beiträge zum deutschen und europäischen Verfassungs-, Verwaltungs- und Wirtschaftsrecht, Festschrift für Hans Peter Ipsen, hrsg. von Rolf Stödter und Werner Thieme, Tübingen 1977, S. 409-436.

Ismer, Roland / Riemer, Katharina: Der zweigliedrige Liebhabereibegriff: Negative Totalgewinnprognose und fehlende Einkünfteerzielungsabsicht, Finanz-Rundschau (FR) 2011, S. 455-462.

Jachmann, Monika: Eine deutsche Abgeltungssteuer auf Kapitalerträge im europäischen Kontext, Betriebs-Berater (BB) 2003, S. 2712-2719.

Jachmann, Monika: Steuergesetzgebung zwischen Gleichheit und wirtschaftlicher Freiheit, Stuttgart 2000.

Jachmann-Michel, Monika: Die Freiheit vor dem Steuergesetz im Rechtsstaat – Anknüpfend an Paul Kirchhof, StuW 2017, 3 ff., Steuer und Wirtschaft (StuW) 2017, S. 209-216.

Jacob, Friedhelm / Vieten, Nikolaus: Verfassungsmäßigkeit der Veräußerungsgewinnbesteuerung in den Jahren nach 1998, Finanz-Rundschau (FR) 2004, S. 482-484.

Jauernig, Othmar (Begr.): Bürgerliches Gesetzbuch mit Rom-I-, Rom-II-VO, EuUnthVO/HUntProt und EuErbVO. Kommentar, hrsg. von Rolf Stürner, 17. Auflage, München 2018.

Kaiser, Stefan: Durchschnittsverdiener zahlen höchstens 19 Prozent Steuern, Spiegel Online-Beitrag v. 17.05.2017, https://www.spiegel.de/wirtschaft/soziales/steuern-durchschnittsverdiener-zahlen-hoechstens-19-prozent-a-1147997.html (Stand: 09.11.2020).

Kanzler, Hans-Joachim: Die sog. Arbeitgeberlösung bei Auszahlung des Kindergeldes. Einige Gedanken zum Problem der Inpflichtnahme privater Arbeitgeber zur Kindergeldzahlung, Finanz-Rundschau (FR) 1996, S. 473-479.

Keilani, Fatina: Deutsche Airbnb muss Identität von Vermietern nicht preisgeben, Tagesspiegel Online-Beitrag v. 15.03.2018, https://www.tagesspiegel.de/berlin/21072136.html (Stand: 09.11.2020).

Kemper, Martin: Die geplante Regelung einer Haftung für die Betreiber elektronischer Marktplätze (Plattformbetreiber) im Onlinehandel – Eine Einschätzung, Der Umsatzsteuer-Berater (UStB) 2018, S. 288-295.

Kirchhof, Ferdinand: Vom Steuerstaat zum Abgabenstaat?, Die Verwaltung 1988, S. 137-153.

Kirchhof, Gregor: Die Erfüllungspflichten des Arbeitgebers im Lohnsteuerverfahren. Freiheit von Arbeitszwang und Berufsfreiheit als Grenzen der Quellenbesteuerung, der Indienstnahme, der Privatisierung – zugleich ein Beitrag zur Grundrechtsdogmatik und zur Deregulierung, Berlin 2005.

Kirchhof, Gregor: Die Überforderung der Arbeitgeber durch den Lohnsteuerabzug. Zum steuerpflichtigen Arbeitslohn, dem „ganz überwiegenden eigenbetrieblichen Interesse" (BFH) und dem aktuellen Reformvorschlag zur „Modernisierung des Besteuerungsverfahrens", Finanz-Rundschau (FR) 2015, S. 773-779.

Kirchhof, Gregor: Einzelfallgerechtigkeit und Maßstabbildung im digitalisierten Massenfallrecht. Zur steuerlichen Zinsregelung, zur notwendigen

Neubestimmung des Steuersystems und zum objektiven Nettoprinzip, in: 100 Jahre Steuerrechtsprechung in Deutschland 1918-2018. Festschrift für den Bundesfinanzhof, hrsg. von Klaus-Dieter Drüen, Johanna Hey und Rudolf Mellinghoff, Band I, Köln 2018, S. 361-383.

Kirchhof, Gregor: Nettoprinzip und gemischte Aufwendungen – Zu den drei Ebenen der Verfassungsdeutung, in: Festschrift für Joachim Lang zum 70. Geburtstag: Gestaltung der Steuerrechtsordnung, hrsg. von Klaus Tipke, Roman Seer, Johanna Hey und Joachim Englisch, Köln 2010, S. 563-588.

Kirchhof, Gregor: Rechtsetzung und Rechtsanwendung im steuerlichen Massenfallrecht. Zu den lohnsteuerlichen Sachbezügen, der Modernisierung des Besteuerungsverfahrens, der gesetzlichen Typisierung sowie der Ist- und Soll-Ertragsbesteuerung, in: Besteuerung von Arbeitnehmern, hrsg. von Klaus-Dieter Drüen, Deutsche Steuerjuristische Gesellschaft (DStJG), Band 40, Köln 2017, S. 47-87.

Kirchhof, Gregor / Kulosa, Egmont / Ratschow, Eckart: BeckOK EStG, 7. Edition, München, Mai 2020.

Kirchhof, Paul: Besteuerung und Eigentum, in: Die Verfassungsgerichtsbarkeit im Gefüge der Staatsfunktionen. Besteuerung und Eigentum: Berichte und Diskussionen auf der Tagung der Vereinigung der Deutschen Staatsrechtslehrer in Innsbruck vom 1. bis 4. Oktober 1980, Veröffentlichungen der Vereinigung der Deutschen Staatsrechtslehrer (VVDStRL), Band 39, Berlin 1981, S. 213-285.

Kirchhof, Paul: Das Steuerrecht als Verfassungsproblem, in: Jahrbuch des Öffentlichen Rechts der Gegenwart (JÖR) 2016, Band 64, S. 553-566.

Kirchhof, Paul: Handbuch des Staatsrechts, Band V, hrsg. von Josef Isensee und Paul Kirchhof, 3. Auflage, Baden-Baden 2007.

Kirchhof, Paul: Subjektive Merkmale für die Erzielung von Einkünften, Beihefter zu Deutsches Steuerrecht (DStR-Beih) 2007, S. 11-15.

Kirchhof, Paul / Seer, Roman: Einkommensteuergesetz, 19. Auflage, Köln 2020.

Kirchhof, Paul / Söhn, Hartmut / Mellinghoff, Rudolf: Einkommensteuergesetz, Loseblatt, Heidelberg, Werkstand: 308. Ergänzungslieferung, August 2020.

Kirchner, Hildebert: Abkürzungsverzeichnis der Rechtssprache, 9. Auflage, Berlin 2018.

Kirmer, Petra: Der Begriff der öffentlichen Aufgabe in der Rechtsprechung des Bundesverfassungsgerichts, München 1995.

Kischel, Uwe: Systembindung des Gesetzgebers und Gleichheitssatz, Archiv des öffentlichen Rechts (AöR) 1999, Band 124, S. 174-211.

Klein, Franz / Orlopp, Gerd: Abgabenordnung einschließlich Steuerstrafrecht, 15. Auflage, München 2020.

Klotz, Christopher: Die Abgeltungsteuer. Eine verfassungsrechtliche Analyse unter Einbeziehung rechtspolitischer, steuersystematischer und europarechtlicher Aspekte, Frankfurt am Main 2017.

Kloubert, Franz Peter: Rechtliche Stellung des Arbeitgebers beim Lohnsteuerabzug, Köln 1988.

Kniebs, Alain: Sharing Economy wird ab Mittwoch in Belgien besteuert, Belgischer Rundfunk (BRF) Online-Beitrag v. 01.03.2017, https://brf.be/national/1067171/ (Stand: 09.11.2020).

Knies, Wolfgang: Steuerzweck und Steuerbegriff: Eine dogmengeschichtliche und kompetenzrechtliche Studie, München 1976.

Koenig, Ulrich: Abgabenordnung, 3. Auflage, München 2014.

Kottke, Klaus: Zur Irrlehre vom Aufteilungs- und Abzugsverbot im Einkommensteuerrecht, Deutsches Steuerrecht (DStR) 1992, S. 129-133.

Krohn, Günter: Zulässigkeit und Grenzen der Überwälzung von Steuerabführungspflichten auf private Unternehmer, Betriebs-Berater (BB) 1969, S. 1233-1237.

Krüger, Ralf: Verfassungsrechtliche Aspekte einer gesetzlichen Pflicht zur Eigentumssicherung von Betrieben, Die Öffentliche Verwaltung (DÖV) 1977, S. 263-267.

Krumm, Marcel: Die Gesamtschuld für öffentlich-rechtliche Geldleistungsverpflichtungen. Zu den schuld- und verfahrensrechtlichen Aspekten einer Schuldverbindung auf ein einheitliches Leistungsinteresse, Die Verwaltung 2013, S. 59-86.

Kruse, Heinrich: Über die Gleichmäßigkeit der Besteuerung, Steuer und Wirtschaft (StuW) 1990, S. 322-330.

Kube, Hanno: EuGH-Rechtsprechung zum direkten Steuerrecht. Stand und Perspektiven; Referat im Rahmen der Vortragsreihe „Rechtsfragen der europäischen Integration", hrsg. von den Mitgliedern des Zentrum für Europäisches Wirtschaftsrecht, Heft Nr. 171, Bonn 2009.

Kube, Hanno: Staatsaufgaben und Solidargemeinschaften, in: Steuern im Sozialstaat, hrsg. von Rudolf Mellinghoff, Deutsche Steuerjuristische Gesellschaft (DStJG), Band 29, Köln 2006, S. 11-38.

Kuhlen, Lothar: Grundfragen der strafbaren Steuerhinterziehung, Heidelberg 2012.

Kußmaul, Heinz / Kloster, Florian: Sharing Economy: Versteuerung der privaten Wohnraum(unter)vermietung im Zwielicht?, Deutsches Steuerrecht (DStR) 2016, S. 1280-1287.

Kwong, Nangel: The Taxation of ‚Sharing Economy' Activities, in: Taxation in a Global Digital Economy, hrsg. von Ina Kerschner und Maryte Somare, Wien 2017, S. 61-79.

Landmann, Robert von / Rohmer, Gustav (Begr.): Gewerbeordnung, Band I, Loseblatt, München, Werkstand: 84. Ergänzungslieferung, Februar 2020.

Lang, Joachim: Prinzipien und Systeme der Besteuerung von Einkommen, in: Besteuerung von Einkommen, hrsg. von Iris Ebling, Deutsche Steuerjuristische Gesellschaft (DStJG), Band 24, Köln 2001, S. 49-133.

Lang, Joachim: Steuergerechtigkeit durch Steuervereinfachung. Eine Nachlese zur Diskussion der Frage „Steuerchaos – und kein Ende?", in: Festschrift für Dietrich Meyding zum 65. Geburtstag, hrsg. von Wilhelm Bühler, Heidelberg 1994, S. 33-48.

Leingärtner, Wilhelm / Zaisch, Horst G. (Begr.): Besteuerung der Landwirte, Loseblatt, München, Werkstand: 39. Ergänzungslieferung, September 2020.

Leistner, Matthias / Stang, Felix: Die Neuerung der wettbewerbsrechtlichen Verkehrspflichten – Ein Siegeszug der Prüfungspflichten? Zugleich ein Beitrag zur dogmatischen Fortentwicklung des Maßstabs der Prüfungspflichten, Wettbewerb in Recht und Praxis (WRP) 2008, S. 533-555.

Lennartz, Jannis: Verfassungsrechtliche Grenzen der Indienstnahme Privater, Die Öffentliche Verwaltung (DÖV) 2019, S. 434-440.

Lenski, Edgar / Steinberg, Wilhelm: Gewerbesteuergesetz Kommentar, Loseblatt, Köln, Werkstand: 133. Ergänzungslieferung, Oktober 2020.

Liche, Oliver / Matheoschat, Sophia: New way of work in Zeiten der Corona-Krise: Steuerliche Folgen durch Homeoffice, in: Verrechnungspreise im Lichte der Corona-Pandemie – Kurz-, mittel- und langfristige Perspektiven, hrsg. von Björn Heidecke und Jobst Wilmanns, Institut Finanzen und Steuern (ifst)-Schrift 535 (2020), S. 140-152.

Lin-Hi, Nick: Entwicklungsperspektiven der Sharing Economy: Es ist nicht alles Gold was glänzt, in: Digitale Wirtschaft und Sharing Economy. Wirtschaftsethische und moralökonomische Perspektiven, hrsg. von Detlef Aufderheide und Martin Dobrowski, Berlin 2017, S. 145-152.

Lippross, Otto-Gerd / Seibel, Wolfgang: Basiskommentar Steuerrecht, Loseblatt, Köln, Werkstand: 121. Ergänzungslieferung, September 2020.

Lorenz, Stefan: Einkünfteerzielungsabsicht bei auf Dauer angelegter Vermietung von Wohnraum, Hamburg 2013.

Louven, Sandra: Angriff auf Airbnb & Co.: Angriff auf Airbnb & Co.: Weltweit kämpfen Städte um die Kontrolle ihrer Immobilien, Handelsblatt Online-Beitrag v. 27.09.2019, https://www.handelsblatt.com/finanzen/immobilien/25051060.html (Stand: 09.11.2020).

Loy, Thomas: Umsatzsteuerbetrug im innergemeinschaftlichen Erwerb: Konzept eines Blockchain-basierten Lösungsansatzes, Deutsches Steuerrecht (DStR) 2018, S. 1097-1104.

Luchterhandt, Otto: Grundpflichten als Verfassungsproblem in Deutschland. Geschichtliche Entwicklung und Grundpflichten unter dem Grundgesetz, Berlin 1988.

Lück, Kolja van: Steuerrecht und Digital Economy. Lösungsansätze sachgerechter Besteuerung multinationaler Unternehmen der digitalisierten Wirtschaft, Berlin 2018.

Ludwigs, Markus: Rechtsfragen der Sharing Economy am Beispiel der Modelle Uber und Airbnb, Neue Zeitschrift für Verwaltungsrecht (NVwZ) 2017, S. 1646-1653.

Ludwigs, Markus / Friedmann, Carolin: Die Grundrechtsberechtigung juristischer Personen nach Art. 19 III GG, Juristische Arbeitsblätter (JA) 2018, S. 807-815.

Luther, Matthias: Die neue Haftung für Online-Marktplätze, Der Betrieb (DB) 2018, S. 1942-1946.

Luther, Matthias: Neue Aufzeichnungs- und Haftungsregeln für elektronische Marktplätze ab 2019. Welche Auswirkungen ergeben sich für Versandhändler?, Internationales Steuer- und Wirtschaftsrecht (IWB) 2018, S. 679-687.

Mak, Vanessa: Private Law Perspectives on Platform Services. Airbnb: Home Rentals between AYOR and NIMBY, Journal of European Consumer and Market Law (EuCML) 2016, S. 19-25.

Mangoldt, Herrmann von / Klein, Friedrich / Starck, Christian: Grundgesetz, Band 1, 7. Auflage, München 2018.

Marquardt, Michael: Ertragsbesteuerung digitalisierter Geschäftstätigkeiten (Teil I und Teil II), Internationales Steuerrecht (IStR) 2020, S. 292-302; S. 332-341.

Maunz, Theodor / Dürig, Günter: Grundgesetz, Loseblatt, München, Werkstand: 91. Ergänzungslieferung, April 2020.

Maunz, Theodor / Schmidt-Bleibtreu, Bruno / Klein, Franz / Bethge, Herbert: Bundesverfassungsgerichtsgesetz, Loseblatt, München, Werkstand: 60. Ergänzungslieferung, Juli 2020.

McAfee, Andrew / Brynjolfsson, Erik: Machine, Platform, Crowd: Harnessing Our Digital Future, New York 2017.

Meyer, Stephan: Strukturelle Vollzugsdefizite als Gleichheitsverstoß – Defizite und aktuelle Änderungen der Rechtsprechung des Bundesverfassungsgerichts –, Die Öffentliche Verwaltung (DÖV) 2005, S. 551-559.

Müller-Franken, Sebastian: Maßvolles Verwalten. Effiziente Verwaltung im System exekutiver Handlungsmaßstäbe am Beispiel des maßvollen Gesetzesvollzugs im Steuerrecht, Tübingen 2004.

Münch, Ingo von / Kunig, Philip: Grundgesetz-Kommentar, 6. Auflage, München 2012.

Musil, Andreas: Abzugsbeschränkungen bei der Abgeltungsteuer als steuersystematisches und verfassungsrechtliches Problem, Finanz-Rundschau (FR) 2010, S. 149-155.

Mußgnug, Reinhard: Verfassungsrechtlicher und gesetzlicher Schutz vor konfiskatorischen Steuern, Juristenzeitung (JZ) 1991, S. 993-999.

Nacke, Alois: Haftung des Betreibers eines elektronischen Marktplatzes. Die neue Haftungsvorschrift des § 25e UStG, Der Umsatzsteuer-Berater (UStB) 2019, S. 74-79.

Neufang, Bernd: Einkommensteuerliche Behandlung von gemischten Aufwendungen, Betriebs-Berater (BB) 2010, S. 2409-2412.

Neufang, Mirko: Vermietung von Ferienwohnungen, Der Steuerberater (StB) 2017, S. 248-254.

Neugebauer, Claudia: Digitalisierung: Old Economy im neuen Outfit?, Umsatzsteuer-Rundschau (UR) 2020, S. 104-113.

OECD: Herausforderungen für die Besteuerung der digitalen Wirtschaft, Paris 2015.

OECD: Model Rules for Reporting by Platform Operators with respect to Sellers in the Gig Economy, Paris 2020.

OECD: Tax Challenges Arising from Digitalisation – Interim Report 2018. Inclusive Framework on BEPS, Paris 2018.

OECD: Technische Lösungen zur Bekämpfung von Steuerhinterziehung und Steuerbetrug, Paris 2017.

OECD: The Sharing and Gig Economy: Effective Taxation of Platform Sellers: Forum on Tax Administration, Paris 2019.

OECD Secretariat: Analysis of Tax Treaties and the Impact of the COVID-19 Crises, Version 03.04.2020, online abrufbar unter: https://read.oecd-ilibrary.org/view/?ref=127_127237-vsdagpp2t3&title=OECD (Stand: 09.11.2020).

Offerhaus, Klaus: Geburtstage und Reisen – steuerlich betrachtet. Ein Beitrag zur Auslegung des § 12 Nr. 1 Satz 2 EStG, Deutsches Steuerrecht (DStR) 2005, S. 446-450.

Official Norwegian Report (NOU): The Sharing Economy, 2017:4, online abrufbar unter: https://www.regjeringen.no/contentassets/1b21cafea73c4b45b63850bd83ba4fb4/en-gb/sved/nou_2017-4_chapter_1.pdf (Stand: 09.11.2020).

Ohly, Ansgar: Die Verantwortlichkeit von Intermediären, Zeitschrift für Urheber- und Medienrecht (ZUM) 2015, S. 308-318.

Oho, Wolfgang / Hagen, Alexander / Lenz, Thomas: Zur geplanten Einführung einer Abgeltungsteuer im Rahmen der Unternehmensteuerreform 2008, Der Betrieb (DB) 2007, S. 1322-1326.

Olbert, Marcel /Spengel, Christoph: International Taxation in the Digital Economy: Challenge Accepted?, World Tax Journal (WTJ) 2017, S. 3-46.

Ossenbühl, Fritz: Die Erfüllung von Verwaltungsaufgaben durch Private, in: Das demokratische Prinzip im Grundgesetz. Die Erfüllung von Verwaltungsaufgaben durch Private. Berichte und Diskussionen auf der Tagung der Vereinigung der Deutschen Staatsrechtslehrer in Speyer am 8. und 9. Oktober 1970, Veröffentlichungen der Vereinigung der Deutschen Staatsrechtslehrer (VVDStRL), Band 29, Berlin 1971, S. 137-209.

Ossenbühl, Fritz: Die Freiheiten des Unternehmers nach dem Grundgesetz, Archiv des Öffentlichen Rechts (AöR) 1990, Band 115, S. 1-32.

Ott, Helena: Wer Airbnb-Wohnungen bucht, nimmt der Gemeinschaft etwas weg, Süddeutsche Zeitung Online-Beitrag v. 18.10.2019, https://www.sueddeutsche.de/wirtschaft/airbnb-urlaub-wohnung-1.4644516 (Stand: 09.11.2020).

Otto, Christian-W.: Neuregelungen über Ferienwohnungen, Zeitschrift für deutsches und internationales Bau- und Vergaberecht (ZfBR) 2018, S. 221-228.

Palandt, Otto: Bürgerliches Gesetzbuch, 79. Auflage, München 2020.

Pantazatou, Katerina: The Taxation of the Sharing Economy, in: Tax and the Digital Economy: challenges and proposals for reform, hrsg. von Werner Haslehner, Georg Kofler, Katerina Pantazatou und Alexander Rust, Alphen aan den Rijn 2019, S. 215-235.

Papier, Hans-Jürgen: Besteuerung und Eigentum, Deutsches Verwaltungsblatt (DVBl) 1980, S. 787-797.

Papier, Hans-Jürgen: Steuerreform als Verfassungsproblem, Die Steuerberatung (Stbg) 1999, S. 49-59.

Peitz, Martin / Schwalbe, Ulrich: Kollaboratives Wirtschaften oder Turbokapitalismus? Zur Ökonomie der Sharing economy, Perspektiven der Wirtschaftspolitik (PWP) 2016, S. 232-252.

Peterek, Frank Karl: Eigentumsschutz durch Ausgleichsregelungen. Zur verfassungsrechtlichen Grundlage von Ausgleichsnormen im Eigentumsgrundrecht, Aachen 2000.

Pezzer, Heinz-Jürgen: Das Aufteilungsverbot ist aufgegeben; wie geht es weiter? – Eine erste Einschätzung des Beschlusses vom 21.9.2009, GrS 1/06, Deutsches Steuerrecht (DStR) 2010, S. 93-96.

Pezzer, Heinz-Jürgen: Gleichmäßiger Gesetzesvollzug in der Steuerrechtsordnung, Steuer und Wirtschaft (StuW) 2007, S. 101-111.

Pfirrmann, Volker / Rosenke, Torsten / Wagner, Klaus J.: BeckOK AO, 12. Edition, München, April 2020.

Pielow, Johann-Christian: BeckOK GewO, 49. Edition, München, März 2020.

Plewa, Dietrich: Die Verfassungsmäßigkeit der Indienstnahme Privater für Verwaltungsaufgaben am Beispiel des Gesetzes über Mindestvorräte an Erdölerzeugnissen vom 09.09.1965 in der Fassung vom 04.09.1975, Speyer 1978.

Polatzky, Robert / Schäfer, Mischa: Weiterhin viele Fragezeichen bei der Mitteilungspflicht für Steuergestaltungen. Anmerkungen zum Diskussionsentwurf für ein BMF-Schreiben, Steuer- und Bilanzpraxis (StuB) 2020, S. 295-300.

Prätzler, Robert C. / Stuber, Jürgen: Umsatzsteuer und E-Commerce – Bestandsaufnahme, Ausblick und Compliance, Betriebs-Berater (BB) 2018, S. 536-542.

Prätzler, Robert C. / Zawodsky, Florian: Umsatzsteuerliche Plattformhaftung – Deutschland schließt in Sachen Betrugsbekämpfung zum Vereinigten Königreich auf, Der Umsatzsteuer-Berater (UStB) 2018, S. 269-279.

Quaghebeur, Marc: Belgium introduces a Tax Regime for the Sharing Economy, http://www.dvp-law.com/documents/news-items/20160708-belgium-introduces-a-tax-regime-for-the-sharing-economy-.xml (Stand: 04.10.2019).

Rahim, Nilufer / Lepanjuuri, Katriina / Day, Francesca / Piggott, Hannah / Hudson, Ruth / Lubian, Klaudia: Research on the Sharing Economy, HM Revenue and Customs (HMRC) report 453, November 2017, online abrufbar unter: https://assets.publishing.service.gov.uk/government/uploads/system/uploads/attachment_data/file/658728/HMRC_ Report_453_Sharing_Economy.pdf (Stand: 04.04.2020).

Ramthun, Christian: Fiskus prüft Steuerhinterziehung bei Airbnb-Vermietern, Wirtschaftswoche Online-Beitrag v. 04.05.2018, https://www.wiwo.de/finanzen/steuern-recht/unterkunft-vermittler-fiskus-prueft-steuerhinterziehung-bei-airbnb-vermietern/21244518.html (Stand: 09.11.2020).

Ramthun, Christian / Becker, Benedikt / Kiani-Kreß, Rüdiger / ter Haseborg, Volker: Jagd auf Airbnb, Wirtschaftswoche 2018, Heft 19 v. 04.05.2018, S. 26-29.

Rau, Günter / Dürrwächter, Erich / Flick, Hans / Geist, Reinhold: Umsatzsteuergesetz, Loseblatt, Köln, Werkstand: 189. Ergänzungslieferung, Oktober 2020.

Recnik, Gabriel: Die Besteuerung privater Kapitaleinkünfte durch die Abgeltungsteuer. Verfassungsrechtliche Aspekte des Systemwechsels, Hamburg 2011.

Rehm, Hannes: Zur Quellenbesteuerung von Kapitalerträgen, Steuer und Wirtschaft (StuW) 1984, S. 230-243.

Remmert, Barbara: Private Dienstleistungen im staatlichen Verwaltungsverfahren. Eine rechts- und verwaltungswissenschaftliche Untersuchung zur privaten Entscheidungsvorbereitung, Tübingen 2003.

Resenig, Kristin: Folgt der DAC 6 nun die DAC 7?, Steuer und Wirtschaft International (SWI) 2021, S. 38-42.

Riepen, Johannes: Die Rechtstellung des Arbeitgebers im Lohnsteuerabzugsverfahren, Stuttgart 1967.

Rinne, April: 4 big trends for the sharing economy in 2019, World Economic Forum Online-Beitrag v. 04.01.2019, https://www.weforum.org/agenda/2019/01/sharing-economy/ (Stand: 09.11.2020).

Ritter, Ernst-Hasso: Der kooperative Staat. Bemerkungen zum Verhältnis von Staat und Wirtschaft, Archiv des Öffentlichen Rechts (AöR) 1979, Band 104, S. 389-413.

Rockoff, André: Beeinflussung der Investitionsentscheidung durch die Abgeltungsteuer, Frankfurt am Main 2014.

Rockoff, André / Weber, Guido: Verluste aus typisch stiller Gesellschaft unter der Abgeltungsteuer, Deutsches Steuerrecht (DStR) 2010, S. 363-368.

Rose, Gerd: Überlegungen zur Steuergerechtigkeit aus betriebswirtschaftlicher Sicht, Steuer und Wirtschaft (StuW) 1985, S. 330-344.

Roser, Frank: Kommentar zu BVerfG v. 12.10.2010 – 1 BvL 12/07, GmbH-Rundschau (GmbHR) 2011, S. 214-215.

Rüscher, Daniel: Vorschlag für eine europaweite Digitalsteuer zur Erfassung neuer Geschäftsmodelle in der digitalen Wirtschaft, Zeitschrift für das gesamte Mehrwertsteuerrecht (MwStR) 2018, S. 419-427.

Rüsken, Reinhard: Außenprüfung, Nachschau und Steuerfahndung im Rechtsstaat, in: Steuervollzug im Rechtsstaat, hrsg. von Werner Widmann, Deutsche Steuerjuristische Gesellschaft (DStJG), Band 31, Köln 2008, S. 243-262.

Ruß, Julia / Ismer, Roland / Margolf, Juliane: Digitalisierung des Steuerrechts: Eine Herausforderung für die Ausgestaltung von materiellen Steuergesetzen, Deutsches Steuerrecht (DStR) 2019, S. 409-418.

Sachs, Michael: Grundgesetz, 8. Auflage, München 2018.

Säcker, Franz Jürgen / Rixecker, Roland / Oetker, Hartmut / Limperg, Bettina: Münchener Kommentar zum Bürgerlichen Gesetzbuch, Band I, 8. Auflage, München 2018.

Schäfer, Horst: Die Dreiecksbeziehung zwischen Arbeitnehmer, Arbeitgeber und Finanzamt beim Lohnsteuerabzug. Ein Beitrag zur Trennung von Arbeitsrecht und Steuerrecht, Berlin 1990.

Schaumburg, Harald: Internationales Steuerrecht, 4. Auflage, Köln 2017.

Schaumburg, Harald: Systemdefizite im internationalen Steuerrecht, Steuer und Wirtschaft (StuW) 2000, S. 369-377.

Schenk, Matthias / Brusch, Friedrich: Eine neue Kapitalertragsteuer für Deutschland, Deutsches Steuerrecht (DStR) 2005, S. 1254-1260.

Schick, Walter: Besteuerungsverfahren und Verfahrensleistungsfähigkeit. Überlegungen zur Stellung des Unternehmens im Besteuerungsverfahren unter besonderer Berücksichtigung kleiner und mittlerer Unternehmen, Alfeld 1980.

Schick, Walter: Grundfragen des Lohnsteuerverfahrens, Alfeld 1983.

Schick, Walter: Steuerschuld und Steuerhaftung im Lohnsteuerverfahren, Betriebs-Berater (BB) 1983, S. 1041-1047.

Schiller, Gernot: Sonderabgaben mit einer wirtschaftslenkenden Antriebs- und Sanktionsfunktion in der Wirtschafts- und Finanzverfassung des Grundgesetzes, München 2000.

Schirra, Andreas: Die Indienstnahme Privater im Lichte des Steuerstaatsprinzips, Frankfurt am Main 2002.

Schlautmann, Christoph / Kort, Katharina / Louven, Sandra: Europas Metropolen wehren sich gegen Airbnb, Handelsblatt Online-Beitrag v. 14.08.2018, https://www.handelsblatt.com/unternehmen/dienstleister/wohnungsvermittler-europas-metropolen-wehren-sich-gegen-airbnb/22901898.html (Stand: 09.11.2020).

Schlichting, Jan Muck / Spelten, Wolfram: Die Dienstleistungsrichtlinie, Europäische Zeitschrift für Wirtschaftsrecht (EuZW) 2005, S. 238-240.

Schmidt, Holger: So verändert sich die digitale Wirtschaft durch Corona, Handelsblatt Online-Beitrag v. 15.04.2020, https://www.handelsblatt.com/meinung/gastbeitraege/expertenrat/schmidt/expertenrat-holger-schmidt-so-veraendert-sich-die-digitale-wirtschaft-durch-corona/25741534.html?ticket=ST-1725036-wkg7eLcFg6L5ibtl4Bbj-cas01.example.org (Stand: 26.11.2021).

Schmidt, Ludwig: Einkommensteuergesetz, hrsg. von Heinrich Weber-Grellet, 39. Auflage, München 2020.

Schmitt-Kammler, Arnulf: Ungelöste Probleme der verfassungsrechtlichen Eigentumsdogmatik, in: Festschrift Rechtswissenschaftliche Fakultät Köln zur 600-Jahr-Feier, hrsg. von Universität zu Köln, Köln 1988, S. 821-844.

Schneider, Katharina: Per Airbnb zum Steuerhinterzieher: Warum Vermieter jetzt dringend handeln müssen, Handelsblatt Online-Beitrag v. 16.09.2020, https://www.handelsblatt.com/finanzen/steuern-recht/steuern/26192082.html (Stand: 09.11.2020).

Schneider, Stefan: Gemischte Veranlassung, in: 100 Jahre Steuerrechtsprechung in Deutschland 1918-2018. Festschrift für den Bundesfinanzhof, hrsg. von Klaus-Dieter Drüen, Johanna Hey und Rudolf Mellinghoff, Band I, Köln 2018, S. 1243-1259.

Schneider, Stefan: Verfassungsrechtliche Grundlagen und Grenzen des objektiven Nettoprinzips, Beihefter zu Deutsches Steuerrecht (DStR-Beih) 2009, S. 87-91.

Schoch, Friedrich / Schneider, Jens-Peter / Bier, Wolfgang: Verwaltungsgerichtsordnung, Band I, Loseblatt, München, Werkstand: 38. Ergänzungslieferung, Januar 2020.

Scholl, Gerd / Behrendt, Siegfried / Flick, Christian / Gossen, Maike / Henseling, Christine / Richter, Lydia: Peer-to-Peer Sharing. Definition und Bestandsaufnahme, 2015, online abrufbar unter: https://www.peer-sharing.de/data/peersharing/user_upload/Dateien/PeerSharing_Ergebnispapier.pdf (Stand: 09.11.2020).

Scholz, Rupert: Zur Kostenerstattungspflicht des Staates für gesetzliche Maßnahmen der Telefonüberwachung, Archiv für Post und Telekommunikation (Archiv PT) 1995, S. 169-189.

Schön, Wolfgang: Steuerreform in Deutschland – Anmerkungen zum verfassungsrechtlichen Rahmen, in: Perspektiven eines modernen Steuerrechts. Festschrift für Hermann Otto Solms, hrsg. von Paul Kirchhof, Berlin 2005, S. 263-272.

Schröder, Meinhard: Bau- und ordnungsrechtliche Fragen der kurzzeitigen Wohnraumvermietung über Internetportale im Rahmen der Sharing Economy, Gewerbearchiv (GewArch) 2015, S. 392-398.

Schuppert, Gunnar Folke: Die Erfüllung öffentlicher Aufgaben durch verselbständigte Verwaltungseinheiten. Eine verwaltungswissenschaftliche Untersuchung, Göttingen 1981.

Schwarz, Kyrill-A.: „Folgerichtigkeit“ im Steuerrecht. Zugleich eine Analyse der Rechtsprechung des Bundesverfassungsgerichts zu Art. 3 Abs. 1 GG, in: Staat im Wort. Festschrift für Josef Isensee, hrsg. von Otto Depenheuer, Heidelberg 2007, S. 949-964.

Schweitzer, Heike / Fetzer, Thomas / Peitz, Martin: Digitale Plattformen: Bausteine für einen künftigen Ordnungsrahmen, ZEW-Discussion Paper No. 16-042, online abrufbar unter: http://ftp.zew.de/pub/zew-docs/dp/dp16042.pdf (Stand: 09.11.2020).

Schwenke, Michael: Cum/Ex-Geschäfte: Übergang des wirtschaftlichen Eigentums beim Handel mit Aktien, juris – Die Monatszeitschrift (jM) 2015, S. 83-86.

Schwenke, Michael: Neuausrichtung der Rechtsprechung zur Abzugsfähigkeit sog. gemischter Aufwendungen: Eine Bestandsaufnahme zwei Jahre nach dem Beschluss des Großen Senats v. 21.9.2009, Finanz-Rundschau (FR) 2011, S. 1051-1060.

Seer, Roman: Besteuerungsverfahren im 21. Jahrhundert, Finanz-Rundschau (FR) 2012, S. 1000-1008.

Seer, Roman: Reform des Lohnsteuerabzugs, Finanz-Rundschau (FR) 2004, S. 1037-1049.

Seer, Roman: Steuergerechtigkeit durch Steuervereinfachung. Symposion der Deutschen Steuerjuristischen Gesellschaft e. V. vom 18. Februar 1995, Bundesfinanzakademie Brühl, Steuer und Wirtschaft (StuW) 1995, S. 184-193.

Seer, Roman: Vereinfachung des Lohnsteuerabzugsverfahrens, in: Bochumer Lohnsteuertag. Die Lohnsteuer im Spannungsfeld zwischen Unternehmerfreiheit und Fiskalinteresse, hrsg. von Roman Seer, Frankfurt am Main 2005, S. 159-176.

Seer, Roman / Krumm, Marcel: Die Kriminalisierung der Cum-/Ex-Dividende-Geschäfte als Herausforderung für den Rechtsstaat (Teil 1), Deutsches Steuerrecht (DStR) 2013, S. 1757-1764.

Seiler, Christian: Indienstnahme Privater im Besteuerungsverfahren, in: 100 Jahre Steuerrechtsprechung in Deutschland 1918-2018. Festschrift für den Bundesfinanzhof, hrsg. von Klaus-Dieter Drüen, Johanna Hey und Rudolf Mellinghoff, Band I, Köln 2018, S. 1761-1781.

Seitz, Jürgen: Airbnb-Vermieter im Visier der Steuerfahnder, BR Online-Beitrag v. 08.02.2021, https://www.br.de/nachrichten/wirtschaft/airbnb-vermieter-im-visier-der-steuerfahnder,SNxFC56 (Stand: 13.11.2021).

Siekmann, Helmut: Verfassungsmäßigkeit eines umfassenden Verbots der Werbung für Tabakprodukte, Die Öffentliche Verwaltung (DÖV) 2003, S. 657-664.

Söhn, Hartmut: Aufteilbarkeit gemischt veranlasster Aufwendungen – Zum Beschluss des Großen Senats des BFH vom 21.9.2009 GrS 1/06, in: Steuerrecht im Rechtsstaat: Festschrift für Wolfgang Spindler zum 65. Geburtstag, hrsg. von Rudolf Mellinghoff, Köln 2011, S. 795-807.

Söhn, Hartmut: Betriebsausgaben, Privatausgaben, gemischte Aufwendungen – Entwicklung einer einkommensteuerrechtlichen Kausaltheorie am Beispiel umstrittener Abgrenzungsfälle, wie PKW-Unfallkosten, Aufwendungen für Telefon, Reisen, Fachtagungen, Arbeitszimmer, in: Die Abgrenzung der Betriebs- oder Berufssphäre von der Privatsphäre im Einkommensteuerrecht, hrsg. von Hartmut Söhn, Deutsche Steuerjuristische Gesellschaft (DStJG), Band 3, Köln 1980, S. 13-102.

Söhn, Hartmut: Der Dualismus der Einkunftsarten, in: Einkommen aus Kapital, hrsg. von Wolfgang Schön, Deutsche Steuerjuristische Gesellschaft (DStJG), Band 30, Köln 2007, S. 13-37.

Sölch, Otto / Ringleb, Kurt (Begr.): Umsatzsteuergesetz, hrsg. von Wilfried Wagner, Loseblatt, München, Werkstand: 89. Ergänzungslieferung, Juni 2020.

Solmecke, Christian / Lengersdorf, Bonny: Rechtliche Probleme bei Sharing Economy. Herausforderung an die Gesetzgebung auf dem Weg in eine geteilte Welt, Multimedia und Recht (MMR) 2015, S. 493-497.

Spengel, Christoph / Eisgruber, Thomas: Die nicht vorhandene Gesetzeslücke bei Cum/Ex-Geschäften, Deutsches Steuerrecht (DStR) 2015, S. 785-801.

Spengel, Christoph / Ernst, Christof: Private Kapitalanlagen vor und nach der Einführung der Abgeltungsteuer – eine steuerplanerische Analyse, Deutsches Steuerrecht (DStR) 2008, S. 835-841.

Spiegel Online-Beitrag v. 04.05.2018: Finanzbehörden prüfen Airbnb-Vermieter, http://www.spiegel.de/wirtschaft/unternehmen/airbnb-a-1206292.html (Stand: 09.11.2020).

Spindler, Gerald: Haftung für private WLANs im Delikts- und Urheberrecht. Zugleich Anmerkung zur Entscheidung des BGH, Urt. v. 12.5.2010 – I ZR 121/08 – Sommer unseres Lebens, CR 2010, 458, Computer und Recht (CR) 2010, S. 592-600.

Spindler, Wolfgang: Der BFH verabschiedet sich vom allgemeinen Aufteilungs- und Abzugsverbot, in: Festschrift für Joachim Lang zum 70. Geburtstag: Gestaltung der Steuerrechtsordnung, hrsg. von Klaus Tipke, Roman Seer, Johanna Hey und Joachim Englisch, Köln 2010, S. 589-600.

Starke, Christian Paul: Die Anwendbarkeit der Europäischen Grundrechtecharta auf rein nationale Gesetzgebungsakte, Deutsches Verwaltungsblatt (DVBl) 2017, S. 721-730.

Steck, Dieter: Das „neue“ Aufteilungs- und Abzugsverbot bei Aufwendungen mit teilweiser privater und teilwiese beruflicher Veranlassung, Deutsche Steuer-Zeitung (DStZ) 2011, S. 191-210.

Steiner, Udo: Öffentliche Verwaltung durch Private, Hamburg 1975.

Stelkens, Paul / Bonk, Joachim / Sachs, Michael: Verwaltungsverfahrensgesetz, 9. Auflage, München 2018.

Stelkens, Ulrich: Verwaltungsprivatrecht. Zur Privatrechtsbindung der Verwaltung, deren Reichweite und Konsequenzen, Berlin 2005.

Sterzinger, Christian: Änderungen des UStG durch das Gesetz zur Vermeidung von Umsatzsteuerausfällen beim Handel mit Waren im Internet, Umsatzsteuer-Rundschau (UR) 2019, S. 1-14.

Stöber, Michael: Die subjektübergreifende Einkünfteerzielungsabsicht, Finanzrundschau (FR) 2017, S. 801-810.

Stolterfoht, Joachim N.: Einwirkungen des Lohnsteuerrechts auf das Arbeitsverhältnis, in: Grundfragen des Lohnsteuerrechts, hrsg. von Joachim Stolterfoht, Deutsche Steuerjuristische Gesellschaft (DStJG), Band 9, Köln 1986, S. 175-207.

Stone, Brad: Die Sharing-Economy: Teile und herrsche. Wie Uber und AirBnB ganze Industrien umkrempeln, Kulmbach 2017.

Strohner, Klaus: Einkünfte aus nichtselbständiger Arbeit und Arbeitgeberhaftung, in: Bochumer Lohnsteuertag. Die Lohnsteuer im Spannungsfeld zwischen Unternehmerfreiheit und Fiskalinteresse, hrsg. von Roman Seer, Frankfurt am Main 2005, S. 121-138.

Sundararajan, Arun: The Sharing Economy. The End of Employment and the Rise of Crowd-Based Capitalism, Cambridge 2016.

Talaska, Peter / Cremers, Oliver: Auskunftsersuchen an "Airbnb": Sind Selbstanzeigen noch möglich?, Der Betrieb (DB) 2018, S. 1824-1829.

Tappe, Henning: Privatisierung der Steuerverwaltung – am Beispiel des neuen § 44 Abs. 1 Satz 3 EStG, in: Zukunftsfragen des deutschen Steuerrechts III, hrsg. von Wolfgang Schön und Christian Sternberg, Berlin 2018, S. 77-98.

Täuscher, Karl / Hilbig, Romy / Abdelkafi, Nizar: Geschäftsmodellelemente mehrseitiger Plattformen, in: Digitale Transformation von Geschäftsmodellen: Grundlagen, Instrumente und Best Practices, hrsg. von Daniel Schallmo, Andreas Rusnjak, Johanna Anzengruber, Thomas Werani und Michael Jünger, Wiesbaden 2017, S. 179-211.

Terryn, Evelyne: The sharing economy in Belgium – a case for regulation?, Journal of European Consumer and Market Law (EuCML) 2016, S. 45-51.

Tipke, Klaus: Besteuerungsmoral und Steuermoral, Wiesbaden 2000.

Tipke, Klaus: Das Nettoprinzip – Angriff und Abwehr, dargestellt am Beispiel des Werkstorprinzips, Betriebs-Berater (BB) 2007, S. 1525-1533.

Tipke, Klaus: Die Steuerrechtsordnung. Band I. Wissenschaftsorganisatorische, systematische und grundrechtlich-rechtsstaatliche Grundlagen, 2. Auflage, Köln 2000.

Tipke, Klaus: Die Steuerrechtsordnung. Band II. Steuerrechtfertigungstheorie, Anwendung auf alle Steuerarten, sachgerechtes Steuersystem, 2. Auflage, Köln 2003.

Tipke, Klaus: Die Steuerrechtsordnung. Band III. Steuerwissenschaft, Steuergesetzgebung, Steuervollzug, Steuerrechtsschutz, Steuerreformbestrebungen, 2. Auflage, Köln 2012.

Tipke, Klaus: Steuergerechtigkeit unter besonderer Berücksichtigung des Folgerichtigkeitsgebots, Steuer und Wirtschaft (StuW) 2007, S. 201-220.

Tipke, Klaus: Über Deklarieren und Verifizieren, in: Steuerrechtsprechung, Steuergesetz, Steuerreform. Festschrift für Klaus Offerhaus zum 65. Geburtstag, hrsg. von Paul Kirchhof, Köln 1999, S. 819-836.

Tipke, Klaus: Zwischen materiellem Steuerrecht und Steuerverfahrensrecht. Für ein geordnetes Verfahren zur Durchsetzung des materiellen Rechts – Gegen rechtsverweigernden, pedantischen Verfahrensformalismus, Steuer und Wirtschaft (StuW) 2004, S. 3-23.

Tipke, Klaus / Kruse, Heinz Wilhelm: Abgabenordnung – Finanzgerichtsordnung, Loseblatt, Köln, Werkstand: 161. Ergänzungslieferung, Juli 2020.

Tipke, Klaus / Lang, Joachim: Steuerrecht, 23. Auflage, Köln 2018.

Treml, Marius: Die Bruttobesteuerung bei der Abgeltungsteuer auf Einkünfte aus Kapitalvermögen, Berlin 2014.

Tristl, Linda: PowerSeller auf eBay: Voraussetzungen und Vorteile des eBay PowerSeller Programms, abrufbar unter: https://www.sendcloud.at/ebay-powerseller-werden/ (Stand: 09.11.2020).

Trzaskalik, Christoph: Der instrumentelle Einsatz von Abgaben. Bemerkungen zum Entwurf eines Abfallabgabengesetzes, Steuer und Wirtschaft (StuW) 1992, S. 135-150.

Trzaskalik, Christoph: Die Steuererhebungspflichten Privater, in: Steuerrecht und Verfassungsrecht, hrsg. von Karl Heinrich Friauf, Deutsche Steuerjuristische Gesellschaft (DStJG), Band 12, Köln 1989, S. 157-186.

Tschesche, Frank: Zinsschranke – Verfassungsmäßigkeit der „Back-to-back“-Ausnahme ernstlich zweifelhaft, Betriebs-Berater (BB) 2012, S. 2292.

Valta, Matthias: Veranlassungszusammenhang und Markteinkommen, Finanz-Rundschau (FR) 2020, S. 586-592.

Vogel, Klaus / Lehner, Moris: Doppelbesteuerungsabkommen der Bundesrepublik Deutschland auf dem Gebiet der Steuern vom Einkommen und Vermögen. Kommentar auf der Grundlage der Musterabkommen, 6. Auflage, München 2015.

Vorwerk, Volkert / Wolf, Christian: BeckOK ZPO, 36. Edition, München, März 2020.

Voßkuhle, Andreas: Beteiligung Privater an der Wahrnehmung öffentlicher Aufgaben und staatliche Verantwortung, in: Leistungsgrenzen des Verfassungsrechts. Öffentliche Gemeinwohlverantwortung im Wandel: Berichte und Diskussionen auf der Tagung der Vereinigung der Deutschen Staatsrechtslehrer in St. Gallen vom 1. bis 5. Oktober 2002, Veröffentlichungen der

Vereinigung der Deutschen Staatsrechtslehrer (VVDStRL), Band 62, Berlin 2003, S. 266-328.

Voßkuhle, Andreas: Das Kompensationsprinzip. Grundlagen einer prospektiven Ausgleichsordnung für die Folgen privater Freiheitsbetätigung; zur Flexibilisierung des Verwaltungsrechts am Beispiel des Umwelt- und Planungsrechts, Tübingen 1999.

Wagner, Christoph: Steuergleichheit unter Standortvorbehalt? Verfassungsrechtliche Grenzen einer ungleichen Einkommensbesteuerung von Kapital und Arbeit, Frankfurt am Main 2010.

Waldhoff, Christian: Verfassungsrechtlich relevante Vollzugsdefizite bei Steuerausfällen mit Auslandsbezug am Beispiel von §§ 7 ff. AStG. Zugleich ein Beitrag zum räumlichen Anwendungsbereich des Leistungsfähigkeitsprinzips, Steuer und Wirtschaft (StuW) 2013, S. 121-142.

Wallerath, Maximilian: Zur Dogmatik eines Rechts auf Sicherung des Existenzminimums. Ein Beitrag zur Schutzdimension des Art. 1 Abs. 1 Satz 2 GG, Juristenzeitung (JZ) 2008, S. 157-168.

Wassermeyer, Franz / Kaeser, Christian / Schwenke, Michael / Drüen, Klaus-Dieter: Doppelbesteuerung Kommentar, Band I: Kommentierung OECD-MA, Loseblatt, München, Werkstand: 151. Ergänzungslieferung, Oktober 2020.

Weber, Guido: Die Abgrenzung zwischen Erwerbs- und Privatsphäre nach dem Veranlassungsprinzip, Steuer und Wirtschaft (StuW) 2009, S. 184-196.

Weber, Peter: Ferienwohnungsvermietung zwischen Bau- und Zweckentfremdungsrecht. Der Fall Berlin, Neue Zeitschrift für Miet- und Wohnungsrecht (NZM) 2017, S. 584-588.

Weber-Grellet, Heinrich: Die Abgeltungsteuer: Irritiertes Rechtsempfinden oder Zukunftschance?, Neue Juristische Wochenschrift (NJW) 2008, S. 545-550.

Weber-Grellet, Heinrich: Die Bedeutung der Rechtsnatur des Steuerrechts für dessen Anwendung und Auslegung, Steuer und Wirtschaft (StuW) 1993, S. 97-104.

Weber-Grellet, Heinrich: Die Funktion der Kapitalertragsteuer im System der Abgeltungsteuer (Teil I), Deutsches Steuerrecht (DStR) 2013, S. 1357-1363.

Weber-Grellet, Heinrich: Wo beginnt die Grenze zur „Liebhaberei“?- (Teil I), Deutsches Steuerrecht (DStR) 1992, S. 561-566.

Wehr, Matthias: Rechtspflichten im Verfassungsstaat. Verfassungs- und verwaltungsrechtliche Aspekte der Dogmatik öffentlich-rechtlicher Pflichten Privater, Berlin 2005.

Wernsmann, Rainer: Die Deutschengrundrechte des Grundgesetzes im Lichte des Europarechts, Jura 2000, S. 657-663.

Wernsmann, Rainer: Die Einschränkungen des Werbungskosten- und Betriebsausgabenabzugs im Zusammenhang mit Pendlerpauschale, Arbeitszimmer, Alterseinkünften und Abgeltungssteuer, Beihefter zu Deutsches Steuerrecht (DStR-Beih) 2008, S. 37-48.

Wernsmann, Rainer: Einkommensteuer und objektives Nettoprinzip, Beihefter zu Deutsches Steuerrecht (DStR-Beih) 2009, S. 101-106.

Wernsmann, Rainer: Typisierung und Typusbegriff, Beihefter zu Deutsches Steuerrecht (DStR-Beih) 2011, S. 72-76.

Weymüller, Rainer: BeckOK UStG, 24. Edition, München, Februar 2020.

Wewer, Göttrik: Faire Chancen für die kollaborative Wirtschaft? Neue Agenda der EU-Kommission, Zeitschrift für Rechtspolitik (ZRP) 2016, S. 193-196.

Windoffer, Alexander: Wider die Zweckentfremdung – Ordnungsrechtliche Grenzen der „Sharing Economy" bei kurzfristigen Vermietungen, Landes- und Kommunalverwaltung (LKV) 2016, S. 337-343.

Winter, Gerhard A.: Der Arbeitgeber im Lohnsteuerrecht, Frankfurt am Main 1998.

Winter, Gerhard A.: Risiken der Arbeitgeber beim Lohnsteuerabzug, in: Der Fachanwalt für Steuerrecht im Rechtswesen. Gleichzeitig ein Beitrag zur Gestaltungs- und Durchsetzungsberatung. Festschrift 50 Jahre Arbeitsgemeinschaft der Fachanwälte für Steuerrecht e.V., 50 Jahre Steuerrechtliche Jahresarbeitstagung, hrsg. von der Arbeitsgemeinschaft der Fachanwälte für Steuerrecht, Berlin 1999, S. 311-322.

Winterhoff, Christian: Steuerverfahrensrecht und tatsächliche Belastungsgleichheit. Zur Verfassungswidrigkeit der Spekulationsgewinnbesteuerung, Baden-Baden 2004.

Wissenschaftliche Dienste des Deutschen Bundestags, Dokumentation v. 12.04.2016, WD 5 – 3000 – 027/16, online abrufbar unter: https://www.bundestag.de/resource/blob/422762/dba2f255d095bec790b14090a886d484/wd-5-027-16--pdf-data.pdf (Stand: 09.11.2020).

Wittig, Peter: Bundesverfassungsgericht und Grundrechtssystematik, in: Festschrift für Gebhard Müller zum 70. Geburtstag des Präsidenten des Bundesverfassungsgerichts, hrsg. von Theodor Ritterspach, Tübingen 1970, S. 575-593.

Worgulla, Niels: Die Bruttobesteuerung in der Schedule der Einkünfte aus Kapitalvermögen, Baden-Baden 2013.

Wurnig, Dominik / Gringmuth-Dallmer, Götz: Wie funktioniert die Wohnungsplattform Airbnb?, Rbb24 Online-Beitrag v. 03.12.2018, https://www.rbb24.de/politik/beitrag/2018/12/faq-airbnb-plattform-daten-berlin-vermietung.html (Stand: 09.11.2020).

Zeit Online-Beitrag v. 19.04.2018: Jungen Städtern sind Autos nicht mehr wichtig, https://www.zeit.de/mobilitaet/2018-04/autofahren-bedeutung-junge-menschen-stadt-land-studie (Stand: 09.11.2020).

Zeit Online-Beitrag v. 04.05.2018: Finanzamt will Airbnb-Vermieter überprüfen, https://www.zeit.de/wirtschaft/2018-05/homesharing-airbnb-steuerhinterziehung-vermieter-finanzamt (Stand: 09.11.2020).

Zeit Online-Beitrag v. 18.10.2018: Teures Steuerschlupfloch. Medien: Schaden durch „Cum-Ex" bei 55 Milliarden Euro, https://www.zeit.de/news/2018-10/18/medien-schaden-durch-cum-ex-bei-55-milliarden-euro-181018-99-422107 (Stand: 09.11.2020).

Zeit Online-Beitrag v. 02.09.2020: Airbnb gibt Vermieterdaten an Steuerfahndung weiter, https://www.zeit.de/wirtschaft/2020-09/ferienwohnungen-airbnb-vermieter-daten-steuerfahndung (Stand: 09.11.2020).

Zugmaier, Oliver / Oldiges, Matthias: Elektronische Marktplätze haften für Umsatzsteuerausfälle. Rechtliche Beurteilung der Neuregelungen und Rechtsschutz des Onlinehändlers, Deutsches Steuerrecht (DStR) 2019, S. 15-22.

Mannheimer Beiträge zum Öffentlichen Recht und Steuerrecht

Herausgegeben von Thomas Fetzer
Begründet von Hans-Wolfgang Arndt

Band 1 Hans-Wolfgang Arndt/Klaus Fischer/Klaus Richrath/Hanns-Stephan Wüst: Umwelterhaltung und Umweltgestaltung im kommunalen Bereich. Das Umweltstatut Alsenz-Obermoschel. 1994.

Band 2 Helmuth Beck: Die Differenzierung von Rechtspflichten in den Beziehungen zwischen Industrie- und Entwicklungsländern. Eine völkerrechtliche Untersuchung für die Bereiche des internationalen Wirtschafts-, Arbeits- und Umweltrechts. 1994.

Band 3 Michael Riotte: Die ertragsteuerliche Behandlung der Spaltung von Unternehmen. Eine steuersystematische Analyse der zugrundeliegenden Gewinnrealisierungstatbestände. 1994.

Band 4 Andreas Birk: Die Besteuerung der Grundstücksnutzung in Deutschland. Eine steuersystematische Analyse unter besonderer Berücksichtigung der Verhältnisse in Frankreich. 1994.

Band 5 Bettina Kempka: Gewinnrealisierung bei der Überführung von Wirtschaftsgütern zwischen Stammhaus und Betriebsstätte. Eine Analyse der systemkonformen steuerlichen Behand-lung stiller Reserven. 1995.

Band 6 Hans-Wolfgang Arndt: Rechtsfragen einer deutschen CO_2-/Energiesteuer entwickelt am Beispiel des DIW-Vorschlages. 1995.

Band 7 Roland Mörsdorf: Das belgische Bundesstaatsmodell im Vergleich zum deutschen Bundesstaat des Grundgesetzes. 1996.

Band 8 Christian Göbes: Die Unternehmensbesteuerung in Deutschland und Großbritannien vor dem Hintergrund des europäischen Integrationsprozesses. Eine qualitative und quantitative Analyse unter besonderer Berücksichtigung der steuerlichen Gewinnermittlung. 1996.

Band 9 Andreas Schumacher: Erträge aus privaten Kapitalforderungen im Einkommensteuerrecht. 1996.

Band 10 Gerhard Schmidt: Die Rechnungslegung nach der Equity-Methode im konsolidierten Abschluß. Ein Boitrag zur Entstehung, Anwendung und Ausgestaltung des Verfahrens vor dem Hintergrund der Bestimmungen in der Europäischen Union und der Verlautbarungen internationaler Organisationen. 1996.

Band 11 Jürgen Haun: Hybride Finanzierungsinstrumente im deutschen und US-amerikanischen Steuerrecht. Eine Analyse ihres grenzüberschreitenden Einsatzes aus steuersystemati- scher und ökonomischer Sicht. 1996.

Band 12 Horst Schaefer: Der verfassungsrechtliche Steuerbegriff. 1997.

Band 13 Arno Probst: Die Behandlung der Anteile von Minderheitsgesellschaftern innerhalb der Besteuerung der Konzernunternehmung. Eine steuersystematische Analyse konzerninduzierter betriebswirtschaftlicher Interessenvielfalt. 1997.

Band 14 Marion Winkelmann: Steuerumgehung durch die Einschaltung ausländischer Kapitalgesellschaften. Eine Untersuchung des Normenkonkurrenzverhältnisses zwischen § 42 AO und den §§ 7 ff. AStG sowie § 50 d Abs. 1 a EStG. 1997.

Band 15 Karin Brodhag: Vergleich der Besteuerung deutscher und französischer Kapitalgesellschaften unter besonderer Berücksichtigung der ertragsunabhängigen Besteuerung. 1997.

Band 16 Stefan Jeß: Die Übertragung privaten Grundbesitzes im Wege vorweggenommener Erbfolge. Eine Analyse der steuerlichen Folgen verschiedener Gestaltungsformen vor und nach der Reform des Erbschaftsteuer- und Schenkungsteuergesetzes 1996. 1997.

Band 17 Kirsten Kaltenhäuser: Möglichkeiten und Perspektiven einer Reform der Organisation der Wirtschaftsverwaltung – eine rechtshistorische, rechtsvergleichende und rechtspolitische Betrachtung des Industrie- und Handelskammerwesens. 1998.

Band 18 Hans-Christian Bärtels: Die erbschaft- und schenkungsteuerliche Behandlung der deutsch-französischen Unternehmensnachfolge. 1998.

Band 19 Michaela Boll: Die Gebührenpflicht des Nichtstörers für polizeiliche Maßnahmen. Zur Zulässigkeit der Erhebung staatlicher Schutzgebühren. 1998.

Band 20 Holger Jenzen: Energiesteuern im nationalen und internationalen Recht. Eine verfassungs-, europa- und welthandelsrechtliche Untersuchung. 1998.

Band 21 Michael R. Wiesbrock: Die Verlustrückstellung im Steuer- und Verfassungsrecht. 1999.

Band 22 Matthias Leist: Verfassungsrechtliche Schranken des steuerlichen Auskunfts- und Informationsverkehrs. 2000.

Band 23 Timo Kieser: Sonderabgaben als Steuern. 2000.

Band 24 Thomas Fetzer: Die Besteuerung des Electronic Commerce im Internet. 2000.

Band 25 Johannes Beil: Der Belastungsgrund des steuerstaatlichen Synallagmas. Zur Zulässigkeit des Welteinkommensprinzips im deutschen internationalen Einkommensteuerrecht. 2001.

Band 26 Monika Reimer: Die steuerliche Erfassung privater Veräußerungsgewinne. Reformüberlegungen für die deutsche Besteuerung unter Berücksichtigung der Rechtslage in Österreich, Großbritannien und den USA. 2001.

Band 27 Andreas Schirra: Die Indienstnahme Privater im Lichte des Steuerstaatsprinzips. 2002.

Band 28 Jürgen Vogt: Neutralität und Leistungsfähigkeit. Eine verfassungs- und europarechtliche Untersuchung der Unternehmensbesteuerung nach dem StSenkG. 2003.

Band 29 Thomas Groß: Eine unendliche Geschichte: Transferregelungen im lizenzierten Fußballsport. Zugleich ein Plädoyer für einen beitragsfinanzierten Solidarfonds. 2004.

Band 30 Stefan Tichy: Gemeinnützigkeitsrechtliche und ertragsteuerliche Besonderheiten gemeinnütziger Kapitalgesellschaften bei der Gewinnermittlung, der Gewinnausschüttung und der Einbeziehung in Konzernstrukturen. 2007.

Band 31 Claus Möllinger: Eigentumsrechtliche Entflechtung der Übertragungsnetze. Unter besonderer Berücksichtigung des 3. Binnenmarktpaketes für Energie. 2009.

Band 32 Karoline Schwarz: Die steuerliche Behandlung von Windenergieanlagen. 2015.

Band 33 Franziska Kramer: Über die Wandlungsfähigkeit des Grundgesetzes am Beispiel gleichgeschlechtlich orientierter Personen und Paare. 2017.

Band 34 Carsten Zahn: Das Gebot der Realitätsgerechtigkeit von Typisierungen im Steuerrecht. Analyse am Beispiel der Zinssatztypisierung im Steuerschuldverhältnis, § 238 Abs. 1 Satz 1 AO. 2021.

Band 35 Tobias Böser: Der erbschaftsteuerliche Verschonungsabschlag im Europäischen Beihilferecht. Zugleich eine Rechtsprechungsanalyse zu beihilfeverdächtigen Steuervergünstigungen. 2022.

Band 36 Bianka Dinger: Sicherstellung von Besteuerungsansprüchen aus der Online-Vermietung. Bedarf, Möglichkeiten und Grenzen einer Abzugsteuer für Plattformbetreiber. 2022.

www.peterlang.de

www.ingramcontent.com/pod-product-compliance
Ingram Content Group UK Ltd.
Pitfield, Milton Keynes, MK11 3LW, UK
UKHW021828290926
8980IPUK00004B/328

9 783631 851807